대구경북민주화운동사

대구경북민주화운동사

초판 1쇄 발행 2020년 12월 23일

기   획 | 민주화운동기념사업회
편   자 | 대구경북민주화운동사편찬위원회
발행인 | 윤관백
발행처 | ▨도서출판 선인

등록 | 제5-77호(1998.11.4)
주소 | 서울시 마포구 마포대로4다길 4 곳마루 B/D 1층
전화 | 02)718-6252/6257
팩스 | 02)718-6253
E-mail | sunin72@chol.com

정가 32,000원

ISBN 979-11-6068-417-9 94300
ISBN 978-89-5933-508-4 (세트)

[한국민주주의연구소 지역민주화운동사 연구총서 7]

대구경북민주화운동사

민주화운동기념사업회 기획
대구경북민주화운동사편찬위원회 편

 도서출판 선인

지역민주화운동사 연구총서 발간에 부쳐

해방 이후 한국 사회는 분단과 전쟁 독재의 질곡을 거치며 산업화와 민주화라는 격변의 소용돌이 속에 혼돈과 모색의 시기를 지나왔다. 이 같은 시기에 정치 · 경제 · 사회 등 각 분야에서 세계적으로 주목할 만한 성과를 이룩할 수 있었던 주요한 힘은 반세기에 걸쳐 치열한 투쟁을 전개해온 민주화운동에서 나왔다.

그러나 한국 사회는 여전히 과거를 어떻게 기억하고 표상할 것인가를 둘러싼 논쟁이 계속되고 있다. 분단체제하에서 국가권력은 과거사를 자신들의 정치적 목적에 맞게 정의하였다. 따라서 민주화운동의 역사를 올바로 정리하는 것은 국가가 왜곡한 기억에 도전하는 것이며 기억투쟁의 일환이기도 하다.

민주화운동의 역사를 정리하고 기록하는 것은 무엇보다 민주화운동을 경험하지 못한 새로운 세대를 향한 것이며, 또 동시대인이면서도 민주화운동의 밖에 있던 이들을 향한 것이기도 하다. 정당한 기억의 공동체를 확산해가는 것은 곧 민주주의 가치를 공유한 공동체가 확대되는 길이기 때문이다. 아울러 민주화운동 역사 정리는 민주화운동에 직간접적으로 참여했던 안에 있는 이들을 향한 것이기도 하다. 민주화운동 참여자의 자기학습 과정인 동시에 내적 성찰의 근거가 되기 때문이다.

한국의 민주화운동에 대해서는 많은 연구들이 진행되었으며 그 연구성과 또한 상당 정도 축적되어 있다. 그럼에도 지역의 민주화운동에 대한 체계적인 정리는 그동안 부족했던 것이 사실이다.

한국사회에서 지역이란 말은 독특한 위상을 가진다. 지역이란 개념은 '지도상' 혹은 '행정상'으로 구분되는 특정 영역이란 뜻에 한정되지 않는다. 그것은 흔히 중앙에 대비되는 개념으로 사용되기도 하지만 상위와는 다른 하위라는 뜻을 포함하고 있기도 하다. 유감스럽게도 민주화운동 세력에게도 이는 예외가 아니었다.

하나의 지역으로서 서울이 아니라 서울이 곧 중앙이었기에, 그동안 민주화운동 과정에서 수많은 헌신과 성과가 있었음에도 지역이 역사적 조명에서 상대적으로 소외되어 왔던 것이 사실이다. 민주화운동기념사업회가 한국민주화운동사 발간에 이어 지역의 민주화운동사 정리에 나선 것은 바로 이런 이유 때문이다.

각 지역의 민주화운동사 발간 작업이 다시 한 번 구체적 현장인 지역을 재조명하고, 민주화운동에 참여했으나 알려지지 않았던 분들의 분투를 기억하는 계기가 되기를 바란다. 아울러 낮고 어려운 현장에서 여전히 분투하고 있는 분들에게 과거의 기억이 올바르게 전승되어 새로운 길을 찾아나가는 데 작은 보탬이라도 되기를 기대한다.

이번에 한국민주주의연구소의 주관하에 발간되는 대구경북민주화운동사는 지역 민주화운동사 연구 작업의 일곱 번째 결과물이다. 어려운 작업을 맡아 수고해주신 장명재 편찬위원장, 석원호 대표집필자 선생님을 비롯한 편찬위원과 집필자들 그리고 함께 힘을 보탠 모든 분들께 감사드린다. 어려운 환경에서 민주화를 위해 애썼던 분들을 마음으로 응원했던 대구경북 지역의 모든 분들이 이 책을 통해 작게나마 자긍심을 키우는 계기가 된다면 더 없는 기쁨이 될 것이다.

2020년 12월
민주화운동기념사업회 이사장 지선

서 문

　대구경북지역의 민주화운동사 편찬은 대구경북민주화운동계승사업회의 숙원 사업이었지만 감히 엄두를 내지 못했다. 2006년에 『대구경북지역민주화운동사 편찬을 위한 기초조사 최종보고서』를 발간한 후 민주화운동기념사업회가 본격적으로 운동사를 편찬하자고 여러 차례 제안해 왔었다. 하지만 연구비의 제약과 대구경북의 연구 범위의 방대함 때문에 줄곧 미루어왔다. 그 사이 여러 지역의 민주화운동사는 이미 간행되고 있었다. 촛불혁명 이후 경기와 인천 지역의 편찬사업이 마무리되자 민주화운동기념사업회는 2019년 7월에 『대구경북민주화운동사』 발간을 요청하였다.

　2019년 8월에 민주화기념사업회와 편찬 업무 협약을 체결하고 2020년 8월까지 집필을 완료하기로 하고 작업에 착수하였다. 불과 1년이라는 주어진 시간 내에 집필을 완료하는 것도 버거웠지만 설상가상으로 금년 2월에 시작된 코로나19의 창궐로 인하여 막대한 지장이 초래되었다. 2월 19일에 예정된 2차 중간보고회에 참석하기 위해 김동춘 한국민주주의연구소 소장을 포함한 민주화운동기념사업회 일행이 서울에서 기차로 내려왔다가, 코로나19 대구 상황이 심각하여 일정을 취소하고 동대구역에서 긴급하게 서울로 돌아가야만 했던 일도 발생하였다. 코로나19의 상황이 어떻게 진행될지 모르는 상태에서 계획의 변경을 검토한 적도 있었지만, 무작정 계획을 변경하는 것이 능사는 아니라고 판단하여 예정된 일정을 강행하였다. 우여곡절 끝에 1년 5개월에 걸친 짧은 기간 동안의 작업을 마치고 예정대로 년내에 책을 발간하게 되었다.

『대구경북민주화운동사』 편찬사업은 의욕적으로 기획되었다. 첫째, 민주
화운동 과정에서 대구경북이 갖는 역사적 정체성과 독자성을 정립하려 하
였다. 둘째, 대구경북의 민주화운동사를 집필자와 편찬위원의 긴밀한 공동
작업 아래 체계적이고 통일적으로 연구함으로써 더 풍부하고 현장감 있게
편찬하려 하였다. 셋째, 중앙 중심으로 이해된 기존 민주화운동사의 편중
성이나 역사적 누락과 흠결들을 찾아내어 보완하고 바로 잡으려 했다. 또한
이 지역에서 민주화운동과 관련된 자료들이 망실되어 가고 있는 상황에서
이 작업을 통하여 이를 정리하고 보존한다는 목표를 가지고 출발하였다.

그러나 막상 편찬 작업을 진행하면서 중압감에 시달려야만 했다. 광복
이후 미군정을 거쳐 1950년대에서 1970년대에 이르기까지 진보의 아성이
었던 대구경북에서 발생했던 민주화운동은 어느 지역보다 방대하였다. 또
한 박정희 이래 30여 년 동안 군사독재정권의 본거지에서 자행되었던 야
만적 탄압과 피해 또한 그만큼 막대했다. 그 사이 지역의 정치지형은 진보
의 아성에서 수구보수의 심장으로 변화해 갔다. 그렇기에 지역민과 민주화
운동가들의 희생과 헌신을 온전히 기록하고, 지역의 보수화의 원인을 규명
하여 민주화운동의 정신을 복원할 계기를 마련해야한다는 책임감이 어깨를
무겁게 하였다.

난관도 많았다. 사업 목표에 부합하도록 편찬위원과 집필위원을 각 부문
과 지역을 대표하는 활동가들로 최대한 구성하려 했다. 하지만 어떤 활동가
는 고령화로, 어떤 이는 와병으로 사양했기에 어려움이 컸다. 어렵게 편
찬위원과 집필위원을 구성하였지만 대구경북에 창궐했던 코로나19 상황으
로 자료를 열람하기 위한 도서관 이용도, 증언을 청취할 사람을 만나고 집
담회를 가지는 것조차 어렵게 되었다. 불가피하게 집필자 중심으로 각종 기
록물을 찾아내어 사실을 재구성하고, 관련자들을 통해 최대한 사실을 확인
하고 보완하는 방향으로 진행하였다. 기록물은 2003년 민주화운동기념사

업회가 발간한『대구경북지역민주화운동사적지 선정을 위한 기초조사사업보고서(인용에서 '사적지조사보고서'라 약함)』와 2006년 민주화운동기념사업회와 대구경북민주화운동계승사업회가 발간한『대구경북지역민주화운동사 편찬을 위한 기초조사 최종보고서(인용에서 '기초조사보고서' 라 약함)』를 골격으로 삼았다. 여기에 연구자들의 연구서와 관련 단체들과 개인이 생산한 자료들을 최대한 이용하되 새로운 자료들과 증언을 발굴하려 노력하였다. 공식적인 공람회 이외에도 여러 차례 자체 토론 과정을 거쳐 보완을 거듭하였다.

그간에 발간된 지역민주화운동사가 대구 중심으로 서술되고 경북의 지역별 운동이 소외되었다는 경북지역 활동가들의 비판이 있어왔는데, 이런 우려를 불식시키기 위한 노력을 기울였지만 부족함도 많다. 부문운동 중에서 노동, 농민, 교육, 문화예술, 여성운동은 포함하였으나 빈민운동과 통일운동 등 여타 운동을 포함시키지 못한 아쉬움도 많다. 편집진의 계획에 비해 필요한 자료가 발굴되지 않아 공백으로 남겨 놓은 부분도 적지 않을 것이다. 객관적이면서 균형감 있고 입체적으로 서술하려고 노력은 했지만 그 또한 쉽지 않았다. 특히 인명 표기와 관련하여 편찬위원들의 고민이 많았다. 가급적 운동에 참여한 주요인물의 이름을 명기하려 했지만, 노동과 농민, 교육운동(전교조 창립 후)과 노태우정권 시기는 단체 운동의 특성을 고려하여 사건의 전체적 윤곽과 조직적 흐름에 중점을 두고, 무수히 많은 활동가 이름의 명기를 최소화하였다. 다른 부문과 시대사에 비해 세 부문의 인물 수가 적은 데 대해 양해를 바란다. 역량의 부족과 지면과 시간의 제약으로 담아내지 못한 부분은 추후 과제로 남겨둘 수밖에 없음이 송구하다.

1년 5개월의 짧은 기간에 이 책을 발간할 수 있었던 것은 많은 분들의 도움과 협조 덕분이다. 그 누구보다 심혈을 기울였을 집필위원과 편찬위원들에게 진심으로 감사드린다. 여러 차례의 토론회와 검토 과정에 참여해준 많은 분들에게도 감사드린다. 편찬 작업의 계획 단계에서 최종 발간까지 도움을 준 민주화운동기념사업회 김동춘 소장과 이영제 부소장, 현종철 책임연구원, 최종숙 선임연구원과 이호룡 박사에게도 감사드린다. 또한 편찬계획서를 준비한 최병덕 교수와 모든 실무 과정을 챙겨온 대구경북민주화운동계승사업회의 이창주 이사장과 김찬수, 박근식, 원영민 이사에게도 고마움을 전한다. 아울러 자료집과 유인물 및 사진 등 새로운 자료를 제공해 준 관련단체에도 깊이 감사드린다.

대구경북민주화운동사는 제1부부터 제3부까지는 시기별로 시대사를 서술하였다. 제1부 1950년대와 1960년대 민주화운동은 허종 위원, 총론과 제2부 1970년대 민주화운동은 석원호 위원이 집필하였다. 제3부 1980년대 민주화운동은 상반기에 해당하는 제1장과 제2장은 송호상 위원, 하반기인 제3장과 제4장 제5장은 김상숙 위원이 나누어 집필하였다. 제4부는 부문별로 나누어 집필하였다. 제1장 노동운동은 임채도 위원이 집필하였으며 제2장 농민운동은 처음에 권영근 위원이 집필에 참여했다가 도중에 개인 사정으로 사임하여 임채도 위원이 뒤늦게 집필하였다. 제3장 교육운동은 경북지역 교육운동을 정리한 정희철 위원의 초고를 반영하여 장명재 위원이 최종 집필하였다. 제4장 문화예술운동은 윤규홍 위원, 제5장 여성운동은 김임미 위원이 집필하였다. 석원호 집필위원장은 최종적으로 원고를 감수하고 수정 및 윤문까지 도맡아 수고하여 책의 완성도를 높였다. 이 책은 원래 약정된 원고 매수인 2,000매보다 300매나 초과하여 완성되었는데, 그것은 대구경북지역 현대사의 방대함도 있겠지만 집필진들의 열정적 의욕의 결과라 여겨 특별히 감사드린다.

이렇듯 많은 이가 더불어 수고하였으나, 대구경북민주화운동사가 대구경북지역의 민주화운동의 진면목을 제대로 담아내었다고 자부할 수는 없을 것이다. 필연적으로 따라올 질책이 두렵지만 겸허히 받아들이고자 한다. 가차 없는 질책이야말로 훗날 누군가에 의해 쓰일 더 나은 대구경북민주화운동사의 자양분이 될 것이다.

우리들이 공들여 역사를 정리하여 기록을 남기는 작업은 이후 진보의 역사를 힘차게 열어가려는 의지의 표명이다. 이 책을 토대로 하여 대구경북지역의 민주화운동이 더 한층 발전하기를 기대하며, 민주화를 위하여 고귀한 생명을 바쳤던 민주열사들과 일생동안 우리사회의 민주화와 민중해방, 조국통일에 헌신하신 선후배와 동료들에게 이 책을 바친다.

2020년 12월
대구경북민주화운동사 편찬위원장 장명재

목 차

제1부 1950-60년대 민주화운동

제2부 1970년대 민주화운동

제3부 1980년대 민주화운동

제4부 부문별 민주화운동

【일러두기】

1. 이 책에 사용되는 주요 사건명과 단체명, 연도, 인용출처, 기호, 자료 표기 및 참고문헌 표기법은 민주화운동기념사업회의 〈지역민주화운동사 표기방법〉에 따른다.

2. 주요사건의 명칭 중
   1) 대구10월항쟁은 10월항쟁과, 4·19혁명은 4월혁명과, 6월민주항쟁은 6월항쟁과 함께 쓰고, 부마(민주)항쟁·87노동자대투쟁·5월투쟁(1991년)은 이름 그대로 쓴다.
   2) 5·18민주화운동은 다양한 용어가 혼용되나 당시 기준으로 (5·18)광주항쟁과 광주민중항쟁으로 쓰였다.

3. 단체명칭의 약칭 중,
   1) '경북민족통일연맹'(1960)의 약칭은 '경북민통련'으로,
   2) '민주통일민중운동연합경북지부'(경북민주통일민중운동연합, 1985)의 약칭은 '민통련경북지부'로 한다.

4. 이 책에 자주 사용되는 자료 3가지의 명칭은 다음의 약어로 사용한다.
   1) 민주화운동기념사업회·대구경북민주화운동계승사업회의 『대구경북지역민주화운동사 편찬을 위한 기초조사(최종)보고서』(2006)는 『기초조사보고서』
   2) 민주화운동기념사업회의 『대구경북지역민주화운동 사적지 선정을 위한 기초조사사업보고서』(2003)는 『사적지조사보고서』
   3) 인권의학연구소의 『대구경북 오월운동사 최종결과보고서』(2015)는 『오월운동사보고서』

5. 색인의 인명은 동명이인의 경우 뒤에 소속이나 단체를 병기하여 구분했고, 사건과 단체 명칭은 약어와 이칭(異稱)을 병기했다.

총 론

한국의 민주화운동은 지역과 수도 서울간의 상호경쟁과 협력적 발전의 과정이었다. 어떤 사안은 지역에서 운동이 먼저 전개되어 서울로 올라갔고, 어떤 것은 서울이 먼저 시작하여 전국적으로 번져나가기도 했다. 해방 이후 4월혁명까지의 민주화운동은 주로 지역에서 시작되어 서울을 포위해 들어 갔다. 정부수립 전에는 대구의 10월항쟁을 시발로 제주의 4·3항쟁을 거쳐 단독정부수립을 반대하는 통일정부수립운동으로 발전해 나갔고, 정부수립 후의 4월혁명도 대구 고등학생의 2·28의거를 시작으로 3·15부정선거에 항의하는 마산·대전·전주의 시위가 서울을 압박해 들어가 4월 19일 서울에서 종국적으로 폭발했다. 유신정권을 종식시킨 투쟁도 수도 서울이 아니라 부산·마산항쟁이 계기가 되었다. 이런 점에서 한국민주화운동사 연구에서 지역민주화운동의 연구는 필수적 영역이나 소홀한 면이 있었다. 이 연구는 항쟁의 시발지 또는 격발지인 지역 저항운동의 동태와 역동성을 밝혀내고 전체 운동사에서의 위치 바로잡기를 가능하게 할 것이다.

한편, 민주화운동사 연구는 해당 지역사 연구의 중요한 공백을 메우는 작업이기도 하다. 대구경북의 역사로는 관찬사로서 경상북도사(1983년)와 대구시사(1995년)가 편찬되었지만, 민주화운동사는 공백으로 남아있다. 대구경북은 현재 수구보수 세력의 아성으로 알려져 있다. 87체제 이후 역대 선거에서 진보적 정당이 승리한 적이 한 번도 없으면서 이런 평가가 굳어졌다. 하지만 대구경북이 대한민국 성립 이래 줄곧 이랬던 것은 결코 아니었다. 해방 이후 전개된 주요한 민주화운동이 대구경북에서 시작하거나 선도했던 부분이 적지 않기 때문이다. 이런 경향은 1970년대까지 이어지다가 1980년 광주항쟁을 기점으로 흐름이 바뀌었다 할 수 있다. 5·16군사쿠데타로 집권한 박정희 정권은 권력기반을 강화하기 위해서도 출신지역에서 지속적으로 자신을 반대하는 민족민주운동세력을 탄압하고 제거하지 않을 수 없었다. 1960년대 중반에서 유신시기에 일어난 중요한 공안사건의 관련자가 대구경북지역에 집중되었던 것도 이런 이유 때문이다. 그러면서 1950~60년대 진취적이고 개방적 시민의식을 가졌던 대구경북 지역은 1970년대를 거치면서 서서히 보수화되어 갔다.

대구경북민주화운동사는 세 시기로 나누었다. 첫째는 정부수립에서 1960대 말까지이고, 둘째는 박정희정권의 독재가 유신체제로 강화된 1970년대이며, 세 번째 단계는 박정희 사후인 1980년 이후의 시기이다. 물론 이 시기 구분을 둘러싸고 논란이 있었다. 10월유신을 기점으로 시기구분을 하자는 의견도 있었지만, 다른 지역처럼 10년 단위로 큰 정치적 변화가 있었던 특성을 반영해 1950~60년대와 1970년대, 1980년대로 구분했다. 그리고 부문운동은 전시기에 걸쳐 가장 활발했던 학생운동과 전선운동을 별도 항목으로 두지 않고 통사에 포함시켰다. 언론출판운동도 통사에서 다루고, 문화운동에서 일부 다루었다. 정부수립 후 통사의 전시기에 다양한 모든 운동이 일어났던 대구경북지역이기에 주요 5개 부분 외의 종교, 인권, 언론출판운동에 포괄될 운동도 당연히 존재했다. 하지만 지면과 연구기간의 제약과 연구인력 확보의 어려움으로 노동, 농민, 교육, 문화예술, 여성운동 외는 통사에 포함해 다룰 수밖에 없었다.

대구경북민주화운동사를 집필할 때 우리는 주로 두 가지에 주목했다. 우선 먼저 70여 년의 민주화운동 기간 대구경북이 가장 진보적인 지역에서 가장 보수적인 지역으로 변화한 원인을 해명하는 것이다. 대구경북은 해방 직후는 말할 것도 없고, 4월혁명 시기와 박정희정권이 수립된 60년대에도 전국적으로 가장 강력한 운동거점이었다. 이런 대구경북이 어떻게 지배권력에 포섭되어 보수화되었는지 해명하는 것은 지역차원 만이 아니라 한국의 사회운동사에서도 매우 의미 있는 일일 것이다. 1960년대 민주화운동의 황금기에는 학생운동은 말할 것도 없고 노동·교육·문화운동과 전선체적 연합운동이 활발했다. 고등학생들의 운동 참여율이 전국과 비교해도 상당히 높았고 사안별 공동투쟁체들을 조직해 강력한 연대투쟁을 전개했다. 이런 경향은 4월혁명, 한일협정 반대운동, 삼선개헌반대운동에서도 여실히 나타나는 현상이었다.

다음으로, 이 연구에서는 경북의 행정중심인 대구가 운동의 중심적 역할을 했지만, 대구와 경북의 다른 특성을 드러내는 데 주의를 기울였다. 대구경북은 대구시가 1981년 7월에 직할시로 독립하기 전에는 행정적으로나 운동사적으로도 경상북도라는 하나의 단일한 지역이었다. 하지만 면적이 크고 인구가 많아 웅도란 자부심을 가진 경북은 행정중심인 대구시와 대구를 둘러싼 사방의 다양한 농촌으로 나뉘어져 있었다. 경북인구는 1949년 전국인구의 15.9%로 1위, 1955년과 1960년은 15.6%와 15.4%로 경남 다음 2위였다. 농촌지역도 안동 중심의 동북부와 경주·포항 일원의 동남권은 산업특성이나 중점작물이 차이가 났다. 대구 인근의 서남권(경산, 청도, 성주, 고령, 칠곡, 군위)은 대구의 배후지역으로 대구의 영향을 크게 받은 지역이다. 물론 본격적인 경제개발 전엔 포항, 경주, 안동, 김천, 영주의 시부와 여타 군부는 도시와 농촌의 차이보다 지역적 특성이 더 컸다.

산업화 이후에 성장한 포항과 구미지역은 공업 도시적 특성을 띤 데 비해, 경주와 안동은 농촌의 지역거점 도시의 성격이 컸다. 민주화운동 전개과정에도 1960년대에는 대구 이외에 운동이 활발했던 곳은 포항, 경주 등 시부 일부 지역이었고 농촌지역은 드물었다. 1970년대는 유신정권의 강력한 탄압으로 농촌지역은 침묵을 지키다 70년 후반에 가농이 조직되었던 동북부지역인 안동권이 활발하게 움직이기 시작했다. 1980년대는 대학이 있는 안동과 경주는 학생운동이 싹트면서 다양한 운동이 발생하지만, 구미와 포항은 노동운동의 주도성이 두드러진 특징을 보인다. 구미와 포항에 금오공대와 포항공대라는 대학이 있었지만 학생운동의 성장은 미미해 학생운동에서 여타운동으로 성장 발전해가는 특징보다 노동운동이 급성장해 여타운동을 이끄는 특성을 보였다. 농민운동은 안동, 예천, 영양, 봉화, 의성, 청송, 영덕 등 북부권이 활발했고, 노동운동은 대구와 공업도시인 포항, 구미가 활발했다.

그럼 대구경북지역의 시기별 민주화운동사가 어떻게 전개되었는지 특징을 중심으로 살펴보자. 먼저 1950~60년대의 민주화운동은 어떻게 전개되고 특징은 어떠한가. 대구는 1950~60년대 민주화운동의 근거지였다. 이런 양상은 해방정국에 대구가 전국에서 가장 강력한 진보적 운동의 거점이었고 10월항쟁의 발상지라는 역사의 유산에서 비롯되었다. 1950년대에도 대구는 이승만 자유당정권에 활발히 저항한 지역이다. 그 배경에는 한국전쟁기 북한군의 점령을 면한 특수한 상황이 작용했다. 인민군의 점령과 국군의 수복과정이 없어 보복적 민간인 학살이 일어나지 않았고, 해방 정국에서 활동한 일부 진보적 인사들이 화를 면할 수 있었다. 게다가 교육과 언론계에는 타 지역의 진보적인 정치인, 언론인, 문화예술인들이 피난 와 모여들었다. 이승만 정권과 자유당에 비판적인 언론(매일신문)도 시민의 정치의식에 영향을 주었고. 교육 도시로서 민주적이고 진보적 의식을 가진 청년들이 많이 배출되었다. 이 시기 대구는 다른 지역에 비해 진취적이고 개방적인 성향의 특징을 가진 도시였다.

대구 시민은 전쟁 후 전쟁 분위기를 고조시키고 부정부패로 얼룩져가는 이승만 정권에 대한 정권 교체의 열망을 표출하였다. 전쟁 직후에 치러진 국회의원 선거에서 야권 후보를 모두 당선시켜 대표적인 야당 도시로 꼽혔고,

대통령 선거에서 진보적 노선을 표방한 조봉암에게 압도적인 지지를 보냈다. 이것은 혁신 세력이 정당을 결성하여 활동할 수 있는 토대가 되었다. 1950년대 후반 치러진 국회의원 선거에서도 야당 후보에게 전폭적인 지지를 보냈다. 반면에 지역을 대표하는 혁신 정당인 서상일은 낙선하였다. 신익희 사후 조봉암에게 보낸 지지와 혁신계 후보의 낙선을 볼 때, 대구가 진보적 정치 성향을 띤 도시라 하긴 어려웠다. 오히려 자유롭고 합리적이며 진취적인 성향으로 정권 교체와 민주주의 확립에 대한 열망이 높은 지역이었다. 경북은 대구 인접지역은 무소속과 야권 후보에게 높은 지지를 보였지만, 많은 지역에서는 여느 농촌과 같이 이승만과 자유당에 대한 지지가 높았다.

한국 민주화운동사에서 대구경북은 4월혁명 시기에 가장 빛났다. 민주당 유세날인 2월 28일 경북고, 대구고, 경대사대부고 학생들은 일요일 등교를 지시한 경북교육청의 조치에 항의하는 시위를 감행했다. 그 외에 경북여고와 대구여고, 대구공고와 대구상고에서도 시위가 전개되었다. 대구 고등학생들의 2·28시위는 전국으로 번져 이승만 정권과 자유당을 무너트리는 혁명의 도화선이 되었다. 3월엔 문경고와 포항고 학생들도 시위를 벌였다. 혁명 발발일인 4월 19일에 경북대와 청구대가, 20일엔 대구대가 선거부정에 항의하는 시위에 동참했고, 뒤이어 4월 26일엔 경북대와 청구대 교수들도 시위에 동참했다.

교원들은 최초로 교원노조를 결성하여 권익 옹호와 학원정화운동, 교육 민주화운동을 주도하였다. 대구경북은 한국교원노조운동의 발상지이고 투쟁의 중심지였다. 당시 경북은 교원노조 전국조합원의 44%를 점유했고 경북교원노조는 전국 투쟁의 중심 세력이었으며, 대구는 전국적 투쟁의 중심 무대였다. 경북교원노조의 다수가 전국조직의 지도부로 활동하여 5·16 쿠데타로 가장 많이 구속되었다. 그리고 대한방직 해고자의 복직투쟁과 제일모직 노조결성투쟁이 전개되었다. 당시 제일모직 투쟁은 삼호방직과 대한방직 노조들의 지원투쟁으로 승리로 장식됐다. 그 외 대구일보와 은행의 사무직노조 등 1960년에 40여 개가 결성되어 전국적으로 노동운동을 이끌었다.

전쟁 전후 민간인 학살사건의 진상규명을 위한 활동도 가장 먼저 벌이고, 전국 활동을 주도하였다. '피학살자유족회'의 지역조직이 가장 먼저 창립되고, 전국조직을 추진하고 주도한 곳도 대구 중심의 경북유족회였다. 5·16쿠데타 후 군사정권의 탄압으로 신석균, 이원식 등 가장 많은 구속자를 낸 곳도 경북유족회였다.

혁신계 인사와 청년들은 통일운동을 주도하고, 학생들은 남북학생회담을 추동하는 역할을 수행하였다. 혁신계들의 통일운동 조직인 '민족자주통일중앙협의회(민자통)'과 진보적 청년조직인 '민주민족청년동맹(민민청)'과 '통일민주청년동맹(통민청)'의 주력군도 대구경북이었다. 이와 함께 '민족통일연맹(민통련)'도 경북대, 대구대, 청구대와 고등학교에서 조직되었다. 이들은 민자통, 교원노조 등 사회단체와 함께 범국민적인 통일운동을 벌였다. 장면 정권이 대중운동과 진보적 사회운동을 탄압하기 위해 추진한 2대악법 제정의 저지투쟁도 전국에서 가장 치열하게 벌이고 다른 지역의 투쟁을 독려하였다. 이처럼 대구는 이 시기에 한국사회가 직면한 문제를 해결하고 발전시키려는 다양한 논의와 활동을 주도하는 진보적 사회운동의 아성이었다. 경북의 일부 지역에서도 학원민주화운동, 교원노조, 민간인학살 진상규명, 통일운동 등 대중운동과 진보적 사회운동이 전개되었다.

박정희가 주도한 군사쿠데타와 권력 찬탈은 민주화운동에 큰 영향을 미쳤다. 군사쿠데타 직후 지식인, 학생과 혁신계 인사마저 장면 정권의 무능과 기성 정치인에 대한 반감, 군부세력에 대한 기대감으로 쿠데타를 긍정적으로 인식하였다. 1963년 대통령 선거에서 대구경북은 박정희에게 전국 평균 득표율을 훨씬 웃도는 지지를 보냈으며, 국회의원 선거에서도 공화당이

의석을 석권하였다. 다른 한편에서는 일부 혁신계 인사가 군정과 박정희 정권을 비판적으로 인식하면서 혁신 정당의 합법화에 대비하여 혁신세력의 규합과 활동을 벌여 나갔다.

1964년 한일회담과 이듬해 한일협정반대투쟁은 박정희 정권을 새롭게 인식하는 계기가 되었다. 한일회담반대투쟁에는 야당과 사회단체가 대일굴욕외교반대경북투위를 결성해 3월 19일 15,000명이 참여한 강연회를 시작으로 학생들이 뒤따라 동참했다. 3월 25일 대구대와 경북대를 필두로 청구대, 계명대, 한사대 등 대부분의 대학이 6월 4일까지 투쟁에 참여했다. 경북대는 이념서클들이 투쟁을 주도적으로 이끌었다. 이 투쟁을 잠재우려 정부는 인민혁명당사건을 발표했으나 검찰의 불기소로 대부분은 석방되어 조작논란을 불러일으켰다. 이 사건에 도예종, 이재문 등 혁신계 인사 다수가 관련되어 구속되었다. 이듬해 정부가 한일협정을 비준·조인하자 대학과 고등학생까지 참여한 반대투쟁이 더욱 격렬하고 광범하게 진행되었다. 대구의 거의 모든 대학과 고등학교가 반대투쟁에 동참했다.

이 투쟁은 민족주의운동의 성격을 띠었다. 학생들은 회담에 임하는 정권의 굴욕적인 저자세와 협정의 반민족성을 규탄하고, 일본의 재침략 경계와 미국과의 불평등 관계의 개선을 요구했다. 동시에 이것은 민주주의 회복을 요구한 민주화운동이었다. 학원의 자유를 요구하고, 정권의 부정부패와 학원 사찰, 경찰의 폭력성 등 정권의 반민주성을 규탄했다. 이 투쟁으로 군사쿠데타 후 침체된 민족민주 세력에게 활기를 불어넣고 민족민주운동의 기반을 넓히는 계기가 되었다. 시민, 종교인, 정치인, 법률가, 지식인도 투쟁에 참여하여 대중적 양상을 띠었지만 일회성에 그쳤고, 학생들이 투쟁을 이끌었다. 학생 동향에서 주목되는 점은 경북대 이념서클 정사회와 현사회가 학생운동을 주도하고, 고등학생이 투쟁을 활발하게 벌였다는 사실이었다. 두 특징은 유신체제 초기까지 이어졌다.

1967년 5월 제6대 대통령 선거를 앞두고 대구 혁신계 인사들은 반민족·반민주적 박정희 정권 교체를 위해 야당후보 단일화운동을 벌였다. 이를 위한 조직을 가장 먼저 구성하고 이 운동을 전국으로 확산시켜 야당 후보의 실질적인 단일화를 이끌어냈다. 이 운동에 유한종, 서도원 등 혁신계 인사들이 참여했고. 이들은 유신 시기에 인혁당재건위사건으로 혹독한 탄압을 받았다. 그러나 선거에서 대구경북은 박정희에게 전국 평균 득표율을 훨씬 웃도는 지지를 보냈다. 심지어 대구는 박정희의 경북 득표율보다 높은 지지를 보냈다. 이어진 6월 8일 제7대 국회의원 선거에서도 대구경북은 여당에게 압도적인 지지를 보내 공화당이 의석을 석권하였다.

신민당 당원들은 6월 12일 대구와 영천, 문경에서 선거무효를 요구하며 가두시위를 벌였다. 대학생과 고등학생들도 6월 12일부터 7월 7일까지 다른 어느 지역보다 광범위한 투쟁을 전개했다. 경북대를 비롯한 대구의 여러 대학과 고등학생들도 투쟁에 광범히 동참했다. 개헌 의석 확보를 위해 부정선거를 자행한 박정희 정권과 공화당을 규탄하는 투쟁을 치열하게 벌여 장기집권 음모를 폭로했다. 그러나 지역민의 호응을 이끌어내지 못했고 일반 지역민들의 박정희 정권에 대한 지지는 공고해져 갔다. 이는 학생과 일반 시민 사이에 정치의식의 틈이 벌어지는 시기의 전주로 볼 수 있을 것이다.

1969년 박정희의 장기집권을 막으려는 삼선개헌 저지투쟁에서 학생들이 지방에서는 가장 먼저 투쟁을 벌였고, 지속성과 치열성에서도 돋보였다. 6월 23일 경북대 학생들은 박정희 정권이 추진한 정책과 성과를 비판적으로 평가하면서 삼선개헌을 민주 헌정 질서를 부정하고 파괴하며 역사를 퇴보시키는 행위라고 규탄하였다. 또한 학원과 언론 자유의 보장 등 기본적 민주주의의 확립을 주장하였다. 이 투쟁은 학생이 주도하고 야당과 일부 재야 인사가 참여했으나, 교수와 종교인들은 침묵과 방관으로 일관하였다. 경북 일부 지역에서도 고등학생들이 투쟁을 벌였으나, 지역민의 지지와 호응을 이끌어내지 못하였다.

박정희 정권의 개헌 추진을 바라보는 인식 차이는 국민투표에서 극명하게 나타났다. 1969년 10월 개헌안 찬반을 묻는 국민투표에서 대구경북은 전국에서 가장 높은 찬성률을 보였다. 더구나 대구는 전국 주요 도시 가운데 가장 높은 찬성률을 기록하였다. 국민은 개헌을 장기집권을 위한 사전정지작업으로 인식했지만, 경제 성장의 긍정적 평가와 정국 안정심리가 작용하여 개헌 찬성으로 기울었다. 영남에 편중된 경제개발의 성과와 동향 출신이라는 연고 의식 등이 대구경북에서 높은 찬성률에 영향을 미쳤다. 이 시기부터 한국정치의 부정적 유산인 지역주의가 싹트기 시작했다.

대구경북은 1950년대를 시작으로 4월혁명을 거쳐 1960년대까지 전개된 민주화운동에서 전국을 선도하며 지속적이고 치열하게 투쟁했다. 하지만 1960년 후반부터 진취적이고 개방적이던 시민 의식은 폐쇄적이고 왜곡된 지역주의 덫에 포섭되기 시작했다. 이것은 민주화운동이 시민과 괴리되어 고립되어가는 과정이었고, 이후 '인민혁명당재건위사건'처럼 민주화운동의 비극을 낳는 씨앗이 점차 움트는 과정이었다.

1970년대의 민주화운동에서 대구경북은 선도적 역할을 하였고, 민주제단에 가장 많은 희생자를 내었다. 유신반대투쟁의 과정에서 가장 규모가 큰 조직사건이었던 민청학련과 인혁당재건위사건과 남조선민족해방전선사건에서 관련자를 가장 많이 배출했다. 1970년대의 민주화운동은 학생운동이 중심세력이었고 민주수호국민협의회에 참여한 혁신계 인사들과 종교계, 야당이 일부 참여하였다. 1970년대 후반부터 민중운동이 조금씩 싹트기 시작했다. 노동운동도 1978년 전후로 대구가톨릭노동청년회와 노동야학이 출범하면서 새롭게 시작했고, 농민운동은 1977년 안동가톨릭농민회 출범 이후 경북 북부지역을 중심으로 정력적으로 활동을 전개했다. 문화운동도 긴급조치 시기 대학의 탈춤반과 연극반 중심으로 싹을 틔우기 시작했다.

1970년에 박정희정권이 교련교육을 강화하자 그해 겨울부터 1971년에 걸쳐 전개된 교련반대투쟁에는 경북대와 영남대(대구대와 청구대가 1967년 통합)가 참여했다. 1971년 4월 7일엔 삼선개헌을 넘어 종신집권으로 나아가는 정권을 비판하기 위해 정진회 주최의 전국대학생 서클대항 토론대회에서 반독재구국선언문이 발표되었다. 선언문 내용이 문제가 되어 여정남과 정진회원 7명이 구속되었다. 1972년 10월유신 선포 후 1973년 11월 5일 경북대 한풍회 주도의 유신반대시위는 정권을 긴장시켰다. 이강철 외 다수 학생이 구속되자 경북대와 영남대 학생들은 구속학생석방투쟁을 끈질기게 전개했다.

1974년 새해 벽두부터 긴급조치가 남발되자 봄부터 서도원·도예종 등 지역의 혁신세력과 여정남 등 경북대 학생들이 유신반대투쟁의 전국적 조직을 추진했다. 3월 21일 경북대가 서울에 앞서 시위를 시도했지만 실패하고 정화영 등 13명이 구속되었다. 뒤이어 서울과 전국의 주요대학이 4월 3일 유신반대 시위를 감행했다. 이런 학생들의 전국적 저항을 유신정권이 대대적으로 탄압한 것이 민청학련과 인혁당재건위사건이다. 이 사건으로 지역에서 서도원, 도예종, 여정남 외 송상진, 하재완 등 5명이 사형을 당하고 12명이 무기, 징역 20년에서 5년까지 엄청난 피해를 입었다. 이 중에서 장기형을 언도받은 경북대 학생이 이강철·정화영 등 9명이나 되었다. 그리고 1979년 10월에 터진 남민전사건에서도 지역의 인사들이 많이 참여했다. 위원장 이재문, 중앙위원 안재구 등 8명이나 대구경북 지역의 인사가 포함되었다. 이들의 사형(이재문)과 장기형의 선고는 지역의 운동세력에게 고도의 경계와 경각심을 불러일으켰다. 재야인사와 학생운동세력은 이들과의 연계나 관련을 극도로 경계했다. 이것이 이후 대구경북의 운동에 끼친 영향은 깊고도 심대했다.

1974년 12월엔 김영삼 신민당 총재가 개헌운동 경북지부 현판식에 참석하러 금호호텔에 왔다. 정부의 사주를 받은 상이군경들이 총재일행을 감금하고 경찰들은 신민당 당사에 침입해 방송시설을 압수하는 사건이 발생하기도 했다. 유신시기는 제1야당의 활동을 교묘한 방법으로 탄압하는 일이 버젓이 진행되는 시대였다.

민청학련사건 이후 10월에 경북대의 여러 단과대학에서 구속자석방투쟁이 줄기차게 진행되었다. 특기할 점은 타 지역과 달리 의과대에서도 12월에 강력한 구속자석방투쟁이 일어났고, 이때 강제징집을 당한 현승효·심오석은 군에서 의문사 당했다. 1975년 4월의 한풍회 회원 박명규 등이 주도한 시위 이후 1978년 11월 경북대시위까지는 소강상태였다. 하지만 계명대에서는 1976년 6월에 발생한 홍정회사건으로 백현국 등 6명이 구속되었다. 이 사건은 1년 전에 받은 김상진 열사의 유서 등을 배포하려한 혐의로 구속시킨 사건이다. 3년간 지역 대학가의 침묵에 정권은 학원대책이 성공한 것으로 여겼다.

이런 긴 침묵을 깨뜨린 1978년 11월 경북대 대시위는 복현독서회의 주도와 KSCF 등 여러 서클의 참여로 이루어진 2단계 시위투쟁이었다. 최용식, 장수원 등 4명의 복현독서회 회원이 주도한 11월 2일 시위는 〈78경북대 민주구국선언문〉을 낭독하고 교내시위 도중에 전부 무자비하게 진압 당하고 구속되었다. 11월 7일 2차 민주구국선언투쟁은 KSCF회원인 김병호 등이 주동한 시위로 그가 현장에서 체포된 뒤에도 8천 명의 대규모 시위로 발전했다. 다수의 여학생들이 포함된 다양한 학생들의 자발적 참여로 유신반대를 외치며 대구 시내를 관통해 정권을 긴장시켰다. 이 시위의 파장은 커 북부경찰서장이 직위 해제되고, 김영희 경북대 총장이 사퇴했으며 대학당국은 학생활동 개입을 완화했다.

1979년 9월엔 경북대, 영남대, 계명대 연합시위가 전개되어 유신정권을 압박했다. 이 연합시위는 지역에서 처음으로 시도되었으나 경북대와 영남대의 시위는 실패하고 계명대만 가두로 진출하는데 성공하였다. 이 시위로 경북대 3명, 계명대 2명, 영남대 1명이 구속되고 다수가 징계를 받았다. 그해 10월 25일엔 계명대 학생들이 유신시대 최후의 시위를 감행해 3명이 구속되고 여럿이 징계를 받았다. 이렇듯 대구경북지역에서는 1970년대 박정희가 죽기 직전까지도 유신정권에 맞서 쉼 없이 투쟁을 전개하였다.

긴급조치 시기에는 새로운 서클과 문화가 지역에 전파되고 뿌리내리는 시기였다. 사회과학의 학습, 탈춤 등 민속문화가 전파되었고, 메아리·생활 등의 노동야학과 대구와 두레 양서조합이 출현했다. 또한 페미니즘 서클이 출현하고, 서클들의 연합MT 등 새로운 문화가 시도되었다. 그리고 학생운동 외에도 노동운동과 농민운동이 새롭게 개척되었으며 가톨릭노동청년회(JOC)가 활동을 시작했다. 안동가농은 농민운동을 개척하며 영양군 불량감자피해보상투쟁을 전개해 전국적 주목을 받았다. 1979년 5월 가농회원 오원춘이 중앙정보부에 납치되는 사건은 한국천주교회가 유신정권에 비판적으로 전환하는데 중요한 계기가 되었다. 8월 6일 김수환 추기경이 안동 목성동성당에서 전국기도회를 개최하고 안동 등 북부지역의 농민과 시민들이 대규모 가두촛불시위를 감행하였다.

이 시기 대구경북지역 민주화운동의 특징은 다음과 같다. 먼저, 민주화운동의 활로를 개척하고 새로운 조직과 투쟁형식을 만들어 내는 데도 앞장섰다. 민청학련사건에서 지역의 혁신세력은 여정남을 서울로 파견하여 유신반대운동을 지도·후원하였다. 유신반대투쟁에서 서울의 시위가 어려울 때, 경북대가 주요한 투쟁의 활로를 개척하는 경우가 있었다. 경북대의 1973년 11월 5일 시위와 1978년 11월의 대규모시위는 서울의 운동이 정부의 탄압으로 침체기일 때 새로운 활로를 뚫는 투쟁이었다.

다음으로, 지역 대중들의 민주화운동에의 지지와 동참은 약화되고 있었다. 1960년대의 투쟁에 비해 대중들의 결합이 조금씩 약화된 것은 박정희 정권의 지배전략인 '공포와 당근' 때문일 것이다. '공포'는 정권에 반대하는 투쟁에는 엄청난 탄압으로 대중들의 투쟁 참여를 차단시키는 전략이다. 민청학련·인혁당재건위사건과 남민전사건에서 지역에서 여섯 명의 사형수와 수많은 무기수 및 장기수가 나왔다. 이러한 공포는 대중에게만 적용된 것이 아니라 학생운동에 뛰어드는 청년학생들에게도 굉장한 압박과 학습효과를 불러일으켰다. '당근'전략은 포항과 구미공단의 본격적 개발 후 경제개발 혜택이 지역민들에게 적지 않게 주어졌다. 상당수의 지역민들은 상대적으로 풍부해진 일자리와 소득증가로 유신체제를 크게 문제 삼지 않고 용인하는 경향이 있었다. 이런 사정이 지역민들의 반정부 투쟁에의 동참을 약화시켰고, 유신체제 기간 경북지역에서 박정희에 대한 높은 지지율이 나타나게 한 이유일 것이다.

1970년대 지역운동의 대규모 희생으로 1980년대 대구경북지역 민주화운동의 전국운동에서의 위상은 조금씩 약화되었다. 5·18광주민주화운동과 부마민주항쟁이 1980년대 운동에 드리운 영향이 워낙 컸기에, 광주전남과 부산경남에 비해서 대구경북의 민주화운동 비중이 상대적으로 축소될 수밖에 없었다. 그럼에도 대구경북의 민주화운동은 시대와 민중의 요구에 입각해 군부독재체제의 종식과 진정한 민주화를 위한 전국적 투쟁대열에 동참하였다.

이 시기 특기할 점은 대구가 1981년 7월에 직할시로 승격해 경상북도로부터 분리되었다는 점이다. 분리 당시의 인구는 경북이 330만 명에, 대구는 180만 명이었고 경북의 인구가 대구로 점차 집중되는 추세였다. 특히 이 시기는 대구에 있는 많은 대학들이 경산으로 옮겨 1980년대의 학생운동은 대구(경북대와 계명대)와 경산(영남대, 대구대, 대구한의대)지역을 중심으로 전개되었다. 안동교대가 1979년에 전환된 안동대학은 규모가 점차 커져 1980년대 중반에는 학생운동이 싹트기 시작했고 1979년에 설립된 동국대 경주캠퍼스는 1980년부터 학생운동이 본격적으로 전개되었다. 구미에도 금오공대(1980.3)가 설립되어 1980년부터 운동이 싹트기 시작했다. 포항에는 포항공대(1987년)가 늦게 설립되었지만 학생운동과는 거리가 있었다. 이렇게 경북 각 지역에 설립된 대학에서 학생운동이 발전하면서 지역의 청년운동이나 여타 운동을 견인하면서 민주화운동의 확산에 기여했다.

10·26사건으로 유신체제가 종막을 고하자, 1979년 12월 대구경북지역의 많은 구속자가 석방되고 1980년 봄 많은 제적학생들이 복학하였다. 이들과 다양한 이념서클 출신 학생들은 민주화의 봄을 맞아 학생회부활 추진과 유신잔당 퇴진을 중심으로 민주화투쟁을 전개하였다. 각 대학에서 4월까지 총학생회 부활을 마친 후 4월엔 학원민주화투쟁을, 5월 들어 사회민주화를 위해 노력했다. 총학생회 부활과정에 자주적 총학생회 건설에 실패한 대학도 있었고 자주적 총학생회를 부활시켰으나 학교 측의 탄압에 부딪힌 대학도 있었다. 경북대는 4·19행사에서 사범대의 박정희 흉상철거를 시도하다 두 명이 구속되었다. 구속학생석방을 요구하는 농성을 학생회관에서 진행하며, 신군부의 간섭과 개헌일정의 연기에 대해 규탄했다. 박근혜가 재단이사장으로 선임되었던 영남대는 재단민주화 투쟁에 주력했다. 학생운동 조직이 없었던 대구와 경북의 여러 대학 학생들도 이 시기에 학원민주화를 요구하는 시위를 했다. 또한, 노동현장에서는 1980년 4월에 대구한일섬유의 노조결성 시도가 있었고, 경북 북부지역은 가톨릭농민회를 중심으로 농민운동이 활발하게 일어났다.

1980년 5월에 접어들자 대구지역의 학생들은 계엄해제와 정치일정 재개와 언론검열철폐를 요구하며 사회민주화를 요구하기 시작했다. 5월초엔 각 대학이 학내시위에 머물렀지만 5월 9일 경북대생 5천 명이 참가한 비상총회를 계기로 학생들의 사회민주화 요구가 거세어졌다. 대구의 주요대학 학생회는 12일부터 1주간을 민주화투쟁기간으로 정하여 계엄해제와 개헌일정 구체화를 요구하며 정부를 압박했다. 10일부터 교내시위 참가자들이 늘어나면서 14일 이후 대구의 대학생들도 거리로 진출했다. 경북대는 사회민주화 요구에 집중했으나, 영남대는 박근혜의 재단이사장 취임반대가, 계명대는 재단의 민주화요구가 주요문제이기도 했다. 특히 5월 14일에는 1만5천 명 이상이 도심에서 시위를 벌였다. 계명대 학생들은 파출소를 기습하며 격렬한 시위를 벌였고 도심으로 진출했다가 수백 명이 계엄사로 연행되었다. 경북대도 학생 수천 명이 도심에서 시위를 했다. 영남대는 경산캠퍼스에서 1만 명의 학생이 18㎞의 거리를 걸어서 대구로 진출하는 대장정 시위를 벌였다. 학생운동 조직도 시위 지도부도 없었던 대구대 학생들도 이날 수백 명이 스크럼을 짜고 나와 대구매일신문사 앞에서 연좌농성을 벌였다. 그러나 이러한 투쟁은 학교 간 연대체계가 있었지만 원활하게 가동되지 않은 채 진행되었다. 서울역 대규모시위가 있던 15일에도 경북대생 3천 명이 교내시위 후 500여 명이 가두시위를 벌이다 67명이 연행되었고, 계명대생 500명이 전날 학생회장 구속에 항의하는 교내시위를 벌였다. 전국대학총학생회장단 회의가 열린 16일부터 학생들이 정국을 관망하다 전두환 일당의 5.18비상계엄의 확대로 민주화의 봄은 좌절되었다.

1980년 5 · 18쿠데타 직후 대구에서도 학생운동 참여자 중 수십 명이 포고령 위반 혐의로 50사단 헌병대에 끌려가 구속 · 기소되어 10명이 실형을 선고받았다. 비상계엄 확대 하에서도 광주의 5 · 18항쟁 소식을 들은 학생들은 대구 시내 곳곳에 유인물을 살포하며 항쟁의 진상을 알렸고, 이러한 움직임이 정보기관에게 탐지되어 1980년 9월에는 관련자 100여 명이 합동수사본부로 끌려가 일부가 구속된 '두레 사건'도 있었다. 1980년 5월 하순부터 경북대학과 경주동국대에서 광주학살의 진상을 알리는 여러 차례의 유인물 살포와 벽서사건으로 10여 명이 구속되었다. 이 과정에서 조사를 받던 권순형은 고문으로 정신이상 증세를 보였으나 강제 징집되었다. 그는 군대에서 보안대의 괴롭힘으로 의가사 제대 후 복학했으나 정상생활로 돌아오지 못하다 2018년에 고독사했다.

1980년 전두환 집권 후 대구지역 학생운동 조직은 소수의 이념서클들만 명맥을 잇고 조직재생산에 몰두하고 있었고, 일부는 노동야학에 참여하며 노동운동을 준비하고 있었다. 야학과 양서조합운동을 하던 서점들, 개신교 청년·학생단체와 가톨릭 노동단체, 곡주사 등은 지역 여러 대학의 학생운동을 연결해주는 공간이 되었다. 다운야학(내당교회)과 생활야학, 만남야학 등에 노동자들과의 연대에 관심 있는 학생들이 참여했다. 이들은 여기서 노동현장을 이해하고 장차 현장이전을 준비하기도 했다. 야학 출신 노동자들은 스스로 노동자모임을 만들기도 했다. 노동현장 이전을 준비하던 대학생들과 야학출신 노동자들의 만남은 이후 지역 노동운동의 상승을 준비하고 있었다.

1980년 이후 1982년 10월 말까지 2년 동안 대구의 학생운동 참여자들은 비합법 소모임에서 의식화학습을 하면서, 소수의 학생들이 유인물을 뿌리는 활동을 여러 차례 전개했다. 1982년 11월에는 경북대에서는 권형우·이병술이 주도한 학생 2천여 명이 참여하는 시위가 있었고, 그 뒤 몇몇 대학교에서는 학생운동 비공개서클이 그룹 단위 규모로 성장했다. 학생운동이 활성화될 조짐을 보이자 공안당국은 지하학습조직 색출에 심혈을 기울였다. 그해 12월 계명대에서도 광주학살을 알리는 시위가 있었다. 1983년 9월에는 대구미문화원폭발사건이 발생하자 공안당국에서는 고문 기술자 이근안까지 동원해 지역의 사회운동 관련자 수백 명을 연행해 고문하고 취조했다. 이 과정에 경북대에서 학습모임을 하던 박종덕 외 몇몇 활동가와 함종호가 구속되었다. 노동운동을 준비하던 상당수 활동가들도 취업 현장이 발각되었으며, 경북대 학생운동 비공개서클(비정통파 그룹)들도 드러나 상당수의 학생이 구속되거나 강제 징집되었다. 대구경북지역의 운동조직은 또 다시 대대적으로 파괴되었다.

유화국면 후 1984년에는 이른바 '학원 자율화 조치'가 시행되면서 경북대 · 계명대와 영남대 · 대구대에서는 학원민주화추진위원회라는 반공개 투쟁조직을 결성했다. 이들 4개 대학은 이후의 여러 투쟁에서 공동보조를 이루면서 다양한 사안에 대해 연대투쟁을 전개해 나갔다. 이러한 활동은 1985년에는 총학생회 부활투쟁으로 이어졌다. 그해 4월에는 대부분의 대학에서 총학생회가 부활 · 출범했다. 또한, 각 학교에 총학생회와 별도로 삼민투위 등 각종 투쟁위원회가 결성되어 활동을 전개했다. 1986년 8월에는 대학별로 활동해오던 투쟁위원회가 연대해 대구지역 민족민주학생연합(민민학련)을 결성해 광주학살 진상규명 투쟁, 직선제 개헌 요구 투쟁, 해고 노동자 지원 투쟁, 86아시안게임 저지 투쟁의 활동을 전개했다. 그러나 이 시기에는 학생운동가 수가 많지 않았기에 학생대중의 관심과 열기를 제대로 수용하고 조직화해낼 만큼 대중적 토대가 형성되지 못한 곳이 많았다. 투쟁방식도 소수의 선도적 타격투쟁이 주를 이루었다.

유화국면 후 노동자들의 움직임이 활발해지면서 노동운동도 기지개를 켜기 시작했다. 1984년의 5월 대구택시기사들의 총파업투쟁은 전국을 깜짝 놀라게 했다. 이 투쟁은 택시기사들의 자생적 투쟁이었지만 폭발적 양상을 띠었고, 3일간의 파업을 통해 사납금 인하를 성공시켰다. 이 투쟁은 이후 경산, 구미를 거쳐 충남, 서울, 부산 등 전국으로 파급되었다.

1984~1986년에는 학생운동 출신자들이 노동운동과 농민운동으로 다수 이전해 활동가 그룹을 형성했다. 1986년에는 동협제작소, 한국경전기, 성화화성, 아신금속, 동원금속에서 노조결성을 시도하거나 어용노조민주화, 임금인상, 해고반대 등을 내걸고 다양한 투쟁이 전개되었다. 이들의 투쟁을 지원하기 위한 민통련경북지부 산하에 노동자생존권투쟁위원회가 해고노동자들로 구성되었다. 노동운동 진영에서는 노동자 활동가들이 새로이 배

출되었고 현장 외곽에서는 노동사목, 민중교회의 활동이 지속되었다. 기독 교청년운동, 마가와 신우 등 사회과학 서점들의 활동도 운동의 확산에 중요한 역할을 했다.

한편으로 택시파업투쟁을 계기로 지역에서는 다양하게 분출하는 민중투쟁을 지원하는 공개적 지원조직 즉, 전선운동조직의 필요성이 대두되었다. 1985년 초에는 지역 명망가들과 청년 활동가들이 모여 민통련경북지부를 결성하면서 지역 민주화운동의 구심이 되었다. 민통련경북지부는 대중의 자발적 투쟁을 지원하고 양심수 석방, 고문 저지 투쟁 등 인권운동도 전개했다. 1985년 2·12 총선 이후 분출하기 시작한 시민들의 민주화 열기를 바탕으로 민주헌법쟁취투쟁을 전개했으며, 1986년 4월 5일 직선제개헌추진위원회 현판식 시위에서도 대중투쟁을 이끌어 나갔다. 또한, 경북지역 여러 도시의 활동을 지원하고 연결해나갔다.

농민운동은 1980년대 안동가농을 중심으로 경북 북부지역에서 쌀생산비 보장투쟁, 수입개방저지투쟁, 소몰이투쟁, 농가부채 탕감투쟁, 수세투쟁 등을 전개했다. 1980년 가을 예천의 경북농민대회에서 쌀생산비보장을 요구하는 결의문을 채택했다. 1985년엔 개방농정에 따른 농축산물 수입개방저지투쟁이 일어났다. 미국소 대량도입에 따른 소파동이 일어나자 1985년 7월 의성에서 소몰이투쟁을 전개했다. 12월엔 의성다인협의회에서 농지개량조합의 수세를 현물로 납부하는 투쟁을 전개했다. 1986년에 영양(3월)과 안동풍천 및 안동문화회관(4월)에서 수입개방으로 인해 늘어나는 농가부채를 해결하기 위해 대규모 농가부채탕감대회가 열렸다. 9월에 의성안계와 안동풍천, 영양읍 등에서 미국농축산물 수입반대운동이 전개되었다. 9월 영주에서는 쌀 생산비 보장과 농가부채 탕감 등의 문제를 제기하는 농민대회가 개최되었다. 안동가톨릭농민회는 이 운동에서도 조직과 투쟁전술, 홍보 분야에서 커다란 기여를 했다.

교육운동도 대구Y교협(1981년 12월), 안동Y교협(1985년 6월)과 한국글쓰기교육연구회 대구경북지회(1985년) 출범을 계기로 새롭게 싹트기 시작했다. 대구Y교협은 1985년 5월 민중교육지 사건에 따른 탄압으로 잠시 주춤했지만 1986년 5월 부산에서 영남Y교협과의 연대투쟁으로 교육민주선언을 발표했다. 전두환 정권의 감시 하에 비공개조직을 운영하면서 교사운동의 이론을 창출하고 활동가를 육성하는 선진적인 교사모임으로 성장하였다. 진보적인 교수들은 1985년 11월 전국 최초의 지역연구단체인 지방사회연구회를 창립해 민중운동 발전에 필요한 이론적 연구로 지역운동의 발전과 민주화에 기여하였다. 노동, 농민투쟁 현장에 필요한 이론적 학술적 뒷받침을 하며 민중운동의 발전을 지원하기도 했다.

문화예술운동도 이 시기에 새로운 공연양식을 시도하여 시위운동에 신선함을 불러일으켰다. 1980년 4·19기념제에서 경북대민속연구회가 창작극 '냄새굿'을 공개하여 시위와 공연의 결합을 시도하였다. 유화국면 이후 각 대학의 풍물패와 탈춤반은 시위를 선도하는 길놀이에 적극 결합했고, 각 대학에서 생겨난 노래패들도 다양한 민중가요와 형식을 보급·전파했다. 각 부문의 민주화투쟁이 성장하자 문예운동의 세력을 모아 1985년 2월에 우리문화연구회(이하 '우문연')를 출범시켰다. 우문연은 동인지 '분단시대(1983년)'와 '일꾼의 땅(1985년)'을 기초로 대학 및 출신별로 나누어져 있던 활동가들이 결합해 만든 최초의 문예운동 단체이다. 우문연은 창작과 연구 활동을 병행하며 많은 활동가와 예술가를 배출했으며, 『우리문화』를 매개로 잡지와 동인을 기반으로 한 지역 문학계가 변화하기 시작했다. 그리고 우문연은 노동과 농촌현장의 각종 투쟁에 문화적 연대를 적극적으로 지원했다. 한편으로 우리출판사, 분도출판사는 지역 출판사로서 문예운동과 학술운동의 발전에 적지 않은 기여를 하였다.

이 시기는 전국적으로 한국사회 성격 규정과 사회운동의 노선을 두고 논쟁이 전개되었고, 사회변혁 운동으로서 민주화운동의 전망을 모색하던 때이다. 서울지역으로부터 비합법적인 통로를 통해 전달된 문건 등을 수용하면서 대구에서도 이러한 논쟁이 전개되었다.

이러한 지역민주화운동의 역량을 바탕으로 대구경북에서도 6월민주항쟁이 대중적으로 광범하게 전개되었다. 1987년 상반기에 고문공대위가 주도해 투쟁이 전개되었고 5월 말에는 민주헌법쟁취국민운동대구경북본부('국민운동대경본부')를 결성했다. 그해 1월 박종철의 사망 후 민통련 등 10개 단체대표와 신민당이 고문공대위를 결성하고 6월민주항쟁 초기 투쟁을 주도했다. 고문공대위는 2월 대구와 안동 등의 추모집회와 3월의 고문추방평화대행진을 수행하면서 고문살인정권을 규탄했다. 전두환이 4·13 호헌 조치를 선언하자, 종교인과 교수의 시국선언 등이 뒤따르고 5월부터 각 대학들도 '파쇼헌법철폐투쟁위원회'를 만들어 총학생회와 함께 광범한 투쟁을 전개해 나갔다. 경북대에서 4월 15일 교수(박양춘) 재임용 탈락과 집회에 참석한 간호사 이정현의 징계에 항의해 학생들이 총장실을 점거농성하면서 학원사찰 메모를 발견했다. 학생 수천 명이 매일 항의 시위하고 중간고사를 거부하자 서원섭 총장은 23일 사퇴했다. 계명대, 영남대, 대구대에서도 5월 들어 어용무능교수 퇴진이나 호헌철폐를 요구하는 집회가 연일 계속되었다.

각계의 호헌철폐 운동은 범국민적인 연합전선을 구축해 나아갔다. 5월 25일 죽전성당에서 '호헌반대민주헌법쟁취범국민운동대구경북본부(대구경북본부)'를 결성했다. 5월 27일, 대구경북본부도 이름을 '민주헌법쟁취국민운동대구경북본부(이하 국민운동대경본부)'로 바꿨다. 이 단체는 민통련 등 재야와 야당인사, 종교인 등 명망가들이 결집하고 청년 활동가들이 실무를 집행했지만, 대중단체가 조직적으로 결합하진 않았다. 6월 10일 '박종철 고문살인 은폐규탄 및 호헌철폐 국민대회'가 개최됐다. 대구에서 3만 명이 참가해 도심 곳곳에서 밤늦도록 30여 차례 시위를 했다. 이날 안동과 포항, 경주 등에서도 국민대회가 개최되어 민주화투쟁이 경북지역으로 확장된 모습을 보였다. 이후 15일부터 18일 최루탄추방결의대회까지 하루도 빠짐없이 시위가 열렸다. 15,16일은 대구시내에서, 17일은 계명대에서 대구경북 5개 대학 학생 1만 명이 집결하여 직선제 쟁취 총궐기대회를 열었다. 6·18 최루탄추방결의대회는 2만여 명이 참여하여 최루탄추방과 직선제쟁취를 요구하였다. 이날 시위에는 민가협 회원들이 앞장서고 경북대 의대생 5백여 명이 대형 태극기를 앞세우고 행진했다. 시위대는 수백 명씩 몰려다니며 곳곳에서 밤 11시 30분경까지 격렬하게 시위를 했다. 대구에선 19일부터 23일까지 매일 가두시위를 감행하다 6월 26일 국민평화대행진로 개헌투쟁이 절정에 달했다. 26일엔 안동,포항,김천,영천,의성에서도 평화대행진이 열려 투쟁이 경북지역으로 광범하게 확장되었다.

6월 26일 국민평화대행진은 오후 6시경 아카데미극장에서 국민운동대경본부 대표들과 민주당 국회의원, 지역 원로들이 태극기와 플래카드를 들고 수천 명이 행진에 나서며 시작되었다. 그러자 시민들이 합세해 1만여 명으로 늘어난 시위대는 시내 곳곳에서 분산하여 시위를 벌였다. 이날 보수적인 예수교장로회 제일교회의 신도 1,500명도 십자가를 앞세우고 촛불시위를 벌였다. 이튿날 새벽까지 격렬하게 벌인 시위에서 학생, 시민 40여 명과 경찰 28명이 중·경상을 입었고 파출소 다섯 군데와 민정당 이치호 의원 사무실이 습격당했다. 국민들의 대규모 항쟁에 백기를 든 정권이 노태우를 앞세워 6·29선언을 발표하면서 6월민주항쟁은 일단락되었다. 7월 9일에는 국민운동대경본부와 대대협 주최로 이한열 열사 영결식 및 추도행진에 수천 명의 시민이 참가해 YMCA에서 2·28 기념탑까지 행진했다. 7월 18일에는 시민 1만여 명이 계명대 노천강당에 모여 '민주헌법을 위한 범시민시국대토론회'를 열었다. 이후 운동세력과 시민들의 관심사는 직선제 개헌과 민주정부수립을 위한 정치일정에 맞추어졌다. 이 자리에서는 문익환 목사의 시국강연이 있었고, 각계각층의 시민들이 나서서 항쟁 후 민주헌법 쟁취의 과제에 관해 의견을 모았다.

경북지역의 6월민주항쟁은 포항지역과 안동지역에서 비교적 조직적으로 전개되었고, 경주, 김천, 영천, 의성 지역에서 소규모로 집회와 시위가 전개되었다. 포항에서는 4월 25일 '포항민주화운동연합'(이하 포민련, 의장 김병구)을 결성했다. 포항은 포민련 등의 주관으로 6월 10일 국민대회와 6월 26일 6·26국민평화대행진이 대규모로 열렸다. 10일 집회는 죽도시장에서 2백여 명이 참여했고, 6·26국민평화대행진에서는 '국민운동본부 포항지부'의 출범을 선언했다. 26일의 국민평화대행진은 포항사상 최대의 인파인 2만 명이 참가했다. 초기 2천여 명으로 시작한 시위대는 풍산금속 2천 명, 포항공단 3천 명 등 노동자와 시민들이 결합하면서 2만 명으로 불어나 남빈동사거리를 메웠다. 포항의 투쟁은 노동자들의 조직적 참여가 두드러졌다.

안동의 6월민주항쟁은 4월 29일 4가지 요구를 내건 사제단의 단식기도로 시작됐다. 6월 10일 '호헌철폐 국민대회'는 경찰저지로 안동역 광장에서 농민·시민·학생 5백여 명의 참여 속에 약식으로 열렸다. 21일 안동대 등 학생 80명의 호헌철폐시위를 거쳐, 25일에 6백여 명이 참가한 'KNCC안동지부' 발족식이 열렸고 그날 밤에 촛불 대행진을 했다. 6월 26일 국민평화대행진은 안동사상 최대 인원인 1만여 명이 참가했다. 교육청 앞에서 농민과 종교인, 중고생과 교사, 대학생 등 8백여 명이 참가해 안동시청 분수대까지 평화대행진을 시작했다. 시위대가 중앙로에서 터미널을 지나 안동역에 도착했을 때는 시위 군중이 1만 명 이상으로 불어났다. 안동은 포항에 비해 농민과 종교인과 학생들의 비중이 컸다.

1987년 10월 말부터 11월 사이에는 거국내각과 민주연립정부수립 투쟁이 있었다. 11월 15일에는 '군부독재 종식과 지역감정 해소를 위한 영호남 시민결의대회'가 두류공원에서 시민 15만 명이 참가해 열렸다. 대통령 선거를 앞두고 광주나 다른 지역은 'DJ에 대한 비판적 지지'의 입장이 주류를 이뤘던 반면, 대구지역에서는 독자적 민중후보 출마를 지지하는 입장도 상당수 있었다. 민통련은 학생들과 연대해 후보 단일화를 위한 국민운동을 전개했으나 단일화 노력이 실패한 채 민중진영은 대통령 선거를 맞았다. 선거일이 다가오자 민주화운동 세력은 입장과 노선의 차이를 넘어 공정선거 감시운동에 총력을 기울였다. 1987년 13대 대통령 선거를 앞두고 군부세력과 보수 진영의 지배 연합은 지역주의를 전면적으로 동원했다. 여기에다 집권세력은 대한항공 858기 폭발사건으로 국민들의 안보 심리를 자극했다. 그러나 민주화운동 진영은 내부 분열로 인해 이에 제대로 대응하지 못했다

1987년 6월민주항쟁에는 대구경북에서도 민주화의 물결이 역사적 대세를 이루었다. 그러므로 집권세력의 아성이라 불리는 이곳에서 1980년대 중반까지 외로운 섬처럼 활동했던 민주화운동 세력은 1987년 6월민주항쟁을 계기로 대중운동의 선두에 서면서 지역적인 기반을 확보하게 되었다.

6월민주항쟁에서 대구는 여전히 학생이 선도세력으로 활동했다. 학생운동은 총학생회의 주도적 역할과 이 시기 학생운동에 전파되었던 대중노선의 영향이 컸다. 학생운동은 6월민주항쟁을 계기로 개별 학교의 비합법조직이나 학생회 단위의 활동을 넘어서서 대대협(1987. 8. 17 결성)에서 대경총련으로 이어지는 연대조직을 형성해 전국적 사안에 공동대응하게 되었다.

또한, 항쟁 당시만 해도 시민들의 참여 열기는 뜨거웠으나, 학생을 제외한 여타 계층계급의 조직화는 미흡한 편이었다. 그러나 6월민주항쟁을 통해 대중투쟁의 열기를 맛본 다양한 계급계층의 시민들이 민주화운동에 동참하게 되면서 이후 노동운동과 시민운동이 비약적으로 발전하게 되었다. 이에 따라 지역 민주화운동의 주력은 서서히 바뀌게 되었다. 경북지역에는

지역에 따라 농민과 노동자가 선봉에 서면서, 각 지역에 대중운동의 구심이 형성되고 발전하는 계기가 되었다.

노태우정권기에 대구경북지역에서는 각 부문운동 조직이 비약적으로 발전했다. 대학생들의 학교 간 연대조직도 발전해 대대협은 다른 지역보다 빠른 1989년 5월 대경총련준비위로 발전했고, 이듬해 5월에 대경총련이 정식 출범했다. 이에 따라 학생운동의 학교 간 연대와 지역의 다른 부문운동과의 연대가 활성화되었다. 또한, 전대협으로 상징되는 학생운동의 '전국적 네트워크'에 결합하게 되고, 이를 통해 학생운동의 이념적 통일성이 강화되었다. 계기별 투쟁의 전국화가 이루어지면서, 상당수의 학교가 NL 주도 운동에 합류했다. 1990년경에는 범 PD연합이 총학생회를 장악하는 형태로 주도적 노선이 변화하기도 하였다.

그리고 6월민주항쟁을 통해 대중투쟁의 열기를 맛본 다양한 계층계급의 시민들이 민주화운동에 동참하면서 노동조합과 농민회 등 기층 민중조직이 건설되고 지역 연대조직이 만들어졌으며, 청년운동, 시민운동 단체도 새로이 결성되었다. 기층 운동조직의 발전을 기반으로 1989년 1월에는 대구경북민족민주운동연합(대경민련)이 건설되어 지역운동의 연대틀을 대폭 확대했고, 이 조직은 1991년 12월에 민주주의민족통일대구경북연합으로 전화하여 지역 민주화운동의 정치적 대표체로 성장했다.

이에 따라 이후 대구경북지역 민주화운동은 학생뿐 아니라 노동자, 시민들이 연대하는 형태로 서서히 바뀌게 되었다. 특히 1990년대에 이르러 시민운동이 성장하면서 민중운동, 시민운동, 주민운동이 함께 발전하게 되었다. 또한, 사회운동의 제도화를 모색하면서 진보적 정당운동도 일어났다. 1987년 대선에 독자후보론을 주장한 PD그룹이 13대 총선의 민중의당(1988년)을 거쳐 1990년 민중당 창당에 참여해 1991년 지방자치선거와 14대총선(1992년)에 참여했다. 이 시기에는 노태우 집권 저지 및 5공 청산 운동, 공안정국 해체 운동, 민중기본권 쟁취운동과 반미통일운동이 전개되었다. 인혁당사건 등 지역 민주화운동의 전통을 복원하려는 4·9통일열사 정신계승운동도 일어났다.

1990년에는 대구경북지역에서도 민자당 출범에 맞서 '국민연합 대구경북본부'를 결성해 3당야합 분쇄 및 민자당 타도와 민중기본권 쟁취를 위한 대중투쟁을 전개했다. 6공화국 최대의 대중투쟁인 1991년 5월 투쟁은 대구경북지역에서는 낙동강 페놀 오염 사건으로 시민들의 분노가 격앙된 상태에서 출발했고, 안동대 학생 김영균의 분신, 대구대 학생 손석용의 분신사건에 영향을 받아 증폭되었다. 민주화운동 세력의 이러한 노력은 보수대연합과 김영삼 정부의 출범을 막지는 못했으나, 1990년대와 2000년대에 지역 민주화운동이 새로운 대중운동의 형태로 전개되는 밑거름이 되고 한국사회 민주주의 진전의 토대가 되었다. 노태우정권 시기에 각종 부문운동은 다음과 같이 전개되었다.

1987년 노동자대투쟁을 거치며 노동운동은 파업의 일상화와 노조설립의 보편화가 이루어졌다. 노동자대투쟁기에 대구경북에서는 170개 사업장에 노동쟁의가 발생했고, 동국화섬, 대구중공업을 비롯해 수십 개 신규노조가 건설되었으며, 어용노조를 민주화했다. 이 시기 국가산업단지가 있는 구미와 포항에서도 파업과 노조결성이 봇물처럼 쏟아졌다. 중소자본의 사업장들이 밀집한 대구지역은 회사 측이 노동자들의 요구를 수용할 여지가 낮았다. 그래서 노동자들은 투쟁에서 확보한 성과들을 오래 유지하지 못하고 후퇴시키는 경우가 많았다. 이런 상황에서 노조들은 단독으로는 자본에 대응할 수가 없어 업종별 또는 지역별 연대투쟁을 통해 이를 돌파할 수밖에 없었다. 이러한 연대투쟁과정에 대구경북지역의 노동운동은 대공장의 장엄한 대열이 아닌 소규모 집단의 치열하고 끈질긴 투쟁양상을 보였다. 이런 전투적 조합주의 기풍은 지역노동운동의 특성으로 중소사업장 투쟁의 전국적 모범으로 손색이 없었다. 이런 투쟁의 전형이 바로 1989년 대구지방노동청 점거투쟁, 남선물산 노동자들의 장기 파업투쟁 등이다.

대구지방노동청 점거투쟁은 민주노조탄압에 항의하려는 대하염공, 대하통상, 삼공전자 노조가 노동청을 점거했다가 7명이 구속되자 지역노동자 1천 명이 연대투쟁으로 탄압을 돌파한 투쟁이다. 이 투쟁은 지역 노동자들의 치열한 전투성과 강한 연대의식을 남김없이 보여준 투쟁이었다. 이런 성과를 바탕으로 1989년 11월엔 18개 노조가 참가한 대구지역노동조합연합('대노련')을 결성해 전국노동조합협의회 건설을 추동해 나갔다. 구미와 포항에서도 구미지역노동조합협의회(1990.1)와 포항지역민주노조협의회(1989.2)가 건설되어 지역 노동운동을 한 단계 끌어올렸다. 한편 이 시기에 대구노동자협의회(1988.8)와 대구노동교육협회(1990.9) 같은 정치적 노동운동단체들이 출현해 노조운동을 지원하고 노동운동의 정치적 진출을 도모했다.

농민운동에서 1988년 고추제값받기대투쟁은 경북에서 시작하여 전국으로 확산되었으며, 1988년 선산 산동골프장저지투쟁은 주민들과 지역민주화운동이 결합하여 전국적인 골프장 저지투쟁의 모범을 창조했다. 또 경북의 농민운동은 1990년대에 이르러 군 단위 농민조직을 망라한 전국적 농민운동조직(전국농민운동연합)을 결성하는데 앞장서고 권종대, 윤정석 의장 등 전농지도부와 간부들을 배출하였다. 무엇보다 농민운동의 경북조직은 전교조경북지부와 함께 경북지역 군 단위 민주화운동의 거점으로서 지역 민주화운동의 근거지 역할을 다했다. 이 과정에서 여성농민들의 끈질긴 투쟁은 유교적 전통이 강한 지역특성을 극복하고 전국여성농민의 조직화의 모범을 보여주었다.

교육운동에서 1987년 6월민주항쟁을 계기로 대구경북교사협의회가 창립(1987.10)되면서 본격적인 교사 대중운동이 전개되었다. 시·군·구별로 교사협의회를 만들고 학교마다 평교사회가 결성되어 학교민주화투쟁, 사학

정상화투쟁, 교육법개정투쟁을 전개하였다. 1989년 노태우 정권이 국가기관을 총동원하여 교원노조 결성을 저지하였지만 6월 11일 전교조 대구경북지부를 창립하고 교육민주화를 향한 투쟁을 멈추지 않았다. 전교조 결성활동과 관련하여 대구경북에서 13명이 구속되고 26명이 불구속 기소되었으며, 159명이 해직되었다. 지역의 학부모, 교수운동은 독자적으로 혹은 교사운동과 보조를 맞추면서 교육민주화와 교육개혁을 진전시켰다. 전국 학부모회 중에서도 선구적이었던 대구참교육학부모회(1989년 3월)는 대구경북의 유일한 민주적 학부모단체로 학부모를 학교운영의 주체로 세워냈다. 지방사회연구회는 1989년 11월 부산, 광주, 전북의 연구단체와 함께 지역연구단체협의회 건설을 주도하였다. 지역의 진보적 교수들은 대구경북민교협(1989.3)을 창립하고 민교협중앙회의 건설에 중추적인 역할을 하였으며, 대학별 교수협의회 운동과 민교협 활동을 통해서 학원의 민주화 및 정치사회적 민주화에 기여하였다. 진보적 교수가 주력이었던 지방사회연구회가 1992년 5월에 개편·출범한 대구사회연구소(이하 '대사연')는 서울 중심의 교육·지식 체계를 극복하고 지역이 중심이 되는 학술연구단체로 거듭났다. 대사연은 지역민을 위한, 진보적인 지식 체계를 정립하려는 노력을 전국적으로 선도하였다.

1987년 이후 문화예술운동은 운동의 진전과 요구에 의해 자연스럽게 분화되었다. 우리문화연구회는 민중문화예술운동연합(1989년)을 거쳐 노동자문화예술운동연합(1990년)으로 변화하면서 노동운동과의 연계를 중시하는 문화단체로 개편되었다. 창작자들은 장르별 독립적인 단체로 분화하고, 그 단체들은 각자의 노선으로 활동을 이어갔다. 새롭게 변화한 문화 환경에서 성숙해진 민중문화와 리얼리즘 예술을 선보이는 장소의 필요에 따라 예술마당 솔(1991.10)이 출범하였다. 예술마당 솔은 지역공연과 전시공간의 중추가 되었고, 활동가와 문예이론가들을 한 자리에 모으는 장이 되었으며,

진보 세력의 활동 범위를 넓히는 계기가 되었다. 이 시기 새로 싹튼 영화운 동은 여러 운동 조직에 리얼리즘 또는 예술영화를 상영함으로써 운동에 활 력을 주었다. 독일 신부 허창수가 주관한 월요영화제는 비공개 영화 상영을 통해 색다른 영화에 대한 대중의 갈증을 해소하였다. 문예미학회(1990년) 등 문학과 예술의 이론적 연구는 대학 연구자들의 학술운동 영역에서 제 모 습을 갖추어가기 시작했다.

1987년 6월민주항쟁 이후 성차별, 성폭력, 여성의 정치세력화 등 여성의 제를 전문적으로 다룰 여성운동조직의 건설 필요성이 제기되었다. 이런 요 구에 따라 대구여성회(회장 김진희)는 대구여성문제연구회(1987년)가 모 태가 되어 1988년 1월 결성되었다. 그해 녹지회와 함께하는주부모임이, 그 전에 주부아카데미협의회(1986.12)와 대구여성의전화(1987.3)가 결성되었 다. 대구여성회는 "주체적인 여성, 평등한 사회"라는 구호 아래 여권신장 과 여성의 조직화를 추진했다. 1988년엔 사무직 여성노동자들의 조기정년 철폐투쟁을 지원하고, 두 개의 성폭력사건(안동 '변OO씨 혀절단사건'과 대 구 '대현1동 파출소 내 경찰관에 의한 윤간사건')을 공론화하여 전국적인 의 제로 만들었다. 여성 폭력에 대한 법적 제도화의 성과로서 1994년 성폭력 특별법 제정을 이끌어냈다. 1991년에 발생한 낙동강 페놀사건에도 적극 대 응하여 여성의 양육노동과 돌봄노동에 대한 사회적 인식변화와 여성운동의 방향성을 재고하는 계기가 되었다. 여성운동은 소비자운동, 먹거리운동, 생 태운동, 환경운동, 반핵운동, 학부모운동 등 다양한 생활민주주의 실천 운 동의 주체로 나섰다. 또한 탁아운동와 공부방운동, 한살림운동을 포함한 생 활협동조합운동 등 생명을 살리는 운동에도 관심을 쏟았다.

1980년대 대구경북 민주화운동은 다음과 같은 특징을 나타내었다. 먼저, 대구경북은 독재정권의 지역주의 지배전략의 강력한 자장 속에서 힘겹게 운동을 전개했다. 지역적 불평등과 연고주의를 특징으로 하는 지역주의는 군사독재정권이 사회적 저항을 진압·봉쇄하고 집권을 도모하기 위한 정책 수단으로 삼으면서 심화되었다. 대구경북은 지역 출신 엘리트들이 장기집권하면서 주요 기관을 장악하고 말단까지 보수 세력이 정치적 주도권을 행사한 지역이다. 이 시기 5·18민중항쟁을 지지하는 민주화운동 참여자들은 '극렬용공좌경 분자'라는 이데올로기적 공세에 시달리며 소수집단으로서 대중운동을 전개해야 했다. 이런 열악한 상황 속에도 민주화운동을 끊임없이 전개하고 확장시켰다.

둘째, 유신시기 공안사건으로 막대한 인적 손실을 입었던 1980년대의 대구경북지역 민주화운동은 전국적으로 선도성을 발휘하기 어려웠다. 게다가 1983년 대구 미문화원 폭발사건은 조금씩 복원되는 조직역량에 심대한 타격을 입혔다. 민주화운동세력은 공권력의 탄압과 보수적 지역공동체의 억압에 맞서면서 전국운동의 보조와 함께하며 민주화운동의 폭을 확장했다. 전선운동과 학생운동, 여성운동은 전국운동의 흐름을 따라가는 형편이었다면, 농민운동, 교육운동, 문화운동은 전국운동에서도 선도성을 발휘하면서 전개되었다고 볼 수 있다.

셋째, 대구경북지역의 민주화운동은 대구와 경북이라는 다른 성격의 지역들이 결합하여 전개됐다. 대도시인 대구와 농촌 및 군소도시로 구성된 경북은 운동의 전개와 발전양상에 차이가 있었다. 대구는 학생과 지식인운동 중심의 도시일반의 성격이 강했고, 경북은 농민운동과 노동운동의 발전에 따라 지역명망가 중심에서 노동자·농민이 지역운동의 주력이 됐다. 노태우정권기에는 이런 특징이 심화되었다. 이 시기 포항과 구미는 노동자들이, 안동은 농민과 학생들이, 그 밖의 다른 지역은 농민들이 지역운동의 주력으로 나섰다. 특히, 1989년 봄 전교조가 결성된 뒤, 경북의 대부분 시·군에서는 지역 농민회와 전교조 교사들이 연대하여 시·군 단위의 대중운동을 건설하는 촉진자 역할을 했다.

넷째, 제도권 야당의 기반이 약하고 수구·보수 세력이 강한 대구경북지역의 민주화운동은 다른 지역보다 운동세력의 자립성·독자성이 강했다고 볼 수 있다. 제5공화국 시기에는 신민당과의 연대로 운동의 활로를 개척하거나 탄압을 돌파하기도 했지만, 1990년 3당 합당 이후에는 제도정치권과의 연대는 미약했다. 그리고 이런 특징 때문에 여러 부문에서 지역연대조직이 비교적 빠르게 결성됐다

1980년대 대구경북지역 민주화운동 세력은 지배세력의 탄압에 맞서며 다양한 영역에서 치열하게 활동을 전개했지만, 지역주의 통치의 장벽을 넘어서지 못했다. 그 결과 보수대연합과 김영삼 정부의 출범을 막지 못해 30여 년간 수구보수의 아성이라는 대구경북의 정치적 지형을 초래하고 말았다. 어려운 여건 속에서 강고하고도 치열한 투쟁을 통해 지역 민중에게 민주주의와 민족통일과 민중이 주인이 되는 새로운 사회건설에 대한 전망을 제시해왔다. 그러면서 1990년대와 2000년대에 지역 민주화운동을 새롭고 다양한 형태로 전개할 수 있는 밑거름이 되었다. 그리고 수구·보수 세력의 심장부에서 민주주의의 의지를 끊임없이 표출하고 그들을 타격(압박)함으로써, 한국 사회 민주주의 발전에 중요한 보루 역할을 했다. 하지만 진보적이나 고립된 투쟁을 넘어 지역대중을 설득하여 정치적 다수가 될 수 있는 대중적 활동을 강화할 책무 또한 떠안고 있다 하겠다.

제1부

1950-60년대 민주화운동

제1장 1950년대 민주화운동

제1절 이승만 정권의 민주주의 유린과 언론의 정권 규탄

1. 민주 헌정 질서 파괴와 장기집권 획책

해방 후 자주적 통일국가 수립을 위한 노력이 무산되고, 1948년 8월 15일 정부가 수립되었다. 한반도 북쪽에 이념과 체제를 달리하는 정부가 수립되어 한반도의 불안과 긴장감이 조성되었다. 미국·미군정과 일부 보수 세력의 지원으로 권력을 장악한 이승만의 불안감은 커졌다. 더욱이 정부의 정당성을 부정하거나 의심하는 세력이 존재하고 한국민주당의 야당 선언으로 지지 세력에서 이탈했기 때문이었다. 그 불안감은 1950년 제2대 국회의원 선거에서 여실히 드러났다. 친 이승만 계열의 후보가 대거 낙선하고, 이승만 정권을 반대하거나 비판적인 중도 계열과 무소속 후보들이 많이 당선되어 정권의 존립에 위협이 되었다. 전쟁으로 이승만 대통령에 비판적인 의원 일부와 중도 계열 인사들이 월북하거나 납북되어 정치 지형에 변화가 있었지만, 그의 불안한 정치적 기반은 크게 달라지지 않았다.

이승만 대통령은 전쟁의 소용돌이 속에서도 집권 연장에 관심을 곤두세웠다. 큰 관건은 대통령 선출 방식이었다. 국회에서 대통령을 선출하는 간접선거제 방식으로는 재선될 가능성이 낮았기 때문에 선출 방식을 바꾸는 것이 필요하였다. 이승만의 지시에 따라 정부는 대통령 직선제와 양원제 중심의 헌법 개정안을 국회에 제출하였다. 그러나 1952년 1월 개헌안은 국회에서 압도적인 반대로 부결되었다. 전쟁 중에 국민이 대통령을 직접 선출하기 어렵고, 대통령 중심제보다는 내각책임제가 민주주의 실현에 더 적합하다는 인식이 작용했기 때문이었다. 같은 해 4월 야당은 대통령이 실권 없는 상징적 존재에 지나지 않고 국무총리가 실권을 가지는 내각책임제 개헌안을 제출하였다. 여기에 대응하여 5월 정부가 부결된 개헌안을 일부 수정하여 다시 제출하였다.

이승만 대통령은 정부 개헌안을 관철하기 위해 정치 파동을 일으켰다. 5월 정부가 잔존하는 무장유격대의 소탕이라는 명분을 내세워 부산 일대와 전라도에 비상계엄령을 선포하였다. 이어 임시수도인 부산에서 국회의원을 태운 통근버스를 헌병대가 끌고 가 억류하고, 국제공산당의 비밀정치공작에 관련되었다는 혐의를 씌워 10명의 국회의원을 구속하였다. 이른바 부산정치파동이었고, 국회의 기능이 마비되었다. 6월 장택상 국무총리 계열의 의원들이 난국 타개의 명분으로 발췌개헌안을 제출하였다. 대통령 직선제와 내각책임제 개헌안을 절충한 개헌안이었다. 정부통령을 직접 선거로 선출하는 대신 국무총리의 요청으로 국무위원을 임면직하며, 국회가 국무위원에 대한 불신임 결의를 할 수 있고, 양원제로 국회를 운영하는 내용이었다. 정부는 개헌안 통과에 필요한 의원 정족수를 채우기 위해 구속된 의원들을 석방하고, 피신해 있던 의원들을 찾아내 강제로 등원시켰다. 7월 국회는 발췌개헌안을 통과시켰고, 8월 실시된 정부통령 선거에서 이승만과 함태영이 대통령과 부통령으로 당선되었다.

이승만 대통령과 자유당은 장기집권을 넘어 영구집권을 획책하였다. 또 걸림돌은 헌법이었다. 헌법은 대통령 임기를 1차 중임으로 규정하여 이승만은 더 이상 대통령이 될 수 없었다. 이승만은 다시 개헌을 추진하기 위해 정당공천제를 악용하여 개헌에 찬성하는 인물에게만 자유당 공천을 주었다. 1954년 5월에 실시된 제3대 국회의원 선거에서 자유당이 과반이 넘는 의석을 차지했지만, 개헌에 필요한 의석에는 미치지 못하였다. 대구에서는 세 선거구에서 민주국민당과 무소속의 야권 후보가 모두 당선되어 이때부터 대표적인 야당 도시로 불렸다. 반면에 경북에서는 자유당과 야권 후보가 의석을 절반씩 나눠 가졌다.

1954년 9월 자유당은 현 대통령에 한하여 중임 제한 폐지를 주요 내용으로 하는 개헌안을 제출하였다. 11월 개헌안의 국회 표결에서 찬성 135표, 반대 60표, 기권 7표, 결석 1표로 개헌에 필요한 정족수인 136표에서 1표가 부족하여 부결되었다. 그러나 자유당은 재적 의원 3분의 2는 사사오입의 수학적 원리에 의해 가장 근사치의 정수인 135명이라며 개헌안이 가결되었다고 주장하였다. 국회 표결 당시 사회를 맡으며 부결을 선포했던 최순주 국회 부의장은 부결 선포가 계산 착오였다며 개헌안의 가결을 선포하였다. 위헌적인 개헌으로 이승만의 종신 집권의 길이 열리게 되었다.

이승만 정권과 자유당은 영구집권을 위해 헌법 개정과 함께 분단 체제를 적극적으로 활용하였다. 이승만 정권은 전쟁 후 분단 체제의 위기감을 고조시키고, 반공이데올로기 공세를 강화하기 위해 잦은 관 주도 시위와 행사에 국민을 동원하였다. 특히 중·고등학교 학생들이 가장 많이 동원되었다. 1954년 초부터 이승만 정권은 북한이 군사력을 현대화하여 휴전협정을 위반하고 있다며 격렬히 비난하였다. 이를 휴전협정 직후부터 활동에 들어간 '중립국감시위원단'의 해체와 철수로 연결시켰다. 휴전협정 조항을 이행하기 위해 설치된 중립국감시위원단이 남한 정보를 얻기 위한 수단으로 악용되고 있다는 억지 논리였다. 나아가 감시단 중 체코슬로바키아와 폴란드 대표가 공산국가 대표로 포함된 점을 집중적으로 부각시켜 1955년 8월부터 전국 각지에서 중립국감시위원단의 철수를 촉구하는 관제 궐기대회와 시위를 부추겼다.

대구에서도 중립국감시위원단의 철수를 요구하는 대규모 궐기대회와 시위가 벌어졌다. 특히 학생들이 강제 동원되어 학업에 많은 피해를 입었다. 연일 시위가 벌어지는 상황에서 9월 10일 이승만 대통령의 측근인 임병직의 대구 방문이 예정되어 있었다. 그의 방문을 환영하기 위해 자유당과 관변단체인 '국민회'의 주도로 다시 한 번 대규모로 학생들이 동원되었다. 중·고등학교 학생들은 그가 도착할 때까지 오전부터 장시간 뜨거운 뙤약볕 아래에서 기다려야 했다. 이 때문에 학생들의 불만과 시민의 비판이 높았다.

2. 언론의 정권 비판과 권력의 탄압

1955년 9월 13일 대구매일신문은 여론을 반영하여 「학도를 도구로 이용하지 말라」는 제목의 사설을 게재하였다. 사설은 중·고등학교 학생들이 집회와 시위의 목적을 모르는 채 단지 정치 도구로 동원되는 사실을 비판하는 내용이었다. 이날 밤 대구 시내 중심가에 '적성중립국감시위원단축출경북연합본부'(이하 경북연합본부)가 사설이 중립국감시위원단 축출시위의 의의를 왜곡하는 이적행위를 저질렀다고 규탄하고, 사설을 쓴 주필 최석채의 처단을 촉구하는 벽보를 붙였다. 다음날에는 '국민회경상북도본부'가 집필자 처단과 사과문 게재를 요구하는 통고문을 신문사에 보냈다.

대구매일신문사는 요구 수용을 거부하였다. 9월 14일 경북연합본부가 성토대회를 열어 다시 집필자 처단과 사과문 게재를 요구하였다. 이어 자유당의 지시로 국민회경상북도본부 총무부차장 김민, 자유당 경북도당 감찰부장 홍영섭이 주도하는 괴한들이 곤봉과 해머 등으로 무장하고 신문사를 습격하였다. 이들은 공무국의 출입문을 부수며 침입하여 인쇄시설을 파괴하고, 통신시설과 인쇄기재, 발송 중의 신문 등을 탈취하여 사라졌다. 이 때문에 일주일 동안 신문의 정상적인 발간이 어려웠고, 최석채는 국가보안법 위반 혐의로 구속되었다. 최석채는 경북 김천 출신으로 해방 후 대구에서 건국공론 편집부장과 부녀일보 편집국장을 지냈다. 이후 경찰에 입문하여 도내 각지의 경찰서장을 지내다가 1952년 '부산정치파동'을 계기로 이승만 정권에 환멸을 느껴 경찰을 그만두고, 대구매일신문의 편집국장을 거쳐 주필로서 활동하고 있었다.

대구매일신문사 피습사건은 사회적으로 큰 반향을 불러 일으켰다. 주요 일간지들은 이 사건이 한 신문사에 국한된 것이 아닌 언론에 가해지는 권력의 테러로 간주하고, 사건 보도와 논평으로 적극적으로 대처하였다. 국회도 진상조사단을 구성하여 조사 활동을 벌였다. 그러나 정부와 자유당은 사건 처리에 소극적인 태도를 취하고 사건의 진실을 호도하는 자세로 일관하였다. 신문사 피습을 주도한 김민과 홍영섭도 각지에서 활개를 치고 있음에도 검거되지 않았다. 정부는 비판적인 여론에 못 이겨 최석채를 불구속 기소로 석방했고, 그는 대법원에서 무죄 판결을 받았다. 김민과 홍영섭은 뒤늦은 1956년에 검거되어 각각 징역 1년 6월과 징역 1년을 언도받았다.(매일신문사, 1996, 170~184쪽)

이 사건은 이승만 정권에 비판적인 성향을 가진 언론사를 상대로 일어난 우발적이고 단순한 사건이 아니었다. 당시 1956년 정부통령 선거를 앞두고 정부에 비판적인 성향의 언론사를 통제하고 길들이려는 의도를 가지고 있었다. 나아가 대표적인 '야당 도시'로 꼽혔던 대구라는 반정부 성향의 도시에 있는 언론사를 표적으로 정권 비판의 기능을 봉쇄하려는 정치적 의도로 자행한 이승만 정권과 자유당의 폭거였다.

제2절 혁신 세력의 형성과 반독재민주화운동

1. 혁신 세력의 대두와 1956년 정부통령 선거

해방 후 혁신 세력은 통일국가 수립을 위해 활동하고, 1948년 5 · 10선거를 민족 분열과 국가 분단으로 가는 길로 규정하며 불참하였다. 1950년 국회의원 선거에서는 '참여 속의 개혁'의 입장으로 선거에 참여하여 다수의 인사들이 당선되었다. 1951년 이승만 정권의 직선제 개헌과 야당의 내각제 개헌으로 보수 정치 세력의 균열이 생겼다. 그 틈에서 조봉암은 '국민 해방과 국민 기본 권리의 절대적 옹호'를 내세우며 1952년 대통령 선거에 출마하여 2위라는 성과를 거두었다. 대구에서는 조봉암을 포함한 야권 세 후보의 득표가 이승만의 득표보다 많았다. 이 사실은 이승만에 대한 시민들의 높은 비판적 인식을 보여주는 것이었다.

1954년 11월 사사오입 개헌안이 통과된 후 야권은 비자유당 계열 인사들이 참여하는 '민주대동운동'을 추진하면서 단결을 도모하였다. 그러나 야권의 보수 세력과 혁신 세력의 결집을 주장하는 입장과 야권 내 보수 세력만의 결집을 주장하는 입장으로 나뉘어졌다. 결국 1955년 9월 민주국민당 계열과 장면 계열이 민주당을 결성하여 반이승만 세력이 분열하였다. 야권 분열의 가능성이 높아지자 비자유당과 비민주당 계열 인사들은 독자적인 활동에 나섰다. 그 중심에는 조봉암과 함께 대구 출신의 서상일이 있었다. 9월 서상일과 조봉암은 혁신 정당으로서 진보당의 결성을 결정하고 추진준비위원회(이하 진보당추진위)를 구성하였다.

진보당 결성 활동에 발맞추어 대구에서는 1956년 3월 10일 '진보당경북도추진준비위원회'(이하 진보당경북준위)를 결성하였다. 진보당추진위는 3월 31일 서울에서 진보당전국추진위원대표자대회를 개최하여 강령 등을 채택하고, 5월에 실시될 정부통령 선거를 위한 선거대책위원회를 구성하였다. 조봉암과 박기출이 대통령과 부통령 후보로 지명되고, 서상일이 선거대책위원회 위원장을 맡아 활동하였다. 5월 5일 민주당 대통령 후보 신익희의 갑작스런 사망으로 선거전은 이승만과 조봉암의 대결로 압축되었다. 유례를 찾아보기 힘든 부정선거였지만 대구에서 조봉암은 70퍼센트를 넘는 득표로 이승만을 압도하였다. 이것은 조봉암이 30퍼센트, 이승만이 70퍼센트를 득표한 전국 득표율과 정반대되는 결과였다. 또한 투표용지에 신익희에게 기표하거나 조봉암과 신익희에게 이중 기표를 한 무효표가 이승만의 득표를 넘은 사실도 주목할 점이었다.

대구 시민들이 조봉암에게 보낸 지지는 시민의 반독재 의식과 정권 교체의 열망이 크게 작용하였다. 또한 대구매일신문사 피습사건에서 보듯 지역 언론계의 이승만과 자유당에 대한 비판적인 성향, 대구에서 정치적 영향력을 가진 서상일의 영향도 일정 정도 작용하였다. 아울러 한국전쟁기에 다른 지역과는 달리 북한군의 점령과 국군의 수복 과정에서 빚어진 민간인 학살과 좌우 세력의 첨예한 대립과 갈등이 없었다는 점, 진보 세력의 잔존 등의 요인도 작용하였다.

2. 혁신 정당의 결성과 장기집권 분쇄투쟁

진보당추진위는 정부통령선거가 끝난 후 창당에 나섰다. 그러나 서상일이 진보 세력의 광범위한 참여를 위해 창당 연기를 하자는 주장에 대해 조봉암이 창당 입장을 밝혀 이견이 발생하였다. 결국 1956년 10월 서상일은 이동화, 고정훈 등과 함께 민주혁신당 결성의 입장을 밝히고 이탈하였다. 서상일의 이탈은 대구 혁신 세력의 동향에도 영향을 미쳐 이탈이 잇달았다. 진보당추진위는 큰 타격을 받았지만, 1956년 11월 서울에서 진보당을 창당하였다.

대구에서는 진보당경북준위가 도당 결성에 나서 1957년 6월에 경북도당을 결성하였다. 경북도당은 지방당부로서는 경남도당, 서울시당·경기도당에 이어 세 번째로 결성되었다. 위원장 이동하, 부위원장 이영옥, 윤지화를 중심으로 송전도, 정춘택, 박지수, 이경해 등이 간부로서 활동을 주도하였다. 진보당 경북도당은 1958년 국회의원 선거에 후보 공천의 방침을 세우고 강연회 등을 열면서 당 기반을 확대하는 활동에 집중하였다.

서상일은 진보당추진위를 탈퇴한 후 통일사회당의 정화암, 양일동 등과 함께 '민주혁신당준비위원회'(이하 민혁당준비위)를 구성하고 창당 준비에 들어갔다. 민혁당준비위는 재야 혁신 세력의 단결과 광범위한 신당을 결성하며, 관료적 특권정치와 자본가적 수탈경제를 지양하고 진정한 민주책임정치와 대중 본위의 계획성 있는 균형경제의 확립을 지향하였다. 대구에서는 1957년 5월 민혁당 대구시당준비위원회가 결성되었으며, 위원장 송기찬, 부위원장 김영달을 중심으로 김세준, 유한종, 이창희, 김수한, 최용석 등이 간부로서 활동을 주도하였다. 서상일이 대구 출마를 결정하는 등 국회의원 선거에 대비했으나, 1958년 1월까지 서울과 경북에서 준비위원회만 결성될 정도로 당세가 미약하였다.

한편 진보당 경북도당은 선거 체제를 갖춘 후 혁신 세력의 정치 활동과 선거 참여를 제한하는 선거법의 개정을 촉구하는 활동을 벌였다. 선거법 개정안에는 기탁금 조항과 언론 자유 제한 조항 등 혁신 세력을 비롯한 군소 정당에 불리한 조항이 담겨 있었다. 진보당은 기탁금이 너무 많아 군소 정당과 무소속 후보의 출마를 억제하고, 허위보도 처벌 등의 언론 규제 조항도 야당의 선거운동을 적극적으로 탄압하는 것으로 악용될 수 있다고 판단하였다. 1958년 1월 선거법 개정안이 국회에서 통과되자, 진보당 경북도당은 규탄 성명서를 발표하고 선거법을 반대하는 국민운동을 제안하였다.

진보당은 1958년 1월 조봉암을 비롯한 중앙당 간부들이 국가보안법 위반 혐의로 구속되면서 위기를 맞았다. 진보당 경북도당은 진보당의 통일노선이 반공통일의 국시를 부인하는 노선이 아니며, 진보당이 불법 결사로 단정되어 해체명령이 있을 때까지 활동을 계속할 것이라는 입장을 밝혔다. 그러나 2월 25일 정부가 진보당 등록을 취소하자, 도당을 해체하고 위원장을 포함한 모든 당원의 탈당을 결의하였다.

민주혁신당은 진보당사건의 여파 속에서도 선거에 대비하였다. 민주혁신당 경북도당은 정식 출범도 하지도 못한 채 5월 2일에 치러진 국회의원 선거에 참여하였다. 민주혁신당은 이승만 정권과 자유당의 무능과 독재를 비판하고, 민주당을 자본가와 관료 특권층을 옹호하는 보수 정당으로 비판하며, 경제생활의 자유와 물질생활의 평등 실현을 위해 민주혁신당의 지지를 호소하였다. 그러나 대구경북에서 서상일을 포함한 모든 후보가 낙선하여 원내 진출이 좌절되었다.

혁신 세력은 1958년 하반기에 이승만 정권과 자유당의 민주주의 억압과 영구집권 획책에 맞서 투쟁을 벌였다. 11월 이승만 정권과 자유당이 1960년 정부통령 선거를 앞두고 지방자치법과 국가보안법의 개정을 추진하였다. 지방자치법은 선거에 공무원을 동원하기 위해 기존 시·읍·면장의 직선제를 임명제로 바꾸는 내용이었고, 국가보안법은 언론 탄압 등을 주요 내용으로 하는 개정이었다. 12월 대구에서 이동하, 김창숙, 서상일 등 혁신계 원로들이 주도하여 전국에서 처음으로 각 정당과 언론을 포함한 사회 여러 분야의 대표가 참여하는 '국가보안법 및 지방자치법개악반대경북도투쟁위원회'(이하 경북투위)를 결성하였다.

12월 24일 자유당이 야당 의원을 국회 내에 감금하고 무장경찰을 동원하여 국회를 봉쇄한 채 국가보안법과 지방자치법을 통과시켰다. 경북투위는 비판 성명서를 발표하고 시민의 궐기를 호소했으며, 민주당, 시민들과 함께 국가보안법 개정을 반대하는 시위를 벌였다. 1959년 1월에는 이승만, 자유당, 민주당 의원들의 총사퇴를 주장하는 건의문을 작성하여 '전국국민대회준비위원회'를 통해 전달하기로 결의하였다. 그러나 건의문이 경찰에 압수당하고, 계획했던 시위도 경찰의 제지로 무산되어 효과적인 투쟁을 벌이지 못하였다. 경북투위는 1월 15일 개정된 국가보안법이 공포되고, 전국에서 재일교포 북송반대운동이 일어나면서 투쟁의 동력을 잃어 활동의 막을 내렸다.(허종, 2017, 81~107쪽)

제2장 4월혁명과 민주화운동의 분출

제1절 4월혁명과 이승만 정권의 붕괴

1. 이승만 정권과 자유당의 부정선거 획책

이승만 정권과 자유당은 국가보안법과 지방자치법의 개정, 정권에 비판적인 언론 탄압 등 선거를 위한 사전 정지 작업 후 이승만과 이기붕을 대통령과 부통령 후보로 선출하였다. 민주당도 조병옥과 장면을 대통령과 부통령 후보로 선출했으나, 조병옥이 후보 등록 후 사망하여 민주당은 대통령 후보를 내지 못하였다. 이 때문에 이승만의 당선이 사실상 확정되었고, 이기붕의 당선에 총력을 기울였다. 이승만 대통령의 나이가 많아 재임 중에 사망할 경우 대통령직을 승계하는 부통령을 당선시켜야 했기 때문이었다.

1960년 2월 28일 오후 대구에서는 장면 민주당 부통령 후보의 유세가 예정되어 있었다. 2월 10일 자유당 경북도당은 대구 시내 각 기관장과 학교장을 소집하여 자유당의 유세에는 청중을 대대적으로 동원하고, 민주당의 유세에는 시민 참석을 방해할 방침을 지시하였다. 그 내용은 첫째, 자유당 유세날인 2월 27일에 가구마다 1명 이상씩 유세장에 동원하고 각 기관과 업소는 업무를 일찍 마쳐 유세장에 시민을 최대한 동원할 것, 둘째, 민주당 유세날인 2월 28일 동회와 직장 단위로 각종 행사를 열어 유세가 끝날 때까지 계속하고, 고등학교 학생들은 정치에 민감하므로 일제히 등교시켜 유세장에 갈 수 없도록 하라는 것이었다. 17일 교육 당국은 시내 고등학교 교장들의 별도 회의를 소집하여 토요일 자유당 유세의 학생 동원과 민주당 유세의 학생

〈그림 1-1〉1960년 2월 28일 대구 수성천변에서 열린 민주당 장면 부통령후보 정견발표회 모습
(출처: 민주화운동기념사업회 오픈아카이브즈 00700201, 원출처: 3·15의거기념사업회)

참석 방지 조치를 논의하였다. 각 학교는 학생들에게 시험, 토끼 사냥, 영화 관람, 졸업생 송별회 등의 이유로 일요일 등교를 지시하였다. 또한 제일모직, 대한방직, 내외방직, 달성제사 및 대구지방전매청 연초제조공장도 노동자의 전원 출근의 지시가 내려졌다. 군도 오전부터 부대 대항 노래자랑대회가 예정되었다.(『대구매일신문』, 1960. 2. 29)

대구 시내 각 고등학교 학생들은 등교 지시의 부당성을 인식하고 대책을 논의하였다. 경북고 학생들은 학급 회의와 운영위원회 회의를 열어 등교 지시가 학생을 정치적으로 이용하는 것이므로 등교 지시에 불응하기로 결의하였다. 그러나 학교 당국이 학생들의 결의와 요청을 거부하여 학생들의 불만은 높아졌다. 대구고 학생들도 등교 지시가 정치적인 의도를 가졌고, 교육받은 내용에 어긋나므로 철회를 요청했으나 거부당하였다.

2월 27일 각 학교는 단축 수업을 한 뒤 학생들이 자유당 선거 유세에 참석할 수 있도록 귀가시켰고, 각 학교의 학생 대표들은 선거 유세에 참석하였다. 이 자리에서 학교의 학생 대표들이 우연히 만나 일요일 등교 지시에 대한 불만을 토로하고, 공동 대응의 뜻을 모았다. 이날 저녁 경북고, 대구

고, 경북대 사대부고 학생 대표들은 모임을 가져 등교 지시가 학생들을 정
치에 이용하고 학원 자유를 침해하는 것으로 간주하고, 28일 오후 1시 반월
당에서 각 학교 학생들이 모여 등교 지시를 규탄하는 연합시위를 벌이기로
결의하였다.

2. 학생들의 2·28대구민주화운동

2월 28일 대구의 각 고등학교 학생들은 결의에 따라 행동에 들어갔다.
하지만 연합시위는 각 학교 사정으로 어렵게 되어 개별 학교 단위로 시위
를 추진하였다. 경북고 학생들은 학원의 정치도구화와 자유 침해를 규탄하
는 내용의 결의문을 발표하고 가두시위를 시도하였다. 학생들은 경북도청
(지금의 경상감영공원) 방향으로 학원의 정치도구화 금지, 학원 자유 등을
요구하면서 가두시위를 벌였다. 도청에 도착한 학생들은 자신들을 정치적
으로 이용한 행정 당국의 처사를 맹렬히 규탄하였다. 이 과정에서 시위 해
산에 나선 경찰과 충돌했으며, 대열을 정비하여 자유당 경북도 당사까지 시
위를 벌였다. 학생들은
당사 앞에서 구호를 외
치며 자유당을 규탄하였
다. 이때 경찰이 곤봉을
휘두르며 무자비하게 진
압하여 많은 학생들이
부상을 입었고 시위대열
은 흩어졌다. 그러나 학
생들은 다시 몇 개의 대
열로 나누어 시내 중심

〈그림 1-2〉 1960년 2월 28일 경북고등학교 학생들의 시위 모습
(출처: 민주화운동기념사업회 오픈아카이브즈 00700202,
원출처: 3·15의거기념사업회)

가 곳곳에서 시위를 벌이면서 시청으로 집결하였다. 이어 도지사 관사로 진출하여 도지사의 면담을 요구했으나 경찰의 진압으로 무산되었으며, 학생들은 흩어져 산발적으로 시위를 벌이다가 해산하였다.

대구고 학생들은 경북고 학생의 시위 소식을 듣고 가두시위를 시도하였다. 학생들은 사전 약속한 반월당을 향해 학생의 정치도구화 금지 등을 외치면서 시위를 벌였다. 그러나 경찰이 폭력으로 저지하여 학생들은 학교로 돌아갔다. 학교로 돌아온 학생들은 학교에 남아 있던 학생들과 합류하여 경찰의 폭력 진압과 연행을 무릅쓰고 도청을 향해 시위를 벌였다. 이때 시민들이 박수를 치면서 호응하거나 피신하는 학생들을 숨겨주며 지지의 뜻을 보였다. 학생들은 경찰의 저지를 뚫고 대구역에 집결하여 시위를 벌이다가 경찰의 진압으로 해산하였다.(『대구매일신문』, 1960. 2. 29)

경북대 사대부고 학생들은 시위를 시도하다가 학교 당국과 학부형의 저지로 어렵게 되자, 학교에서 단식농성을 벌였다. 학생들은 정치와 교육의 분리, 학생의 정치도구화 금지, 학생의 권리 존중, 검거 학생의 즉시 석방의 내용이 담긴 결의문을 채택하였다. 농성은 저녁까지 이어졌으며, 학교와 학부형의 설득을 뿌리치고 다시 가두시위를 감행하였다. 학생들은 경찰의 진압에 굴하지 않고 도지사 관사, 자유당 경북도당을 거쳐 대구매일신문사까지 시위를 벌이고 결의문을 신문사에 전달한 후 해산하였다.

연합시위를 결의한 학생 대표의 모임에 참석하지 못했던 학교에서도 시위가 일어났다. 경북여고 학생들은 등교 명분으로 억지로 편성된 장학사의 강의가 끝난 후 학생회장이 등교의 부당성을 지적하고 시위를 호소하였다. 학생들은 함성을 지르며 호응하면서 일제히 학교 밖으로 진출하여 가두시위를 벌였다. 이 과정에서 대구여고 학생들이 시위에 합류하였다. 두 학교 학생들은 일요 수업 폐지 등의 구호를 외치며 민주당 유세가 진행되고 있던 수성천변으로 이동하면서 시위를 벌였다. 대구공고 학생들은 학생 자율을 탄압하는 교장의 사퇴를 요구하는 성명서를 발표한 후 학생 탄압 중지와 교장 퇴진 등의 구호를 외치면서 가두시위를 벌였다. 대구농고 학생들도 시위를 계획했으나 학교 측의 제지로 무산되었으며, 일부 학생들은 다른 학교 학생들의 시위에 동참하거나 민주당 선거 유세에 참석하였다.

고등학생 시위는 다음날에도 이어져 대구상고 학생들이 일 교시 수업을 마친 후 운동장에 집결하여 전날 시위로 연행된 학생들의 석방을 요구하며 가두시위를 시도하였다. 교사와 경찰의 저지로 일부 학생들만 학교 밖으로 진출하여 연행 학생의 석방을 외치면서 시위를 벌였다. 학교에 남은 학생들은 연행된 학생들의 석방을 요구하며 농성을 벌였다.(『대구매일신문』, 1960. 3. 1)

대구 고등학생들의 시위에 영향을 받아 이승만 정권의 부정선거 획책을 반대하는 고등학생들의 시위는 대전을 비롯한 전국으로 확산되었다. 경북의 문경과 포항에서도 학생들이 시위를 벌이거나 계획하였다. 3월 13일 문경에서는 문경고 학생들이 부정선거 획책을 규탄하는 전단과 "선량한 동민들이여 협잡선거에 속지 말라", "공정선거 이룩하여 민주국가 이룩하자"라는 플래카드를 제작하여 배포하고, 시위를 벌이려는 계획을 세웠다가 경찰에 발각되어 무산되었다. 3월 14일 포항에서는 포항고 학생들이 수도산에 집결한 후 시내 쪽으로 "학원의 자유를 달라"는 등의 구호를 외치며 시위를 벌였다.(『대구매일신문』, 1960. 3. 15) 이처럼 대구 고등학생들의 시위를 시작으로 학생의 정치도구화와 민주주의 억압을 규탄하는 시위의 불길이 전국으로 퍼져 나갔다.

2·28대구민주화운동은 정부 수립 후 학생들이 자발적으로 이승만 정권의 독재와 전횡에 맞서 벌인 최초의 반정부 시위이자 민주주의를 요구한 시위였다. 시위는 이승만 정권의 일요일 등교 지시에 대한 부당성을 계기로 일어났지만, 이승만 정권 동안 누적된 학원의 비민주성, 나아가 이승만 정

권에 대한 불신과 불만이 근본적인 요인이었다. 당시 학생들은 진리 탐구를 목표로 민주교육을 받은 최초의 세대였고, 선거를 통해 자신들의 대표를 선출하는 경험을 가지면서 민주주의 의식과 정의감을 갖춘 집단이었다. 따라서 이승만 정권의 학원 자유 침해와 부정선거 등의 비민주성과 부정부패를 규탄하며 직접 행동에 나선 것이었다. 고등학생들의 궐기는 생활고에 시달리며 정권의 갖가지 부정부패에 무감각하던 기성세대에게 큰 자극을 주는 계기가 되었다. 나아가 4월혁명의 도화선이 되었다.

3. 시위 확산과 이승만 대통령 하야

이승만 정권과 자유당을 규탄하는 학생 시위가 전국으로 확산되는 상황에서도 3월 15일 실시된 선거에서 부정이 난무하였다. 부정선거는 사전투표율 40% 완료, 3인조에 의한 반공개 투표, 자유당의 완장부대 동원으로 유권자 위협, 야당 참관인 축출, 유령 유권자의 조작, 유권자의 기권 강요 및 기권자의 대리 투표, 내통식 기표소의 설치, 투표함 바꿔치기 등의 방식으로 이루어졌다. 마산에서 처음으로 시민들이 부정선거를 규탄하며 시위를 벌였다. 경찰의 발포와 무자비한 폭력으로 수십 명의 사상자가 발생하였다. 마산 시위 소식으로 대구도 술렁거렸으나 경찰과 공무원들의 삼엄한 경비와 학생 감시로 시위가 일어나지 않았다.

3 · 15마산봉기에서 희생된 참혹한 모습의 김주열 학생의 시신이 마산 앞바다에서 발견되자, 4월 11일부터 13일까지 마산에서는 격렬한 시위가 일어났다. 대구에서는 4월 12일 민주당 당원들이 선거 부정을 규탄하며 경찰과 난투극을 벌이면서 시위를 감행했으나 좌절되었다. 4월 학교가 개학하자 대학에서도 학교 단위로 시위 움직임이 나타났다. 대학에서는 4월 4일 전북대 학생들이 처음으로 시위를 벌였으며, 4월 18일 고려대 학생들이 그

뒤를 이었다.

대구에서는 4월 19일 경북대와 청구대 학생들이 처음으로 시위를 벌였다. 이날 경북대 3천여 명의 학생들은 "동포여 궐기하자 잃은 주권 찾기 위해"라는 내용의 플래카드와 김주열 학생을 추념하는 흰 상자를 앞세우고 대구역, 중앙로를 거쳐 시내 중심가에서 시위를 벌이고, 도청으로 진입하였다. 학생들은 도지사를 만나 부정선거를 규탄한 후 대구역 광장에서 구속 학생 석방, 마산 시위 발포자 처벌과 진상 규명, 국민의 기본 권리를 침해하는 법률의 무효화 등의 내용이 담긴 결의문을 낭독하고 해산하였다. 이날 저녁 청구대 학생 2천여 명도 시내 중심가로 진출하여 시위를 벌이고, 도지사와의 면담을 요구하며 연좌농성을 벌였다. 다음날에는 대구대 학생 5백여 명이 가두시위를 벌였으며, 청구대 학생들도 관권을 규탄하는 교내 농성을 벌였다. 경북대 의과대 학생들은 삼덕동 2군사령부 앞에서 계엄령 해제를 요구하며 농성을 벌였다. 이후 학생들은 시위를 벌이기보다는 4·19 희생자를 위한 모금과 채혈 등의 활동에 집중하였다.

4월 26일에는 경북대, 청구대, 대구대 교수들이 이승만의 퇴진 요구와 퇴진을 지지하는 시위를 벌였다. 경북대 교수들은 학생들의 희생 보답과 정부를 규탄하며 이승만 사퇴를 요구하는 플래카드를 앞세우고 시위를 벌였다. 교수들은 반월당까지 시위를 벌이고 선언문 낭독과 이승만 사퇴를 지지하는 구호를 외친 후 해산했다. 교수들이 해산한 후 경북대 학생들은 교수들의 플래카드를 넘겨받아 시위를

〈그림 1-3〉 1960년 4월 26일 경북대 교수의 시위 모습
(출처: 권정호)

이어나갔다. 청구대와 대구대 교수들도 민의원 해산과 대통령의 사퇴를 요구하며 가두시위를 벌였다. 청구대 학생들은 교수 시위가 끝난 후 넘겨받은 이승만 사퇴를 지지하는 내용의 플래카드를 앞세우고 시위를 벌였다. 이승만 대통령이 사퇴를 선언한 후 대구에서는 학생과 시민들이 시위를 벌였다. 이날 저녁 시위대는 5~6개로 흩어져 경찰서와 파출소, 자유당 경북도당, 반공청년단 사무실, 부인회 본부, 연합신문 지사 등을 파괴하거나 방화했으며, 경찰국장 관사, 신도환 반공청년단장 사택, 내외방직 공장과 사장 주택 등도 파괴하거나 불태웠다.

부정선거를 규탄하고 이승만 대통령의 하야를 지지하는 시위가 경북에서도 일어났다. 김천에서는 이날 오전 김천중·고등, 김천여중 학생과 시민들이 시위를 벌이고 자유당 소속 두 의원 가옥과 시청에 돌을 던져 파괴했으며, 시내 중심가에서 선거 재실시, 독재 타도 등의 구호를 외치며 시위를 벌였다. 이날 오후 포항에서도 동지중과 동지상업고등학교 학생과 시민들이 전국 학교의 휴교 해제, 이승만 대통령의 담화 실천, 경찰의 중립 등을 요구하며 시위를 벌였다.(『대구매일신문』, 1960. 4. 27, 4. 28)

다음날에도 경북 도내 곳곳에서 부정선거를 규탄하고 이승만 대통령의 하야를 지지하는 시위가 일어났다. 안동에서는 안동역 광장에서 중·고등학생들과 시민들이 집회를 가진 후 김익기 자유당 국회의원의 퇴진을 외치며 시위를 벌였다. 이 과정에서 시민들이 박수를 치며 지지의 뜻을 보내거나 시위에 합류하였다. 시간이 지날수록 시위에 참여한 시민들이 늘어나 1만여 명에 이르렀고, 저녁에 자유당 지역구 위원장의 집을 불태우고 해산하였다. 경주에서는 중·고등학생과 시민들이 시장·경찰서장의 부정선거 인정과 사퇴, 자유당 소속 의원들의 사퇴 등을 요구하며 시위를 벌였으며, 이 과정에서 자유당·반공청년단 사무실과 서울신문 간판 등을 파괴하였다. 포항에서도 전날에 이어 포항여중·고, 수산고, 포항수산대 학생들과 시민들이 민주경찰 이룩, 민주주의 정립 등의 구호를 외치며 시장·부시장의 부정선거 인정과 사퇴를 요구하였다. 학생과 시민들은 시장의 사퇴 확약을 받은 후 해산하였다. 상주에서도 중·고등학생들이 비애국자 축출, 이승만 대통령의 하야 절대 지지의 구호를 외치면서 시위를 벌였다.(『대구매일신문』, 1960. 4, 28, 29;『대구일보』, 1960. 4. 29;『동아일보』, 1960. 4. 28)

이승만 정권이 붕괴된 후 학생들은 질서 회복 활동에 나섰다. 4월 27일 경북대, 대구대, 청구대, 계명기독대 시내 4개 대학과 각 고등학교 학생 대표들은 계엄사령부를 방문하여 민주주의와 새로운 국가 건설을 위한 솔선수범의 뜻을 밝히고, 자체적으로 치안, 정리, 청소 3개 반을 구성하여 사회질서 회복 활동에 나섰다. 학생들은 시위로 파손된 파출소, 자유당 경북도당, 시청, 대구역 거리 등을 청소하고, 치안 유지와 선무 활동을 벌였다. 학생들은 대구에 그치지 않고 경북도로 활동을 확대하였다. 경북대 학생들은 안동, 영주 등 내륙뿐만 아니라 울릉도까지 파견되어 질서 회복 활동을 펼쳤으며, 청구대 학생들도 상주, 김천 등지에 파견되어 질서 유지 활동을 벌였다. 학생들의 활동과 지역민의 협력으로 대구는 물론 경북에서도 점차 질서를 회복하고, 일상생활로 복귀하였다.(석원호, 2010, 43~48쪽)

제2절 4월혁명 후 대중운동과 진보적 사회운동

1. 대중운동의 분출

1) 교원노조 설립과 교육민주화운동

4월혁명 후 대구경북에서 일어난 대중운동 가운데 가장 두드러진 분야는 교원들의 활동이었다. 교원들은 이승만 정권기에 '대한교육연합회'(이하 대한교련)에 의무적으로 가입하였다. 대한교련은 교원들의 권익 옹호는커녕

정부 정책을 무조건 지지하는 어용단체에 불과하여 교원들의 불만이 높았다. 이승만 정권이 무너진 직후 교사들은 정권의 관제교육에서 벗어나 교육의 자율성을 확보하고, 교원의 권익을 옹호하기 위해 교원노동조합(이하 교원노조)의 설립에 나섰다. 4월 29일 대구의 중·고등학교 교원들이 대구시 교원노조 발기인총회를 개최하고, 그 열기를 모아 5월 7일 정부 수립 후 처음이자 전국에서 최초로 교원노조를 설립하였다. 위원장 김장수, 부위원장 여학룡, 송영기를 선출하고, 모든 정당과 관권에서의 독립과 학원의 완전한 자유화를 요구하는 결의문 채택과 대한교련의 탈퇴를 선언하였다. 초등학교 교원들도 5월 7일 초등교원노조를 설립했으며, 정호강이 위원장, 신우영, 소효영이 부위원장으로 활동하였다.

안동에서도 교원들이 교원노조 설립운동에 들어가 5월 15일에 군내 초·중·고등학교 대표들이 교육자의 권익 옹호와 자주성 확보를 목표로 하는 교원노조를 설립하였다.(『영남일보』, 1960. 5. 18) 이후 안동의 교원노조는 초등학교와 중·고등학교 교원노조로 분리되었다. 경주와 김천에서도 5월에 교원노조가 결성되는 등 경북 각지에서 교원노조가 설립되었다.

대구에서 시작된 교원노조 설립은 전국으로 확산되었고, 특히 영남에서 활발하였다. 대구를 포함한 경북 도내 곳곳에서 단위 노조가 결성되자, 도 단위 연합조직의 필요성이 제기되어 5월 29일 시·군의 초·중·고·대학 교원노조 대의원들이 모여 '경북지구교원노동조합연합회'(이하 경북교원노조) 결성대회를 가지고 출범하였다. 위원장은 김문심, 부위원장은 이목이었으며, 교육 자주성의 확보를 위한 학원민주화 도모, 정당과 관권에서의 독립, 신분 보장과 경제적·사회직 지위 향상 등을 강령으로 채택하였다.(『대구매일신문』, 1960. 5. 30) 경북교원노조에는 초등 24개 조합 5천 6백여 명, 중등 11개 조합 1천 4백여 명의 교원이 가입하였다.

전국에서 단위교원노조와 연합교원노조가 속속 설립되자, 전국 단위의 교원노조 설립에 대한 필요성이 제기되었다. 7월 3일 대구에서 각 지역 교원노조 대표들이 전국 규모의 연합회를 결성하기 위한 준비 모임을 가지고, 7월 17일 서울에서 '한국교원노동조합총연합회'를 결성하였다. 설립 당시 가입 교원은 전체 교원 10만여 명 가운데 1만 9천여 명에 이르렀고, 이후 2만여 명의 교원들이 비공개로 가입하였다. 이 가운데 경북 교원이 9천여 명으로 전국에서 가장 높은 가입률을 보일 정도로 교원노조 활동이 활발하였다.

교원노조의 설립은 교원들의 적극적인 참여와 지지로 순탄한 듯 보였지만, 설립 과정에서 정부의 방해와 탄압, 교원노조의 불인정 등으로 많은 어려움을 겪었고 지난한 투쟁을 벌였다. 전국에서 교원노조의 설립이 급속히 확산되자, 6월 과도정부는 교원노조가 국가공무원법과 교육공무원법의 위반이므로 교원들이 노조를 탈퇴하지 않을 경우 파면하겠다는 입장을 밝히고, 단위노조의 설립신고 서류를 반려하였다. 여기에 맞서 6월 24일 경북교원노조는 정부 정책 비판과 문교부 장관의 사퇴를 촉구하는 성토대회를 가지며 합법성 쟁취투쟁을 벌였다. 7월 4일 안동에서도 성토대회를 열고 가두시위를 벌였다.(『영남일보』, 1960. 7. 8) 교원노조에 대한 정부의 압박과 압력에 굴하지 않고 교원들의 노조 사수의 의지는 더욱 높아졌다.

교원노조에 대한 정부 정책을 비판하는 여론이 높았지만, 7월 11일 정부는 교원노조를 노동조합법 위반으로 검찰에 고발하였다. 이어 교원노조를 무력화시키기 위해 위원장 김문심을 비롯한 경북교원노조 간부들을 지방 벽지로 전근 발령하는 조치를 취하였다. 경북교원노조는 무효화를 요구하며 8월 11일부터 14일까지 도청 광장에서 연좌농성과 가두시위를 벌이고, 가처분 신청과 무효 소송을 제기하였다. 이어 달성공원에서 수천여 명의 교원과 시민들이 참가한 가운데 교원노조탄압반대 전국조합원 총궐기대회를 개최하는 등 교원노조의 합법성 쟁취에 총력을 기울였다. 이때 각 언론사가 교원노조를 지지했고, 대한변호사회는 교원노조가 합법이라는 입장을 밝혔다.

또한 각 산업별 노조와 혁신 정당들이 교원노조를 지원하는 활동을 벌였다.

8월 23일 출범한 장면 정부도 교원노조에 대한 입장에 변화가 없었다. 8월 25일 2천여 명의 교원은 대구역 광장에서 '총사퇴투쟁결행선언대회'를 개최하였다. 대회에서 경북교원노조 노조원은 8월 26일 총사퇴하고 전국의 교원노조원은 8월 28일까지 전원 사표를 제출한다는 내용의 선언문을 발표하였다. 이날 대구고등법원은 교원노조가 합법단체이며 전근 발령은 부당하다는 판결을 내려 교원노조의 합법성을 쟁취하였다.

장면 정부는 법원의 판결에도 불구하고 여전히 교원노조를 인정하지 않는 입장을 고수하였다. 9월 7일 정부는 조합의 결성 권리만 인정하고 쟁의권을 인정하지 않는 내용으로 교원노조법 개정의 입장을 밝혔다. 교원노조는 9월 26일 대구역 광장에서 교원노조의 불법화를 반대하는 집단농성·단식투쟁 결행선언대회를 가진 후 교원들이 집단 단식에 돌입했으며, 전국 차원으로 확대하였다. 대구와 경북에서는 6천여 명의 교원들이 집단 단식투쟁을 벌이면서 수업을 진행하였다. 이 과정에서 경주, 포항, 김천, 영천, 안동 등지에서 1천여 명의 교원이 쓰러지고 4백여 명이 탈진했으며, 30여 명이 입원할 정도로 교원들의 노조 사수 의지가 강렬하였다.(『경향신문』, 1960. 9. 29)

교원들이 집단 단식투쟁을 벌이는 동안 학생들도 교원들의 투쟁을 지지하며 동조 단식을 벌였다. 경북고, 경북여고, 대구상고 학생들은 시위와 농성을 벌이고, 대구농고, 능인고 학생들은 수업을 거부하며 지지하였다. 9월 29일에는 학생 1만 4천여 명이 "스승 없는 학원 없다"는 구호를 외치며 가두시위를 벌이고 대구역 광장에서 노천 학습하는 방식 등으로 교원들의 투쟁을 지지하였다.

교원노조 간부들은 정부가 추진하는 교원노조법 개정을 저지하기 위해 국회의사당과 문교부 앞에서 농성을 벌였다. 정부가 9월 29일 개정안 폐기를 결정하자, 교원들은 단식을 중지하는 대신 노조 설립신고증의 교부투쟁을 벌였다. 교원노조가 설립 신고를 했지만 그동안 정부가 계속 반려하자, 교원노조는 행정소송을 제기하였다. 1961년 1월 경북교원노조 간부들의 집단 농성을 시작으로 투쟁이 전국 차원으로 확대되었다. 교원노조 안동지부 소속 교원들은 교원노조의 신고증 발부, 학교 내 일체의 잡부금 폐지, 교육시설 증축 등 6가지의 요구사항을 내세우고 농성을 벌였다.(『영남일보』, 1961. 1. 28) 2월에는 지역의 저명인사를 중심으로 교원노조지원투쟁위원회를 결성하고, 대구역 광장에서 수천여 명이 모인 가운데 도민궐기대회를 가진 후 횃불을 들고 가두시위를 벌였다. 결국 정부가 4월 25일 설립 신고 각하 처분을 취소하여 교원노조는 합법성을 인정받게 되었다. 그러나 정부는 끝까지 교원노조를 합법단체로 인정할 수 없다는 입장을 고수하였다.

교원노조는 결성 이후부터 합법화 투쟁과 함께 교육민주화운동을 병행하였다. 문교부의 교과서 공급제도의 합리화, 초등학교 교과서 무상공급, 교과서 대금 인하 등을 요구했으며, 결식아동과 부족한 교실의 증축을 위한 기금 모금, 신생활 운동, 문맹교육 운동 등을 벌였다. 아울러 교원의 생존권 보장을 위한 임금 인상과 법정 수당의 쟁취 등 교원들의 권익 옹호를 위한 활동도 벌였다. 특히 사회민주화운동으로서 학원 정화 투쟁과 2대악법 반대투쟁 등을 벌였다.(이목, 1989, 14~55쪽; 석원호, 2010, 57~63쪽)

2) 노동조합 결성과 노동운동

헌법과 여러 노동 관련 법령은 노동자의 권익을 옹호하고 노동운동을 벌일 수 있는 권리를 보장하는 규정을 두고 있었다. 그러나 이승만 정권 하에서 노동자의 권리는 철저하게 억압되었고, 노동자의 권익을 옹호하고 확장시켜야 할 노동조합은 권력과 유착하고 자본가의 이해를 대변하는 어용조직에 불과하였다. 이승만 정권이 붕괴된 후 노동자들은 그동안 억압되었던 임금과 노동환경 개선 등 기본권 옹호와 노동조합의 민주화를 쟁취하기 위한 활동에 나섰다. 특히 대구는 1950년대 내외방직과 대한방직 쟁의를 거치면서 헌신적인 노동운동가의 배출 등으로 노동운동의 토양이 마련되어 있었다. 더욱이 어용노총인 '대한노동조합총연합회'(이하 대한노총)의 반노동적 성격과 반민주성을 비판하면서 1959년 10월에 결성된 전국노동조합협의회(이하 전국노협)의 의장인 김말룡을 비롯한 중앙 간부의 다수가 대구 출신이었기 때문에 대구는 전국노협 활동의 중심 지역이었다.

노동자들은 이승만 정권의 강권으로 일요일이지만 강제 출근해야 했던 2월 28일의 경험과 3·15부정선거를 직접 체험하면서 학생, 시민과 함께 4월혁명에 적극 참여하였다. 이승만이 하야를 발표했던 4월 26일 대한방직 노조원은 시민들과 함께 공장 앞까지 시위를 벌였다. 그 여세를 몰아 5월 16일에 1956년 쟁의 과정에서 해고되었던 대한방직 노동자들은 노조원, 시민 등과 함께 "대한방직 해고자 대회"를 개최하여 전원 복직을 요구하였다. 그 결과 5월 27일 해고 노동자의 복직과 대한방직 불하 당시 받지 못했던 퇴직금, 공로금 지급을 관철시킬 수 있었다.(『대구매일신문』, 1960. 5. 28) 29일에는 1천여 명의 노동자들이 임금 인상을 요구하며 쟁의를 일으켰다. 노동자의 단결과 함께 대한방직 사장 설경동이 부정축재와 탈세 혐의 등으로 조사를 받는 상황이었기 때문에 해고자 복직과 임금 지급 등을 관철할 수 있었다.

대구에서 노동쟁의가 발생하고 교원노조 등 노조 설립 활동이 활발하게 전개되자, 노조가 없는 기업에서도 노동자들이 노조를 결성하려는 움직임이 확산되었다. 이 시기 노동운동의 대표적인 사례가 제일모직의 노동쟁의였다. 제일모직 노동자 가운데 생산직 노동자들이 중심이 되어 노조 결성 활동에 나섰다. 회사 측이 여기에 대응하여 어용노조를 만들고 노동자의 불법 휴직과 공장 폐쇄로 노조 설립을 방해하자, 6월 14일 노동자들은 부당노동행위 중지, 불법 휴직과 공장 폐쇄 중지 등을 요구하며 단식투쟁에 들어 갔다. 경북도 당국의 공장 재개 권고를 회사 측이 받아들이지 않자, 노동자들은 공장 사무실을 점거하고 농성투쟁을 벌였다. 경찰이 동원되어 해산을 시도하자, 소식을 들은 다른 공장노동자들이 지원하여 경찰이 물러났고, 이어 출동한 계엄군은 노동자를 강제 해산시키지 않고 공장 경비를 담당하였다. 제일모직 노동자들의 쟁의가 벌어지는 동안 대한방직, 삼호방직 등 다른 사업장의 노조들은 주먹밥을 제공하는 등 연대와 지원하는 활동을 벌였다. 결국 8월 10일 회사 측은 공장 폐쇄를 철회했으며, 노동자들은 노조를 설립하였다.

이 시기 생산직 노동자의 노조와 함께 대구일보, 은행 등 사무직 노조의 결성이 많았다. 노조 설립으로 1960년에 설립된 노조는 40여 개로 조합원이 4천 8백여 명에 이르렀으며, 이 해까지 노조가 90여 개, 조합원이 1만 7천여 명에 이르렀다. 노조 설립 과정에서 전국노협 경북도련은 남선경금속, 조선기업 등 새로운 노조의 결성을 지원하고 교원노조의 결성도 지원하였다. 그 결과 새로 설립된 대다수의 노조가 전국노협에 가입했으며, 삼호방직과 같이 기존 노조의 개편으로 어용노조인 대한노총을 탈퇴하여 전국노협에 가입하는 노조도 많았다.

한편 이 시기 노동운동에서 주목되는 점은 '대구시노동조합연맹'(이하 대구노련)의 결성과 활동이었다. 대구노련은 '한국노동조합총연합회'(이하 한국노련) 경북도연합회와 대구지구연합회에서 활동하던 단위 노조와 노동계 인사들이 탈퇴하여 1961년 3월 26일에 결성한 단체였다. 대구노련에는 한국노련을 탈퇴한 17개 단위 노조 가운데 제일모직, 동촌비행장, 대구이용사, 대구목공, 내외방직 등 15개 단위 노조가 참여하였다. 의장은 한위술, 부의장은 이종화, 사무국장은 김중도가 맡았으며, 민주적인 운영을 위해 운영위원회 체제를 채택하였다.(『매일신문』, 1961. 3. 28) 대구노련은 전국적 상급 단체가 없는 지역 단위의 독자적인 노조 연합조직으로 새로운 형식의 노조였으며, 경제주의를 벗어나 노동운동과 진보적 사회운동의 결합을 추구한 단체였다.

노조를 비롯한 노동단체는 임금, 노동환경 등 노동자의 기본권 옹호 활동과 함께 진보적 사회운동단체와 연대하여 통일운동을 지원했으며, '2대악법반대노조연합투쟁위원회'를 결성하여 2대악법 반대투쟁을 벌이는 등 진보적 사회운동을 펼쳤다.(장미현, 2011, 256~264쪽; 김상숙, 2017, 125~144쪽)

3) 피학살자유족회 결성과 민간인학살 진상규명운동

이승만 정권이 구축한 극우 반공 체제 아래에서 자행된 인권 유린을 포함한 과거사의 진상을 규명하고 청산하려는 활동도 활발하게 전개되었다. 대표적인 사례가 한국전쟁 전후 군과 경찰이 자행한 민간인학살사건이었다. 전쟁 때 군이 자행한 '거창민간인학살사건'으로 희생된 유족들이 5월 11일에 학살사건 당시 면장을 구타하고 불태워버린 충격적인 사건이 일어났다. 이 사건은 전국 곳곳에서 자행된 민간인학살사건을 세상에 알리는 계기가 되었다. 이 사건 후 언론은 경쟁적으로 민간인학살 관련 기사를 보도했으며, 국민의 관심도 높아졌다.

대구와 경북에서도 각 신문이 경산 코발트광산과 가창, 선산 등지에서 일어났던 민간인학살사건을 집중적으로 보도하였다. 이를 계기로 경주, 청송, 봉화 등지에서 발생한 학살사건의 유족들이 학살 사실을 알리거나 언론사에 학살의 진상을 밝히는 글을 직접 투고하는 일이 이어졌다. 국회도 유족과 여론을 의식하여 '양민학살사건진상조사특별위원회'를 구성하여 진상규명 활동에 들어갔다. 특별위원회의 경북반은 6월 2일부터 5일까지 학살이 자행된 가창, 달성광산, 문경 등지를 방문하여 유족과 주민들로부터 학살사건의 내용 등을 청취하는 활동을 벌였다.

5월 30일 대구에서는 이원식 등이 주도하여 '경북지구피학살자합동위령제준비위원회'를 구성했으며, 성주 등지에서 유족회를 발족하였다. 경북 각지에서 유족회가 구성되자 6월 9일 대구에서 '경북유족회준비위원회'를 구성하고, 15일 각 시·군 대표 유족들이 참석한 가운데 '경북지구피학살자유족회'(이하 경북유족회)를 결성하였다. 신석균이 회장으로, 안귀남과 이홍근이 부회장으로 선출되었으며, 전국에서 처음으로 결성된 도 단위의 유족단체였다. 경북유족회는 헌법에 규정된 기본 인권의 보장, 학살 피해에 대한 국가의 보상, 학살 관련자의 고발과 처단 등을 당면과업으로 정하고 활동하였다.

경북유족회가 발족한 후에는 경산, 선산, 영덕 등 군 단위의 유족회가 속속 결성되었다. 특히 박정희의 형으로 1946년 10월 항쟁 당시 경찰에 학살된 박상희의 부인인 조귀분이 선산유족회의 부녀부장으로 선임되어 적극적인 활동을 벌인 모습이 눈에 띄었다. 이어 칠곡, 금릉에서도 유족들이 피학살자유족회를 결성하였다. 이 과정에서 반공단체가 중심이 되어 유족회의 설립과 활동을 방해하는 일이 일어났다. 대표적인 사례가 경주유족회였다. 경주유족회는 10월 10일 결성되었으나, 11월 2일 이 지역 대한전몰군경유족회와 상이군경 가족들이 '구보련계규탄대회'를 가지고 경주유족회 사무실을 습격하여 간판을 탈취해 가는 일이 있었다. 경북유족회는 당일 경주에 회원을 파견하여 지원투쟁을 벌였으며, 11월 13일 거행된 합동위령제에 참가하여 지원하였다. 경북에서 유족회의 활동은 대구를 중심으로 도 단위의 유족회가 먼저 결성되고, 군 단위의 유족회 결성을 지원하거나 연대 활동을 펼친 사실이 특징적이었다.

전국 각지에서 결성되어 활동하던 피학살자유족회는 전국적 연대의 필요성을 느꼈다. 10월 20일에는 경북유족회와 경남유족회 산하 유족회 대표 50여 명이 참석한 가운데 '전국피학살자유족회'를 결성하였다. 전국유족회는 학살 관련자의 엄중 처단, 학살사건의 진상규명, 경찰의 유족 감시 해제, 피학살자의 호적 정리, 국가의 보상금 지급 등을 결의하고 활동하였다.

피학살자유족회는 피학살자의 위령제와 유골 발굴, 학살 관련자의 응징과 고발 등의 활동을 벌였다. 1960년 6월 6일 경산에서는 유족들이 한국전쟁 당시 피학살자를 밀고한 전 민보단 부단장 집을 공격했으며, 6월 16일에는 경주에서 한국전쟁 당시 지역 주민을 학살한 것으로 지목된 이협우 국회의원을 고발하였다. 7월 28일 대구역 앞에서 경북유족회는 '경북지구 피학살자 합동위령제'를 거행하였다. 위령제에서 "무덤도 없는 원혼이여 천년을 두고 울어주리라", "조국의 산천도 고발하고 푸른 별도 증언한다"라는 플래카드는 많은 사람들의 심금을 울렸다. 경주유족회도 11월 13일 합동위령제를 거행하였다. 경북유족회는 대구 가창댐, 송현동, 만촌동 등 학살 장소를 알려진 곳에서 피학살자 유골을 발굴하는 활동을 벌였다. 피학살자유족회는 지역의 진보적 사회단체와 연대하여 통일운동과 악법 제정 반대투쟁 등 진보적 사회운동을 벌였다.(석원호, 2010, 66~71쪽; 이창현, 2018, 69~125쪽)

4) 학원민주화운동과 계몽운동

4월혁명에 앞장섰던 학생들은 이승만 대통령의 하야 후 대구 · 경북 지역에서의 선무 활동을 마치고 학교로 복귀하였다. 학생들은 먼저 자치 조직의 건설에 나서 과도정부가 학도호국단의 해체를 결정하자, 자치학생회 건설에 착수하였다. 학도호국단은 이승만 정권이 학생을 통제하고 동원하기 위해 만든 조직이었으며, 비민주적이고 관료적인 운영으로 학생들에게 많은 비판을 받고 있었다. 5월 2일 청구대 학생 1천여 명이 성토대회를 열어 학생위원장을 비롯한 간부들의 불신임, 학도호국단 해체와 탈퇴를 결의했으며, 3일에는 경북대 학생들이 학도호국단 해체와 독립된 자치회 구성을 결의하였다.(『경북대학보』, 1960. 5. 16;『청구춘추』, 1960. 5. 25) 이 과정에서 일부 대학의 학도호국단 간부들이 반발했으나, 큰 어려움 없이 자치학생회를 건설해 나갔다.

학생들은 자치학생회 건설과 동시에 어용교수 축출, 부패재단 정화 등 학교의 비민주적 운영과 비리를 청산하는 학원민주화운동을 벌였다. 5월 3일 경북대 학생들은 총장을 비롯한 어용교수의 축출, 시위 주도 학생의 밀고자 색출, 기성회비 반환 등 9개 요구사항을 학교 당국에 제시하였다. 학교 당국이 미온적인 입장을 보이자, 5월 10일부터 동맹휴학에 들어갔다. 총장을 비롯한 보직 교수가 사퇴하고 기

〈그림 1-4〉 경북대 학생들의 학원민주화운동
(출처: 매일신문사)

성회비의 일부 반환 등 일부 요구 사항이 관철되어 진정 국면에 들어갔다. 경북대의 학내 문제에서 가장 첨예했던 문제는 5월부터 시작된 의과대와 농과대 일부 교수의 퇴진이었다. 특히 의과대 학생들의 투쟁은 의과대의 무기휴교령과 교수들의 사표 제출, 투쟁 주도 학생의 구속으로 이어졌으며, 8월 중순 신임 학장과 병원장의 부임으로 일단락되었다.

대구대 학생들은 동창회 대표들과 함께 재단이사장의 사퇴와 재단이사 가운데 자유당 중진인 3명을 어용으로 규정하고 이들의 사퇴를 요구하였다. 학교 재단이 이사장의 교체와 함께 어용으로 지목된 이사를 퇴진시키고

새로운 이사진을 구성하여 학생 요구가 관철되었다. 계명기독대 학생들은 부학장의 사퇴와 비기독교인의 임용 개방 등을 요구했다. 안동사범학교 학생들은 4월혁명에서 희생된 김주열과 교수단 시위를 모욕하고 비하한 학교장의 사퇴를 요구하여 관철시켰다.(『대구일보』, 1960. 5. 3)

한편 고등학생들도 어용·무능교사 퇴진과 재단 비리 척결 등을 요구하는 학원민주화운동을 벌였다. 대구에서는 대구공고 학생들이 4월혁명 당시 학생 시위를 저지하는 데 앞장선 교사들을 규탄하며 전원 휴학을 결의했으며, 오성고 학생들은 반공청년단 지구단장을 지낸 교장과 비리교사의 퇴진을 요구하며 동맹휴학을 단행하였다. 영신중·고 학생들은 학교 운영의 비리 척결과 등록금 인하 등을 요구하고, 재단 이사장과 교장·교감의 사퇴를 촉구하며 동맹휴학을 벌였다. 이들 학교 외에도 많은 중·고등학교에서 학생들이 학내 문제를 두고 학교 측과 갈등을 빚었다.

경북 각 지역에서도 학생들이 학원민주화운동을 벌였다. 경주공고 학생들은 3·15부정선거에 개입한 교사와 사적인 일에 학생을 동원한 교사의 퇴출을 요구하며 동맹휴학을 벌였으며, 김천중·고등학생들은 교장 퇴진을 요구하며 동맹휴학을 단행하였다. 안동의 예안고 학생들은 부족한 학교 시설과 교사의 부족 등 열악한 교육 환경의 개선을 요구했으나, 학교 당국이 거부하자 학생 전원이 동맹휴학에 들어갔다. 안동고 학생들은 학교 당국의 교복비 횡령 문제의 해명 요구에 응하지 않고 오히려 교사가 주도한 학생을 폭행하자, 교사를 내쫓고 교복비 문제의 해명을 요구하는 격문을 뿌리고 동맹휴학에 들어갔다.(『대구일보』, 1960. 5. 11; 『영남일보』, 1960. 6. 14) 10월 초까지 대구를 포함한 도내 중·고등학교에서 일어난 학내 분규는 30여 건에 이르렀으며, 절반 이상이 학교 운영과 인사상의 부정, 3·15부정선거 개입을 규탄하는 문제였다.

학생들은 학원민주화운동과 함께 국회 해산과 반민주 세력 척결 등 4월

혁명의 완수를 위한 활동에도 적극 나섰다. 5월 2일 경북대 사대부고, 대건고, 대구상고, 대륜고 학생들은 국회 해산, 총선거 실시, 개헌을 요구하며 가두시위를 벌였으며, 다음날에도 대구농고, 대구공고, 오성고, 영신고, 능인고, 성광고, 중앙상고, 대구여상 등 고등학생과 효성여중, 원화여중 등 중학생들이 국회 해산을 요구하는 가두시위를 벌였다. 5월 4일 중·고등학교 학생 대표와 대학 학생 대표들은 연석회의를 가지고, 개헌 후 국회 해산을 요구하는 결의안을 국회에 건의하였다. 5월에 과도정부가 이승만의 미국 망명을 주선한 사실이 알려지자, 5월 30일 대구대 학생 1천여 명은 이를 규탄하는 가두시위를 벌였다.

학생들은 7·29총선이 결정되자, 선거 계몽 활동과 반혁명 세력의 입후보를 막기 위한 활동을 벌였다. 6월 경북대 학생들은 '민주선거촉진학생연맹', 청구대 학생들은 '선거계몽대'를 조직하여 도내 각지에서 공명선거 계몽, 보수·혁신 양당정치 구현, 반혁명 세력의 배척 등을 내용으로 선거 계몽 활동을 펼쳤다. 7월에는 대학생들이 서울대 국민계몽대와 연합으로 반혁명세력규탄궐기대회를 가진 후 횃불을 들고 일당독재 방지, 양민학살 원흉 규명, 부패기성세력 퇴진, 부정축재자와 은폐자의 엄단 등의 구호를 외치며 가두시위를 벌였다.

학생들은 선거와 농촌지역의 계몽 활동에 그치지 않고 도시에서도 '신생활운동'의 이름으로 계몽운동을 벌였다. 신생활운동은 외래품 소비와 사치 풍조를 배격하는 운동이었으며, 궁극적인 목표는 자립경제의 확립이었다. 학생들은 시내 다방, 유흥가 등을 돌며 건전한 생활을 주장하였다. 그러나 건전한 생활에 어긋나는 학생의 자기 성찰 부족과 업소에 무단으로 들어가 손님을 괴롭히고 일본 음반 등을 함부로 빼앗는 행동 등으로 시민은 물론 학생들에게도 별다른 호응을 얻지 못하였다.(여정남기념사업회, 2017, 47~54쪽)

2. 혁신 세력의 활동과 진보적 사회운동

1) 혁신 정당의 결성과 활동

1958년 이승만 정권의 진보당 탄압과 선거 참패로 침체에 빠졌던 혁신 세력은 이승만 대통령의 하야 직후 서울, 대구, 부산 등지를 중심으로 활동을 재개하였다. 대구에서는 4월 27일 혁신계 인사들이 첫 모임을 가지고, 5월 5일 '한국혁신세력집결촉진경북준비위원회'(이하 경북준비위)를 구성하였다. 경북준비위는 혁신 세력의 결집, 공산주의·독점자본주의 반대 등의 내용이 담긴 성명서를 발표하고 활동에 나섰다. 이 무렵 서울에서 서상일 등이 사회대중당 창당을 준비해 나가자, 5월 15일 '한국혁신세력집결대구촉진회결성대회'에서 경북준비위를 해체하고 '사회대중당경북도당 준비위주비회(이하 경북도당준비위)'를 결성하였다. 경북도당준비위는 곧 치러질 7·29총선 준비와 함께 6월 15일에 '사회대중당경북도당창당준비위원회'(이하 사회대중당창당위) 결성대회'를 가졌다. 사회대중당창당위는 과거의 보수 정당과 같은 '보스' 정치를 지양하기 위해 유한종, 양호민, 백기만, 이영옥, 양재소 등 11인 총무위원단을 구성하고, 산하에 선전·재정·통제·당무·조직위원회 및 인권옹호위원회 등의 기구를 두었다.

사회대중당창당위는 대구에서 지명도가 높은 서상일, 이동화, 최석채 등을 민의원 후보로 공천하는 등 대구를 포함한 경북의 38개 지역구 가운데 29개 지역구와 2명의 참의원 후보를 공천하였다. 4월혁명의 계승과 완수, 유엔 감시 하의 총선거를 통한 통일방안, 혁신 세력의 혁신 정치, 계획경제와 자유경제를 혼합한 경제와 계획성 있는 경제체제 등 민주적 사회주의에 바탕을 둔 경제정책 등을 강연회와 정책발표회 등 다양한 방식으로 유권자에게 선전하고 지지를 호소하였다. 또한 과거 보수 정당의 문제, 민주당의 일당 독재로 재연될 수 있는 위험성을 지적하며 민주당을 신랄하게 비판하였다.

7월 29일 치러진 총선에서 대구경북은 사실상 사회대중당과 민주당의 양당 대결 양상이었으며, 사회대중당은 대구에서 원내 진출을 위해 선거에 총력을 기울였다. 그러나 대구에서 서상일만 당선되었을 뿐 나머지 후보는 낙선하여 참패하였다. 혁신 세력의 참패는 강고한 반공이데올로기에 기초한 분단 체제 속에서 조율되지 못한 통일 방안과 용공성 시비, 보수 정당과 차별되는 정책의 호소력이 시민에게 약했던 요인이 작용하였다. 또한 선거에 대비할 충분한 시간적 여유를 갖지 못해 조직 기반을 다질 수 없었고, 선거 자금도 열악하였다. 게다가 혁신적 성향을 가진 입후보자와의 경합, 공천 과정에서의 잡음과 분열 등이 시민들의 등을 돌리게 했으며, 이승만 정권 하에서 펼친 민주당의 반독재운동에 대한 시민들의 보상 심리 등도 작용하였다.

선거가 끝난 후 사회대중당창당위는 지역 현안이던 교원노조 문제에 대응하고, 각 분야의 사회운동을 지원하는 활동을 벌여 나갔다. 선거 후 사회대중당 중앙의 분열 속에서도 혁신 세력 통합이라는 입장을 고수하였다. 그러나 노선 차이와 주도권 등의 문제를 극복하지 못하고 진보당계와 비진보당계로 분열되었다. 이후 진보당계의 주류는 사회주의적 사회의 건설을 이념으로 중립화 통일방안을 내세우며 결성한 사회당에 참여하였다. 12월 30일 진보당계 인사들이 중심이 된 혁신계 인사 50여 명이 '사회당경북도당결성준비위원회'를 결성했으며, 유한종, 강대휘, 강창덕, 신현달 등이 활동을 주도하였다. 사회당은 혁신 정당 가운데 가장 빠르게 조직을 정비하고 활동하였다.

1961년 1월 박지수, 이영옥 등 진보당계 일부 인사는 사회주의적 경제정책과 한국의 영세중립화를 표방한 혁신당의 경북도당을 발족하였다. 이어 양호민, 홍형의 등은 민주적 사회주의, 중립화론의 통일방안을 내세운 통일

사회당 경북도당의 결성에 나섰다. 이후 혁신당과 사회대중당이 통합에 합의하여 5·16군사쿠데타 이전까지 대구경북에서는 사회당, 통일사회당, 양당통합위원회로 분립되어 활동하였다.(허종, 2019, 275~294쪽)

2) 일본경제사절단 입국 반대투쟁과 한미경제협정 반대투쟁

4월혁명 이후 대중들이 통일문제에 대한 관심이 높아지면서 민족자주 의식도 고양되었다. 이 시기 민족자주성을 지키고 외세의 경제 침탈을 저지하려는 첫 움직임이 일본경제사절단 입국 반대투쟁과 한미경제협정 반대투쟁이었다. 일본경제사절단 입국 반대투쟁은 1961년 1월 민주당 의원의 초청 형식으로 일본 재벌의 중역으로 구성된 경제사절단이 1월 16일부터 25일까지 한국을 방문하여 산업시설을 시찰한다는 내용이 알려지면서 시작되었다. 경제사절단의 일정에는 1월 20일 대구에 있는 공장의 시찰도 포함되어 있었다. 일본경제사절단의 한국 방문은 단순히 산업 시찰에 머물지 않고 한일 두 나라의 국교 정상화, 일본 물자의 구입, 미국의 압력이 간접적으로 작용했다는 소문이 나돌았다. 진보적 사회운동 세력은 경제사절단 방한이 일본 자본 수출과 상품시장을 확보하려는 경제 침략의 성격을 띠고 있으며, 일본과의 교류보다는 남북한의 우선 경제 교류를 주장하면서 일본경제사절단의 방한 반대투쟁을 선언하였다.

한국에서 일본경제사절단의 방한을 반대하는 여론이 높아지자, 경제사절단의 방한이 1월 23일로 연기되고 일정도 단축되었으나 저지투쟁은 계속되었다. 대구에서는 1월 18일 신민당, 사회당, 혁신당, 경북민족통일연맹(이하 경북민통련), 민주민족청년동맹경북동맹(이하 경북민민청), 대구지구 피학살자유족회, 구국노인회, 광복동지회 등의 정당과 사회단체가 연합하여 '일본경제사절단입국반대경북투쟁위원회'를 결성하였다. 투쟁위원회는 일본경제시찰단 방한을 통일운동을 방해하는 것으로 규정하고, 일본경제시찰단 대신 남북경제사절단 교류, 침략자의 앞잡이 반대, 친일민족반역자의 매국적 음모 분쇄 등을 주장하였다. 이어 경제시찰단의 방한을 비판하는 전단을 시민들에게 살포하고, 방한을 반대하는 시민대회를 열어 시위를 벌이기로 결의하였다.

투쟁위원회는 계획에 따라 1월 21일 대구역 광장에서 5백여 명의 시민이 모인 가운데 일본경제시찰단 입국을 반대하는 시민대회를 개최하였다. 사회당 경북도당 통일위원장 김세형은 일본 자본과 상품이 한국에 침투했을 경우 입을 피해 상황을 설명했으며, 경북민민청 간사장 도예종은 일본의 경제침략을 막고 통일과 한국 경제의 발전을 위해 먼저 남북의 경제 교류를 주장하였다. 대회를 마친 후 투쟁위원회는 일본경제시찰단의 방한 반대, 친일파 · 민족반역자의 매국적인 음모 분쇄, 남북경제시찰단의 교환을 건의하고 해산하였다. 일본경제시찰단의 방한을 반대하는 움직임과 여론이 높아지자, 방한이 결국 취소되었다.

진보적 사회운동 세력은 1961년 2월에 한국과 미국 두 나라가 체결한 한미경제협정을 비판하고 개정을 촉구하는 활동을 벌였다. 이 협정은 해방 이후부터 맺은 여러 원조 관련 협정을 하나로 묶은 것이었다. 하지만 협정 내용 중에는 한국의 주권을 침해하는 조항이 다수 포함되어 있었다. 한국 정부의 경제 기록에 대한 미국의 제약 없는 관찰과 재검토, 특별사절단과 구성원의 외교관 간주, 원조 계획의 전부 또한 일부에 대한 미국의 자의적 중단 등의 내용이었다.(민주화운동기념사업회, 2008, 318~319쪽)

2월 11일 경북민민청은 혁신 정당과 사회단체 대표자들을 초청하여 회의를 가지고 이 협정을 반대하는 범국민대회를 열기로 결의하였다. 경제협정을 반대하는 여론에도 불구하고 불평등한 내용으로 체결되자, 2월 19일 경북민통련, 경북민민청, 경북유족회 등의 사회단체와 사회당, 통일사회당,

혁신당, 사회대중당 등 혁신 정당은 공동투쟁을 벌이기 위해 '한미경제협정경북공동투쟁위원회'를 결성하였다. 한미경제협정경북공동투쟁위원회는 2월 22일 대구역 광장에서 1천여 명의 시민이 모인 가운데 한미경제협정을 반대하는 시민궐기대회를 개최하였다. 궐기대회에서 "한미경제협정은 을사조약과 무엇이 다르냐!", "빵을 구걸하다가 노예가 되고 싶지 않다"는 등의 플래카드를 앞세우고, 사회대중당의 최일, 사회당의 강창덕, 경북민민청의 정만진 등이 강연하였다. 강연은 협정 체결의 반대가 반미운동이 아님을 전제하고, 협정이 한국을 경제적 식민지로 만드는 내용을 포함하고 있기 때문에 국회의 비준 반대와 미국의 재고를 촉구하는 내용이었다. 아울러 협정이 일제 식민지로의 길을 터놓았던 '을사보호조약'과 같은 성격이므로 미국이 한국을 식민지로 만들고 국민을 노예화하기 위한 '수작'이라고 비판하는 내용이었다.

한편 대구 시내 중·고등학생들도 2월 28일 2·28대구민주화운동 1주년 기념식을 마친 후 "한미행정협정을 조속히 체결하라", "굴욕적인 한미경제협정을 반대한다" 등의 플래카드를 들고 가두시위를 벌였다.(『매일신문』, 1961. 3. 1) 이와 같은 비판을 의식하여 2월 28일 국회가 협정 내용에 면책과 면세 특권을 받는 원조기관 요원들의 명확한 명시 등의 일부 부대 결의를 첨부하고 비준하였다. 이로써 한미경제협정 반대투쟁은 부분적인 성과를 거두고 막을 내렸다.(허종, 2019, 296~297쪽)

3) 2대악법 반대투쟁

4월혁명 이후 사회운동 세력과 시민들이 연대하여 진보적 사회운동을 벌인 대표적인 사례가 장면 정권이 추진한 '반공임시특별법'(이하 반공법)과 '집회 및 시위에 관한 법률(이하 집시법)'의 제정을 반대하는 투쟁이었다.

두 법은 4월혁명 이후 노동자 · 농민을 비롯한 각계각층이 기본권 보장과 사회개혁을 요구하며 벌인 각종 집회와 시위, 특히 통일운동을 탄압할 목적을 가지고 있었다. 전국의 혁신 정당과 진보적 사회단체들은 두 법을 진보적 사회운동을 탄압하려는 '악법'으로 규정하고 법 제정을 반대하는 투쟁에 나섰다. 대구에서는 3월 15일 11개 정당, 사회단체, 학생단체들이 참여한 '반공특별법및데모규제법반대경북공동투쟁위원회'(이하 경북공투위)를 결성했으며, 노동자들은 '2대악법반대노조연합투쟁위원회'(이하 노조투위), 학생들은 '2대악법반대경북학생투쟁위원회'(이하 경북학생투위)를 각각 결성하여 궐기대회, 공청회, 가두선전 등 다양한 방식의 투쟁을 추진하였다.

3월 18일 경북학생투위가 전국에서 처음으로 투쟁의 포문을 열었다. 이날 비가 오는데도 불구하고 대구역 광장에 8천여 명이 모인 가운데 진행된 규탄대회에서 학생들은 2대악법이 사상, 시위, 집회의 자유 등 국민의 기본권을 억압하고 공포정치를 자행하려는 민주당 정부의 음모라고 규정하며, 국민 기본권을 박탈하는 2대악법 철폐, 무능한 장면 정권의 퇴진, 반공단체의 해산 등을 결의하였다. 특히 자유당 독재의 유산인 국가보안법의 철폐를 주장하였다. 대회를 마친 후 학생들은 횃불을 들고 시위에 들어갔다. 조재천 법무부 장관 집을 향해 시위를 벌이던 중 저지하는 경찰에 맞서 투석전까지 전개하면서 격렬한 시위를 벌였다. 학생들은 민주당 경북도당사까지 시위를 벌이며 악법 철폐와 장면 정권의 퇴진까지 주장했다. 이날 경북학생투위는 투쟁의 전국화를 추동하고 서울의 투쟁을 독려하기 위해 결사대를 서울로 파견하기도 하였다.(『매일신문』, 1961. 3. 19;『영남일보』, 1961. 3. 31)

3월 21일에는 경북공투위가 대구역 광장에서 시민궐기대회를 개최하였다. 대회에는 시민 1만 5천여 명이 운집하여 4월혁명 이후 가장 큰 규모의 집회였다. 궐기대회에서 통일사회당의 이동화, 양당통합위원회의 최일, 사회당의 유병묵 등은 두 법이 국민의 기본 권리를 보장하는 헌법을 무시하고, 공포의 나라로 가는 장면 정권의 발악이라고 규탄하였다. 특히 반공법은 장면 정권의 본질이 이승만 정권·자유당과 같으며, 법 제정에 협조하는 신민당도 같은 집단으로 규정하고 규탄하였다. 대회를 마친 후 시민, 학생 3천여 명은 수십 개의 플래카드를 앞세우고 빨갱이로 조작하는 반공법과 시위를 막는 집시법의 철회를 주장하면서 시내 일대를 행진하며 가두시위를 벌였다.

3월 24일에는 다시 경북학생투위 주최 아래 3만 명의 학생과 시민이 운집한 궐기대회를 열었다. 대회에서 이승만과 장면의 허수아비를 만들어 가장 결혼식을 거행했고, 정만진 경북학생투위 위원장은 장면 정권을 규탄하는 시민에 대한 탄압은 제2의 이승만 만행이라고 규탄하고, 민주주의와 인권을 지키기 위해 최후의 일각까지 투쟁할 것을 주장하였다. 이어 국회의원의 악법 심의 거부, 연행 학생의 석방, 장면 정권의 퇴진 등의 결의문을 채택한 후 가두시위를 벌였다.(『대구일보』, 1961. 3. 25)

2대악법 반대투쟁은 경북으로 확산되었다. 3월 27일 안동민민청이 안동시장에서 3천여 명이 모인 가운데 '2대악법 반대 안동군민 궐기대회'를 열었다. 안동민민청은 장면 정권의 무능과 부패를 숨기기 위해 악법 제정을 추진하고 있으며, 이승만 정권이 독재의 도구로 활용했던 국가보안법의 개정보다 더 악랄한 방식이라고 규탄하였다. 또한 국민 기본권을 유린하고, 통일운동을 방해하기 위해 제정하려는 책동이라고 비판하였다. 이날 상주에서도 경북민통련이 2천여 명이 모인 가운데 악법 제정을 반대하는 궐기대회를 개최하여 장면 정권을 규탄하고 남북 교류를 주장하였다.(『영남일보』, 1961. 3. 29;『민족일보』, 1961. 3. 31) 3월 31일 더 강력한 투쟁을 벌이기 위해 경북공투위, 경북학생투위, 노조투위, 그동안 3개 투쟁위원회에 참여하지 않았던 단체와 연합하여 '2대악법반대연합공동투쟁위원회'(이하 연합투위)를 결성하였다.

두 법의 제정을 반대하는 비판적인 여론이 높았지만 장면 정권의 입장에 변화가 없자, 4월 2일 연합투위는 궐기대회를 계획하였다. 대구에서의 대규모 시위에 위기감을 느낀 도 당국의 집회 불허와 경찰의 강력한 저지로 대회 개최가 어려웠지만, 대회를 강행하려는 연합투위와 시민들은 장면 정권 퇴진, 2대 악법 반대 등의 구호를 외치며 대구역 광장으로 집결하여 대회 강행을 시도하였다. 이 과정에서 시위 군중과 경찰 사이에 격렬한 충돌이 발생하여 부상자가 속출했으며, 이 시기 단일 시위로는 가장 많은 40여 명이 구속되었다.

경북공투위는 주요 간부들이 구속된 상황에서도 4월 7일에 3차 궐기대회를 개최하였다. 수성천변에 시민, 학생 4천여 명이 참석한 가운데 열린 궐기대회에서 통일사회당 박권희 등 6명의 연사들은 국가보안법을 개정하고 집시법을 제정하여 진보적 사회운동을 탄압하려는 민주당 정권을 규탄하였다. 대회를 마친 후 시민, 학생 2천여 명이 시내 중심가 일대를 순회하며 가두시위를 벌였다. 14일에는 수성천변에서 경북학생투위가 3차 규탄대회를 열었다. 학생들은 국가보안법 개정안과 집시법이 악법을 넘어선 살인법이라고 규탄하고, 학생 구속과 학원 자유를 파괴하는 장면 정권을 규탄하는 결의문을 채택하였다. 대회를 마친 후 학생들은 가두시위에 들어가 대구 경찰서 앞에서 구속된 학생의 석방을 요구하는 구호를 외치면서 연좌시위를 벌였다. 다시 악법 철폐 등의 구호를 외치면서 시내 중심가에서 가두시위를 벌였다.(『대구일보』, 1961. 4. 15)

대구를 중심으로 전국에서 2대악법을 반대하는 투쟁이 4월 중순까지 지속되자, 결국 장면 정권이 두 법의 법안 상정을 포기하여 두 법의 제정이 무산되었다. 이 투쟁은 대구의 민주 세력의 투쟁 역량과 시민들의 민주화에 대한 열망을 상징적으로 보여준 사례였다. 투쟁은 대구에서 시작되어 시위 규모나 횟수, 양상에서 다른 지역을 압도하고 투쟁의 전국화를 추동했으며,

장면 정권이 제정 포기를 선언할 때까지 지속하였다. 대구가 악법 제정을 저지했다고 평가하더라도 지나치지 않았다.(석원호, 2010, 78~81쪽; 허종, 2019, 296~297쪽)

4) 통일운동단체의 결성과 통일운동

이승만 정권이 무너진 후 그동안 억압되었던 민주주의와 기본권 확립, 과거사 진상 규명 등 다양한 민주주의 의제가 분출되고, 이를 해결하고 극복하기 위한 움직임이 활발하게 일어났다. 그 중에서도 통일문제가 가장 뜨거웠다. 통일의 당위성을 넘어 정치, 경제 등 한국 사회가 직면한 많은 문제의 근원이 분단에서 비롯되었다는 인식이었고, 이를 해결하기 위해서는 분단 체제를 극복하고 통일로 가야한다는 인식이 높았다. 통일문제는 7·29 총선에서도 뜨거운 쟁점이 되었다. 사회대중당 후보로 출마한 서상일이 통일방안으로 유엔 감시 하 총선거안과 북한의 중립국 감시안을 절충할 수 있다는 입장을 밝혔다. 이어 혁신동지총연맹의 장건상 등이 중공의 유엔 가입 등을 주장하면서 통일문제가 쟁점으로 떠올랐고 용공성 시비가 시작되었다. 민주당은 서상일의 주장이 용공성을 띠고 있고, 사회대중당을 용공 정당이라고 비판하며 공세에 나섰다. 통일문제와 용공성 시비는 대구에서 한층 격화되어 사회대중당과 민주당이 서로 고소·고발하는 등 선거 기간 동안 뜨거운 쟁점이 되었다.

총선 이후 통일문제가 사회적 쟁점으로 부각되면서 혁신계 인사와 청년을 중심으로 다양한 통일운동단체들이 결성되었다. 대구경북에서는 경북 민통련이 대표적인 통일운동단체였다. 이 단체는 1960년 5월 22일 안경근과 안민생 등이 주도하여 결성한 '민주구국동지회'가 모태였다. 민주구국동지회는 총선에서 혁신 세력의 참패 이후 보다 적극적인 활동을 벌이기 위해

10월 22일 독립운동가, 혁신계 인사, 사회단체 간부들이 참여한 '경북시국
대책위원회'로 확대 전환하였다. 위원장은 안경근, 부위원장은 권계환, 김
성달, 정태흠이 맡았으며, 자주적이고 평화적인 통일과 반민주적, 반혁명적
요소의 제거 등을 표방하였다. 11월 12일에는 3천여 명의 청중이 모인 가운
데 통일문제 강연회를 개최하고, 통일방안에 대한 여론 조사도 실시하는 등
이 시기 통일운동을 주도하였다.

11월 26일 경북시국대책위원회는 지역민의 통일 열기를 높이고 적극적
으로 통일운동을 벌이기 위해 경북민통련으로 전환하였다. 창립 당시 회원
이 1만 명에 이르렀고, 대구뿐만 아니라 안동, 예천, 영천, 문경, 고령, 청
도 등지에서도 조직 준비 활동이 전개되었다. 1961년 1월 1일 새해에는 통
일 관련 내용의 포스트 1만 부를 제작하여 대구 곳곳에 살포하였다. 경북민
통련은 2월 25일 서울에서 결성된 민족자주통일중앙협의회(이하 민자통)에
기존 조직을 유지한 채 참여했으며, 김성달이 상임위원회 의장, 도예종이
조직부위원장, 이영옥이 총무위원장을 맡는 등 민자통에서 주요한 역할을
담당하였다.

학생들도 통일운동단체를 결성하고 통일운동을 벌였다. 1960년 11월 10
일 경북대 학생들은 '민족통일촉진학생연구회'를 결성하고, 통일방안 강구,
남북 문화·경제 교류, 미국의 종속적 대한 정책의 시정을 촉구하였다. 다
음날에는 지프차를 타고 시내를 순회하면서 통일 관련 구호를 외치며 시민
들에게 통일에 관심을 높이기 위한 활동을 펼쳤다. 1961년에 대구대와 청구
대 학생들이 '민족통일연맹발기준비위원회'를 결성한 데 이어 경북고와 영
남고 학생들도 '민족통일연맹발기준비위원회'를 결성하였다. 학생들은 역량
을 결집하여 효과적인 통일운동을 벌이기 위해 '경북학생민족통일연맹결성
준비위원회'를 결성하여 활동했다.(『경북대학보』, 1961. 4. 17)

혁신계 청년들도 통일운동과 함께 진보적 사회운동을 벌이기 위한 단체

를 결성하였다. 1961년 1월 7일 도예종, 서도원 등이 경북민민청을 결성할 준비조직을 만들어 활동을 벌인 뒤, 3월 4일 결성대회를 가지고 공식 출범하였다. 위원장은 서도원, 간사장은 도예종이 맡았으며, 남북통일과 조국의 자주성 및 민주성, 민족자립 경제체제의 확립을 표방하며 활동하였다. 안동에서도 3월에 안동민민청이 결성되었으며, 경북민통련 산하 조직으로 안동민통련도 결성되었다.(『영남일보』, 1961. 3. 28; 『민족일보』, 1961. 3. 30)

이 시기 청년들이 주도한 또 하나의 통일운동단체로서 3월 11일에 '통일민주청년동맹경북준비위원회'(이하 경북통민청)가 결성되었다. 위원장은 최일, 부위원장은 이종문, 배건식이 맡았으며, 최규태, 최경대, 전재삼, 송은심 등 15명이 집행위원으로 활동하였다.(『매일신문』, 1961. 3. 14) 경북통민청은 혁신 정당 가운데 통일문제에 가장 적극적으로 대응했던 사회당 경북도당의 외곽조직으로 알려져 있었다. 경북민민청과 경북통민청은 통일운동 세력의 연대 필요성을 느껴 두 단체의 통합을 추진하였다. 두 단체는 3월 말에 통합 원칙을 합의하고 다른 사회단체, 정당 등과도 연대의 범위를 확대시키기 위한 활동을 벌였다.(윤정원, 2015, 195~209쪽)

통일운동단체는 시민의 통일 인식과 이해, 관심을 높이기 위한 활동을 중점적으로 펼쳤다. 서도원, 도예종, 송상진을 포함한 경북민민청 간부들은 지역 일간지와 대학 신문에 통일 관련 글을 여러 차례 기고했으며, 2월 25일에는 대구역 광장에서 1천 5백여 명의 청중이 모인 가운데 통일촉진웅변회를 개최하였다. 3월 1일에는 경북민통련이 달성공원에서 시민, 혁신 정당, 사회단체 회원 등 1만 5천여 명이 모인 가운데 '민족통일 궐기대회'를 개최하였다. 대회에서 경북민민청과 경북통민청 중심의 연사들은 남북교류, 외세 의존의 사대주의 배격, 민족자주 역량에 의한 평화적인 통일 요지로 강연하였다. 또한 경북민통련 대표를 유엔 총회에 한국대표로 파견할 것을 결의했으며, 대회를 마친 후 1천여 명이 통일 관련 구호를 외치며 가두

시위를 벌였다.(『대구일보』, 1961. 2. 26; 『매일신문』, 1961. 3. 2, 3)

통일운동은 3월 중순부터 한 달여 동안 2대악법 반대투쟁으로 소강상태를 보이다가 4월 중순에 재개되었다. 4월혁명 1주년을 맞이하여 서울대 학생들이 남북학생회담을 조심스럽게 제안하였다. 이후 별다른 진척이 보이지 않자 경북학생민족통일연맹결성준비위원회 소속 학생들은 남북학생회담 제안을 촉구하고 실행을 독려하기 위한 활동을 벌였다. 5월 3일 서울대 민족통일연맹이 남북학생회담을 제안하면서 학생들의 통일운동이 본격적으로 시작되었다.

5월 10일 사회당 경북도당은 정당으로서는 처음으로 남북학생회담을 지지하는 궐기대회를 개최하였다. 대회에는 사회당 중앙당 선전위원장 유병묵 등 당원과 시민 등 3백여 명이 모였으며, 남북학생회담의 지지와 남북한 단일운동선수단의 국제 파견 등 요지의 연설이 있었다. 경북민통련은 혁신정당, 사회단체가 참여한 연석회의를 개최하여 남북학생회담을 지지하는 궐기대회와 회담에 나설 학생들의 여비 조달을 위한 모금운동을 벌이기로 결의하였다. 또한 시내를 순회하면서 가두선전을 전개하는 등 남북학생회담을 지지·후원하는 활동을 벌였다. 학생들도 남북학생회담 지지대회와 시위를 계획하는 등 전국에서 가장 뜨겁게 통일운동이 전개되었다. 남북학생회담을 포함한 통일운동은 구체적인 실행에 옮기기 직전에 5·16군사쿠데타가 일어나 중단되었다.(민주화운동기념사업회, 2008, 335~344쪽; 허종, 2019, 295~296쪽; 허종, 2020, 252~255쪽)

제3장 박정희 정권의 수립과 민족민주운동

제1절 박정희 정권의 수립과 한일회담 규탄투쟁

1. 5 · 16군사쿠데타와 민주 세력 탄압

4월혁명 시기 민족민주운동은 5월 16일 박정희가 주도하는 군부 세력의 쿠데타로 일대 타격을 받았다. 쿠데타 직후 혁신계 일부 인사들은 해방 후 박정희의 남조선노동당 경력과 제3세계 군인들의 민족주의적이고 개혁적인 성향에 영향을 받아 쿠데타에 호의적인 반응을 보였다. 그러나 이러한 인식의 오류를 아는 데는 시간이 오래 걸리지 않았다. 군부 세력이 모든 정치 활동의 불법화를 선언하는 포고령을 공포하여 예정된 통일운동 관련 집회가 취소되는 등 일체의 사회운동이 금지되었다. 이어 '용공분자'를 색출하라는 박정희의 지시에 따라 18일 새벽부터 사회당, 경북민통련, 교원노조등 18개 정당 및 사회단체의 주요 간부들이 검속되었다. 국민 선동과 사회질서 문란, 치안 교란 방지의 명목이었다. 5월 21일까지 전국에서 2천여 명이 검속되었으며, 대구경북에서는 부산경남에 이어 두 번째로 많은 360여명이 검속되었다.(『매일신문』, 1961. 5. 20, 5. 23)

군부 세력에 끌려간 인사들은 장기간 불법 구금되어 구타와 고문을 당하는 고초를 겪었다. 이들 가운데 206명이 '특수범죄처벌에 관한 특별법'의

제6조 정당, 사회단체의 주요 간부 중 반국가 단체나 구성원의 활동을 찬양, 고무, 동조한 혐의로 기소되었다. 대구경북과 직간접인 관련을 가진 인사는 60여 명에 이르렀다. 2대 악법 제정을 반대했던 '4·2데모사건' 관련자가 가장 많았으며, 사회당, 경북민통련, 경남북피학살자유족회, 경주유족회, 경북민민청, 대구교원노조, 경산유족회 관련자 순이었다. 또한 대구경북 출신의 민족일보, 한국교원노조, 민자통, 사회대중당 중앙, 사회당 중앙, 통일사회당 중앙 관련자도 포함되었다. 기소된 인사 가운데 9명이 무죄나 공소기각으로 석방되었을 뿐 경북피학살자유족회의 이원식이 사형, 교원노조의 김문심이 무기징역, 학생공투위 위원장 정만진과 경북민민청의 서도원이 각각 10년을 언도받는 등 대다수의 인사들이 오랫동안 옥고를 치렀다.

　혁신계를 비롯한 사회운동 인사들이 연행되어 고초를 치르고 있을 무렵, 한편에서는 쿠데타를 환영하고 지지하는 궐기대회 형식의 집회가 이어졌다. 19일 4월혁명학생동지회와 반공건설청년회 등 5개 단체 주최로 대구역 광장에서 쿠데타를 지지하고 적극적인 협력을 다짐하는 집회가 열렸으며, 다음날에도 3·1동지회와 애국동지회 주최로 같은 성격의 대규모 궐기대회가 열렸다. 22일에는 청구대 학생들이 쿠데타를 지지하는 궐기대회를 가진 데 이어 시내 사회단체, 대학과 중·고등학교 학생들이 동원되는 등 6만여 명의 시민들이 참석한 가운데 쿠데타를 지지하는 대규모 궐기대회가 열렸다. 한 대학 신문은 쿠데타를 정의의 기치를 들고 불법, 부정, 불의와 부패를 제거하고 민족의 새로운 희망을 불어 넣은 것으로 평가하고 국가재건최고회의의 '비상조치법'을 법치국가의 진보라고 규정하는 등 쿠데타를 지지하는 분위기가 널리 퍼졌다.(『경북대학보』, 1961. 6. 12) 또한 일부 대학 교수들이 쿠데타를 지지하는 글을 기고하거나 군부 세력의 업적을 소개하는 내용이 대학 신문에 게재되는 등 쿠데타를 긍정적으로 바라보는 시각이 많았다.

군사쿠데타를 혁명으로 바라보고 군부 세력을 지지하는 시각은 지속되었다. 1962년 4월혁명 2주년과 군사쿠데타 1주년을 즈음한 교수와 학생 간담회에서도 군사쿠데타가 민주당의 무능에서 나온 당연한 귀결이며, 쿠데타가 4월혁명의 연장선이므로 적극 협력해야 한다는 입장이었다. 또한 군사쿠데타가 4월혁명보다 상위에 있는 발전된 혁명이라고 평가하였다.(『경북대학보』, 1962. 4. 19, 5. 10, 5. 17) 그러나 군부 세력의 약속과는 달리 군정이 연장되고 각종 부정부패 사건이 연이어 발생하면서 군부 세력에 대한 인식에 변화가 나타나기 시작하였다. 1963년 한 대학 신문은 군부 세력을 직접적으로 비판하지 않았지만, 혁명의 방향 전환 필요성을 피력하였다. 한편에서는 도예종을 비롯한 일부 혁신계 인사들이 군정을 비판적으로 바라보면서 민정 이양 후 혁신 정당의 합법화에 대비하여 혁신 세력의 규합과 활동을 모색해 나갔다.

군부 세력을 바라보는 혼재된 인식 속에서 1963년 10월 15일 제5대 대통령 선거가 실시되었다. 네 후보가 출마한 가운데 공화당의 박정희와 민정당의 윤보선이 가장 유력한 후보였다. 선거 과정에서 윤보선이 박정희의 과거 좌익 활동 경력을 폭로하면서 사상논쟁이 벌어졌으며, 접전 끝에 박정희가 1.5퍼센트 득표율 차이로 가까스로 당선되었다. 대구에서는 7.3퍼센트 차이가 났으며, 대구를 포함한 경북에서는 19.5퍼센트 차이로 박정희에게 높은 지지를 보내 그의 당선에 큰 영향을 미쳤다. 11월에 실시된 국회의원 선거에서도 대구경북을 포함한 20석 가운데 공화당이 19석을 차지하여 압승을 거두었다.

2. 한일회담 추진과 규탄투쟁

군사쿠데타로 권력을 탈취한 군부 세력은 경제 개발과 발전을 통해 정통성을 확보하고자 했다. 먼저 경제 개발에 필요한 자금과 기술을 일본으로부터 도입하기 위해 한일회담을 적극적으로 추진하였다. 경제 부흥에 성공한 일본도 자본 투자와 상품시장을 확보할 필요가 있었기 때문에 두 나라의 국교 정상화에 적극적인 입장을 보였다. 1961년 10월에 한일 두 나라의 회담이 시작되었으나, 청구권 문제 등의 입장 차이로 진전되지 못하였다. 박정희는 교착 상태를 타개하기 위해 1962년 10월에 김종필 중앙정보부장을 일본으로 파견하여 일괄 타결을 시도하였다. 김종필과 오히라 일본 외상이 비밀회담을 가져 무상 3억 달러, 유상 2억 달러, 민간차관 1억 달러 이상을 한국에 제공하기로 합의하였다. 그러나 다시 평화선 등에 대한 이견으로 최종 타결이 이루어지지 않았다.

교착 상태에 빠진 한일회담은 미국이 개입하면서 재개되었다. 베트남 문제에 개입하여 자국의 군사적, 재정적 부담이 커진 미국이 한일 관계의 정상화를 강하게 촉구하였다. 대통령 당선 이후 박정희는 미국의 압력과 경제 개발 자금을 조달하기 위해 한일회담에 보다 더 적극적으로 나섰다. 1964년 3월 박정희 대통령이 다시 김종필 민주공화당(이하 공화당) 의장을 일본으로 파견하여 조기 타결의 의지를 나타냈다. 이를 계기로 한일협정이 3월 타결, 4월 조인, 5월 비준이라는 소문이 널리 퍼졌다.(민주화운동기념사업회, 2008, 406~407쪽)

한일회담의 상황이 급박하게 돌아가자, 1964년 3월 9일 야당 세력과 재야인사들은 국민의 의견 수렴 없이 비밀로 진행되는 한일회담을 규탄하기 위해 '대일굴욕외교반대범국민투쟁위원회'(이하 범국민투쟁위원회)를 결성하였다. 범국민투쟁위원회는 전국을 순회하면서 한일회담을 규탄하는 집회를 열었다. 3월 15일 대구에서도 야당과 사회단체 대표가 중심이 되어 '대일굴욕외교반대경북투쟁위원회'를 결성했으며, 19일에 1만 5천여 명의 시민이 운집한 가운데 한일회담을 규탄하는 강연회를 열었다.

위에서부터 〈그림 1-5, 1-6, 1-7〉
한일회담을 규탄하는
경북대, 청구대, 대구대 학생들의 시위 모습
(출처: 매일신문사(위,가운데), 권정호(아래))

한일회담 규탄투쟁은 3월 24일 서울에서 대학생들이 시위를 벌이면서 본격화되었다. 대구에서는 3월 25일 대구대, 경북대 등 4개 대학 학생들이 한일회담을 규탄하는 시위를 벌였다. 대구대 학생 1천여 명은 학생총회를 열어 한일회담을 즉시 철회하고 국민 의견을 수렴한 후 추진할 것을 주장하였다. 집회를 마친 후 한일회담 철회가 적힌 플래카드를 앞세우고 가두시위에 들어가 도청에서 연좌시위를 벌이며 도지사와의 면담을 요구하였다. 학생들은 학생 의견을 당국에 전달하겠다는 도지사의 다짐을 받고 해산하였다. 경북대와 한국사회사업대학(이하 한사대, 지금의 대구대) 학생들도 교내 집회를 가진 뒤 굴욕외교 철회, 평화선 사수, 구속학생 석방 등을 요구하며 가두시위를 벌였으며, 계명기독대 학생들도 가두시위를 벌인 후 공화당 경북도당사 앞에서 굴욕적인 한일협상의 중지를 요구하며 연좌농성을 벌였다. 다음날에는 청구대 1천여 명의 학생들이 교내 집회를 열어 한일회담의 즉시 중지, 일본자본의 척후병 축출, 평화선 사수 등을 주장하고 도청까지 시위를 벌였다. 계명기독대에서는 학생회가 공화당과 민정당 등 여야 정당 관계자를 초청하여 한일회담 내용과 각 당의 입장을 듣는 토론회를 가졌다. 학생들은 반민족적, 굴욕적 저자세로 한일회담에 임하는 박정희 정권을 규탄하고, 평화선 사수와 일본자본의 침투에 앞장서는 매판자본 축출 등을 주장했다.

전국에서 한일회담을 규탄하는 학생 시위가 일어나자, 박정희가 김종필을 소환하고 국민 요구를 한일회담에 반영하겠다는 방침을 발표하여 시위는 소강상태에 들어갔다. 대구에서도 학생들이 시위 대신 김종필의 국외 추방과 평화선 고수 등의 내용이 담긴 전단을 배포하며 한일회담에 대한 시민의 관심을 촉구하는 활동을 전개하였다. 30일에는 시내 중심가에서 4월혁명 과정에서 부상당했던 한 시민이 "한일회담 중지하라"는 혈서를 쓰고 1인 시위를 벌였다. 대구대와 청구대 학생들은 여야 정치인의 토론회와 교수 강연회를 개최하면서 한일회담의 추이를 관망하였다. 이 무렵 대구 시내 대학 총학생회와 단과대 학생회장들은 연대투쟁을 벌이기 위해 '경상북도대학생연합회'의 결성을 추진하였다. 그러나 각 학교 측의 방해와 일부 대학 학생회장들이 부정적이거나 소극적인 입장을 보여 결성이 무산되었다.

박정희 정권의 일본 정치자금 수수설, 국유지 부정불하 등 부정부패사건과 군인의 법원 난입사건이 일어나고, 정보기관이 학원을 사찰한 사실 등이 폭로되어 학생들을 자극하였다. 여기에 한일 두 나라가 본회담의 재개를 합의하면서 다시 학생 시위가 일어났다. 5월 25일 경북대에서는 서클 현대사상연구회 소속의 조백수, 장주효, 전인수 등의 주도로 난국 타개를 위한 성토대회를 열어 경찰의 학원 난입, 무장군인의 법원 난입 등 박정희 정권의 비민주성을 규탄하고, 한일회담의 즉시 중지와 매판 세력 박멸과 민족자본 형성의 정책 수립, 정부의 학원 탄압을 비판하는 결의문을 발표하였다. 학생들은 시위를 벌이지 않고 정국 추이를 지켜본 후 행동을 결정하기로 결의하고 해산하였다. 이날 서울 등지에서 열린 궐기대회도 가두시위 없이 학내 집회 형식으로 치러졌다.

5월 30일 서울에서 대학생들이 정부의 입장 변화를 촉구하며 단행한 집단 단식 농성을 6월부터는 청와대 앞으로 이어가고, 전주, 청주를 비롯한 지방에서 학생 시위가 일어났다. 6월 3일 서울에서는 한일회담 규탄투쟁의 상징인 '6·3항쟁'이 일어났으며, 지방에서도 점차 시위가 확산되어 갔다. 6월 3일 대구에서는 시위가 없었으나 이날 저녁 대구 시내 13개 단과대 학생회장들이 모여 활동 방향을 논의하였다. 학생 대표들은 4일 정오부터 2·28학생의거기념탑 앞에서 정부 정책의 시정, 계엄령 해제, 구속학생 석방, 학원의 자유 보장 등의 요구조건으로 내세우고 단식농성을 벌이기로 의견을 모았다.

6월 4일 경북대 3백여 명의 학생들은 교내에서 박정희 정권과 공화당을 상징하는 황소 화형식을 가진 후 선언문과 결의문을 낭독하고 가두시위를 벌였다. 학생들은 계엄령 해제와 구속학생 석방, 군인깡패의 처단 등의 구호를 외치면서 시내 중심가를 거쳐 2·28학생의거기념탑까지 시위를 벌였다. 학생들은 기념탑 광장에서 성토대회를 개최하여 박정희 정권의 부정부패 척결, 학원의 자유 보장 등의 내용이 담긴 선언문과 결의문을 낭독하고 해산하였다. 학교로 돌아온 학생 일부는 본관 앞 광장에서 비상계엄 해제, 구속학생 석방, 학원사찰 철폐, 학문자유 보장, 군인깡패의 처단, 매판자본의 박멸과 민족자본의 형성 등을 주장하면서 단식농성을 벌였다. 이날 한사대 학생들도 성토대회를 열어 계엄령 해제, 구속학생 석방, 학원자유 보장 등을 주장하고, 시국 타개를 못할 경우 박정희 정권의 하야를 촉구하기로 결의하였다. 청구대 학생들도 총회를 열어 대응 방안을 논의하였다. 이날 학생 시위는 황소 화형식과 정권의 하야 요구에서 볼 수 있듯이 한일회담을 반대하는 수준을 넘어 반정부 운동의 성격을 분명히 드러냈다.

한편 4일에 2·28학생의거기념탑에서 벌이기로 했던 시내 대학 학생회 장단의 단식농성은 일부 학생 대표들의 반대로 무산되었다. 대신 5개 대학 학생회장단이 그날 저녁 중앙로를 비롯한 시내 중심가에 호소문과 결의문이 담긴 전단을 살포했다. 다음날 학생들의 호응을 예상하며 계획했던 2차 시위도 때마침 발표된 전국 일원의 대학 휴교 조치와 신중론을 펼친 학생 대표의 주장으로 무산되었다. 5일에는 계명기독대 학생들이 학생총회를 가진 뒤 학원 자유의 보장, 학원사찰 폐지 등의 구호를 외치며 가두시위를 벌였다. 이날 정부의 지시에 따라 대구의 각 대학이 휴교에 들어갔다. 9일 대구 시내에 우국청년·학생 일동의 명의로 박정희 정권을 비판하고 학생들의 각성을 촉구하는 내용의 전단을 살포하는 활동이 있었지만, 더 이상 시위가 일어나지 않았다.

박정희 정권은 학생들이 방학에 들어간 후 학생들의 한일회담 규탄투쟁의 정당성을 훼손시키고 향후 학생운동을 탄압하기 위해 '불꽃회사건'과 '인민혁명당사건'을 발표하였다. 이 사건은 두 조직이 북한을 찬양하고 서울과 대구를 비롯한 전국 각 지역의 학생 시위를 배후 조종했다는 내용이었다. 불꽃회는 서울대 학생들의 사회과학 서클이었고, 인민혁명당사건은 대구의 혁신계 인사와 깊은 관련이 있었다. 1962년부터 도예종, 이재문, 송상진을 비롯한 일부 혁신계 인사들은 민정 이양 후 혁신 정당의 합법화에 대비하여 서클 수준의 모임을 만들어 혁신 세력을 규합하는 활동을 벌였다. 그러나 중앙정보부는 이들이 북한의 특수사명으로 인민혁명당을 만들어 국가 변란과 한일회담 규탄투쟁을 조직적으로 전개하라는 지령을 받고 활동했다는 내용으로 조작하였다. 조사 과정에서 관련자들이 갖은 고문을 당했으며, 도예종, 박상홍, 도혁택, 송상진 등 대구를 기반으로 활동하던 혁신계 인사들이 대거 구속되었다.

1964년 대학생 중심의 한일회담 규탄투쟁은 박정희 정권의 반민족적, 반민주적 성격을 폭로하고 규탄하는 민족민주운동의 성격을 가지며 전개되었다. 또한 군사쿠데타로 와해된 민주 세력의 결집과 끊어진 민주화운동을 이어주고, 민족민주운동의 기반을 넓혀주는 계기와 바탕이 되었다. 동시에 한일회담에 대한 국민의 관심을 높이면서 회담을 연기시키는 성과를 거두었다.(허종, 2012, 274~283쪽; 여정남기념사업회, 2017, 76~99쪽)

제2절 한일협정 체결과 반대투쟁

1. 한일협정 조인과 반대투쟁

한일회담은 미국의 압력으로 1964년 12월에 재개되었다. 미국은 베트남전쟁에 더 깊숙이 개입하여 자국의 부담이 커지고, 중국이 핵실험에 성공하는 등 동북아시아에서의 지역안보체제를 구축할 필요성이 더욱 커짐에 따라 한일 두 나라 관계의 정상화가 더욱 필요하였다. 미국의 고위 관리가 잇따라 두 나라를 방문하여 한일 관계의 정상화를 촉구하였다. 1965년 1월 박정희 대통령이 한일회담의 연내 타결을 공언하고, 일본의 사토 수상도 적극적인 입장을 보였다. 이후 한일회담은 일사천리로 진행되어 2월 15일에 기본조약을 합의하였다. 서울에서 학생들이 기본조약 합의를 규탄하는 가두시위를 벌이고, 범국민투쟁위원회가 성토대회를 열어 규탄했으나 기본조약이 가조인되었다.

범국민투쟁위원회는 한일회담의 전면 타결이 임박하자, 3월 중순부터 다시 전국을 순회하며 성토대회를 열었다. 대구에서는 4월 1일에 강연회 형식의 성토대회가 열릴 예정이었다. 성토대회가 열리기 하루 전인 3월 31일 시청 광장에서 시민 이종래가 박정희 정권의 굴욕 외교를 비판하며 분신자살하는 충격적인 일이 일어났다. 4월 1일 수성천변에 2만여 명의 시민이 운집한 가운데 범국민투쟁위원회의 강연회가 열렸다. 강연회에서 평화선 사수, 매판자본 배격, 굴욕외교 중지 내용의 결의문을 채택하였다. 이날 경북대 학생들은 범국민투쟁위원회의 강연회에 앞서 성토대회를 계획했으나, 개최 직전 조화형 총학생회 회장을 비롯한 학생회장 5명이 경찰과 학교 당국에 납치되어 차질을 빚었다. 학생회장단의 납치는 학생들의 범국민투쟁위원회 강연회의 참가를 막고 3일로 예정된 '경북학생총연합회'(이하 경총련)의 결성을 막기 위한 조치였다. 학생들은 학교 당국의 저지를 물리치고 성토대회를 열어 정부의 무능력과 실정, 매국적인 한일협정, 경총련의 결성 방해 등을 규탄하고 학원 자유를 요구하는 시국선언문을 발표하였다.

박정희 정권은 국민의 반대에 불구하고 그 동안 쟁점이 되었던 어업 문제, 청구권 문제, 재일한국인의 법적 지위 등을 일괄 타결하고, 4월 3일에 한일협정을 가조인하였다. 한일협정이 가조인된 후 학생 시위는 격화되었고 정부도 강경하게 대응하였다. 이 과정에서 동국대의 김중배 학생이 경찰의 폭력으로 부상을 입은 뒤 사망하는 일이 발생하였다. 대구에서는 4월 14일 학생들이 시내 곳곳에 국회의 한일협정 비준 반대를 촉구하고 가조인 철회 등의 내용이 담긴 전단을 살포하였다. 다음 날에는 대구대 학생 1천 5백여 명이 한일회담 관련 토론회를 개최하여 시국 선언문과 한일협정 가조인 철회, 구속학생 석방 등을 요구하는 결의문을 발표하였다. 이날 한사대 학생들도 성토대회를 열어 가조인 백지화와 국민투표 회부 등을 요구하고 가두시위를 시도했으나 경찰의 저지로 무산되었다.

4월 19일에는 처음으로 고등학생들이 한일협정을 반대하는 시위를 벌였다. 경북대 사대부고 학생들이 교내에서 4월혁명 기념식을 가진 후 평화선 사수, 4월혁명 계승을 외치며 시내 중심가에서 시위를 벌였다. 21일에는 대륜고 학생들이 운동장에서 성토대회를 열어 평화선 사수, 재일교포 법적지위 보장 등의 결의문을 채택하고, 가두시위를 시도했으나 학교 측과 경찰의 제지로 좌절되었다. 이날 경북대에서도 서클 정사회 소속 이재형, 김성희, 신현길, 백정호 등의 주도로 집회를 열어 매국외교의 즉각 중지, 김중배학생 관련자의 엄단, 한일협정 가조인의 무효화 등의 내용이 담긴 선언문과 결의문을 발표하였다. 집회를 마친 후 150여 명의 학생들은 구속학생 석방등의 구호를 외치면서 2·28학생의거기념탑까지 가두시위를 시도했으나학교 측과 경찰의 저지로 좌절되었다. 이날 청구대 학생들도 성토대회를 계획했으나 학교 당국의 방해로 무산되었다. 대학과 고등학교에서 시위가 확산되자, 경북대와 시위가 일어난 대륜고를 포함한 일부 고등학교에 22일부터 휴교 조치를 내렸다.

4월 22일 경북대 3백여 명의 학생들은 휴교령에도 불구하고 성토대회를열어 한일협정 비판과 휴교의 즉시 철회를 요구하는 내용의 선언문과 결의문을 발표하고, 가두 진출을 시도하였다. 학생들은 경찰과 투석전을 벌이면서 가두 진출을 시도했으며, 이 과정에서 최현우 문리대 학생회장을 포함한학생 십여 명이 경찰에 연행되었다. 의과대 학생들도 성토대회를 열어 굴욕적인 협정을 체결한 박정희 정권을 규탄하고, 김중배 학생 살해자의 엄벌등의 내용이 담긴 결의문을 발표한 후 가두시위를 시도했다. 학교 측과 경찰의 저지로 가두 진출이 좌절되었으며, 중앙상고와 영남고 학생들도 시위를 시도했으나 학교 측의 제지로 무산되었다. 다음날에는 대구대와 청구대학생들이 성토대회를 열어 정부의 굴욕외교와 학원 유린 비판, 평화선 사수등의 구호를 외치면서 가두시위를 벌였다. 청구대 학생 8백여 명도 성토대회를 마치고 가두로 진출하여 평화선 사수를 외치며 시위를 벌였다. 두 대학 학생들은 청구공전에서 합류하여 연행된 학생들의 석방을 요구하며 도경찰국 앞까지 시위를 벌인 후 해산하였다. 이날 시위로 많은 학생들이 부상을 입고 대구대의 박상수, 김태영 등 2백여 명의 학생이 경찰에 연행되었으며, 두 학교는 24일부터 휴교에 들어갔다.

휴교에 들어간 대학과 고등학교에서는 더 이상 시위가 일어나지 않았지만, 휴교령이 내려지지 않은 고등학교를 중심으로 학생들이 시위를 벌였다. 24일 계성고 학생들은 대구역 광장에서 한일회담을 반대하는 내용의 플래카드를 앞세우고 구속학생 석방과 굴욕외교 반대를 요구하는 시위를 벌였다. 영남고 학생들도 한일회담 반대와 구속학생 석방을 외치면서 가두시위를 벌였다. 이날도 학생 2백여 명이 경찰에 연행되었고, 두 학교는 휴교에 들어갔다.

5월에 대구 각 대학의 휴교 조치가 해제되고 서울과 광주 등지에서 학생들의 시위가 일어났으나 대구에서는 학생 시위가 일어나지 않았다. 협정 내용에 대한 한일 두 정부의 입장 차이로 정식 조인이 늦어질 것이라는 전망과 함께 시위 학생의 징계, 학생회 간부를 비롯한 학생운동 지도부에 대한 경찰과 학교 측의 감시로 활동에 제약을 받고 있었기 때문이었다. 6월 하순에 협정을 정식 조인한다는 정부 방침이 알려지면서 범국민투쟁위원회가 대규모 집회를 열고 서울과 일부 지방의 대학생과 고등학생들이 한일협정 체결을 비판하는 시위를 벌였다. 대구에서는 대구대 학생들이 두 차례 한일협정 조인을 반대하는 가두시위와 단식농성을 벌였을 뿐 별다른 움직임이 없었다.

6월 15일 한일협정의 조인 합의 발표에 이어 19일에 일본 도쿄에서 공식 조인식을 갖는다는 내용이 한일 공동으로 발표되었다. 공식 조인식이 예정된 22일 오전 경북대 3백여 명의 학생들은 단과대학 별로 성토대회를 가진 후 매국외교 즉시 중지, 제국주의 세력 축출, 살인원흉 엄중 처단 등을 주장하면서 시위를 벌였다. 학생들은 경찰의 진압에 맞서 돌을 던지며 시위를 벌였으며, 이 과정에서 많은 학생들이 부상을 입거나 경찰에 연행되었다. 이날 오전 청구대 학생들도 교내에서 한일협정 조인을 규탄하는 성토대회

를 열었다. 경북대는 학생 시위를 우려하여 23일부터 휴교에 들어갔다.(허
종, 2012, 284~291쪽; 여정남기념사업회, 2017, 107~122쪽)

2. 한일협정 비준과 반대투쟁

6월 22일 오후 5시 일본 도쿄에
서 한일협정이 정식 조인되었다.
조인식 다음날 경북대 1천여 명의
학생들은 휴교령에도 불구하고 한
일협정을 반대하는 성토대회를 열
었다. 학생들은 성토대회를 가진
후 경찰과 투석전을 벌이며 가두시
위를 벌였다. 이 때문에 많은 학생
들이 부상을 입고 백여 명이 경찰

〈그림 1-8〉 1965년 한일협정을 반대하는
경북대 학생들의 시위 모습
(출처: 매일신문사)

에 연행되었다. 본교와 떨어진 의과대 150여 명의 학생들도 성토대회를 가
진 후 한일협정 비준 반대와 정치적인 휴교의 즉시 철회가 적힌 플래카드를
앞세우고 가두시위를 벌이다가 모두 경찰에 연행되었다.

24일부터는 대구 대부분 대학의 학생들이 한일협정을 규탄하는 가두시
위를 벌이고 단식농성투쟁을 전개했다. 24일 청구대와 계명대 학생들은 성
토대회를 가진 후 가두시위를 벌였고, 한사대 학생들은 성토대회를 열어
'제2의 이완용'의 화형식을 가진 후 단식농성에 들어갔다. 경북대 의과대 학
생들도 이날부터 한일협정 조인 철회, 구속학생 석방, 교수의 법적 지위 확
보, 폭력경찰의 엄단 등을 요구하며 26일까지 단식농성을 벌였다. 25일에
는 효성여대 5백여 명의 학생들이 성토대회를 열어 한일협정 반대와 일본
상품 불매운동을 결의하고 가두시위를 벌였으며, 한사대와 계명대 학생들

은 전날에 이어 다시 성토대회를 가진 후 가두시위를 벌였으며, 시위 과정에서 계명대 학생 2백여 명이 경찰에 연행되었고, 수십여 명이 단식농성에 들어갔다. 7월 1일에는 경북대 의과대 학생들이 한일협정 조인의 비준 부결, 구속학생 석방, 폭력경찰 엄단을 주장하며 다시 단식농성투쟁을 벌였다. 이 시기 시위로 조화형 경북대 총학생회장, 최현우 문리대 학생회장, 김창호 법정대 학생회장과 최광남, 하재구, 청구대의 박수남, 이영천, 유승언, 이형환 등이 기소되었다.

6월 말 대학이 휴교되거나 방학에 들어가 대학생 시위가 소강상태를 보일 무렵, 한일협정을 규탄하는 시위는 고등학교로 번졌다. 6월 26일 대건고와 대륜고 학생들이 성토대회를 열고 시위를 벌였으며, 29일에는 능인고 학생 1천여 명과 경북공고 학생 1천여 명이 한일협정 조인을 반대하는 성토대회를 가진 후 학원사찰 반대, 일본의 노예화 반대, 한일협정 비준 반대 등을 외치면서 가두시위를 벌였다. 이날 경북고, 대구고, 대륜고 학생들은 연합 시위를 계획했으나 학교 측의 저지로 무산되었다. 다음날에는 대구공고 학생들의 시위 기도가 무산되었으며, 7월 1일에는 협성상고 학생들이 성토대회를 열고 가두시위를 벌였다.

교육 당국은 확산되는 고등학생들의 시위를 막기 위해 대구고와 경북고의 무기휴교 조치를 내리고, 일부 학교는 가정실습을 실시했다. 그럼에도 고등학생들은 한일협정 조인을 규탄하는 시위를 벌이거나 농성을 단행하였다. 7월 2일 계성고 3백여 명의 학생들은 성토대회를 가진 후 한일협정 비준반대, "Yankee keep silent" 등의 내용이 적힌 현수막을 내걸고 단식농성에 들어갔다. 5일에는 대구여고 1천 5백여 명의 학생들이 수업을 거부하고 단식농성에 들어갔으며, 50여 명의 교사들도 학생들을 지지하며 동조단식에 들어갔다. 이날 경북공고와 경북여상 학생들도 단식농성을 벌였다. 다음날에는 신명여고 1천 4백여 명의 학생들이 성토대회와 구국기도회를 열고 한일협정의 비준을 반대하는 농성을 벌였다. 교육 당국이 고등학생 시위를 막기 위해 학기말 고사를 치른 후 방학에 들어가기로 결정하여 고등학생의 시위는 더 이상 일어나지 않았다. 7일부터 이틀 동안 대구대 7백여 명의 학생들이 성토대회를 가진 후 한일협정 비준 반대, 경찰의 폭력 진압 규탄, 일본상품 축출, 외래품 사용 금지 등의 구호를 외치면서 가두시위를 벌였으며, 경북대 학생들은 일본상품 불매와 한일협정 조인을 반대하는 서명운동을 전개하였다. 이후 대학과 고등학교가 방학에 들어가면서 학생 시위는 더 이상 일어나지 않았다.

한편 7월 5일부터 대구 시내 개신교 목회자들이 한일협정 비준을 반대하는 금식기도회를 가졌으며, 10일에는 범국민투쟁위원회가 1만여 명의 시민이 운집한 가운데 성토대회를 열었다. 한일협정 비준이 임박한 8월 9일에는 대구대와 청구대 교수들이 서울의 교수단이 발표한 한일협정 비준반대의 성명서를 지지하는 성명서를 발표하였다. 경북에서는 안동과 김천에서 민중당 당원들이 한 차례 단식농성을 벌였을 뿐 투쟁의 열기가 높지 않았다.(경향신문 1965. 7. 6).

학생들의 방학으로 시위가 잠잠했던 틈을 이용하여 8월 14일 국회는 한일협정 비준동의안을 통과시켰다. 8월 23일 전국 대학이 개강한 후 서울과 일부 지방에서 한일협정 비준무효를 주장하는 시위가 일어났으나, 대구에서는 개학과 동시에 기말고사를 치르고 경찰이 학교를 감시하여 시위가 일어나지 않았다. 시위 규모와 열기가 이전보다 약해졌지만, 전국에서 간헐적인 시위가 계속 일어나자 박정희 정권은 군을 투입하여 시위를 진압하고 위수령을 선포하였다. 동시에 시위 주도 학생들을 대대적으로 검거하고, 학생 징계 문제 등 정부 지시를 따르지 않은 학교의 책임자를 문책하는 등 강경 일변도로 대응하였다. 이로써 대구를 비롯한 전국에서 더 이상 시위가 일어나지 않아 한일협정 반대투쟁은 막을 내렸다.

1964년 한일회담 반대투쟁으로 시작된 한일협정 반대투쟁은 민족민주운동의 성격을 가졌다. 한일회담에 임하는 박정희 정권의 반민족적, 굴욕적인 자세를 규탄하면서 일본의 경제적 침투를 통한 신식민지 구축의 야욕을 경계하고 매판자본 박멸과 민족자본 형성을 주장하는 등 민족주의운동의 성격을 띠었다. 또한 학원과 학문의 자유, 계엄령 해제, 경찰의 폭력 진압 규탄과 책임자 엄벌 등 정권의 반민주성을 규탄하면서 민주주의의 회복을 요구한 민주화운동이었다. 이를 통해 군사쿠데타로 와해된 민주 세력의 결집과 끊어진 민주화운동을 이어주었으며, 민족주의운동과 민주화운동의 기반을 넓혀주는 계기와 바탕이 되었다.(허종, 2012, 291~296쪽; 여정남기념사업회, 2017, 122~130쪽)

제4장 박정희 정권의 장기집권 획책과 저지투쟁

제1절 박정희 정권의 부정선거와 규탄투쟁

1. 대통령 선거와 국회의원 선거의 부정

국민의 거센 반대에도 불구하고 한일협정 체결을 마무리 지은 박정희는 장기집권을 구상하였다. 경제 발전, 자주 국방, 통일 등의 국정 과제를 해결하기 위해서는 자신이 계속 집권해야 한다는 구실이었다. 장기집권의 1차 관문은 1967년에 치러지는 대통령 선거와 국회의원 선거였다. 박정희가 선거에 총력을 기울이는 정국에서 유한종, 서도원, 우홍선 등 대구의 혁신계 인사들은 박정희 정권을 반민족적·반민주적 권력으로 규정하고, 정권 교체를 위한 야당 후보 단일화 운동을 펼쳤다. 이들은 다른 지역 혁신계 인사들과 야당 후보 단일화 운동을 적극적으로 펼치기로 뜻을 모으고, 전국에서 처음으로 대구에서 '반독재재야민주세력 단일후보추진위원회'를 결성하였다. 유한종 위원장을 중심으로 강창덕, 이재문, 서도원, 송상진, 하재완, 나경일 등이 활동을 주도하였다. 범야권도 후보 단일화에 호응하면서 신민당의 윤보선을 단일 후보로 만드는 성과를 거두었다.(윤정원, 2020, 168~171쪽)

1967년 5월에 실시된 대통령 선거는 여섯 후보가 출마한 가운데 지난 선거처럼 박정희와 윤보선이 유력한 후보였다. 선거 결과 박정희가 10.5퍼센

트 차이로 이전과는 달리 비교적 손쉽게 당선되었다. 대구는 두 후보의 득
표율 차이가 37.6퍼센트에 이르러 혁신계 인사와 야당의 단일 후보 추진 운
동이 무색할 정도였다. 대구를 포함한 경북에서는 48.5퍼센트 차이를 보여
지역민이 박정희에게 압도적으로 높은 지지를 보냈다. 그 배경에는 영남권
중심의 경제 개발, 전반적인 국정 운영의 추진력, 기성 정치인에 대한 반감
등이 작용한 것으로 보인다.

박정희가 장기집권을 위한 1차 관문을 비교적 쉽게 통과했지만 정작 중
요한 관문은 6월 8일에 치러질 국회의원 선거였다. 장기집권을 위해서는
대통령 임기를 4년 중임으로 규정한 헌법을 개정해야 했기 때문이었다. 박
정희와 공화당은 헌법 개정에 필요한 의석을 확보하기 위해 총력을 기울였
다. 먼저 국회의원 후보를 자질과 능력보다는 개헌과 충성도 여부를 기준으
로 공천하였다. 이어 선거에 큰 영향력을 가진 공무원을 선거에 동원할 수
있도록 선거법을 개정하였다. 박정희는 선거를 앞두고 직접 전국을 순회하
며 공화당 후보를 지원하는 유세를 하고 각 지역의 개발을 약속하는 정책을
남발하였다. 동시에 공무원을 동원하여 관권선거를 자행하고, 막대한 자금
으로 향응과 금품을 제공하였다. 또한 야당 후보의 선거 운동을 방해하거나
선거법 위반으로 구속시키고, 공안사건을 만들어 야당의 선거 운동을 제약
하였다.

6월 8일 선거 당일에는 노골적으로 부정선거를 자행하였다. 투표소에서
야당 측 참관인을 강제로 쫓아내 공개 투표를 자행하고, 사전 기표된 투표
용지를 투표함에 무더기로 쏟아 넣었다. 그 결과 공화당이 개헌에 필요한
의석수를 훨씬 뛰어 넘는 의석을 확보하였다. 대구에서는 공화당과 야당 후
보가 접전을 벌였으나 4석 가운데 3석을 공화당이 차지했으며, 경북에서는
16석 가운데 공화당이 15석을 차지하였다. 이로써 대구경북은 박정희와 공
화당에 대한 확고한 지지 기반으로 자리 잡았다.

2. 부정선거 규탄투쟁

선거 실시 이전부터 부정선거를 규탄했던 야당은 선거 결과를 순순히 받아들이지 않았다. 선거 당일 오후 대구와 안동 등 전국 각지에서 부정선거를 규탄하는 활동을 벌였다. 선거 다음날 신민당은 6·8선거를 1960년 3·15부정선거를 능가하는 최악의 부정선거로 규정하고 강력한 투쟁을 선언하였다. 이날 전국 곳곳에서 신민당 당원과 시민들이 부정선거를 규탄하는 시위를 벌였으며, 12일부터 신민당은 서울을 시작으로 부정선거를 규탄하는 투쟁에 돌입하였다. 대구에서도 신민당 당원들이 대구역 앞에서 선거 무효와 부정선거에 가담한 공무원의 엄단 등을 요구하며 부정선거를 규탄하는 시위를 벌였다. 이후 영천과 문경 등지에서도 신민당 당원들이 단식농성을 벌이거나 가두시위를 벌였다.(『경향신문』, 1967. 6. 9;『동아일보』, 6. 13)

부정선거를 규탄하는 투쟁은 학생들이 참여하면서 치열한 양상으로 전개되었다. 6월 9일 연세대 학생들이 성토대회를 열어 선거 무효와 부정선거로 당선된 입후보자들의 사퇴를 요구하였다. 대구에서는 6월 12일 경북대 학생들이 처음으로 부정선거를 규탄하는 투쟁을 벌였다. 법정대 학생회와 정사회 회원들의 주도로 부정선거를 자행한 박정희 정권과 공화당을 규탄하고, 금권선거에 호응한 국민의 각성을 촉구하는 내용의 격문을 교내에 뿌렸다. 1백여 명의 학생들은 학교 측의 저지를 뚫고 성토대회를 열어 6·8선거를 부정선거로 규정하고, 선거 무효와 부정선거로 당선된 입후보자들의 사퇴를 요구하였다. 14일에도 성토대회를 열어 6·8선거를 민주주의를 도살한 부정선거로 규정하고, 정부·여당에게 선거 무효와 대국민 사과를 요구하는 메시지와 야당에게 학원의 정치적 이용 금지와 국민 선동 금지 내용의 메시지를 채택하였다. 또한 국민이 금권선거에 현혹된 사실을 비판하고, 타락한 국민정신의 일소와 민족정기 확립을 촉구하는 대국민 메시지도 채택하였다. 학생들은 성토대회를 마친 뒤 학내에서 시위를 벌였다. 이날 오후 대구대 학생들도 성토대회를 열어 선거 무효와 투쟁을 결의하는 선언문을 채택하고, '부정선거 무효'라는 플래카드를 앞세우고 가두시위를 벌였다. 청구대는 학생회 대의원회를 열어 대책을 논의했으나, 다음날 신축 중인 건물이 붕괴하여 많은 사상자가 발생한 사건이 일어나 규탄투쟁을 벌이지 못하였다.

6월 15일에는 경북대 총학생회가 성토대회를 개최하였다. 부정선거를 상징하는 투표함의 화형식이 교수와 직원들의 저지로 무산되었으나, 4월혁명의 정신을 이어 부정선거 규탄투쟁을 다짐하는 제문을 낭독하고, 학생 활동에 대한 학교 측의 부당한 간섭 중지와 엄정 중립을 촉구하는 결의문을 채택하였다. 4백여 명의 학생들은 성토대회 후 경찰 저지를 뚫고 가두시위를 벌였다. 이날 대구대와 다음날 계명대 학생들도 부정선거를 규탄하는 성토대회를 가진 후 가두시위를 시도했으나, 학교 당국과 경찰의 저지로 좌절되었다. 부정선거 규탄투쟁은 경북으로 확산되어 6월 19일 포항수산초급대학 학생들이 성토대회를 열고 가두시위를 벌였으며, 고등학생들도 6월 15일 영남고를 시작으로 경주고, 계성고, 대구고 학생들이 연이어 성토대회를 가진 후 가두시위를 벌였다.(『경향신문』, 1967. 6. 17, 20; 『계명대학보』, 1967. 7. 15)

부정선거를 규탄하는 학생 시위가 전국으로 확산되고 양상도 격렬해지자, 문교부는 학생 시위가 일어날 경우 즉각 휴업하도록 지시하였다. 서울의 주요 대학이 휴업에 들어갔고, 경북대도 16일부터 전면적인 휴업을 결정하였다. 휴업 조치로 시위가 주춤해지는 사이 6월 25일 경북대, 대구대, 청구대, 계명대, 한사대 등 6개 대학 학생회장단은 모임을 가져 개별 학교 단위의 분산적인 투쟁에서 벗어나 연합투쟁을 벌이기 위한 방안을 논의하였다. 논의 끝에 김휘 경북대 총학생회장을 위원장으로 하는 '경북학생6·8부정선거투쟁위원회'를 결성하고, 민주주의 발전과 정의 구현을 위해 끝까지 투쟁하기로 결의하였다. 다음날 경북대 총학생회 주최의 성토대회가 학교 측의 저지로 무산되었으며, 다시 휴교에 들어갔다. 7월 4일과 5일에 5백여 명의 학생들은 휴교령 속에서도 성토대회를 열어 시위를 벌였다.

7월 6일 휴교령이 해제된 날 경북대 학생들은 격렬한 시위를 벌였다. 학생 1천 5백여 명은 학교 측이 시위를 막기 위해 결정한 기말고사를 거부하고 성토대회에 참석하여 부정선거 원흉 엄단, 정치방학 거부, 학원사찰 중지 등을 주장하였다. 성토대회 후 경찰과 격렬한 투석전을 벌이며 시내 중심가에 진출하여 가두시위를 벌였다. 학생들은 명덕네거리의 2·28학생운동기념탑에서 연좌시위를 벌이고, 경찰의 진압으로 학교에 재집결한 후 다시 시위를 벌였다. 이날 의과대 학생 2백여 명도 성토대회를 열어 휴업령철폐, 학원자유 보장, 선거 재실시 등을 요구하였다. 성토대회를 마친 후 가두시위가 경찰의 저지로 어렵게 되자 교내에서 연좌시위를 벌였다. 이날 시위로 고인순 총학생회 부회장을 포함한 1백여 명이 경찰에 연행되었고, 많은 학생들이 부당을 당하였다. 학생들이 기말고사를 거부하고 시위를 계속 벌이자, 학교 당국은 7월 7일부터 여름방학을 실시하기로 결정하였다. 그러나 1백여 명의 학생들은 등교 후 성토대회를 열어 조기방학을 정치방학이라 규정하고, 이를 철폐할 것과 휴관한 도서관의 개관을 촉구하였다. 아울러 6일의 시위에서 부상 입은 학생의 치료를 위한 모금운동을 벌이고, 경찰에 연행된 학생의 즉각 석방을 요구하였다.

학생들이 주도한 부정선거 규탄투쟁은 때 이른 방학에 들어가고, 중앙정보부가 정국 전환을 꾀하고자 '동베를린 간첩단사건'을 발표하여 반공 분위기를 강요하면서 더 이상 전개되지 못하였다. 부정선거 규탄투쟁은 박정희 정권의 정통성과 도덕성에 타격을 주었으며, 국민이 박정희 정권의 장기집권 음모를 파악하는 계기가 되었다.(여정남기념사업회, 2017, 131~143쪽)

제2절 박정희 정권의 개헌 추진과 저지투쟁

1. 삼선개헌 추진과 저지투쟁

1967년 국회의원 선거에서 개헌에 필요한 의석을 확보한 박정희는 공화당 내 개헌을 반대하거나 소극적인 의원을 제거하면서 개헌을 위한 사전 정지 작업에 들어갔다. 1969년 1월 윤치영 공화당 의장은 근대화와 민족중흥을 위해서는 강력한 영도력이 필요하다는 이유로 헌법에 규정된 대통령 중임 제한 조항을 철폐해야 한다는 입장을 밝혔다. 4월에는 애초 개헌을 반대했던 김종필도 박정희의 강력한 지도력이 필요하다며 개헌 지지의 입장으로 선회하였다. 이로써 개헌이 정국의 전면에 부상하였다.

박정희 정권과 공화당이 개헌 추진 움직임을 보이자, 신민당을 비롯한 야당과 학생들은 개헌 반대의 입장을 밝혔다. 신민당은 개헌 저지를 위해 '대통령3선개헌저지투쟁위원회'를 구성한 데 이어 6월에는 재야인사들과 연대하여 '3선개헌반대범국민투쟁준비위원회'를 결성하여 개헌 저지 활동에 들어갔다. 실질적인 삼선개헌 저지투쟁은 학생들의 시위로 시작되었다. 6월 중순 서울대 학생들이 개헌 반대 선언문을 발표한 데 이어 개헌 추진 중지, 언론 자유 보장, 학원 사찰 중지를 요구하는 시위를 벌였다. 이어 고려대 학생들이 시위를 벌이는 등 서울에서 학생 시위가 확산되었다.(민주화운동기념사업회, 2008, 519~523쪽)

개헌을 저지하려는 지역에서의 첫 시위는 대구에서 일어났다. 6월 23일 경북대 학생들이 개헌을 반대하는 '민주헌정수호성토대회'를 열었다. 법정대 학생회와 정사회의 주도로 열린 성토대회에서 개헌과 학원 사찰을 비판하는 선언문과 결의문을 채택하고, 1백여 명의 학생들은 헌정 수호를 외치면서 시위를 벌였다. 25일에는 학교 측의 방해를 뿌리치고 총학생회 주최로 3백여 명이 모인 가운데 성토대회를 열어 민주헌정 수호를 위한 총궐기를 호소하는 궐기문과 개헌 반대와 민생고 해결을 요구하는 결의문을 채택한 후 시위를 벌였다. 27일에는 계명대 학생 3백여 명이 성토대회를 열어 헌정 질서를 무너뜨리고 역사를 퇴보시키는 개헌을 반대하는 선언문을 발표하였다. 이어 학원 사찰 중지와 개헌 반대의 결의문, 정치인과 언론인의 각성을 촉구하는 메시지를 채택하였다. 한사대 학생 60여 명도 성토대회를 열어 헌법 수호와 학원 자유 보장을 촉구하는 선언문과 전국 대학생의 투쟁을 촉구하는 메시지를 발표하였다.

학생들은 강력한 투쟁을 위해 그동안의 평화적인 교내 집회에서 벗어나 가두시위를 시도하였다. 경북대 학생들은 6월 30일부터 7월 5일까지 연일 시위를 벌였다. 6월 30일 5백여 명의 학생들이 성토대회를 열어 개헌 음모 포기, 언론 탄압 중지 등을 요구하는 시국선언문을 채택하고 가두시위를 시도하였다. 학생들은 교수와 경찰의 저지에 맞서 투석전을 벌이며 가두시위를 시도했으며, 학생들이 경찰에 연행되자 격렬한 시위를 벌였다. 다음날에는 6백여 명이 장기집권을 상징하는 공화당과 자유당의 허수아비 화형식을 가진 후 가두시위를 시도하였다. 학생들은 경찰과 투석전을 벌이며 가두로 진출하여 개헌 음모 포기와 공화당을 규탄하는 구호를 외치며 시청까지 가두시위를 벌였다. 이 과정에서 학생 1백여 명이 경찰에 연행되었다.

경북대 학생 시위는 점점 규모가 커지고 격렬한 양상으로 발전하였다. 7월 2일 1천여 명의 학생들은 성토대회를 열어 학생 궐기를 촉구하는 선언문을 발표하고, 가두시위를 감행하였다. 경찰의 저지에 맞서 돌을 던지며 가두 진출을 시도했으나 가두시위로 이어지지 못하였다. 3일에도 7백여 명의 학생들이 성토대회를 가진 후 도청까지 가두시위를 벌였으며, 권오룡 법정대 학생회장을 포함한 30여 명의 학생들이 단식농성에 들어갔다. 4일에는 총학생회의 주도로 1천여 명의 학생들이 기말 시험을 거부하고 성토대회를 개최한 후 가두시위를 벌였으며, 경찰의 폭력으로 많은 학생들이 부상을 입고 경찰에 연행되었다. 학생들이 연일 격렬한 시위를 벌이자, 학교 당국이 7월 5일부터 의과대를 제외한 단과대의 휴교를 결정하여 사실상 방학에 들어갔다. 그러나 150여 명의 학생들은 5일에도 학교 측과 경찰의 저지를 뚫고 성토대회를 가진 후 개헌 음모 분쇄 등의 구호를 외치면서 시위를 벌였다. 3일부터 단식농성을 벌이던 학생들은 시위 학생의 처벌 중지, 교수·학생의 간담회 개최 등을 요구하며 농성을 풀었다.

경북대 학생들이 벌인 엿새 동안의 투쟁은 전국 학생 시위 중에서 가장 장시간 지속되어 주목을 받았다. 경북대 학생 시위는 서클 정사회의 치밀한 준비 끝에 나온 결과였다. 정사회는 일찍부터 박정희 정권의 장기집권 음모를 파악하여 1968년 하반기에 회원들을 총학생회장을 비롯한 학생회장에 출마시켜 당선시키고, 학생회 간부로 배치하는 등 투쟁에 대비하였다. 이러한 바탕과 함께 학생들의 적극적인 호응으로 지속적이고 치열한 투쟁이 가능할 수 있었다.

개헌을 반대하고 규탄하는 대학생 시위는 다른 학교로 확산되었다. 7월 8일 영남대 학생 5백여 명이 개헌반대 성토대회를 열어 개헌을 규탄하는 선언문과 휴교 조치 즉각 철회와 학원 사찰 중단을 요구하는 결의문을 채택하고, 박정희 대통령 비판과 국헌 수호를 촉구하는 메시지를 발표하였다. 이날 계명대 학생 2백여 명도 개헌반대 성토대회를 열어 문호열 총학생회장이 개헌의 즉각 철회를 요구하는 선언문을 발표하고, 개헌 절대 반대, 정보정치 즉각 철회를 촉구하는 결의문을 채택하였다. 대회 후 학생들은 경찰의 저지에 맞서 투석전을 벌이며 2·28학생의거기념탑까지 가두시위를 시도하였다. 9, 10일에도 1백여 명의 학생들이 성토대회를 열어 개헌 반대와 경찰 폭력을 비판하고 시위를 벌였다.

대학생 시위가 대학의 휴교령과 조기방학으로 어렵게 되자, 고등학생들

제1장 학원병영화 반대와 교련철폐투쟁

제1절 교련철폐투쟁

1968년 박정희 정권은 북한의 청와대 습격기도와 푸에블로호 나포로 남북한의 대립이 고조되자 반공체제를 더욱 강화하였다. 정부는 10월 모든 국민을 체계적으로 통제할 수 있는 '주민등록법'을 시행하고, 사회병영화를 위해 향토예비군을 창설하였다. 또한 체제 순응교육을 위해 '국민교육헌장'을 제정하고, 대학에서 '국민윤리'를 필수과목으로 지정하였다. 박정희 정권은 사회뿐만 아니라 학원까지 병영화를 추진하여 1969년부터 반공교육의 시간을 늘리고 웅변대회와 강연회 개최 등으로 학원의 반공교육을 강화하였다.

아울러 학생의 군사훈련도 강화하는 방침을 마련하였다. 문교부는 1969년부터 교련 과목을 신설하여 매주 2시간 남자 고등학생 2, 3학년과 대학생들에게 교련교육을 실시하기로 결정하였다. 1970년 2학기부터 여자 고등학생과 대학생까지 확대 실시하였다. 이어 교련 교육을 강화하기 위해 학생군사훈련단 제도를 폐지하는 '교련강화 일원화 방침'안을 발표하고, 1971년부터 학생군사훈련을 2군 사령관이 직접 관장하는 시행세칙을 확정하였다.

대학생들은 학원 통제를 강화하고 학원병영화를 위한 박정희 정권의 교련 강화 방침을 비판하였다. 1970년 11월 서울대를 비롯한 5개 대학 총학생회는 정부의 군사훈련 강화가 대학 지성의 비판정신을 억압하고, 학원의 자율성을 침해하기 위한 것이라는 내용의 공동선언문을 발표하였다. 12월에는 연세대 학생들이 처음으로 교련을 반대하는 시위를 벌였다.(민주화운동기념사업회, 2008, 544~548쪽)

경북대 학생들은 12월 7일부터 3일 동안 교련 강화와 학원의 병영기지화를 반대하는 성토대회를 개최하였다. 12월 7일 총학생회와 단과대학 학생회는 150여 명의 학생이 참석한 가운데 성토대회를 개최하였다. 학생들은 교련강화책이 지성인의 보금자리인 학원을 병영집단으로 만드는 것이며, 상아탑을 신병훈련소로 개조시키려는 술책이라고 규탄하였다. 특히 '정보학생'이 학생 동향을 파악하고 정보를 수집하는 학원사찰 중지, 교련강화책 철회, 학원의 자주성 보장을 요구하는 결의문을 발표하였다. 성토대회 후 학생회는 학교 측과 연석회의를 열어 학생들의 주장과 요구사항을 제시했으나, 의견 충돌로 성과를 내지 못하고 결렬되었다.(여정남기념사업회. 2017, 186쪽;『매일신문』, 1970. 12. 8)

다음 날에도 1백여 명의 학생들이 도서관 앞에서 교련강화책 철회, 학원사찰 중지, 학원자주성 보장 등의 요구사항을 내걸고 성토대회를 열었다. 9일에도 정부의 교련 강화책과 학원사찰을 규탄하는 교내 시위를 벌였으며, 10일에는 학생회 일동 명의로 교련 강화책에 대한 당국의 추이와 학원사찰의 실시 여부를 계속 주시한다는 요지의 성명서를 발표하였다. 그러나 교련 철폐투쟁은 사안의 중대성에도 불구하고 기말고사를 앞두고 있어 학생들의 참여가 저조하였다. 이 투쟁을 주도했던 총학생회와 서클 정진회 회원들은 더 이상 투쟁을 지속하기 어렵다고 판단하여 1차 투쟁을 마무리 지었다.(여정남기념사업회. 2017, 187쪽;『매일신문』, 1970. 12. 9)

1970년 12월 박정희 정권은 교련을 강화하는 시행요강을 발표하였다. 시행요강은 대학생의 4년간 총 수업시간의 약 20퍼센트에 해당하는 711시간의 교련 수업을 받고, 군사교육을 위해 대학에 현역 군인을 배치한다는 내용이었다. 이에 대해 학생들은 군사훈련 시간이 지나치게 많을 뿐만 아니라 현역 군인이 학원에 배치되면 학원병영화가 강화되어 학생 활동이 제약을 받고 학원자율성이 침해될 것이라고 비판하였다.

정부는 학생들의 교련철폐투쟁을 약화시키기 위해 정치세력이 학생들의 교련철폐투쟁을 배후조종하고 있다고 흑색선전을 했다. 그 대상은 교련철폐투쟁에 앞장섰던 대구의 대학이었다. 1971년 2월 10일 공화당 경북지부는 신민당 중앙당이 서울 모대학 총학생회장을 대구로 보내 자금을 제공하고 교련 강화를 구실로 반정부시위를 꾀하고 있다는 요지의 성명을 발표하였다. 8대 국회의원 선거가 그해 5월 25일 예정되어 있었다. 경북대와 계명대 총학생회는 2월 18일 공화당의 성명을 비판하는 공동성명을 발표하였다. 두 학교 총학생회장은 성명서에서 공화당 경북지부가 발표한 성명이 허위사실을 조장하고, 법과 질서를 망각한 비민주적 행위라고 규탄하였다. 또한 공화당 경북지부가 학원을 득표의 이용물로 전락시키고 학원에 공포분위기를 조성하고 있다고 규탄하였다.(여정남기념사업회. 2017, 188쪽)

정부가 대학생들의 비판에도 불구하고 교련 교육의 강화를 추진하자, 1971년 3월 전국의 12개 대학 학생회 대표자들이 학원병영화를 가져오는 군사교육의 전면 철폐를 주장하는 '교련철폐 전국 대학생 공동선언문'을 발표하였다. 3월 23일 경북대 총학생회가 이 선언문을 학생들에게 배부하기 위해 4천부를 복사했으나, 학교 당국이 탈취하는 일이 일어났다. 25일에는 학생들이 배포하던 선언문과 각종 유인물을 학교 당국에 빼앗기자, 유인물의 반환을 요구하였다. 학교 당국이 거부하자 이를 규탄하며 농성을 벌였다.(여정남기념사업회. 2017, 188~189쪽;『매일신문』, 1970. 12. 8)

교련을 반대하는 대학생 시위는 4월 연세대를 시작으로 전국 대학으로 확산되어 나갔다. 경북대 총학생회는 4월 8일 학생대표 1백여 명이 참석한 가운데 간부회의를 열어 교련 실시를 반대하기로 결의하였다. 이 결의에 따라 교련반대 성토대회를 4월 12일부터 3일 동안 개최하였다. 12일 총학생회 주최로 2백여 명의 학생이 모인 가운데 교련전면반대 성토

〈그림 2-1〉 1971년 4월 8일 등록금인상과 교련문제를
논의 중인 경북대 총학생회 확대간부회의 모습
(출처: 매일신문사)

대회를 열었다. 학생들은 박정희 정권의 학원병영화 획책을 규탄하고, 교련을 전면 반대하는 요지의 성명서를 발표하고 결의문도 채택하였다. 성토대회를 마친 학생 1백여 명은 정문까지 시위를 벌인 뒤 정문에서 경찰과 대치하다가 해산하였다.(『동아일보』, 1971. 4. 13)

13일에는 5백여 명의 학생들이 참석한 가운데 약식으로 성토대회를 가진 뒤 교내 시위를 벌였다. 이어 교수와 직원들의 제지를 뚫고 가두시위를 벌이기 위해 가두 진출을 시도했으나, 경찰의 제지로 연좌농성을 벌이고 투석전을 벌였다. 이 과정에서 일부 학생이 부상을 입거나 경찰에 연행되었다. 학생들은 경찰의 제지를 뚫고 교문 밖까지 진출했으나, 경찰의 진압으로 가두시위를 벌이지 못하였다. 14일에는 서울대에서 경북대, 서울대, 전남대 등 전국 11개 대학 학생대표 2백여 명이 '민주수호전국청년학생연맹'을 결성하고 교련철폐운동과 공명선거캠페인 등의 10개 항목을 행동강령으로 채택하였다. 이날과 15일에 경북대 학생들은 성토대회를 계획했으나 교수들의 제지로 무산하였다.(여정남기념사업회. 2017, 191쪽; 『경북대학보』, 1971. 4. 19)

경북대 당국은 학생들의 교련철폐투쟁이 이어지자, 이를 막기 위해 3,4학년 학생 전원을 실습과 견학 등의 명목으로 4박 5일 장기여행을 보내기로 결

정하였다. 학생들은 학교 측의 방해를 뚫고 교련철폐투쟁을 이어 나갔다. 16일에 50여 명의 학생들이 교련반대 성토대회를 가졌다. 학생들은 '학원자유수호하자'는 등의 구호와 함께 제적된 학생의 구제를 요구하였다. 아울러 교련철폐투쟁을 막기 위한 학교 당국의 조치를 비난하였다. 성토대회는 교수들의 제지로 중단되었다.(『동아일보』, 1971. 4. 15)

4월 19일에는 4월혁명 기념식과 함께 교련반대 성토대회를 계획하였다. 그러나 교수들의 제지로 무산되었으며, 철학과 학생 25명이 교련 반대, 처벌 학생 구제, 학원사찰 중지, 학교당국은 정치의 구속을 받지 말고 학생을 적극 옹호하라는 결의문을 채택하고 강의실에서 단식농성에 들어갔다. 한사대 학생들도 4월혁명 기념식과 교련반대 성토대회를 가지고 교련 전면철폐, 학원사찰 중지, 언론의 자중과 정부의 언론 탄압 중지 등의 결의문을 채택하였다. 학생들은 성토대회를 마친 후 명덕네거리에서 교련복 화형식을 거행하기 위해 가두 진출을 시도했으나 학교 당국과 경찰의 저지로 무산되어 교내에서 연좌시위를 벌였다. 20일에는 영남대 학생 3백여 명이 교내에서 교련반대 모임을 가진 후 경산 읍내에서 성토대회를 열어 교련 반대, 학원사찰 중지, 휴강조치 철회, 언론 탄압 중지 등의 결의문을 채택하고 시위를 벌였다. 21일에도 1백여 명의 학생들이 성토대회를 가지고 전날 연행된 학생 6명의 석방을 요구하며 가두 진출을 시도하다가 학교 당국의 저지로 무산되었다.(『매일신문』, 1971. 4. 20)

학생들은 4월 27일 대통령 선거 실시를 앞두고 공명선거운동으로 활동 방향을 전환하여 교련철폐투쟁이 소강상태에 들어갔다. 20일 민주수호전국청년학생동맹은 4월 27일에 실시될 대통령 선거를 위해 시위 등을 지양하기로 결정하였다. 또한 공명선거를 위해 학생으로 구성된 참관인단을 각 투표장과 개표소에 파견하기로 결의하였다. 이 결의는 학생들이 학교 폐쇄의 구실을 주지 않고, 대통령 선거와 국회의원 선거를 앞둔 선거 국면에서 공명선거 쟁취에 역점을 두어야 한다고 판단했기 때문이었다. 이 결정에 따라 대구의 대학생들은 공동으로 신민당 경북지부에 학생들을 투표 참관인으로 추천해 줄 것을 요청하였다. 학생들은 4월 27일과 28일 이틀 동안 경북 각지에서 대통령 선거의 투개표 과정을 참관하였다.(여정남기념사업회, 2017, 193쪽;『경북대학보』, 1971. 5. 3)

한편 야당과 혁신계 인사들은 1971년 4월에 '민주수호국민협의회경북협의회'를 결성하였다. 경북협의회는 독재 반대, 공명선거, 민중의 역량 개발과 결집 등의 강령을 두고 활동하였다. '민주수호국민협의회경북협의회 공명선거감시단'을 구성하여 각 투표소에서 부정선거를 감시하는 활동을 벌였다.

제2절 전태일 추도식 투쟁

1970년 11월 13일 박정희 정권이 추진한 경제 개발의 그늘을 세상에 고발하며 전태일이 분신하였다. 전태일은 1948년 대구시 남산동에서 태어났으며, 청옥고등공민학교에 다니다가 1963년에 상경하여 평화시장의 봉제공장에서 재단사로 일하였다. 그는 노동자의 열악한 노동환경을 파악하고, 평화시장의 재단사 모임인 '바보회'를 만들어 노동환경 등 노동실태를 조사하였다. 조사 내용을 바탕으로 노동청과 근로감독관을 여러 차례 찾아가 노동조건의 개선을 촉구하였다. 그는 요구가 관철되지 않자 바보회를 '삼동친목회'로 전환하여 노동조건과 환경의 개선을 위해 한층 더 적극적으로 활동하였다. 그럼에도 개선될 기미가 없자, 그는 최후 수단으로 분신을 결행하기로 마음먹었다.(여정남기념사업회, 2017, 195쪽)

1970년 11월 13일 그는 평화시장에서 "우리는 기계가 아니다!"는 내용이 적힌 플래카드를 앞세우고 '근로기준법 화형식'을 거행하였다. 이어 "근로기준법을 준수하라", "노동자들을 혹사하지 말라"는 구호를 외치며 분신을 결행했으며, 사람들에게 "내 죽음을 헛되이 하지 말라"고 외쳤다. 그는 병원으로 옮겨졌지만 회복하지 못하고 끝내 운명하였다.(조영래, 2009) 그는 경제 성장의 그늘 아래 법이 보장한 최소한의 보호도 받지 못한 채 열악한 노동환경, 비인간적인 처우, 저임금 장시간 노동에 시달렸던 노동자들의 실태를 세상에 고발하였다. 그의 죽음은 노동문제에 대한 사회적 관심을 높이고 노동운동사에 전환점이 되었으며, 그는 한국 노동운동을 상징하는 인물이 되었다.(여정남기념사업회, 2017, 196쪽)

전태일의 죽음은 특히 같은 또래의 대학생들에게 커다란 충격을 주었다. 일부 대학생은 학업을 중단하고 노동현장으로 뛰어 들었다. 경북대 서클 정진회 소속 학생들도 전태일이 대구 출신이라는 점, 무엇보다 경제 개발의 부작용을 분신으로 세상에 알린 그의 뜻을 기리기 위해 추도식을 가지기로 결정하였다. 먼저 학생들은 11월 24일 학내에서 여론조사 공청회를 열기에 앞서 참석한 학생들에게 전태일의 분신 사실을 설명하고, 추도 묵념을 하는 약식 추도식을 거행하였다.(여정남기념사업회, 2017, 196쪽)

경북대 학생들은 전태일 분신의 의미를 다시 새기고, 정식으로 추도식을 가지기로 결정하였다. 경북대 학생운동을 지도하던 여정남의 주도 아래 추도식을 준비해 나갔다. 정진회 회원이자 한국대학생불교연합회 경북지부 회장인 정만기는 가톨릭대학생연합회, 기독교대학생연합회 단체 대표를 만나 연합으로 추도식을 거행할 것을 제안하였다. 단체 대표들도 모두 동의하여 12월 6일 대구지역 대학생들이 참석한 가운데 남산동 소재 사찰인 보현사에서 추도식을 가지기로 합의하였다. 한국대학생불교연합회 경북지부는 추도식에 앞서 정진회의 지원으로 추도식에서 낭독할 '추도사', '500만 노동자에게 보내는 메시지'와 '종교인에게 보내는 호소문', '백만 학도에게 보내는 메시지'를 작성하여 한국대학생불교연합회 경북지부장 명의로 각 언론사와 대학에 배포하였다.(여정남기념사업회, 2017, 197쪽)

전태일 추도식 계획이 사전에 알려지면서 큰 어려움에 직면하였다. 경찰을 비롯한 정보기관과 학교 측이 추도식을 취소하도록 압력을 가하였다. 흔쾌히 장소 제공을 약속했던 보현사 측도 추도식 당일 돌연 단순한 추도식이 아닌 정치적인 성격을 띠고 있다며 장소 사용을 거부하였다. 학생들은 경찰, 학교 교수, 사찰의 압력과 비협조를 무릅쓰고 계획대로 보현사에서 추도식을 강행하였다. 그러나 경찰과 학교 측의 방해로 파행적으로 끝났다. 전태일 추도식은 노동자의 현실과 경제 성장의 그늘에 가려진 노동환경에 대해 학생은 물론 시민들의 관심을 불러일으키는 계기가 되었고, 나아가 노동운동의 중요한 전환점이 되었다.(여정남기념사업회, 2017, 198쪽)

제3절 경북대 '반독재구국선언문'사건

1971년은 급변하는 국내외 정세 속에서 대통령 선거와 국회의원 선거가 치러지는 해였기 때문에 한국정치사에서 중요한 의미를 지닌 해였다. 이 시기 국제 정세는 그 동안 치열하게 전개되었던 동서 냉전에서 벗어나 평화와 공존으로 나아가는 분위기가 형성되고 있었다. 정권 유지를 남북 대립의 분단 체제에 크게 의존하고 있던 박정희 정권은 오히려 위기감을 느꼈다. 박정희와 공화당은 '동서 긴장 완화'의 국제 정세를 국내 위기로 조장하여 지배체제를 공고히 하면서 영구 집권을 꿈꾸었다. 그 길목에 놓인 대통령 선거와 국회의원 선거를 통해 영구 집권을 계획했으며, 집권 유지의 최대 걸림돌인 학생운동을 탄압하고 군사훈련을 강화하면서 학원병영화를 획책하였다.(여정남기념사업회, 2017, 199쪽)

1971년 2월부터 경북대 정진회 소속 학생들은 시국의 엄중함을 인식하고, 학생운동의 전국조직화를 통해 학생운동을 효과적으로 벌일 계획을 구상하였다. 정진회는 먼저 학생들의 권익 옹호와 투쟁의 기반을 마련하기 위해 등록금인상 반대투쟁과 함께 교련철폐투쟁을 이어 나가는 투쟁 방향을 세웠다. 이를 위해 등록금인상 반대투쟁에 적극적으로 참여하여 주도하는 한편 학생운동의 전국조직화를 위한 활동을 벌였다. 그 일환으로 1971년 4월에 경북대에서 4월혁명 제11주년을 기념하여 서울을 비롯한 전국 주요 대학의 서클이 참여하는 학술토론대회를 가지기로 결정하였다. 토론대회를 매개로 학생운동의 전국조직화의 계기를 마련한다는 구상이었다.(여정남기념사업회, 2017, 199~200쪽)

4월 7일 정진회는 학생회관에서 '4·19혁명 제11주년 기념 전국대학생 서클 대항 학술토론대회'를 개최하였다. 토론대회에는 서울대, 고려대 등 전국 10개 대학 서클 대표, 정진회 회원 등 1백여 명의 학생들이 참석하였다. 그러나 학교 측이 정진회가 학교에 등록되지 않은 단체이므로 교내 집회를 인정할 수 없다며 토론대회를 제지하였다. 이 과정에서 교수와 학생들 사이에 물리적 충돌이 일어났으며, 결국 학술토론대회가 진행되지 못하였다.(여정남기념사업회, 2017, 202쪽)

정진회는 다음 날 8일 법정대 강의실에서 토론대회에 참석한 각 대학 서클 대표, 정진회 회원, 일반 학생 등 1백여 명이 참석한 가운데 다시 학술토론대회를 개최하였다. 토론대회는 한일문제(서울공대 산업사회연구회), 노동문제(고려대 한맥), 농어촌문제(서울상대 후진사회연구회), 민족문화문제(부산대 한

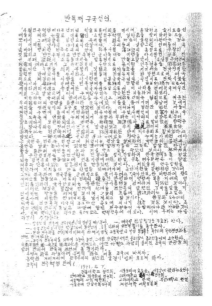

〈그림 2-2〉 '반독재구국선언' 전문

얼), 학생운동문제(정진회, 서울문리대 문우회) 등을 주제로 발제와 토론 방식으로 진행되었다. 토론대회를 가진 후 정진회와 토론대회에 참가한 서클 명의로 '범국민적 반독재 민주구국전선의 결성을 제의한다'는 등 5개 항목의 주장이 담긴 '반독재구국선언문'을 발표하였다.(여정남기념사업회, 2017, 202쪽)

선언문은 박정희 정권의 권력 장악 후 정치, 경제, 사회, 문화 분야에서 나타난 여러 문제를 신랄하게 비판하는 내용이었다. 나아가 한국 사회의 모순을 극복하고 평화적 통일을 이룩하기 위해 노동자, 농민, 소시민, 양심적인 지식인, 중소기업가, 종교인 등이 반독재 구국전선을 결성하여 반외세 반독재 전선에 총궐기해야 한다는 주장이 담겨 있었다. 정진회는 이를 전국에 확산시키기 위해 학술토론대회에 참가한 학생들뿐만 아니라 광주를 비롯한 전국 각 대학에 반독재구국선언문을 배포하였다. 또한 각 언론사와 대학으로 선언문을 발송하고, 일반 대학생 등에게도 배포하였다.(여정남기념사업회, 2017, 203쪽)

박정희 정권을 정면으로 비판하고 반외세 반독재투쟁을 주장하는 '반독재구국선언문'은 커다란 파장을 불러 일으켰다. 4월 10일부터 여정남과 정진회 회원 등 7명이 정보기관에 연행되었으며, 경북대를 졸업하고 매일신문 기자로 있던 김성희도 반독재구국선언문을 작성하고 배후조종했다는 혐의로 연행되었다. 이들은 영장도 없이 동촌의 K−2공군보안대에서 중앙정보부의 주도 아래 구타와 물·전기고문을 당하였다. 학생들은 경찰서에 넘겨진 후에도 모진 고문을 받고 검찰로 송치되었다.(여정남기념사업회, 2017, 204~205쪽)

학생들은 반공법 위반 혐의로 기소되어 재판에 회부되었다. 공소 내용은 학생들이 정진회를 조직하여 국가를 전복하고 공산화할 목적으로 자유우방 국가로부터 고립을 꾀해왔다는 내용이었다. 또한 북한이 제창하는 평화통일이란 미명하에 한국에 주둔한 유엔군 철수, 한미방위조약 폐기, 월남파병 반대, 향토예비군 폐지를 왜곡 선전하여 저소득층에게 계급의식과 반정부 의식을 부식 조장하여 국민 분열을 꾀했다는 것이었다.(여정남기념사업회, 2017, 205쪽)

제4절 위수령과 학생운동 탄압, 홍정회와 한풍회

1971년 2학기 들어 전국에서 교련철폐운동이 재개되고, 민주화를 요구하는 학생 시위가 일어났다. 10월 6일 경북대에서는 법정대 학생회(회장 장한목, 부회장 김성덕)가 반독재구국선언문사건으로 구속된 학생들의 석방을 요구하는 집회를 열었다. 학생들은 구속학생 석방, 학원 내 학생연행 중지, 학원의 민주화와 자유화 보장 등을 요구하며 교내 시위를 벌였다. 다음 날에도 법정대 학생회 주도로 성토대회를 열었다. 학생들은 박정희 정권이 남북적십자회담으로 집권 세력의 부정부패를 은폐하려는 술책을 부리고 있으며, '실미도사건'과 '광주대단지사건'에서 보듯 사회악을 양산하고 있다고 신랄하게 비판하였다. 학생들은 성토대회를 마친 후 시위를 벌였으며, 8일에도 성토대회를 열고 시위를 벌였다.(여정남기념사업회, 2017, 206~207쪽)

14일에는 경북대 법정대 2학년 학생들이 교련 수업을 거부하고 집회를 열었다. 학생들은 교련이 대학의 자율성을 침해하고 정부의 어용기관을 만들려는 수단이므로 교련을 수강할 수 없다고 밝혔다. 또한 교련 수강을 거부하는 학생들의 강제 징집을 즉각 철폐하라고 주장하였다. 학생들의 교련 철폐 요구에도 불구하고 학교 당국은 교련 수강을 거부한 학생들의 명단을 병무청에 통고하였다. 경북병무청은 학교 측이 통보한 20여 명의 학생 가운데 10여 명에게 입영 영장을 발부하였다.(여정남기념사업회, 2017, 209쪽)

박정희 정권을 규탄하는 대학생들의 시위가 점차 격화되자, 10월 15일 박정희 대통령은 '학원질서 확립을 위한 특별 명령'을 발표하고, 서울시 일원에 위수령을 선포하였다. 박정희는 학생들의 시위는 교련 반대를 빙자한 불법 데모로서 질서가 파괴된 대학에는 학원의 자유, 자주, 자치를 인정할 수 없다고 선언하였다. 또한 경찰이 학교 안에 진입해서라도 시위 주도 학생을 색출하고, 안되면 군을 투입해서라도 질서를 잡으라고 지시하였다. 나아가 학생들의 시위, 성토, 농성, 등교 거부 및 수강 방해 등의 행위를 용납할 수 없으며, 주동학생을 전원 체포하여 학적에서 제외하라고 명령하였다. 박정희의 지시에 따라 무장 군인들이 학교에 들어가 강의실에서 학생들을 연행하고, 피하는 학생들을 쫓아가 폭행하는 일이 곳곳에서 일어났다.(여정남기념사업회, 2017, 209~210쪽)

위수령 발포 이후 정부는 학생운동을 탄압하기 위한 구체적인 방안을 대학 당국에 강요하였다. 문교부는 전국 각 대학에 시위 주동 학생의 제적, 교련 미수강자의 색출, 제적학생의 편입학 불허, 지하신문 등의 간행물 발간 정지, 자치활동 정지 등을 지시하였다. 경북대는 10월 16일 총학생회장 허태웅 등을 제적 처분하고, 서클 정진회도 정치적인 성격을 띤 서클이라는 이유로 강제로 해체시켰다. 제적 처분을 받은 총학생회장과 법정대 학생회장 등이 경찰에 연행되었으며, 여정남 등은 수배되었다. 박정희 정권과 학교 당국의 초강경 조치에도 불구하고 10월 18일 경북대 법정대 학생들은 학생의 제적 처분을 규탄하고, 수강을 거부하기로 결의하였다. 교내 게시판에 법정대 학생 일동 명의로 된 '반민주적 독재정권에 학원이 짓밟히고 있다. 등교를 거부하라'는 벽보를 부착하였다. 그러나 위수령 공포, 연이은 학생 징계, 학생 징계를 강화하는 학칙 개정 등으로 학생 시위는 더 이상 일어나지 않았다.(『기초조사보고서』, 95~96쪽; 여정남기념사업회, 2017, 210~211쪽)

1. 홍정회와 한풍회의 출범

1970년 전후의 계명대 학생들의 투쟁은 1970년 4월경에 설립된 홍정회(弘正會)[1]라는 서클에 의해 수행되었다. 홍정회는 이름처럼 "정의를 세상에 널리 펼친다"는 슬로건 하에 영구집권저지와 평화통일운동, 학원민주화와 언론자유운동 등을 주요 활동목표로 했다. 홍정회는 삼선개헌반대 투쟁 중 1969년 9월 19일 "국민투표법"으로 구속되었던 백현국의 주도로 결성되었다. 여기에는 1960년대 중반에 결성되었다가 해산 당한 '유토피아'라는 서클 회원들도 결합했다. 그들은 강연회, 좌담회, 성명서발표 등의 활동을 하였고, 캠퍼스 밖에서 학사주점 동학전, 홍정야학 운영 등의 활동을 펼쳤다. 특히 1970년 10월 12일 고려예식장에서 개최된 김영삼, 정일형 의원 초청 학생운동 관련 시국토론회 행사관계로 백현국, 임종호(대의원회 의장), 김홍주(학생회 부회장) 3명은 14일 퇴학처분을 받고 임종호는 입대하게 되었다.(『조선일보』, 1970. 10. 13, 10. 15) 1971년 초 봉산동에 '만남의 공간'으로 개설된 학사주점 동학전(東學典)은 동학혁명의 뜻을 기린다는 차원의 새로운 활동이어서 지역사회에서 주목을 받았다.(『기초조사보고서』, 345~346쪽; 백현국 구술, 2020. 8. 15)

한편 경북대에서는 반독재구국선언문 사건으로 정진회가 불법화되자 정진회 9기인 71학번 중심으로 학생운동을 이어나갈 새로운 서클을 준비하고 있었다. 그들은 선배들의 투쟁을 지켜보면서 자주 · 민주 · 통일의 대의에 깊게 공감했다. 1971년 11월 하순경 인문관에서 1학년 학생들 50여 명이 모여 한국풍토연구회(한풍회) 창립총회와 토론회가 개최되었다. 초대 회장에는 전경수가 만장일치로 선출되고 토론에서는 임규영이 주제발표를 했다. 지도교수는 사회학과의 류시중 교수가 맡았다. 황철식, 강동균, 이수

---

1) 회원은 최이수, 임종호, 이광희, 백현국, 김홍주, 박영진 등이 있었다.

일, 임규영, 장성백, 이한용, 이광하, 김진규, 임학종 등이 회원으로 참가했다.(『기초조사보고서』, 96쪽)

황철식, 이수일, 임규영 등은 그들의 자취방과 하숙방에서 모여 학생운동의 미래를 설계했다. 정진회 선배 임구호는 주로 임규영을 통해 이들의 활동에 상당 기간 조언과 도움을 주었다. 정사회의 이현세와 마지막 정진회 회장이었던 전정효, 정만기 등 선배 정진회 회원들의 지원도 의미가 컸다. 한풍회 회원들은 유신체제 시기에 경북대 학생운동의 주역으로 활동하였다. (『기초조사보고서』, 96쪽)

제2장 유신체제 전반기의 민주화운동

제1절 유신체제의 등장과 대구경북

박정희는 1969년 삼선개헌을 통해 장기집권의 길을 열어두었으나 종신집권을 공식화하지는 않았다. 그러나 야당과 학생들의 강력한 삼선개헌 반대투쟁에 부닥치고 경제적 위기[2]까지 겹치자 그를 돌파할 수단으로 1인 종신집권을 도모하는 유신헌법을 선포하였다. 5·16쿠데타 이후 시동을 건 수출드라이브를 통한 경제개발은 노동집약적인 경공업을 중심으로 추진되었다. 이런 성장전략은 국내자원의 집중과 차관자금의 배분을 통해 수출기업을 지원하는 대기업 중심의 경제정책이었다. 1969년 IMF와 AID의 권고로 통화긴축정책을 실시하면서 1970년부터 성장률이 7%대로 떨어지고 수출지향 기업의 다수가 부도위기에 몰리면서 수출드라이브 정책의 위기가 찾아왔다.(민주화운동기념사업회, 2009, 44쪽) 이를 해결하기 위해 정부는 1972년 8월 3일 기업들의 부채를 초법적 방법으로 유예하는 8·3조치를 선포하였다. 이는 시장경제의 작동원리를 중지시키는 폭력적 조치였다.

박정희정권은 1971년 4월 27일 제7대 대통령선거에서 관권부정선거를

---

2) 한국의 성장률이 68년 12.6%, 69년 15.6%, 70년 7.9%, 71년 9.26%로 70년 들어 급격히 떨어진다.

동원하고서도 47.8%로 신민당의 김대중 후보에게 94만여 표 차이로 간신히 이겼다. 김대중은 43.5%의 득표율로 선거에서는 졌지만, 서울에서만 58%의 지지를 얻어 39%에 그친 박정희 후보를 압도하며 40대기수로서 새로운 경쟁자로 등장했다. 뒤이은 5월 25일 제8대 국회의원선거에서 야당인 신민당은 44석에서 89석으로 의석이 증가한 반면, 공화당은 112석으로 다수당이 되었으나 개헌의석 확보에 실패했다.(민주화운동기념사업회, 2009, 47~48쪽) 게다가 이효상·박준규 등 주요 당직자들이 대거 낙선하는 등 서울을 비롯한 대도시에서 고전(苦戰)한데다, 대선과정에 박정희가 차기선거에 출마하지 않겠다는 선언을 함으로서 정권재창출에 대한 위기감이 고조되었다. 1971년에 치러진 양대 선거는 박정희가 장기집권을 위한 10월 유신으로 나아가는 중요한 계기가 되었다. 선거라는 절차에 대한 불신과 함께 자신에 대한 국민들의 저항과 지지약화를 확인시켜주었기 때문이다.

게다가 1972년 들어서 남북관계의 급속한 진전에 따라 남북통일을 준비하기 위해 대통령에게 비상한 권력을 부여하는 비상조치의 필요성을 절감해 유신헌법을 선포하였다. 1972년 7월 4일 이후락 중앙정보부장과 김영주 노동당 조직지도부장이 서울과 평양에서 자주·평화·민족대단결의 「조국통일 3원칙」이 포함된 합의문(7·4 남북공동성명)을 발표하였다. 물론 남북공동성명을 위해 이후락이 1972년 5월 2일부터 5일까지 북한을 방문하여 김영주·김일성과 회담하였고, 박성철은 5월 29일부터 6월 1일까지 서울을 방문, 이후락·박정희와 회담을 가져 7개항의 공동선언문에 합의하는 사전 조율과정을 거쳤다. 5·16 쿠데타 이후 인혁당·통혁당 사건 등 정권의 탄압으로 잠잠하던 혁신계 인사들은 7·4 남북공동성명을 환영하면서 다시 한번 "민주주의와 통일운동"을 추진하는 계기로 삼고자하면서도 정권의 진의를 의심했다.

한편 7·4 남북공동성명 발표 후 1972년 10월 박정희는 10월 유신을 통해 국내정치의 위기상황을 돌파했고, 김일성은 1972년 12월 주체사상을 이념으로 한 사회주의헌법을 채택하여 지배체제를 강화하였다. 남북한 정권이 남북관계와 국제정세를 빌미로 내부의 정치적 지배를 공고히 하고 국민의 기본권과 자유를 제약하는데 7·4공동성명을 이용했다는 비판을 받았다. 박정희는 국제적 데탕트무드에서 국내의 정치적 도전과 압력에 떠밀려 남북대화를 추진하였다. 반면에 자신의 정치적 기반을 강화하기 위한 일련의 정치적 조치로서 1972년 10월 17일 계엄령선포를 통한 헌정중단과 국회해산 등의 초헌법적 조치인 10월 유신을 단행하였다. 정치활동의 금지, 언론·출판·방송의 사전검열, 대학의 휴교 등을 주요 내용으로 하는 대통령특별선언을 발표한 것이다.(민주화운동기념사업회, 2009, 47~48쪽)

유신헌법은 대통령 일인에 입법·사법·행정의 비상대권(각종 긴급명령권)을 부여하는 파시즘적 헌법이다. 긴급명령권은 정치경제적 위기상황에 대통령이 국회의 동의 없이 발동할 수 있는 법률과 같은 효력을 갖는 입법적 권능으로 이를 기반으로 긴급조치가 9차례나 발동되었다. 유신체제의 대통령은 통일주체국민회의라는 2,359명의 대통령선거인단을 통해 간접선거로 선출되어서 체육관선거라 불렸다. 국회의석의 1/3인 유신정우회라는 정당이 아닌 대통령 거수기를 대통령이 임명함으로써 초보적 삼권분립조차 위배하고, 법관재임용제도를 통해 법원도 장악함으로써 총통제와 유사한 일인독재체제를 구축하였다. 박정희정권은 국가주의와 반공이데올로기에 근거하여 국민총화론·민족주체론·한국적 민주주의 등의 수사를 통해 유신체제 수립을 정당화하면서 폭압적 지배체제 구축하였다. 유신헌법은 국민의 기본권을 말살하고 삼권분립을 심대하게 훼손한 전체주의에 가까운 권위주의적 독재체제를 수립하여 한국민주주의 발전에 심각한 후퇴를 가져왔다.(민주화운동기념사업회, 2009, 65~73쪽)

유신체제의 성립은 비상계엄과 헌정중단 하에서 유신헌법에 대한 찬반논의 없이 11월 21일 국민투표 회부로 군사 작전하듯이 진행되었다. 따라서 지역정치권과 재야, 학생운동이 제대로 대응할 수 없었다. 정부는 개헌안 발의 후 추곡가 13% 인상, 퇴폐·폭력 일제사범 단속, 산재보험의 보상범위확대 등 일련의 민생관련 당근책을 발표했다. 국민투표 결과는 91.3% 압도적 찬성이었지만 경북의 찬성률은 타 지역보다 더 높았다. 1971년에 결성된 지역의 재야단체인 민주수호경북협의회와 신민당도 대학가도 별다른 대응 없이 지켜보고, 향후의 유신반대투쟁을 어떻게 조직할지 암중모색 중이었다.

제2절 유신반대투쟁의 태동

1. 경북대 계엄포고령 위반사건과 영남대 방송사건

유신선포 직후 대구·경북지역에서 제일 먼저 대응에 나선 곳은 경북대 학생들이었다. 경북대 선후배 학생운동가들은 정세를 주시하면서 유신반대투쟁을 전개하기 위한 암중모색을 하고 있었다. 그 무렵, 1972년 11월 경 대구시내 몇 개 고등학교에 '구국장교단' 명의의 유신체제를 준열히 규탄하는 선언문이 뿌려졌다. 이 선언문 살포사건은 계엄 하의 정보기관을 발칵 뒤집어 놓았다. 여정남이 용의선상에 올라 중앙정보부 지부에 끌려가 무자비한 고문을 당하고 일부 학생들도 체포되거나 수배되었다. 여정남, 임구호, 임규영, 이한용이 조사를 받았지만 시내의 유인물과 무관함이 밝혀지자, 정보기관은 다방에서의 만남을 계엄 하의 무허가 집회로 보고 '불법집회혐의'로 계엄군법회의에 회부시켰다. 여정남과 임구호는 징역 6월 집행유예 1년을 선고받았고, 이한용, 임규영은 선고유예를 받았다. 이현세, 정만기, 정욱표, 황철식, 강기룡 등이 수배 또는 피신하였다. 이 사건은 진실화해위원회에 의해 인권침해로 진실규명되었고 재심에서 무죄로 밝혀졌다.(『기초조사보고서』, 96쪽)

한편, 영남대학교에서는 1973년 10월 11일 경제학과 1학년 박준성이 '반공법' 위반으로 구속되었다. 그는 10월 5일 북한방송을 듣고 서울대생의 시위 선언문과 결의문을 녹음 기록하여 교내 13개소에 벽보를 붙였다가 반공법 위반으로 기소되어 징역 2년을 구형받았다. 12월 14일의 선고공판에서 김광일 판사는 무죄를 선고하였다. 범죄사실의 결과만이 아니라 4년간의 일기장과 서울대 시위의 보도통제, 동료친구들에 대한 호기심 등을 종합할 때 정보를 청취하고 표현하는 방법은 과격하나 북한을 고무·찬양할 범의가 있다고 보기 어렵다는 것이었다.(『매일신문』, 1973. 12. 15) 재판과정에서 검찰 측의 증인으로 교양학부장인 김복기 교수(철학과)가 출석했다. 검사가 "학생이 북한방송을 듣고 북한을 찬양하는 글을 썼는데, 빨갱이 사상을 가지고 반공법을 저촉했다고 생각하지 않느냐"고 묻자 그는 "그렇다"라고 대답했다. 학생들이 이날 밤 대명동 도서관에서 "교수가 학생을 빨갱이로 매도할 수 있느냐, 학교당국은 학생의 신변을 보호해야 하지 않느냐."며 항의를 하며 단식농성을 하였다. 이 때문에 교양학부장이 해임되고, 무료 변호사 제공의 약속을 학교 측으로부터 받아내었다. 또 이 사건으로 법대와 상대가 시위를 하면서 며칠 동안 학내가 떠들썩하였다.(『기초조사보고서』, 166~167쪽; 영대문화편집위원회, 1996) 박준성은 12월 7일 정부의 구속학생 석방 때도 반공법 위반이라 제외되었다가 12월 14일 1심 선고공판에서 무죄로 석방되었다.(『매일신문』, 1973. 12. 8) 김광일 판사는 무죄선고로 문책을 받고 사직을 하였다.(여정남기념사업회, 2017, 241쪽) 당시의 정부는 이렇게 단순한 사건조차 반공법으로 처벌하려는 불안정한 상태였다.

2. 경북대의 11.5 유신반대시위

유신선포 이듬해인 1973년 4월 여정남, 임구호는 서울대 유인태의 집에서 서중석, 이철 등을 만나 그 동안 끊겼던 각 대학의 연계 복원을 논의했다. 임구호는 유인태와 연락하고, 서울·대구 연락책으로 배영순, 부산대는 경북대가 맡기로 하는 등 역할 배치를 확인하였다. 여정남은 또 다른 서울의 동지들과도 접촉하였다. 8월에는 일본에서 유신체제를 비판하던 김대중을 중앙정보부가 납치하는 사건이 발생하였다. 국내외에 박정희정권의 도덕성을 비난하는 목소리가 고조되고 있었다.

1973년 봄 한풍회 회장에 이광하가 선출되고 여름방학에 경북 영일군 대보리 한 초등학교에서 연수회가 1~3학년 30~40명이 참가해 일주일가량 개최되었다. 1973년 여름경부터 여정남의 소개로 이강철과 정화영, 한풍회 회원인 임규영, 황철식 등이 만나 관계를 맺었다. 한풍회는 2기(2학년)과 3기(1학년)을 영입하면서 영향력이 많이 확대되었다. 1973년 9월초 삼선개헌투쟁으로 제적되었던 정사회원 유정선, 정화영이 복학되었다.(『기초조사보고서』, 97쪽)

1973년 10월경 총학생회장 및 단과대학 학생회장 선거가 예정되어 있었다. 이후 한풍회 회원들은 이강철의 지휘아래 총학생회 및 단대선거에 참여했다. 총학생회장 선거는 한풍회가 지지한 철학과의 홍구조가 당선되고, 단과대학생회장은 공대와 사대에서 출마했으나 사범대에서만 당선되었다. 총학생회 학예부장과 사회부장에 한풍회 회원을 추천했으나 학교당국이 승인을 거부하였다.(『기초조사보고서』, 97~98쪽)

1973년 10월 2일 서울문리대가 반유신 항쟁의 첫 봉화를 올렸다. 유신의 아성에 도전한 시위투쟁은 충격적 사건이었지만 언론통제로 국내 언론에는 보도되지 못한 채 해외언론에서만 보도되었다. 이 소식을 접한 경북대의 여정남, 임구호, 정화영 등 선배그룹들은 초기에는 무척 당황하였다. 왜냐하면 고립적인 서울대의 시위투쟁이 다른 대학과 연계를 동결시키고 후속 투쟁 준비를 어렵게 할 수도 있기 때문이었다. 1971년 위수령 발동으로 많은 대학이 큰 손실을 입었고, 1973년 고려대 한맥회, 한사회의 탄압으로 학생운동이 손실을 크게 입은 상태였다.(『기초조사보고서』, 98쪽)

그러나 여정남의 설득과 독려 속에 한풍회를 중심으로 강력하게 유신반대투쟁을 준비했다. 정화영과 임규영은 유신반대투쟁을 결의하고 임규영은 한풍회 회원을 투쟁에 참여시키는 역할을, 정화영은 나머지 모든 일을 책임지기로 했다. 여정남, 임구호, 정화영, 이강철, 임규영, 황철식 등은 필요에 따라 만나며 투쟁을 준비했다. 이 과정에 경북대와 영남대에 전단과 벽보가 나붙는 등 학생대중이 유신체제에 반대하는 기운이 높아가고 있었다. 여정남은 정화영과 임규영을 몇 차례 만나 주요한 지침들을 토의하면서 '서울에서 후속투쟁을 강력하게 해 달라는 요구가 왔다'고 전했다. 이 시기 서울문리대 투쟁의 불씨를 살려 퍼뜨릴 학생운동조직이 경북대학교를 제외하고는 거의 없는 상태였다. 10월 하순 시험 삼아 정치외교학과 중심으로 소규모 시위투쟁을 조직하기로 했다.(『기초조사보고서』, 98~99쪽)

10월 30일 한풍회 2학년 강기룡이 단독으로 이 임무를 맡았으나 경험부족과 사복경찰의 신속한 투입으로 시위도 못한 채 구속되고 말았다. 이를 지켜본 여정남, 정화영, 임규영은 다시 전략을 상의했다. 초기에 압도적 역량을 투입해 기습적이고 전격적인 투쟁을 감행해서 반유신 항쟁을 전국에 파급시켜야 한다는 결론을 얻었다. 정화영, 강동균, 황철식은 선언문을 등사하고, 각종 시위용품을 준비했다. 이강철은 의과대학을 포함해 인원동원을 지원했다. 이광하, 최재룡, 장성백, 임규영, 최문수, 박명규, 김시형, 조태수, 이승룡 등도 가까이 지내던 학우들에게 연락하여 당일 아침 인원동원을 요청했다. 황철식은 '현사회' 회장 백운태에도 참여를 요청해 몇몇 회원들이 참여했다.(『기초조사보고서』, 99쪽)

1973년 11월 5일 월요일 오전 9시 교양과정부 4층 건물에 모인 한풍회 회원 40여 명은 삼삼오오 긴장된 표정으로 모였다. 일부는 다른 건물에 선언문과 격문을 가지고 파견되어 있었다. 이들은 일제히 오전 10시 정각이 되자 〈경북대학교 반독재민주구국투쟁위원회〉 명의의 〈반독재민주구국선언문〉과 격문을 뿌리며 반유신 시위투쟁을 시작했다. 얼마 후 일청담 부근 로타리에 200여 명의 학생들이 집결해서 시위에 참여했다. 시위대열의 선두학생들은 '박정희 물러가라'는 현수막을 앞세우고 구호를 외치며 스크럼을 짠 채 후문을 나가 도청다리 중간까지 진출하였다. 이때까지도 진압경찰은 나타나지 않았다. 의과대학에서 현승효(1974년경 군입대후 훈련 중 사망)와 그 친구들이 시위에 참가하러 왔다. 또 이날 이들과 연계되지 않은 윤규한 등 몇몇 학생들의 맹렬한 활동은 주동학생 못지않은 것이었다. 결정적인 순간에는 교내신문 보급소가 불탔다. 몇 시간 진행된 시위와 성토 투쟁에서 직접 참가한 학생이 많을 때는 1000여 명을 육박했다. 학생들은 주동자의 선창에 따라 "1.중앙정보부 해체, 정보정치 폐지, 2.구속학생 석방, 제적학생 복교, 3.언론·출판·집회·결사의 자유 보장, 4.통일문제에 대한 자유로운 참여 보장, 5.부패관권·부정축재자 공개, 6.차관정책을 중단하고 일본예속경제를 탈피하라 7.유신헌법 폐지, 민주헌법 제정, 8.노동자·농민 생존권 보장"하라고 구호를 외쳤다.(『기초조사보고서』, 99~100쪽)

11월 5일 시위투쟁은 즉시 국내와 해외언론에 보도되었다. 당일 대구매일신문은 활자가 지워져 내용을 알 수 없는 채로 보도되었고, 이튿날 동아일보에 작지만 유신 후 첫 시위사건으로 보도되었다. 해외신문들에서는 선언문의 내용이 요약 보도될 정도로 크게 취급되었다. 그리고 〈반독재 민주구국선언〉는 시위 전에 이미 서울로 전달되어 11월 5일에 있은 재야인사들의 시국선언 발표를 자극하였다.(여정남의 증언) 경북대 시위투쟁에서 제시된 〈유신헌법 철폐하고 민주헌법 제정하라〉는 구호는 이후, '헌법 개헌청원 백만인 서명운동' 등에서 유신반대 투쟁의 중심적 구호로 등장하였다. 유신독재도 시위를 더 이상 감출 수 없게 되자 즉각 대구북부경찰서 정보과장을 직위해제 시키고 30여 명의 전담 수사요원을 배치하여 수사본부를 차렸다. 이제 언론은 이러한 사실을 보도하기 시작했다. 수사가 시작되자 이강철, 신유균, 강기룡, 최문수가 구속되고 정화영, 황철식, 이광하, 최재룡, 임규영 등이 수배되었다. 많은 사람이 연행되어 조사를 받기도 했다.(『기초조사 보고서』, 100~101쪽: 여정남기념사업회, 2017, 225~233쪽)

제3절 학원민주화 투쟁[3]

경북대의 투쟁은 서울문리대의 투쟁 이후 반유신투쟁의 마중물과 같았다. 이 사건을 계기로 전국의 대학에 반유신 항쟁의 불길이 번지기 시작했다. 각 대학에서는 자기 형편에 맞는 다양한 반유신 항쟁이 시작되었다. 11월 21일부터 30일까지 전국의 24개 대학에서 2만 여 명의 학생이 학원민주화와 유신반대, 구속학우 석방을 요구하는 시위를 벌였고 기말시험거부와 철야농성까지 감행했다.(여정남기념사업회, 2017, 236쪽: 민주화운동기념사업회, 2009, 113쪽)

경북대에선 11월 5일 시위 이후 유진숙과 한풍회 1학년 회원인 박명규, 정영순 등은 반유신 투쟁과 구속학생 석방 등을 요구하는 운동을 이어갔다. 총학생회도 구속학생 석방운동을 진행하면서 경북대 학내 분위기는 정보기관의 탄압에도 움츠려들지 않았다. 11월 29일 영남대 상경대생 160명은 기말시험을 거부했고, 11월 30일 100여 명 이상의 경북대 학생들은 일청담에 모여 언론자유 보장, 학원사찰 중지 구호를 외치며 시위 후 교양과정부에서 농성을 벌였다.(『동아일보』, 1973. 11. 30; 『매일신문』, 1973. 12. 1; 『경북대신문』, 1973. 12. 16)

전국 대학의 반유신 투쟁이 거세어지자 정부는 대학들에게 조기방학을

---

3) 이 부분은 대부분 여정남기념사업회의 『청춘, 시대를 깨우다』의 235-238쪽을 참고했다.

강요하였다. 시위를 잠재우기 위한 조기방학이 반정부 투쟁에 기름을 붓는 격이 되어, 12월에 접어들면서 유신반대투쟁, 학원민주화투쟁은 거세어만 갔다. 한편 조기방학 결정에 반발할 학생시위에 대비해 기동경찰이 경북대 후문에 출동하여 상주하고 있었다. 대구 지역은 12월 1일 영남대가 조기방학을 가장 먼저 결정하였다. 이에 대한 항의로 영남대 교양학부 및 공대생 700여 명은 12월 1일 대명동 캠퍼스에서 학원자율화 보장, 대일예속 경제 지양, 구속학생 석방 등을 요구하며 교문 밖까지 진출하였다.(『매일신문』, 1973. 12. 2)

한편 경북대는 12월 1일 1,000여 명 학생들이 오전 10시경 시계탑 앞에 모여 학기말 시험을 거부하며 민주체제 확립, 학원자유보장과 학원사찰 중지, 구속학생 석방 등의 구호를 외치며 가두로 진출하였다. 10시 30분 쯤 후문에서 경찰과 1시간 동안 대치를 하다가 검단동 방면으로 교문을 나선 후 경찰과 투석전을 벌였다. 경찰은 페퍼포그와 최루탄으로 학생들의 교외 진출을 막았다. 이날 시위 도중 학생 4명과 교양학부장 나병욱교수가 부상을 입었으며, 18명이 연행되었다.(『동아일보』, 1973. 12. 1; 『매일신문』, 1973. 12. 2)[4]

12월 1일 경북대 의대생 150여 명은 오전 9시 30분경 동인동 의대 신관 2층 강의실에서 '언론인은 정의를 수호하고 종교인은 양심을 지켜라', 구속학생 석방, 학원사찰 중지, 대일경제 예속 탈피 등의 6개항의 결의문을 채택하고 구속학생 서명운동을 벌이기로 결의한 뒤 오전 10시 기말 시험에 참여하였다.(『매일신문』, 1973. 12. 3)[5] 방학 시작일인 12월 2일 오전 10시 30분경 경북대 학생 400여 명은 일청담에 모여 "조기방학을 즉각 철회하라"는 등 7개항의 결의문을 채택하고 시위에 돌입했다. 이들은 11시경 정문

---

4) 한편 『경북대학보』1973.12.19일자의 기사에는 1,500여 명이 참가한 것으로 되어있다.

5) 『동아일보』1973.12.3 기사에는 12월 1일 오후 의대생 참여가 300여 명으로 보도.

을 나와 가두로 진출했으나 경찰의 저지로 오후 1시 20분쯤에 자진 해산했다. 같은 날 의과대생 350명과 간호대생 50여 명 등 400여 명이 동인동 교정에서 성토대회를 갖고 교정과 옥상을 돌며 시위를 벌었다. 이들은 교수들의 만류로 오후 3시 30분쯤 강당에 들어가 구속학생 석방 등 구호를 외치며 4일 새벽 1시까지 농성을 계속하다가 교수들의 만류로 귀가했다. 의과대에서도 4일부터 일단 학기말시험을 연기했다.(『매일신문』, 1973. 12. 3)

12월 3일은 조기방학 결정이 통보된 날이었다. 이날 경북대생 300여 명은 본교 시계탑에 모여 관권에 의한 조기방학에 항의하는 시위를 벌었다. 학생들은 스크럼을 짜고 가두진출을 시도했으며, 여학생들도 많이 참여했다. 시위 도중 후문에서 경찰과 투석전을 벌여 다친 여학생이 나왔다.(민주화운동기념사업회, 2009, 116쪽; 임규영, 1989, 245쪽) 연일 학원민주화를 요구하는 시위가 진행된 것이다. 대구북부경찰서는 12월 4일 오전, 12월 2일과 3일 시위와 관련하여 사대학생회장 박상수군을 시위주동 혐의로 연행하여 조사했다. 12월 4일에는 효성여대 학생 300명이 교내 성모상 앞에 모여 검은 리본을 달기로 결의하고 가두진출을 시도하다 경찰에 저지되자 학교로 돌아와 12월 5일까지 단식농성에 돌입했다.(민주화운동기념사업회, 2009, 114쪽)

유신정권은 계속 확산되는 전국적 학생시위투쟁을 휴교령과 종강으로 잠재우면서 한발 물러나 12월 7일 10월 2일 이후 시위와 관련되어 구속·수배된 모든 학생들을 석방하고 처벌을 백지화하였다. 이에 따라 형사처벌 받은 22명과 학사징계를 받은 97명의 학생들이 모두 구제되었다. 구속되었던 서울대·경북대 학생들이 석방되고 수배학생들의 수배도 해제되었다.

제3장 민청학련과 인민혁명당재건위 사건의 여파

제1절 긴급조치와 대구경북

　1973년 겨울방학을 맞이한 대학가의 유신반대 시위투쟁은 일단 휴면기에 들어갔다. 그러나 뒤이어 학생들의 투쟁에 고무된 애국적인 각계 인사들의 유신헌법 철폐운동이 벌어지기 시작했다. 1973년 12월 하순 함석헌, 장준하, 백기완 선생 등 재야인사 30여 명이 '헌법개정청원 100만인 서명운동본부'를 발족시켰고, 여기에 통일당, 학생회, 성직자 등이 합세했다. 1974년 1월 7일에는 이희승, 이호철, 백낙청 선생 등 61명의 문인이 서명한 개헌지지 발표가 있었다.(『기초조사보고서』, 101쪽)

　1974년 해가 바뀌자 박정희 유신정부는 드디어 긴급조치를 남발하기 시작했다. 박정희는 1월 8일 긴급조치 1호(개헌논의 금지)와 2호(비상군법회의 설치)를 선포하였다. '긴급조치의 시대'가 열린 것이다. 이렇게 유신헌법 철폐운동이 각계로 확산되어 가자 박정희는 권력을 내놓고 물러날 것인지 아니면 자신의 권력을 유지하기 위해 더 강력한 폭압에 매달릴 것인지를 선택해야할 기로에 서게 되었다. 결국 박정희는 새로운 폭압을 선택했다. 유신독재는 긴급조치 1호라는 흉기를 들고 나와 민주화를 열망하는 국민들을 위협하기 시작했다. 곧 바로 장준하, 백기완에게 긴급조치 1호 위반이라는 죄명을 씌워 징역 15년을 선고하는 군사재판을 벌리고, 종교인 학생에 이어 2월 하순에는 '문인·지식인 간첩단사건'을 조작하여 이호철, 임헌영 등을 구속하였다. 엄동설한에 긴장된 정국이 조성되었다.(『기초조사보고서』, 101쪽)

하지만 대학가의 유신반대의 열기는 긴급조치 1, 2호로도 막을 수가 없었다. 방학 중에 전국적 네크워크를 구축했던 학생들은 개학을 하자, 4월 3일 민청학련 주도로 서울대, 이화여대, 성균관대 등에서 일제히 유신반대시위가 전개되었다. 정부는 4월 3일 22:00부로 긴급조치 제4호를 통해 민청학련과 배후세력 인민혁명당(이하 '인혁당')재건위 사건을 조작해 관련된 모든 활동을 불법으로 규정하고 학생운동을 탄압했다.

1. 혁신계 내부의 논쟁

민청학련과 인혁당재건위 사건이 발생하던 전후에 혁신계 인사들 사이에서는 신중론과 즉각투쟁론 간의 논쟁이 있었다. 신중론은 운동의 방향을 학생운동에서 노동현장 쪽으로 전환시키려 했고, 즉각투쟁론은 1973년 10월 서울대 문리대 시위를 계기로 촉발된 유신반대투쟁을 유신헌법철폐 및 개헌운동으로 확산시키려 하였다. 당시 혁신계 인사들은 7·4남북공동성명 이후 유신철폐, 개헌운동에 이르기까지 학생운동에 대해 상당한 기대를 갖고 있었다. 유신헌법 개정청원운동 등에 직간접적으로 참여하는 과정에서 학생운동과 연계하여 그들을 지원하기도 했다.

1972년 7·4 남북공동성명과 유신체제의 등장을 어떻게 인식하느냐를 놓고 혁신계 내부에 논쟁이 전개되었다. 유신체제의 등장에도 불구하고 7·4 남북공동성명은 통일운동의 새로운 전기를 마련한 '사변적 사건'으로서 혁신세력을 하나로 재규합하여 통일운동을 가속화함과 동시에 정권의 비민주성을 비판하기 위한 조직의 필요성을 역설한 입장이 있었다. 이 그룹들이 학생운동과 결합을 적극적으로 추진해 인혁당재건위 사건으로 나아간 듯하다. 다른 그룹은 7·4 남북공동성명에도 불구하고 유신체제의 등장이 보여주듯 정권의 군부파쇼적 성격은 전혀 변한 것이 없기 때문에 정세의 변화를 조심스럽게 관망하되 성급한 조직화를 경계해야 한다는 입장이 병존했다. 이들은 앞의 그룹이 민청학련과 인혁당재건위 사건에 연루되어 사형을 당하자 그 이듬해 '남조선민족해방전선'의 결성으로 나아갔다.

제2절 반유신투쟁의 거점—민청학련과 인혁당재건위 사건

1. 민청학련과 인혁당재건위사건

1) 사건의 개요

1974년 4월 3일 대통령 박정희는 특별담화에서 긴급조치 제4호를 선포하였다. "민청학련이라는 불법단체가 反국가적 불순세력의 배후조종 하에 「인민혁명」을 수행하기 위한 상투적 방편으로 통일전선의 초기 단계적 지하조직을 우리 사회 일각에 형성하고 반국가적 불순활동을 전개하기 시작했다는 확증을 포착, 적화통일을 위한 통일전선의 초기 단계적 불법 활동이 대두되고 있음에 이 같은 불순요인을 발본색원함으로써 국가의 안전보장을 공고히 다지고자 한다"는 내용이었다. (민주화운동기념사업회, 2009, 132쪽)

1974년 4월 25일 중앙정보부장 신직수는 '민청학련' 사건 수사상황발표에서 "민청학련은 과거 공산계 불법단체인 인민혁명당 조직, 재일 조총련계의 조종을 받은 일본 공산당원, 국내 좌파혁신계 인사가 복합적으로 작용, 1974년 4월 3일을 기해 현 정부를 전복하려한 불순 반정부 세력으로, 4단계 혁명을 통해 노동자·농민에 의한 정권수립을 목표로 과도적 정치기

구로 민족지도부의 결성을 획책했다"고 발표하였다. 이어진 기자들과의 일
문일답에서 신직수는 민청학련의 배후인물들은 모두 공산주의자이거나 공
산주의 활동을 했던 경력이 있고, 이들은 학생들에게 투쟁방법을 알려주고
거사자금을 제공했다고 언급하였다.(민주화운동기념사업회, 2009, 134쪽)

　1974년 5월 27일 비상군법회의 검찰부는 「전국민주청년학생총연맹이
주동이 된 국가변란기도사건」추가 발표에서 "서도원, 도예종 등은 1969
년부터 지하에 흩어져 있는 인혁당 잔재세력을 규합, 인민혁명당을 재
건하고 대구 및 서울에서 반정부 학생운동을 배후에서 사주했다"고 발
표하였다. 그리고 '인혁당재건위' 사건과 관련하여 23명을 국가보안법·
반공법·내란예비음모 등의 혐의로 기소하였다.(민주화운동기념사업회,
2009, 134쪽)

　1974년 7월 8일 '인혁당재건위' 관련자 21명에 대한 결심공판에서 서도
원·도예종·하재완·송상진(대구서 활동)·이수병·우홍선·김용원 등 7
명에게 사형, 김한덕 등 8명에게 무기징역, 나머지 6명에게 징역 20년을
각각 구형하였다. 1974년 7월 11일 비상보통군법회의 재판부는 '인혁당재
건위' 피고인 21명에 대한 선고공판을 통해, 서도원 등 7명은 사형, 8명은
무기징역, 6명은 징역 20년형을 선고했으며 관련자들은 항소(여정남은 민
청학련 사건으로 사형을 선고받음)하였다. 1974년 9월 7일 비상고등군법
회의 재판부는 항소심에서 사실심리를 생략한 채 서도원·도예종 등 '인혁
당재건위' 사건 관련 피고인들에 대한 항소를 기각하였다.

　1975년 4월 8일 대법원 전원 합의체는 피고인들의 상고를 기각하고 서
도원 등 8명 사형, 강창덕, 나경일 등 7명 무기징역, 정만진, 이재형 등 4명
징역 20년, 전재권, 임구호 등 3명은 징역 15년 형량을 확정하였다.(『기초
조사보고서』, 53~54쪽; 민주화운동기념사업회, 2009, 137~138쪽)

2) 민청학련과 대구경북

1974년 초 긴급조치 1, 2호가 발령된 정세에서 경북대 학생운동세력은 전술상의 문제를 놓고 선배그룹에서는 치열한 논쟁이 전개되었다. 그러나 박정희 유신독재와 숙명의 대결을 해야 하는 순간이 다가 오고 있었다. 지난 가을의 고립분산적인 항쟁을 극복하기 위해 1974년 2월 초, 대구 강창에서 이강철, 정화영, 임규영, 황철식은 서울대의 유인태, 김재근, 전홍표를 만나 앞으로 전개될 반유신 학생운동에 대한 논의하였다. 여기서 ①대학간 의 연계문제는 서울대가 서울·중부지방을, 경북대가 영남지방을, 전남대가 호남지방을 담당한다 ②서울대, 경북대, 전남대는 별도로 만나 협의한다 ③개학 후 일정한 기간 조직을 확대한 후 동시다발적인 시위투쟁을 위주로 투쟁을 전개하되 학생운동의 상당 부분이 정보기관에 노출된 점을 고려하여 지나치게 시기를 늦추지 않는다는 등의 합의가 있었다. 그 후 이강철, 임규영은 부산에 내려가 부산대의 김재규 등을 만나 향후 학생운동을 논의했다. 임규영은 경북대 연락원으로 대전 등지에서 서울대의 황인성, 전홍표 전남대의 윤한봉, 김상윤을 만나 학생운동을 수시점검하고 협의했다.(『기초조사보고서』, 102쪽)

경북대는 지난 가을 시위투쟁에 적극 참여한 학생들을 발굴해 조직 확대 작업이 진행되었다. 영남대·계명대와도 연계를 시도했으나 조직이 없어 성과가 없었다. 긴급조치 1호가 선포된 후 정세는 그 이전과는 다른 양상이었다. 우선 학생운동 조직이 대부분 정보기관에 노출되었고, 유신독재의 추적·감시와 협박·와해공작은 극심했다. 유신체제가 지배체재를 안정시킬 여유를 주면 중장기적으로 더 어려울 수도 있었다. 지난해 가을, 유신독재는 학생운동세력으로부터 기습적 일격을 받아 궁지에 몰렸었다. 그 정치적 상처를 만회하기 위해 그들도 심상치 않은 준비를 하고 있음이 충분히 예상

되었음에도 반유신 민주화운동세력은 진지하게 대책을 세우지 못했다고 결과적으로 말할 수 있다.(『기초조사보고서』, 102쪽)

1974년 3월 초순이 지나자 경북대에서는 앞으로 주된 투쟁은 서울에서 벌어지리라 예견하고 경북대가 먼저 투쟁의 첫 봉화를 올리겠다고 대전모임에서 서울대와 전남대에 통고했다. 물론 그들도 그것을 원했다. 3월 18일 1교시 후에 시위하기로 했으나 누설된 것 같아 21일로 연기했다. 정화영이 제2의 '반독재민주구국선언문'을 준비하고 시위주동자를 제1선과 제2선으로 나누어 제2선은 노출을 우려하여 제1선의 시위투쟁을 엄호하도록 하였다. 제1선도 역량배치를 이곳저곳으로 분산시켰다. 이것은 지난 가을보다 훨씬 어려워진 정세를 정확히 읽지 못한 전술적 오류였다.(『기초조사보고서』, 102쪽)

3월 21일 아침에 황철식과 강기룡은 정화영에서 유인물은 받아, 10시에 황철식과 유진숙은 사범대에서, 장성백과 이광하, 이승룡·김시형·조태수는 교양과정부에서, 강기룡은 법정대 도서관에서 유인물을 뿌렸다. 하지만 시위는 잠깐 대열을 만들었지만 실패로 끝나고 바로 그날부터 검거가 시작되었다. 검거를 피한 임규영, 김진규, 윤규한은 시내에서 반독재구국선언문을 나누어 대구상고, 사대부고, 대구고, 대륜고, 효성여대에 뿌리며 투쟁을 이어갔다.(여정남기념사업회, 2017, 251~252쪽)

이날 시위의 주동자 13명은 중앙정보부 대구지부에서 조사를 받다가 서울에서 시위가 시작된 3월 말에 서울구치소에 수감됐다. 이후 이들에게는 조직과 배후를 수사하는 과정과 '사회주의 혁명 기도'를 조작하는 과정에서 구타, 물고문, 전기고문 등을 당했다.

서울에서 유인태, 이철 등이 검거된 후 여정남, 이강철이 검거되고 5월에 접어들면서 이른바 인혁당 관련자들을 본격 체포하기 시작했다. 인혁당 관련자(21명 기소)들이란 4월혁명 이후 분출되어 나온 민족통일운동을 하

던 사람들이었다. 이들은 박정
희정권에 의해 가혹한 탄압을
받으면서도 반외세 반독재 민주
화운동을 계속해 왔던 유신독재
에게는 눈에 가시 같은 존재였
다. 중앙정보부가 발표한 인혁
당의 조직표에는 지도위원 산
하에 서울지도부와 경북지도부
가 있고, 21명의 관련자중 절반

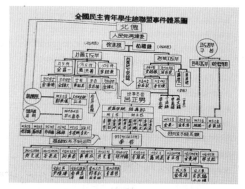

〈그림 2-3〉 중앙정보부가 발표한 인혁당 재건위와
민청학련 조직도

이 넘는 13명(여정남 포함)이 대구경북에서 활동을 한 사람들이다. 지도위
원 둘인 도예종과 서도원, 대구지도부의 송상진·하재완과 강창덕·나경
일, 자금을 담당한 전재권과 이태환, 하재완과 연계된 이재형·정만진·조
만호·임구호 등이 구속되었다. 대구의 관련자 다수는 경북민주수호협의회
에서 활동한 인물들이었다. 이들은 가혹한 고문으로 기소되어 민간법정이
아닌 군사법정에서 중형을 선고받았다.(여정남기념사업회, 2017, 259쪽)
1974년 6월 경 유신독재에 의해 이른바 '민청학련 및 제2차 인혁당재건위'
의 공판이 비상군법회의에서 진행되었다. 그러나 공포분위기 속에 진행된
군사재판은 최소한의 형식적인 법절차도 무시한 채 일사천리로 사형과 무
기 등 무거운 형벌을 쏟아내었다. 경북대 출신 여정남 사형, 이재형·임구
호·이강철·정화영·임규영 징역 15년, 황철식 징역 10년, 이광하·강기
룡·윤규한·김진규·장성백 징역 7년, 이현세 징역 5년이었다. 영남대학
교에서도 박홍규와 정연익이 연행되어 조사를 받고 석방되었다.(『기초조사
보고서』, 103쪽)

민청학련사건 발생 후 국내에서의 유신정권에 대한 반대는 좀 수그러졌
으나 미국·일본·서독 등 해외에서의 저항은 강화되었다. 유학생과 교포

들이 중심이 되어 한국민주화를 위한 단체를 결성하고 박정희정권의 민주화운동탄압과 인권상황에 대한 비판을 강화해 나갔다. 미국과 일본의 야당과 지식인 사회종교단체들도 박정희 정권에 대한 압박을 강화하자 1974년 7~8월 미국하원 외교위에서 '한국인권 문제 청문회'가 열렸다. 여기서 인권탄압을 계기로 군사경제원조를 대폭 삭감하자는 논의에 이르자 유신정권도 더 이상 긴급조치를 유지하기 힘들어 8월 23일 긴급조치 1.4호를 해제하였다. 그리고 2학기 개강과 동시에 민청학련 관련 구속학생석방운동이 본격적으로 전개되었다.(민주화운동기념사업회, 2009, 142~143쪽)

2. 민청학련진상규명 및 구속학생석방 요구투쟁

1) 구속학생석방 요구투쟁

민청학련 사건을 겪고 나서 경북대 운동은 그 중심지였던 법정대와 사범대에서 한동안 주춤했다. 이런 과정에서 예전에 활발했던 법정대나 사범대보다 문리대의 조직건설에 주력했다. 특히, 민청학련 사건으로 한풍회와 관련된 학생운동조직이 심대한 타격을 받은 상태에서 자생적으로 성장한 문리대생들이 때로는 주체적으로 때로는 지원군으로서의 역할을 하며 학생운동의 공백을 보완하며 운동을 전개했다(장명재 구술). 1973년부터 1974년까지 2년의 기간 동안 문리대생들이 주도하거나 행동대로서 활동한 교내시위가 4~5차례 있었다. 이 시위들은 기존의 학생운동조직(한풍회 등)과 선이 닿아 있거나, 이와 무관한 양심적인 문리대생들이 독자적으로 계획하거나 주도하였다.(『기초조사보고서』, 104쪽)

1974년 10월 15일 경북대 학생회가 8명의 구속학생 석방을 요구하는 호소문을 문교부를 통해 대통령에 발송했다. 전국적으로 20개 대학이 이미 휴교령 중에10월 16일 경북대 법대생 70여 명은 로터리서 총장사퇴 등 8

개의 결의문을 채택하고 행진하려다 교수들의 제지로 그만두었다. 이날 영남대 법대와 상경대 학생들의 동요로 중간고사를 연기했다.(『매일신문』, 1974. 10. 17, 10. 18)

10월 18일 오전 10시 10분경 경북대 문리대생 200여 명이 비가 오는데도 구속학생 석방을 요구하며 시위를 시작했다. 이후 법대생 등 다른 단과대 학생 6~700여 명과 합류하여, 후문에서 교외진출을 시도하다 11시 20분경 경찰과 대치하였다. 11시 30분경 100여 명이 농대 뒤편과 학생회관 앞 철망을 넘어 신암시장과 신도극장까지 진출했다 경찰의 저지에 막혀 30분 만에 교내로 돌아와 오후 1시경에 해산하였다.(『매일신문』, 1974.10.19; 민주화운동기념사업회, 2009, 146쪽)

이 시위의 주역인 문리대생들은 인문관에서 수업하던 문사철 소속 학생들로서 사회학과 임근태, 신수만, 국문과 김기현, 철학과 권용원(학회장), 사학과 장명재 등이 참여했다. 인문관 통합 강의실에 학생들을 모아서 임근태가 선언문을 낭독을 하고 이후 일청담 근처로 집결하여 임근태, 권용원 등이 시위대를 주도하면서 농대 뒤편 및 정문 쪽으로 진출했다. 이들은 유신독재 철폐하라, 구속학생 석방하라, 김영희 총장 퇴진, 잠자는 지식인은 각성하라, 침묵을 지키는 언론은 민주수호에 앞장서라, 학원 자유 보장하라 등의 구호를 외쳤다.(장명재 구술) 이 시위로 이들은 수차례 북부경찰서에 출두하게 되었고, 조사를 거친 후 훈방이 되었으나 임근태와 권용원 등은 정학 처분을 당하였다.(『기초조사보고서』, 104쪽)

이날 이들 문리대생 외에도 법대의 송점종, 유석호와 사범대 이용주 등의 주도로 별도의 시위를 했고, 그리고 의대생 350여 명도 김영욱의 주도로 오후 3시 40분경 교정에서 구속학생 석방을 요구하며 교문을 나가려다 교수들의 만류로 강의실에서 농성을 벌이며 5시 20분경 수강거부를 결의하고 자진해산했다.(『기초조사보고서』, 104쪽) 학생들에 대한 가혹한 처벌에 항의하는 경북대 교수들의 항의도 10월 29일 교수회의에서 있었다.(『동아일보』, 1974. 10. 31; 민주화운동기념사업회, 2009, 149쪽)

한편, 11월 4일 계명대는 10월에 교내시위를 한 학생 3명 김재민(달란트클럽회장), 대의원회의장 정재열, 학생회 총무 김창렬에 대한 근신처분을 했다. 11월 5일 영남대 경산캠퍼스에서도 상경대생 100여 명이 구속학생 석방, 휴교조치 반대를 요구하는 성토대회가 있었고, 법대생 등 100여 명이 합류해 200여 명이 학생회관 앞에서 농성을 벌였다.(『매일신문』, 1974. 11. 6) 이날 학교 학처장회의는 7일 개최되는 천마제와 체육대회를 금지하고 휴강은 하지 않기로 했다. 이튿날일 11월 6일에는 영남대 대명동캠퍼스에서 교양과정부 학생 200여 명이 구속학생 석방을 요구하는 교내시위를 벌였다.(민주화운동기념사업회, 2009, 147쪽; 『매일신문』, 1974. 11. 7)

방학을 앞둔 12월 3일 경북대 문리대 사회학과 학생 30명은 1교시 수업을 거부하고 학생처벌해제, 대화 있는 학원풍토조성, 총학생회 즉각 사퇴 등을 요구하는 결의문을 채택하고 사회조사연구실에서 농성에 돌입했다. 또한 "우리들은 반대학적 이념에 반기를 들고 순수한 민주학원건설에 강압적 탄압은 우리를 굴복시킬 수 없다."는 선언문도 채택했다. 이들은 결의문과 선언문을 창문에 내걸고 외부와 접촉을 끊은 채 농성하다 학장이 설득하는 진풍경도 연출되었다.(『매일신문』, 1974. 12. 4) 12월 4일에도 사회학과 학생들은 철학과 학생들과 합류하여 처벌학생구제를 요구하며 일청담에서 시위를 벌렸다. 시위 도중에 전날의 요구사항을 내걸고 농성에 돌입했다 학교당국의 처벌학생구제 약속을 받아내고 해산했다.(여정남기념사업회, 2017, 274~275쪽)

2) 경북대 의대 철야농성과 시국토론회

유신선포 후 경북대는 기존의 학생운동의 근거지이던 법정대와 문리대에 대한 당국의 감시가 엄중했다. 운동세력은 이를 돌파하기 위해 감시가 소홀한 대학에서 활로를 찾고 있었다. 의과대는 4·19이후부터 운동의 주요한 근거지로서 6·3사태, 6·8부정선거규탄운동, 3선개헌 반대투쟁에도 대중적으로 참가했던 곳이다. 교련반대투쟁부터 운동세력이 약화되었다. 의과대생 1학년 70여 명은 12월 5일 오후 4시 30분부터 6일 새벽 3시까지 1학년 강의실에서 연좌농성을 벌이다 교수들의 만류로 해산했다. 이날 해부학실습 강의가 끝난 후 〈진정한 주체성은 무엇인가? 무엇이 진정한 애국애족인가?〉라는 양심선언문을 배포하며 농성에 돌입하며, 구속학생 석방을 요구했다. 그리고 다음날인 6일에도 저녁 6시~11시 의대강당에서 현승효의 주도로 시국토론회를 개최했다. 이런 상황에서 현승효·심오석 등의 주도로 의대생 70명이 철야농성을 진행했다.

민청학련사건으로 대규모로 구속된 경북대생들의 석방과 유신철폐를 요구하는 철야농성은 잠잠했던 의과대에 큰 충격을 주었고, 학교당국은 강경한 징계조처로 이를 잠재우려 했다. 이 사건으로 현승효는 제적되고 채종민, 조시복, 이정화, 유경석, 심오석, 남복동은 무기정학 처분되었다. 이런 대학본부의 강한 학생처벌에 반대하는 박명희 학장과 이시형 학생과장이 사표를 제출하자 수습대책위원회를 구성하여 처벌학생 구제완화를 요구했지만, 12월 18일 현승효만 제적되고, 다른 학생은 징계 해제되면서 일단락되었다. 현승효는 이후에도 의과대에서 지속적으로 학생운동을 하다, 강제 징집되어 1977년 군에서 의문사했고, 심오석도 강제 징집되어 군에서 의문사했다.(『기초조사보고서』, 105쪽)

1975년 2월, 유신독재는 국내외의 민주화운동과 구속자 석방운동의 압력에 일단 굴복하여 학생신분의 구속자는 모두 석방하고 인혁당관련자와 졸업을 한 민청학련관련자는 석방에서 제외하는 기만적인 조치를 취했다. 그리고 유신독재는 인혁당 관련자 8명을 대법원 판결이 나자마자 서둘러 처형하는 사법역사상 유례없는 야만적인 학살을 감행했다. 물론 이것은 박정희도 자신의 무덤을 서둘러 파는 행위였다. 민청학련사건과 인혁당사건 이후 상당한 기간 동안 경북대 학생운동은 동토로 돌아가지 않을 수 없었다. 몇몇 학생운동가들은 이런 일을 예상했지만 당시의 여러 가지 제한조건 때문에 대비책을 세워 실천에 옮기지는 못했다.(『기초조사보고서』, 103쪽)

3) 한풍회 · 현사회의 연합시위

긴급조치 9호 시대의 주요한 투쟁은 박정희 유신독재의 종식과 민주주의 쟁취를 목표로 했다. 민청학련사건 이후 1975년 4월 10일에 있었던 유신헌법 반대시위 이후 3년여 침묵에 빠져들었던 경북대 학생운동의 주체들은 투쟁력의 복원을 위해 절치부심했다. 민청학련 사건을 겪고 1975년 2월에 출소한 경북대 학생운동가들은 경찰과 정보기관의 극심한 감시를 받았다. 이러한 악조건 속에서도 몇몇 사람은 조심스럽게 후배들을 접촉하면서 학생운동의 재건을 위해 노력을 기울여 나갔다. 군복무를 마치고 1974년 복학한 전 정진회장 전정효는 많은 선 · 후배들이 감옥에 있거나 뿔뿔이 흩어진 상태에서도 권용원, 박명규 등과 만나 학생운동 재건과 계승에 노력했다.(『기초조사보고서』, 106쪽)

1975년 4월 10일의 시위는 민청학련세대와 정신적 유대를 함께했던 한풍회와 현대사상연구회(이하 '현사회') 회원들이 중심되어 주도한 시위였다. 10일 오전 10시경 한풍회 회원 박명규가 정치외교학과 학생30여 명으로 집회를 시작했다. 그 후 문리대와 법대 학생들이 합세해 100여 명이 스크럼을 짜고 교내시위를 벌였다. 이윤기는 만류하는 교수들을 밀치고 시위대를 이끌었다. 이들은 유신헌법 철폐, 박정희 하야, 긴급조치 철폐, 언론자유 보장, 석방학생 복교, 학원사찰 중지 등의 구호를 외쳤지만, 신문에는 보도통제로 구호 일부만 보도되었다.(여정남기념사업회, 2017, 289~230쪽) 시위의 주동자를 구속(박명규)·강제징집(장명재·이윤기 외 7명)시킨 후, 5월 13일 발동된 긴급조치 9호는 학원을 완전히 암흑의 동토로 만들었다.

그 후로 1978년 11월대시위까지 몇 년간 소강상태를 이룬다. 그 동안은 새로운 조직의 재건을 위해 노력한 시기이다. 1977년 임규영은 대구로 와서 가방공장에 취직한 후 학생운동 재건에 노력하나 경찰의 집중적인 감시를 받고 활동이 불가능하다고 판단하고 서울로 가서 남민전에 가입하고 활동했다. 1978년 정만기의 뒤를 이어 남민전 청년학생위원회에 참가한 임규영은 대구에 잠깐씩 와서 강기룡 등을 만났고, 황철식과 의논 끝에 함종호, 장수원를 소개받아 그 중 일차로 장수원을 1979년경까지 접촉하면서 학생운동의 재건을 모색했고 남민전 청년학생위원회 산하 '민주구국학생연맹'의 대구 조직을 만들기 위한 토대 구축을 위해 노력하였다.(『기초조사보고서』, 103쪽)

제3절 재야와 야당의 개헌운동, 언론자유운동

박정희 정권의 학생운동에 대한 탄압이 강화됨에 따라 이에 반대하는 학원 밖의 움직임도 일어났다. 1974년 12월 25일 창립한 민주회복국민회의는 민청학련 사건 이후 유신에 반대하는 재야운동의 대표적 단체였다. 산하에 사무국을 두고 1975년 3월 초까지 7개 시도지부와 20개 시군지부를 결성했다.(민주화운동기념사업회, 2009, 153쪽) 1971년 7대 대통령선거에서 유신 반대의 최초의 상설조직이었던 민주수호국민협의회의 경북지부였던 민주수호경북협의회의 뒤를 이은 민주회복국민회의경북지부가 1975년 3월 3일에 결성되었다. 민주회복국민회의경북지부는 유신체제 하에서 대구지역의 정당인사(이원수 민주통일당 정치위원), 재야인사(현해봉, 유성환, 박석홍, 노승억), 교수(임종진·박삼세[경북대]), 종교계(김정오, 여규식 목사[기독교], 주병환[가톨릭]), 엠네스티(강정애, 국제사면위원회 중앙이사), 독립운동가(정기복), 의사(김갑진) 등을 주축으로 결성되어 인혁당재건위 사건에 연루된 경북지역의 여러 인사와 학생들의 석방을 위한 활동을 수행했다. 인혁당사건 이후 고문폭력 규탄과 유신철폐, 민주주의 회복을 위한 활동을 벌렸다.(『민주회복국민회의 경부지부 결의문』, 1975. 3. 7)

한편 1974년 야당은 유신헌법을 개정하기 위한 운동을 본격적으로 전개했다. 신민당 총재 유진산이 4월 28일 사망하자 8월 23일의 전당대회에서 선명야당의 기치를 내건 김영삼이 총재에 당선되었다. 김영삼 신민당 총재는 1974년 10월 21일 헌법개정 기초심의특별위원회 구성결의안을 국회에 제출했다. 12월 5일에는 신민당 의원 55명과 통일당 의원 3명이 개헌과 구속자 석방을 요구하며 국회본회의장에서 무기한농성에 돌입하였다. 신민당은 개헌운동의 전국적 확산을 위해 12월 개헌운동 지방지부를 결성하기 시작했다.(민주화운동기념사업회, 2009, 156~158쪽)

먼저 전남지부를 결성한 후 12월 27일 김영삼 총재와 9명 의원들이 경북지부 현판식을 위해 대구를 방문했다. 상이군경 100여 명이 일행이 묶고 있는 금호호텔에서 난동을 부리는 바람에 호텔에서 10여 시간 갇혀 현판식도 참석하지 못했다. 이들은 신민당원이 광주에서 상이군경을 모욕했다고 김영삼 총재의 사과를 요구하며 호텔문을 봉쇄했다. 이들의 난동은 다음날도 계속되어 신민당 경북도지부를 점거하고 폭력을 행사하였다. 한편 전날인 12월 26일에는 대구남부경찰서 수사과장이 신민당경북도사무실을 문을 부수고 현판식에 쓸 마이크 시설과 당기 등을 압수해가는 일이 발생했다.(『매일신문』, 1974. 12. 28) 최형우 의원과 기자, 신민당원이 중경상을 입는 사태가 벌어졌다.(『동아일보』, 1974. 12. 28) 유신체제는 제1야당의 합법적 정당활동도 이렇게 야만적으로 탄압했다.

1. 대학언론의 언론자유운동

유신치하의 한국의 언론과 대학언론은 빈사사태였다. 1974년 동아일보 기자들의 자유언론실천선언 이후 대학언론의 통제도 강화되었다. 대통령 박정희의 대구사범 동기인 김영희 총장은 경북대 학보에 대한 통제의 고삐를 바짝 죄고 있었다. 1974년 대구의 5개 대학신문 기자들이 공동으로 '대학언론자유화선언'을 준비하다 정보유출로 당국에 의해 봉쇄당하고 경북대 신문사 기자들만 자유언론선언을 발표하였다. 이 일로 기자 전원이 북부경찰서로 연행되어 편집국장과 조사기획실장이 밤샘취조를 받았다. 편집국장 조용천은 해임되었다. 이듬해 1월 1일 박장희가 새 편집국장이 되었다. 편집국장 박장희와 기자들은 2월에 석방된 학생 8명과 총학생회와의 간담회를 신문에 싣고자하였다. 그러자 학교가 신문 발행을 중단하자 기자들은 발행을 요구했다. 학교와 갈등을 벌였던 경대학보사 기자 18명이 1975년 3월 17일 '대학언론자유실천선언대회'를 개최하고 결의문 5개 항을 발표했다. 학교는 이들에게 가혹한 징계로 응답했다. 3월 20일 학처장 회의에서 편집국장을 해임하고, 편집국장 없이 그날 신문을 발행했다. 물론 간담회 기사는 한 줄도 없었고 총장의 발언이 1면을 차지했다. 4월이 되도록 신문은 발행되지 않았다. 게다가 4월 10일의 학내시위에 참가한 기자 유영철과 양영석을 학교는 파면했다. 그리고 기자 9명 전원의 사표를 수리하고서야 대학은 5월 14일에 신문을 발행했다. 이로서 대학언론은 정부와 대학당국의 기관지로 전락하게 되었다.(여정남기념사업회, 2017, 286~288쪽)

제4장 유신체제 후기 반독재 구국 투쟁

제1절 비상사태의 일상화: 긴급조치 9호의 선포

유신체제는 국민의 일거수일투족을 권력자가 감시하는 체제이다. 그것은 학교와 기관 심지어 다방에도 기관원이 국민의 말을 엿듣고 쥐도 새도 모르게 잡아가는 체제이다. 1974년 1월 8일 긴급조치 1호가 선포된 후, 긴급급조치의 정수인 긴급조치 9호가 발령된 1975년 5월 13일까지 1년 반 만에 무려 9개의 긴급조치가 남발되었다. 이는 유신체제의 불안정성을 반증하는 것이기도 하다. 비상사태가 일상화된 나라, 정부에 대한 불평과 불만 모든 것을 금지하는 나라가 정상국가는 아닌 것이다. 우리가 유신시기의 전후를 구분하는 분수령은 긴급조치 9호이다. '긴조시대'라 시기 구분할 때의 긴급조치는 긴급조치 9호를 이야기한다.

유신헌법에 대한 재야와 학생의 반대가 점증하자 이를 원천봉쇄하고자 취해진 조치가 바로 〈국가안전과 공공질서의 수호를 위한 대통령 긴급조치 9호〉이다. 이것은 유신헌법에 대한 개정·폐지의 주장·발의·청원과 선전·선동뿐만 아니라 이 내용의 방송·보도와 제작·배포·판매하는 일체의 행위를 금지하고, 위반자는 법관의 영장 없이 체포·구금할 수 있고 그가 소속한 학교·단체와 그 대표자까지 책임을 묻는 민주국가의 법체계에선

상상하기 어려운 무소불위의 법이다. 이 긴급조치 9호는 앞장의 민청학련 · 인혁당재건위 사건의 사법적 마무리인 1975년 4월 9일 8명의 사형집행 이후에 취해진 것이다. 4년 반 동안 1,387명의 위반자가 발생했다는 사실에서도 이 조치의 터무니없음과 적용의 무분별함이 드러난다고 할 수 있겠다.

이러한 긴급조치는 대한민국을 사상적 · 정치적 동토로 만들었다. 박정희 유신정권이 국민의 기본권을 이렇게 유린하자, 이를 저지하고자 하는 세력들도 꿈틀거리기 시작했다.

1. 반유신 투쟁의 지휘부: 남조선민족해방전선의 탄생과 대구경북

1976년 2월 29일, 긴급조치 9호로 민주주의적 정치공간도 언론자유도 말살된 상황에서 4월혁명기 이후에 활동했던 혁신계 인사 이재문, 신향식, 김병권 등이 중심이 되어 남조선민족해방전선준비위원회('남민전'으로 약칭)가 결성되었다. 이들은 인혁당재건위사건 8명을 사형 집행한 1975년 4월 이후 유신독재를 끝장낼 민족자주적이고 민주적 연합정부수립을 목표로 활동하기 시작하였다. 주요강령은 "미일을 비롯한 국제제국주의의 일체의 신식민체제와 그들의 앞잡이인 박정희 유신독재정권을 타도하고 민족자주적이고 민주적인 연합정권을 수립한다"(『기초조사보고서』, 312~314쪽)였다. 조직원은 학생운동 출신자, 교사와 학원 강사, 교수와 문인, 직장인 등으로 광범했다. 남민전의 지도부와 성원의 상당수가 영남 출신이고 경북 출신이거나 대구에서 활동한 인사가 많았다. 위원장 이재문과 중앙위원 안재구 교수 외에도 백정호, 김특진, 정만기, 이수일, 임규영 등 경북대 출신이 7명이 참여했고, 이들은 청년학생운동과 노동운동의 재건과 개척에 관계하고 있었다. 하지만, 대구경북의 학생운동세력은 박정희의 강력한 탄압에 혁신세력이나 재야와의 연대활동에 극도로 주의하는 상황이었다. 특히 학내의 학생운동의 지도부들은 학교의 선배들이나 학교 밖과의 연결을 극도로 주의하며 후배들을 단속하고 있었다. 이런 상황에서 1976년 4월 군에서 제 대한 정만기는 남민전에 가입한 후 강기룡, 윤규한, 김진규 등을 접촉했다. 특히 이미 후배들과 관계가 있던 강기룡을 통해서 한풍회 이후의 학생운동 을 재건하도록 고무하였다.(『기초조사보고서』, 312~315쪽: 여정남기념사 업회, 2017, 324쪽)

2. 홍정회사건

긴급조치 9호 발표 이후 대구경북지역의 민주화운동은 지하화되고 암중 모색 중이었다. 민청학련, 인혁당재건위 사건으로 지역 민주화운동의 역량 이 궤멸된 상황 하에서 경북대는 조직의 재생산에 몰두하고 있었다. 민청학 련에 참가하지 않아 조직이 남아 있던 계명대 학생운동은 고립과 위기의 시 기를 맞이하고 있었다. 이런 공백을 뚫고 1976년 6월 15일 계명대에서 이념 서클 '홍정회'를 결성해 이끌었던 졸업생 백현국(진량고 교사) 등 6명이 긴 급조치 9호와 반공법 위반으로 구속되는 사건이 일어났다.

1975년 6월경 백현국은 경북대의 황철식을 만나 시국상황을 이야기하다 최근 자료를 요청하였다. 며칠 뒤 유신헌법을 반대하는 '3·1민주구국선언' 과 김상진 열사의 양심선언문을 수령했다. 백현국이 자기 집에서 학습 중 후배들에게 넘겨주면서 유인물을 등사하라고 지시하였으나 상황이 좋지 않 아서 그만두었다. 그러다가 1976년 6월 15일경 강봉기의 군입대 환송연을 불로동에서 개최했다. 이때 백현국이 1년 전의 유인물과 자료를 가져와 배 포 등을 논의하였다. 여기에 참석한 프락치(배모씨)가 중앙정보부로 보고 하여, 백현국은 중앙정보부에 끌려가 고문을 겪고 반공법 위반으로 구속되 어 실형을 선고받았다. 이 사건으로 강봉기, 서석국, 장의식, 서태열, 김진태가 함께 구속되었다. 군복무 중이던 강봉기, 서석국, 김진태는 군형법과 반공법 위반으로 실형을 선고받았고, 장의식은 선고유예, 서태열은 집행유예를 받았다. 이 사건에서 특별한 것은 공군군무원으로 근무하던 서성교가 체포되어 공군보안대로 이송되어 조사받다가 기소유예로 풀려났으나 군무원에서 해고를 당했다는 점이다.(『기초조사보고서』, 345쪽; 백현국 구술, 2020. 8. 15)

이 사건은 계명대 내 유일한 학생운동 조직인 홍정회를 일거에 뿌리 뽑으려고 학원 프락치를 침투시켜 〈간첩단〉으로 조작하려던 특별한 사건이었다.(백현국 구술, 2020. 8. 15) 이 사건은 진실을 알리는 문서를 열람하고 시국에 대한 의견을 교환하는 것도 처벌하는 동토의 겨울공화국임을 보여주는 사건이다.

제2절 새로운 문화, 새로운 서클[6]

1. 이념서클의 지하화

긴급조치 9호 시대의 학생운동은 전부 지하화되었다. 긴급조치9호와 함께 발표된 학도호국단 설치령에 의해 1975년 6월 28일 학생회와 대의원회는 완전 해산되었다. 학도호국단에 소속되지 않은 학생단체는 문교부장관의 승인을 받도록 규정하였다. 학내 서클도 전부 해체 후 학도호국단에 가등록을 하고 심사를 받아 재가입 절차를 밟도록 하였다. 유신초기까지 존속했던 한풍회 같은 이념서클은 당연히 존재할 수 없었다. 서클등록에는 지도교수가 있어야 한다. 1976년엔 2명, 1977년부터 한 명으로 줄었지만 학생운동을 한다는 낌새가 있으면 문제서클로 낙인찍혀 지도교수 구하기는 어

---

6) 이 부분은 『청춘, 시대를 깨우다-경북대학교학생운동사』의 10장과 11장을 참고했다.

려웠다. 언어문화연구회, 복현독서회 모두 지도교수가 없어 서클등록을 할 수 없었다.(여정남기념사업회, 2017, 354쪽)

이런 상황에서도 경북대에서는 한풍회의 맥을 이어 1976년 언어문화연구회, 1977년에 복현독서회란 서클이 출범해 학생운동을 이어갔다. 계명대에서 홍정회를 이어 1978년 정통문화연구회[7]가 활동했고, 영남대는 한얼회[8]와 전통문화연구회가 활동을 했다. 긴급조치 시기에는 역량이 되는 학교의 단독 투쟁도 있었지만, 경북대·계명대·영남대 3개 대학의 연합시위와 연합활동이 많았다. 그것은 가혹한 탄압에 맞선 경북지역 학생들의 자연스런 대응이었다. 여기에 대구양서조합과 반월당의 곡주사가 자리를 제공했다.

1) 언어문화연구회와 복현독서회

언어문화연구회는 한국풍토연구회가 해체된 이후 다시금 자생적으로 등장한 이념서클이었다. 1976년 3월 최용식, 이형근, 장수원이 주축이 되어 서클을 만들었다. 회원들끼리는 바른 말을 할 수 없는 시대에 바른 소리를 하겠다는 의미에서 '정언회(正言會)'라는 이름을 많이 사용했다. '정사회', '정진회'의 맥을 잇는다는 점에 '정언회'는 회원들 사이에 실질적인 서클 이름이었다. 1975년 후 경북대 학생운동이 위기일 때 등장한 언어문화연구회는 학생운동의 '자생그룹'이라 할 수 있다. 그들은 독자적으로 1977년 4·19 기념행사와 반유신 투쟁을 기획하다 학내 경찰들에게 정보가 노출되어 어려움에 처했다. 이들은 경북대 학생운동의 조직을 재건 중이던 권용원

---

7) 1978년에 임진호(회장), 권오국, 김균식, 이성면 등이 경북대에서 제적 후 입학한 박명규와 함께 결성해 2년간 활동하며 학내시위와 양서조합, 노동야학 메아리 등에 참가하였다.
8) 1970년 창립하여 문과대와 법대, 상대 학생들이 주축이었다. 박홍규, 정연익이 민청학련 때 조사를 받는 정도의 활동하다 1979년 5월 회원 김재호가 전통문화연구회의 이태헌과 함께 한국적 민주주의 장례식 시위로 구속되면서 활동이 본격화되었다. 1979년 9월에 3개대 연합시위로 구속된 이창주도 한얼회원이다.

과 관계를 맺었다. 언어문화연구회는 공부 내용을 둘러싸고 1976년 2학기에는 지도교수와 마찰이 있었다. 이후 지도교수를 구할 수 없어 서클 승인을 받을 수 없었다.(여정남기념사업회, 2017, 355~357쪽)

새로운 서클이 필요했다. 언어문화연구회 회원 중 몇 명이 일명 '복현독서회'를 만들기로 하였다. 이름으로는 문제될 것이 없는 독서서클이었다. 서클대표도 경찰에 노출되지 않은 함종호를 설득해 1977년 복현독서회 서클 등록을 했다. 서클 등록 후 언어문화연구회 회원들이 명칭만 바뀐 복현독서회 우산 아래 모였다. 복현독서회 회장 함종호에게 과거 한국풍토연구회 선배들이 접촉을 해왔다. 경북대 이념서클의 계보는 정사회, 정진회, 한풍회, 그리고 언어문화연구회와 복현독서회로 계속 이어졌다. 1977년에 복현독서회가 등록했지만, 1978년부터는 지도교수를 구하지 못해 등록을 못했다. 반합법 상태에서도 신입생을 모집하였다. 복현독서회는 75학번[9]이 주축이 되어 만든 서클이었으나 후에 76~79학번 회원들을 모집했고, 이들이 1978년 11월 시위를 주도했고 1980년 투쟁에도 적극적으로 참여했다. 1977년에는 학습과 토론이 철저하지 않았다. 체계적인 학습보다는 용기와 의리로, 서로의 인적 관계에 의해 세력을 키워나갔다. 1978년부터는 체계적인 학습을 시도하였다. 1학기에는 『페다고지』(영어 원서) 강독을, 후학기부터 철학, 한국현대사, 경제사, 운동사 등을 공부했다. 『해방전후사인식』, 『한국현대사론』, 『우상과 이성』, 『전환시대의 논리』, 『서양경제사론』, 『후진국경제론』이 학습목록에 올랐다. 학습목록은 전국 기독학생회총연맹(KSCF)에서 나온 도서목록을 참조했다. 1979년 10·26이 터지고, 정세가 너무나 긴박하게 돌아가자 복현독서회 회원들은 바빠졌다. 석원호를 중심으로 하여 총학생회 부활을 준비하는 '경북대학생자치기구구성 추진위원회' 팀, 문명녀, 최상림 등 여성운동을 준비하는 '새밭' 팀, 그리고 79학번 이상

---

9) 김동호, 민영창, 장수원, 최용식, 함종호(초대 회장) 모두 75학번이다.

술, 김태효를 중심으로 한 새로운 이념 서클 '여명' 준비팀으로 흩어졌다. 흩어졌지만, 1980년 5월 광주는 다시 이들을 투쟁의 중심에 모여들게 하였다.(여정남기념사업회, 2017, 357~360쪽)

2) 기독학생회, 농촌문제연구회, 탈춤반, 예목

유신후반기 경북대에서는 학생운동이 목표는 아니지만, 학생운동가를 많이 배출한 서클들도 생겨나기 시작했다. 대표적인 서클은 기독학생회, 농촌문제연구회, 탈춤반, 예목이었다. 기독학생회는 보수적인 기존 기독교에 반기를 들고 진보적 신학 공부를 했던 전국적 조직의 서클이었다. 전국적 조직이었기 때문에, 새로운 도서목록과 노래의 보급은 기독학생회를 통해 이뤄질 때가 많았다. 대구경북지역 기독학생회(KSCF)는 경북대가 중심이었지만 영남대, 계명대, 한국사회사업대, 효성여대, 동산간호대 등이 연합으로 활동하면서 기독학생운동을 전개하였다. 경북대기독학생회에서는 이상점(회장 역임), 박주철, 최덕희(회장), 사공준, 손호만, 김종원, 박종덕 등이 주로 활동했고, 1978년 대투쟁 때 활약이 컸다. 1978년 1차 투쟁에도 기독학생회 차원에서 참가했고, 2차 투쟁의 주동자 두 명 모두 기독학생회 회원이었다. 손호만의 1년이 훨씬 넘는 긴 수배생활도 기독학생회라는 든든한 울타리가 없었으면 불가능했다.(여정남기념사업회, 2017, 360~361쪽)

농촌문제연구회(4H)[10]는 1960년대 초에 설립돼 농촌문제를 이론적·실천적으로 고민해온 전통 있는 전국 서클이었다. 1977년 이전까지는 4H라는 이름을 사용했다. 지역차원의 연계활동이 활발했다. 경북대 4H는 영남대, 효성여대, 한사대(지금의 대구대), 대구교대 4H와 1972~1975년까지 '영남지구대학 4H 연구회 연합회'를 조직해 여러 성당에서 매주 금요강좌를

---

10) 김영석 정리 자료 '4H 연혁'과 '두레사건' : 4-H(1962년)은 1977년 농촌문제연구회로 이름을 바꾸었다.

열었다. 1978년 9월에는 '두레양서조합'을 설립해서 "양서의 보급, 소개를 위해 두레서점을 설치 운영했다. 4H 회원들은 특성상 주로 농대출신이 많았고 간혹 타 단대 학생들도 있었다. 4H 회원들 가운데는 운동권으로 성장한 이들이 여럿 있었다. 정동남을 비롯하여, 1980년 5·18 직후 두레양서조합 사건에 연루됐던 김영석, 정상용, 김진덕, 권영조도 모두 4H 회원들이었다.(여정남기념사업회, 2017, 361~362쪽)

1978년에 생긴 경북대탈춤반은 1976년 대구 YMCA의 탈춤 강좌를 수강한 김사열과 이균옥 등이 결성하였다. 1970년대 거세게 밀려들어오는 서구문화에 대항해 전통문화에 대한 관심이 탈춤으로 이어졌

〈그림 2-4〉 경북대 탈춤반 첫 정기공연
〈가산오광대놀이〉(1978년 10월 5일) (출처: 김사열)

다. 탈춤반에서는 '양주 별산대놀이'를 전수받고, '가산 오광대놀이' 공연을 펼치기도 했다. 1978년 11월 대투쟁 연루자들이 많아서 탈춤반은 이듬해 학교 측에 의해 강제로 민속문화연구회로 개명당하는 수모도 겪었다. 민속극 전수훈련을 통해 민속문화 전통을 잇던 탈춤반은 유신 시대가 끝난 1980년 4월에는 4·19혁명을 주제로 한 창작극 「냄새굿놀이」를 발표했다. 그 이후에도 여러 시대 풍자극을 창작 발표하면서 1980년대 문화운동을 주도하였다.(여정남기념사업회, 2017, 362~363쪽)

예목(叡目)은 1978년 신문사 투쟁으로 신문사를 사직한 김동국, 김영철, 서형숙, 이장식 등이 1978년 하반기에 만든 단체이다. "날카로운" 또는 "밝은" 눈이라는 뜻으로 예목이라는 이름을 지었다. 서클등록은 1979년도에

했고, 올바른 사회인식과 비판정신, 그리고 민주적 자질을 고양시키려는 목적을 가지고 있었다. 1980년 5월 17일 이후, 다시 전두환 정권이 서클을 대대적으로 탄압하면서 예목은 이름을 '광장'으로 바꿨다. 그러나 구성원도, 서클 목적도 변하지도 않았고, 회원들은 '예목'이라는 이름을 지금까지도 더 즐겨 사용하고 있다.(여정남기념사업회, 2017, 363쪽)

3) 한얼(영남대)

한얼은 1970년경에 결성된 영남대 문과대와 법대, 상대 학생들이 주축인 서클이다. 1974년 회원 박홍규, 정연익이 '민청학련'으로 조사 후 석방된 적이 있으나 1970년대 중반까진 큰 영향력을 발휘하지 못했다. 1978년 후반기부터 경북대, 계명대와 연대활동을 하면서 영남대의 운동서클이 되었다. 영남대 내의 4H, KSCF, 천록, 전통문화연구회 등 서클들과 연계활동을 활발히 하며, 영남대의 중심적 서클로 발돋움했다. 한얼회는 한국사, 민족주의, 경제학, 사회변혁이론 등을 주제로 매주 토론회를 가졌고, 회원소양을 위해 '역사란 무엇인가', '페다고지', '노동의 역사', 전환시대의 논리 등을 읽고 토론했다. 1979년 5월 15일 '한국적 민주주의 장례식' 시위를 기도하다 회원 김재호와 '전통'회원 이태헌이 구속되었고 9월 5일에는 대구 3개 대학 연합시위로 회원 이창주가 구속되었다. 이들 3명은 10월 26일 이후 석방되어 1980년 '서울의 봄'시기 영남대의 학생운동을 주도했다.(『기초조사보고서』, 358쪽)

2. 대학간 연대의 일상화: 연합M.T, 곡주사

유신 시기는 지하든 공개든 서클이면 M.T가 자주 열렸다. 대학생의 모든 행위를 국가가 감시하는 터라 젊은이들은 좀 더 은밀하고 비밀스런 모임을 찾을 수 밖에 없었다. M.T는 살짝 '불경스러운' 느낌이 풍기는 운동권 언어였다. M.T는 반은 의식화 교육이고, 반은 술 마시고 노는 단합대회였다. 다양한 M.T는 강변과 계곡, 폭포, 재실 등에서 자주 있었다. 보안을 철저히 유지하는 M.T도 있었지만, 상대적으로 느슨한 연합 M.T도 많았다. 경북대 경우 연합 M.T에서는 복현독서회, 농촌문제연구회, 기독학생회, 탈춤반, 연극반 회원들이 참가했다. M.T는 아무리 느슨하다 해도 보안이 중요했다. 자칫하다가는 모든 이들이 한꺼번에 경찰에 노출될 수 있기 때문이었다. 이런 보안문제에도 M.T는 포기할 수 없는 운동권 행사였다. 연합M.T는 연합시위를 준비하는 과정에 이뤄졌다. 1979년 9월의 3개 대학 연합시위도 시위주동자들이 학교별로 선정되면 그들을 지원할 다양한 그룹과 서클들이 참여하는 연합M.T도 열렸다. 거기서 결의도 다지고 보안도 맞추며 투쟁을 준비했다. '불경'한 의식을 공유한 M.T 참가자들은 서로 속속들이 알게 되었다. 몇 날 며칠을 함께 자고 먹고 하면 서로를 잘 알았다. 서로의 고향과 가족, 형편을 알면서 배려하고 격려하며 함께 시대를 이기고자 했다. 그렇게 피만큼이나 진한 공동체를 이루었다.(여정남기념사업회, 2017, 351~353쪽)

곡주사(哭呪士)는 반월당 근처에 있는 술집이자 밥집이다. 유신이라는 광폭한 시대를 곡하고 저주하는 사람(선비)들이 모이는 곳이란 그럴듯한 해석은 뒤에 덧붙혀진 스토리이다. 각 시기의 학생운동가들이 자주 다니던 술집은 향촌동과 시장 근처에 여럿이 있었다. 그러나 곡주사만큼 지역의 운동진영과 문화계에 회자되는 곳은 없을 것이다. 왜냐하면 유신후반기와 1980년대 대구의 학생운동의 주요활동가들과 노동야학 관련자들이 제집처럼 드나들던 곳이었고, 돈 한 푼 없이도 주린 배를 쥐고 들르면 끼니도 때우고 술도 한잔 걸칠 수 있는 운동가들의 사랑방이었으니까. 유신말기 이념서클이 제대로 활동할 수 없어 한 개 대학 단독으로 시위를 조직할 수 없어 대학 간 연합으로 시위를 조직한 것은 1979년의 상황이었다. 이 때 주로 각 대학의 활동가들이 만나기엔 대구시내 반월당의 곡주사는 지리적으로 중간지대로 안성마춤이었다. 시내의 서점에 책을 구하거나 영화를 본 후 모이기에도 좋은 곳이었다. 새로운 사람과의 만남이나 친구와 의기투합하는 술자리가 필요할 때 들러서 적은 돈에도 푸짐히 즐길 수 있었다. 돈 없을 땐 외상도 가능한 곳이니까. 거기엔 주인 아주머니(곡주사 '이모'라 불린 정옥순여사)의 넉넉한 인심도 작용했다. 이곳에서 3개 대학 연합시위 협의나 메아리야학과 양서조합의 출범 준비가 주로 이루어졌다. 그러니 정보기관의 주시도 일상적으로 받아 선배활동가들에 보안상 요주의 장소로 지목되었던 곳이기도 하였다. 하지만 거꾸로 누구와의 연계관계를 취조당할 때 보안을 맞추기에도 좋은 장소였다.

3. 반유신 문화운동의 거점: 대구양서이용협동조합의 출범

학내 서클을 넘어 학외와 학내를 연결한 조직도 생겼다. 1978년 만들어진 대구양서이용협동조합과 한양서점이 그랬다. 1975년 4월 10일 경북대 시위로 제명된 박명규는 1977년 계명대 경제학과로 재입학했다. 재입학 후 사회문제와 조직재건 사업에 관심을 두고 있던 중, 그는 부산지역의 양서협동조합 설립을 전해 듣게 되었다. 책 한 권, 유인물 하나 자유롭게 찍어내고 돌려볼 수 없던 시절, 양서이용협동조합은 암흑의 시대를 밝혀줄 중요한 운동기반이었다.(여정남기념사업회, 2017, 363쪽)

박명규는 부산과 광주, 서울 양서이용협동조합의 실태를 조사한 후, 대구 지역 내 양서이용협동조합을 마련할 계획을 세웠다. 경북대 출신으로는 황철식, 권용원, 이윤기, 계명대 출신으로 권약한, 김균식, 권오국 등과 대구양서이용협동조합 출범을 준비하였다. 한양서점을 인수하고 1978년 9월 22일이 대구양서이용협동조합을 창립하였다. 조합장은 서훈(팔공재건학교 교장), 부조합장은 박명규, 전무는 박태주, 총무는 이윤기가 맡았다.

대구양서이용협동조합은 양서 공급만 아니라, 세미나와 교양강좌 개설, 민주화운동가 및 지역인사들의 만남, 소그룹과 스터디그룹 운영 및 지원, 교육커리큘럼 개발, 노동야학 추진을 주요사업으로 설정하고 착수했다. 지역사회 내에서 대학 간, 그리고 학생과 학교 외부의 네트워크 기능을 담당했다. 1979년 3개 대학 연합시위도 이 네트워크와 관계있었다. 한 때 천여 명의 조합원을 뒀던 대구양서이용협동조합은 1980년 신군부의 탄압으로 9월 문을 닫게 되었다.(김균식·석원호, 2011, 111~129쪽; 여정남기념사업회, 2017, 364쪽)

대구양서이용협동조합과 비슷한 시기에 문을 열어 결국 같은 이유로 폐쇄된 또 다른 조합이 있었다. 두레양서조합이었다. 1978년 대학 4H 연구회 동문들 스물여 명이 출자하여 처음에는 잠시 대봉동 능인고등

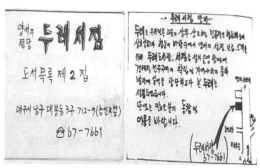

〈그림 2-5〉 두레서점 도서목록
(출처: 부산민주항쟁기념사업회)

학교 인근에 사회과학서점인 두레서점을 열었다가 경북대 후문으로 1979년 초반 즈음 옮겼다.(김영석 증언, 2015. 3. 17) 4H의 재조직화와 사회과학서적 보급을 목적으로, 정상용이 서점을 실제 경영하고, 신중섭, 황형섭, 김영석 등이 참가하였다. 1980년 광주항쟁을 계기로 혹독한 탄압을 당하고 결국 두레서점도 역사 속으로 사라졌다. 그러나 대구양서이용협동조합과 두레양서조합은 일찍이 대구 내 운동권들이 자립적 협동조합운동을 벌였다는 점에서 의미가 있었다. 그리고 올바른 지식이 유통될 수 없었던 시대 속에서 지식의 생산과 유통, 학습 프로그램 공유를 고민하였다는 점에서 대구 지식의 지평을 넓힌 운동이기도 했다.(여정남기념사업회, 2017, 363~364쪽)

4. 여성운동의 태동: 페미니즘 서클의 출현

학생운동은 오랫동안 남학생들의 전유물이었다. 국가사회적 일은 남자의 몫이라는 인식이 1960년대에는 뿌리 깊었다. 1970년대 초반 이런 인식에 변화가 생겨나기 시작했다. 이념서클에서도 여학생을 서클 회원으로 받자는 의견이 나왔다. 사회 정의가 남자의 전유물일 수는 없고, 교육받는 여성이 늘어나면서 여학생도 독재 정권에 분노하고 목소리를 내기 시작했다. 경북대도 1970년대 들어 이념서클에 여학생들이 가입했다. 박영숙, 정영순 등이 한국풍토연구회 회원으로 가입해 활동했다. 1977년에는 복현독서회에 최상림, 문명녀가 참여했다. 1978년에는 여학생들의 활동이 두드러지기 시작했다. 서형숙은 경북대신문사에서 학교의 부당한 편집권 간섭에 맞서 싸우고 있었고, 복현독서회에는 채경희가 있었다. 그리고 메아리야학에서는 최상림, 문명녀, 김지숙이 활동했다.

1978년 11월 대투쟁은 여학생들의 인식과 행동을 바꿔놓았다. 학교의 부당한 처사와 사회정의를 위해 기꺼이 치마로 돌을 날랐다. 여학생 대중이 반유신과 학원자유를 위해 뛰어들었다. 굳이 남녀 구분 없이 집단적인 저항에 참여하는 경험을 했다. 여학생이라고 징계도 피할 수는 없었다. 구자숙, 이문주, 이정숙, 이현숙은 구류 15일을 살았고, 신옥란은 25일을 살았다. 학교에서도 이정숙, 문명녀, 신옥란 등에게 유기정학과 제적 처분을 내렸다. 1978년 투쟁 이후, 여학생들은 '여성으로서의 사회적 삶'에도 주목하는 여성이 되었다. 1979년 초 최상림은 처음으로 단대별로 여학생들을 찾아나섰다. 김진희, 문명녀, 서순화, 김안숙, 서형숙, 채경희, 신은영 등에게 모임을 제안했다. 1978년 대투쟁으로 높아진 사회적 열망으로 스터디 그룹을 꾸리기는 어렵지 않았다. 모여서 함께 시몬 드 보부아르의 『제2의 성』과 이효재의 여성운동에 관한 글을 읽고 토론했다. 모임이름은 '새밭'으로 했다. 1980년 이후 '새밭'은 합법화된 정식 명칭을 얻고 천복자를 회장으로 선출하였다. 79학번으로는 강혜숙, 박영아, 이병술이 여성운동가로 등장하였다.(여정남기념사업회, 2017, 324~327쪽)

제3절 본격적 반유신투쟁의 전개

1. 경북대의 본격적 유신반대투쟁 : 1978년 구국선언문 사건[11]

1975년 4월에 진행된 유신반대 투쟁 이후, 경찰의 물샐틈없는 감시로 경북대 학생운동은 3년여 침묵에 빠져들었다. 이 시기 동안 권용원의 주도로 몇 서클에서 학습과 M.T로 조직을 정비하며 다시 투쟁의 불꽃을 올릴 준비를 하고 있었다. 이 기나긴 침묵을 깨뜨린 시위가 1978년 11월 대시위이다. 이 유신반대투쟁은 11월 2일과 11월 7일 2차에 걸쳐 점층적으로 이루어졌다. 이들의 시위투쟁을 조율한 이는 교육대학원에 다니던 권용원이었다. 긴급조치 9호 이후 학원은 얼어붙어 1976년 이후 한건의 시위도 없이 잠잠히 지나갔다. 중앙정보부와 사복경찰이 학내에 상주하며 학원을 감시하는 데 불만을 가진 학생들은 유신독재에 대한 염증을 키워갔다. 박정희의 대구사범 동기 김영희 총장의 과도한 학원통제에 대한 불만도 쌓여갔다. 게다가 "이화여대에서 경북대 학도호국단에 면도칼을 동봉한 편지를 보냈다"라는 우스개는 학도호국단에 대한 불신을 풍자하고 있었다. 이런 여러 요인이 유신철폐와 민주화를 요구하는 대규모 시위의 싹을 키웠다.(『기초조사보고서』, 107쪽)

1978년 11월 2일에 시도된 1차 시위는 복현독서회 회원인 장수원, 최용

---

11) 이 부분은 민주화운동기념사업회 『기초조사보고서』(2006) 107~109쪽과 여정남기념사업회의 『청춘, 시대를 깨우다』(2017, 삼천리)의 296~318쪽을 참고했다.

식, 김동호, 류시대의 주도로 이루어졌다. 이들은 1977년에도 두 차례나 유신반대시위를 모의한 전력이 있어 학교와 정보당국의 주목을 받고 있었다. 첫째는 1997년 4월 19일 언어문화연구회 회원이었던 이들의 주도로 인문관에서 30명이 모여 4·19혁명 기념식을 열었다. 이것이 알려져 이들은 학교의 주목을 받았다. 둘째는 11월 1일 학도호국단 교육사열이 있던 날 시위를 모의했다. 이들은 3,000명이 참가한 대운동장 행사에 선언문을 준비해 참석했지만 무기를 들고 있는 학생들과 시위를 도모했을 때의 파급력을 고민하다 행동으로 옮기지 못했다. 후문 근처 대폿집에서 한잔 후 선언문도 읽고 구호를 외치며 학교로 들어오다 수위들의 제지를 받았다. 이들은 그날 밤 북부경찰서에 연행되어 며칠 조사받고 훈방되고 최용식은 한 학기 강제 휴학을 당했다.(여정남기념사업회, 2017, 297~299쪽)

경북대의 11월 대시위는 이런 실패한 투쟁의 교훈을 딛고 동일한 인물들에 의해 준비된 투쟁이었다. 최용식이 한 학기 지도휴학을 끝내고 1978년 2학기 복학하자 장수원, 김동호, 류시대와 작년에 실패한 투쟁을 거울삼아 본격적 유신반대투쟁을 기획했다. 류시대 외는 모두 졸업고사까지 치른 4학년이었다. 이들은 중간고사도 치른 11월 초순을 D데이로 잡고 지원역량을 조직해 들어갔다. 몇 차례의 연합M.T를 치른 민속문화연구회, 기독학생회, 4H, 복현문우회 등의 협조도 원활히 진행되었다. 1차 시도는 복현독서회가 주동하지만, 만약을 대비해 기독학생회 등 다른 서클의 2선 대비책도 세워두었다.

1차 시위는 11월 2일 목요일 전학시간[12]이 있는 날로 잡았다. '경북대민주구국선언문'은 최용식이, '복현학우들에 부친다'는 호소문(유신 이전의 격문)은 김동호가 준비했다. 행동개시는 전학시간을 마치고 점심 먹으러 갈

---

12) 유신시대의 학생지도책으로 시위예방을 위해 모든 과의 교수가 학년별 학생을 분담하여 학생지도를 하는 제도이다. 경북대는 목요일 오전에 수업을 않고 학생들이 분담지도교수와 전학시간을 가졌다.

때로 잡았다. 최용식은 문리대에서, 김동호는 교양과정부에서, 류시대는 공대, 장수원은 법정대와 도서관에서 유인물을 뿌리고 학생들을 이끌고 시계탑로터리로 집결하기로 했다. 시계탑 로터리에서 200여 명이 모이자 최용식은 선언문을 김동호는 호소문을 낭독했다. 호소문에서 정보사찰 중지, 어용교수와 김영희총장 사퇴, 유신체제 철폐, 호국단제 폐지, 학보사사건 해명 등 7개를 요구했다. 시위대가 도서관 사이를 왕복하며 1,000여 명으로 불어나자 주동자들이 무참하게 사복형사들에 끌려갔다. 그 후 남영주가 선언문을 낭독하자 바로 형사들에 연행되었다. 곧바로 열린 징계회의에서 주동자의 제적과 관련자의 무기정학 처분이 내려지고 구속 수감되었다.(여정남기념사업회, 2017, 304~307쪽) 하지만 무참히 끌려가는 학우들을 본데다 신속한 징계소식을 들은 일반학우들의 분노가 팽배해져 있었다.

11월 7일의 2차 시위는 한양서점 박명규의 소개로 KSCF회원인 김병호와 손호만이 중심이 되었다. 이들은 2교시 후인 11시에 법정대와 사범대에 유인물을 뿌리고 시계탑로터리로 갔다. 거기서 김병호가 100여 명의 학생 앞에 〈78 제2 경북대구국선언문〉을 낭독했다. 손호만은 구속학우 석방, 총장 및 어용교수 사퇴, 유신헌법 철폐, 학원사찰 중지를 요구하는 구호를 선창했다. 둘은 가슴 속에 태극기를 꺼내 흔들며 애국가와 '우리의 소원은 통일'을 불렀다. 그리고 스크럼을 짜고 도서관을 왕복하며 교내시위를 시작하자 학생은 순식간에 늘어났다. 학교의 요청으로 경찰 1개 중대가 페퍼포그차를 앞세우고 최루탄을 발사하며 진압을 시도하자 학생들은 투석전으로 맞섰다. 2일 시위에서 주동자가 무참히 끌려가는 것을 지켜본 학생들의 보호로 손호만은 보호되었지만 김병호는 경찰에 연행되었다. 시위대는 총장실로 몰려가 연행학생 석방과 총장사퇴를 요구했지만 총장을 달아났다. 그 이후는 여학생 신옥란 등 자발적 주동자들이 나타나 시위대를 이끌었다. 8,000여 명의 학생들은 경찰이 지키는 후문을 비껴 체육관 뒷담을 넘어 도청과 제일모직을 거쳐 대구역 방면으로 진출했다. 유신치하 최대 규모의 가두시위로 발전했다. 경찰의 제지를 뚫고 흩어지고 다시 모인 1,000여 명이 시민회관에 재집결한 후 시위대는 대구백화점과 반월당, 남문시장과 명덕로터리까지 시내를 관통했다. 4시 10분경 학교본관으로 돌아와 총장이 나와 구속학생 처리문제를 해명하라 요구하며 연좌농성을 벌이다 어둠이 내리는 5시 45분경 해산했다.(여정남기념사업회, 2017, 307~313쪽)

이 사건의 파장은 컸다. 김병호, 전상수, 전병욱, 김진덕, 박세원, 김인제, 김창수 등 7명이 구속되었다. 127명이 연행되어 21명이 즉결 심판에 회부되고 손호만은 기소중지로 수배되었다. 학교는 곧장회의를 열어 제적 9명, 무기정학 11명, 유기정학 43명, 근신 4명 등 67명을 징계했다. 이는 개교 후 최대의 징계였다. 그리고 8일부터 학교 문을 닫았다. 문교부 장관이 전체교수회의에 참석해 재발방지대책을 강구하라는 지시를 내렸다. 11월 8일 북부경찰서장은 직위 해제되고 국회의 문공위원회가 소집되어 경북대시위를 현안으로 대정부질의가 있었다. 국회의원 신도환은 '징계와 강압만으로는 학원문제를 해결할 수 없다'고 지적했다. 대구 시내의 주요가도를 휩쓴 이 시위는 유신의 심장부인 대구에서 박정희 유신체제를 강력히 반대하는 살아있는 증거였다. 이 시위는 유신정권의 본거지에서 그 권력의 정당성을 거부하는 중요하고도 상징적인 투쟁이었다. 이 시위로 복현독서회는 불법화되고 민속문제연구회와 기독학생회 등도 감시와 통제로 서클활동에 어려움이 초래되었다.(여정남기념사업회, 2017, 314~317쪽)

이 시위를 기념하여 작곡된 〈이만가〉 혹은 〈팔천건아가〉는 함종호에 의해 작사·작곡되어 이후 경북대 뿐만 아니라 대구지역의 운동현장에서 회자되던 노래였다. 이 노래의 가사는 이렇다."팔천 건아 외치는 그날의 그 함성/맺혀진 그 함성에 민중은 잠깼다.[일청담 쏟아지는 물 민중을 적시고-2절]민족민중통일자유 타도 (박)정희 유신[파쇼]철폐/물러가지 않는다면, 물러가지 않는다면 /민중의 철퇴로 격멸하리라." 이 노래의 가창은 유신독재에 억눌렸던, 빛나는 경북대 학생운동의 저항정신을 회복했다는 자부심의 발로였다. 어떤 때는 눈물을 흘리며 불러대던 노래였다.(『기초조사보고서』, 108~109쪽)

2. 영남대 '한국적 민주주의 장례식'과 대구 3개 대학 연합시위

유신이 정점으로 내달리던 1979년은 미국의 민주당 출신 대통령 카터의 방한이 예정되어 있었다. 1979년의 상황은 한 학교 단독으로 시위를 조직하기가 쉽지 않아 대학 간 교류와 연합활동을 빈번하게 했다. 메아리 노동야학을 통해, 양서조합을 통해, 반월당 곡주사에서의 교류를 통해 친분을 쌓은 경북대, 영남대, 계명대 3개 대학 학생들이 1979년 5월 카터 대통령 방한 반대 연합시위를 준비해 나갔다. 사전에 각 대학의 분위기를 고조시키기 위해 계명대는 축제기간인 5월 10일 '백골난망이로소이다'라는 연극공연을 준비하고 이 과정에서 7명이 징계를 당하였다. 영남대에서도 1979년 5월 15일 천마제 전야제에 '한국적 민주주의 장례식'을 준비하다가 사전에 발각되어 8명이 무기정학을 당하고, 김재호, 이태헌 2명은 제적을 당하고 긴급조치 9호 위반으로 구속되었다.(『기초조사보고서』, 167쪽) 이로 인해서 1979년 1학기의 3개 대학 연합시위는 결국 무산되었다. 경북대는 1978년 11월 대시위 이후 많은 핵심역량이 구속·강제징집이 되고, 경찰과 학교당국의 감시는 한층 강화되어 이듬해인 1979년 상반기까지는 별다른 투쟁을 조직하지 못했다.

대구의 학생운동은 이런 개별 대학의 역량상 한계를 대학 간 연대를 통해 유신을 돌파하고자 했다. 이것이 이후 대구지역의 학생운동에 연대투쟁을 조직하는 단초가 되었던 〈경북학생협의회〉에 의한 3개 대학 연합시위이다. 이 시위는 1979년 9월 4일 경북대의 임광호, 하종호, 정동남과 계명대의 권오국과 임진호, 영남대의 이창주가 공동으로 협의회를 구성하여 각 대학에서 독자적으로 시위를 한 후 시내의 한일호텔에 집결할 계획이었다.(『기초조사보고서』, 109쪽)

1979년 9월 4일 오전 11시45분 권오국, 김균식은 계명대 교정에서 '이 어두운 역사의 조타수가 되지 못한다면'이라는 유인물을 배포한 후, 중앙도서관 돌벤치에서 태극기를 목에 걸고 학내에 배치된 정보원과 학교 당국자들의 방해를 물리치고 시국성토대회를 시작했다. 그 시각에 임진호는 대구시내 중심가 대구은행 본점 옥상에서 유인물을 살포하고 공중시위를 벌였고 곧바로 연행되었다. 중앙도서관 잔디밭에서 시작된 시국성토대회는 1,500여 명 이상의 학우들이 모였다. 권오국이 선언문을 낭독하고 김균식이 구호를 외치자 학생들은 스크럼을 짜고 '아침이슬, 우리의 소원은 통일, 우리 승리하리라, 흔들리지 않게' 등을 부르면서 교문 진출을 시도했으나 경찰에 제지당했다. 시위대는 대학원 계단과 빌라도 광장을 오가며 집회를 계속하다 오후 3시 30분 경 후문으로 이동한 시위대열은 전경들과 투석전으로 맞서다가 전경들을 물리치고 가두로 진출했다. 이후 시위대열은 전경들과 일진일퇴를 거듭하면서 대구교육대학교→영선국민학교→능인중고등학교를 거쳐 2.28 대구학생의거 기념탑까지 행진하였다. 시위대는 '유신헌법 철폐하라', '노동3권 보장하라', '구속학생 석방하라', '김경숙양의 사건을 공개하라' 등의 구호를 외쳤다. 오후 5시경 능인중고등학교 앞 도로와 2.28 대구학생의거 기념탑 사이의 도로에서 최루탄과 페퍼포그로 무장한 경찰에 둘러싸인 시위대 중 상당수는 경찰의 무자비한 진압에 연행되고 일부는 신민당 도지부 사무실에서 농성을 벌이다 해산됐다. 이날 시위로 87명이 연행되고 긴급조치 9호 위반으로 권오국, 임진호는 구속되었다. 김균식은 전국에 지명 수배되었다. 그리고 김재엽, 이인수, 김재홍 등은 학교 당국으로

부터 무기정학, 유기정학 등의 징계를 받았다.(『기초조사보고서』, 58쪽)

경북대와 영남대의 시위는 교직원과 사복경찰에게 모두 연행되어 가두진출을 하지 못했다. 경북대도 4일 오전 11시 45분 임광호가 사대 · 법대 · 경상대 · 생물학관에, 하종호는 공대에, 정동남은 과학관 · 교양과정부 · 인문관에 유인물을 뿌리고 시계탑 로터리에 모이기로 했다. 그런데 하종호 · 임광호는 유인물 배포 중에 연행되어 구속되었고, 정동남은 로터리까지 가서 100여 명의 학생 앞에서 선언문을 낭독하다 경찰에 체포되어 구속되었다. 영남대는 이창주 · 김상철 등이 유신헌법 철폐와 학원민주화 실현, 군부독재 타도를 내용으로 한 유인물 2,000장을 학내에 배포하고, 한얼 · 전통문화연구회 · 농촌연구회 · 기독학생회 · 천록 등 5개 서클 회원 등 300여 명이 학생회관에 모였다. 선언문을 낭독하는 중 교직원과 사복경찰이 덮쳐 이창주 등 주모자를 연행하면서 가두진출에 이르지는 못했다. 영남대의 이창주는 구속되고 김상철 · 송철환 등은 구류처분 후 학교당국으로부터 징계를 받고 강제 징집되었다. 이후 9 · 4 연합시위로 구속을 당한 이들은 10 · 26 사건으로 박정희가 죽자 풀려나고 김균식은 지명수배 중에 다른 사건 관련으로 한동안 더 숨어 지내다 1980년 2월경 학원민주화 조치 때 학교로 복학하였다. 이들은 1980년 서울의 봄 시기에 복학했다가 5 · 18시위로 또다시 구속되어 일부는 상당기간 수형생활을 하였다.(『기초조사보고서』, 59쪽)

3. 남민전의 구속과 해체

1979년 10월 9일 경찰은 '남조선민족해방전선준비위원회'(이하 '남민전')이라는 대규모 공안사건을 발표하였다. 10월 16일, 11월 13일 두 차례 더 사건을 발표한 남민전은 긴급조치 9호 시대가 낳은 민족민주운동 진영의 광폭한 유신에 대한 대응물이라 할 수 있다. 남민전은 83명이 구속되어 77명이 기소되고 73명이 실형을 선고받은 분단이후 최대의 조직사건이었다. 지도부의 다수와 조직원의 상당수가 경북지역 출신이거나 대구에서 활동한 인사들이었다. 경북대 출신이 사형 선고를 받은 위원장 이재문과 중앙위원 안재구 숙명여대 교수(무기징역), 백정호, 김성희, 정만기, 김특진, 임규영, 황철식 등 8명이나 되었다. 남민전은 중앙위 산하에 민주투쟁국민위원회와 민주구국학생연맹을 두고 다수의 학생운동 출신 인사들이 참여해 유신반대 투쟁을 수행했다. 그들은 유인물살포와 청년과 학생운동 지도에 노력하다 검거되었다. 이 사건은 10·26 이후 격변기에 재판이 진행되어 큰 주목을 받지 못하고 1980년 5월에 1심 선고, 12월 23일 대법원 상고심이 선고되었다. 이 사건의 관련자 다수가 국민의정부 시기에 민주화운동관련자로 인정받은 만큼 반국가단체여부에 의문을 제기하는 인권탄압사건으로 알려져 있다.(『기초조사보고서』, 312~315쪽; 여정남기념사업회, 2017, 324쪽)

4. 계명대 최후의 유신반대시위

부마항쟁 직후 10월 25일 계명대에 유신반대 마지막 시위가 일어났다. 1979년 9월 4일 연합시위가 있은 지 1달여 지나 이근무, 이춘성, 박찬수, 박명규, 정인석 등은 경찰의 철통같은 감시를 뚫고 유신정권에 최후의 일격을 가할 계획을 짜고 실행에 옮겼다. 10·26 하루 전날인 10월 25일 오전 10시 50분 박찬수는 채플이 진행 중인 대강당에 뛰어 들어가 유인물을 뿌리고 학우들에게 학생회관 앞으로 모이자고 소리쳤다. "학우 여러분, 나아갑시다."라고 외치는 순간 대강당에 잠복하고 있던 사복경찰들에 의해 멱살이 잡힌 채 정문으로 끌려 나갔다. 그러나 모여든 학우들에 의해 풀려났다가 교직원들에 의해 격리된 후 경찰에 넘겨졌다.

학생회관 앞에서 이근무와 이춘성이 유인물을 낭독하고 1. 유신독재 반대 2. 긴급조치 해제 3. 언론자유보장 4. 학원사찰중지 5. 구속학우석방 등을 요구하며 집회를 시도했으나 교직원과 사복경찰에 의해 학생들이 모이기도 전에 제지되어 연행되었다. 수백 명의 학생들과 스크럼을 짠 박명규, 서광일, 정인석, 김재엽 등이 교내시위를 벌이다가 정문 밖으로 달려 나가자 대기하고 있던 전투경찰에 의해 제지당하고 오후 4시경에 모두 진압되었다. 이날 시위로 이근무, 이춘성, 박찬수 3명은 긴급조치9호 위반으로 구속되었으나 긴급조치가 해제됨으로써 12월초 기소유예로 모두 석방되었다. 한편 이들 3명은 모두 제적되고 박명규, 정인석, 김재엽 등은 무기정학을 받고 수십 명이 징계처분을 받았다.(『기초조사보고서』, 136~137쪽)

제4절 새로운 민중운동의 출현

1. 안동가톨릭농민회과 대구가톨릭농민회의 출범과 오원춘 사건

아직도 농민의 비중이 적지 않던 1970년대 중반까지 경북의 농민운동을 담당하던 조직은 거의 불모상태였다. 그러다 1971년에 만들어진 가톨릭농민회의 본부사무실이 1976년 구미에서 대전으로 옮긴 후 1977년 2월에 가톨릭농민회 경북연합회(회장 최경수, 총무 이유린)가 창립되었다. 그해 8월에 경북연합회에서 안동교구가 분리되어 안동가농이 출범했다. 안동가농의 분리 이후 가농 경북연합회는 가농 대구교구연합회(약칭 대구가농)로 불렸다. 대구가농은 1970년대 후반 유신시기에 대구교구의 보수성 탓에 별다른 활동을 하지 못했다. 하지만, 안동가농은 1977년 조직분리 이후 10월 8일 양심수를 위한 기도회, 1978년 5월엔 농민을 위한 기도회를 개최하고, 쌀생산비보장 서명운동도 벌려나갔다.(『기초조사보고서』, 405~409쪽) 1979년 5월엔 영양군 청기면의 감자피해보상운동을 하던 오원춘이 납치테러를 당하는 오원춘사건이 발생하였다. 그해 8월 6일 안동성당에서 김수환 추기경이 참석하는 기도회 후 안동시청까지 행진하는 야간촛불시위가 있었다. 8월 10일 경북도경은 오원춘과 지도신부인 정호경, 총무 정재돈을 긴급조치 9호 위반으로 구속하고 오원춘은 3년형을 받았다.(민주화운동기념사업회, 2009, 658~661쪽) 이에 안동가농과 천주교 안동교구는 한국천주교와의 연대투쟁으로 농민운동을 탄압하고 진실을 왜곡하는 박정희정권의 만행을 폭로하는 투쟁을 전국적으로 전개하였다.

2. 노동야학의 출현과 노동운동

1970년대 대구지역 노동운동은 거의 빈사상태에 있었다. 수도권의 동일방직, 원풍모방, YH무역 등 섬유노동자 중심의 투쟁들에 비해, 섬유공장이 밀집해 있는 대구는 한국노총이 주도해서 노사협조주의가 팽배해 있었다. 1978년 1월에 아리아악기 노동조합 분회장 정재종(한국노총 연합노련 산하)이 부사장집을 점거해 가족을 인질로 잡고 노조를 탄압하는 회사간부 교체와 임금인상을 요구한 농성사건(『중앙일보』, 1978. 1. 23)[13] 정도가 있었고, 조직적인 노동운동은 거의 없었다. 항운노조 산하의 하역노동자들이 각 철도역에 노조의 형식을 유지하는 정도였다.

이런 와중에 1978년 9월 21일 도시산업선교회 간사로 구미에 내려와 있던 전점석이 중심이 되어 원대감리교회에서 메아리야학을 설립했다.(김한수, 2018, 97쪽) 전점석은 한양서점의 박명규의 도움으로 경북대, 영남대, 계명대, 효성여대의 학생들 모아서 교사들을 모집하고 6개월 과정으로 79년 3월 26일 1기생을 배출하였다. 수업은 저녁 2시간 3교시로 8과목(자유

---

13) http://www.hannae.org/?c=user&mcd=hnb0001&me=bbs_detail&idx=12378&cur_
page=32&sParam= (노동자역사 한내)

〈그림 2-6〉 메아리야학 성탄절 학예발표회
(1978년 12월 25일) 및 야유회(1979년 9월 2일)
(출처: 석원호)

학습, 국어, 한문, 영어, 역사, 사회 1,2, 윤리)을 가르쳤다.(『메아리 창간호』, 1979. 3. 26) 학생들은 원대동과 노원동 3공단의 노동자들이 주를 이뤘고, 남학생은 중소규모 기계와 섬유사업장 출신이고 여학생은 주로 섬유사업장 출신이었다. 메아리는 5 · 18광주민중항쟁 기간을 거쳐 1981년 초까지 4기가 배출되었다. 메아리야학 출신의 학생들이 1980년 4월에 3공단의 한일섬유에 노조를 설립했지만, 회사와 경찰의 파괴공작으로 노조를 얼마 유지하지 못하고 다수가 해고되었다. 만남야학은 제3교회에서 1979년 봄에 설립되어 메아리와 교류하기도 하며 운영되었다. 1980년 이후 내당교회의 다운야학, 가톨릭근로자회관의 생활야학 등이 잇달아 설립되어 학생운동과 노동자들의 교류의 장이자 노동운동의 배후지 역할을 시도하였다.

3. 도시산업선교회, JOC와 노동운동

유신시기 대구경북의 노동운동은 동토의 상태였다. 1971년 국가보위특별조치법은 노동자들의 단결권과 단체행동권에 심대한 제약을 가한 채 중화학공업과 방위산업을 육성하는 법률적 기초로 기능했다. 수많은 수출기업과 외자기업에서의 노조결성은 억압받았고 파업에는 곧바로 경찰력이 투입되었다. 대구는 섬유중심의 경공업도시로 많은 중소기업이 있었고 포항의 철강공단과 전자와 화학섬유 중심의 구미공단에도 많은 공장이 들어섰지만 노동조합의 조직은 지지부진했다. 유신정권과 협조적 관계에 있던 한국노총 산하의 항운노조과 섬유, 연합노련 소속의 노조가 제법 있었지만 조합원을 위한 노조활동과 투쟁을 제대로 할 수 없었다. 이런 환경에서 어용노조를 민주화하거나 새로운 노동조합의 설립은 매우 힘들었다. 이런 공백을 메워준 단체가 가톨릭노동청년회(JOC)와 도시산업선교회였다. 유신정권의 독재에 비판적이었던 천주교회의 지원 하의 JOC는 대구에서도 노동조합 활동을 지원하는 대구가톨릭근로자회관을 중심으로 활동하고 있었다.

대한방직의 해고 노동자였던 장명숙은 JOC회원으로서 섬유노조를 지원하는 활동을 수행했다. 영등포도시산업선교회에서 활동했던 전점석은 구미도시산업선교회(이하 '구미산선') 간사로 1978년 6월경 대구에 와 용접기술을 배워 선학알미늄에 취업했다. 그는 서울 금호동 '시정의 배움터' 생활야학 경험을 바탕으로 노동야학을 대구에서 추진하기 위해 1978년에 설립된 양서조합의 박명규와 접촉하면서 1978년 9월에 노동야학 메아리를 설립하였다. 이 과정에 한일섬유의 기사 조일제와 접촉하여 학생모집과 학교운영을 협의하며 협조적 관계를 유지하였다. 메아리의 다수 학생이 원대동·노원동 일대의 섬유공장 노동자들이었다. 노동야학의 과목 '자유수업'은 노동법과 노동관계 내용을 초보적으로 전달하는 수업인데, 교장 전점석은 이 과목을 직접 맡았다. 이렇게 배출된 김순임 등 다수의 학생들은 10·26사태 후 1980년 열린 공간에서 조일제와 함께 한일섬유의 노동조합을 설립하였다.

구미산선 실무자 고애신, 전점석은 구미공단 근로자 서클을 만들어 활동했다. 1979년 7월 ㈜서통에서 해고된 권영숙의 복직을 요구하는 대구기독청년협의회(대구EYC) 주최 기도회를 8월에 대구 수석교회에서 개최하였다. 이 일로 경북도경 대공분실에서 조사받고 11월 2일 반공법 위반으로 구속되었다가 구속 취소로 12월 11일 출소했다. 5 · 18 비상계엄의 확대조치로 민주노조의 존립은 어려워졌지만, 이 사례는 노동조합 활동의 세례를 받은 노동자들과 대학출신의 활동가들의 연대를 통한 노동운동의 진전으로 평가할 수 있을 것이다. 이렇게 의미 있는 새로운 시도가 유신이라는 폭압적 정권하에서 이루어졌다.(전점석 구술[이메일], 2010. 7. 27)

제5장 1970년대 대구경북 민주화운동의 특징과 의의

1970년대 대구경북의 민주화운동은 한국민주화운동사에서 큰 짐을 져야 했다. 이 시기의 대구경북은 유신반대투쟁에서 한국민주화운동사에 선도적 역할을 하였고, 민주제단에 가장 많은 희생자를 내었다. 중요한 조직사건이었던 민청학련과 인혁당재건위사건, 남조선민족해방전선사건의 관련자를 가장 많이 배출한 지역으로 피해가 많았다. 박정희 1인 장기집권으로 나아가는 유신시기에 박정희의 출신지이자 연고지였던 대구경북의 운동세력은 그의 과거를 잘 알고 있었다. 그러기에 그가 한때 지향했던 평등과 통일을 부정하는 정책을 추진할 때 어디보다도 대구경북의 민주화운동세력은 앞장서 그를 반대했다. 박정희 반대운동은 민주주의의 일반원리를 짓밟는 유신헌법이 발동되고서 더욱 강화되었다. 박정희의 고향인 대구경북에서 그를 정면으로 비판하는 운동이 점증하자 유신정권은 대구경북의 혁신세력과 민주진영을 압살하는 공안사건으로 위기를 벗어나려했다. 한국현대사에서의 최대의 공안사건들이 모두 이 시기에 일어난 게 결코 우연이 아니다. 민청학련사건 및 인혁당재건위사건과 남민전사건이 그것이다. 이 사건들의 규모는 다른 사건들과 비교가 불가할 정도로 컸다. 저항과 그에 따른 탄압의 강도가 그만큼 컸던 것이다.

민청학련과 인혁당재건위사건에서 대구경북 출신의 운동가가 다른 지역에 비해 상대적으로 많은 것은 바로 이런 점 때문이다. 이 지역은 박정희와 그 집안의 내력을 잘 아는 이가 많은 곳, 한국전쟁을 거치면서도 운동역량이 많이 보존된 곳이다. 이런 대구경북의 민주화운동세력이 박정희정권의 유신독재가 파시즘적 체제로 나아갈 때 정면으로 비판하는 것은 역사적 숙명이었다. 이러한 역사적 과업의 수행 결과는 처참했다. 4월혁명 이후 가장 많은 사법살인인 인혁당재건위사건에서 8명의 순교자가 나왔고, 그중 이수병, 우홍성, 김용원 열사를 제외한 도예종, 서도원, 송상진, 하재완, 여정남 5명이 대구경북에서 활동을 한 사람들이다. 그리고 이들과 함께 4월혁명 이후 민주주의와 민족통일을 위한 운동을 함께 해왔던 일군의 운동가들이 남민전에 관계하였다. 이재문, 안재구 등 남민전의 지도부와 다수 활동가들도 대구경북 출신자들이었다. 이들도 박정희 유신정권이 파시즘으로 나아가자 그를 저지하는 투쟁에 적극적으로 참여하였다. 남민전사건에서도 사형과 무기수의 상당수가 대구경북출신이었다. 이들의 사형과 장기형의 선고는 지역의 운동세력에게 고도의 경계와 경각심을 불러일으켰다. 재야인사는 말할 것도 없고, 대학의 학생운동세력은 이들과의 연계나 관련을 극도로 경계하는 보안지침들이 내려졌다.

다음으로, 1970년대의 대구경북민주화운동은 민주화운동의 활로를 개척하고 새로운 조직과 투쟁형식을 내는데도 앞장섰다. 산발적으로 진행되던 반유신 저항운동을 전국적으로 묶는 민청학련사건에서도 지역의 혁신세력은 경북대의 여정남을 서울로 파견하여 운동을 지도·후원하였다. 유신반대운동이 고조됨에 따라 서울의 대학가시위가 어려울 때, 경북대가 주요한 투쟁의 활로를 개척하는 경우가 있었다. 경북대의 1973년 10월 30일과 11월 5일 유신반대시위와 1978년 11월의 대규모시위는 서울의 운동이 정부의 탄압으로 침체기일 때 새로운 활로를 뚫는 투쟁이었다. 물론 이 시기 새로운 운동양식과 문화는 서울로부터 전파된 것이 많았지만, 지역의 운동역량이 뒤쳐지지 않아서 전국적 투쟁에서 서울의 학생운동이 대구경북에 투쟁의 활로개척을 요청하는 경우가 많았다. 1980년대 이후의 민주화운동에 비해 대구경북의 투쟁역량이 상대적으로 높았기 때문에 가능했을 것이다.

마지막으로 지역 대중들의 민주화운동에의 지지와 반유신투쟁에의 동참은 점차 약화되고 있었다. 4월혁명이나 한일협정반대투쟁, 3선개헌 반대투쟁 등에 비해서 대중들과의 결합이 조금씩 약화된 것은 박정희 정권의 지배전략인 '공포와 당근'이 먹혀들어 간 때문일 것이다. 먼저 '공포'는 정권에 반대하는 투쟁에는 엄청난 탄압으로 대응해, 대중들의 반정부투쟁에의 참여 자체를 차단했다. 1960년대 중반의 1차인혁당, 후반의 통일혁명당, 남조선해방전략당 사건에서부터 시작된 공안사건의 조작과 탄압은 유신정권에 들어와서 더욱 광폭해졌다. 민청학련·인혁당재건위사건은 무려 8명의 사형수에다 수많은 무기수를 양산했다. 정권 말기에 터진 남민전사건도 두 명의 사형수와 적지 않은 무기수도 발생시켰다. 이러한 공포는 대중에게만 적용된 것이 아니라 학생운동에 뛰어드는 청년학생들에게도 굉장한 압박과 학습효과를 불러일으켰다. 민주화운동에 막 뛰어든 신참운동가들은 수십 년의 징역과 집안의 풍비박산을 각오해야했다. 반정부 활동에 국가보안법이나 반공법을 적용해 반체제와 '빨갱이'로 모는 공안당국의 위협과 협박은 운동에의 참여를 주저하게 했고, 운동세력에 대한 분열과 매수가 본격화된 것도 이즈음이다. 이런 경향은 인혁당재건위사건 이후 더욱 심해졌다. 학생운동 선배들은 후배들에게 이런 위험을 주지시키고, 반체제시국사건과 연관된 선배들과의 관계를 차단하는 교육을 강화했다. 두 번째는 '당근'전략이다. 포항철강공단과 구미전자공단의 본격적 개발이 시작된 1970년대, 경제개발의 혜택이 대구경북의 지역민들에게 적지 않게 주어졌다. 상당수의 지역민들은 상대적으로 풍부해진 일자리와 소득증가로 유신체제를 크게 문제 삼지 않고 용인하는 경향이 있었다. 이런 사정은 농촌일수록 심했다. 농촌의 상당수의 청년들이 구미나 포항, 울산과 창원에서 일자리를 얻고 새로 장만한 가전제품을 들고 귀성길에 오르는 풍경이 낯설지 않았다. 이런 사정이 지역민들의 반정부 투쟁에의 동참을 약화시켰고, 유신체제 기간 박정희에 대한 높은 지지율을 경북지역에서 나타나게 한 이유일 것이다.

제3부

1980년대 민주화운동

제1장 '민주화의 봄' 시기 민주화운동의 전개

제1절 1980년대 초 학원민주화투쟁[1]

1979년 10월 26일 박정희의 죽음 이후 정부는 12월 8일 긴급조치 제9호를 해제하고 구속자 석방조치를 취하였다. 이후 1980년 1월 23일 각 대학에서 과거 제적당한 운동권 학생들에게 복교를 통보하였다. 이른바 '민주화의 봄'이라는 상황에서 학교로 돌아온 학생들은 유신체제하의 학도호국단을 대체할 총학생회 건설과 새로운 서클의 설립준비를 추진하였다. 이를 통해 학원 민주화를 위한 투쟁을 전개하고자 학생들의 힘을 결집시키고, 유신잔재 청산과 민주헌법의 쟁취를 통해 민주정부를 수립하고자 하였다. 이 시기의 민주화운동은 유신체제부터 활동하였던 경북대 · 계명대 · 영남대 등 이념서클 출신의 학생운동가들의 조율과 연대에 의해 진행되었다. 그들은 대부분 복교생이거나 이념서클의 후배들이었다.

경북대학교에서는 민청학련 세대와 긴급조치 9호 세대, 복적생 등이 모여 3월 초에 경북대복학생협의회를 결성하였으며, 학과 대표들은 대의원회를 구성하여 총학생회 선거를 준비하였다.(『오월운동사 보고서』, 31쪽) 13

---

1) 학생운동의 전개과정 서술에서 별도의 각주 없는 내용은 2006년 (사) 대구경북민주화운동계승사업회에서 간행한 『지역민주화운동사 편찬을 위한 기초조사 최종보고서-대구경북지역』의 내용을 참고한 것이다.

일에는 학회장들로 구성된 71명의 「학생자치기구 구성 준비위원회」의 첫 모임이 시작되었다. 20일 2차 회의에서 「학생회칙 시안작성을 위한 소위원회」를 단과대학 대표 1인씩으로 하여 총 8명으로 구성하였다. 박종덕은 철학과 대표로서 대의원회 의장이 되어 실무 작업을 추진하였고, 선배그룹들은 학생회 선거를 준비하였다. 1980년도 총학생회장단 선거를 공고함으로써 총학생회 부활을 위한 자율선거의 열기가 고조되는 가운데 4월 초 후보등록을 마감하고 본격적인 선거운동을 전개하였다. 4월 11일 각 단과대학별로 설치된 투표장에서 총학생회장 선출을 위한 직접 투표가 5년 만에 재개되었다.(『매일신문』, 1980. 4. 11)

당시 운동 진영에서는 민청학련사건으로 구속되었던 강기룡을 회장으로 출마시켜 선거전에 임하였다. 그러나 정보기관이 '나이 많은 기혼자로서 투옥된 경험이 있는 강경파'라고 흑색선전을 함으로써 비운동권 후보(회장:이윤원, 부회장:이창원)에게 근소한 표차이로 당선되지 못하였고, 그로 인해 학생운동 세력이 총학생회를 장악하지 못하게 되었다.

이러한 상황 가운데 4월 19일 비운동권인 총학생회는 야외공연장에서 4·19 20주년 기념행사를 개최하였다. 그러나 복학생협의회(이하 복협)는 시계탑 앞에서 별도의 4·19 기념행사를 열었다. 복협 주최의 행사에서는 4·19기념제, 위령제, 가면극, 냄새굿 공연(민속문화연구회 주관) 등 여러 유형의 문화행사를 결합하여 새로운 시위문화의 전형을 제시하기도 하였다. 이외 일부 학생들은 어용, 무능 교수 명단을 적은 전단을 배포하고 사퇴를 촉구하는 운동을 전개하였다. 전단에는 해바라기 교수, 새마을교수, 유신 교수 등 별칭을 붙여 교수들의 이름을 적어 놓았다.(『매일신문』, 1980. 4. 29)

1980년 2월 9일 계명대학교에서는 김균식, 배설남 등 복학생들을 중심으로 유신체제하의 학도호국단과 학생자치기구, 그리고 학사운영 전반에 대한 검토를 위해 학도호국단 회의실에서 1차 모임을 개최하였다. 그리고

'학원민주화추진준비위원회'를 통해 학생들의 의견을 모아 취지문을 작성하여 본관 대강당에서 발표회를 가졌다. 그런 가운데 '복학생협의회'를 구성하고 학원 민주화를 추진하기 위한 구체적인 방안 모색에 들어갔다. 이후 1980년 3월 14일 복교생 중심으로 각 학과 및 계열 대표를 선출하였다. 다음날 '학도호국단조직준비위원회'를 '총학생회조직준비위원회'로 변경하였으며 의장에 박명규를 선출하였다. 20일까지 전체회의를 통해 총학생회 회칙을 마련하였고, '민주의 벽', '자유의 벽'이라는 대자보를 설치하여 학우들의 의견을 들었다. 그러나 '학생회회칙 기초위원 및 조직준비위원회'가 의결한 회칙이 학교당국에 의해 일방적으로 거절당하였다. 이에 조직준비위원들이 전면 사퇴를 결의하고 사퇴 경위서를 학내에 배포하였다. 나아가 4월 1일에는 계명대학교 민주화추진협의회(이하 계민추)가 주도하여 총학생회 회칙위원회 및 조직준비위원회 안을 거부한 학교당국에 대한 성토 및 총장 면담을 요구하는 시위를 벌였다. 본관 앞에 천여 명의 학생이 모인 자리에서 6개항의 결의문을 채택하고 학교당국의 공식적인 해명을 요구하였다.[2]

그러나 4월 2일 교수회의에서는 학생들의 위와 같은 요구를 전면 거부하였다. 이에 4일 계민추에서 어용교수 백서를 발표하였다. 그리고 학보사에서는 '계명언론의 봄은 오지 않는가—해직기자의 증언'이라는 제목의 유인물을 통해 학내언론 탄압의 진상을 밝혔다.[3] 학교당국과 주간교수의 부당

---

2) 결의문의 주요 내용은 다음과 같다.
   2. 학보사 내의 해직 기자 사태와 관련된 학내 언론의 자율화 촉구 및 학보사 편집권과 재량권의 완전한 독립 요구
   3. 어용교수의 자진 사퇴 요구
   4. 구 학도호국단 간부의 자숙을 촉구
   5. 채플 카드제 및 종교과목의 전면적 폐지 요구
   6. 총장 사퇴 요구
   (『계명대학교 학내소요사태일지』, 1980, 민주화운동기념사업회 오픈아카이브, 등록번호 00419873.)
3) '진정 기미 없는 대학가 소요—지방분교까지 확산, 계대선 어용교수 백서 배포—『매일신문』, 1980. 4. 4, 7면; 『계명 언론의 봄은 오지 않는가』, 1980, 민주화운동 기념사업회 오픈아카이브 등록번호 00419875.

한 압력과 간섭에 의해 3명의 기자가 해임되었고, 이러한 사태에 대한 학보사 주간교수의 일방적인 해명만 학보에 게재된 일에 대해 항의하였다. 7일 계민추에서는 어용교수 백서 발간에 대해 공식 해명을 하면서 학원민주화의 방향에 관한 공개토론회를 개최하여 「세습총장제 폐지」, 「계약교수제 폐지」 등 요구하면서 총장실 점거농성에 돌입하였다.(『매일신문』, 1980. 4. 10)

이러한 학생들의 움직임에 대해 4월 7일 교수들은 전체교수회의에서 투표를 통해 총장에 대한 재신임을 결정하면서 '교수지위 및 학생의 자치활동 등에 관련된 학사행정 제반 중요한 사항을 심의하기 위하여 교수 9인 소위원회 구성'을 결의하였다. 이를 통해 학내에는 어용교수나 아부교수는 없고, 폭력과 시위 등 비민주적인 일체의 방법을 일체 인정하지 않으며 모든 조치에 대한 심의를 교수 9인 소위원회에 일임한다는 성명서를 발표하였다.[4] 그럼에도 불구하고 해결될 기미가 보이지 않자 4월 10일 소위원회에서 휴교를 결정하였다.

이러한 휴교조치에 반발한 학생들은 4월 11일 공개토론회를 통해 휴교반대 및 학원민주화를 위한 제도적 장치의 즉각적 시행과 그 요구에 대한 교수회의의 전면적 승인을 요구하면서 14일까지 농성을 이어갔다.[5] 4월 18일에는 4·19 20주년을 기념하여 학술강연회와 마당굿, 연극공연 등의 행사를 개최하였다. 그리고 경북대에서 박정희흉상훼손사건으로 학생들이 구속되는 사태가 벌어지자 학생들의 행동에 지지를 보내면서 구속학생 석방을 요구하는 시위를 전개하였다.

영남대학교에서도 학내 민주화의 열망이 조직적으로 나타났다. 2월 20일 복학생들과 이념서클, 서클연합회가 학칙개정 및 학교발전을 위해 공청

---

4) 「결의사항「계명대학교 교수 9인 구성 관련건」」, 1980. 4. 9. 민주화운동기념사업회 오픈아카이브, 등록번호 00419886.

5) 1980년 4월 계명대 학원민주화운동의 전개양상은 다음의 자료를 참고하였다. 「계명대학교 학내소요사태일지」, 1980. 민주화운동기념사업회 오픈아카이브, 등록번호 00419873.

회를 개최하였다. 인문관 강당에서 개최된 공청회에서 각 단과대학과 서클을 중심으로 200여 명이 참가해 학도호국단 폐지, 민주적 투표에 의한 학생대표의 선출, 재단문제 등 다양한 문제를 제기하였다. 2월 22일 졸업식에서 학원민주화를 요구하면서 졸업생들이 집단 퇴장하는 일이 일어나기도 하였다.(이창주 구술, 2020. 3. 31)

그리고 4월초에는 새로운 학칙에 따라 총학생회장 선거가 시행되었다. 이 선거에서 학내민주화운동을 주도하던 세력이 내세웠던 정문수가 당선되었다. 그 결과 총학생회장과 임원들은 공식적인 공개 활동을 하였고, 이태헌, 김재호, 이창주 등 민주화운동을 주도한 학생들은 서클과 학회를 중심으로 학내외 시위 활동을 주도하였다.

금오공대에서도 학원민주화운동이 전개되었다. 4월 1일 금오공대생 3백여 명은 학교운동장에서 복장자율화, 자치권 보장 등을 요구하며 한때 수업을 거부하였다.(『매일신문』, 1980. 4. 1) 한국사회사업대학(대구대 전신)에서도 4월 8일 오후 총학생장 재선거와 학생복지시설 확충 등을 주장하며 교내시위를 벌였다.(『매일신문』, 1980. 4. 11) 안동의 상지전문대와 대구보건전문대에서도 10일 오후 무능 교수 해직 등을 요구하는 교내 시위를 벌였다.(『매일신문』, 1980. 4. 11) 17일에는 효성여대 체육무용과 학생 160여 명이 오전 11시부터 학생회관 휴게실에서 무능교수 퇴진, 학보사 자율권 보장등을 주장하며 시위를 벌여 다음날까지 철야농성을 하였다.(『매일신문』, 1980. 4. 18)

제2절 반독재민주화 투쟁의 전개

1. 반독재민주화 투쟁

1980년 4월 경 각 대학에서 학생회가 부활되었으나 비상계엄은 여전히 해제되지 않았고, 언론은 검열 하에 있었다. 헌법 개정의 일정도 불투명했을 뿐 아니라 신군부세력은 정부를 장악하고 있었다. 이에 학생들과 재야세력의 관심은 정부가 개헌일정을 밝히고 계엄을 해제하여 실질적 민주화를 추진하도록 하는데 있었다. 5월에 접어들자 경북대(함종호) · 계명대(김진태) · 영남대(이태헌) 3개 대학 복학생협의회 회장들은 투쟁일정을 사전 조율하면서 학생회를 앞세워 점차 사회민주화투쟁으로 방향을 돌렸다. 계명대 · 영남대 학생회는 운동진영이 승리해 문제가 없었으나 경북대는 학생회의 협조가 원활하지 않는 상태에서 계엄철폐와 유신잔당철폐 등 사회민주화투쟁이 전개되었다.

경북대학교에서 학내 민주화투쟁이 전개되는 가운데 복학생협의회는 신군부의 정신적 대부인 박정희에 대한 공격을 통해 학내민주화를 넘어 사회민주화를 촉진시키고자 하였다. 이를 위하여 4 · 19기념행사에서 반군부의식을 표출하였다. 나아가 당시 학생들의 민주화 열망 고조에 대응하기 위해 5월 13일 경북대 복학생협의회를 경북대민주화투쟁협의회(이하 민투협)라는 투쟁조직체로 전환하였다.

이들은 학생회와는 별도로 4 · 19 기념행사를 개최하였다. 기념행사 일정 가운데 마당극 냄새굿 놀이공연 행사를 마친 후 복학생협의회 소속의 이형근, 하종호 등은 사범대 현관 벽에 붙여둔 '박정희'의 흉상을 미리 준비한 해머 등으로 철거를 시도하였다. 그러나 이를 반대하는 학생과 교직원의 만류로 중단할 수밖에 없었다. 이 사건을 계기로 이형근과 하종호는 계엄사에 의해 포고령 1호 8항 위반 혐의로 5관구 헌병대에 구속 수감되었다. 이에 대해 학생회관에서 진행된 철학과의 농성을 필두로 총학생회 및 각 단과대학회장 등은 25일 구속학생 석방을 요구하는 운동을 전개하였다. 이른바 박정희흉상 훼손으로 구속된 학생들은 경북지구 계엄분소 보통군법회의에서 기소유예 처분을 받고 석방되었다.(『동아일보』, 1980. 5. 3)

이후 5월로 접어들어 정치와 사회민주화를 목표로 한 시위는 더욱 확산되었다. 5월 6일 총학생회에서 시계탑 로터리에 "민주벽보판"을 설치하였다. 9일에는 제1차 학생총회에 5천여 명의 학생들이 참가하여 '시국비상대책위원회' 결성에 합의하였다. 그리고 26일부터 실시하기로 한 복현축제와 단과대 체육대회를 연기하기로 결의하였으며, 12일에서 17일까지를 "민주화 성토기간"으로 정해 민주화에 소극적인 정부와 신군부에 항의를 표시하기로 하였다. 그러나 당시 총학생회는 박정희흉상철거사건으로 구속된 학생에 대한 석방운동에 동참하면서 '시국비상대책위원회'를 구성하였으나 사회민주화투쟁에는 소극적이었다. 10일 총학생회 회장단으로 구성된 '현시국대책위원회'가 정상수업 진행과 학외 시위와 폭력시위 반대 등의 방침을 천명하고 타협 노선으로 선회하였다. 이에 민투협이 민주화투쟁을 주도하였다. 이후의 시위는 함종호, 이형근, 하종호, 손호만, 박종덕, 석원호, 이상술 등과 복학생 강기룡, 윤규환, 이윤기 등이 주도했다. 사범대 및 공대학생회에서는 '유신체제하에 이루어진 건물과 제도의 철폐문제'로 자유토론회를 개최한 후 박정희흉상의 철거를 시도하다 교수들의 만류로 실패하였다. 이후 유신잔당 화형식을 거행하고 교외 시위와 연좌농성을 전개하였다.

5월 14일은 투쟁이 정점에 다다른 날이었다. 오후 3시 30분 시계탑 로터리에서 민투협과 총학생회 주최로 300여 명이 시국성토대회를 열었다. 성토대회 후 농대가 체육대회 중인 대운동장을 지나 유신잔당퇴진, 정부주도개헌 철폐, 비상계엄 해제와 노동3권 보장을 외치면서 교내시위를 전개하였다. 1,500명의 경대생들은 오후 4시경부터 '언론자유 보장하라'는 구호를 외치며 후문을 나와 가두시위에 돌입하였다. CBS방송국 앞에서 경찰과 대치하다 저지선을 뚫고 대구역 지하도로 진출한 후 다시 경찰과 대치하였다. 제일은행 대구지점을 지나 5시 20분경 동아백화점과 시청을 거쳐 남부경찰서에서 계명대 학생들과 합류한 후 영남대생을 기다리며 연좌농성에 돌입할 때 시위대는 3천여 명으로 증가하였다. 3개대 복학생협의회 회장들의 사전 조율로 시내에서 집결하도록 계획했지만, 학교별 사정에 따라 동시 집결이 어려웠다. 시위대는 매일신문과 중앙통을 지나면서 '정치인은 각성하라', '언론인도 각성하라' 구호를 외치며 시내 간선도로를 거쳐 8시 20분 기동대 입구에선 김무연 도지사의 면담을 요구하기도 하였다. 8시 40분경 경북대 본관에 집결하여 총장의 당부를 듣고 대부분 귀가하였으나, 200여 명이 체육관에서 다음날 아침까지 철야농성을 하였다.(『매일신문』, 1980. 5. 15)

다음날 15일 문리대 학생들은 학생총회와 체육대회를 열기 위해 천오백여 명이 대운동장에 집결하였다. 이 때 20여 명의 학생들이 스크럼을 짜고 운동장을 돌며 체육대회를 포기하고 민주화투쟁에 동참할 것을 촉구하였다. 체육대회가 진행되는 가운데 약 3백여 명이 시위에 동참하였다. 법대 및 의대학생회에서도 체육대회를 포기하고 시국성토대회에 참가하기로 결의하였다. 오전 11시부터 단대별로 학생총회를 거쳐 오후 2시 3,000명의 학생이 후문에서 경찰과 대치하였다. 교수들의 만류로 3시 45분경 로터리에서 농성하다 500명의 학생은 5시에 정문과 후문으로 나눠 교외 진출을 시도했다. 학생들은 당일 오후 6시경 대구 시민회관 앞에서 5백여 명의 학생이 집결하여 '비상계엄 해제하라'는 구호를 외치며 가두시위를 하였으나 경찰의 강경진압책으로 67명이 연행되고 다수가 부상을 당하였다.(『매일신문』, 1980. 5. 16) 16일에는 민투협을 중심으로 5백여 명이 모여 투

〈그림 3-1〉 경북대생들의 시위장면 (1980년 5월 16일)
(출처: 매일신문사)

쟁에 소극적인 총학생회를 성토하고 시국토론회를 열며 연좌시위에 들어갔다. 대학원생 70여 명도 경북대대학원자치협의회를 구성하기 위한 준비위를 구성하고 6인의 위원을 선출한 후 대학원생총회를 열기로 결의하였다. 17일은 시위 없이 추후 상황을 지켜보다 18일 신군부의 비상계엄 전국 확대 조치로 시위주도자들이 대량 연행 구속되었다. 이들은 시내 태백공사를 거쳐 50사단 헌병대에 구속되어 가혹한 고문을 받았다.

계명대학교 총학생회는 4월의 투쟁을 이어 5월 12일에서 16일까지를 민주화투쟁기간으로 정하고 강당에서 시국성토대회를 개최하였다. 이러한 학생들의 활동에 대해 학교당국은 14일 무기 휴교령을 발표하였다. 이에 1천여 명의 학생들이 대명동 정문 앞 도로에 집결하여 대구시민에 보내는 시국선언문을 낭독하고 시위를 진행하였다. 14일 학교 노천강당에서 시국성토대회를 가진 후 '언론자유 보장하라', '비상계엄 해제하라' 등의 구호를 외치며 교내 시위를 전개한 후 가두진출을 시도하다 경찰과 충돌하였다. 이후 대구백화점 앞에서 다시 집결한 시위대들은 '계엄령 해제하라', '언론인 각성하라' 등의 구호를 외치며 시위를 벌였다. 경찰의 무차별적 진압에 의해 학생회장 배희진과 김균식이 연행되자 학생들은 중앙파출소를 습격하고 흩어진 시위대들은 전열을 정비한 후 남부경찰서 앞에 다시 집결하였다. '연행학생 석방', '비상계엄 철폐' 등을 외치자 경찰이 학생회장을 석방하는 척 하다가 최루탄을 쏘았다. 이에 시위대가 흩어지면서 신대봉파출소를 습격하였다. 투쟁을 전개한

〈그림 3-2〉 계명대 학생들이 집회하는 모습(1980년 5월 15일)
(출처: 매일신문사)

학생들은 다시 학교로 돌아와 동서문화관에서 철야농성을 전개하였다. 이러한 활동으로 구속된 계명대 학생들은 계엄포고령 위반 및 소요죄가 적용되어 신군부로부터 강력한 처벌을 받았다. 15일에도 계명대생 500명은 노천강당에서 총학생회장 구속에 대한 대책을 협의한 후 해산하였으나 100여 명은 동서문화관에서 농성을 계속하였다.(『매일신문』, 1980. 5. 15)

영남대학교에서는 전두환 정권의 비호 아래 박정희 전 대통령의 딸 박근혜가 학교 재단이사장으로 취임한다는 소식이 들려 왔다. 이에 학생들은 '오욕의 역사를 세척하는 민족사의 대전환점인 오늘날 우리 대학의 재단이사장으로 그 오욕의 마지막 썩은 핏줄이 마귀처럼 나타났다'고 하면서 박근혜의 재단이사장 취임을 거부하는 운동을 전개하였다. 학생들은 3월 26일 영남대학교 재학생 일동의 명의로 된 유인물을 통해 '어떠한 정치적 목적을 띤 재단이사장의 취임을 거부하며 오로지 학교를 구하기 위해 최선을 다할 것'을 주장하였다.[6] 그리고 영남대학교 현안문제 특별대책위원회를 조직하여 박근혜의 재단이사장 취임을 저지시키기 위한 투쟁[7]을 주도하였다. 그럼에도 불구하고 박근혜는 1980년 3월 말 재단이사에 취임하였다. 이에 반발한 학생들은 4월 2일 '자유 정의 진리를 사랑하는 영대인들이여'라는 제목의 유인물을 통해 '박근혜 재단이사 취임은 유신독재체제 잔당 세력의 부활을 도모하는 행위'로 규정하고, 이를 결코 용납할 수 없다'고 선언하였다. 또한 유신지배에 기생하던 어용교수의 사퇴를 주장하였다. 이와 같은 박근혜 취임반대투쟁은 교내 곳곳에서 토론회와 집회를 통해 전개되었다. 그리고 연극반을 중심으로 유신독재와 박근혜의 재단 장악을 비판하는 마당극 등이 공연되기도 하였다.

---

6) 「단결하자 모든 영대인들이여」, 1980. 3. 26. 민주화운동기념사업회 오픈아카이브, 등록번호 00419885

7) 「구교 궐기대회에 즈음하여」, 1980. 3. 27. 민주화운동기념사업회 오픈아카이브, 등록번호 00419881

이후 영남대 민주화세력들은 4·19를 기점으로 학원민주화 투쟁의 방향을 학교 내 재단문제에서 정치적 민주화투쟁으로 전환하였다. 4월 18일 '4·19혁명 20주년을 맞으며'란 유인물을 배포하고 시위를 통해 '비상계엄 철폐하라', '노동3권 보장하라', '양심수 석방하라', '전두환 신현확 퇴진하라' 등을 주장하였다. 30일에는 인문관 강당에서 조덕호 등 법대생들이 중심이 되어 '헌법개정 공청회'를 개최하였다. 또한 이태헌, 이창주, 장병윤 등은 4월 20일과 27일 두 차례에 걸쳐 광주를 방문해 정동년 박관현 등 전남대 학생회 간부와 마당극팀을 만나 양교의 공연교류를 제안하였고, 문병란, 조아라, 장두석 등 지역의 재야인사를 만나 양 지역의 교류와 민주화운동 연대문제를 논의하였다.(이창주 구술)

이어 5월 8일에는 4천여 명이 참석한 가운데 비상계엄 철폐, 언론 각성 등을 외치며 교내를 행진하는 시위를 벌였다. 이날 학생들은 중앙도서관 벽면에 '유신잔당 척결하자'란 대형 현수막을 걸었다. 야간에 500여 명이 비상계엄 철폐를 요구하며 횃불 행진을 한 후 도서관에서 철야농성을 하였다. 이튿날 도서관 앞 광장에서 전두환, 신현확, 박근혜의 허수아비 인형을 만들어 '유신잔당 화형식'을 가졌다. 이러한 철야농성은 14일까지 계속되었다.(이창주 구술) 그리고 5월 2일 문리대교수회에서 전국에서 처음으로 권영규 교수를 학장을 직접 선출하였다. 9일에는 이인기 교수를 총장으로 직접 선출함으로써 대학 민주화의 새로운 이정표를 열었다.

이러한 학생들의 저항과 교수들의 움직임에도 불구하고 5월 13일에 박근혜가 전격 이사장에

〈그림 3-3〉 영남대 학생들이 횃불을 들고 시위하는 모습
(1980년 5월 8일) (출처: 매일신문사)

〈그림 3-4〉 박근혜재단퇴진을 주장하며 영남대생들이 18㎞대장
정 투쟁을 전개하는 모습 (출처: 영남대총학생회)

취임하였다. 이에 학생회에서는 교내방송을 통해 즉시 그 사실을 알리고 박근혜 퇴진과 유신잔당 척결에 적극 나설 것을 촉구하였다. 이튿날부터 영남대학교에서의 민주화투쟁은 최고조에 달하였다. 대규모의 학생들이 참여하여 장시간 투쟁을 벌이면서 경산에서 대구시내 대명동까지의 이른바 '18㎞대장정' 투쟁을 전개하였다. 당시 1만 3천여 명의 학생시위대가 경산캠퍼스에서 대구 대명동 캠퍼스까지 18㎞ 거리에서 큰 행렬을 이루며 7시간 동안 가두시위를 벌였다. 이날 시위에는 교수들도 다수 동참하였다. 이인기 총장은 대명동에 도착한 시위대를 향해 '재단을 퇴진시키기 위한 시위는 평화적이고 성공적으로 끝났다'고 말하였다. 이후 상당수 학생들은 시내 동성로에서 4개 대학 연합시위에 참여하여 밤늦도록 산발적인 시위를 벌였다.

5월 14일 시위의 규모에 대해 지역 언론에서는 참여 학생 수를 8천 명에서 1만여 명으로, 시위 상황에 대해서는 '오전 11시 (경산 영남대) 학교 앞을 출발하여…경찰의 저지선을 뚫고 오후 1시20분께 만촌동 담티고개에서 경찰과 투석전을 벌인 후 계속 대구시내로 들어오고 있다'라고 보도하였다.(『매일신문』, 1980. 5. 14)

5월 14일 시위 직후 영남대학교 교수협의회는 '박근혜 이사장 등 새 이사진의 즉각 퇴진' 등을 주장하는 결의문을 발표하고 학생들의 시위를 지지하였다. 17일에는 영대신문 김성환 편집국장 등 대구지역 4개 대학 신문편집장들이 비상계엄해제, 언론자유 보장 등의 내용을 담은 성명서를 발표했다.

당시 영남대 민주화운동에는 교수들의 영향력이 컸다. 70년대 후반부터 총장 비서실장인 이수인 교수의 주선으로 진보적이고 민주의식이 투철한 교수들이 속속 부임해 왔다. 김윤수, 이수인, 염무웅, 정석종, 박현수, 최원식, 김종철, 정지창, 배영순, 조동일 교수 등은 이념서클을 중심으로 한 학생들과 관계를 형성하면서 학내 민주화운동에 영향을 끼쳤다.

이러한 민주화의 열기에 대해 신군부는 5월 17일 24시를 기해 계엄을 전국으로 확대하는 포고령 10호를 전격적으로 발표하면서 휴교조치를 시행하였다. 캠퍼스에 계엄군의 탱크가 진주하고 시위를 주도한 학생이나 교수들이 체포되었다. 영남대에서도 5월 민주화투쟁으로 이태헌, 김재호, 송철환 등 3명이 제적되었고, 이창주, 장병윤, 권재호, 송형근, 정문수, 윤일현, 백유성, 장동건 등 30여 명은 무기 또는 유기정학 처분을 받았으며, 김윤수 이수인 교수는 해직되었다.(이창주 구술)

한국사회사업대(대구대학교 전신)에서도 5월 14일에 시위가 벌어졌다. 5월에 접어들어 다른 학교의 시위 상황을 접하면서 최영환, 조윤상, 황병윤 등은 시위를 조직하였다. 체육 수업 도중 우리 승리하리라 등의 노래를 부르며 스크럼을 짜고 운동장을 돌자 주변 학생들이 합류하여 그 숫자가 250여 명으로 증가하였다. 교외 진출을 시도하는 과정에서 경찰에 의해 모든 교문이 봉쇄당하자 5백여 명 이상의 학생들이 후문을 부수고 인근 계명대 쪽으로 진출하여 계명대 학생들과 합류를 시도하였으나 실패하였다. 다시 시내 매일신문사 앞으로 가서 연좌농성을 하였다. 그러나 뚜렷한 지도부가 없었고, 경찰들의 진압 조짐이 보이자 자진 해산하고 말았다.(『오월운동사 보고서』, 315~317쪽) 15일에도 오전 11시 총학생회 주관으로 시국을 성토한다는 방송을 듣고 200명이 교정에 모였고, 오후 2시경 100명의 학생은 강연 〈새시대의 대학사명〉을 듣고 2시부터 4시 30분까지 교내에서 시위를 벌였다.(『매일신문』, 1980. 5. 15, 5. 16)

5월 8일 영남공업전문대학 총학생회도 상임위원회를 열고 어용교수 퇴진 등 성명서를 발표하였다.(『매일신문』, 1980. 5. 9) 동국대 경주분교에서도 5월 14일 오전 11시에 인문사회학관 앞에서 결의문 낭독 후 12시경 700여 명이 열을 지어 교문을 나와 시내로 진출해 경주역에서 경찰 100여 명과 대치하다 4시에 해산하였다.(『매일신문』, 1980. 5. 14) 15일에도 동국대 학생 900명이 교문을 나와 금장교의 경찰저지를 뚫고 팔우정로터리와 경주역에서 경찰과 투석전을 벌여 경찰 12명과 학생 1명이 부상을 당하였다.(『매일신문』, 1980. 5. 16) 또한 대구지역 4개 대학 신문 편집장들은 17일 비상계엄해제와 언론자유 보장 등의 내용을 담은 성명서를 발표하였다.(『매일신문』, 1980. 5. 17)

그러나 16일 이화여대에서 열린 전국 55개 학생회 회장단 회의에서 '지금까지 학생들의 의지를 보였으니 17일부터 22일까지 정상수업을 받으며 정부의 조치를 기다리기로 결정'을 하자 이에 동의하여 시위를 중단하였다.

그런 가운데 5월 18일 전두환 정권은 이날 0시를 기해 비상계엄의 전국 확대 실시를 발표하면서 민주인사와 시위 주동 학생들의 체포에 나서면서 80년 민주화의 봄이 종말을 고하였다. 이후 이들은 계엄사령부 503보안대의 지휘 하에 육군 제50사단 헌병대에서 가혹한 고문과 군사훈련이 부과된 조사를 받았다. 7월 초순 5관구헌병대 영창에서 분류심사를 거쳐 일부는 훈방되고 다수는 계엄포고령과 소요죄 위반으로 기소되어 군사재판을 받았다. 경북대는 함종호, 이형근, 박종덕, 계명대는 김진태, 권오국, 김균식, 임진호, 배설남, 배희진, 영남대는 김재호 등 10명은 실형을 받았다. 계명대가 소요죄 위반으로 구속자도 많고 형도 무거웠다. 일부는 집행유예와 선고유예를 받았고, 다수는 기소유예처분을 받고 강제 징집되었다. 이들은 출소 후 유화국면 시기의 민통련과 노동 · 농민 · 문화운동 등 새로운 운동을 개척하거나 복학 후 학생운동을 주도하였다. 이들은 이후 사면복권을 거쳐 5 · 18광주민주화운동 유공자로 인정받았다.

2. 두레사건

두레사건은 1980년 5월 당시 두레양서조합원(이사장 이석태)을 중심으로 대구지역에서 광주민주화운동의 실상을 대구시민에게 알리고 제2의 민주화운동을 유발하고자 준비 중에 광주민주화운동이 좌절됨으로써 묻혀버린 사건이었다.

두레양서조합은 1978년 대학 4-H연구회 동문들이 출자하여 만든 단체로 양서보급 운동과 학생 의식화 활동을 하고 있었다. 이 조직은 원래 1973년부터 신용조합운동을 하던 영남지구 대학4-H동문신용협동조합이 모체가 된 것으로 가톨릭농민회 등 농민운동과도 연결되어 있던 조직이다. 1980년 5월 17일, 대구와 거창의 가톨릭농민회 회원들은 이튿날 광주 YMCA강당에서 열릴 예정이었던 '전남 함평 고구마사건 진상보고대회'에 참석하고자 모여, 일부는 광주로 출발했다. 그러나 5월 18일 계엄령 확대로 광주의 행사가 무산되자 나머지 사람들은 광주로 출발하지 못하고 대기하다가, 5월 20일 경 경북대학교 후문에 위치한 두레서점에서 정상용 등은 안동가톨릭농민회 총무 정재돈과 가톨릭농민회 홍보부장 이상국으로부터 광주민주화운동의 진행 상황을 전달받았다. 이에 두레양서 조합원을 중심으로 대구지역 학생 운동권과 연계하여 광주의 실상을 알리기 위한 활동 대책을 수립하였다. 당시 곽길영, 이석태, 정상용, 김영석, 권영조, 황병윤, 서성교 등은 몇 차례 대책협의회를 통해 5월 28일 오후 6시경 퇴근시간을 이용하여 대구의 번화가인 동성로 사거리에서 광주민주화운동의 실상을 알리는 "민주시민에게 고함" 유인물을 살포하고 시위를 유도하기로 결의하였다. 이후 유인물을 제작하고 시위를 준비하던 가운데 27일 광주민주화운동이 진압되었다는 소식을 듣고 제작한 유인물을 소각하고 도피하게 되었다.

6월말 당시 합동수사본부가 이 사건의 배후수사를 진행하는 가운데 9월 11일에 가서야 사건이 표면화 되었다. 9월 11일에 정상용과 김영석이 두레서점에서 사복경찰에 의해 불법 연행된 이후 가담자들은 줄줄이 불법 연행 구금되었다. 수사가 진행되는 동안 이 사건과 관련된 100여 명이 이른바 경북 도경 대공분실 안가에 불법 구금되어, 짧게는 하루에서 길게는 한 달간 고문과 가혹행위를 당하며 수사를 받았다.

수사결과 가톨릭 농민회 관련 임원들은 석방, 혹은 불구속 입건 처리되었지만, 나머지 관련자 9명은 반공법 위반 및 계엄법 위반 혐의로 구속되었다. 이중 3명은 기소유예로 석방되었고, 3명은 1심 계엄군법에서 집행유예로 석방, 1명은 2심인 서울 고등법원에서 집행유예로 석방, 정상용은 실형이 선고되어 전주교도소에서 만기 출소하였다.

이 사건은 합동수사본부에 의해 초기에는 반국가단체 결성의 간첩단사건으로 몰아간 사건이었다. 그러나 김수환 추기경이 구명에 나서 10월 6일 전두환 합동수사본부장과 회담하여 반국가단체 결성 혐의는 제외하고 광주 5 · 18 민주항쟁 관련 사건으로 기소내용이 변경되었고, 연행된 사람 중 9명이 반공법 위반 및 계엄법 위반 혐의로 구속되었다.[8] 구속된 사람 중 정상용은 실형을 선고받고 2년 뒤에 출소했으며, 나머지는 기소유예 또는 집행유예로 석방되었다. 2000년에 관련자 14명이 5 · 18 민주화유공자로 인정되었다.(김상숙, 2015, 34~36쪽)

---

8) 두레사건에 관한 내용은 『기초조사 최종보고서』 (사)대구경북민주화운동계승사업회, 2006. 92~94쪽

제2장 전두환 정권기 민주화운동

제1절 전두환 집권 초기 반독재 민주화투쟁

1. 광주학살 폭로투쟁

1980년 5.17 직후 대구에서도 학생운동 참여자 중 다수가 계엄사에 포고령 위반 혐의로 구속되는 등 정권의 탄압으로 학생운동은 정체상태에 빠지게 되었다. 이후 1982년 10월 말까지 2년 동안은 다른 지역과는 달리 대구에서는 이렇다 할 시위가 일어나지 않았다. 이는 대구지역에서는 이미 1970년대부터 인혁당-민청학련 사건, 남민전 사건 등으로 학생운동 역량이 취약해진 상태에서 1980년 5월의 탄압을 겪었고, 그 결과 시위를 조직할 수 있는 토대를 만들 수 없었기 때문이었다. 대신 학생운동 참여자들은 비합법 소모임과 서클, 야학 등을 통해 의식화 학습을 하면서, 유인물을 고립 분산적으로 뿌리는 활동을 주로 하였다.(김상숙, 2015, 36쪽)

1980년 5월 23일 동국대학교 경주캠퍼스 경영학과 2년 김수용, 한의예과 2년 김현수 등 3명이 광주학살 진상보고와 원흉처단을 요구하는 유인물 1,000여 매를 제작하여 경주시 일원에 배포했다. 그 후 경주경찰서에 체포되어 합동수사본부에서 모진 고문을 받았고, 육군보통군법회의에 회부되어

징역 3년형을 선고받고
복역했다.(김수용 · 김현
수 공소장)

　광주에서의 학살소식
을 비공식적인 루트를
통해 전해들은 경북대
의 윤규환, 이윤기 등은
5월 말 이형근, 이상술
과 함께 유인물을 만들

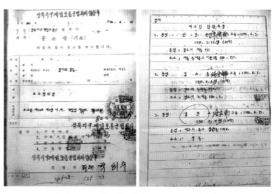

〈그림 3-5, 3-6〉 김수용 · 김현수 공소장
(출처: 신경준)

어 주택가에 배포하는 활동을 감행하였다. 9월에는 김동국과 신창일이 경
상대 건물에 페인트 글씨로 광주학살을 폭로한 혐의로 구속되었다. 6월 14
일 경북대 김종길과 복현문우회의 정대호, 권용호, 이용학과 여명회의 유
수근, 장대수와 영남대 박정서 등은 광주학살을 폭로한 유인물 배포혐의
로 9월에 구속되었다. 이후 11월경 이른바 경북대 편지사건이 터졌다. 누
군가 광주학살과 전두환의 만행을 비판하는 유인물을 전 학과 우편함에 꽂
았던 사건이었다. 그런데 이 사건과는 무관한 이상술, 권순형, 이윤기 등
이 배후로 의심받아 보안사와 경찰에 끌려갔다. 이들은 경북경찰청 대공분
실에서 2주일 동안 고문을 당했다. 심지어 이상술은 '동일한 필체로 사료
됨'이라는 국과수 필적감정까지 받아놓고 자백을 강요당했다. 이러한 고문
으로 권순형은 정신장애를 얻어 정상적인 생활이 불가능한 상태에서 1981
년 4월 강제징집을 당하였다. 군에서도 보안대에 끌려 다니며 계속된 고문
과 폭행에 시달려 정신이상 증세가 악화되자 1983년 6월 결국 의병 제대
했다. 이듬해 3월 대학에 복학하였으나 정신이상 증세로 휴학과 복학을 반
복하다가 결국 제적을 당하였다. 2003년 뒤늦게 5 · 18 유공자로 인정받았
으나 국가폭력에 의한 후유증을 극복하지 못하고 고립된 생활을 하였던 권

순형은 홀로 생을 마쳤다.(광주mbc, 2020. 8. 14;『시사인』, 2020. 9. 5; 이상술 구술, 2020. 8. 20)

1981년 3월 24일 학교 복현문우회 출신의 임광호, 이경달, 김승열이 , 4월 13일은 새밭 출신 채경희, 강혜숙이 광주학살을 폭로하는 유인물을 배포하다 구속되었다. 1982년에 들어서 전두환정권의 학생운동에 대한 탄압이 강화되는 가운데서도 4월 19일 강현주가 유인물 배포투쟁을 전개하다 구속되었다.(김상숙, 2015, 36쪽) 이후 11월 3일 학생의 날을 맞아 김상숙, 김경록 등은 「민족의 제단 앞에 뜨거운 피로 나서자」라는 유인물을 배포하고는 곧바로 연행·구속되었다. 이들은 유인물을 통해 '학원정보사찰 중지와 학생자치활동 정상화, 일본과의 경제협력에 관한 굴욕외교 중지, 미·일제국주의가 물러날 것'을 주장하였다. 이들은 합동강의동 건물 4층 베란다에서 유인물을 뿌리고 시위를 시도하면서 일장기를 태우는 퍼포먼스를 하려다 실패했고, 5분 만에 경찰 프락치들에 의해 체포되었다. 당시 학생들을 연행한 자들은 학과 사무실에 상주하며 학과조교로 위장 근무하던 망원과 사복 전경들이었다.[9] 이어 11월 17일에는 인문대 베란다에서 김찬수, 박영아 등이 유인물을 배포한 후 시위를 시도하다 교수와 경찰에게 폭행을 당하면서 연행·구속되었다. 당시는 학교 내에서도 사복경찰과 교직원들의 감시가 심한 상태였기에 유인물 배포조차 힘든 상황이었다. 이러한 현실을 타개하는 방법으로서 접근하기 어려운 높은 물탱크나 건물의 옥상 난간 등이 주요 시위장소로 활용되었다. 11월 18일 오전 10시경 권형우는 중앙도서관 열람실에서 유인물을 배포하다 현장에서 사복경찰에 의해 연행되었다. 같은 시

---

9) 김상숙의 증언 "현장에서 저를 연행해간 사람은 학과 사무실에 상주하며 근무하던 망원과 사복 전경들이었습니다. 저는 그 사람이 평소 학교에 가면 제게 친절하게 대해주면서 자신이 학과 조교라고 소개했기에 정체를 몰랐죠(과 선배인 줄 알았습니다). 나중에 북부경찰서 잡혀가서 조서를 보고 경찰서 소속 망원이라는 걸 알았습니다."(김상숙 구술, 면담자 송호상, 2020. 4. 18. 서면 인터뷰)

간에 이병술이 물탱크에서 유인물을 배포하며 구호를 외치기 시작하자 학생들이 모이기 시작하였다. 사복경찰이 물탱크로 올라가서 연행을 시도하였다. 그러나 이병술의 끈질긴 저항으로 연행에 실패하였고, 여학생들을 강제로 연행하는 과정에서 옷이 찢어지고 몸도 노출되는 상황이 벌어지자 2천여 학우들이 모여들어 경찰들의 진압을 저지하였다. 이에 이병술 등은 후문으로 가두 진출을 시도하였으나 경찰의 제지로 실패하였다. 그 과정에서 탈진한 이병술은 경대병원으로 후송되었고, 남은 시위대는 본관 앞 광장에서 항의하다 오후에 자진 해산하였다. 이러한 물탱크 시위에서도 광주학살 책임자 처벌, 광주학살 묵인한 미국은 물러가라, 독재자 전두환은 물러가라, 정치경제적 민주화 등이 제기되었다. 이 시위는 1980년 5월 민주화운동이후 경북대에서 가장 규모가 큰 시위였다.

1982년 12월 8일에는 계명대의 신기복에 의한 유인물배포투쟁이 있었다. 고등학교 때부터 YMCA를 다니면서 민주주의에 대한 의식을 키워온 신기복은 대학 입학 후 광주항쟁에 대한 이야기를 듣고는 의분을 토로하며 함께 할 동료를 찾았다. 그 와중에 경북대에서 광주학살 만행을 폭로하는 시위투쟁이 전개되었고 관련자들이 구속되었다는 소식을 접하고는 이에 동참하고자 12월 초순 같은 과 동기 신재구를 만나 시위를 계획하였다. 시위 당일 교회에서 등사하여 준비한 유인물 1,000여장을 가져와 살포하였다. 유인물 내용은 1. 광주학살 책임지고 전두환은 물러나라 2. 학원사찰 중지하고 구속학생 석방하라 3. 학원민주화 쟁취하자 4. 반민주악법 철폐하라 등이었다. 12월 8일 오후 1시50분경 대명동 중앙도서관 사회과학관 건물에 유인물을 뿌리고 "학우 여러분, 자, 모여서 나갑시다"라고 외치는 순간 사복경찰에 의해 멱살이 잡힌 채 끌려 나가 20여분 만에 체포되었다. 신기복과 신재구는 각각 징역 단기 8월, 장기 10월을 선고받고 복역하던 중 1983년 8.15특별사면으로 김천교도소에서 출소하였다.

2. 대구 미문화원 폭발사건과 지역 민주화운동세력 탄압[10]

1983년에 접어들면서 대구지역 민주화운동은 경북대의 정통파 사건(뒤의 "3.비공개조직 활동" 참조)의 여파로 핵심조직이 무너졌으며, 경찰의 감시 강화로 인해 투쟁을 조직할 수 있는 상황이 아니었다. 이러한 상황에서 발생한 것이 이른바 '대구미문화원 폭발사건'이었다.

1983년 9월 22일 대구시 수성구 삼덕동에 있던 미문화원에서 폭탄이 터져 경찰 등 4명이 다치고 고등학생 1명이 사망한 사건이 발생하였다. 이 사건에 대해 국가안전기획부, 대구지방경찰청, 육군 등은 합동신문조를 조직해 수사를 벌였다. 합동신문조는 1년 2개월간 수배전단 총 1,732,300매, 용의 대상 업소 1,876개소, 용의 대상 인원 749,777명에 인혁당 민청학련 및 남민전 관련자 등을 대상으로 수사를 전개하였다. 이는 사건의 범인 검거를 핑계로 지역의 민주화운동세력 전반에 대한 탄압의 의미로 밖에 보이지 않는 기형적 수사행태였다.

그럼에도 폭발사건 범인을 검거하지 못하고 수사를 종결했다. 검찰은 이 사건 용의자로 지목했던 이들 가운데 박종덕 등 경북대생 5명을 이 사건과 무관하게 이른바 '불온서적(이적표현물)' 소지 등의 혐의로 '별건 수사'하여 국보법·반공법·집시법 위반 혐의로 기소했다. 당시 대학생 신분으로 민주화운동을 하던 이들은 불시에 영장도 없이 경찰에 끌려가 한 달 넘게 불법구금과 고문을 당하였다. 특히 '고문 기술자'로 유명한 이근안은 가혹한 고문을 통해 자백을 강요하기도 하였다. 이후 재판에 넘겨진 5명에게 법원은 1984년 유죄를 선고하였다.

치안본부는 1984년 10월 26일 「대구미문화원 폭발사건 수사 조종」에서 더

---

10) 사건 개요 등은 다음의 글을 참고하였다.
    2019 대구경북 인권주간 조직위원회 주최 「1983년 대구미문화원 폭발사건 관련 고문조작 인권침해사건 무죄판결의 의미와 향후 과제에 대한 토론회」 자료집.

이상 수사가 필요하지 않으니 자체 종결 처리할 것을 지시하였다. 이에 대구
시경 수사본부는 1984년 11월 3일 수사상황 보고를 통해 '대구 미문화원 폭
발사건은 한미관계의 불화와 사회불안을 조성하여 ASTA(미주여행업자협
회), IPU(국제의원연맹) 등 국제행사를 방해할 목적으로 북한공작원 2~3명
이 직접 침투하여 폭파 후 복귀한 것으로 판단되어 더 이상 수사를 계속하더
라도 성과가 없을 것으로 전망되므로 수사를 종
결한다'고 발표하였다.

이 사건에 대해 진실화해위원회는 2010년
6월의 결정문에서 "박종덕 등은 대구 미문화
원 폭파 사건과 관계없이 반국가단체 고무 ·
찬양 · 동조죄 등으로 구속돼 유죄 판결을 받
았다"며 "조사 결과, 경찰이 약 30일간 불법
구금한 상태에서 가혹행위를 가하고 자백을
강요하는 등 인권을 침해하고 국가보안법 위
반 등으로 처벌받도록 한 반인권적 사건임이
밝혀져 진실규명이 필요하다"고 결정하였다.
당사자인 박종덕 등 5명은 이러한 결정문을 인
용해 사건에 대한 재심청구를 지난해 법원에
냈다.

〈그림 3-7〉
대구미문화원방화사건 당시의 폭발물
(출처: 민주화운동기념사업회
오픈아카이브즈 00711697,
원출처: 경향신문사)

진실화해위원회의 권고 이후 이루어진 2019년 10월 1일의 재심사건 공
판에서 대구지방법원 형사2단독 이지민 부장판사는 과거 유죄판결을 받았
던 박종덕, 함종호, 손호만, 안상학, 고(故) 우성수 등 5명 전원에게 무죄를
선고하였다. 이어 "고문에 대한 신체적이고 정신적인 피해에 대해 위로와
사과의 말씀을 드린다"고 36년 만에 사과했다. 그러나 검찰 차원의 사과는
끝내 없었다.

이러한 재심과정을 통해 무죄를 인정받은 경우 이외에 아직도 실형 선고받거나 강제징집과 고문의 피해를 입었음에도, 아직도 명예를 회복하지 못한 피해자들이 많이 있다. 그 가운데 1980년 9월 경북대에서 광주학살폭로투쟁을 전개하다 체포되어 학교에서는 퇴학당하고 경찰의 감시 대상이 되었던 인물이 신창일이다. 그는 미문화원폭발사건 당시 경북대 운동권 학생들과 회의를 하던 중 체포되어 불법구금과 전기 고문을 당하였다. 결국 미문화원사건과는 무관하게 국가보안법 위반으로 실형 1년 6개월을 선고받고 복역하였다. 이렇듯 아직까지 명예를 회복하지 못한 사건의 피해자를 발굴하고, 진실규명과 명예회복을 위한 노력도 더불어 전개되어야 할 것이다.(『뉴스민』, 2019. 11. 19)

'미문화원폭발사건'은 당시 독재정권이 사건 해결을 빌미로 불법 구금, 고문 등의 반인권적인 수사를 통해 대구지역 민주화운동세력에 대한 탄압을 가했던 사건으로 볼 수 있다. 그 결과 조직의 재건을 도모해 나가던 대구지역 민주화운동세력은 큰 타격을 입을 수밖에 없었던 것이다.

3. 비공개조직 활동의 전개

1980년대 민주화운동을 끊임없이 조직하고 주도한 동력은 이른바 비합법 조직에서 찾을 수 있다. 이들은 1970년대 유신독재정권에서부터 조직되어 활동해 오면서 비밀리에 학생운동을 수행했다.

이러한 비공개조직 활동에 가담한 학생들은 1970년대 말부터 대구지역 대학생 연합조직을 결성하고 가두투쟁을 전개하기도 하였다. 1979년 9월 4일 경북대 임광호, 하종호, 정동남, 계명대 권오국 임진호, 김균식, 영남대 이창주 등이 공동으로 협의회를 구성하여 각 대학에서 연합시위를 전개하였다.

1980년대 초반 경북대학교 학생운동 내부에는 1970년대 경북대학교 학생운동의 흐름을 계승하는 그룹과 1970년대 학생운동의 흐름을 비판하는 그룹이 있었다. 이 그룹들에 대해 공안당국은 전자를 '정통파 그룹'이라고 부르고 후자를 '비정통파 그룹'이라고 불렀다. 1980년 '서울의 봄' 시기에 정통파그룹의 복현독서회 후신 '여명', 예목(叡目), 여학생 서클 새밭, KSCF, 복현문우회, 민속문화연구회 등은 공개 서클로 활발히 활동하였다. 5공화국 출범 후에 여명은 해체되어 언더로 남고, 예목은 '광장', 새밭은 '문반'이란 이름의 서클로 활동을 재개하였으며, KSCF, 민속문화연구회, 복현문우회 등은 존속하였다. 이 서클들 가운데 핵심 인물들을 모아 학습을 하는 비밀 조직이 언더그룹 형태로 조직복원을 시도하고 있었다.

1980년 이후 대구지역에서도 광주민주항쟁의 실상을 알리기 위한 유인물 살포 투쟁이 활발하게 전개되는 가운데 경찰과 정보당국은 지하학습 조직의 색출에 집중하였다. 그런 가운데 1983년 2월 말 주암산 기도원에서 경북대학교 학생들 내부의 비밀 조직의 통합을 위한 수련회가 진행되었다. 참가자가 중 한명이 비밀을 유지하지 못하여 그 상황이 노출되었고 3월 중순 개학 직후 참석자에 대한 수사가 진행되었다. 이른바 「정통파」 사건으로 불리는 이 사건으로 인해 선배그룹인 남영주, 박숙자가 제적당하였고 18명이 지도휴학 처분을 받았다. 그리고 18명 중 여학생 5명을 제외한 13명이 강제징집 당하였다. 이로 인해 1983년 한해는 거의 투쟁을 할 수 없을 만큼 심한 타격을 입었다. 이와 관련된 학생들은 남영주, 박숙자 제적, 그 외 안헌수, 김기수, 이연재, 김옥현, 조광현, 서영훈, 전재영, 정희석, 이의호, 강호욱 등 13명은 정학 후 강제징집을, 이현욱, 이은희, 박영진, 윤정원, 이경희는 무기정학을 당하였다.(『경대학생운동사』, 141~143쪽)

당시 경북대학교의 경우 학생운동 비합법 서클이 '정통파그룹'과 '비정통파 그룹' 등 수십 명의 그룹 단위 규모로 성장하였고 인근의 영남대학교,

대구대학교, 효성가톨릭대학교 등 여러 학교에 비합법 서클들이 활성화되
거나 새로이 생겨났다. 이런 가운데 학생운동이 다시 활성화될 조짐을 보
이자 경찰과 정보당국은 프락치를 이용하여 지하학습조직 색출에 심혈을
기울였다.

같은 해 9월 대구미문화원 폭발사건이 발생하자 공안당국에서는 이 폭발
사건의 범인을 잡는다는 빌미로 대구지역의 모든 사회운동전력자를 연행하
여 고문하고 취조하였다. 이 과정에서 1980년 5·18 당시 포고령위반 혐의
로 구속되었다 석방된 뒤 학생운동조직 재건에 관계하고 있었던 경북대학교
의 함종호, 손호만, 박종덕과 우성수, 안상학 등이 구속되고 노동운동을 준
비하고 있던 상당수의 공장활동가도 취업한 현장이 발각되었다. 그리고 그
동안 공안기관에 드러나지 않았던 '비정통파 그룹'도 그 조직이 드러나 경북
대학교 이영우 등이 국가보안법 위반혐의로 구속되고, 허영, 강태원, 유병철
등 10여 명이 강제 징집되었다. 1983년에는 이와 같은 두 차례의 조직탄압사
건으로 많은 학생운동가가 구속, 강제 징집되거나 지도휴학 등의 조치로 학
교 현장과 격리되면서 학생운동 조직이 또 다시 대대적으로 파괴되었다.

그런 가운데 1984년부터 박선호 등을 중심으로 소모임이 조직되었다. 이
들은 당시 경북대민주화추진위원회 등의 공개적인 선도투쟁을 반대하고 운
동이론에 대한 학습을 강조하였다. 이듬해에는 경북대를 중심으로 계명대,
영남대, 대구대와 연결하여 비공개 소모임을 조직하여 활동하였다. 이와 별
도로 1985년에 복학한 김상숙 등 여학생 중심의 소모임이 조직되어 공장
활동을 전개하기도 하였다. 이들 두 조직의 대표들은 이영우 등과 교류하면
서 이듬해 통합하였다.

이들 학교 내 조직 이외에 강제징집 당한 학생들이 제대한 후 노동운동
조직이 만들어졌다. 이들은 서울대 자민투 구성원들과 개별적으로 접촉을
하면서 비합법 문건을 조달하였고, 이를 통해 운동의 노선을 정리해 나갔

다. 이후 대구대 출신 김도준, 서울 지역에서 수배된 활동가들이 합류하였다.

영남대학교에서도 1970년대 후반 한얼회가 주축이 되어 농촌연구회, KSCF, 천록, 전통문화연구회 등 운동권 조직들과의 연계활동도 비교적 활발하게 전개되었다. 1979년 5월 15일 개교기념 축제 기간 중 일명 '한국적 민주주의 장례식' 시위를 기도하다 한얼회 회원 김재호와 전통문화연구회 회원 이태헌이 구속되었고, 9월 5일에는 대구 3개대학 연합시위로 회원 이창주가 구속되었다. 이들 3명은 10월 26일 이후 긴급조치 해제로 석방된 이후 1980년 영남대는 물론 대구경북지역 민주화운동을 적극적으로 주도하였다. 전통문화연구회는 1980년에서 1983년 영남대민주화추진위원회(영민추)가 출현할 때까지 회원 확보와 학습에 집중하면서 조직 역량을 강화하였다. 당시 처음으로 의과대학생들도 대거 가입하여 논쟁을 더욱 활발하게 하였다. 이후 민주화투쟁을 주도하면서 공개적인 합법화 과정을 통해 총학생회 활동으로 통합되었다.

제2절 유화국면 이후 반독재민주화운동의 고조 (1984년~1985년)

1. 유화 국면 시기 학원민주화 투쟁

1) 학원민주화 투쟁

1983년 12월 전두환 정권은 80년 5·17 쿠데타 이후 학생운동에 대한 탄압 일변도의 정책을 선도 위주로 전환하겠다는 이른바 학원자율화 조치를 발표하였다. 이는 강경한 탄압만으로는 학생들의 저항을 막을 수 없다는 상황인식과 더불어 86아시안게임과 88올림픽을 성공적으로 치러야 한다는 전두환 정권의 절박한 상황을 배경으로 한 것이었다. 그러나 이러한 정권의 노림수와는 정반대로 학원자율화 조치 이후 학원민주화 투쟁은 더욱 활발하게 전개되었다.

이른바 유화국면시기 대구지역 대학에서의 학원민주화투쟁은 총학생회의 부활과 학사운영에서의 민주화, 그리고 전두환정권의 독재에 저항하는 양상으로 전개되었다. 이 시기의 학생운동은 학생회 부활 이전엔 학교별로 민주화추진위원회(이하 '민추위')가 주도하다 학생회 출범 후엔 학생회와 각종 투쟁위원회(이하 '투위')가 역할분담을 하는 이원적 구조로 진행되었다. 민추위는 광주학살 진상규명투쟁과 사안별 정치투쟁을 진행하면서 학도호국단을 폐지하고 총학생회 부활을 추진하는 활동을 수행하였다. 서울의 주요대학들은 1984년 1학기에 학원자율화[민주화]추진위원회(이하 '학자[민]추')를 구성하여 호국단과 협의 하에 2학기에 총학생회선거를 실시하고 총학생회를 구성하였다. 그러나 문교부와 학교 당국은 학생회를 인정하지 않아 갈등이 계속되었다. 이 시기는 제한된 대중동원의 한계를 극복하려고 각 학교별 학자추 간의 공동기획과 연대투쟁 방식으로 학교별로 돌아가며 집회와 시위를 개최하였다.

경북대학교에서도 1984년 9월 3일 복학생들 중심으로 학내 민주화를 위한 반합법적인 기구로서 경북대학교민주화추진위원회(위원장 김찬수, 이하 경민추)가 결성되었다. 경민추는 1984년 9월 전두환정권의 일본 방문에 대해 전두환의 방일목적을 정권안정을 위한 매국 행위로 규정하면서 반대운동을 전개하였다. 경민추 1기 출범과 함께 4일 동안 전두환 방일반대집회와 일본군국주의 부활에 대한 경계 차원의 시위가 전개되었다. 그리고 「민주의 벽」을 설치하여 학내언론을 활성화하고자 하였다. 그리고 대학 본부 앞 시계탑에 80여 명의 학생들이 모여 경민추 발족식 및 방일반대대회 개최를 선언하였다. 이어 교내 시위를 전개하다 해산하였다. 4일에는 경민추 주최로 야외공연장에서 한일관계 심포지움을 개최하였다. 남쪽 스탠드에 30여 명의 교직원이 경계하고 있는 가운데, 태정호, 박선호 등은 한일관계와 관련된 논문을 발표하였다. 이어 일장기 화형식이 있었고, 후문에서 시위를 전개하였다. 5일과 6일에도 '신 군국주의 식민주의 관 화형식'과 교내시위를 통해 전두환 방일 반대투쟁을 전개하였다.

이러한 시위에 대해 대학본부는 자율화조치 이후 처음으로 경민추 회원 8명에 대한 징계를 결정하였다. 김찬수, 박영진, 우성수, 이무호, 이병술, 이은희는 무기정학, 이상철, 정재인. 박윤기는 유기정학을 받았다. 이로 인해 학교와 학생들의 대립은 심화되었다. 11일에 학교당국이 민주의 벽에 적힌 내용을 문제 삼아 민주의 벽을 철거하자 이에 대한 항의과정에 김광현이 부상을 당하였다. 또한 24일에는 이상철, 정재인이 총장실을 점거농성하면서 카페트에 방화를 하여 제적·구속되는 사태가 발생하였다.

11월 2일에는 경민추 주최로 11년 만에 학생의 날의 부활을 기념하는 행사가 개최되었다. 이 행사에는 영남대, 계명대, 대구대 학생들도 참가하였다. 2일에는 학생의 날 부활 기념식과 축시 낭독, 윤정원의 "아버님 말씀(정희성 시인의 시)", 영남대 안건의 기념사, 계명대 김학기의 축사, 대구대 김도준의 선언문 낭독, 만세 삼창 순으로 이어졌다. 그리고 5월 영령, 3·1, 4·19 영령 등 4개의 위패를 모신 가운데 김찬수가 제주를 맡았고, 진혼굿은 최금희가 하였다. 행사 후 학생들이 학교 후문을 통해 가두진출을 시도하였다. 이들은 전투경찰들에게 막히자 복현회관 뒤 낮은 울타리를 넘어 대도시장 쪽으로 진출하여 "서민생계 보장하라", "노동악법 철폐하라", "노동3권 보장하라", "언론자유 보장하라" 등의 구호를 외치며 가두시위를 전개하였다. 시위대는 배자못을 거쳐 동대구역 앞에서도 시위를 벌이다가 해산하였다.

경북대 사범대를 중심으로 1984년 11월 6일 사범대 구관 앞 잔디밭에서 1천여 명의 학생들이 참가한 교사발령촉구대회가 열렸다. 이 대회에서 도영

룡이 「우리의 현실과 입장」이란 주제로 기조연설을 하였고, 사범대학장 오대섭 교수와 교직부장 김봉소 교수는 위로사를 한 후 학생들과 한 시간 가량 학생들과 토론을 벌였다. 이어서 강현주가 결의문을 낭독하였으며, 학생들은 스크럼을 짜고 자연대와 도서관, 본관 등지로 교내시위를 벌인 다음 오후 2시경 본관 앞에서 해산했다.(『경북대신문』, 1984. 11. 12)

11월 5일에는 4백여 명의 학생들이 참석한 가운데 '학생의날' 기념 심포지움을 개최하였다. 오태희는 「학생운동의 정의」, 장재원은 「해방 후 한국학생운동사」, 이경희는 「학생운동의 현황과 과제」에 대해 발제를 하였고, 학생들과 질의응답 시간을 가졌다. 27일에는 당시 재야운동가였던 이재오를 초청하여 "한국 학생운동의 나아갈 길"이란 주제로 강연회를 개최하였다. 그리고 1985년 경민추 2기(위원장 석원호) 출범식을 개최하고 총학생회부활준비위 활동을 시작하였다.

1985년 상반기는 총학생회부활투쟁 외에도 학생활동을 제약하는 학교와 정부의 간섭에 대항한 각종 학원민주화 요구가 봇물처럼 터져나왔다. 경북대학교에서는 1985년 5월 13일 대강당 앞에서 총학생회 주최로 문익환목사 초청강연회가 개최되었으나 문목사의 가택연금으로 무산되었다. 그러자 삼민투위 위원장 전태홍 등 500여 명의 학생들은 군부독재 타도와 연행학생 석방 등의 구호를 외치면서 시위를 벌였다.(전태홍 판결문, 1986년 대구지방법원) 5월 17일 12시 40분 500여 명이 참가한 전국총학생연합회(이하 전학련) 대구평의회 및 대구지역 민주화투쟁총학생연합(이하 민투련) 결성식과 광주항쟁추모제와 진상보고대회가 개최되었다. 전총련은 새로 구성된 총학생회장들의 연대기구이고, 민투련은 학교별 민추위나 그 산하의 각종 투쟁위원회들의 연대기구로 변화하는 정세에 대응하기 위해 결성되었다. 각 대회의 장소는 학교별로 번갈아가며 개최해 부족한 동원력을 보완했다. 그리고 5월 28일부터 31일까지 열린 복현대동제를 마치고, 6월 5일엔 시계

탑에서 대구지역 전학련 및 민투련 4차대회가 5월 23일 발생한 미문화원점
거농성투쟁 보고대회 형식으로 열렸다. 이들은 '매판 군부 전면 퇴진', '학원
탄압중단' 등의 구호를 외치면서 북문까지 행진하는 등 시위를 전개하였다.

또한 1985년 6월 5일부터 7일까지 서클등록제 폐지 및 서클룸 확보를 위
한 농성을 전개하였다. 하종호를 중심으로 서클연합회(회장:정철흠[학탑회
장])를 발족하였으나 학교 측이 서클 룸 확보에 협조하지 않고, 도리어 간섭
을 해왔다. 이에 대응하여 서클룸 확보를 위한 농성을 전개하였다. 당시 서
클의 회원들은 5월 투쟁과 총학생회 출범 등으로 자신감을 갖고 합법적으
로 활동을 시작한 시기로, 자유로운 서클 활동 보장과 서클 룸 확보를 학교
당국에 요구하였다. 6월 5일 제3과학관 313호실에서 서클 룸 확보를 요구
하며 무기한 단식농성을 들어간 서클 대표들이 학교 측과 협의하였다. 당시
참여한 서클들은 쟁이, 터, 현장, 도시문제연구반, 배움동아리, 문(門)반,
신개척자반, 우리노래반 등이었다.

이어 2학기 들어 총학생회의 인정을 둘러싸고 갈등을 겪어온 경북대에
서는 학생회장 장재원의 미등록 제적, 부학생회장 사공 현철의 휴학 등으로
총학생회의 비상사태가 발생했다. 1985년 10월 7일에는 학생회 지도부의
공백상황을 메우기 위해 학원탄압저지 투쟁위원회 결성식과 학원자유 수호
대회가 개최되었다. 당시 학교 측이 '문교 5원칙' 등을 빌미삼아 학생회칙
을 인정하지 않은 가운데 학생회 간부들의 장학금 명목 학비지원에 협조하
지 않았다. 또한 학교는 학생회장의 장기융자를 거부하고 미등록처리를 한
후 제적을 시키려 하였다. 이에 대해 학생들은 학교 측이 학생회 탄압을 목
적으로 하는 의도적 제적으로 간주하고 시위와 점거농성으로 맞섰다. 학생
들은 총학생회장 제적 철회, 총장 면담 요구하며 1박2일 동안 총장실 점거
농성을 한 후 다음날 12시경 자진 해산하였다. 이후 학생회장의 제적처리
로 인해 학생회가 총무부장 황도윤 권한대행체제로 운영되었으나 이전 보

다 위축된 상황이 전개되었다. 이 사건으로 석원호, 장재원, 정재필 등이 구속되었다. 10월 24일에는 학생회 수호를 위한 3차 학생총회를 개최하였다. 이후 학교 측과 타협하여 '문교 5원칙'을 수용한 이후, 11월 22일에야 18대 총학생회 선거를 실시해 송규봉과 정철흠이 당선되었다.

영남대학교에서 1985년 9월 26일 최진, 유정수, 박재빈 등은 영남대 민중민주화운동학생연합을 결성(이하 민민학련)하여 2학기 시위를 주도하였다. '광주학살 원흉 전두환 물러가라', '학살 방조 미국은 사과하라' 등의 구호를 외치며 시위를 하였다. 12월 4일 민민학련을 주도한 학생들은 자퇴서를 제출하고 노동운동으로의 전환을 표방하고 대구지역 노동자청년학생애국전선을 결성하였다. 이후 유인물 살포, 가두시위를 주도하면서 노동현장에서 파업을 주도하기도 하였다.(『오월운동사 결과보고서』, 송철환 구술, 214~215쪽)

또한 1985년 11월 학생의 날 기념으로 민주화를 요구하는 행사와 시위가 전개되었다. 11월 4일 행사에는 민주개헌 쟁취하자라는 플래카드가 걸린 가운데 500여 명의 학생이 참석하였으며, 김대진 총학생회장은 '학생의 날의 의의'를 낭독하였다. 이어 민중 민주개헌투쟁의 당위성과 선언문이 공포되었으며, 서클 '신명'이 마련한 종합 상황극이 공연되었다. 이후 시위대들이 가두진출을 시도하였으며, 그 과정에서 김대진 총학회장이 경찰에 연행되기도 하였다. 6일에는 민중노래 강습과 학원민주화 실천대회를 사회관 동편에서 개최하였다. 7일에는 '외채 무단도입죄', '민중생계 파탄죄' 등 민주헌법에 관한 위반 혐의에 대한 모의재판과 해당 피고인에 대한 화형식을 가졌다.

계명대학교에서는 1985년 5월 23일 오후 3시 30분부터 본관 앞 빌라도 광장에서 4개대 연합 '전국학생총연합' 대구지역 평의회와 대구민주화투쟁학생연합(이하 '민투련')이 주최한 4개 대학 연합총회가 개최되었다. 총회 후 계명대 민중민주실천위원회 위원장 최주태 등은 5백여 명의 학생들

〈그림 3-8〉 1985년 계명대 총장실점거농성
(출처: 계명대학보)

과 함께 '군부독재 타도하자', '아 오월이여 피의 십자가여'라는 플래카드를 앞세우고 '관제 언론 자폭하라', '총학생회 사수하여 학원자율 수호하자', '군부정권 물러가라' 등의 구호를 외치며 정문에서 시위를 전개하였다. 6월 2일에는 총학생회 간부들이 폭력교수 퇴진과 성서캠퍼스 부정공사 인책 등을 주장하면서 총장실 점거농성을 전개하기도 하였다.(『매일신문』, 1985. 6. 3) 최주태 등은 8월 12일 대구 서부정류장에서 민주함성 2호 유인물 살포하면서 '학원탄압 중단', '학원안정법 철폐', '서민생계 보장' 등의 구호를 외치며 시위를 하였다. 이후 9월 25일 계명대 빌라도 광장에서 전학련과 민투련 대구지역 평의회 2학기 보고대회 및 학원탄압 저지 총궐기대회가 전국학생 총연합 대구지역 평의회, 대구민주화투쟁학생연합 등의 주최로 개최되었다. 대회를 마친 후 200여 명의 학생들은 '학원안정법 철폐', '구속학생 석방' 등의 구호를 외치며 교내시위를 벌였다. 시위 도중 당시 1학기동안 각종 시위를 주도한 혐의로 수배 중이던 최주태는 경찰에 자진 출두하였다.(전태홍·최주태 판결문, 1986. 1. 25)

대구대학교에서는 「영광문화」교지 발간에 대한 원고삭제에 따른 편집기자 사퇴결의 및 발간거부활동이 있었다. 1985년 11월 13일 영광문화 학생편집기자들은 학교 측의 일부 원고 삭제요청에 대해 거부하면서 영광문화 편집국에서 철야농성을 벌였다. 당시 학교 측이 삭제를 종용했던 부분은 「새로운 식민지 제반 양상」(효성여대 박승길교수), 「제3세계 이론과 종속성」(동아일보 기자), 「자본주의 교육의 특집」 등 3편이었다. 15일에는 '영광문화 9

호'의 발간 거부와 사퇴를 결의하고, 일부 원고(영광문화편집국 집필)를 학생기자들이 분담하여 보관하기로 하였다.

2) 총학생회 부활투쟁

1985년 2.12총선에서 신민당이 예상외로 선전을 하자 학생들은 총학생회 부활을 추진하며 학원민주화를 강하게 요구했다. 1월 14일 한국대학교육협의회가 대정부 건의안에서 학생자치기구를 요구하였고, 3월 21일에는 학도호국단 설치령이 폐지되었다.

경북대학교는 3월 14일 서원섭 총장과 학생간부들의 간담회가 총학생회 부활에 관해 열렸고, 3월 25일 총학생회부활준비위원회(이하 총준위 : 위원장 하종호)가 호국단, 서클, 언론출판, 경민추, 단대 대표 37명으로 구성되었다. 4월 3일 임시학생총회에서 총준위 운영방침과 선거 일정과 학생회칙 시안 심의 일정 등을 잠정적으로 확정했다. 4월 24일과 25일에 단대학생회 회칙과 총학생회 회칙 가안에 대한 투표를 실시해 약 80%의 찬성으로 회칙을 확정했으나 본부와의 협의를 남겨두었다. 5월 3일에 총학생회장 선거가 실시되었다. 투표율 68.8%로 6명의 후보 중 학생운동진영이 낸 장재원과 사공현철이 정부회장으로 당선되었다. 5월 15일 총여학생회장 선거가 진행되었지만 28.3%의 낮은 투표로 회장 선출이 무산되었다.

총학생회준비 기간에도 4월혁명과 5월광주항쟁 기념식은 경민추와 산하 삼민투위원회(위원장 전태흥)가 중심이 되어 추진되었다. 4월 19일 오후 2시반 시계탑 앞에서 경민추 주최로 500여 명이 참가해 4 · 19영령추모식이 열렸다. 시위대는 스크럼을 짜고 명덕로터리 2 · 28기념탑에 헌화하기 위해 행진을 시도했다. 경찰이 최루탄과 페퍼포그로 저지하자 이들은 투석전으로 맞서다 정문옆 블록담을 무너뜨리고 거리로 진출하였다가 10여 명이 경찰에 연행되었다. 이에 항의하러 총장실 복도에서 연좌하며 연행학생 석방을 요구했다. 이들은 다시 정문에서 경찰과 대치하다 연행학생이 저녁9시경 석방되자 해산하였다.

영남대학교에서도 학원자율화 조치 이후 1984년 5월 학도호국단과 운동진영이 공동으로 '영대자율화추진위원회'를 구성했다. 하지만 학도호국단의 한계로 활동의 제약이 있자 '영남대민주화추진위원회(이하 영민추)'로 발전적으로 계승되었다. 영민추는 공청회, 4·19추모집회, 화형식, 춤·노래보급, 광주학살사진 폭로 등의 활동을 주로 하였다.

1984년 11월 21일 영남대학교에서 4개 대학 연합시위가 「책보따리 풀고 잔디밭에 둘러앉아」라는 이름으로 진행되었다. 총학생회 부활, 언론탄압중지, 평화적 시위보장을 주장하며 교내 시위를 진행하다 시가지 진출을 시도하였다. 그 과정에서 경찰에 강제진압을 당해 7명이 연행되기도 하였다. 시위 후 학생들은 호국단실로 들어가 철야농성을 하였다. 시위를 주도한 학생들은 최장 20일의 구류처분을 받기도 하였다.

이러한 학원민주화투쟁은 1985년 2월 문교부의 학생자치기구 전환 방침이 발표되자 학도호국단 체제를 총학생회로 바꾸기 위한 투쟁으로 이어졌다. 영남대에서는 1985년 2월 총학생회의 부활을 위한 '총학생회부활추진위원회(이하 총추위)'가 2월에 구성되었다. 여기에는 동문협의회, 서클연합회, 영민추가 중심이 되었다. 총추위는 총학생회의 부활을 대비하여 학생회와 대의원회, 총여학생회의 회칙을 정하고 선거를 준비하여 4월 18일 직선으로 총학생회장을 선출하고자 하였다. 3월 26일 경에는 8백여 명의 학생이 모여 총학생회의 부활을 의도적으로 지연하고 있는 문교부 및 학교당국을 비판하였다. 당시 문교부는 총학생회 부활에 관해 '문교 5원칙'을 발표하였다. 그 내용을 보면 '학생회의 정치성배제, 지도위원의 규제, 예산집행의 자율권 불인정, 권익옹호 배제, 총학생회 입후보자의 성적 제한'으로 총학생회의 부활과 자율에 정면으로 역행하는 것이었다. 이에 대해 영민추를 중심으로 총학생회의 부활에 관한 설문지의 결과를 언급하면서 항의의 표현으로 화형식을 가졌다. 화형식 이후 14시경 가두 진출을 시도하였으나 전투경찰의 저지로 무산되었다. 이 과정에서 영민추 위원 2명이 강제 연행되자 학생 측은 즉각 연행 학우 석방을 위한 농성을 벌였고, 밤 9시 경 경산경찰서의 석방 수락 소식을 듣고서 자진 해산하였다. 3월 29일에는 백기완 선생 초청 강연회를 개최하려 하였으나, 강연 전날 백기완 선생의 연행으로 무산되었다. 이에 백기완 선생의 육성이 담긴 테이프를 경청한 후 15시부터 학교 앞에서 투석전을 벌였다. 이후 연행학생들의 석방을 조건으로 학생회에서 연좌농성 후 자진해산하였다.

계명대학교에서도 1980년 초 전두환 신군부세력에 의해 제적당했던 학생들이 다시 학교로 돌아왔다. 1984년 3월 김진태, 임진호, 김균식, 배설남, 변대근 등은 민속문화연구반과 함께 대명동 캠퍼스 노천강당에서 학교 측의 방해에도 불구하고 4·19기념식을 진행하였다. 도진용, 최윤영, 최주태 등이 행사를 주도하였는데, 이는 80년대 교내에서 처음으로 개최된 4·19 기념행사였다. 5월에는 성서캠퍼스 이전 과정에서의 부실공사 및 부정 입찰 등에 대한 의혹을 제기하며 계명대 학내민주화추진위원회를 결성[11]하였다.

이러한 학내 민주화투쟁은 7월에 접어들어 사회 민주화투쟁으로 확장되면서 조직을 개편하여 계명대학교민주화투쟁위원회(위원장 장건상, 위원 최주태, 신기복, 신재구, 홍순일 등)를 결성하였다. 이후 9월에는 전두환 방일반대 시위를 기점으로 대명동 캠퍼스 정문 앞에서 전두환정권 퇴진 투쟁을 본격적으로 전개하였다. 10월에는 광주민중항쟁 진상규명 및 책임자 처벌 투쟁을 전개하였다. 대명동 캠퍼스 정문 앞 광장에 '민주통신' 벽을 설치

---

11) 추진위원장에 이춘성, 추진위원 최주태, 도진용, 이홍기, 홍순일, 변종선, 신재구, 신기복, 김애화, 배무련, 조경애, 최윤영 등

하고 광주학살 사진전을 개최하였으며, 학교 측의 민주통신 벽보 철거 시도에 맞서 광장에 스피커를 설치하고 광주학살 책임자 처벌과 전두환 독재타도에 관한 방송을 진행하기도 하였다. 그리고 계명대, 영남대, 대구대, 경북대 등 4개대 연합으로 이부영(당시 해직 언론인)을 초청하여 강연회를 개최하였다. 강연회 이후 시내 반월당 등지에서 최초로 가두시위를 전개하다가 김애화, 배무련 등이 연행되기도 하였다.

11월 4일 학생의 날을 기념하기 위해 계명대 대명동 캠퍼스 노천강당에서 4개 대학 연합으로 「백기완선생 초청강연회」를 개최하였다. 강연회를 마친 후 2천여 학생들이 정문을 통해 가두진출을 시도하면서 전두환 퇴진 등의 구호를 외치면서 격렬한 시위를 벌였다.

이후 1985년 2월 총선을 앞두고 '일당독재 민정당 타도를 위한 대구지역 학생투쟁위원회(위원장, 최윤영, 위원 홍순일, 이상재)를 조직하고 투쟁을 전개하였다. 이들은 자취방에서 만든 유인물을 민주화운동권 학우들과 함께 살포하였으며, 주도자 3명은 경찰에 검거되어 구류처분을 받았다. 3월에는 '자주적인 총학생회장 직선제 쟁취위원회'(위원장 김석호)를 구성하고 학칙개정 토론회를 개최하였다. 이후 직선제를 통해 민주화 운동세력이었던 박찬수가 당선되었다. 이러한 총학생회 부활투쟁과 더불어 계명대 민주화추진위원회(위원장 김학기)에서는 전두환 타도투쟁을 전개하기도 하였다.

대구대학교에서도 1984년 9월 이후 총학생회 부활투쟁 및 학원민주화 투쟁이 전개되었다. '대구대학교 학원민주화추진위원회(이하 대민추)'를 결성하여

〈그림 3-9〉 1985년 2월 계민추 회원들
(출처: 최주태)

총학생회 부활과 학도호국단폐지 투쟁을 전개하였다. 대민추는 학내자유언론을 위해 대자보를 설치하였고, 공청회를 개최하기도 하였다. 1985년 3월 18일 대민추가 주도하여 학생회에 대한 설문조사, 학생회 직선제 요구, 서클 신고제 등을 관철시키고자 하였다. 20일에 1차 임시학생총회를 개최하여 '총학생회 부활 추진 준비위원회'를 구성하고 학도호국단의 즉각적인 사퇴를 요구하였다. 27일에는 '총학생회 부활 추진위원회' 구성을 위한 1차 공청회를 통해 학도호국단 부당성 고발, 호국단 해체식 및 화형식을 진행하였다. 다음날까지 철야농성을 진행하면서 6개 사항(현 학도호국단해산, 학교당국의 총학생회 부활을 위한 공청회 개최, 학도호국단 예산 동결, 총추진위 활동 인정 담화문 발표, 총학생회 회칙 시안 발표, 평교수협의회 부활)을 요구하였다.

4월 9일에 대민추는 대명동캠퍼스의 학생처장실을 점거하고 학도호국단 해산, 문교부 5원칙 철회, 학교당국의 선거 시 부칙 조항의 철회 등을 요구하며 단식농성(5명)을 벌였다. 이러한 투쟁 가운데 17일 학생자치기구 구성을 위한 학생투표일을 확정하였다. 다음달 5월 3일 중앙투표관리위원회를 구성하였으며, 4일 민주새터에서 비상학생총회를 개최하고 총학생회칙과 10개항 요구사항을 발표하였다. 마침내 6월 11일 선거에서 총학생회장에 손진철, 부회장에 하용우가 당선되었으며, 총여학생회장에는 김덕희가 단독 출마하여 무투표 당선되었다.

2. 광주항쟁 진상규명 투쟁

1985년 4월 17일 결성된 「전국학생총연합」은 '반역사적인 정권에 정당한 심판을 내리고, 통일민주 조국의 건설을 위해 장엄한 투쟁대열을 형성하여 전국학생총연합을 창립한다'고 선언하였다. 결성식이 끝난 후 4월 19일 열린 수유리 4·19묘소시위는 광주민주화운동을 이슈로 한 이른바 '5월투쟁'

으로 이어지는 시발점이 되었다.

대구대학교에서도 1985년 5월 8일 '대구대학교 민주화추진위원회'(이하 대민추) 주최로 민주새터에서 '광주민중항쟁의 현재성'에 대한 강연회가 개최되었다. 이후 학생들은 '광주사태 해명하라, 독재정권 물러가라, 언론규제 완화하라' 등의 구호를 외치며 시위를 벌여 학내로 진입한 경찰과 격렬한 싸움을 벌였다. 그리고 5월 15일에는 대구지역 민주화 운동의 중심인물인 봉산성결교회 류연창 목사를 초청하여 강연회를 진행하였다. 17일에는 광주항쟁 진상 보고대회 및 전국학생총연합 대구지역 평의회 결성식에 참가하였다. 21일에는 경북대학교에서 개최된 광주영령추모 깃발대행진 및 전학련, 민투련 2차대회에 참가하였다. 22일 오후 3시 대민추 주최로 민주새터에서 7백여 명의 학생들이 모인 가운데 광주항쟁영령 추모제를 열고 제문 낭독, 진혼굿을 진행하였고, 정문에서 광주항쟁 책임자의 화형식을 거행하였다. 1백50여 명의 학생들은 '광주사태 해명하라, 폭력경찰 물러가라, 평화시위 보장하라'등의 구호를 외치며 교외진출을 시도하였다. 23일에는 계명대에서 열린 '광주항쟁추모 대구학생 총궐기대회 및 전학련, 민투련 3차 결의대회'에 참석하였다. 이후 11월 7일에는 민족·민중·민주헌법 쟁취를 위한「대구대학교 군부독재 타도 삼민헌법투쟁위원회」를 결성하였다.(김상숙, 2015, 42쪽)

학생들은 언론계가 정권의 나팔수로서 기능하면서 광주항쟁의 진실을 제대로 보도하지 않는 현실에 대해서도 저항하였다. 6월 12일 언론의 각성을 촉구하며 KBS대구방송국에 화염병을 투척한 사건이 발생하였다. 최윤영(계명대), 류동인(경북대), 이상재(대구대) 등은 광주민중항쟁의 진실을 밝히는 투쟁이 필요하다고 판단한 후 왜곡보도로 일관하던 KBS대구 방송국에 언론민주화투쟁을 실행키로 결의하였다. 6월 13일 대구시 동구 소재 KBS대구방송국 앞에 모인 이들은 예상 밖의 전경들로 인해 점거농성을 할 수 없게 되자 전경차에 화염병을, 경비원에게는 최루탄을 던지면서 방송국 쪽으로 나아가다가 전경들에 의해 무자비하게 진압되어 동부경찰서로 이송되었다. 이들은 대구경찰청 대공분실로 보내져 20여 일간의 조사를 받고 검찰로 송치되어 현존차량방화미수, 특수 공무집행 방해, 집시법 위반, 총포 도검류 화약 단속법 위반 등 4가지 죄명으로 징역 3년에서 2년 6월을 선고받고 복역 중 1987년 7월 8일, 6월민주항쟁의 성과로 출소하였다.

1986년 6월 18일에는 시내 한미은행 점거투쟁을 통해 광주학살에 대한 미국의 역할을 알리고 책임을 묻고자 하였다. 학생들은 부산미문화원 방화사건과 서울 미문화원점거농성에 영향을 받기도 하였고 지역 미문화원의 경비가 한층 강화되어 있었기에 농성을 할 수 있는 목표를 한미은행으로 바꾸었다. 1986년 6월 18일 12시경 김달수, 김영진, 송근태를 비롯한 계명대, 영남대 등 2개 대학생 5명은 '광주항쟁계승특별위원회'를 조직한 뒤, 광주학살에 대한 미국의 역할과 책임을 구체적으로 묻고 이를 대구시민에게 알리기 위해 대구시 중구 소재의 한미은행 옥상을 점거하고 농성투쟁을 전개하였다. 이들은 '광주학살 배후조종 미국 반대', '광주학살 전두환 퇴진' 등의 구호를 외치며 투쟁을 하였다. 광주민중항쟁에서의 미군의 역할과 책임에 대해 대구시민들의 관심을 높이기 위한 이 같은 투쟁에 경찰은 은행 앞길을 봉쇄하고 시민들의 접근을 통제하면서 이들을 강제로 연행, 구속시켰다. 1심에서 최우식, 김달수는 3년을, 김경률, 김영진, 송근태는 2년에서 1년 6개월을 선고받고 복역하였다.(김상숙, 2015, 43~44쪽)

3. 민중생존권지원투쟁(수입개방반대와 노학연대투쟁)

1985년 11월 5일 경북대 시계탑 광장에서 학생의 날 기념식 및 시국대토론회가 개최되었다. 이날의 집회는 경북대 학생회 산하기구였던 삼민헌법쟁취투쟁위원회(위원장:하용호)가 집회를 주도하였다. 이후 11월 14일에는 대구지역개헌투쟁위원회 1차보고회를 가졌고, 민중생존권보장 투쟁대회가 4개대학 연합으로 개최되었다. 삼민헌법쟁취 선언문 낭독 등으로 진행된 이날 집회에서 개헌과 민주헌법쟁취가 주요한 이슈인 가운데 미국의 수입 개방 요구에 대응하여 민중생존권쟁취를 위한 민주화투쟁이 제기되었다.

이후 1986년 1월 경북대 하용호(경북대 삼민헌법쟁취투쟁위원회 위원장) 는 설태구, 박승혁과 함께 서문시장 부근 섬유회관에서의 점거농성 계획을 학생운동 지도부와 논의하여 준비했다. 그리고 '대구지역 애국학생 일동'으로 명기한 수입개방 반대 유인물도 제작했다. 1월 24일, 하용호 등 3명은 섬유회관 7층 대한화섬 사무실을 점거하고 수입개방 철폐를 적은 플래카드를 내걸고 농성을 벌이다가 구속되었다.(『매일신문』, 1986. 1. 24) 그리고 다른 학생들은 대구백화점 등 도심과 일반 주택가에 수입개방 반대 유인물을 살포했다.

한편, 1986년 5월 9일에 경북대에 '노동자해방지원투쟁위원회'(이하 노해투, 위원장:김기수)가 발족하여 노동운동을 지원하는 유인물 배포 작업을 전개하였다. 이 와중에 7월 18일 한국경전기에서 노조결성을 준비하던 노동자 2명(서은심, 이단아)이 해고되었다. 민통련경북지부와의 협의를 거친 경북대 노해투는 7월 26일 3공단 네거리에서 경대생 50여 명이 참가한 지역 최초의 노학연대 시위를 벌였다. 김기수가 "노동운동탄압 중지하라"라는 구호 등을 제창하자, 학생들이 도로를 차단하면서 유인물을 뿌리고 구호와 운동가를 불렀다. 유인물은 노동3권 보장, 노동 악법 철폐, 노동자 탄압 중지를 요구하는 내용이었다. 10분 만에 전경차가 출동하자 당황한 시위대가 방어용으로 준비한 화염병을 출동한 전경버스와 소방차에 던져 전경버스 1대 전소되었다. 현장에서 연행된 자는 없었지만 이 사건으로 김기수, 박재국, 김태호, 추연만이 구속되었다. 이들은 집시법과 현주건조물방화 혐의로 구속 기소되어 중형을 구형받았다.(『경북대신문』, 1986. 11. 24)

4. 민주통일민중운동연합 경북지부의 결성

민청학련사건으로 많은 희생을 치른 대구경북지역의 80년대 중반 사회운동은 분산적으로 진행되고 있었다. 1982년 3월 19일에는 '경북기독교농민회'가 창립되어 지역 농민운동의 저변을 한층 더 강화시켰다. 1983년 9월 한국기독교교회협의회(KNCC) 대구인권위원회(위원장:류연창 목사)가 창립되었다. KNCC대구인권위는 사공준, 손호만, 김헌주, 오완호 등과 소장 목회자들의 헌신적인 활동에 힘입어 양심수와 구속자들을 지원하는 인권운동을 개척해 나갔다. 천주교는 가톨릭노동청년회(약칭JOC) 대구연합회와 가톨릭농민회 대구와 안동 연합회가 활동하고 있었다. 1984년 12월에 우리문화연구회(이하 '우문연')가 결성되어 지역문화운동을 담당하고 있었다. 우문연은 부정기간행물(무크) '일꾼의 땅'과 지역 문학 동인지 '분단시대' 참가자와 새로운 문화활동가들이 결합해 창립되었다.

유화국면 이후 1984년 지역의 민주화운동은 운동 공간을 급속히 확대해 가고 있었다. 이와 때를 맞추어 대구지역에서도 민주화와 민족통일, 그리고 인권, 노동, 농민운동을 포괄하는 공개운동기구가 필요하다는 논의가 제기되었다. 특히 1984년 5월 25일에 발생한 대구택시기사들의 총파업투쟁은 이런 필요성을 증대시켰다. 지역 민주화운동을 역사적으로 계승하고 광범하게 분출하는 민중들의 투쟁을 뒷받침할 공개 조직의 결성이 시급하였다. 이러한 상황에서 민청학련사건으로 고초를 겪은 이강철과 가농대구연합회 간사였던 함종호 등은 민주통일국민회의(본부 1984년 10월 결성) 지부를 건설하기로 하였다. 대구에서 처음으로 공개조직을 결성하는 과정에서 지역의 원로인 박병기 신부, 전주원 신부, 류연창 목사, 도영화 장로 등과 논의하였고, 서울에서 지원 차 내려온 이창복 사무총장과 함께 조직 다지는 과정을 통해 민주통일국민회의가 결성되었다.

1985년 1월 30일 각계각층의 민주인사 130여 명이 참석한 가운데 민주통일국민회의 경북지부가 결성되었다. 민주화운동을 위한 전국적 연대가 가능하고 지역의 명망 있는 인사들과 청년활동가들이 총결집해서 만든 이 조직은 70년대 민주화운동에 대한 자기반성과 점차 활성화되는 지역의 다양한 민중운동을 지원하기 위해 조직된 것이다.

1985년 3월 29일 서울에서 민주통일국민회의와 민중민주운동협의회가 통합하여 민주통일민중운동연합으로 조직명을 바꾸었다. 민주통일국민회의 경북지부는 그 이름을 민주통일민중운동연합경북지부(이하 민통련경북지부)으로 바꾸고 그 활동을 계속하였다. 민통련경북지부의 의장에는 박병기 신부, 부의장에는 류연창 목사와 유강하 신부, 사무국장에는 이강철이 선임되었고, 상임위원으로는 권종대, 김병구, 이종원, 여연, 향적, 김진태, 정재돈 등이, 사무국에는 권오국, 김균식, 남영주, 김충환, 이태헌, 신기복, 박종덕, 김학기, 최정돈, 윤정원, 이영우 등이 활동했다. 민통련경북지부는 조국의 자주적 평화통일과 자주적 민주정부 수립 등을 강령을 내세우면서 기관지 「전진하는 민중」, 「대구의 소리」를 발간하여 시민들에게 민주화운동을 널리 알렸다.

그리고 2·12 총선 이후 분출하기 시작한 시민들의 민주화 열기를 이끌면서 5·18광주학살 진상 규명과 책임자 처벌투쟁, 민주헌법 쟁취투쟁을 본격적으로 전개하였다. 1986년에는 김근태 민청련 의장과 권인숙에 대한 고문 및 용공조작 저지투쟁을 벌여나가면서 '대구경북지역고문및용공조작저지공동대책위원회(이하 고문공대위)'를 발족시켰다. 그러나, 고문공대위 출범식를 대구에서 개최할 여건이 되지않아 7월경 안동역에서 출범기자회견과 규탄대회를 진행하였다. 이 사건으로 이종원(민통련경북지부 상임위원)이 연행되어 구류처분을 받았다. (이종원 구술, 2020. 12. 16)

그리고 민통련에서는 시민강좌를 통해 민주의식을 고취하고자 하였다.

1985년 7월 8일 팔공재건학교(불로동 소재)에서 경찰의 탄압에도 불구하고 120여 명이 참석한 가운데 개강식을 가지고 '한국 언론 무엇이 문제인가'라는 주제로 민통련 대변인 김종철이 강의를 하였다. 두 번째 강의는 전투경찰 700여 명이 동원되어 수강생을 차단하여 강좌가 무산되었다. 7월 15일 세 번째 강의는 경찰의 탄압을 피해 대구 송현동에 있었던 결핵요양원에서 개최되었다. 당시 민통련 민중생활위원장이 었던 이부영이 해방신학이 태동한 라틴아메리카의 사회경제적 배경에 대해 강의를 하였다.[12]

〈그림 3-10〉 민통련경북지부가 펴낸
기관지 〈경북 민중의 소리〉
(출처: 민주화운동기념사업회
오픈아카이브즈 00439475)

1986년 4월 5일 개헌투쟁과정에서 초기 간부진들이 대거 구속되면서 김병구, 남영주, 박종덕, 김학기, 윤정원 등이 2기 간부진으로 활동하였다. 이후 민주화 투쟁을 지속적으로 전개하는 가운데 1989년 1월 공식 해산하였다.(『기초조사보고서』, 300~302쪽)

제3절 개헌정국 시기 반독재민주화투쟁의 확대 (1985년~1986년)

1. 1985년 2 · 12 총선과 대구지역 개헌운동

1985년 2 · 12총선은 투표율은 84.6%로 5 · 16쿠데타 이후 가장 높았다.

---

12) 「대구인권소식」 4호, 한국기독교교회협의회 대구인권선교위원회, 민주화운동기념사업회
   오픈아카이브 등록번호 00085036.

선거 결과 민정당은 1구 2인 선거제와 전국구에 힘입어 148석을, 신민당은 67석을, 민한당은 겨우 35석을 차지했다. 대구지역에서도 여당인 민정당은 전체 6석 가운데 2석만 차지했고 신민당 2석, 국민당과 민한당이 각 1석씩 차지하는 결과를 나타내었다. 선거를 통해 민주화운동세력은 강력한 추진력을 얻었고, 전두환·신군부체제는 심각한 도전에 직면했다.(서중석, 2017, 19쪽;『한국일보』, 1985. 2. 14)

2·12총선거에서 제1야당으로 부상한 신민당은 지도부회의를 통해 직선제 개헌론을 12대 국회의 중요 의제로 설정했다. 이를 실천하기 위해 1985년 12월 '민주화추진협의회'(민추협)을 중심으로 '민주제 개헌 1,000만 명 서명운동'을 벌이기로 결정하면서 본격적으로 개헌운동에 나섰다.

1986년 2월 4일 전학련 소속 서울시내 14개 대학의 학생 1,000여 명이 서울대에 모여 '헌법철폐 및 헌법제정 국민의회 쟁취를 위한 범국민서명운동추진본부'를 결성함으로써 학생운동권에서 먼저 헌법철폐를 위한 서명운동을 독자적으로 시작했다. 2월 12일에는 신민당과 '민추협'이 서명운동을 벌이기 시작했다. 또한 종교계와 여성계, 대학교수 등에 의한 개헌쟁취를 위한 시국선언문이 잇달아 발표되었다.

그러한 가운데 대구에서도 1986년 4월 5일 아세아극장에서 개헌현판식을 준비하고 있었다. 이러한 움직임에 대해 전두환 정권은 대회를 방해하기 위해 당일 오후 3시에 축구 국가대표평가전을 개최하면서 입장권을 무료로 배포하였다. 초중고 학생들과 공무원들은 식목행사에 동원하였고, 지역에서는 예비군 비상소집훈련을 실시하였다.

이러한 방해에도 불구하고 오전부터 아세아극장 주변 등 시내 중심가에 집결한 시민과 학생들은 '직선제 개헌'과 '민주 헌법 쟁취', '군부 독재 타도'의 구호를 외치고 유인물을 배포하였다. 오후 1시경 민주헌정연구회와 민주통일민중운동연합(이하 민통련) 회원들과 학생들이 아세아극장을 중심으로 '군부독재 타도' 등의 구호를 외치면서 행진하였다. 대회장 부근에는 대구를 비롯하여 안동, 포항 등 경북지역에서 참여한 약 3만 명이 모여든 가운데 오후 2시 신민당 주최의 옥내집회가 시작되었다. 대회장 밖에는 민통련경북지부 주도로 「대구의 소리」 유인물이 배포되었고, 2천여 명은 대회장 앞에서 연좌시위를 벌이기도 하였다. 오후 4시경 옥내집회를 마치고 신민당 당사 쪽으로 시위행진이 시작되자 인원은 12만 이상이 모여들었다. 시위대는 경찰의 저지선을 돌파하고 반월당 네거리 도로를 점거하고 민통련 주최로 민중집회를 개최하였다.

이때부터 대구·경북의 민통련 간부들이 다른 민통련 가맹단체들과 함께 신민당과 별도의 집회를 열고, 최루탄이 난무하는 가운데 거리 투쟁을 전개하였다. 신민당과 재야 민주화 운동 세력이 분리되기 시작한 것이다.(『한겨레신문』, 2017.1.8.) 집회에서는 군부독재정권을 성토하고 직선제 개헌 쟁취를 위해 전국 지역 단체간 연대투쟁의 필요성을 강조하였다. 이후 오후 8시경 시위대는 시청 진입을 시도하였다. 경찰들은 최루탄을 쏘며 진압을 시도하는 가운데 141명을 연행하고 16명을 구속하였다. 당시 지역 운동을 주도하였던 남영주, 이강철, 김충환, 유정수, 신기복, 박동주, 권오국, 이정림, 임채도 등 민통련경북지부 간부들과 학생들이 구속되거나 수배되었다.

11월 4일에는 민정당사 점거투쟁이 일어났다. 김경태, 이민철을 비롯한 계명대, 대구대, 안동대 등 3개 대학 4명이 대구시 중구 공평동 민정당사(위원장 유수호)에 근무하고 있던 전경들을 몰아낸 후 유리창 밖으로 직선제 개헌하라는 현수막을 내걸고 농성투쟁을 전개하였다. 당시 이민철은 경찰에 의해 강제 진압당하는 과정에서 2층에서 투신해 전치 6주의 상처를 입기도 하였다. 김경태는 2년을 선고받고 6·29선언 후에 풀려나고 나머지는 1심에서 전부 석방되었다. 그리고 투쟁을 지원하러 나온 김경업은 중앙파출소에 화염병을 투척하다가 체포되기도 하였다.

2. 대구지역 민족민주학생연합 결성과 투쟁

개헌정국과 더불어 학생들의 민주화운동이 활발하게 전개되는 가운데 대구지역에서 민족민주학생연합이 결성되었다. 1985년 이후 대구지역 민주화투쟁총학생연합 등 각 학교 민주화투쟁위원회가 결성되어 활동을 전개하였다. 그리고 86년도에는 파쇼헌법철폐와 민주헌법쟁취를 위한 각 투쟁위원회 활동들이 전개되었다. 이 과정에서 한국사회의 성격논쟁에 대한 전국적 논의가 촉발되었다. 광주항쟁에서 미국의 개입에 대해 분석하면서 제국주의로서 미국과 한국사회의 변혁이론(민족민주혁명론[NDR]과 민족해방민중민주혁명론[NLPDR])과 투쟁노선을 둘러싸고 "자민투", "민민투"의 이념적 논쟁이 전개되었다. 지역에서도 한국사회를 식민지반봉건사회로 볼 것인지 신식민지 예속국가독점자본주의로 볼 것인지 학교별 학생 운동가들에게 학습의 주요 주제가 되었다. 이러한 가운데 학교 단위로 반제반파쇼투쟁위원회가 결성되었으며 학교 간 연대 담당자들이 정해졌다. 그런 가운데 연대 담당자들이 도피 중인 각 학교 위원장들과 연락하여 각 학교간 연대투쟁을 공고화하기 위하여 조직한 것이 대구지역 민족민주학생연합(이하 민민학련)이었다.

경북대에서는 1986년 3월 30일 개헌투쟁을 위해 파쇼헌법철폐투쟁위원회(위원장:조명래)을 발족하고 4·5신민당개헌 현판식투쟁에 참여했다. 5월 9일에는 '5월투쟁'을 준비하면서 반제반파쇼민족해방민주화투쟁위원회(이하 '민해투' 위원장: 이연재)와 노동자해방지원투쟁위원회(이하 '노해투' 위원장: 김기수)을 출범시켰다. 경북대 노해투는 1986년 들어 빈발하는 노조결성과 노동자 해고투쟁을 지원하기 위한 특위였다. 민민투는 개헌투쟁과 아시안게임저지투쟁을 담당하였다.

계명대에서는 9월 16일 '아시안게임저지투쟁위원회(위원장: 이민철)를 출범시키고 아시안게임 반대 시위를 전개했다. 이날 시위로 김정동이 구속되고 6명이 구류처분을 받았다.

영남대 민민투(위원장: 최석영, 부위원장: 이계삼)는 1986년 4월 8일 영남대 중앙도서관 광장에서 100여 명이 모여 4·5개헌현판식투쟁의 경과보고대회를 열었다. 경과보고 후 독재와 반민주 인형의 화형식을 마치고 삼민헌법 쟁취와 구속 학생 석방을 주장하며 전경들과 투석전을 벌렸다. 4월 17일에도 민민학련 주최로 1,300명의 학생들이 모여 25주년 4·19기념식을 개최하였다. 4월 29일부터 5월 2일까지 열린 졸업정원제투쟁에도 주도적으로 참여하였다. 5월 18일 영남대에서 학생 300여 명이 참여하여 대구동부지역 민민투련 2차 실천대회를 가지고 시위하였다

1986년 5월 17일에 '대구대학교 반제반파쇼 민족민주투쟁위원회(위원장:김윤종)' 결성하고 '대구동부지역 민민투 연합결성식' 및 '5월학살원흉처단 실천대회'를 경산캠퍼스 학생회관 앞에서 가진 후 150여 명이 광주학살 원흉 처단을 요구하며 정문에서 시위를 진행하였다. 5월 22일 오후 3시경 대구대,영남대 민민투위의 주최로 경산캠퍼스 민주새터에서 진행될 예정이던 강연회가 무산되었다. 그러자 800여 명이 학생들은 1,2,3차 민민투 보고대회를 마치고 정문진출을 시도하였다. 경찰이 신애학사까지 진입하여 학생 2명을 연행하였다가 모두 석방하였다.

1986년 상반기 각 대학별 투쟁의 성과를 모아 대구지역 민민학련은 1986년 8월 21일 경북대학교 도서관 광장에서 결성식 및 제 1차 실천대회를 개최하였다. 그 동안 각 대학별로 활동해오던 투쟁위원회가 연대하여 공식적인 연합단체를 결성하였다. 경북대, 영남대, 계명대 민족해방민주화투쟁위원회의 공동주최로 약 100여 명의 학생들이 참가하여 결성식을 거행하였다. 이 자리에서 7월 26일 침산동 가두시위와 8월 11일 화원교도소의 폭행사건을 보고하고 민족민주학생연합 결성선언문을 통해 노동자 등 민중들의 삶에 대한 청년학생들의 관심을 촉구하고 양심수들의 교도소 내 투쟁을

학우들에게 알리며 민주화를 위한 학생운동의 투쟁열기를 고양시키고자 하였다. 이어 학생들은 "예속파쇼 타도하고 미제국주의 축출하자"등의 구호를 외치며 북문으로 가두진출을 시도하였다. 경찰의 최루탄에 투석으로 맞서는 과정에서 김기수 위원장이 강제 연행되어 집시법위반 혐의로 구속되었다. 시위를 마치고 본관으로 모인 학생들은 연행학우의 조속한 석방을 위해 학교 측의 성의 있는 자세를 촉구하였으며 학교 측으로 부터 최선을 다하겠다는 답변을 듣고 자진해산하였다.

9월 11일에는 대구대학교 경산캠퍼스 민주새터에서 신식민지 재현·예속파쇼의 장기집권음모 분쇄를 위한 2차 실천 공동투쟁대회를 개최하였다. 대구대 2백여 명, 경북대생 60여 명이 모여 공동투쟁대회를 갖고 반정부구호를 외치며 교내시위를 벌이다가 오후 4시 45분쯤 자진해산하였다. 이후 민민투 주최로 86아시안게임 결사저지투쟁을 전개하였다. 10월 15일과 16일에도 민민투 주최로 86아시안게임 결사저지대회를 갖고 시위하였다.

1986년 10월 28일에는 용공조작을 통한 민족·민주탄압 폭로 및 범 비호인 시국대토론회를 개최하였다. 11월 3일에는 학생회 날 기념제를 개최하고 광주학생의거 의의 및 보고를 받은 후 250여 명이 시위를 전개하였다. 이 과정에서 사복경찰 수십 명이 학내에 들어와 민민투 간부를 검거하려 하였으나 실패하였고, 도리어 학생들이 경산경찰서장과 책임자 해명, 공개사과를 요구하며 도서관을 점거하고 무기한 철야단식농성을 하였다. 사복경찰의 학내 진입에 대해 11월 6일 경산경찰서 정보과장 등으로부터 공개사과를 받고 해산하였다.

3. 졸업정원제 폐지투쟁

1986년 개헌 정국하에 민주화 투쟁이 본격적으로 전개되는 가운데 학원

민주화 운동의 일환으로 졸업정원제 폐지투쟁이 대구지역에서 격렬하게 전개되었다.

4월 22일 경북대생 1천여 명은 오후 12시 30분 교내 도서관 앞에서 「졸업정원제 철폐하라」「교원적체 해소하라」는 등의 구호를 외치며 교내시위를 벌였다. 학생들은 지난 18일 대구시동구 신암1동 자취방에서 숨진 채 발견된 이 학교 김차순(역사교육과 4년)이 졸업정원제와 교사발령문제 등을 비관하여 자살했다고 주장하며 시위를 벌인 것이다. 이러한 경북대학에서의 졸업정원제 폐지투쟁은 4월 말에서 5월초까지 계속되었다. 2천 5백여 명의 학생들은 중간고사를 거부하고 졸업정원제 폐지와 파쇼헌법 철폐 등을 주장하며 시위를 벌였다. 이후 5월초까지 전개된 시위에서 졸업정원제 화형식을 거행하는 등 경찰의 진압에 맞서 격렬한 시위를 벌이기도 하였다.

영남대학교에서도 4월 말부터 졸업정원제 폐지를 주장하는 시위가 전개되었다. 4월 29일 4백여 명의 학생들이 졸업정원제 폐지와 파쇼정권 타도 등의 구호를 외치면서 교내 시위를 벌였다. 사범대생 3백여 명과 의대생 150여 명도 졸업정원제 반대투쟁을 전개하였다. 5월 1일에는 5천여 명의 학생들이 졸업정원제 폐지와 독재타도 등을 주장하면서 경찰과 투석전을 벌이기도 하였다. 그 과정에서 학생 4백여 명은 한때 경찰의 제지를 뚫고 경산읍내까지 진출, 가두시위를 전개하였다. 2일 오후 1시 도서관 서편 광장에서 졸업정원제 폐지 등 시국관련 성토대회를 개최하고 교내시위를 전개하였다.(『매일신문』, 1986. 5. 3)

5월초에는 계명대학교에서도 졸업정원제 반대투쟁이 전개되었다. 대명동 노천강당 등에서 어용총장과 무능총학생회 퇴진 및 시국성토 계명 총궐기대회를 갖고 졸업정원제 폐지, 병영집체교육 거부 등을 외치며 교내시위와 총장실 점거농성을 벌이기도 하였다.

효성여대(현 대구가톨릭대)에서도 졸업정원제 폐지와 학생에 대한 부당

징계 철회, 총장퇴진 등을 요구하며 시위를 벌였다. 7백여 명의 학생들이 5월초부터 학내민주화운동의 전개과정에서 졸업정원제 폐지와 총장 등 보직교수 사퇴, 교수 양심선언, 학칙개정 등을 요구하며 시위를 전개하였다. 안동대학교에서도 4월 말 '졸업정원제 폐지투쟁위원회'를 결성하고 동맹휴업과 시위를 전개하였다.

이러한 졸업정원제 폐지투쟁은 학생층의 의식화와 조직 강화에 크게 기여하였으며, 이후 1987년 6월 항쟁의 동력으로 이어졌다.[13]

4. 대학교수들의 반독재 민주화운동

1986년 3월 28일 고려대 교수들이 직선제개헌을 요구하는 시국선언을 시작했다. 이날부터 집권세력이 야당세력과의 개헌 논의를 재개하겠다는 의사를 밝힌 1986년 4월 30일까지 28개 대학 763명의 교수들이 일제히 시국 성명 발표에 가담하였다.

대구에서는 4월 16일 계명대에서 교수 49명의 서명에 의한 성명서 발표를 시작으로, 4월 18일 영남대 50명, 4월 28일 경북대 36명의 교수들의 시국선언 서명과 성명서 발표가 있었다. 계명대교수 49명은 「현 시국에 대한 우리의 견해」라는 시국선언문을 발표하면서 '오늘날 우리 사회와 대학은 어렵고도 중대한 시점에 처해 있으며 이의 해결과 극복을 위해서는 국민 각계 각층의 중지를 모으는 것이 절실히 요청된다…우리사회의 앞날을 위태롭게 하는 정치 경제적인 문제는 정치의 민주화와 경제적 평등의 실현을 추구하는 데서만 근본적으로 해결될 수 있다고 주장하였다.(『동아일보』, 1986. 4. 17)

이러한 대학별 시국성명서 발표는 교수들의 집단행동이 사회적으로 힘을

---

13) 졸업정원제 투쟁의 전개 양상은 해당 일자의 신문자료를 참고하였다. 참고한 신문은 『매일신문』, 『조선일보』 이다.

발휘할 수 있음을 확인해준 것이었다. 또한 참여교수들에 대한 해직과 같은 정권의 극단적인 제재가 민주화투쟁 시기에는 어려울 것이며, 각 대학별로 분산된 움직임이 교수 전체의 움직임으로 통합되어 이루어진다면 더 큰 힘을 발휘할 수 있을 것이라는 공감대가 확대되어 갔다.

그러나 1986년 인천 5·3항쟁을 계기로 집권세력은 민주화운동 세력에 대한 탄압을 강화하는 과정에서 공안정국을 조성하였다. 이를 바탕으로 시국성명 발표에 가담한 교수들을 대상으로 보직 사퇴나 승진 보류, 연구비 지급 유보 등의 조치를 취하거나 사립대학의 경우 교수임용제를 통해 해직 압력을 넣기도 하였다. 이러한 현실에 적절하게 대응하기 위해 전국 교수들 간의 공동 대응이 필요하다는 생각이 널리 확산되었다.(허은, 2003, 55~57쪽) 1987년 7월 21일 이런 문제의식의 귀결로 '민주화를위한전국교수협의회'가 창립되었다.

5. 아시안게임 반대 투쟁

1986년 9월에는 아시안게임 개최에 대한 반대투쟁이 전개되었다. 당시 학생들은 아시안게임이 미국의 한반도 지배 공고화와 분단고착화, 민중생존권 압살 책동, 군사정권의 안정구축을 위한 것으로 판단하였다. 이에 대응하여 학생들은 연대투쟁의 틀을 구축하고, '영구분단을 통해 민중을 압살하는 아시안게임저지와 미국의 신식민지 재편 기도 분쇄"를 이슈로 선정하였다. 9월 10일 오후 3시경 경북대 도서관 광장에서 경북대 반제반파쇼 민족민주투쟁위원회(위원장 황영익)가' 아시안게임 반대 및 민족 민주헌법 쟁취 투쟁 실천대회'를 개최하고, 아시안게임반대 선언문을 낭독한 후 가두진출을 시도하다 자진 해산하였다.(『매일신문』, 1986. 9. 11) 9월 12일에는 반제반파쇼 민족해방민주화투쟁위원회(위원장 이상수) 주최로 100여 명의 학생들이 모여 '아시안게임저지 및 헌법특위 분쇄추진 실천대회'를 개최했다. 해민투 산하 '직선제쟁취투쟁위원회' 이형규 위원장의 투쟁선언과 정철흠 총부학생 회장의 지지성명을 낭독한 후 북문과 정문에서 투석전을 전개하였다. 계명 대학교에서도 9월 16일 민민학련(위원장 최경태) 산하 아시안게임저지투쟁 위원회를 결성하고 시위를 벌였다. 그리고 경북대 아시안게임저지투쟁위원 장 김은령은 대회장인 대구시민운동장 앞 아시안게임 축하조형물에 화염병 을 던지고 아시안게임 반대를 주장하다가 연행, 구속되기도 하였다.(『기초조 사보고서』, 61쪽) 9월 16일에는 경북대와 대구대 학생 1백여 명이 경북대 시 계탑 광장에서 아시안게임 반대 집회를 개최하고 교내시위와 가두진출을 시 도하였다. 같은 날 계명대학교 사회과학대 앞에서 계명대, 영남대, 경북대 학생 2백여 명이 연합하여 대구지역 민족민주연합 2차 실천대회를 개최하고 아시안게임반대 등의 구호를 외치며 교내시위를 벌이기도 하였다.(『매일신 문』, 1986. 9. 17)

6. 민중층의 반독재 민주화운동[14]

1980년대 이후 전두환 정권의 수입확대정책 등에 대하여 안동가톨릭농 민회는 농민운동의 성격에 대하여 '오늘날 농민운동은 농민만이 살자는 것 이 아니라 외세의 경제침탈을 막고 민족자립경제. 민주화와 민족통일을 이 루려는 반외세 반독재운동이요 민중의 생존권을 쟁취하려는 인간화 운동이 다'라고 규정하였다.

1985년 농민들은 수입소에 대한 피해보상을 요구하는 소값 피해보상투쟁 을 전개하였다. 7월 하순 안동, 의성 안계 등지에서 개최된 시위에서 '소값

---

14) 사건의 내용에 대해서는 (사)대구경북민주화운동계승사업회의 『지역 민주화운동사 편찬 을 위한 기초조사보고서』(2006) 참조.

피해 보상하라, 외국 농산물 수입 중단하라, 농가부채 탕감하라' 등의 구호가 적힌 현수막을 경운기 등에 부착하고 행진하였다. 거리시위와 집회, 거리행진의 방식으로 진행된 활동을 통해서 농민들의 비참한 현실이 정부의 잘못된 농업정책의 결과임을 알리고 이를 해결하고자 하는 농민운동의 역동성을 확인하였다.

농민들의 당면 문제 해결을 위한 운동은 계속되었다. 1986년 4월 13일 안동문화회관 대강당에서 가톨릭농민회 안동연합회와 안동교구 농가부채 탕감대책위원회, 천주교 안동교구 정의평화위원회 주최로 약 700여 명의 농민과 40여 명의 신부, 70여 명의 수녀들이 참석한 가운데 '농민 노동자를 위한 기도회 및 농가 부채 탕감 농민대회'를 개최하였다. 대회를 마친 신부들과 농민들이 안동시내로 진출하여 '군부 독재 퇴진, 민주 개헌 쟁취, 외국 농축산물 수입 중단, 소 값 피해 보상' 등을 외치며 시위를 벌였다. 경찰의 강제진압 과정에서 노약자와 수녀들이 부상당하기도 하였고, 20여 명이 연행되었다가 풀려나기도 하였다.

1986년 8월 말에는 미국농축산물 수입반대운동이 전개되었다. 안동농민회관에서 미국농축산물 수입저지운동본부 현판식이 개최되었다. 9월에 접어들어 의성군 안계면과 안동군 풍천면, 영양읍 등에서 미국 농축산물수입반대 실천대회를 개최하였다. 농민들은 경운기를 앞세우고 가두시위를 벌였는데 그 과정에서 '군부독재 퇴진', '민주헌법 쟁취', '지방자치제 실현' 등의 구호를 통해 농민들의 정치의식을 표출시켰으며 조직 확대의 성과를 거두기도 하였다.

유화 국면 시기 노동자들 또한 정부의 친자본정책에 의한 노동조건 악화에 저항하여 민주화운동을 전개하기도 하였다. 1984년 5월 25일 대구 택시기사총파업은 이후 노동운동을 활성화시키는 기폭제가 되었다. 그리고 선진 노동자와 노동현장으로 투신한 활동가들은 소모임 활동을 통해 쌓은 역량을 바탕으로 노동조합 결성과 임금인상 등의 근로조건 개선을 위한 투쟁을 활발하게 전개하였다. 1984년 이후 한국경전기 투쟁을 비롯하여 대구 3공단을 중심으로 전개된 투쟁을 통해 근로조건 개선과 임금인상을 쟁취하기도 했다. 이 과정에서 노동자들은 투쟁의 의미를 자각하게 되었고 투쟁의 힘을 축적하게 되었다. 이렇게 축적된 지역 노동운동의 역량은 1986년 1월 '대구경북 노동자생존권확보 투쟁위원회' 결성으로 나타나고 이해 3월에는 처음으로 독자적인 근로자의 날 행사를 거행하고, 4월 5일 신민당 개헌현판식 집회에 참가하여 노동자의 입장을 담은 홍보물을 배포하기도 하였다.

대구지역의 개신교계에서도 반독재 민주화운동[15]에 참여하였다. 청년들 중심으로 군부독재의 온상이었던 대구에서 이웃의 아픔에 무관심했던 신앙을 반성하고 소외된 노동자, 농어민, 도시빈민 등 억눌린 민중에게 복음을 전하고 그들의 굴레를 해방시키는 것을 선교의 과제로 제시하였다.

이들의 활동에는 KNCC 산하 협의기구인 기독청년협의회(EYC)와 KSCF 등도 함께 하여 교회의 예언자적 사명을 촉구하며 대구지역 기독교 민주화운동의 전위대 역할을 수행하였다.

그리고 작은교회(곽은득), 달구벌교회(안기성), 이웃교회(이승학) 등 이른바 민중교회라고 불리던 교회들도 신앙을 매개로 한 반독재민주화운동에 동참하였다. 이러한 민중교회에 대해 전두환정권은 빨갱이로 규정하고 철저한 감시와 탄압을 자행하였다. 그런 가운데 1986년 7월 '반미 선동과 반공교육 부정' 등을 내용으로 하는 책자를 집단으로 탐독, 의식화교육을 해온 혐의로 KNCC 대구인권위원회 간사 사공준, 달구벌교회 담임 목회자였던 안기성 전도사, 교인이었던 전 대구기독청년회 총무 손호만, 전 경북대

---

15) 대구지역 개신교 민주화운동 주요 내용은 다음의 책을 참고하였다.
　　KNCC대구인권위원회 20년사편집위원회(편) 『복음과 인권:대구지역 기독교사회운동 20년사』 한국기독교교회협의회 대구인권위원회, 2003.

생 최덕희 등 4명을 국가보안법 위반혐의로 구속했다.(『경향신문』, 1986. 7. 2) 이에 대구인권위원회를 중심으로 예장 통합총회 인권위원회 등에서는 명백한 선교탄압으로 규정하고 전국적인 연대를 통해 항의방문, 농성, 기도회 등을 전개하였다. 7월에는 '고난받는 형제들을 위한 기도회'를 대구 YMCA 교남실에서 개최하고 달구벌 교회 사건 등으로 구속된 모든 양심수들의 석방을 위해 기도하였다. 이러한 공안당국의 달구벌교회 탄압사건은 경기도 반월공단의 원곡교회, 인천 일꾼교회, 백마교회 성남 주민교회 등 노동자들을 지원하는 민중교회를 탄압하고자 소위 '동해공작'이라는 이름으로 전개된 사건이었다.

이외 1986년 4월에는 KBS의 불공정 편파보도와 보도지침 등에 반발하여 일어난 'KBS 시청료거부운동'에 동참하였다. KNCC 대구인권위원회에서도 '시청료 거부 기독교 범국민운동 대구본부'를 인권위 사무실에 두고 활동을 전개하였다. 당시 언론에 전혀 보도되지 않은 상황 가운데서도 가톨릭과 여성단체, 그리고 불교계까지 운동이 확산되었다.

제3장 6월민주항쟁과 민주화운동

제1절 박종철 고문사망사건과 민주대연합 구축

1. 1987년 초반 지역운동 상황

한국 보수 세력의 주요 통치기반으로서 인식됐던 대구경북지역에서도 1987년 초반부터 민주화운동이 대규모로 확산될 조짐이 보였다. 민주통일민중운동연합경북지부(이하 민통련경북지부, 1985년 창립)는 꾸준히 지역 사회 운동의 구심으로 활동했다. 지역 명망가인 민주인사들과 학생운동 출신 청년들이 결합한 이 조직은 고문 용공 조작 저지 투쟁, 민주헌법 쟁취 투쟁을 벌이면서 대구와 경북의 중소도시를 연결해 6월민주항쟁의 디딤돌을 놓았다.

학생운동은 비약적으로 성장했다. 학생운동 조직의 구성원이 주요 대학의 총학생회장으로 선출됐으며, 활동가 수도 늘어났다. 학생운동 조직은 1987년 초반까지만 해도 비공개 서클을 중심으로 활동했으나, 서클 운동의 폐쇄성에서 벗어나 운동의 중심을 학생회로 이동하려는 움직임도 조금씩 나타나고 있었다. 경주, 구미, 안동을 비롯해 경북지역의 중소도시에서도 학생들이 소규모 운동조직을 만들고 투쟁을 전개해 나중에 6월민주항쟁이 확산하는 데 기여했다.

1987년 초반 대구경북지역의 대학가에도 수도권의 영향으로 이념·노선 논쟁이 활발하게 전개됐다. 다양한 경로를 통해 비합법 문건들이 유입됐고, 다른 지역에서 수배를 당한 활동가들이 와서 활동했다. 대구지역의 경우, 1986년까지만 해도 경북대의 소위 '정통파'를 계승한 주류 세력인 '반제반파쇼민족해방민주화투쟁위원회'(약칭 '해민투')와 '비정통파'와 어느 정도 연관성을 갖고 형성된 비주류 세력인 '반파쇼민족민주투쟁위원회'(약칭 '민민투')가 대표적인 비합법 서클로서 다른 주요 대학들의 조직과 연대체계를 이루고 있었다. 그러나 이 조직들은 수도권지역의 자민투, 민민투와는 관계없이 만들어진 조직이었으며, 통합 과정에 대부분 NL노선을 수용했다. 그러므로 자민투와 민민투라는 양대 조직이 대립하던 수도권과 달리, 1987년 초반 대구지역 대학가 조직들은 이념적으로 NL에 가까웠다.(채장수, 2006, 213쪽; 김상숙, 2015, 55쪽)

　노동운동 조직도 성장하고 있었다. 아직 현장 노동자들의 대중운동은 활발하지는 않았지만, 학생운동 출신 활동가들이 현장으로 들어가 '선진 노동자'라 불리는 소수의 노동자 출신 활동가들과 결합해 몇 개의 비공개 그룹을 형성했다. 1987년 초반에는 그 수도 상당히 늘어나 대구지역에서는 최소한 100명 이상으로 추정되는 활동가들이 4~5개의 비공개 그룹 조직에서 활동했다. 이 그룹들은 구성원들이 주로 학연을 기반으로 모여 민중운동 지향성을 소박하게 공유하는 정파적 서클의 성격이 강했다. 그러나 이 조직들도 1986년경부터 수도권지역의 영향을 받아 노선 논쟁을 진행하면서 자신들의 활동에 변혁 지향적 성격을 부여하고자 노력했다. 노동운동 조직들은 학생운동 조직보다 좀 더 다양한 노선을 수용했으나, 역시 NL 경향이 다수였다. 1987년 초반 대구에는 노동운동 지원자들이 갑자기 늘어났으며, 노동운동 외의 영역에서도 '외곽 후원 모임'들이 생겨나기 시작했다. 이 모임들은 나중에 전교조를 포함해 다양한 부문운동이 건설될 때 맹아가 되기도 했다.(김상숙, 2007, 155~159쪽)

이처럼 대구경북지역에서도 1987년 6월민주항쟁은 하루아침에 만들어진 것은 아니며, 1987년 초반에 나타난 여러 조짐은 이후의 대격변과 새로운 대중운동의 탄생을 예고했다.

2. 2·7 규탄대회와 3·3 고문추방 민주화 국민평화대행진

1) 2·7 규탄대회

1987년 초에 발생한 박종철 고문 사망 사건은 6월민주항쟁으로 가는 도화선이 됐다. 1월 14일 서울대생 박종철이 고문으로 사망하자, 1월 20일부터 경북대 학생들이 추모 농성과 침묵시위를 했고, 계명대, 대구대, 영남대 학생들도 분향소를 설치하고 박종철의 죽음을 애도했다. 1월 26일에는 신민당대구경북지부 사무실에서 대구지역 재야단체와 신민당이 합동 추모식을 했다. 그리고 민통련경북지부 등 지역 10개 단체 대표와 야당 국회의원이 함께 대구경북고문저지공동대책위원회(이하 고문공대위)를 결성했다. 2월 7일에는 전국 16개 지역에서 박종철을 추모하고 고문을 규탄하는 집회가 열렸다. 이날 대구에서는 경찰이 저지하는 가운데 곳곳에서 산발적으로 시위가 일어났다. 오후 1시 45분경 신민당대구경북지부 앞에 모인 신민당 당원 50여 명이 애국가를 부르면서 약식 추도회를 열자 3백여 명의 시위대가 형성됐다. 비슷한 시각, 중앙로 로얄호텔 앞길에서는 재야인사,

〈그림 3-11〉 대구경북고문저지공동대책위원회에서
발간한 2·7규탄대회 홍보 전단
(출처: 민주화운동기념사업회 오픈아카이브즈 00174519)

시민, 학생 등 4백여 명의 시위대가 고문공대위 대책위원인 유연창 목사와
주영 스님을 앞세우고 "고문정치 중지하라, 독재정권 타도하자"를 외치며
YMCA 쪽으로 행진했다. 대구백화점 앞에서는 김은집 고문공대위 대책위
원을 포함한 신민당 당원 50여 명이 중앙파출소 쪽으로 행진했다. 한편, 오
후 2시부터 남구 대명성당과 수성구 범어성당에서는 신자와 시민 수백 명
이 모여 '고 박종철 추도 및 인권 회복을 위한 미사'를 지냈다.(『기초조사보
고서』, 55쪽; 김균식, 2007, 115~118쪽)

경북지역에서도 추도 행사가 열렸다. 안동에서는 2월 9일 안동문화회관
에서 천주교안동교구정의평화위원회 등 4개 단체 주최로, 의성에서는 2월
18일 의성성당에서 천주교안동교구의성지구사목회 주최로 각각 추모 미사
와 고문 규탄대회를 열었다. 영주에서는 2월 18일 영주예식장에서 불교 신
자 2백여 명이 모여 고 박종철의 명복을 비는 영가천도 기원 법회를 열었다.
상주에서는 3월 2일 남성동성당에서 천주교안동교구상주사목회 등 3개 단
체 주최로 추모 미사와 고문 규탄대회를 열었다.(김균식, 2007, 118~119쪽)

2) 3·3 고문추방 민주화 국민평화대행진

1987년 3월 3일에는 박종철 49재에 맞춰 전국 주요 도시에서 고문추방
민주화 국민평화대행진이 열렸다. 대구에서는 2·7 규탄대회 때보다 더 많
은 시민이 호응하며 시위가 일어났다. 이날 오후 2시경 아카데미극장 앞에
서 태극기를 앞세운 신민당원 30여 명이 스크럼을 짜고 애국가를 부르며
반월당 쪽으로 행진하자, 시위대는 2백여 명으로 불어났다. 같은 시각 신민
당대구경북지부 앞에 집결한 신민당 당원 1백여 명도 태극기를 펼쳐 들고
노래를 부르며 2·28기념탑 쪽으로 행진했으며, 명덕로터리 인근에서 시민
들이 모여들어 시위대는 3~4백 명으로 불어났다. 한편, 고문공대위 관계자

와 시민·학생 등 3백여 명은 동성로 한일극장 맞은편에서 시위했다. 그들이 태극기를 흔들며 '애국가', '우리의 소원은 통일' 등의 노래를 부르며 구 뉴욕제과점, 아세아극장, 제일은행 대구지점 앞 등에서 시위를 하자 연도의 시민들이 손뼉을 치며 호응했다. 이날 시위로 대구에서는 48명이 연행되고 1명이 구속됐다. 한편, 대구교도소에 수감된 양심수 43명은 교도소 안에서 추도회 행사를 하려다가 교도소 관계자들에게 폭행을 당한 뒤 이에 항의하는 단식투쟁을 했다.(『기초조사보고서』, 56쪽; 김균식, 2007, 119~121쪽)

3. 4·13호헌철폐투쟁과 민주헌법쟁취국민운동대구경북본부의 출범

박종철 고문 사망 사건 후 민주화운동 세력은 직선제 개헌 운동을 전개했다. 정권 유지에 위기를 느낀 전두환은 4·13 호헌 조치를 선언했고, 이는 사회 각계각층의 저항을 불러일으켰다. 대구경북지역에서도 종교인들이 단식기도를 하고, 대학교수들이 시국선언을 발표했다. 문화예술인, 대학원생, 변호사들의 성명이 계속됐다.

대학생들도 각 학교에서 파쇼헌법철폐투쟁위원회 등을 구성해 시위를 했다. 당시 각 대학에서는 학생 다수가 참여해 학내 민주화 투쟁을 했고, 이 투쟁은 호헌철폐 투쟁과 연결됐다.

경북대에서는 1987년 4월 15일부터 23일까지 학내 민주화 투쟁과 호헌철폐 투쟁을 함께 했다. 당시 학생들은 법대 박양춘 부교수가 부당하게 재임용이 누락된 것과 경대병원 이정현 간호사가 박종철 열사 추도 집회에 참가했다는 이유로 징계를 당한 사건에 항의해 총장 면담을 요구했고, 총장이 이를 거부하자 4월 15일에는 학생 50여 명이 대학 본관을 점거해 철야 농성을 했다. 그런데 농성을 하던 총장실에서 학원 사찰 관련 메모지가 발견됐고, 이를 계기로 투쟁이 증폭됐다. 학생들은 매일 수천 명이 모여 비상 학생총회를 열었으며, 20일부터는 중간고사도 거부했다. 21일에는 다시 학생 60여 명이 총장실을 점거해 철야 농성을 했고, 결국 23일 오전에 경북대 총장 서원섭은 사퇴하겠다고 발표했다.(『기초조사보고서』, 125~126쪽)

계명대에서는 5월 4일 대명동 수산관 앞에서 '어용교수 퇴진 및 학원 민주 쟁취를 위한 공개토론회'를 열었다. 이 자리에서 토론회를 주도하던 '장기집권음모분쇄투쟁위원회' 위원장 양동태 학생이 "장기집권 획책하는 군부독재 정권 퇴진하라"는 구호를 외치고 할복자살을 기도했다. 사건 후 그는 동산병원에 입원했으며 다행히 생명에는 지장이 없었다. 영남대에서는 대동제 기간 중 학생들이 경산경찰서 소속 이태돌 순경을 붙잡아 무전기를 압수한 뒤 풀어준 일이 있었다. 그 뒤 경찰은 학내로 들어와 학생 54명을 연행한 뒤 총학생회 부회장 정재훈을 구속했다. 학생들은 5월 21일부터 8일간 수업을 거부하면서 구속 학생 석방을 위한 민주화 대행진을 했다. 5월 28일에는 학생 천여 명이 중앙도서관 4층을 점거하고 철야 농성을 했으며, 이튿날인 29일에는 천여 명이 전경과 충돌하며 투석전을 했다. 투쟁은 6월에도 이어져 6월 5일 영남대생 1백여 명은 중앙도서관 서편 광장에 집결해 구속 학우 석방과 호헌철폐를 요구하며 시위를 했다. 같은 날, 대구대에서는 일문과 학생 40여 명이 무능 교수 퇴진 등을 요구하며 본관에서 농성했다. 각 대학의 이러한 투쟁은 6월민주항쟁의 중요한 토대가 됐다.(『기초조사보고서』, 57쪽, 141쪽, 176쪽)

각계의 호헌철폐 운동은 범국민적인 연합전선을 구축하려는 움직임으로 나아갔다. 5월 25일 죽전천주교회에서는 지역 민주인사들이 모여 '호헌반대민주헌법쟁취범국민운동대구경북본부'를 결성했다. 당시 국민운동본부에는 ① 민통련을 중심으로 한 민주화운동 세력, ② 2·12 총선을 통해 민주화 의지를 표출한 전·현직 국회의원과 야당 세력, ③ 기독교 등 종교권의 민주화운동 세력 등 크게 세 갈래의 세력이 참가했다.(김찬수 구술, 2020.

9. 19; 남영주 구술, 2020. 8. 1)

5월 27일, 전국 단위로 민주헌법쟁
취국민운동본부가 결성되자 대구경북
본부도 이름을 '민주헌법쟁취국민운동
대구경북본부'(이하 국민운동대경본부)
로 바꿨다. 여기에는 민주화추진협의
회, 통일민주당 등 야당 인사뿐 아니라
민통련경북지부, 가톨릭노동청년회대
구교구연합회, 가톨릭농민회대구교구
연합회, 가톨릭농민회안동교구연합회,
경북기독교농민회, 경북목회자정의평
화실천협의회, 민주화실천가족운동협
의회경북지부, 우리문화연구회, 천주교
대구대교구사회운동협의회, 천주교안

〈그림 3-12〉'민주헌법쟁취국민운동
대구경북본부' 결성을 알리는 「경북의 소리」
특보 제12호 (민통련경북지부 발간, 1987.5.22.)
(출처: 민주화운동기념사업회
오픈아카이브즈 00072074)

동교구정의평화위원회, 포항민주화운동연합, 한국기독교교회협의회대구인
권위원회 등의 단체가 참가했다. 국민운동대경본부는 6월민주항쟁의 구심
역할을 했고 경북 각지에 지역본부를 구축해 1988년까지 대구경북지역의
민주화운동을 이끌었다. 상임공동대표는 김병구(포항민주화운동연합 의장),
김상해(대구인권위원회 위원장, 목사), 김성순(경북기독교농민회 회장), 류
강하(민통련경북지부 의장, 신부), 류연창(민통련경북지부 고문, 목사), 목
요상(통일민주당 인권옹호위원장, 국회의원), 배용진(가톨릭농민회안동교구
연합회 회장), 원유술(민통련경북지부 부의장, 신부), 윤정석(가톨릭농민회
대구교구연합회 회장) 이재욱(통일민주당 국회의원), 임태섭(경북목회자정
의평화실천협의회 공동대표, 신부), 주영(민통련경북지부 부의장, 스님)이
맡았고, 그 외에도 종교계와 전·현직 국회의원, 민주인사들이 공동대표로

참가했다.(김균식, 2007, 123~124쪽 ; 『기초조사보고서』, 305~306쪽)

국민운동본부는 재야인사와 야당 인사, 양심적 종교인 등 개인 명망가들이 결집하고 청년 활동가들이 실무를 집행한 단체로, 여러 대중단체가 조직적으로 결합한 것은 아니었다. 그러나 민족민주운동이 합법화·대중화되지 않은 시기에, 흩어져서 민주화운동을 하던 여러 세력이 민주대연합 전선을 구축해 6월민주항쟁을 이끌었다는 의의가 있다.

제2절 대구의 6월민주항쟁

1987년 6월민주항쟁은 한국의 거의 모든 도시와 일부 군청 소재지에서 일어났다. 항쟁 이전부터 조직적으로 움직였던 대학생뿐 아니라 각계각층이 참여했으며, 특히 중간계층의 시민들이 다수 참여하거나 동조했다. 또한, 6월민주항쟁은 전국적인 조직인 국민운동본부의 행동지침에 따라 각 지역에서 동시다발적으로 진행되면서, 3·1운동, 1946년 10월 항쟁, 4월 혁명, 부마항쟁, 5·18민중항쟁 등 과거의 대규모 항쟁보다 조직적이었고 처음부터 목적의식이 뚜렷했다는 특징이 있다.(한국민주주의연구소, 2010, 347~349쪽)

대구에서도 국민운동대경본부가 주최한 집회와 시위에 학생과 시민 수만 명이 참가했다. 이는 대구에서 1946년 10월 항쟁 후 가장 많은 인파가 시위에 참여한 것으로, 정권이 수십 년간 지역주의적 지배체계를 구축해왔는데도 지역민들이 이에 맞서 반독재 민주화 의지를 표출한 것이다.

6월민주항쟁의 전개 과정은 ① 항쟁이 시작된 6·10국민대회부터 6월 17일까지의 항쟁이 발전하기까지의 과정, ② 항쟁이 확대된 6·18 최루탄추방 결의대회부터 6월 25일까지의 과정, ③ 항쟁의 대단원이 된 6·26 국민평화대행진으로 나눠 살펴볼 수 있다.[16)]

---

16)　이하 이 절의 내용은 다음의 자료를 참고해 서술했다. : 김균식, 2007, 124~137쪽 ; 『기

1. 6·10 국민대회와 항쟁의 시작

1987년 6월 10일, 민정당 전당대회 겸 대통령 후보 지명대회와 동시에 전국적으로 '박종철 고문살인 은폐규탄 및 호헌철폐 국민대회'가 개최됐다. 이날 오후 5시 30분경부터 국세청 앞에서 통일민주당 당원, 민주산악회 회원 등 1백여 명이 태극기를 앞세운 채 애국가를 부르고 '호헌철폐' 등을 외치며 행진을 시작하자 시민 1천여 명이 합류했다. 오후 6시에는 국민운동대경본부 집행부와 시위대 5백여 명이 구 런던제과 앞에서 국기 하강식에 맞춰 애국가를 불렀다. 그러자 도심 곳곳에서 시민과 학생들이 부르는 애국가가 울려 퍼졌다. 시위대가 구호를 외치며 차도로 나서자 시민들은 박수를 쳤으며, 일부 차량이 경적을 울렸다. 경찰이 최루탄을 발사하자 시위대는 곳곳으로 흩어져 시위를 전개했다. 여기에 퇴근길의 시민, 노동자들도 합류했다. 상가들은 모두 철시했으며, 수많은 시민이 연도에서 호응했다.

오후 8시 10분경에는 동산호텔 근처에서 시위 군중이 학생과 시민을 연

〈그림 3-13〉 대구 동성로 뱅뱅 앞에서
진행된 6·10대회에 참석한 시민들
(출처: 민주화운동기념사업회 오픈아카이브즈
00907284, 원출처: 매일신문사)

〈그림 3-14〉 대구 중앙로 아카데미극장 앞
도로에서 스크럼을 짜고 거리행진을 하는 대학생들
(출처: 민주화운동기념사업회 오픈아카이브즈
00907305, 원출처: 매일신문사)

초조사보고서』, 24~25쪽, 56~57쪽, 141~143쪽, 207~209쪽; 『사적지조사보고서』, 56~57쪽; 『경향신문』, 『동아일보』, 『매일신문(대구매일신문)』, 『한겨레신문』의 관련 기사.

행해가던 경찰버스에 돌을 던져 연행자 21명을 구출했다. 또 다른 시위대는 서문시장 앞 도로에서 집회를 열고 즉석연설을 했다. 대구시경 앞의 시위대 6백여 명은 파출소 유리창을 깨고 경찰 버스에 돌을 던지기도 했다. 오후 8시 50분에는 시위대가 칠성시장 파출소를 타격했고, 오후 10시쯤에는 남산 파출소 장봉덕 경위의 무전기를 빼앗기도 했다. 밤에는 시위대가 변두리 지역인 신암동, 신천동, 내당동, 대명동 등지에서 게릴라식 시위를 전개했다.

이날 대구에서는 약 3만여 명이 대구역, 동인네거리, 동성로, 한일로, 시청, 반월당, 아카데미극장 앞, 중앙파출소 앞, 섬유회관, 서문시장, MBC방송국, KBS방송국, 칠성시장 등 도심 곳곳에서 30여 차례 시위를 했다.

이후의 시위는 6월 15일부터 이어졌다. 6월 15일 오후 6시 40분경, 대학생들은 기말고사를 거부한 뒤 대구백화점 앞에 모여 유신학원 네거리까지 행진하다가 차도를 점거하고 연좌했다. 경찰이 저지하자 시위대는 2백~3백 명 규모로 흩어져 동아백화점 앞, 시민회관, 대신동, 명덕로터리 등지에서 시위했다. 오후 8시 20분경 시위대가 칠성시장 앞 도로에 연좌하자 주변 상인과 시민이 합세해 시위 군중은 1천여 명으로 불어났다. 이후 시위대는 강남약국 방면으로 밀려났다가 밤 9시 30분경 경북대 후문에 집결해 투석전을 벌인 후 10시 45분경 해산했다.

6월 16일, 외곽 홍보에 주력하기로 한 학생 연합 시위대는 오후 6시 20분쯤 대구백화점 부근에 집결한 뒤 곳곳에 대자보를 붙이고 서문시장, 비산로터리, 팔달시장 등 외곽지역을 누비며 시민들의 동참을 호소했다. 밤 9시에는 시위대가 동아양봉원 근처에서 촛불과 횃불을 밝히고 행진하자 시민들이 합세했다. 밤 9시 30분쯤에는 한일극장 앞에서 10대 소년이 최루탄 가스에 질식해 쓰러졌는데 경찰이 아무 조치도 취하지 않자 시민들이 격렬하게 항의했다.

6월 17일 오후 5시에는 계명대에서 대구지역 5개 대학 학생 1만여 명이 참가해 직선제 쟁취 총궐기대회를 열었다. 그 뒤 학생들은 3백~5백 명씩 계산오거리, 동원예식장 앞, 신남네거리 등에 집결한 뒤 행진했고, 도심 곳곳에서 연좌했다. 여기에 퇴근길의 시민들과 시장 상인들이 합세해 1천~3천 명 규모의 시민들이 토론회를 열었다. 밤 9시 50분경 경찰이 최루탄을 난사하자 시위대는 경찰과 투석전을 벌이다가 밤 11시경에 해산했다.

2. 6·18 최루탄 추방 결의대회와 항쟁의 확대

1987년 6월 18일 오후 6시에는 국민운동대경본부 주최로 '살인 최루탄 추방을 위한 민주화 실천 범시민 대행진'이 중앙로와 한일로에서 시작됐다. 이날부터는 '민주화실천가족운동협의회경북지부'(이하 민가협) 회원들이 적극적으로 앞장섰다. 오후 5시에는 동인네거리에서 경북대 의대생 5백여 명이 대형 태극기를 앞세우고 행진했다. 오후 5시 30분경 '눈물 없이 살고 싶다. 최루탄 정권 물러가라'고 적힌 플래카드를 앞세우고 중앙로로 오던 시위대를 전경이 막자 민가협 회원들이 전경들에게 장미꽃을 꽂아주며 "쏘지마"를 외쳤다.

5천여 명의 시위대는 노상에서 최루탄 피해 보고대회를 열고 시민들과 토론회를 진행했다. 일부 시민들은 음식과 음료수, 담배 등을 시위대에게 주었다. 이날 남녀노소 다양한 계층의 시민이 마스크와 물안경을 준비해 시위에 참여했으며, 도심 곳곳에 대구지역 5개 대학 총학생회장 명의의 벽보가 붙었고, 건물 벽과 도로 바닥에는 페인트로 '호헌철폐, 독재 타도' 등의 구호가 쓰였다. 경찰이 최루탄을 난사하자, 시위대는 수백 명씩 몰려다니며 곳곳에서 밤 11시 30분경까지 격렬하게 시위를 했다. 이날 시위에 대구에서는 연인원 2만여 명이 참가했다.

〈그림 3-15〉 대구 동성로에서 최루탄 추방 결의
대회 중 노상에서 열린 간이공청회 모습
(출처: 민주화운동기념사업회 오픈아카이브즈
00907291, 원출처: 매일신문사)

〈그림 3-16〉 최루탄 추방 결의대회를 홍보하고
있는 민가협 회원들
(출처: 성낙종)

이날 이후 5일간의 상황을 살펴보면 다음과 같다.

◎ 6월 19일 : 비가 오는데도 학생 연합 시위대가 도심에서 오후 5시경부
터 시위했다. 오후 8시 50분쯤 제일극장과 아카데미극장 앞에 집결한 시위
대에게 경찰이 최루탄을 쏘자 시민들이 "쏘지 마"를 합창했다. 시위대 1천
여 명이 도로에서 연좌하자, 시민들이 우유, 박카스, 수건을 줬다. 밤 9시
20분쯤에는 남산동 대한극장 앞 도로와 동원예식장 부근에서 시위를 벌이
던 두 시위대가 합류하면서 경찰과 싸움이 일어나 전경 19명이 다쳤고 인근
파출소도 화염병 공격을 받았다. 이후 시위대는 자정까지 산발적인 시위를
벌이다 해산했다.

◎ 6월 20일 : 계명대와 영남대생 2천여 명이 오후 2시경 계명대에서 출
정식을 하고 서문시장 방면으로 시위에 나섰다. 그들이 대신동 네거리에서
노래를 부르면서 연좌하자, 시장 상인들이 물과 음료수를 줬다. 오후 4시
30분경에는 경북대와 대구한의대 학생들도 중앙로에 진출해 시위했다. 같
은 시각 민가협 회원 30여 명이 동아백화점 앞에서 최루탄 추방을 위한 가
두캠페인을 했고 전경에게 꽃을 나눠주며 행진했다. 중앙파출소 부근에 다
다른 민가협 회원들은 시민·학생들과 함께 연좌해 약식 공청회를 열었다.

오후 6시 30분부터 중앙로 일대에서 시위대와 경찰 사이의 공방전이 있었다. 오후 9시경에는 흩어졌던 시위대가 대구백화점 앞에 모여 시민들이 자유발언을 하는 만민공동회 형식의 집회를 열었다. 밤 10시경 집회를 마친 시위대 2천여 명은 경찰과 투석전을 벌이며 대구역 지하도, 통일로, 도청을 거쳐 경북대 북문으로 갔다가 새벽 1시경에 해산했다.

◎ 6월 21일 : 학생 연합 시위대 1천5백여 명은 오후 3시 30분경 경북대 운동장에서 '2보 전진을 위한 애국 학생, 시민 연합 대동제'를 열었다.

◎ 6월 22일 : 대구지역 5개 대학 학생들은 시내 곳곳에서 행진하고, 연좌 농성, 시국 토론회 등을 열었다. 이날은 비산동, 봉덕시장 등 외곽지에서도 시위를 했다. 중심가에서는 경찰이 체포조를 동원해 학생과 시민 110명을 무차별 연행했다. 오후 8시 40분쯤 대구백화점 앞에서 시위대가 행진에 나설 때는 시위 군중이 1만 명으로 불어났다. 경찰이 최루탄을 난사하자 시위대는 보도블록을 던지고, 대구역 광장의 대형광고탑을 화염병으로 불태우기도 했다. 이날 시위는 밤 11시 50분경 해산했다.

◎ 6월 23일 : 이날은 오후 5시경부터 밤 11시까지 도심 곳곳에서 청장년층 시민 다수가 합세한 시위대가 노래를 부르면서 연좌를 하거나 경찰과 공방전을 했다. 경찰이 시민과 학생 102명을 연행했고, 30여 명이 다쳤다. 시위 중 대구대 김윤세 학생과 유성현 학생이 직격탄을 맞아 크게 다치는 불상사가 있었다. 밤 11시경 동아백화점 앞에서 연좌하던 시위대 7백여 명은 학생들의 부상 소식을 듣고 침묵시위를 하며 경찰의 폭력을 규탄했다. 김윤세 학생이 입원한 경대병원에는 밤 12시 30분경 경찰이 사과탄을 던지며 들어와 학생들을 구타하고 연행했다. 이 와중에 경북대 이동인 학생이 머리가 깨지고 양쪽 무릎이 부서지는 중상을 입었다. 이외에도 대구공고 박수연 학생이 경찰에게 집단구타를 당해 파티마병원에 입원했다.

3. 6·26 국민평화대행진과 항쟁의 대단원

6월민주항쟁은 1987년 6월 26일 국민평화대행진으로 절정에 달했다. 이날 오후 6시경 아카데미극장 부근에서 국민운동대경본부의 대표들과 통일민주당 국회의원, 지역 원로들이 대형 태극기와 '국민의 힘으로 민주화를 쟁취하자'라는 플래카드를 들고 행진에 나서자 연도에 늘어선 시민들이 합세해 시위 대열은 수천 명으로 늘어났다. 시위 참가자들은 '독재 타도', '민주 쟁취', '직선 개헌'의 구호를 외치고 '애국가'와 함께 '우리의 소원은 통일'을 개사한 '우리의 소원은 민주' 등의 노래를 불렀다. 이에 인도의 시민들이 환호하며 박수로 호응했다.

경찰이 최루탄을 난사하자 시위대는 도심 곳곳에서 돌과 화염병을 던지며 저항했고, 일부는 오후 9시쯤 남문시장 네거리에 집결해 시국 토론회를 열었다. 토론회에는 회사원, 상인, 주부 등 각계각층 시민들이 즉석연설을 했다. 한편, 밤 10시경에는 보수적인 개신교 교단인 예수교장로회 소속 교인 1천5백 명이 제일교회에서 연합기도회를 마친 뒤 십자가를 앞세우고 명덕네거리의 2·28기념탑까지 촛불 행진을 했다. 이 행진에 시민들이 합세

〈그림 3-17〉 대구 중앙로에서 명덕로터리까지
평화대행진을 벌이고 2·28기념탑 앞에서
집회 중인 시민들
(출처: 민주화운동기념사업회 오픈아카이브즈
00907308, 원출처: 매일신문사)

〈그림 3-18〉 제일교회 구국기도회 이후 대구 원
광한의원 앞을 행진하는 최루탄추방과 민주헌법
쟁취를 위한 십자가 대행진 참여 시민들
(출처: 민주화운동기념사업회 오픈아카이브즈
00907297, 원출처: 매일신문사)

해 남문시장네거리에서 명덕네거리 사이의 도로를 메우자 경찰은 이들에게
도 최루탄을 난사했다. 이후 시위대는 유신학원 네거리, 반월당 네거리, 명
덕네거리, 수도산 사이 간선도로를 따라가며 시위를 했다.

이날은 구 런던제과 앞과 대구역 사이 2천여 명, 남문시장 주변 1천여
명, 봉산동 유신학원에서 덕산동 반월당 간 7백여 명, 대봉동 대봉교 일대
5백여 명 등 1만여 명이 시위에 참여했다. 이튿날 새벽 1시 30분까지 격렬
하게 벌인 시위에서 학생, 시민 40여 명과 경찰 28명 등 68명이 중·경상
을 입었고 파출소 다섯 군데와 민정당 이치호 의원 사무실이 습격당했다.

1987년 6월 29일, 국민들의 대규모 항쟁에 백기를 든 정권이 노태우를
앞세워 6·29선언을 발표하면서 6월민주항쟁은 일단락되었다. 7월 9일에
는 국민운동대경본부와 대구지역대학생대표자협의회 주최로 열린 이한열
열사 영결식 및 추도행진에 수천 명의 시민이 참가해 YMCA에서 2·28 기
념탑까지 행진했다. 7월 18일에는 시민 1만여 명이 계명대 노천강당에 모여
'민주헌법을 위한 범시민시국대토론회'를 열었다. 이 자리에서는 문익환 목
사의 시국강연이 있었고, 각계각층의 시민들이 나서서 항쟁 후 민주헌법 쟁
취의 과제에 관해 의견을 모았다.

〈그림 3-19〉 1987년 7월 18일 계명대 노천강당에서 열린 '민주헌법을 위한 범시민시국대토론회'
(출처: 성낙종)

제3절 경북의 6월민주항쟁

경북지역의 6월민주항쟁은 포항지역과 안동지역에서 비교적 조직적으로 전개되었다. 그 외에 경주, 김천, 영천, 의성 지역에서 소규모로 집회를 열고 시위를 했다.[17]

1. 포항지역

포항은 포항제철 등 철강공단 노동자가 다수인 50만 중소 도시로서 지역 활동가들이 1984년부터 노동, 농민, 여성, 종교, 문화, 교육 등의 부문운동 모임을 형성하고, 민통련경북지부 활동에도 적극적으로 참여하며 연대해왔다. 1987년 4월 25일에는 지방 중소도시 지역운동의 필요성을 주장해오던 지역 민주 인사와 종교계 인사, 지역 원로들이 결합해 포항시 창포동 성공회성당에서 '포항민주화운동연합'(이하 포민련, 의장 김병구)을 결성했다. 포민련은 회원이 150명인 단체로 기관지 『영일만의 함성』을 제작해 배포하는 등 반독재민주화운동을 전개했다.

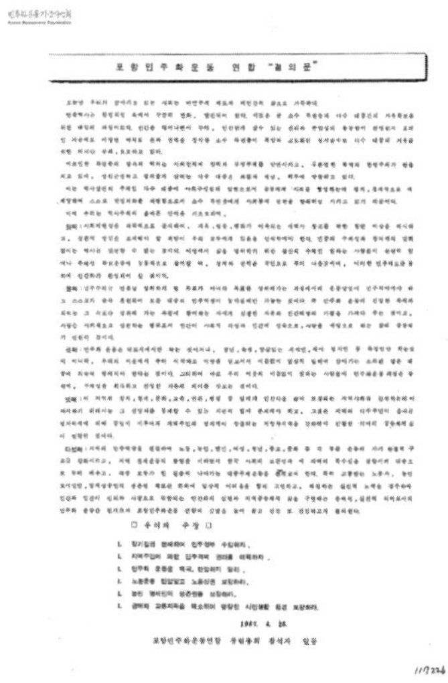
포항민주화운동 연합 "결의문"

□ 우리의 주장 □

1987. 4. 25.

포항민주화운동연합 창립총회 참석자 일동

〈그림 3-20〉 포항민주화운동연합 창립 결의문(1987.4.25.)
(출처: 민주화운동기념사업회 오픈아카이브즈 00117226)

17) 이하 이 절의 내용은 다음의 자료를 참고해 서술했다. : 김균식, 2007, 138~143쪽; 김병구, 2005, 116~118쪽; 김병구 구술, 2020. 8. 19; 『사적지조사보고서』, 57~58쪽; 『경향신문』, 『동아일보』, 『매일신문(대구매일신문)』, 『한겨레신문』의 관련 기사.

1987년 6월 10일에는 포항 죽도시장에서 포민련 등 민주단체 주관으로 국민대회를 열고자 했다. 그러나 오후 2시경 죽도시장에 가려던 김병구(포민련 의장), 김영천(포항기독청년협의회 회장) 등 대회 집행부가 경찰에 연행되고, 대흥백화점 앞에서 또 다른 집행부 구성원들도 경찰에 연행됐다. 이에 포항 제2교회 김홍길 목사 등이 죽도시장에서 '애국가'를 부르며 시위를 시작했고, 경찰은 이들도 연행했다. 대회 집행부가 계속 경찰에 연행되면서, 예정된 국민대회가 제대로 열리지 못하게 되자 도심 곳곳에서 시위가 일어났다. 오후 6시 30분쯤에는 국민은행 네거리에서 또 다른 집행부 구성원들이 플래카드와 태극기를 들고 노래를 부르며 도로를 점거하자, 연도에 있던 시민들은 박수로 이들을 환영했다. 오후 7시 30분쯤에는 죽도시장으로 모인 시위대와 시민 2백여 명이 길바닥에 앉아 '호헌철폐'를 외치며 대회를 열었다. 그러나 사복 경찰들이 시민들 사이로 끼어들어 시위대와 시민들을 분리하고 시위대를 연행했다. 이날 밤 경찰에 연행된 김병구 등 32명은 묵비권으로 조사를 거부하고 단식을 했다. 연행되지 않은 포민련 실무자와 종교인들은 덕수성당에 모여 연행자 석방을 요구하며 단식농성을 했다. 이에 경찰은 이튿날에 연행자 전원을 석방했다.

6월 26일, 포항에서도 6·26국민평화대행진을 열고자 준비했으나 경찰은 대회를 원천 봉쇄했다. 그러자 대회 집행부와 포항기독청년회, 포항민주연합회, 민주산악회포항지부 회원들은 오후 2시 30분경 죽도시장 입구 광장에 모였다. 그들이 '애국가'를 부르며 '대통령은 우리 손으로'라는 플래카드를 펼치자 주위에 모여든 시민들이 순식간에 시위대를 에워쌌다. 이 자리에서 대회 집행부는 '민주헌법쟁취국민운동경북포항지부'의 출발을 선언했다.

이날 오후 4시 30분경, 2천여 명으로 늘어난 시위대는 전경 3백여 명을 몸으로 밀어내고 대형 태극기와 플래카드를 들고 행진했다. 시위대가 죽도시장 오거리까지 진출하자 노동조합 결성 투쟁을 하던 풍산금속 노동자 2

천 명, 포항공단 노동자
3천 명에 시민들이 결합
하면서 시위 군중은 2만
명으로 불어나 남빈동
사거리를 메웠다. 육거
리 시민회관 앞에 도착
했을 때는 시위대가 개
풍약국에서 시청까지 거
리를 메워 그 숫자를 파

〈그림 3-21〉 민주헌법쟁취국민운동경북포항지부에서 개최한
이한열 열사 영결식 및 추도행진에 참석한 시민들(1987.7.9.)
(출처: 김병구)

악하기가 어려울 정도였다. 오후 7시 30분쯤 국민운동 포항본부 공동대표
들이 만세삼창을 하고 해산하려고 하자 시민들이 "시청, 시청"을 연호하며
시위를 계속할 것을 요구했다. 시민들은 시청으로 가는 동안 '애국가', '우리
의 소원' 등의 노래를 부르고 '호헌철폐, 직선 쟁취'를 외쳤다.

저녁 8시경 시청 앞에 도착한 시위대는 연좌 농성을 했고, 집행부가 만
세삼창을 하고 해산을 선언하자 노동자와 청년들을 중심으로 임시집행부를
구성해 오거리에서 시국 토론회를 열고 행진을 계속했다. 시위대가 국민은
행 사거리에 이르자 전경들이 최루탄을 쐈고, 골목으로 흩어진 시위대 일부
는 투석전을 준비했다. 그러자 시민들이 "비폭력, 비폭력"을 외치고 전경들
을 둘러싸면서 경찰 책임자로부터 최루탄을 쏘지 않겠다는 약속을 받아냈
다. 그 뒤 오거리광장에 도착한 시위대는 연좌해서 시국 토론회를 열었다.
지역 공단의 노동자가 연사로 나서 노동삼권 보장과 민주노조 건설을 외쳤
고 택시기사, 식당 주인, 보험회사 직원, 학생 등이 즉석연설을 이어갔다.
이날의 시위는 자정 넘어 끝이 났다.

이처럼 지역의 다수를 차지하는 노동자들이 선봉에 나선 포항의 6월민주
항쟁은 포항시가 생긴 이래 최초의 대중적 거리 시위로 나타났다. 포항의 6

월민주항쟁은 이후에 포민련을 중심으로 지역 민주화운동이 본격적으로 전
개되는 밑거름이 됐다.

2. 안동지역

〈그림 3-22〉 천주교안동교구사제단의 성명서
– 호헌철폐 및 민주개헌을 간구하는 단식기도를
시작하면서(1987.4.29.)
(출처: 민주화운동기념사업회 오픈아카이브즈 00858220)

안동은 1970년대부터 천주교
안동교구정의구현사제단과 가톨
릭농민회를 중심으로 농민운동
이 활발하게 일어나 경북 북부지
역 민주화운동의 구심이 됐던 지
역이다. 이 지역 농민들은 의성,
영양, 영주, 영덕, 예천, 문경,
봉화, 상주, 청송지역 농민들과
함께 소값 폭락에 항의하는 소몰
이 시위와 미국 농축산물 수입

저지 투쟁 등을 줄기차게 벌여왔으며, 1987년 들어서는 "동장 · 조합장에서
대통령까지 내 손으로 뽑자"는 직선제 쟁취 운동을 했다. 그 뒤 안동에서는
농민, 학생, 청년, 천주교안동교구정의구현사제단과 정의평화위원회, 가톨
릭농민회안동교구연합회, KNCC안동지부 회원 등이 주축이 되어 6월민주
항쟁을 전개했다.

안동의 6월민주항쟁은 사제단의 단식기도로 시작됐다. 1987년 4월 29일
교구사제단은, ① 유신 이래 빼앗긴 정부를 선택할 국민의 권리 회복, ② 투
옥된 양심수들의 무조건 석방과 민주인사의 복권, ③ 국민 기본권의 보장과
언론 자유의 회복, ④ 현 정권이 저지른 잘못에 대한 속죄와 현 정권의 참회
를 통한 즉각 퇴진 등을 요구하며 '호헌철폐 및 민주개헌을 간구하는 단식

기도'에 들어갔다. 5월 18일에는 시민 100여 명이 민통련경북지부 간부들의 안내로 대구 대명천주교회에서 열린 5·18항쟁추모대회에 참석하는 등 투쟁 열기를 이어갔다.

1987년 6월 10일에는 '고문, 살인 은폐 규탄 및 호헌철폐 국민대회'를 가톨릭농민회안동교구연합회 등 5개 단체 주최로 오후 4시에 안동문화회관에서 열 예정이었다. 그러나 경찰의 저지로 국민대회를 열지 못하게 되자, 안동역 앞에 모인 농민·시민·학생 등 5백여 명이 애국가를 부르며 약식으로 대회를 시작했다. 경찰이 최루탄을 발사해 시위대를 해산시키자 이들은 수백 명 단위로 흩어져 시청 앞, 안동역, 버스터미널 등지에서 시위를 벌이다가 오후 6시경 시청광장에 모여 애국가를 부르며 시위를 마무리했다. 경찰은 시위 과정에 19명을 연행했다. 10일 이후 안동대 학생들은 안동 시내에서 삼삼오오 모여 다니며 '호헌철폐, 직선 쟁취'를 외치는 등 기습 시위를 이어갔다.

6월 21일에는 안동대(총학생회장 김수동), 상지대(피재현), 안동간호보건전문대(이홍련) 학생 80여 명이 오후 6시 조흥은행 앞에 모여 애국가를 부르고 '호헌철폐, 독재 타도'를 외치며 시위했다. 경찰이 이들에게 최루탄을 난사하자, 시위대는 계속 밀려나 6시 반경부터 목성동성당에서 농성에 들어갔다. 이후 시위대는 6월 26일까지 농성을 계속하였으며, 시민들은 매일 오후 6시경에 거리 시위를 했다. 학생들이 농성하는 기간 중 천주교안동교구 정의평화위원회는 농성하는 학생들의 식사를 지원하며 투쟁을 격려했다.

6월 25일에는 금곡동 안동서부교회(목사 김원정)에서 안동, 의성, 영양, 청송 지역 기독교교회협의회 회원 6백여 명이 저녁 8시 반부터 김상근 목사의 집전으로 '나라와 교회를 위한 기도회'를 열고 'KNCC안동지부' 발족식을 했다. 이들은 행사를 마친 후 밤 10시부터 "민주 헌법 쟁취해 민주 정부 수립하자"라는 구호를 외치며 화성동 안동교회를 향해 촛불 대행진에 나섰다. 시위대는 3백여m 떨어진 광석동 네거리에 이르렀을 때 경찰이 최루탄을 쏘아 잠시 흩어졌다가 10시 반경 안동교회 앞 도로와 성소병원 앞 도로에 다시 모였다. 시위는 새벽 3시까지 계속됐는데 경찰의 최루탄 난사로 제일교회 전광호 목사 등 시민 10여 명이 다쳤다.

6·26 국민평화대행진은 오후 6시경 목성동 시 교육청 앞에서 시작했다. 여기에는 안동지역 여러 단체 소속 농민과 대학생, 천주교인, 기독교인이 집결했다. 고등학생 2백여 명과 중·고교 교사 30여 명도 참가했다. 이들과 시민이 합세한 시위대 8백여 명은 시 교육청 앞을 출발해 안동시청 분수대 앞까지 1km 정도 평화대행진을 했다. 시위대는 대형 태극기를 앞세우고 '호헌철폐, 직선쟁취'를 외치며 '동장부터 대통령까지 내 손으로'라는 슬로건을 내세웠고, '농민가', '투사의 노래'와 "새 나라의 대통령은 일찍 물러납니다. 장기집권 없는 나라 우리나라 좋은 나라" 등 개사곡도 불렀다. 시위대가 중앙로에서 터미널을 지나 안동역에 도착했을 때는 시위 군중이 1만 명 이상으로 불어났다. 시위대는 시청 앞 광장까지 진출해 3시간 30분 동안 행진하고 집회를 계속했다. 일부는 연행됐는데, 나중에 연행자들이 풀려나 집회 장소에 도착하자 시위대는 30여 분간의 환영식을 하고 시청 앞 광장을 '민주광장'으로 선포한 뒤 밤 10시경에 해산했다. 당시 전두환 정권의 '계엄 선포 시나리오'에 안동시가 지방 군소도시로는 유일하게 포함되어 안동지역이 항쟁의 조직성과 투쟁성이 높았음을 보여주었다.

3. 기타 지역

경북의 다른 지역에서는 경주, 김천, 영천, 의성 지역에서 소규모 집회와 시위가 있었다.

경주에서는 동국대 경주캠퍼스 학생 1백여 명이 1987년 6월 10일 오후 5

시경 교내에서 집회를 열고 시내 중심가로 진출해 자정까지 거리 시위를 했다. 이 학교 학생 4백여 명은 6월 15일에도 오후 6시쯤 학교 밖으로 진출해 시내 곳곳에서 자정까지 시위를 했고, 민정당 경북제2지구당 당사에 화염병을 던졌다.

김천에서는 1987년 6월 26일 오후 6시경 김천 정생회, 김천, 금릉, 상주, 선산 지역 가톨릭농민회와 기독교농민회, NCC 회원, 통일민주당 당원 등 70여 명이 김천역 광장에 집결한 뒤 행진에 나섰다. 그들은 1km가량 떨어진 남산동 김천문화원까지 행진한 뒤 10여 분간 농성을 벌이다 오후 7시 30분쯤 해산했다.

영천에서는 통일민주당 당원 등 20여 명이 1987년 6월 26일 오후 6시경 구 시청 앞 광장에서 모여 태극기를 들고 '군부독재 타도하자' 등의 구호를 외치며 완산동 신시장까지 거리 시위를 벌이다가 만세를 부르고 해산했다.

의성에서는 1987년 6월 26일 경중노회 회관에서 의성, 군위, 청송 지역의 교회 신도 5백여 명이 모여 '자유민주주의적 정치문화 발전과 직선제 개헌을 위한 기도회'를 열었다.

제4절 6월민주항쟁 이후 1987년 대선 기간의 민주화운동

1. 87노동자대투쟁과 대중운동의 활성화

1987년 6월민주항쟁 이후 민주화운동은 새로운 전환점을 맞게 됐다. 대구경북지역에서는 항쟁에 참여했던 시민들의 열기는 뜨거웠으나, 학생을 제외한 여타 계층계급의 조직화는 미흡한 편이었다. 그러나 6월민주항쟁을 통해 투쟁의 열기를 맛본 다양한 계층계급이 민주화운동에 동참하면서 이후 대중운동이 비약적으로 발전했다.

우선 6월민주항쟁에서 분출했던 민주화 열기는 87노동자대투쟁으로 이어졌다. 섬유와 금속 관련 중소 영세업체가 밀집한 대구지역은 87노동자대투쟁이 기계·금속 사업장과 운수 사업장 중심으로 일어났다. 제조업체에서는 북구의 1공단과 3공단을 중심으로 137개 사업장에서 노동조건 개선과 신규노동조합 건설을 요구하는 투쟁을 했다. 운수업종에서는 8월 24일에 회사택시 총파업과 버스 부분 파업을 격렬하게 했고 그 여파로 많은 노동자가 구속됐다. 병원 및 사무직과 판매 서비스 업종에서는 13개 사업장에서 쟁의를 했다.(한국기독교사회문제연구원 편, 1988, 157~159쪽) 구미지역에서는 8월 11일 금성전선을 시작으로 전자, 기계, 운수 사업체 등 20여개 업체에서 쟁의를 했다. 포항지역에서는 포민련의 지원을 받아 영남통신(포항제철 협력업체)과 강원산업 등 12개 업체(포항제철 연관업체) 노동자들이 투쟁했고, 14개 택시회사 노동자들도 투쟁에 참여했다. 주로 6월민주항쟁의 선봉에 나섰던 노동자들이 87노동자대투쟁에 앞장섰다.(김원·김상숙 외 3명, 2017, 444~447쪽)

교사들도 전국 각지에서 '교사협의회'(이하 교협)를 창립했다. 대구경북지역에서는 1987년 10월 31일 봉덕성당에서 '대구경북교사협의회'를 창립했다. 지역 단위의 교협이 창립되자 단위 학교에서도 교사들이 자발적으로 평교사회를 결성하고 학교민주화 투쟁을 했다.

농민운동은 1980년대 중반까지는 소수의 농민이 종교조직의 지원을 받아 운동을 전개했다. 1987년 6월민주항쟁에서는 농민들이 시·군 지역 투쟁의 선봉에 섰고, 이 투쟁은 농가부채 탕감투쟁, 농축산물 수입 개방저지투쟁, 농산물 제값받기 투쟁, 수세폐지 투쟁, 의료보험투쟁으로 이어졌다.

6월민주항쟁의 최대 선도 세력이었던 학생들은 항쟁을 통해 개별 학교의 비합법조직이나 학생회 단위를 넘어 공동 대응할 수 있는 전국 연대조직의 필요성을 절감하고 1987년 8월 19일 대학 총학생회장의 협의체인 '전국

대학생대표자협의회'(이하 전대협)를 건설했다. 대구지역에서는 7월 2일 발족한 '대구지역학생협의회'를 거쳐서 8월 17일에 전대협의 지역조직인 '대구지역대학생대표자협의회'(이하 대대협)를 결성했다. 대대협 1기(의장 박형룡)에는 경북대, 계명대, 대구교대, 대구대, 영남대, 효성여대가 참여했다. 당시에는 대대협에 총학생회가 아닌 투쟁위원장이 가입하거나 2학기에 총학생회를 건설한 뒤 가입한 학교도 있었다. 대대협은 조직 강령을 별도로 명문화하지는 않았으나 자주·민주·통일을 주요 슬로건으로 했다.(『기초조사보고서』, 323쪽)

국민운동대경본부는 지역 민주화운동의 실질적 구심으로 성장했다. 경북 각 지역에서도 6월민주항쟁을 계기로 국민운동본부가 조직됐는데, 구미, 포항, 안동에서 먼저 조직됐다. 포항에서는 6·26국민평화대행진을 하는 자리에서 지역 민주인사와 야당 인사들이 나서서 '민주헌법쟁취국민운동경북포항지부'의 출발을 선언했다.(김균식, 2007, 140쪽) 안동에서는 교구사제단과 가톨릭농민회를 중심으로 8월 10일 '민주헌법쟁취국민운동경북안동시군지부'를 발족했다. 이후 구미·선산, 상주, 점촌, 봉화, 영덕. 청송, 영양 등 7개 지역에서 국민운동본부가 결성됐고, 영주, 의성, 예천, 금

〈그림 3-23〉 1987년 7월~9월 경북지역의 민주헌법쟁취국민운동 시·군 지부와 지역 단체에서 발간한 홍보물들(구미·선산지부, 상주지부, 경주·월성지부, 가톨릭 영천농민회)
(출처: 민주화운동기념사업회 오픈아카이브즈)

릉, 성주, 경주, 영일에도 국민운동본부가 잇달아 조직됐다. 지역의 국민운동본부들은 광주학살 사진전 및 비디오 상영회와 지역 순회강연을 통해 전두환 정권의 본질을 폭로해나갔다. 이는 농민들의 정치의식을 고양하는 중요한 계기가 됐고, 이후 농민들이 자주적 대중운동을 전개하는 데 도움을 주었다.(『기초조사보고서』, 261쪽, 421쪽)

2. 노태우 집권 저지 투쟁

1987년 10월부터 대통령 선거 국면에 들어섰다. 대구경북지역에서는 이 지역 출신 인사인 노태우가 대권 후보로 나서면서 지역주의를 앞세운 집권 전략을 노골화해, 민주화운동 세력에게 큰 걸림돌이 됐다. 그러므로 지역 민주화운동 세력은 군사정권의 재집권을 막기 위한 '노태우 집권 저지 및 규탄 투쟁'에 총력을 기울였다.

이 시기에 있었던 주요 투쟁으로는 '노태우 대구 방문 항의 시위'를 들 수 있다. 1987년 10월 24일, 민정당 총재 노태우가 민정당 경북지구 청년봉사단 발단식에 참석하기 위해 대구를 방문해 1박 2일 동안 머물기로 되어 있었다. 이에 민정당 대구지구에서는 노태우가 대구를 방문하는 동안 연도에 20만 명의 인원을 동원해 카퍼레이드를 하려고 계획했고, 전단 2백만 장을 살포했다. 이에 맞서 10월 23일, 경북대 학생 150명이 동성로로 나가 '노태우 대구 방문 반대' 벽보를 붙이며 홍보 활동을 했다. 10월 24일에는 경북대에서 학생과 시민 5백여 명이 모여 대대협과 국민운동대경본부 공동 주최로 '군부독재 종식 및 지역감정 해소를 위한 국민대회'를 열었다. 오후 3시경에는 학생 수십 명이 산격동 대구실내체육관 앞으로 가 노태우 일행의 차량을 향해 화염병과 최루가스 분말을 던지며 시위를 했다. 화염병과 최루가스 분말은 노태우가 탄 오픈카의 앞과 옆에서 폭발했으며, 노태우 일행이나 환영 인파 중 부상자는 없었다. 대학생들이 퇴각하자 노태우는 대구공고까지 카퍼레이드를 벌이려던 계획을 취소하고 서문시장으로 갔다. 이 사건으로 경찰은 관련자 65명을 연행하고 대학생 8명을 구속했다.(『기초조사보고서』, 58쪽)

3. 거국내각과 민주 연립정부 수립 투쟁과 공정선거 감시운동

1987년 10월 말부터 11월 사이에는 거국내각과 민주연립정부 수립 투쟁이 있었다. 대구에서도 10월 말부터 국민운동대경본부와 대대협 주최로 집회와 시위가 계속 있었다. 11월 15일에는 '군부독재 종식과 지역감정 해소를 위한 영호남 시민결의대회'가 시민 15만 명이 참가한 가운데 대구 두류공원에서 열렸다. 집회를 마친 뒤 시민과 학생들은 거리 시위를 했고, 경찰은 16명을 구속했다. 이날, 수배 중에 이 집회에 참석했던 전대협 이인영 의장이 검거

〈그림 3-24〉 민주헌법쟁취국민운동대구경북본부에서
발간한 「국민운동소식」 제4호(1987.10.23.)
(출처: 민주화운동기념사업회
오픈아카이브즈 00439848)

되기도 했다. 11월 22일에는 대구대 경산캠퍼스 학생들이 경산 상림동 삼거리로 나가 "거국중립 내각 구성해 공정선거 쟁취하자, 학살 원흉 처단해 군사정권 끝장내자"라는 구호를 외치며, 한 시간가량 화염병과 돌을 던지며 전경과 대치하다 해산했다.(『기초조사보고서』, 58~59쪽, 209쪽)

그러나 민주화운동 세력은 대통령 후보 단일화를 하지 못하고 분열된 채 대통령 선거를 치르면서 6월민주항쟁의 성과를 제대로 이어가지 못했다. 당시 대구지역에서는 표면적으로는 전국적인 대세에 맞춰 NL-대중노선의 입장이 주류를 차지했고 특히 학생운동 진영은 그런 성향이 강했다. 그러나 비주류이기는 하나 PD 등 비 NL 계열도 그 숫자가 적지 않았다. 노동운동 등 사회운동 진영에도 NL 이외의 다른 분파들이 있었고 급진적인 선도투쟁 위주의 전투적 조합주의 성향도 강하게 있었다. 따라서 대통령 선거를 앞두고 광주지역이나 다른 지역은 'DJ에 대한 절대적 지지'에 가까운 '비판적 지지'의 입장이 주류를 이뤘던 반면, 대구지역에서는 독자적 민중후보 출마를 지지하는 입장도 상당수 있었다.(김상숙, 2015, 57~58쪽) 한편, 민통련 등에서는 학생들과 연대해 김영삼, 김대중 후보 단일화를 위한 국민운동을 전개했다. 그러나 결국 단일화 노력이 허사가 된 채 대통령 선거를 치르게 됐다.

대통령 선거일이 다가오자 민주화운동 세력은 입장과 노선의 차이를 넘어 공정선거 감시운동에 총력을 기울였다. 국민운동대경본부와 대대협은 12월 9일부터 학교 단위로 공정선거 감시단원을 모집해 교육했고 여기에 6월민주항쟁에 참여했던 시민·청년들도 합류했다. 공정선거 감시운동에는 1,500명이 참여해 감시단원들은 선거 당일인 12월 16일에 대구, 울진, 포항, 경주 등에서 투·개표 참관인으로 활동했다. 이처럼 많은 사람이 공정선거 감시단원으로 참여한 것은 6월민주항쟁 후 대구경북지역 청년학생운동의 성장세를 반영하는 것으로, 이듬해에 학생운동이 대중적으로 펼쳐지고 지역 청년운동이 출발하는 데 중요한 밑거름이 됐다.(『기초조사보고서』,

58쪽; 박형룡 구술, 2020. 8. 28)

　　1987년 13대 대통령 선거를 앞두고 군부세력과 보수 진영의 지배 연합은 지역주의를 전면적으로 동원했다. 그들은 영·호남의 지역주의를 동원하고 지역 주민의 경쟁을 격화시킴으로써 김대중, 김영삼 후보에 대한 지지를 분산하는 '분할지배 전략'을 구사했다. 특히, 민정당의 노태우 후보는 대구경북의 지역주의에 주로 의존했다. 선거를 앞두고 분열됐던 김대중, 김영삼 후보 역시 선거운동 과정에 자신의 연고지역에서 대규모 대중 집회를 열면서 지역주의를 전면적으로 불러내었다. 여기에다 집권세력은 대한항공 858편 여객기 폭발사건으로 국민들의 안보 심리를 자극했다. 그러나 민주화운동 진영은 내부 분열로 인해 이에 제대로 대응하지 못했다.(한국민주주의연구소, 2010, 390~391쪽) 그 결과 민정당의 노태우 후보가 전국에서 36.6%의 표를 얻고 대통령으로 당선되어, 6월민주항쟁 후의 승리 분위기에 제동을 걸었다.

　　더구나 대구와 경북에서 김대중 후보는 2.5%의 표를 얻었던 반면, 노태우 후보는 68.1%의 표를 얻어 지역 주민들이 노태우 후보에 대한 압도적 지지와 김대중 후보에 대한 편파적 배척 성향을 확연하게 드러냈다.(온만금, 1997, 744쪽) 이처럼, 1987년 선거에서 집권세력뿐 아니라 각 정당 후보들이 가장 먼저 의존했던 전략은 자신의 지역 연고를 바탕으로 유권자를 동원했던 지역주의였다. 그리고 이는 이후 전개되는 대구경북지역의 민주화운동에도 큰 영향을 미쳤다.

제4장 노태우 정권 시기 민주화 운동

제1절 부문운동의 정립과 전선조직의 발전

노태우 정권 시기에는 합법적인 운동조직이 발전하고 운동영역이 다원화됐다. 대구경북지역에서도 6월민주항쟁의 대격변을 거치면서 진보적 대중운동을 전개할 수 있는 공간이 확장됐다. 이에 따라 1987년까지만 해도 지역 민주화운동의 주요 투쟁에 학생들이 주로 나섰으나, 점차 노동자, 농민, 시민·청년의 비중이 커지게 됐다. 이를 부문별로 살펴보면 다음과 같다.[18]

1. 노동자, 농민, 교사운동과 여러 부문운동

대구에서는 87노동자대투쟁 이후 단위 사업장에서 민주노조 건설 움직임이 활발하게 일어났으며, 민주노조들은 1988년 12월 7일 대구경북지역노동조합연합준비위원회(이하 대경노련준비위, 의장 양재복)를 거쳐 1989년 11월 8일 '대구지역노동조합연합'(이하 대노련, 의장 유영용)을 중심으로 결집했다. 구미에서는 1990년 1월 '구미지역노동조합협의회'를 결성해 민주노

---

18) 학생운동 이외에 시민, 청년, 환경운동의 발전 상황은 제3부 4장 5절에 상술하고, 노동, 농민, 교육, 여성, 문화예술 부문의 운동 발전 상황은 제4부에 상술할 것이므로 여기서는 일부만 개략적으로 살펴보겠다.

조의 연대 틀을 마련했다. 포항에서는 1988년 11월 10일 지역 최초의 노동조합 연대조직인 '협력업체노동조합연합'을 결성했다. 그리고 1989년 2월에는 '포항지역민주노조협의회준비위원회'를 결성했는데, 이 조직은 자본 측의 공작으로 3개월 만에 무너졌다. 포항에서는 이후 몇 년간의 투쟁을 거쳐 1995년 3월 29일에야 '포항지역노동조합협의회'를 창립했다.

1990년 1월 22일 전노협이 출범하자, 대구경북지역의 민주노조 조직들은 함께 연대해 전노협 사수와 민주노총 건설을 위해 노력했다. 전노협으로 결집한 민주노조들은 1995년에는 업종(산업)별 연맹을 조직 골간으로 '전국민주노동조합총연맹'(1995)으로 발전했고, 대구경북지역에서도 민주노총대구지역본부와 민주노총경북지역본부가 건설됐다.

그리고 이러한 흐름에 발맞춰 1987년까지 여러 개의 비공개 서클조직으로 분산되어 있던 지역 노동운동가들은 '대구노동자협의회'(1988), '대구노동교육협회'(1990) 등의 단체로 결집했다.

한편, 1987년 '대구경북교사협의회'(1987. 10. 31)를 창립해 활동하던 교사들은 1989년 5월 28일 '전국교직원노조'(이하 전교조)가 창립되자 6월 11일 전교조대구지부(지부장 이만호)와 경북지부(지부장 이영희) 결성대회를 열었다. 이후 전교조대구지부와 경북지부는 전교조 사수 및 합법화, 해직교사 원상복직, 참교육 실천과 교육개혁을 위해 노력하고 사회민주화 운동에도 앞장섰다. 이와 더불어 1985년부터 진보적 학술단체인 지방사회연구회를 결성해 활동하던 대구경북지역 교수들은 1989년에는 '민주화를위한전국교수협의회대구경북지회'(1989)를 구성하는 한편, '대구사회연구소'(1992)를 창립해 진보적 지식인 운동을 지속했다.(『사적지조사보고서』, 30쪽)

경북지역의 농민운동은 1987년 6월민주항쟁과 1988년 고추 제값받기 대투쟁 등을 거치며 대중운동으로 발전했고, 1990년대에는 농산물 수입 개방

정책과 농업 구조조정 정책에 저항하며 급속하게 성장했다. 가톨릭농민회와 기독교농민회, 전국농민협회와 여러 자주적농민회로 나누어져 있던 농민운동조직은 1990년 4월 24일 '전국농민회총연맹'(이하 전농, 의장 권종대)으로 단일화했고, 경북지역에서도 같은 날 '전농경북도연맹'(의장 윤정석)을 결성했다. 전농경북도연맹은 군 단위 농민회 조직을 토대로 우루과이라운드 거부투쟁, 쌀 수입 개방 저지투쟁, 한·칠레 자유무역협정(FTA) 비준저지투쟁 등을 벌이며 지역 농민운동의 중심이 됐다.(『사적지조사보고서』, 30쪽)

경북지역에서는 지역 명망가 중심으로 민주화운동을 진행하던 1987년 이전과는 달리, 노동자와 농민들이 지역 민주화운동의 주력이 됐다. 경북의 시·군 중 포항과 구미는 노동자들이, 안동은 농민과 학생들이, 그 밖의 다른 지역은 농민들이 지역 민주화운동의 주력으로 나서게 됐다. 특히, 1989년 봄 전교조가 결성된 뒤, 경북 대부분의 시·군에서는 지역 농민회와 새로 결성된 전교조지회가 사무실을 함께 사용하는 경우가 많았다. 여기에 전교조 해직 교사들이 몇 년 동안 상근하면서 헌신적으로 각종 교육 사업을 진행하고 농민회 회원들과 함께 연대 사업을 해 시·군 단위 지역의 대중운동을 건설하는 촉진자 역할을 했다.(김찬수 구술, 2020. 9. 19; 이용우 구술, 2020. 9. 19)

이 시기 운동의 또 다른 주요한 특징은 6월민주항쟁의 성과를 바탕으로 일상의 민주화와 사회운동의 제도화가 중요한 의제로 대두됐다는 점이다. 이에 따라 청년, 시민, 여성, 환경 등 다양한 부문운동 단체들이 건설됐다.

우선 청년운동을 보면, 1988년 넘어가면서 전국적으로 NL 계열 활동가들을 중심으로 애국적인 청년 대중운동을 건설하자는 움직임이 있었고, 그러한 추세 속에 1987년 6월민주항쟁에 참여했던 청년들이 주축이 되어 대구에서는 1989년에 '새로운청년회'(회장 서정식)를 결성했다. 그리고 경북

각 지역의 청년들은 1989년에서 1992년 사이에 '경산민주청년회'(회장 이진구), '경주민주청년회'(회장 김홍서), '상주삼백사랑청년회'(회장 정용운), '안동사랑청년회'(회장 김부동), '영주민주청년회'(회장 김영관), '예천민사랑청년회'(회장 이계동), '점촌터사랑청년회'(회장 김명화)를 결성했다. 포항에서는 1990년에 '새날을여는포항청년회'(회장 임용호)를 결성했으며, 이 단체는 1992년에 '포항민주청년회'(회장 유성찬)로 발전했다. 청년단체들은 각 지역 민주화운동의 개척자이자 선봉대 역할을 했으며, NL적 성향이 강했던 이 단체들은 전국청년단체대표자협의회 등 전국 단체에 가입해 범민족대회 등을 계기로 대중적 통일운동을 펼치고 연대 사업을 해나갔다.(박형룡 구술, 2020. 8. 28; 유성찬 구술, 2020. 9. 18)

한편, 여성운동 조직들은 1986년에 결성된 '주부아카데미협의회'(회장 김연숙) 외에도 '애린회'(1987, 회장 이옥분, 1992년에 '대구여성의전화'로 개칭), '대구여성회'(1988, 회장 김진희), '녹지회'(1988, 회장 이희경), '함께하는주부모임'(1988, 회장 정경숙) 등의 단체가 만들어지면서 운동의 독자적 영역을 구축해 나갔다. 문화예술운동 부문에서는 1980년대에는 '우리문화연구회'(1988, 대표 김진태) 등이 활동했으며, 1990년대에는 여러 단체가 장르별로 분화되어갔다. 1994년부터는 '한국민족예술인총연합대구지회'(지회장 정지창)가 만들어져 지역 문화예술단체를 포괄해나갔다. 지역 환경운동은 1991년 3월 발생한 낙동강 페놀오염 사건을 계기로 그해 9월에 '대구공해추방운동협의회'가 만들어지면서 본격적으로 시작됐다. 1993년 전국 환경운동연합이 출범하자, 대구공해추방운동협의회는 '대구환경운동연합'(의장 정학)으로 확대 발전했다.(『사적지조사보고서』, 31쪽)

2. 학생운동

대구경북지역에서 학생운동은 1987년 6월민주항쟁뿐 아니라 노태우 정권 시기에도 민주화운동에서 선도적 역할을 담당했다. 대구지역 학생운동은 1987년 중반을 거치면서 운동의 조직적 중심을 학생회 공간으로 이동했다. 학생운동 세력들은 총학생회를 먼저 장악한 뒤 점차 학과 학생회, 과 학회와 같은 기본적인 단위로 활동의 범위를 넓히고 영향력을 확대했다. 그러므로 1988년 이후에는 몇몇 대학에서는 과 단위의 기층 조직에서도 학생운동이 전개됐고, 소수 활동가가 아닌 학생 대중에 의한 학원 자주화 투쟁이 활성화됐다.

이 시기 학생운동은 전대협을 중심으로 전국적 네트워크가 구축된 후 운동이 급속하게 전국화됐다. 과거 비공개 서클 단위로 활동하던 학생들이 전대협이라는 전국적 조직을 건설함에 따라 민주화운동에서 학생운동의 조직적 역할과 비중이 결정적으로 높아졌다.(한국민주주의연구소, 2010, 456쪽) 전대협은 학생운동의 전국적 단일조직으로, 학생운동이 이념이나 활동 방향 면에서 지역의 장벽을 넘어 전국적 통일성을 확보하는 계기로 작용했다.(채장수, 2006, 218~219쪽)

대구경북지역에서도 1987년 6월민주항쟁 후 대대협을 결성한 뒤로는 학생회 간의 연대가 활발해지면서, 총학생회 연대조직을 중심으로 민주화운동을 전개했다. 1988년 4월 5일에는 대대협 2기(의장 임채도)가 출범했고, 경북대, 영남대, 계명대, 대구교대, 대구한의대, 대구대, 효성여대 등 7개 대학 총학생회가 산하단체로 가입했다.(『기초조사보고서』, 324쪽)

1989년 5월 26일에는 대대협을 발전적으로 해산하고 다른 지역보다 비교적 빨리 '대구경북지역총학생회연합'(이하 대경총련)건설준비위원회(임시 의장 김병하)를 발족했다. 대경총련은 대대협의 간부 중심 운동의 한계를

극복하고 학생 대중 중심의 운동을 전개하고자 했다. 대경총련건설준비위
원회는 1990년 5월 10일에는 대경총련으로 조직을 전환했다. 대경총련 1기
(의장 장병관, 의장 권한대행 김현욱)는 경북대, 경북산업대, 계명대, 금오
공대, 대구교대, 대구대, 대구한의대, 동국대 경주캠퍼스, 안동대, 영남대,
효성여대 등 11개 대학 학생들이 산하에 가입한 합법단체다. 여기에는 학생
운동권은 아니지만, 학생운동에 우호적인 대학 총학생회도 가입했고, 1990
년 3월에 대학 총학생회가 전대협에서 탈퇴한 대학들은 단대연합회 단위로
가입했다. 1991년 5월에는 각 대학 총학생회와 전문대연합 등 13개 대학 학
생들이 모여 대경총련 2기(의장 안영민)를 출범시켜 1991년 5월 투쟁을 비
롯해 노태우 정권 퇴진 운동을 벌여 나갔다. 1992년 5월에 출범한 대경총련
3기(의장 최종원, 의장 권한대행 이종원)에도 13개 대학 학생들이 가입했으
며, 전대협이 1993년 한국대학생총연합으로 확대 발전한 뒤에는 대경총련
은 그 산하단체로 활동했다.(『기초조사보고서』, 324~330쪽)

경북지역에서는 대구한의대(경산, 1991년 12월에 경산대로 개칭)의 경
우, 1988년부터 꾸준하게 학생운동 세력이 총학생회 회장으로 당선됐다.
경북산업대(경산, 1996년 이후 경일대로 개칭), 금오공대(구미), 동국대 경
주캠퍼스(경주) 등의 대학에서도 1987년 6월민주항쟁의 영향으로 학생운동
조직이 생겼다. 안동대는 1989년에 '반미애국학생회'(의장 박명배)라는 비
합법 조직을 만들어 총여학생회와 인문대 등 단과대학 학생회 조직을 기반
으로 활동했다. 이 조직은 NL 계열의 조직이었지만, '반미청년회' 등 다른
지역의 조직과는 관계없는 자생적 조직이었다. 안동대 학생운동 조직은 경
북 북부권의 군소 대학에 영향을 미치며 안동 상지대, 안동간호보건전문대,
영주전문대까지 학습조직을 운영했다. 경북지역 대학의 학생들은 대구지역
대학들이 중심이 된 대경총련과는 별도로 독자적인 (가칭)경북지역총학생
회연합을 구성하려고 노력하기도 했다.(박명배 구술, 2020. 9. 25)

당시 대경총련에 참가한 대학 중 대구지역 5개 대학은 운동 세력이 대학사회를 주도했다고 볼 수 있다. 그러나 경북지역의 대학들은 대학사회에서 학생운동 세력이 강한 편은 아니었다. 이 학교들은 학생운동 세력이 총학생회를 장악하지 못했으므로 소수의 활동가가 비합법 조직을 구성해 연대집회와 연합투쟁에 꾸준히 참여했다. 경북산업대와 금오공대 등 일부 대학은 총학생회장이 운동권이 아니라 해도 운동권에 우호적이어서 대경총련 회의에 나와 함께 논의하고 연대 활동을 했다.(안영민 구술, 2020. 9. 24)

3. 전선운동

다양한 부문의 대중조직 건설을 통해 지역 민주화운동의 저변이 넓어지는 것과 동시에 이를 이끌고 나갈 연대조직과 전선조직도 발전했다. 이미 1987년 6월민주항쟁 시기에는 민통련을 필두로 한 국민운동대경본부가 지역 전선운동의 구심 역할을 했다. 그러나 1987년 대선과 1988년 총선을 거치는 동안 드러난 민주화운동 진영의 분열을 극복하고, 다양한 부문운동을 묶어세울 수 있는 새로운 조직을 건설하는 것이 절실해졌다.

이에 따라 1989년 1월 21일 전국 200여 개 단체가 모여 '전국민족민주운동연합'(이하 전민련)을 창설했다. 전민련은 노동자·농민 등 부문단체와 각 지역단체가 총결집해 결성한 해방 이후 최대 규모의 민족민주운동연합체이다. 전민련은 "자주·민주·통일을 민중의 힘으로 달성한다"는 민통련의 이념을 계승했으나, 과거의 명망가 위주 재야운동의 한계를 극복하고 민중운동의 토대 위에서 운동을 새롭게 발전시키고자 했다.(한국민주주의연구소, 2010, 456~457쪽)

전민련이 결성되자 이 조직의 대구경북지역 지부에 해당하는 '대구경북민족민주운동연합'(이하 대경민련, 의장 권종대, 윤정석, 이승학)도 같은 날 결성됐다. 대경민련은 '대구노동자협의회', '경북농민운동협의회', '대구경북기독교사회운동협의회', '민족자주평화통일대구경북회의', '우리문화연구회', '진보정치연합대구지부' 등 6개 단체가 결합한 반합법 상설 조직이다. 대경민련은 1989년 공안정국 분쇄와 민중생존권 쟁취를 위한 운동과 전교조 사수 운동, 1990년 5월 민자당 창당 반대 투쟁, 1991년 낙동강페놀오염 사건시민대책위 활동과 5월 투쟁에 앞장섰다. 그리고 노동법개정공동대책위 활동, 선산 산동골프장 저지 투쟁, 울진 핵폐기물 처리장 건설 반대 투쟁 등을 지원했다.(『기초조사보고서』, 306쪽)

그러나 대경민련의 상급조직인 전민련은 전선운동을 확고하게 이끌어 나갈 주도 세력이 없었고 합법정당 건설 문제, 통일운동 문제 등의 쟁점을 둘러싸고 내부에 노선 대립이 있었다. 정권의 탄압으로 핵심 간부들이 구속되자 정치적 지도력과 투쟁력도 약해졌다.(한국민주주의연구소, 2010, 457~458쪽) 그리고 전국노동조합협의회(1990), 전국농민회총연맹(1991), 전국도시빈민협의회(1991), 전국청년단체대표자협의회(1991) 등 부문운동의 전국 조직이 새로이 결성됐으나 이를 포괄하지 못했다.

그러므로 1991년 12월 8일에는 전민련을 발전적으로 해산하고 '민주주의민족통일전국연합'(이하 전국연합)을 결성했다. 대구경북지역에서도 '민주주의민족통일대구경북연합'(이하 대경연합, 상임의장 윤정석)을 결성했다. 여기에는 대구지역노동조합연합, 전농경북도연맹, 대경총련, 전교조대구지부, 경산민주단체협의회, 대구경북청년단체연석회의, 민자통대구경북회의 등 15개 단체가 가입했다.(『기초조사보고서』, 307쪽)

또한, 경북지역에서도 경산, 구미, 김천, 상주, 안동, 영주, 포항에서 지역민주단체협의회나 지역연합 형식의 연대조직을 만들어 대경연합에 참가했다. 안동에서는 안동농민회, 전교조안동지회, 천주교정의평화위원회, 택시노동조합협의회 등의 단체가 안동민주연합을 만들었다. 포항에서는 노동자의집, 전교조포항지회, 포항기독교청년회, 포항민주청년회, 풍산금속해고노동자협의회, 한터울(문화단체) 등 6개 단체가 연대해 포항민주단체협의회를 만들었다.(박명배 구술, 2020. 9. 25; 유성찬 구술, 2020. 9. 18)

대경연합은 기층민중의 대중조직을 중심으로 하는 민족민주운동의 투쟁 구심이자 정치적 대표체로서, 이전과 같은 대책위원회 수준의 연대조직이 아닌 실질적으로 지도체계와 집행체계를 갖춘 전선조직이었다. 그리고 이것은 1987년 6월민주항쟁 이후부터 4~5년간의 투쟁성과를 바탕으로 만들어진 것이었다.(김찬수 구술, 2020. 9. 19) 대경연합은 결성된 후 노태우 정권 퇴진 투쟁에 앞장섰고 1992년 총선 투쟁과 대선 투쟁, 범민족대회 투쟁 등을 수행했다. 또한, '연대와 전진 회관'을 만들어 민주화운동 단체들이 연대할 수 있는 기반을 조성했으며, 강좌 사업을 해 민주 시민의 의식을 고양했다. 1995년에는 시민운동가 이재용이 대구 남구청장 선거에 출마하자 이를 조직적으로 지원하기도 했다.(박형룡 구술, 2020. 8. 28) 이처럼 대경연합은 대구경북지역 민주화운동의 대표조직으로 활동하며 민주화운동에 이바지했다.

제2절 5공청산 운동과 1차 공안정국 하의 민주화운동

1. 1988년 여소야대 정국과 5공청산 운동

1987년 대통령 선거에 이어 1988년 4월 26일의 13대 국회의원 총선도 민주화 세력의 분열 속에 치러졌다. 그러나 전국적으로는 6월민주항쟁으로 성장한 국민의 민주화 욕구가 총선을 통해 표출되면서 야당이 압승해 헌정 사상 처음으로 여소야대 정국을 형성했다.

그러나 13대 총선에서도 지역주의가 전면 동원됐고, 그 결과 그 이전 선거에서 볼 수 없었던 지역주의적 분할구도를 분명하게 나타냈다. 그리고 새롭게 도입된 소선거구제의 영향을 받아 어느 한 세력의 완전 독과점을 허용하지 않는 지역분할 체계를 형성했다.(한국민주주의연구소, 2010, 410쪽) 이에 따라 총선에서 대구는 8개 선거구에서 전원 민정당 후보가 당선됐고, 경북은 21개 선거구 중 17개 선거구에서 민정당 후보가 당선되는 등 민정당이 압승했다. 1960년대부터 형성되어온 보수 세력의 지역주의적 동원 체계는 1980년대 후반에 더 강화되었고, 그 뒤로도 수십 년간 이어져 지역 민주화운동에 큰 걸림돌이 됐다.

여소야대 국회에서 정국의 주도권을 갖게 된 야당은 국정감사 제도를 부활하고 각종 악법을 개혁하는 한편, 청문회 제도를 도입했다. 1988년 10월에는 88서울올림픽 폐막과 함께 국정감사가 시작됐고, 5공비리특위와 광주특위가 열리면서 청문회 정국이 전개됐다. 민주화운동 진영에서는 5공청산은 국회나 정권이 아니라 국민의 힘으로 해야 한다고 보면서, '광주학살 5공 비리 원흉 처단', '전두환·이순자 구속 처벌'을 목표로 하는 5공청산 운동을 전개했다.

대구경북지역에서는 국민운동대경본부를 중심으로 한 대중시위와 함께, 학살 가해자를 상징적이고 격렬한 형태로 공격하는 선도 투쟁이 연이어 일어났다. 또한, 학생운동 진영에서는 NL 계열 학생들이 대대협을 이끌어가면서 반미통일운동도 활발하게 진행했다.

이 시기 주요 사건으로는 ① 노태우 부정 집권 규탄 투쟁(1988. 2.~3)과 4·26 부정선거 규탄 투쟁(1988. 4. 27), ② 광주학살 5공 비리 주범 전두환·이순자 구속 처벌 투쟁(1988. 10.~12.), ③ 영남대 박근혜 재단 퇴진 운동(1988. 11.)을 들 수 있다.

1) 노태우 부정 집권 규탄 투쟁과 4 · 26 부정선거 규탄 투쟁

〈그림 3-25〉 민통련경북지부, 한국기독청년협의회,
대구대학생대표자협의회, 대구여성회,
우리문화연구회에서 1988년 4월 28일 발간한
「부정선거 속보」(출처: 민주화운동기념사업회
오픈아카이브즈 00852881)

1988년 상반기 투쟁은 2월 25일 노태우 취임식 전후 기간(2.23~2.26)에 노태우 부정 집권 규탄 투쟁에서부터 시작됐다. 이 기간에 국민운동대경본부와 대대협 주최로 매일 수백 명의 학생이 궐기대회를 열고 도심에서 시위를 격렬하게 했다.(『기초조사보고서』, 59~60쪽) 노태우가 대통령에 취임한 직후인 3월 초에는 계명대와 영남대 총장이 동아일보에 노태우의 대통령 취임을 축하하는 광고를 냈다. 이에 계명대 학생들은 3일 동안 총장실에서 농성을 했고, 영남대 학생들도 규탄대회를 열었다.(『기초조사보고서』, 145쪽, 177쪽) 4월 26일 총선에서는 개표 도중 서(갑)구, 서(을)구, 북구, 수성구 등 곳곳에서 민정당 후보가 부정선거를 한 의혹이 발견되자, 야당 당원과 시민들이 철야 시위를 했다. 4월 27일에는 대대협 소속 학생 1백여 명이 부정선거 의혹 규탄 시위를 하면서 대구MBC와 비산파출소, 국회의원 당선자 이정무(민정당) 사무실에 화염병과 돌을 던지고 시내 곳곳의 파출소 일부를 불태웠다.

2) 광주학살 5공 비리 주범 전두환 · 이순자 구속 처벌 투쟁

1988년 10월과 11월 전국의 주요 대도시에서 재야단체들은 연대해 '광주학살 5공 비리 주범 전두환 · 이순자 구속 처벌을 위한 투쟁본부'를 결성했고, 대구에서도 대대협 산하 학교들이 특별위원회를 설치했다.

10월 26일에 일어난 대구지방검찰청 점거농성(이하 대구지검 점거농성) 사건은, '대대협 산하 광주학살 5공 비리 관련자 처벌을 위한 특별위원회'(위원장 서인찬)가 주도한 것이다. 이날 학생들은 도심 여러 곳에서 동시다발적으로 기습 시위를 했다. 그리고 낮 12시 30분경 대구지방검찰청에서는 서인찬, 이창환, 김진구, 이수화, 노병두, 변금순 등 특별위원회 소속 '대구지역 청년학생 구국결사대' 학생 10명(계명대, 경북대, 영남대)이 402호 공안부 김현태 검사실을 점거한 뒤, '구속 전두환, 퇴진 노태우', '전두환 이순자를 구속하라'는 구호가 적힌 현수막을 내걸고 약 2시간 20분 동안 농성했다. 공안당국은 이를 무력으로 진압했고 이 과정에 건물에서 뛰어내린 이창환 학생이 전치 8주의 상처를 입었으며 결사대원 10명은 모두 구속됐다. 같은 시각에 학생 수백 명이 민정당 대구경북지구당사, 미문화원, 대구시경

〈그림 3-26〉 대구지검 점거농성 사건(1988.10.26). 경찰이 진압하자 이창환 학생이 대구지검 4층에서 뛰어내리고 있다. (출처: 연합뉴스)

에 돌과 화염병을 던지는 시위를 했다.(서인찬 구술, 2020. 8. 31)

11월 3일 학생의 날에는 전국 104개 대학 학생 3만여 명이 '전·이 체포·구속의 날'로 선포하고 거리 시위를 했다. 대구에서도 4개 대학 학생들이 대구역 등지에서 거리 시위를 했다. 11월 5일에는 전국에서 수만 명이 전두환·이순자 처단을 위한 국민대회를 열었고, 대구에서도 학생들이 남산4동 파출소를 습격하는 등 거리 시위를 격렬하게 했다.

11월 11일에 일어난 전두환 생가 방화 사건은 남태우(영남대), 원성희(경북대), 이기수(계명대), 이영희(계명대), 조성권(계명대), 최정호(영남대)로 구성된 '전두환, 이순자 생포 결사대원' 6명이 감행했다. 이날 학생들은 경남 합천군 율곡면 내천리에 있는 전두환 생가에 가서 경비 중이던 전경을 밀쳐 낸 뒤 화염병을 던지고 유인물을 뿌렸다. 전경 1개 소대 28명이 있던 이곳은 학생들의 기습 타격으로 본가, 행랑채, 창고 등 초가 네 채의 지붕이 불탔다. 불은 1시간 20분 만에 꺼졌고 학생 6명은 현장에서 모두 연행됐다. 같은 시각 대대협 소속 학생들은 '5공 비리 관련자 처단을 위한 특별위원회'를 구성해 전두환과 이순자의 구속 수사를 촉구하는 집회를 열었고, 서문시장 등으로 진출해 시위를 했다.(『기초조사보고서』, 62쪽)

11월 18일에 광주 청문회가 방송된 뒤 대구에서는 광주학살 관련 핵심 인물인 민정당 국회의원 정호용에 대한 분노가 들끓었다. 11월 26일에는 2천여 명이 대구백화점 앞에서 대회를 열고 민정당 국회의원 정호용 사무실 앞에서 시위를 했다. 12월 8일에는 정호용 사무실에 대한 화염병 투척 사건이 있었다. 이날 대대협 소속 학생 1백50여 명은 평리네거리 부근에 집결해 "광주학살 원흉 정호용 처단하자" 등의 구호를 외치며 시위했고 정호용의 사무실에 화염병을 던져 2층 사무실을 전소시켰다. 이 사건으로 김종학, 손종환(이상 영남대) 등 학생 6명이 현장에서 붙잡힌 후 구속됐다.(『기초조사보고서』, 64쪽)

3) 영남대 박근혜 재단 퇴진 운동과 총장 직선제 투쟁

영남대는 박정희 정권 시기인 1967년 청구대와 대구대를 정권이 강제로 합병해 설립한 학교로, 1980년 4월 24일 박근혜가 이사장으로 취임하면서 그 측근들이 학교와 재단의 노른자위 자리에 앉아 전횡을 휘둘러왔다. 그러므로 영남대

〈그림 3-27〉 영남대 대동제 모습(1988년 5월)
(출처: 영남대 총학생회)

에서는 유신 잔재 철폐 운동의 연장선에서 재단 퇴진 운동을 벌여왔다.

그러던 중에 1988년 10월 18일 영남대에 대한 국정감사가 열렸으며, 국정감사를 통해 재단 측이 저지른 갖가지 비리가 드러났고 재단 정관에 박정희를 교주(校主)로 명시했다는 것도 확인됐다. 이에 영남대 구성원들은 재단 이사진의 전면 퇴진을 요구하면서 총학생회, 교수협의회, 강사협의회, 직원노조, 민주동문회건설준비위원회로 구성된 '영남학원민주화를위한공동추진위원회'(위원장 서정욱)를 발족했다. 11월 8일에는 약 2천여 명이 경산캠퍼스에서 대구 대명동캠퍼스까지 민주화 대행진을 했다. 결국 박근혜를 비롯해 비리에 연루된 재단 이사진은 사퇴했고, 12월에는 영남대에서 최초로 직선 총장 선거를 시행해 김기동 총장이 제1대 직선 총장으로 취임했다.(『기초조사보고서』, 179~181쪽; 『사적지조사보고서』, 58쪽)

2. 1989년 제1차 공안정국 하의 민주화운동

국회 청문회와 가두의 대중투쟁으로 표출된 범국민적 차원의 '광주학살, 5공 비리 진상규명 및 책임자 처벌'에 대한 열기는 노태우 정권에 큰 정치적

부담을 주었다. 노태우 정권은 1988년 11월 전두환의 사과 성명 발표와 백담사 은둔, 12월의 양심수 석방 등을 통해 국민들의 요구를 무마하면서도, 한편으로는 국회의 5공비리특위와 광주특위의 활동을 조기에 종결하려고 했다. 그리고 1987년 대통령 선거에서 내걸었던 '올림픽 후 중간평가' 공약의 실천을 연기하겠다고 일방적으로 선언하고, 체제 수호 선언, 민생 치안에 관한 특별 지시 등을 발표하며 공안정국을 조성해 정국의 분위기를 반전하려고 했다.

이에 맞서 민주화운동 진영은 1989년 1월 21일에는 전민련을 결성했고, 같은 날 대구경북지역에서도 대경민련을 결성했다. 그리고 7월에는 전교조 탄압에 맞서서 '전국교직원노조탄압저지및참교육실현을위한공동대책위원회'(이하 전교조공대위)를 결성했다. 전교조공대위는 1987년 6월민주항쟁 후 새로이 만들어진 대중조직들의 연대단체와 함께 민족민주운동단체, 시민사회단체가 총결집한 것으로 대구경북지역에서는 6월민주항쟁 이후 가장 큰 민주대연합 전선을 형성했다. 특히, 전교조공대위 활동은 이듬해 '민자당일당독재분쇄및민중기본권쟁취를위한국민연합'(이하 국민연합) 대구경북본부 결성의 밑거름이 됐다.(김찬수 구술, 2020. 9. 19)

학생운동 진영에서는 1988년에 이어 1989년에도 반미통일운동이 활발하게 일어났다. 그리고 노동운동 진영에서는 대노련준비위를 결성한 뒤 섬유와 염색공단의 주요 사업장에서 민주노조를 만들어 연대 활동을 펼쳐나갔다.

이 시기 주요 사건으로는, ① 중간평가 연기 불신임 퇴진 운동(1989. 3.), ② 공안정국 분쇄와 민중생존권 쟁취를 위한 운동(1989. 4), ③ 이철규 사인 진상규명 운동(1989. 5.~6.), ④ 전교조 사수를 위한 범국민적 지원 운동(1989. 7.~12.), ⑤ 광주학살 책임자 정호용 사퇴 운동(1989. 10.~12.) 등을 들 수 있다.

1) 중간평가 연기 불신임 퇴진 운동

1989년 1월에서 3월 사이 대구경북지역에서는 농민들의 수세 거부 투쟁과 노동자들의 대구지방노동청 점거 사건, 풍산금속 노동자 탄압을 규탄하는 영남권 노동자대회가 있었다. 또한, 대학생들도 여러 대학에서 등록금 동결을 요구하는 시위와 농성을 벌이며 대중운동의 저변을 넓혔다. 2월 하순에는 노태우 대통령 취임 1주년과 부시 미 대통령의 방한을 계기로 전국 곳곳에서 투쟁이 일어났다. 대구에서는 2월 18일 대경민련 주최로 '민중 생존권 탄압하는 노태우 정권 규탄 대구 범시민대회'를 연 뒤 참가자 1천여 명이 동성로와 반월로 등 도심지 10여 곳으로 나와 시위를 했다. 시위는 19일, 25일, 27일에도 이어졌다.

3월에는 노태우 정권이 중간평가를 연기하겠다고 선언하고 민주 세력에 대한 공권력 행사 강화 방침을 발표했다. 이에 전국 주요 도시에서 전민련과 전대협 주도로 중간평가 연기 불신임 퇴진 운동이 일어났으며, 대구에서도 3월 25일 대대협이 주도하여 결의대회를 열었다.

2) 공안정국 분쇄와 민중생존권 쟁취를 위한 운동

1989년 3월 25일에는 문익환 목사 방북 사건이 있었다. 노태우 정권은 공안합동수사본부를 발족하면서 공안정국의 흐름을 강화하는 한편, 현대중공업노조 등의 노조운동을 본격적으로 탄압했다. 이 무렵 대구에서도 여러 사업장에서 신규노조 결성, 임투, 민주노조 사수를 위한 연대파업이 진행됐으며 대구지방노동청 점거 사건으로 노동자들이 잇달아 구속되기도 했다. 따라서 3월 말부터 4월 사이 대구에서는 노동자, 시민, 학생들이 1천~2천여 명씩 모여 연대한 시위와 집회가 계속 있었다. 3월 31일의 '문익환 목사 평양 방문과 현대노조 탄압 보고 규탄대회', 4월 2일 '임금투쟁 승리를 위한 총진군대회 및 현대중공업 불법폭력탄압 규탄대회', 4월 16일 '현대중공업 노동자 및 통일운동 탄압 규탄대회' 등이 그것이다.

4월 28일에는 대구지검 점거농성 사건이 있었다. 이날 오전 10시경 권종탁, 이진희(이상 경북대) 학생과 졸업생 등 7명이 대구시 수성구 대구지방검찰청 403호 특수부 김종인 검사실을 점거하고 '공안합수부 해체, 정권 타도'를 주장하며 농성을 했다. 경찰은 1백50여 명의 경찰력을 투입해, 검사실 문의 자물쇠를 부수고 최루탄을 발사한 뒤 1시간 10분 만에 농성 참가자를 모두 연행했다.(『기초조사보고서』, 128쪽)

3) 이철규 사인 진상규명 운동

1989년 5월 10일에는 조선대 학생 이철규의 변사체가 광주에서 발견됐다. 당시 광주학살 문제가 KBS와 MBC 등 공영방송을 통해 방영되면서 전 국민들이 그 진상을 알게 되어 분노에 들끓게 됐고, 이러한 정세 속에서 대구에서는 5월과 6월에는 '고 이철규 열사 희생 진상규명 및 광주학살 책임자 처벌을 위한 운동'이 일어났다.

5월 17일 밤에는 대한방직 해고노동자 6명이 이철규 사인 규명을 요구하는 포스터를 갖고 있다가 서구 이현공단에서 경찰에게 폭행을 당했다. 5월 18일에는 대구경북지역 12개 대학생 5천여 명이 '5·18 광주민중항쟁 추모제'를 지내고 '이철규 사인 진상규명 대구지역 십만 청년학도 총궐기대회'를 연 뒤 시민들과 도심지까지 평화 행진을 했다. 5월 21일에도 계명대 정문 앞에서 '이철규 사인 진상규명 결의대회'를 마친 시민·학생 2백여 명이 시위를 했고, 시위를 주도했던 대경민련 간부 10여 명이 경찰에게 무차별 폭행을 당하는 일이 있었다. 6월 5일에는 영남대 학생들이 단식에 들어가고 6월 9일과 10일에는 대학생 1천여 명이 집회를 열었다.

대구경북지역에서는 이 운동은 6월 말까지 지속했다. 전국적으로 볼 때, 이철규 변사 사건에 대한 진상규명 요구 투쟁을 이처럼 장기적으로 계속 진행한 곳은 거의 없었다.(『기초조사보고서』, 151쪽, 184쪽)

4) 전교조 사수 운동

1989년 5월 전교조를 결성한 후, 공안정국의 한 가운데에서 위기에 처한 전교조를 사수하는 문제가 민주화운동 진영에 최대 현안으로 떠올랐다. 7월 15일, 대경민련, 민교협, 대노련, 대경총련, 대구여성회 등 27개 단체가 전교조공대위를 만들었고, 경북의 구미 · 선산, 안동, 상주, 영주, 포항, 김천에서도 공대위를 결성했다. 공대위는 8월 6일과 9월 24일에 대구, 안동, 구미, 포항 등의 지역에서 '전교조 탄압 저지와 합법성 쟁취를 위한 범국민대회'를 열었다. 12월에 전교조가 법외노조로나마 자리 잡게 되자, 전교조공대위는 5개월에 걸친 활동을 정리했다.

5) 광주학살 책임자 정호용 사퇴 운동

1989년 10월에는 여야가 5공청산 문제 일괄 타결을 논의하는 과정에 광주학살의 주요 책임자인 대구지역 국회의원 정호용의 의원직 사퇴 문제가 여론화됐다. 11월 8일에는 전대협 소속 전국 26개 대학생 45명이 '5공청산과 공안통치 종식'을 요구하며 민정당 중앙연수원을 점거해 농성을 했고 대구경북지역에서도 임차발(안동대) 등이 여기에 참가했다. 11월 22일에는 대구 · 광주 · 부산 민정당도지부 및 지구당사 네 군데에 정호용 구속 처벌을 요구하는 학생들이 화염병을 던졌다. 대구에서는 이날 오후 6시 30분께 대학생 10여 명이 민정당 김용태 의원 사무실로 가서 "정호용 물러가라"는 구호와 함께 화염병을 던졌다. 11월 26일에는 경북대에 시민 · 학생 2천여 명이 모여 '민중운동 탄압 분쇄 및 광주학살 5공 비리 책임자 처벌을 위한 89 민중대회'를 연 뒤 서문시장, 동아백화점, 반월당까지 행진했다. 정호용은 결국 1990년 1월 5일, 사회 여론에 떠밀려 국회의원직을 사퇴했다.

제3절 3당 합당과 2차 공안정국 하의 민주화운동

1. 3당 합당 이후 민자당 일당 독재 분쇄 운동

1990년 1월 22일에는 노태우와 김영삼, 김종필이 3당 합당 선언을 해 민자당이 출범했다. 6월민주항쟁의 성과를 바탕으로 만들어진 여소야대 정국에서의 수평적 정치지형은 3당 합당을 계기로 호남 대 비호남의 지역대결 구조에 기반을 둔 수직적 양당 체제로 전환했다. 이로써 개혁적 대립 구도는 지역주의적 대결 구도로 전환했다.(한국민주주의연구소, 2010, 430~431쪽) 평민당은 호남지역에 국한된 지역당이 됐고, 대구경북지역에서는 야당 지지층의 해체와 약화가 노골적으로 지속됐다. 즉, 3당 합당으로 패권적 영남지역주의가 구축되면서, 대구경북지역에는 민주화 이후에도 과거 독재 세력의 후신인 보수 세력이 강력한 영향력을 행사할 수 있는 기반이 형성됐다.

이처럼 거대 여당 민자당의 일당 독주체제가 수립되면서 이전에 진행됐던 각종 특위의 활동이 중단되고 여러 개혁안들이 폐기됐다. 3당 합당의 공안적 성격은 전노협 탄압, 무노동 무임금 강행, 최루탄 사용의 증가와 시국사범의 대량양산으로 나타났다. 정권은 범죄 예방과 선제적 진압을 명분으로 민주화운동에 대해 공세를 펴부으며 2차 공안정국을 조성했다.

당시 대구경북지역에서는 노동운동은 1989년에 대노련을 결성한 뒤 1990년에도 성장세를 보였다. 반면 학생운동은 1989년까지 운동이 폭발적으로 성장하다가 1990년 사회주의권 붕괴 후 다소 주춤하는 모습을 보였다. 특히 안기부에서 학생운동 분열 공작을 집중적으로 한 결과, 일부 대학에서는 반운동권이 총학생회를 장악했으며 이에 따라 대학 내에서 운동권과 반운동권이 물리적으로 대립하는 양상도 나타났다.(이용우 구술, 2020. 9. 19)

이러한 정세 속에서 1990년 4월 21일에는 전교조, 전농, 전대협, 전민련, 전빈련 등 10여 개 단체가 모여 '민자당일당독재분쇄및민중기본권쟁취를위한국민연합'(이하 국민연합)을 결성했고, 대구에서도 4월 28일 대구경북본부(상임의장 이영희)를 결성했다. 국민연합대경본부는 1989년의 전교조공대위 활동을 바탕으로 건설한 한시적인 상설 공동투쟁조직이었으나, 1960년 4월 혁명 이후 처음으로 노동자, 농민, 교사, 청년·학생 등 각계각층의 대중조직과 민족민주운동단체들이 결집한 정치투쟁체로서 노태우 정권 퇴진운동을 주도하는 지역적 구심이 됐다.(김찬수 구술, 2020. 9. 19)

이 시기 주요 사건으로는 ① 3당 합당 규탄, 보궐선거 대응 운동(1990. 1.~4.), ② 대구시 경찰국 점거농성 사건(1990. 4. 30)과 민자당 창당 반대 투쟁(1990. 5. 9), ⑤ 보안사 학원 사찰 진상규명 운동, 내각제 저지 운동(1990. 10.) 등을 들 수 있다.

1) 3당 합당 규탄, 보궐선거 대응 운동

대구에서 3당 합당에 대한 저항은 1990년 1월 23일 밤에 화염병 시위가 일어나는 등 3당 합당 발표 직후부터 나타났다. 2월 25일에는 경북대에서 학생과 시민 1천5백여 명이 모여 대경민련 주최로 '보수대연합분쇄 국민대회'를 열었다. 참가자들은 도심 20여 곳에서 '민자당 타도', '민중생존권 쟁취' 등의 구호를 외치며 4시간여 동안 격렬하게 시위했고, 구 민주당도지부 당사와 민자당 유수호 의원 사무실, 안기부 대공 상담실 등에 화염병을 던졌다. 특히, 이날 서문시장 앞길에서는 시민과 학생 1천여 명이 시위를 벌이자 대구중부경찰서 경찰이 38구경 리벌버 권총으로 시위대를 향해 실탄 1발을 발사하는 사건이 있었다.

3월부터는 일부 대학에서 전대협 탈퇴 무효화 투쟁과 전대협 사수 운동이 일어났다. 당시 전국의 일부 대학에서는 반운동권 학생회가 총학생회를 장악한 뒤 총학생회장이 일방적으로 전대협을 탈퇴 선언을 하는 일이 있었다. 대구경북지역에서도 3월 6일 경주관광대, 계명대, 대구대, 영남대 등 4개 대학교의 총학생회 간부들이 '대구경북지역총학생회대표자협의회'를 결성하고 전대협과 대경총련준비위 탈퇴 선언을 했다. 이에 4개 대학교의 학생들은 비상학생총회, 단식, 서명운동 등을 벌이며 총학생회 탄핵과 전대협 재가입 운동을 했다.(『기초조사보고서』, 155쪽)

4월 3일에는 대구 서구(갑)지구에 보궐선거(진보정당추진위 김현근 출마)가 있었으며, 선거 당일 개표를 진행하던 중 대구 평리4동 4투표구에서 부정 투표 용지가 발견되자 학생과 시민 3백여 명이 개표장인 서구청 앞으로 몰려가 "부정선거 중지하라"는 구호를 외치며 시위했다.

2) 대구시 경찰국 점거농성 사건과 5·9 민자당 창당 반대 투쟁

1990년에는 민주노조운동이 활발해지면서, 노학연대투쟁도 활발하게 일어났다. 4월 30일에는 대구시 경찰국 점거농성 사건이 있었다. 이 투쟁은 대경총련준비위 소속 학생들이 노동절을 앞두고 현대중공업 공권력 투입에 항의하는 노학연대투쟁을 벌이면서 일어났다. 이날 아침 대경총련준비위 소속 학생 60여 명은 대구시경 정문 안팎과 동인파출소에 화염병을 던지며 시위를 했다. 오전 10시경 '민자당 타도와 전노협 사수를 위한 청년학생결사대' 대학생 6명이 대구시경찰국 청사 본관 3층 옥상을 점거했으며, 일부는 높이 50m의 무선 송신탑으로 올라가 "민중운동 탄압 분쇄", "전노협 사수"가 적힌 현수막을 펼치고 2시간가량 시위를 했다. 이 사건으로 권용수(동국대 경주캠퍼스), 김종대(경북대), 박윤근(안동대), 양찬우(경북대), 이형구(대구대), 허용희(경북대) 등 학생 6명이 구속됐다.(『기초조사보고서』, 128쪽)

5월 1일부터는 전노협을 중심으로 총파업이 진행되면서 전국 각지에서 매일 시위가 일어났다. 민자당 전당대회가 열린 5월 9일에는 국민연합 주최의 국민 총궐기대회가 전국 21개 도시에서 일어났다. 대구에서는 경북대에서 국민연합대경본부 주최로 '반민자당, 민중 생존권 쟁취 국민대회'를 연뒤, 참가자 2천여 명이 "해체 민자당, 퇴진 노태우" 등의 구호를 외치며 도심 곳곳에서 시위를 했다. 저녁에는 학생·노동자·시민 7백여 명이 중구 만경관극장 앞 6차선 도로를 점거하고 시위를 했으며, 이 가운데 2백여 명은 중부경찰서를 향해 화염병을 던졌고, 경찰은 최루탄과 M16 공포탄을 쏘면서 이를 저지했다. 밤 9시 반에는 비산파출소 앞길에서 경찰이 시위 중인 학생들을 쇠파이프로 무차별 구타하며 연행하자, 대학생들이 연행된 학생을 구출하기 위해 파출소에 화염병과 돌을 던졌다. 경찰은 45구경 권총으로 공포 9발을 발사했고, 현장을 취재하던 기자들을 쇠파이프로 때려 실신시킨 뒤 군홧발로 짓밟았다. 그리고 항의하는 시민에게 쇠파이프를 휘둘러 여성 노동자 등 20여 명이 다쳤다.

이 시기 여러 대학과 공장에서 시위와 파업이 계속됐고, 이는 5·18 투쟁으로 이어졌다. 5월 21일에는 대경총련 학생들이 경북대에서 '광주 항쟁 10주기 및 전대협 출범식 보고대회'를 열었다. 경찰 4백여 명이 교내로 진입해 이를 강제해산하자, 학생들은 이에 항의해 산격3동 파출소로 가서 화염병을 던지고 대구시경 형사기동대 소속 경찰 1백20여 명을 기습했다. 이때 경찰은 45구경 권총으로 공포 5발을 발사했다.

6·10 대회 3주년인 6월 10일에는 국민연합대경본부가 주최한 '민족민주열사 합동추모제 및 6월민주항쟁 계승 국민결의대회'가 경북대에서 열렸다. 이 대회는 학생과 시민 1천 5백여 명이 참가했으며, 참가자들은 대회를 마친 뒤 시내 곳곳에서 5시간 동안 시위를 했다. 시위대 중 1백여 명은 대구시청 앞에서 경비 중이던 경찰에게 화염병을 던지기도 했다.

7월 임시국회에서도 민자당 독주체제로 국회의 파행이 장기화되자 대경총련 소속 학생 30여 명은 7월 21일 민자당 김용태 의원 사무실에 가 "민자당 해체" 등의 구호를 외치고 화염병을 던지며 시위를 했다. 7월 22일에도 대경총련 소속 학생들은 거리 시위를 했는데, 시위대 중 250여 명은 민자당 유수호 의원 사무실에 화염병을 던졌다.

3) 보안사 학원 사찰 진상규명 운동, 내각제 저지 운동

1990년 10월에는 보안사가 민간인 사찰을 계속해왔던 것이 폭로되자 전국적으로 진상규명 운동이 일어났다. 특히, 대구대에서는 교내에 들어와 정보를 수집하던 김경도 순경(경산경찰서 소속)이 학생들에게 붙잡히는 일이 있었다. 학생들은 '학원사찰진상규명대책위원회'를 구성해 규탄 집회를 열고 김 순경의 수첩 내용 일부, 자술서 등을 공개했다.(『기초조사보고서』, 216쪽) 10월 24일에는 전대협 송갑석 의장이 안기부에 연행되자, 이틀 뒤 경북대생들이 규탄대회를 가진 뒤 북문 앞에서 시위를 벌이던 중, 사복경찰 2백여 명이 교내에 진입해 김진향 학생을 연행하자 학생들은 이에 항의해 총장실을 점거해 철야 농성을 했다.

11월 25일에는 전국 12개 도시에서 '내각제 저지와 민중운동 탄압 분쇄 및 우루과이라운드 거부를 위한 노태우 정권 퇴진 민중대회'가 있었다. 이날 대구에서는 1천여 명이 모여 국민연합대경본부 주최로 집회를 열고 밤늦

게까지 시내 곳곳에서 "노태우 정권 퇴진", "3당 야합 해체" 등의 구호를 외치며 시위를 했다.

2. 1991년 5월 투쟁

1991년에는 6공화국 최대의 대중투쟁인 5월 투쟁이 일어났다. 대구 경북지역의 5월 투쟁은 다음 여러 요인의 영향을 받으며 전개됐다.

첫째, 이 시기에 사회 경제적으로 물가폭등, 집값폭등 때문에 서민들

〈그림 3-28〉 수서비리 관련 상경 항의시위(1991년 3월 2일)
(출처: 석원호)

의 생활고가 가중된 상태였는데, 1991년 초 수서지구 택지 특혜분양사건 등 정권의 권력형 비리가 노골적으로 드러났다. 정부의 경제정책에 대한 불만이 누적된 상태에서 3월 중순 대구에서는 낙동강 페놀오염 사건이 일어나 시민들의 분노가 들끓었다. 이에 대구경북지역에서는 3월부터 국민연합대경본부가 중심이 되어 수서비리 규탄투쟁을 전개하는 한편, 시민단체들이 연대해 두산전자의 페놀 방류를 규탄하며 집회를 열었다. 이러한 분위기는 4월까지 이어졌다.

둘째, 1991년 3월 들어 대학가에서는 학원자주화투쟁이 폭발적으로 일어났다. 특히 1990년에 총학생회를 반운동권에게 뺏겼다가 1991년에 다시 장악한 계명대, 대구대, 영남대에서는 학원자주화투쟁을 강력하게 진행했고, 안동대에서도 인문대학생회와 반미애국학생회를 중심으로 운동을 전개했다.

각 대학에서는 신입생을 대상으로 예비대학운동을 펼쳤고, 등록금인상 저지 투쟁을 했다. 학생 다수의 참여를 바탕으로 교육과정 개편, 학생회칙 개정운동도 활발하게 진행했다. 대학 신문사와 교지편집실은 대학의 중요한 언론매체로서 학생 대중의 의식화 작업을 수행했다. 이것은 1991년 5월 투쟁에 중요한 동력이 됐다.(이용우 구술, 2020. 9. 19; 채장수 구술, 2020. 8. 1)

셋째, 노태우 정권은 1992~1993년 정권 이양에 대비해 1990년 10월 '범죄와 폭력에 대한 전쟁'을 선포하고 공안 통치를 강화했다. 1991년에는 새해 초부터 이를 규탄하는 시위가 일어나자, 경찰이 시위대에게 총기를 사용하는 등 시위진압을 강화했다. 대구에서는 2월 11일 경북대 학생 1백여 명이 학생회 간부구속에 항의해 산격3동 파출소로 몰려가 시위를 하자, 경찰이 시위대를 향해 M16 소총과 38구경 권총 등 실탄을 쏘아 학생 1명이 다리에 관통상을 입는 일도 일어났다. 이처럼 시위 진압이 극단적으로 강경해지면서, 마침내 4월 26일 명지대 학생 강경대가 백골단이 휘두른 쇠파이프에 사망하는 사건이 발생했다.

특히 대구경북지역에서는 강경대 타살 사건에 이어 1991년 5월 1일 안동대 학생 김영균이 분신했고, 8월 18일 대구대 학생 손석용이 분신 후 투신했다. 이 두 사건은 대구경북지역 민주화운동 대오에 큰 충격을 주었고 1991년 5월 투쟁을 격렬하게 이끌어가는 핵심적인 추동력이 됐다. 대구경북지역의 1991년 5월 투쟁 전개 과정을 몇 단계로 나눠보면 다음과 같다.

1) 안동대 김영균 분신 사건과 5월 초기의 투쟁

1991년 4월 26일 강경대 타살 사건이 일어난 뒤, 대구에서는 페놀 방류 규탄과 강경대의 살해를 규탄하는 운동이 함께 일어났다. 4월 27일에는 국민연합대경본부가 주최하는 '페놀방류 염색폐수 규탄 시민궐기대회'가 대구역 광장에서 열렸다. 대회가 끝난 뒤 참가자들은 "시민에겐 페놀 식수, 학생에겐 쇠파이프, 살인정권 타도하자"라는 구호를 외치면서 도심에서 시위했다.

5월 1일 낮에는 안동대에서 학생들이 '강경대 열사 추모식 및 폭력·공안정권 규탄대회'를 열던 중, 이 학교 학생 김영균이 "살인 폭력·민중탄압 즉각 중단하라"는 구호를 외치며 분신한 뒤 이튿날 오후 8시 10분경 분신 31

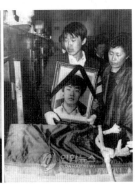

〈그림 3-29〉 1991년 5월 1일 분신한
고 김영균 학생과 화장장 장면 (출처: 연합뉴스)

시간 40분 만에 숨졌다. 당시 스무 살이던 김영균은 고등학교에서부터 소모임 활동을 하고 전교조 해직교사 구명운동에 앞장섰다. 또한, 당시 안동대는 인문대 학생회를 중심으로 학생운동을 전개하고 있었는데, 김영균은 인문대 민속학과에 입학한 뒤 민속문화연구회를 조직하고 교지 편집위원과 학회 활동을 하는 한편, 통일선봉대원으로도 나섰던 활동가였다. 그는 1991년에는 비합법 학생운동조직인 반미애국학생회 학습팀에 들어가 회원 가입을 앞둔 상태였다.(박명배 구술, 2020. 9. 25)

김영균 분신 사건이 일어나자 안동대 학생들은 수업과 시험을 전면 거부하고 안동역, 목성교, 대한극장 앞 등 안동 시내 곳곳에서 시위를 하고 유인물을 뿌렸다. 그리고 김영균 학생이 대구의 경대병원으로 옮겨지자, 대거 대구의 연합 집회에 결합했다. 5월 2일에는 안동교구 신부들이 성명을 발표하고 단식에 들어갔으며, 안동농민회, 전교조안동지회, 천주교정의평화위원회 등 지역의 7개 민주단체가 모여 '고강경대열사살인규탄및공안통치분쇄

와김영균씨분신임시대책위원회'를 결성해 5월 투쟁을 벌여나갔다.

대구에서도 학생들은 동맹휴업을 결의하고 매일 수천 명이 도심에서 추모 시위를 했고, 민교협대구경북지회 소속 5개 대학교수 2백여 명이 농성에 들어갔다. 5월 2일에는 국민연합대경본부와 신민당·민주당·민중당 등 야당이 연대해 '고강경대열사폭력살인규탄및김영균학생분신범시민대책회의'(이하 범시민대책회의)를 결성했다.(『기초조사보고서』, 69~70쪽, 160쪽)

2) 5·18 이후의 5월 투쟁

대구경북지역에서 범시민대책회의 조직은 1991년 5·18을 기점으로 해서 '공안통치분쇄와민주정부수립을위한대구경북대책회의'(이하 대구경북대책회의)로 전환해 노태우 정권 퇴진투쟁을 전개했다. 여기에는 민족민주운동단체들과 1987년 6월민주항쟁 이후 만들어진 지역의 기층 민중운동조직들과 야당이 결집했다. 대구경북지역의 1991년 5월 투쟁을 이끌어갔던 것은 대구경북대책회의에 참여했던 기층 민중조직과 민족민주운동 세력이었다. 그들은 대구경북대책회의를 정치적으로 주도하고 투쟁의 주동력을 담당했다. 여기에 야당도 참여했지만, 야당은 대책회의 안에서 민중운동 진영의 결정에 동참하는 수준이었다. 이처럼 1991년 5월 투쟁은 성장한 민중세력의 힘을 반영해 보수야당이 아니라 기층 민중운동 조직들이 민주대연합을 주도했다는 점에서 1987년 6월민주항쟁과 차이가 있었다.(김찬수 구술, 2020. 9. 19)

1991년 5월 투쟁은 전국적으로 연인원 1백만 명이 참가하면서 전개됐고, 대구경북지역에서도 연일 수천 명이 참여한 상태에서 투쟁이 진행됐다. 5월 18일 대구에서는 5천여 명이 "노태우 정권 퇴진"과 "살인정권 타도"를 외치며 5월 19일 새벽까지 6공화국 최대 규모의 시위를 했다. 5월 21일에는 대구경북지역 대학생 7백여 명이 광주로 가서 광주지역의 학생·시민과 연대집회도 했다.

경북지역에서도 안동, 경산, 김천, 예천, 상주 등지에서 5월 투쟁을 전개했다. 김영균 열사의 지역인 안동에서는 안동대 학생들과 전교조안동지회, 농민회 회원들이 연대해 열사의 장례식을 안동대장으로 거행하던 5월 15일까지 매일 2천 명 정도의 학생과 시민이 시위했고, 투쟁은 5월 말까지 이어졌다.(박명배 구술, 2020. 9. 25) 노동자 지역인 포항에서는 포항지역범시민대책회의 주최로 죽도시장에서 추모제와 국민대회를 열었고 노동자·시민·청년 8백여 명이 경찰과 대치해 화염병을 던지며 격렬하게 시위를 했다.(유성찬 구술, 2020. 9. 18) 그 외의 일부 시·군 지역에서도 농민회와 전교조 중심으로 시·군 단위의 집회를 연 뒤 주말에는 대구에서 열리는 연합집회에 참석했다.

1991년 5월 29일에는 수성구 범어동 민자당대구시지부 앞에서 대경총련 산하 구국결사대 대학생 1백여 명이 '기만적인 내각 사퇴와 김귀정 학우 폭력살인 규탄 시위'를 했다. 그리고 김현욱(경산대), 박영률, 이경숙, 이규봉(이상 경북대) 등 7명은 3층 시지부 사무실에 들어가 "장기 집권 음모 민자당 해체하라"라는 현수막을 걸고 농성을 벌이다 경찰에 연행되어 전원 구속됐다.(『기초조사보고서』, 129쪽)

〈그림 3-30〉 '공안통치분쇄와민주정부수립을위한 대구경북대책회의'에서 1991년 5월 25일 발간한 소식지 (출처: 민주화운동기념사업회 오픈아카이브즈 00151761)

3) 5월투쟁에 대한 탄압과 손석용 분신 사건

노태우 정권은 수많은 젊은이의 죽음도 외면한 채 공안 통치를 이어갔다. 강기훈 유서대필 사건을 조작하고 관제 조직을 동원하면서 여론을 호도했다. 1991년 6월 3일에는 언론이 한국외국어대에서 있었던 국무총리 서리 정원식에 대한 계란투척사건을 대대적으로 보도했다. 끓어오르던 5월투쟁은 이 사건을 계기로 반전됐다.

이미 6월 1일부터 당국은 전면적인 공안 탄압을 다시 시작하면서, 활동가들을 집중적으로 수배하고 검거했다. 공안 당국은 강기훈 유서대필 사건처럼 안동대에서도 김영균 분신 배후를 조작하기 위해 반미애국청년회 학생 총 27명을 연행해 보안사에서 10~20여 일에 이르는 모진 고문을 했으나 뜻대로 되지 않자, 연행한 학생 중 임차발 등을 이적단체 구성죄 등을 적용해 국가보안법 위반혐의로 구속했다.(박명배 구술, 2020. 9. 25) 이러한 가운데 6월에는 광역의회 선거 국면이 됐고, 대학은 기말시험 기간이 되면서 투쟁은 서서히 소강 상태로 넘어갔다.

그러나 8월에는 대구대 학생 손석용 분신 사건이 일어났다.

〈그림 3-31〉 1991년 8월 18일 분신한 고 손석용 학생 유서 ('대구대학교 고손석용반미조국통일열사분신대책위원회'에서 1991년 8월 20일 발간한 유인물) (출처:민주화운동기념사업회 오픈아카이브즈 00533384)

손석용은 대구대 3학년 재학 중 1991년 3월에 군에 입대한 군인으로 평소 '미제국주의의 용병' 역할을 하는 군을 혐오해왔다. 그는 범민족대회가 열리던 기간인 8월 14일 첫 휴가를 나와서 8월 18일 밤 11시 40분께 장문의 유서를 남기고 대구대 대명캠퍼스 건물 옥상에서 분신한 후 투신해, 이튿날인 19일 오전 5시 25분께 숨졌다. 그의 유서에는 "미국의 용병이 되어 동포의 가슴에 더이상 총부리를 겨눌 수 없었다"라고 적혀 있었다. 당국은 전경 3개 중대 350여 명을 동원해, 영안실을 지키던 사수대 학생 70여 명과 몸싸움을 벌인 뒤 손석용의 주검을 국군대구통합병원 영안실로 옮겼고, 사건이 확대되는 것을 막기 위해 유가족을 회유해 화장하게 했다. 국민연합대경본부는 '고손석용반미조국통일열사분신대책위원회'를 꾸렸고 대경총련도 비상대책위원회를 꾸려 매일 철야농성을 하며 규탄대회를 열었다. 8월 24일에는 대구대에서 학생·시민·노동자 1천여 명이 참석한 가운데 추모제를 열고 도심으로 나와 시위를 했다.(『기초조사보고서』, 218~221쪽)

4) 5월 투쟁의 영향과 전선운동의 발전

1991년 6월의 광역의회 선거를 거친 뒤 민주화운동 진영은 선거에 참여하자는 입장과 투쟁을 지속하자는 입장이 갈라졌다. 동시에 전선운동을 발전시키기 위해 노동자, 농민, 빈민, 교사, 학생, 청년 등 주요 대중조직과 전민련 등 민족민주단체들이 모여서 민족민주운동의 구심을 새롭게 건설하자는 논의가 있었다. 이후 5개월 동안 논의한 결과 전국연합을 결성했다.

대경연합은 전국연합과 비슷한 시기에 결성됐고, 지역연합으로서는 비교적 이른 시기에 힘있게 출범했다. 그 이유는 그간 대경민련과 전교조공대위(1989), 국민연합대경본부(1990), 대구경북대책회의(1991) 등으로 이어지는 전선운동을 꾸준히 전개해왔기에 이것이 전국적 운동의 새로운 흐름과 결부되면서 추진력을 발휘했기 때문이다. 그리고 광주전남지역 등 다른 지역과 달리 야당이나 다른 재야 세력이 지역 민중운동 세력에게 미치는 영향이 약하다 보니 내부의 합의도 빨랐다.(김찬수 구술, 2020. 9. 19)

한편, 안동대에서는 김영균 열사의 뜻을 잇기 위해 안동대 반미애국청년회 의장 박명배가 수배 상태에서 총학생회 회장 선거에 나서 압도적 표차로 당선된 뒤 국가보안법 위반 혐의로 구속됐다. 이로써 안동대에서는 반미애국청년회 사건으로 총 7명의 학생이 구속되어 최대 징역 5년형에 이르는 실형을 선고받았다.(박명배 구술, 2020. 9. 25)

제4절 노선의 분화, 반미 · 통일운동과 진보정당 운동의 전개

1. 노선에 따른 민주화운동 조직의 분화

대구경북지역에서도 이념 · 노선 논쟁은 1987년 6월민주항쟁 전부터 전개됐으며, 노태우 정권 시기에는 민주화운동의 여러 부문에서 NL계열과 PD계열로 조직이 나뉘었다.

전민련에서는 1989년 결성된 뒤 투쟁노선을 둘러싸고 몇 차례 큰 논쟁이 있었고, 1991년 5월 투쟁 이후 정치세력화와 관련해서 진보정당 건설 관련 논쟁도 있었다. 대구경북지역의 사회운동 진영에서도 이러한 논쟁들이 있었고, 결국 1990년 이후에는 전선운동을 지향하는 조직과 정당운동을 지향하는 조직이 분화되었다. 그러나 각 조직의 활동가들은 노선의 차이가 있다 해도, 지역운동의 주요 사안에 대해서는 갈등하기보다는 상호 공존하는 분위기가 강했다.(김찬수 구술, 2020. 9. 19)

그러나 학생운동의 경우에는 사정이 좀 더 복잡했다. 이 시기에는 어느 계열의 학생들이 주요 대학의 총학생회를 장악하느냐에 따라서 한 해 학생

운동의 주요 방향이 정해졌으며, 이것은 지역 민주화운동에도 큰 영향을 주었다.[19]

1987년에서 1989년까지의 기간에는 대구경북지역의 주요 대학에서는 대부분 NL계열 후보가 총학생회장으로 당선되어 대대협 1기와 2기의 핵심을 구성했다. 이에 지역 대학가에는 NL노선이 대세를 형성했고, NL계열에서 강조했던 5공청산 운동(전두환·이순자 구속 처벌 운동)과 반미통일운동이 활발하게 일어났다. 그러나 대구지역은 다른 지역보다는 PD 등 비(非)NL계열의 소그룹 조직이 많은 편이었고 일부 대학교에서는 주요 단과대학을 중심으로 범 PD 진영을 형성했으므로, 각 조직 사이의 경쟁이 심했다.

당시 학생운동 구성원이 상대적으로 많아 대학사회의 분위기를 주도했던 경북대에서는 총학생회나 단과대학 학생회 선거를 할 때 비(非)운동권 학생들은 아예 출마하지 않았고, 대신 NL계열과 PD계열의 활동가들이 따로 나와 경선했다. 1990년 들어 경북대 총학생회 선거에서는 범PD 진영의 후보가 당선됐다. 그들은 반NL연합 총학생회를 결성해 대경총련 의장을 배출했으며, 그 영향으로 1990년에는 그 전 해보다 노학연대 투쟁이 좀 더 활발하게 전개됐다. 이 해에는 계명대, 대구대, 영남대에서도 NL계열과 PD계열 후보가 갈라져 나와 경선했다. 그리고 공안당국에서 학생운동에 반대하는 반(反)운동권 후보를 양성해 출마시키기도 했다. 그 결과 이 세 대학에서는 반(反)운동권 후보가 총학생회장으로 당선됐고, 학생운동 조직 구성원들은 일부 단과대학 학생회와 총여학생회를 근거지로 활동할 수밖에 없었다.

1991년에는 주요 대학에서 다시 NL계열의 학생운동 세력이 총학생회장으로 당선되어 대경총련 의장단을 구성했다. 이 시기 지역 대학가에서는 NL계열에서 강조하던 대중노선을 펼치면서 학원 자주화 투쟁에 주력했다.

---

19) 이하 이 절의 내용은 다음 자료를 참고했다.: 안영민 구술(2020. 9. 24), 이용우 구술(2020. 9. 19), 임채도 구술(2020. 9. 24).

이는 1991년 5월 투쟁으로 이어져 학생 다수가 5월 투쟁의 주체로 나설 수 있는 발판이 됐다.

한편, 1991년 하반기부터 지역 대학가에는 제3세력의 활동가들이 세력을 드러내기 시작했다. '관악자주파'라고도 불리는 이 계열의 조직은 서울지역의 활동가들이 각 대학 학생운동 조직의 상층부와 접촉하면서 형성됐다. 이에 따라 1992년도에는 지역 학생운동 조직의 양상이 더 복잡해졌다. 경북대는 NL계열의 후보가 당선됐고, 영남대는 제3세력의 경향성을 지닌 후보가 당선됐다. 대구대는 NL계열과 PD계열 연합 학생회가 당선됐다. '관악자주파' 계열의 학생운동가들은 1993년 이후에는 지역 대학가에 더 큰 영향을 미쳤으며, 그 영향력은 1990년대 후반 '참여연대' 등 시민운동 조직 결성으로 나타났다.

그러나 계명대는 1992년에 학생운동 조직 후보가 총학생회장으로 당선되지 못했고 반(反)운동권이 총학생회를 장악했다. 일부 단과대학 학생회와 총여학생회를 기반으로 활동하던 계명대의 학생운동 활동가들은 반(反)운동권 총학생회 구성원들에게 물리적 테러를 당하는 등 극심한 시련을 겪었다. 학생운동 세력과 반(反)운동권 총학생회 간의 갈등이 극도로 고조될 즈음인 1992년 5월 26일에는 계명대 학생회관에 큰불이 나서 강병찬, 김홍삼, 박종국, 배숙경 등 학생운동 구성원 4명이 숨지고 9명이 중상을 입는 큰 사고가 있었다. 이 사건은 경찰이 더 수사하지 않아 오늘날까지 미제로 남아 있다.

2. 학생들의 반미통일운동

NL이 주도하는 전대협은 자주·민주·통일을 내세우며, 강력한 반미주의를 주장했다. 1988년부터는 한반도의 영구분단을 기도하는 미국에 대한 반미투쟁의 일환으로서, 조국통일 촉진투쟁을 전국적으로 진행했다. 대구지역 학생들도 대대협(이후 대경총련)이 주도로 반미 조국통일투쟁에 전면적으로 합류했다. 반미의 물결은 당시 대구지역 대학사회에서 커다란 거부감이 없이 수용되면서 각 대학 총학생회는 반미 조국통일론을 전면에 내세우면서 당선이 됐다.(채장수, 2006, 221쪽) 이 흐름은 ① 1988년 남북학생회담 추진 운동과 ② 1989년 제13차 세계청년학생축전 참가 운동으로 이어졌다.

1988년의 반미통일운동은 전방입소 거부투쟁에서부터 나타났다. 경북대에서는 1987년 6월민주항쟁이 일어나기 전 4월에 총장 사퇴를 요구하는 학내 민주화 투쟁과 호헌철폐 투쟁을 하면서 170명의 학생이 전방입소 거부투쟁을 진행한 적 있었다. 1988년의 전방입소 거부투쟁은 5월 9일에서 23일 사이 계명대에서 일어났다. 경기도 양주시 교육장에 입소했던 교육생들은 군 당국의 강압적 태도에 반발해 5월 9일 556명 중 1차로 45명이 퇴소하고, 2차로 58명이 퇴소했다. 그리고 그들은 "미제의 용병 교육과 독재정권의 지배이데올로기 주입강요"에 항의하며, 양주시 덕정역 광장에서 출정식을 열고 군 당국에 요구 사항을 내걸고 연좌 투쟁을 했다. 군 당국이 학생들의 요구를 수용하기를 거부하자, 퇴소한 교육생들은 학교로 돌아와 5월 10일 총학생회 산하에 '군사교육철폐투쟁위원회(위원장 이승희)'를 만들어 23일까지 농성했다.

이어서 88서울올림픽을 앞두고 남북학생회담 추진운동이 전개됐다. 이 운동은 "가자 한라에서! 오라 백두에서!, 만나자 판문점에서! 남북은 통일로! 양키는 아메리카로!"라는 슬로건을 내세우며, 공동올림픽 쟁취, KAL 858기 실종 사건 진실 규명, 남북 청년 학생 국토종단순례대행진과 체육대회 성사, 6·10 남북 학생회담 개최를 목표로 한 통일운동이었다. 이 운동을 위해 5월부터 경북대를 비롯해 각 대학에서는 '조국의평화와자주적통일을위한특별위원회'(이하 조통특위)를 조직했고, 6월 7일에는 대대협 산하 대구지역 조통특위 연합을 발족해 결의대회를 열었다. 6월 9일에는 '6·10 남북 청년학생회담 성사를 위한 백만 학도 결의대회'가 연세대에서 있었는데, 학생들은 수업을 거부하고 기말고사를 연기한 상태에서 서울로 가는 교통편을 마련해 대학교 단위로 참가했다.(『기초조사보고서』, 61쪽) 또한, 6월 13일에는 김진화(대구교대), 박해수(영남대), 박형룡(경북대 졸업생) 등 대학생 10여 명이 대구 미문화원을 향해 화염병과 사과탄을 투척하는 대구 미문화원 타격 투쟁을 전개했다.(박형룡 구술, 2020. 8. 28)

그러나 6월에 성사되지 않아 8월로 연기해 추진하던 '민족 화해를 위한 국토종단 순례대행진 및 8·15 남북학생회담'은 경찰의 원천봉쇄로 무산됐다. 8월 10일에는 대구대 학생들이 학교 버스를 탈취해 국토순례대행진 시민결의대회 장소인 포항 송도해수욕장으로 가려다가 경부고속도로 경주 인터체인지에서 경찰에 전원 연행되기도 했다.(『기초조사보고서』, 385쪽) 8월 11일에는 대구지역 8개 대학 학생과 시민 5백여 명이 대구역 광장에서 결의대회를 열 예정이었으나, 경찰의 저지로 집회가 무산되자 도심 곳곳에서 격렬하게 시위를 벌여 학생 다수가 다쳤다. 경찰은 이날 밤 시위 학생 63명을 연행했다.

〈그림 3-32〉 1989년 5월 영남대학교 대동제. '제13차 평양 세계청년학생축전 참가'를 위한 통일운동의 열기가 높다.
(출처: 영남대 총학생회)

1989년에는 '제13차 평양 세계청년학생축전 참가투쟁'이 대대협의 핵심적인 투쟁 과제로 설정됐다. 이를 위해 학생들은 4월에는 모의축전 개최 및 대국민 홍보를 위해 평양축전

준비위원회를 조직했다. 6월에는 각 지역에서 통일선봉대를 조직했다. 6월 23일 부산에서부터 시작된 통일선봉대의 일정은 7월 초 한양대까지 이어졌으며, 이때 많은 학생이 경찰과 대치하며 전국을 순회하는 과정에 다쳤다. 영남대의 김선기 학생은 부상으로 정신적 장애를 안게 됐다. 7월 1일에는 평양에서 제13차 세계청년학생축전이 열렸고 한국외대 학생 임수경이 전대협 대표 자격으로 방북했다. 이 무렵 대구경북지역의 각 대학은 방학을 맞아 대경총련준비위 주도로 농촌활동(이하 '농활')을 준비하고 있었다. 7월 7일, 대학생과 노동자 등 3백여 명은 경북대 민주광장에 모여 '임수경 학우 평양축전 참가 및 대경총련준비위 농활대 발대식'을 가진 뒤, 1시간 동안 격렬하게 시위했다.(『기초조사보고서』, 182쪽, 346쪽, 385쪽)

1989년 10월 16일에서 18일 사이에는 대통령 노태우가 미국을 방문했으며, 민주화운동 세력은 이 기간을 반미투쟁 기간으로 설정했다. 이때의 반미운동은 농민들의 농축산물 수입 개방 반대 운동과 연계해 일어났다. 10월 13일, 전국 대학에서 일제히 반미 시위가 일어났다. 이날 30개 대학 1만5천여 명의 대학생들이 노태우 대통령의 방미와 미국의 통상 압력 등에 반대해 대학 교내와 도심에서 성조기 등을 태우면서 격렬하게 시위했고 서총련 학생들은 미 대사관 점거 농성을 벌이면서 미국의 내정 간섭과 수입 개방 압력을 중단하라고 요구했다. 대구에서도 학생들이 '노태우 매국적 방미 저지를 위한 투쟁대회'를 열고 도심 진출을 시도했다. 이와 같은 통일운동은 1990년 이후에는 해마다 범민족대회 참가운동으로 이어졌다.

3. 민족자주평화통일대구경북회의와 4 · 9통일열사 계승운동

한국 사회에서 통일운동은 4월 혁명 이후 수십 년간 정체됐으며, 모든 부문운동을 통틀어 가장 격렬하게 정부 및 체제와 대립해온 영역이었다. 그

러나 1987년 민주화 이후 다른 부문운동과 마찬가지로 통일운동 영역에서
도 합법조직이 만들어지기 시작했다.

1988년에는 원로 통일운동가들이 모여 '민족자주평화통일중앙회의'를 창
립했고 대구경북지역에서는 '민족자주평화통일대구경북회의'(이하 민자통
대구경북회의, 상임의장 유시벽, 공동의장 유한종, 유연창, 이목, 이종하)
를 창립했다. 민자통은 1960년 4월 혁명 시기에 활동했던 민족자주통일중
앙협의회 등을 재건한 것이다. 이 단체에 참가한 활동가들은 4월 혁명 직후
에 전개됐던 혁신계 통일운동을 계승하고 1990년대 범민련남측본부를 중심
으로 하는 방북 통일운동에 참여하면서 1960년대와 1990년대 통일운동을
연결하는 역할을 했다.

통일운동이 대중화되면서, 1989년 대구지역에서는 인혁당, 남민전 사건
관련자의 명예를 회복하고 지역 민주화운동의 전통을 복원하는 일에 대한 관
심도 함께 일어났다. 인혁당, 남민전 사건을 재평가하자는 것은 1987년 6월
민주항쟁 전에도 민자통대구경북회의 원로들 사이에 암암리에 거론되어왔으
나 1989년에야 공개적으로 제기됐다. 1989년 4월에는 경북대 총학생회에서
'이재문, 여정남 선배 애국정신 계승 및 노태우 정권 퇴진을 위한 범복현 실
천 주간(4.3~4.15)'을 정하고 심포지움과 강연회를 열어 남민전, 인혁당 사
건의 조작 과정과 사건의 의의에 대해 널리 알렸다. 4월 9일에는 민자통대구
경북회의와 새로운청년회, 대대협 주최로 학생과 시민 2천5백여 명이 참석
한 가운데 인혁당 관련 희생자 추모제를 열었다.(『기초조사보고서』, 127쪽)

이 행사는 매년 이어져 지금도 4·9제 행사로 계속되고 있다. 1995년에
는 경북대와 영남대에 4·9통일열사 추모비를 건립했으나, 영남대에서는
경찰이 포클레인을 앞세워 철거했다. 그 뒤 4·9통일열사 추모비를 지키는
것은 대구지역 학생운동의 주요 사안 중 하나가 됐다. 인혁당 열사들의 묘
가 있는 칠곡 현대공원에도 20주기인 1995년에 묘비를 세웠다.(『사적지조

사보고서』, 59쪽) 그리고 묘비를 세웠다는 이유로 민자통대구경북회의 구성원들이 국가보안법 위반으로 입건되고, 함종호 대경연합 의장이 구속되기도 했다.

4. 진보정당 운동의 전개

1987년 대통령 선거를 거치면서 민주화운동 세력은 몇 갈래로 나뉘었다. 선거 당시 독자후보 운동을 했던 측은 소장파를 중심으로 '민중의 독자적 정치세력화'를 표방하고, 민중정당결성추진위원회를 결성했다. 그들은 1988년 3월 11일에는 '민중의당'을 창당해 13대 총선에 참여했다. 대구에서도 같은 날 민중의당대구시지부(1988.3.11.~1988.5.18., 김현근 등)를 결성했다. 그러나 민중의당은 13대 총선에서 패배한 뒤, 1988년 4월 29일 등록을 취소하고 5월 16일~18일 제2차 전국대의원대회에서 '민중정당재건추진위원회'로 재편할 것을 결의하고 해산했다.(『기초조사보고서』, 317~318쪽) 민중의당은 1960년 4월 혁명 후 전개됐던 진보정당 운동이 정권의 탄압으로 자취를 감춘 뒤 6월민주항쟁의 성과를 바탕으로 약 30년의 공백을 딛고 만들어진 정당이다. 그리고 1980년대 민주화운동 세대가 창당한 최초의 진보정당이라는 의의가 있다.

한편, 1987년 대통령 선거 과정에서 후보단일화운동에 동참한 일부 세력인 새정치추진모임은 야권 통합 논의와 통합신당 논의가 무산되자, 경북과 충남을 중심으로 결성됐던 신당추진지역협의회와 결합해 한겨레민주당(1988.3.29.~1991.3.1)을 창당했다. 주로 민청학련 사건 관련자들이 모인이 당은 3김의 지역할거 정치와 민주정의당의 관권정치에 저항하는 제3의 당을 구상했다. 대구 중구의 이강철, 서구(을)의 서중현, 포항시의 김병구 등 대구지부와 경북지부에 다수의 구성원도 참여했다. 그러나 13대 총선에서 지도부의 출마 성적이 부진했고, 전남 신안군에서 유일하게 당선된 박형오가 당적을 옮겨 평민당에 입당하면서 의석수 0의 원외 정당으로 전락하고 말았다.

남은 당원들은 1990년 4월에 민중당을 구상하던 이우재, 장기표와 함께 민주연합추진위원회를 구성해 합당을 시도했으나, '선(先) 진보정당 재건'을 주장하는 민중의 당 구성원들과 '선(先) 야권 통합 후 3당 합당 심판'을 주장하는 한겨레민주당 구성원들 간의 의견 차이를 극복하지 못해 합당이 무산됐다. 이후 한겨레민주당은 법정지구당 수가 부족해 중앙선거관리위원회에 의해 등록취소 판정을 받았다.

이후 민중의당에서 진보정당 운동을 추진하던 세력은 민중당대구시지부를 구성해 1991년 6월 지방 선거에 소수의 후보를 내었다. 1991년 12월에는 노동자정당건설추진위원회가 결성되어 민중당대구시지부 운영위원회와 통합했고, 그들은 이듬해인 1992년 1월에 한국노동당(가칭)창당준비위원회(대구는 권형우, 김기수)를 결성했다. 이 조직은 4월에는 조직의 명칭을 진보정당추진위원회(이하 진정추)로 바꾸었다. 5월 1일 대구에서는 기존 민중당대구시지부를 진정추대구본부로 전환하고 대구노동자학교에서 결성대회를 열었다. 진정추대구본부는 부설 기관인 대구노동자학교에서 여러 차례 정치 강좌를 열고 '민중후보추대와민중의독자적정치세력화를위한대구지역민중연대' 결성에 참여했다. 1992년 11월에는 제14대 대통령 선거를 앞두고 민중대통령백기완후보대구선거대책본부를 구성해 활동했다.(『기초조사보고서』, 319~320쪽)

이상과 같은 진보정당 건설 노력은 민주화운동의 합법적, 제도적 기반이 척박한 대구에서 공개적인 공간에서 운동을 펼치려는 시도로 나타났으며, 주로 1970년대와 1980년대 초중반에 학생운동을 했던 PD 계열의 활동가들이 참여했다. 진보정당 운동은 1992년 총선을 거친 뒤, 김영삼 정권이 들어선 후에도 다양한 형태의 진보정당으로 계승됐다. 이에 따라 이후의 민족민주운동은 전선운동과 정당운동으로 분화되어갔다.

한편, 전선운동을 진행하던 대경연합에서도 선거 공간의 중요성을 인식하고 1992년 4월 총선에서는 대구 수성(갑) 지구에서 민자당의 박철언 후보에 맞서 박주철을 전국연합 후보로, 서구(을) 지구에 김기석을 노동자 후보로 내세워 선거 투쟁을 벌였다.

제5절 시민사회의 변화와 새로운 운동의 출현

1. 진보적인 청년운동과 다양한 시민운동의 발전

노태우 정권 시기 지역 민주화운동에서 두드러지는 점으로는 지역의 여러 부문에서 대중조직이 만들어지고 운동이 다양화된 것을 들 수 있다.

이전 시기에는 소수의 선도적이고 급진적인 활동가들이 주축이 되어 운동을 전개했고, 활동가들이 진출하는 영역도 학생운동, 노동운동, 농민운동 외에는 크게 관심을 두지 않았다. 그러므로 이 부문에 속하지 않은 의식 있는 시민과 청년들은 비조직 상태로 활동하는 경우가 많았다. 그러나 1987년 6월민주항쟁을 겪은 뒤에는 시민의 삶 속에서 풀뿌리민주주의를 실현하는 것이 중요함을 깨닫고 다양한 분야에 새로운 대중조직이 결성됐다.

그리고 이러한 흐름은 점차 일상의 민주화와 사회운동의 제도화라는 의제로 나아가게 됐다. 이에 따라 대구경북지역에서도 새로운 시민운동의 흐름이 등장했고, 여성, 환경, 인권, 복지, 장애인 운동 등 다양한 영역에서 새로운 내용을 제시하며 급속하게 사회적 영향력을 확대해갔다. 노태우 정권 시기에 새로이 건설된 단체들은 ① 민족민주운동의 일환으로서 청년·시민을 의식화, 조직화하고자 하는 진보적 대중단체, ② 기존의 민족민주운동과는 결이 다른 새로운 시민운동을 지향하는 단체, ③ 여성, 환경 등 특정 대상, 특정 주제를 중심으로 전문적으로 활동하는 단체로 나눌 수 있다. 그리고 전통적으로 활동해온 인권단체, 종교단체, 문화단체도 사안에 따라 이들과 함께 연대하며 활동했다.

앞서 1절에서 살펴본 대구의 '새로운청년회'와 경북 각 지역 '민주청년회' 등의 청년단체들은 대표적인 진보적 대중단체라고 할 수 있다. 이 단체 회원들의 직업은 자영업자, 사무직 노동자, 취업준비생 등 다양했다. 그리고 학생운동 출신 활동가들이 주축이 되어 만들었으나, 학생운동을 거치지 않은 진보적 청년들이 다수 회원으로 활동했다. 또한, 청년학교와 독서토론회와 같은 교육활동을 통해 청년 의식화에 주력했으며, 5·18민중항쟁 정신 계승 활동, 범민족대회와 4·9통일열사 계승운동 등 자주·민주·통일을 이념을 구현하는 사업을 했다.(박형룡 구술, 2020. 8. 28) 대구경북지역의 청년단체들은 1991년 5월 투쟁을 거치며 연대의 틀을 발전시켜 '대구경북청년단체연석회의'(의장 서정식)를 결성해 대경연합 가입단체로 활동했다. 이러한 연대조직은 1992년에는 '대구경북민주청년단체대표자협의회'(의장 이영기)로, 1993년에는 '대구경북민주청년단체협의회'(의장 유성찬)로 발전하면서, 지역 민주화운동의 선봉대 역할을 했다.(유성찬 구술, 2020. 9. 18)

1970년대에 활동하다가 장기간 수감 생활을 했던 인혁당, 남민전, 민청학련 관련자들도 출소해 '사회운동연구소'(1989) 등의 단체를 만들었다. 사회운동연구소는 지역 실태조사를 하고 『사회운동』이라는 잡지를 발간하는 한편, 민주시민대학을 열어 시민 의식화운동을 했다. 민주시민대학을 수강한 시민들은 자발적으로 모여 민주시민대학동문회 활동을 하다가, 이를 발전시켜 민주시민운동협의회(1991, 회장 함철호)를 결성했다. 민주시민운동협의회에는 다양한 직업을 가진 다양한 세대의 시민들이 모여 활동했으며, 1991년 5월 투쟁에 적극적으로 참여하기도 했다.

또한, 1988년 11월 계명대민주동문회(회장 최이수)부터 시작해 각 대학 출신 활동가들이 민주동문회를 만들었다. 이들은 회원의 일상적 상호부조와 함께 지역 주민들이나 출신 학교 후배들을 위해 다양한 지원사업을 했다. 민주동문회는 6월민주항쟁의 사회 분위기 속에서 결성된 동문조직으로 각자의 조건과 위치에서 일상생활의 민주화를 실현하고자 하는 풀뿌리 민주주의의 성격도 지닌 단체였다.(『기초조사보고서』, 358~359쪽) 그리고 기존의 종교 인권단체 외에 '민주화실천가족운동협의회대구지부', '양심수후원회' 등도 인권 활동을 했으며, '새벗도서원' 등의 도서관 문화운동과 사회과학서점 운동도 전개됐다.

한편, 1990년대 초 사회주의권이 붕괴한 후에는 기존의 민족민주운동과는 결이 다른 개혁적인 성향의 활동을 추구하는 시민단체들이 생겼다. 일례로, 대구경실련은 1989년 중앙경실련이 창립된 뒤 만들어진 첫 번째 지역경실련으로 1990년 6월 2일에 결성됐다. 대구경실련은 초창기 2, 3년 동안은 시민운동조직이라기보다는 경제정의 실현을 위한 연대기구의 성격이 강했고, 활동도 지역사회의 요구나 필요성보다는 중앙경실련이 설정한 이슈에 대응하는 방식으로 진행했다. 그러나 전문가, 시민들의 참여가 확대되면서 대구지역의 대표적인 시민운동조직으로 성장했다. 특히, 1991년에는 5월 투쟁뿐 아니라 '대구수돗물사태시민단체대책회의' 등 낙동강 페놀오염 사건에 적극적으로 대응했다. 1992년에도 염색공단 환경오염 문제에 대응하고 공산댐 살리기 운동을 진행했다.(『근현대 대구경북지역 시민운동과 시민운동 조직 I』, 106~107쪽)

이러한 시민단체들은 1990년대 후반에는 사회운동의 제도화, 새로운 사회운동과 참여민주주의를 지향하는 흐름으로 수렴됐다. 이로써 1980년대까지만 해도 민주화운동은 변혁적 지향을 지닌 민족민주운동과 비판적 자유주의 운동으로 나뉘었다면, 1990년대 이후에는 민중운동과 시민운동이라는 성향으로 나뉘어져 갔다.

2. 낙동강 페놀오염 사건과 환경운동의 발전

낙동강 페놀오염 사건은 경북 구미시에 있는 두산전자 공장에서 제품 생산에 사용한 페놀 원액이 낙동강 수원지로 유출된 사건이다. 페놀은 환경처가 유독물질로 지정한 유해 화학물질로 피부암, 생식 이상, 태아 이상을 유발할 수 있다. 그런데 이미 1990년 11월부터 두산전자는 페놀 성분이 포함된 폐수 325t을 정화하지 않고 낙동강 상류에 무단 방류해왔고, 1991년 3월 14일에는 30t 이상을 누출했다. 페놀 성분은 대구지역의 상수원으로 사용되는 다사취수장으로 유입됐고, 수원지에서 투입한 살균제인 염소와 화학반응을 일으켜 악취를 유발했다.

수돗물의 악취가 심해지자 두산전자의 폐수 방류로 다사수원지에서 페놀성분이 검출된 사실이 시민들에게 알려졌고, 오염된 물이 각 가정에 식수로 사용됐다는 것이 알려지면서 영남 일대에 식수 공포가 퍼졌다. 대구지역 각단체는 항의 성명을 발표했고, 주민들은 수도요금 납부를 거부하고 항의 시

〈그림 3-33〉 대구역 앞에서 국민연합대경본부 주최의 시민결의대회를 열고 수돗물 오염을 규탄하며 시위하는 시민들(1991.3.25.) (출처: 민주화운동기념사업회 오픈아카이브즈 00739698, 원출처: 경향신문사)

위를 했다. 대경민련에서는 시민단체들의 연대를 추진했고, 1991년 3월 23일에는 대구경실련, 대구YMCA, 대구YWCA, 참길회, 크리스찬아카데미, 월배성당평신도회, 함께하는주부모임 등 7개 시민·사회단체들이 대구역 광장에 모여 '수돗물 오염 파동 규탄 대구시민대회'를 연 뒤 시위를 했다. 3월 25일에는 국민연합대경본부 주최로 대구역 앞에서 시민결의대회를 열었으며, 서울의 (주)두산 공작기계 전시관에서 서울지역민족민주학생운동연합 건준위 소속 학생 20여 명이 시위를 했다. 3월 29일에는 전국의 33개 환경·시민·소비자단체들이 '수돗물페놀오염대책시민단체협의회'를 구성해 서울 두산빌딩 앞에서 시위를 벌이고 두산제품 불매운동을 선언했다.

그 결과, 두산전자에 대해 30일 영업정지 처분이 내려졌고, 관계자 13명이 구속됐다. 그런데 4월 22일 두산전자에서 페놀 원액을 다시 유출하는 사고가 발생했다. 이에 4월 22일 '대구수돗물사태시민단체대책회의'는 성명을 발표하고 환경처 장관 사퇴, 두산전자 사장 구속을 촉구했다. 4월 24일에는 국민연합대경본부 소속 20개 단체 대표들이 대구시청 앞에서 시위를 했다. 또한, 민중당구미지구당, 구미YMCA 등 26개 시민·사회단체도 '낙동강식수원페놀폐수오염구미지역범시민대책위원회'를 구성하고 두산전자 구미공장 정문 앞에서 집회를 열었다. 4월 27일에는 국민연합대경본부가 주최한 '페놀방류 염색폐수 규탄 시민궐기대회'가 대구역 광장에서 5백여 명이 참가한 가운데 열렸다. 그 결과, 두산전자 박용곤 회장이 일시적으로 사퇴하고 두산전자는 64일의 영업정지 처분을 받았다. 그러나 이미 대구지역 주민들이 엄청난 악취와 식수 오염 공포에 시달리고 임부가 유산하는 등의 피해가 발생한 뒤였다. 7월 22일에는 피해를 본 임부와 가족 1백여 명이 대구시청 앞 광장에서 피해 배상을 요구하는 시위를 했다.

이 사건은 우리나라 최대의 환경오염 사건 중 하나였으며 그만큼 국민들의 충격도 컸다. 이 사건을 계기로 환경문제의 심각성에 대한 국민의 경각심이 고조됐고, 환경문제에 대한 논의가 활발해졌다. 그리고 대구지역 시민들은 이 사건이 일어난 후 3, 4년 동안 환경단체를 집중적으로 결성했다. 1991년 9월에는 반공해운동을 벌여오던 단체들이 전문 환경단체인 대구공해추방운동협의회로 전환했다. 대구공해추방운동협의회는 1993년에는 유엔환경개발회의의 〈의제 21〉을 계기로 대구환경운동연합으로 전환했다. 기존 시민단체들도 페놀오염 사건을 계기로 환경문제를 주요 사업으로 설정하게 됐고, 소비자단체의 활동도 활성화됐다. 이처럼 이 사건을 계기로 지역 시민운동단체가 양적, 질적으로 성장하고, 시민운동 영역에서 새로운 사회운동이 펼쳐지게 됐다.(『기초조사보고서』, 26~27쪽; 『근현대 대구경북지역 시민운동과 시민운동 조직 Ⅱ』, 533쪽, 536~537쪽)

3. 환경운동 · 반핵운동과 결합한 지역 주민운동의 발전

1990년대에는 지역 주민들의 참여의식이 고양하면서 경북 각지에서 무분별한 지역 개발에 맞서 주민들의 저항이 일어났다. 이는 환경이나 반핵과 같은 의제와 결합해 지역 주민운동으로 성장했다. 대표적인 사건으로는 울진, 영일의 핵폐기장 반대 투쟁, 선산 산동 골프장 건설 저지 투쟁을 들 수 있다. 여기서는 울진, 영일의 핵폐기장 반대 투쟁 사례를 살펴보겠다.

울진지역 반핵운동은 1989년 1월경부터 울진, 후포 지역 청년회를 중심으로 전개됐다. 1991년에는 정부가 2006년까지 18기의 핵발전소를 건설한다는 계획을 발표하고 1단계 작업으로 1992년 5월까지 울진 3, 4호기 핵발전소를 건설하기로 확정하면서 주민운동의 형태로 폭발했다. 지역 주민들은 1991년 8월 17일 울진군청에 3천여 명이 모여 군민대회를 열고 대규모 시위를 했다. 그 뒤에도 주민들과 시민단체들이 연대해 군청과 한전을 대상으로 수천 명이 여러 차례 시위를 했다. 그리고 공해추방운동연합, 반핵평화운동연합, 환경정책연구소와 다른 핵 관련 시설 후보 지역의 핵반대투쟁위원회 등 23개 단체가 1991년 11월 5일 '전국핵발전소핵폐기장반대대책위원회'라는 연합체를 결성해, 핵 폐기를 위한 공동전선을 형성했다. 그러나 과학기술처는 1991년 12월 29일 울진 인근 지역을 방사성 폐기물 처리장 적격지로 발표했다. 주민들은 군청과 한전을 대상으로 수천 명이 시위하며 저항했다.

영일군 청하면도 같은 시기에 방사성 폐기물 처리장 건설 적격지로 선정됐다. 이에 주민 1천2백여 명은 1991년 12월 26일부터 12월 29일까지 매일 '방사성 폐기물 처리장 설치 결사반대 면민대회' 등을 열고 국도를 점거하는 등의 시위를 했다.

울진 핵폐기장 반대 운동은 이후에도 지속되어 1994년과 2003년에도 전 군민이 참가하는 대규모 시위와 농성이 전개됐다. 그리고 경북 농촌 지역에서는 이러한 운동이 농민운동과 환경운동이 결합하는 형태로 발전했다.(『기초조사보고서』, 27~28쪽;『근현대 대구경북지역 시민운동과 시민운동 조직 Ⅱ』, 563~566쪽)

제5장 1980년대 대구경북 민주화운동의 특징과 의의

1980년대 대구경북지역 민주화운동의 특징과 의의는 다음과 같이 몇 가지로 나눠 정리할 수 있을 것이다.

첫째, 1980년대뿐 아니라 수십 년 동안 대구경북지역의 민주화운동은 정권의 지역주의적 통치전략의 영향을 받으며 전개됐다. 지역주의는 박정희 정권 시기부터 중요한 통치전략이었다. 집권 당시 군부 외에는 별다른 기반이 없었던 박정희 정권은 영남 지역주의를 활용해 권력 기반을 창출해 나갔다.

1980년대 들어서도 호남을 고립시키고 광주 학살과 쿠데타로 집권한 신군부는 지역주의를 활용했다. 그들은 영남지역 상층부의 주요 기관과 인맥 관계를 장악하고 말단까지 광범위한 관변 조직을 형성해 지역민들을 정치적으로 동원했다. 1987년 6월민주항쟁 후에는 과거와 같이 군부의 물리력에 의존할 수 없게 된 수구·보수 세력은 정권 창출의 수단으로서 지역주의를 줄곧 구사해왔다. 1987년 대통령 선거에서 노태우 후보는 영·호남의 지역주의를 활용해, 김대중, 김영삼 후보에 대한 국민들의 지지를 분산하고 대구경북지역의 지지에 의존하여 정권을 창출했다. 1988년 13대 총선에서도 소선구제와 함께 지역주의가 동원됐고, 그 결과 대구경북지역에서는 민정당이 압승하면서 지역주의적 분할 구도가 강화됐다. 1990년의 3당 합당에서도 지역주의 전략이 발현됐다. 3당 합당 결과, 야당 중 다수당으로서 민주화운동 세력과 상대적인 친화성을 갖고 있던 평민당은 호남지역에 국한된 지역당이 됐고 패권적 영남 지역주의가 구축됐다. 그리고 6월민주항쟁의 성과를 바탕으로 만들어진 여소야대 정국의 정치지형은 수직적 양당체제로 전환했다. 이에 따라 대구경북지역에는 노태우 정권기에 제도권 야당의 약화 현상이 더 두드러지게 나타났고, 과거 군부 독재 세력의 후신인 수구 · 보수 세력이 강력하게 영향력을 행사할 수 있게 됐다.

이처럼 1960년대부터 형성되어온 지역주의적 동원 체계는 1980년대에 더 정교하게 강화됐다. 이에 따라 광주지역은 탄압과 차별에 반발해 민주화운동의 성지로 발전했지만, 과거에 대표적인 저항 도시로 꼽힐 정도로 진취적이었던 대구지역은 수구 · 보수 세력의 아성이 됐다.

지역주의 통치는 강력한 연고주의를 바탕으로 지역민을 정치적으로 동원하고 지역 차별적 경제 혜택을 주는 방식으로 시행됐다. 동시에 지역 민주화운동 세력에게는 탄압과 배제를 통해 지역민에 대한 영향력을 차단하는 전략을 구사했다. 이는 공권력의 물리적 통제뿐 아니라 지역 토호 세력과 자본들, 관료 및 말단 관변조직, 대학 내의 반(反) 운동권 조직의 헤게모니를 통해 표현됐다. 따라서 대구경북지역에서는 지역민과 민주화운동 세력 사이에 정치의식의 간극이 지금도 크며, 지역의 민주화운동은 정권의 탄압과 지역공동체 안에서의 배제라는 이중의 장벽과 싸우며 전개되어왔다.

둘째, 이러한 조건 속에서도 1980년대의 대구경북지역 민주화운동은 5 · 18민중항쟁 이후 전국적으로 전개된 민주화운동의 양적인 확장과 질적인 발전에 영향을 받으며 줄기차게 전개됐다. 이미 박정희 정권의 탄압으로 큰 손실을 본 상태에서 출발한 1980년대의 지역 민주화운동은 이전 시기처럼 전국 운동에서 선도성을 발휘한 것은 아니었다. 그러나 1983년 대구 미문화원 폭발 사건 등 공권력에 의한 탄압뿐 아니라 지역공동체 안의 각종 탄압에 맞서면서도, 전국적인 민주화운동 흐름과 함께하며 그 이전 시기보다 민주화운동의 폭을 확장했다.

특히 1970년대까지의 지역 민주화운동은 해방 직후 진보적 사회운동 고조기에 활동했던 활동가들의 영향을 직접적으로 받았다면, 1980년대 운동은 그러한 맥이 거의 끊어진 상태에서 민청학련 세대와 5·18세대, 6월민주항쟁 세대가 새로이 건설했다고 볼 수 있다. 이 세대는 줄곧 기층 민중운동과 전선운동의 중요성을 강조하며 운동을 전개했고, 1987년 6월민주항쟁 후에는 소수 핵심 활동가나 명망가 중심의 운동이 아닌 다양한 대중조직에 의한 대중운동의 시대를 열어나갔다. 이 과정에 전선운동과 학생운동, 여성운동은 전국 운동의 흐름을 따라가는 형편이었다면, 농민운동, 교육운동, 문화운동은 전국 운동에서도 선도성을 발휘하면서 전개되었다고 볼 수 있다.

학생운동의 경우 1980년대 중반부터 소규모 서클조직을 넘어서 대중조직을 건설했고, 이는 대대협과 대경총련 등 대중연대조직으로 발전해 나갔다. 노동자, 농민, 청년, 시민 등 다른 부문운동도 1987년 6월민주항쟁 이후 시차를 두고 조직 영역을 확장하고 연대조직을 건설했다.

전선운동도 계속 발전했다. 1980년대 중반부터 민통련경북지부(1985)은 지역 전선운동의 구심 역할을 하며, 1987년 6월민주항쟁 시기에는 민주대연합 조직으로서 국민운동대경본부(1987)를 발전시켰다. 그 후에도 지역 민주화운동 세력은 상설 조직인 대경민련(1989)뿐 아니라 한시적인 공동투쟁조직인 전교조공대위(1989), 국민연합대경본부(1990), 대구경북대책회의(1991) 등을 통해 전선운동을 꾸준히 전개했고 대경연합(1991)을 통해 민중주도 민주대연합을 실현해나갔다.

셋째, 대구경북지역의 민주화운동은 대구와 경북이라는 복합적이며 다양한 성격의 지역들이 결합하여 전개됐다. 대도시 지역인 대구와 농촌 지역 및 지방 군소 도시로 구성된 경북은 운동의 전개와 발전 양상에 차이가 있었다.

산업구조 면에서 주요 대학과 공단, 상업지구가 밀집한 대구지역에서는 전통적으로 학생운동이 발전했으며, 1987년 6월민주항쟁을 기점으로 노동운동과 시민운동 등 다양한 부문운동이 발전했다. 안동을 중심으로 한 경북 북부지역에서는 이미 1970년대부터 가톨릭농민회를 중심으로 농민운동이 활발했다. 노동자의 도시인 포항에서는 노동운동 출신 지역 활동가들이 1984년부터 부문운동 모임을 형성하고 연대했으며, 1987년 6월민주항쟁 직전에 포민련을 결성해 반독재민주화운동을 전개했다. 그 외의 지역들도 민통련경북지부의 지원 속에 1987년 6월민주항쟁 전후로 국민운동본부 지역조직을 결성하며 지역운동을 펼쳤다.

노태우 정권기에는 경북의 각 지역에서 농민운동과 노동운동이 발전하면서, 이전에 지역 명망가 중심으로 운동을 진행했던 것과는 달리 지역민들이 실질적으로 지역운동의 주력이 됐다. 이 시기에 경북의 시·군 중 포항과 구미는 노동자들이, 안동은 농민과 학생들이, 그 밖의 다른 지역은 농민들이 지역운동의 주력으로 나섰다. 특히, 1989년 봄 전교조가 결성된 뒤, 경북의 대부분 시·군에서는 지역 농민회와 전교조 교사들이 연대하여 시·군 단위의 대중운동을 건설하는 촉진자 역할을 했다.

넷째, 제도권 야당의 지지 기반이 약하고 수구·보수 세력의 장벽이 강한 상태에서 전개된 대구경북지역 민주화운동은 다른 지역보다 운동 세력의 자립성, 독자성이 강했다고 볼 수 있다. 제5공화국 시기에는 신민당과의 연대로 운동의 활로를 개척하거나 탄압을 돌파하기도 했지만, 1990년 3당 합당 이후에는 제도정치권과의 연대는 미약했다. 그리고 이런 특징 때문에 여러 부문에서 지역연대조직이 비교적 빠르게 결성됐다. 대학생들의 연대

조직인 대대협은 다른 지역보다 비교적 빨리 대경총련으로 발전했고, 1990
년대 초 전선운동 조직인 대경연합도 지역연합으로서는 비교적 이른 시기
에 힘 있게 출범했다.

또한, 수도권을 제외한 다른 지역과 비교할 때 대구경북지역에서는 민
주화운동 전반에 전투주의 성향이 강했다고 볼 수 있다. 1980년대 중반부
터 전국적으로 이념 · 노선 논쟁이 진행됐을 때 대구경북지역의 학생운동
진영에서는 전대협 등 전국연대조직의 흐름을 따르면서 NL 계열이 다수였
다. 이에 따라 "한 사람의 열 걸음보다 열 사람의 한 걸음"을 강조하는 대중
노선도 대학가에 전파되어 1987년 6월민주항쟁 전후부터 학과 단위의 기층
조직을 건설하고 발전시키려는 움직임이 있었다. 그러나 대구경북지역의
학생운동은 NL 계열이라도 실제 투쟁방식 면에서는 선도투를 강조하는 전
투적 조합주의 성향이 강했다. 노동운동 진영에서도 일부 그룹에서 같은 시
기에 대중노선을 강조하며 공장 단위의 기층 조직을 건설하려는 움직임이
있었으나, 결국 선도투를 중심으로 하면서 노동계급의 비타협적 이해를 강
조하는 전투적 조합주의 노선이 주도했다. 경북 농민운동은 전국적 투쟁뿐
아니라 국제적인 연대투쟁에서도 전투력 면에서 선도적이었다.

이처럼 지역의 각 부문에서 전투주의 성향이 강했던 것은 수구 · 보수 세
력이 헤게모니를 잡고 있는 지역 정치 지형 안에서 운동 세력이 자신의 정
체성을 선명하게 표출하는 과정에 나타났다고 볼 수 있다. 그러나 대중과의
결합을 더 강화해 '기울어진 운동장'과 같은 상황을 돌파하지 못했기에, 민
주화운동 진영이 정치적으로 고립되는 경향도 나타났다.

그리고 1980년대 중반부터 1990년대 초까지의 한국의 사회운동이 크게
보아 NL 계열과 PD 계열이 나뉘었다고 볼 때, 대구경북지역에서는 NL 계
열이 주류이기는 했으나 PD 등 비 NL 계열의 조직도 그 숫자가 적지 않았
다. 따라서 1987년 대통령 선거 때 광주나 다른 지역은 'DJ에 대한 절대적

지지'에 가까운 '비판적 지지' 입장이 주류를 이뤘던 반면, 대구지역에서는 독자적 민중후보 출마를 지지하는 입장도 상당수 있었다. 노태우 정권기에는 지역운동의 여러 부문에서 NL 계열과 PD 계열이 가시적으로 조직이 나뉘었으며, 1990년 이후에는 전선조직과 정당조직이 분화되어갔다. 1991년 하반기부터는 지역에 경실련뿐 아니라 환경운동 등의 영역에서 새로운 사회운동을 지향하는 흐름이 나타났다. 지역 대학가에도 이를 지지하는 흐름이 나타나기 시작했고, 이들은 1990년대 후반 참여연대 등 시민운동 조직이 결성되는 데 영향을 주었다.

1980년대 대구경북지역 민주화운동 세력은 지난하게 활동을 전개했지만, 보수대연합과 김영삼 정부의 출범을 막지 못했고, 지역주의 통치의 장벽을 넘어서지 못했다. 그러나 이러한 노력은 1990년대와 2000년대에 지역 민주화운동을 새롭고 다양한 형태로 전개할 수 있는 밑거름이 되었다. 그리고 수구·보수 세력의 심장부에서 민주주의의 의지를 끊임없이 표출하고 그들을 타격함으로써, 한국 사회 민주주의 발전에 중요한 보루 역할을 했다.

제4부

부문별 민주화운동

제1장 노동운동

제1절 4·19혁명기 이전 노동운동

1. 해방 전후 지역 노동운동

개항기까지 대구경북지역은 전형적인 전근대적 농경사회였다. 상품 화폐 경제의 발달은 일제의 자본침략이 본격화되면서 시작되었다. 1903년 경부 철도선 공사가 시작되고, 1904년 러일전쟁이 발발하면서 대구는 일제의 대륙침략 발판으로 한반도 내륙의 교통중심지, 상업중심지로 자리잡게 되었다. 지리적으로 대구경북지역은 내륙 깊숙이 있었기 때문에 부산에 비해 상업화, 산업화가 늦었지만 1907년경부터 부산상권으로부터 벗어나 독자적인 경제권을 형성하기 시작했다.(권상장·김도형·김영철·이병찬, 2006, 30~31쪽) 이즈음 대구경북지역을 중심으로 발생한 '국채보상운동'은 일제로부터 받은 차관 1,300여만 원의 국채를 민중의 자발적 힘으로 갚고 국권을 회복하자는 운동이었는데, 한편으로 빠른 속도로 성장하는 대구의 경제적 역량을 보여주고 있다.

대구경북지역의 공업화는 1906년 당시 경북 칠곡군 신동에 설립된 기와공장을 시작으로 1910년대 후반 제사공장의 설립으로 급속히 확산되었다. 1921년 대구경북지역의 공장 수는 72개, 고용된 노동자는 3,729명이었다.

주요 업종은 제사공업, 정미업, 연초공업, 면화공업, 요업, 양조업, 전기공업, 성냥공업 등이었다. 1930년대 일제의 만주침략이 본격화하면서 대구는 병참 수송로, 미곡을 비롯한 농산물의 집산지, 가공지로서 역할이 커졌고 점차 전국적인 근대적 상업도시로서의 면모를 갖추게 되었다. 일제의 군복과 메리야스 생산을 위해 면방직 공장이 1940년대 대구에 설립되면서 섬유공업도 활성화 되었다.

일제 강점 초기 대구경북지역의 노동운동에서 개별 공장의 쟁의투쟁으로 표출된 사례는 드물다. 당시 노동자들의 생활상의 문제였던 교육, 저축, 위생, 상호부조 등을 해결하기 위해 '조선노동공제회'가 1920년 4월 결성되었는데, 지방조직 가운데 대구지회가 그해 5월 27일 가장 일찍 설립되었다. 대구경북지역에서는 대구지회 외 안동과 경주, 영주지회에서 공제회가 조직되었다. 식민지 공업화 과정에서 형성된 지역의 근대적 노동자들은 3·1운동 이후 활발하게 전개되는 사회주의 운동과 결합하면서 소작인, 농업노동자 등과 연대하여 청년운동, 농민운동, 신간회 운동을 전개했다. 1920년대 경북 안동의 권오설, 이준태, 대구의 정운해(대구노동공제회), 최원택(상미회) 등은 조선공산당을 비롯 당시 여러 전국 조직에서 활동했고 대구, 칠곡, 안동, 예천, 봉화, 영주, 김천, 상주, 영천, 영일, 영덕 등지에서 조직 활동을 전개했다. 그 결과 대구와 김천, 포항 등지에서 노동조합이 결성되었고 대구, 김천, 영천, 군위, 영주 등지에서는 여자청년회가 결성되어 식민지 지배체제에 저항하였다.(김경일·곽건홍·정혜경, 1999, 25쪽)[1] 1924년 3월 9일 대구에서 '남선노동동맹' 창립대회가 열렸는데 선출된 14명의 중앙상무집행위원 중 6명(한규석, 정운해, 김하정, 최원택, 김명규, 김

---

1) 당시 서울과 평양에서는 지역단위 노조연합(노련)으로 나아갔으나, 부산과 대구는 노조연맹체 결성까지는 이르지 못했다.

정규)이 대구노동공제회 등 대구경북출신 인사들이었다.[2](김일수, 2011, 7
쪽) 1920년대에 접어들어 대구경북지역에서 노동 쟁의도 점차 활발해졌다.
1923년 3월 유기노동자, 전매국 노동자들의 노동파업, 1924년 4월 조선제
사공장 여성노동자 4백여 명의 파업투쟁, 1927년 11월 원대동 정미소 노동
자 파업 등이 일어났다. 그러나 1930년대 이후 일제의 탄압이 극에 이르면
서 지역 노동운동가들은 정상적인 활동이 어려웠다. 또 1930년대 이후 대
구경북지역에서는 전체 인구의 30~40%에 이르는 90만~120만 명이 조선
내외의 광산과 공사장, 군수공장, 위안소, 전쟁터로 강제 징용되었던 것으
로 추정된다.(이윤갑, 2004, 19~21쪽) 노동운동 구심의 부재와 다수 노동
대중이 강제 징용으로 끌려간 상황에서 대구경북지역 노동운동의 본격적인
출발은 해방과 함께 시작되었다.

　1945년 8·15 해방이 되자, 대구에서는 바로 다음 날 건국준비위원회(건
준) 경상북도지부가 결성되었다. 곧이어 지역 좌우파가 합작해 '조선건국준
비경북치안유지회'를 창립하였다. 미군정이 실시되면서 건준 해산 명령이
내려졌으나 대구에서는 '대구시인민위원회'로 전환하는 등 좌우합작이 계속
되었다. 같은 해 12월 모스크바 3상회의의 신탁통치안이 보도되면서 대구
의 좌우합작전선도 균열되었으나 민족주의좌파 세력은 조선공산당 대구시
당과 함께 미군정에 부분적으로 협력하면서 당시 긴박했던 식량문제 등 민
생 해결에 주력했다.(경북대학교 대형과제연구단, 2005) 대구경북지역 노
동자들은 '조선노동조합전국평의회(전평)'을 중심으로 '8·23 대구전매청
파업투쟁', '9월 총파업'을 통해 미군정에 항거했다.

　전평은 16개 산업별 노조와 합동노조 산하 1,194개 분회 소속 21만여 명의
노동자로 조직된 전국 노동조합 연대조직으로서 1945년 11월 5일 결성되었
다. 이듬해 4월경에는 전평 소속 조직노동자가 약 59만 명에 이르렀다. 전평

---

2)　이들은 이듬해 4월 '조선노농총동맹' 창립을 주도했다.

은 전국 80개 지역에 조직을 두었는데, 경북을 비롯해 8개 도에 '도평의회', 대구 등 11개 시에 '지방평의회'를 설치했다.(안태정, 2000, 4쪽)

대구경북지역은 전평의 전국조직 가운데 중추적 역할을 하고 있었고, 1946년 9월 전평의 총파업 결정이 내려진 후 조직적인 파업투쟁이 가장 치열하게 진행된 지역도 서울과 대구지역이었다. 1946년 9월 23일 부산 철도노동자들이 파업에 돌입하고, 다음 날 대구역 철도노동자 1천여 명도 파업에 들어가갔다. 철도노동자 파업은 수 일 만에 대구우편국, 대구전화국, 전평 금속노조와 화학노조 소속 공장들, 섬유 부문 50여 공장, 남선전기 대구지부, 조선운수, 조선중공업 대구지부, 출판노조 등 30여 업체 5천여 명이 참여한 총파업투쟁으로 확대되었다.(이재영, 2015, 15쪽) 9월 27일 노동자들은 전평에 교섭권을 위임하고 '남조선총파업대구시투쟁위원회'를 조직하고 일급제 반대, 임금 인상, 쌀 배급, 해고 반대 등 미군정의 식량과 노동 정책에 대한 투쟁을 확산시켜 나갔다.

10월 1일 오전, 대구부녀동맹의 주도로 1천여 명의 군중이 대구부청 앞에서 식량배급 시위를 벌였다. 또 오후에는 대구역 광장에서 노동자와 시민 6천여 명이 참여한 파업과 민생시위가 있었다. 저녁 무렵 시위 진압을 위해 출동한 경찰의 발포로 철도노동자 1명이 사망하고 수 명이 부상당하는 사태('대구 10월항쟁')가 발생했다. 노동자들은 대구역 광장에서 철야시위를 전개하였고 다음날 대구의대 학생들은 전날 사망한 노동자의 시신을 앞세우고 대구경찰서까지 가두시위를 했다. 정오 무렵, 대구경찰서 앞에는 청년, 학생, 시민, 노동자 1만 5천여 명이 운집해 '경찰의 발포 중지, 살인 경찰의 무장해제, 애국자 석방'등의 구호를 외쳤다. 대구경찰서에서 항쟁지도부와 군정 당국 간 협상이 진행되는 동안 학생들은 경찰서 건물에 진입하고 유치장을 열어 100여 명을 석방시켰다. 그리고 같은 날 오전 11시 경 대구역 광장에서는 파업 노동자들을 중심으로 시위, 집회가 진행되었는데 경찰 특경

대의 발포로 노동자, 시민 22명이 사망하는 대규모 유혈사태가 발생했다. 정오 무렵 시위대의 대구경찰서 점거 소식과 유혈사태가 시내에 알려지자, 대구 시내 곳곳에서 자연발생적인 민중들의 봉기가 발생했다. 이들은 친일 우익인사들의 가택을 습격하고, 친일 경찰들을 보복, 폭행하였다. 이날 오후 5시 미군정은 계엄령을 선포하고 장갑차 등 무력을 동원해 시위대를 진압, 해산시켰다.

1946년 10월 1일과 2일에 일어난 대구 '10월 항쟁'은 다음 날부터 빠른 속도로 경북지역으로 전파되었다. 달성군을 시작으로 칠곡, 고령, 성주, 김천, 영주, 영일 등 10월 6일까지 경북 22개 군으로 확산되었다. 미군정의 식량 공출에 허덕이던 경북 농민들은 관청과 경찰서, 친일인사들을 습격하고 불을 지르는 등 분노를 표출했다. 10월 파업과 항쟁 기간 대구경북지역에서 5만 3천여 명이 파업투쟁에 참여하고, 연인원 72만 명이 항쟁에 참여했다. 미군정 보고서에 의하면 대구경북지역에서 발생한 10월 파업과 항쟁으로 시위대 사망자 88명, 부상자 55명, 체포 33명이고, 경찰과 국방경비대 측 사망자 82명, 부상자 129명, 실종 및 포로 151명이었다. 대구에서 시작한 10월항쟁은 경북지역의 시위가 진압된 이후에도 12월 중순경까지 전국 73개 시·군으로 확산되면서 지속되었다.(김상숙, 2016. ; 이재영, 2015, 27쪽)

해방 직후 대구경북지역 노동운동은 서울 다음으로 완강한 조직력을 갖추고 있었고, 9월 총파업을 조직적으로 수행했다. 기아와 빈곤에 허덕이는 민중들과 함께 10월 항쟁을 주도한 전평은 1947년 미 군정의 '불법화선언'과 2천 명에 달하는 전평 지도부 검속 이후 1948년 2·7총파업과 5월 단선단정수립 반대 총파업투쟁을 고비로 심각한 역량의 손실을 겪으며 점차 후퇴하게 되었다.

2. 이승만 정권과 4월혁명기 지역 노동운동

대구는 일제 때부터 주력업종이었던 제사, 제직업과 경공업부문이 한국 전쟁 과정에서 거의 피해를 보지 않았다. 게다가 전쟁의 여파로 경인지역 방직공장이 파괴되거나 대구로 이전하게 되면서 전쟁군수물자의 후방 병참 기지로서의 역할을 담당하게 되었다. 당시 부산의 조선방적과 대구의 삼호 방직(1949), 조선방적 대구공장(1949.11.2)은 면사를 공급하는 전국적인 공장이었다. 1956년 말 기준 대구시내 소재 1,666개 공장 중 82%에 해당하는 1,368개 업체가 섬유공장으로 공장노동자 3만 3천 명 중 78%인 2만 6천 명이 섬유공장에서 일하고 있었다. 섬유도시로서 대구의 입지는 실로 한국전쟁의 결과라고 해도 과언이 아니었다. 특히, 당시 대구지역은 임금수준이 부산의 1/3에 불과해 메리야스 등 군수납품에 더욱 유리한 경쟁력을 갖추고 있었다.(『대구시사(大邱市史)』3권, 71쪽) 그러나 고물가와 식량부족, 피난민의 유입, 실업사태로 인한 노동자들의 고통은 더욱 심화되어갔다.

한국전쟁 이후 이승만 정권은 멸공·북진통일을 내세우며 노동운동에 대한 지속적인 탄압과 함께 '대한노동조합총연합회'(대한노총, 1954년 창립)라는 어용적 기구를 이용해 노동자들에 대한 통제를 한층 강화했다. 이에 따라 대한노총의 부패와 어용적 행각에 대한 노동자들의 저항도 이어졌다.

1950년대 대구지역의 주요 쟁의로는 내외방직, 대한방직의 부당해고 반대 쟁의(1955~1957)를 비롯 대구 이용사노조 파업, 달성광산 해고반대 투쟁, 대구 합동직물노조 일요 휴무 쟁취 투쟁(1959) 등을 들 수 있다. 이 가운데 대한방직 노동자들의 투쟁이 대표적이다. 1956년 대한방직이 2,600명의 노동자들을 경영합리화라는 명목으로 해고하자 단위노조를 중심으로 해고반대투쟁이 전개되었다. 노동자들은 쟁의과정에서 사측과 결탁한 노조를 해체하고 어용적 태도를 취한 대한노총 경북지구연맹에 반대하여 새로

이 대한노총 대구지구연맹을 결성하기도 했다. 대한방직 파업투쟁에는 권오봉, 김말룡, 신광현, 김기곤 등 대한노총의 개혁과 자주적 노동운동을 지향하는 인물들이 참여했다. 청구대학 법학생으로 대한방직 투쟁에 참여한 권오봉은 경북 월성 출신으로 '전국노동조합협의회(전국노협)'를 기반으로 문경시멘트노동조합을 조직했다. 1946년 '9월 총파업'때 대한노총 소속으로 서울에서 활동하다 대한방직 투쟁을 통해 성장한 김말룡은 전국노협을 조직하고 대한노총과 대립하여 별도로 170여개 노조, 16만 명의 조합원을 조직하기도 했다. 또 같은 시기 경남 밀양 출신 이일재는 전평에서 조직활동을 하다 빨치산 투쟁으로 투옥되기도 했는데 한국전쟁이 끝난 후 감시가 엄혹해지자 대구 연초공장에 취업해 향후 대구를 근거지로 한 노동운동을 준비, 모색하고 있었다. (임송자, 2016, 410쪽 ; 이정건, 2013, 103쪽)

1960년 3·15부정선거와 이에 항거한 4·19혁명으로 인해 이승만 정권이 물러나자 전국적으로 300여개의 노조가 결성되는 등 노동운동은 새로운 도약기를 맞이하게 되었다. 4·19 직후부터 다음해 4월 14일까지 노동쟁의 건수는 252건에 달했고, 이 과정에서 조직된 노조는 280개에 이르렀다.(박희, 1986, 119쪽) 전후 일찍이 없었던 노동운동의 고양기에 대구지역은 제일모직 노조건설투쟁, 대구를 시발로 한 교원노조운동, 대구일보 등 지방언론사를 중심으로 한 언론노조 운동이 활발하게 전개되었다. 1960년 말 기준 대구경북지역 노동조합 수는 93개, 조합원은 17,069명이었고 4·19 이후 새로 설립된 노조가 48개였다.

제일모직 노조는 4월혁명기 대구지역 민주노조운동의 대표적 사례이다. 1954년 설립된 제일모직은 우리나라 최초의 모방적공장으로 독일의 방적기계를 도입해 당시로서는 최첨단의 설비를 갖춘 섬유공장이었다. 파업이 일어난 1960년경에는 전체 노동자가 1,300여 명에 이르렀다. 대부분(80%)의 노동자는 10대와 20대 초반의 여성노동자들로 주야 12시간 2교대 근무를

〈그림 4-1〉 1960년 12월 25일 제일모직 해고노동자모임 '일우회(一友會)' 기념사진 (출처: 이옥화)

했고, 남성노동자들은 기사보조, 기사로 일했다. 제일모직 여성노동자들은
전원 기숙사 생활을 하며 장시간 노동과 엄격한 사생활 통제를 받았고 심
지어 사측의 사형(私刑), 강제 징벌과 임금을 강제로 '저축'해야 하는 고통
을 겪어야 했다.[3] 사측의 강력한 노동통제로 인해 대한방직 등 대구의 대규
모 공장들과 달리 제일모직에만 노조가 없었다. 4·19혁명이 일어나고 전
국적인 노조 활성화 흐름 속에 제일모직도 남성 기사들을 중심으로 노조 결
성 움직임이 일어나고 다수의 여성노동자들도 참여하여 그해 6월 초 제일
모직노동조합이 결성되었다. 위원장은 허규달, 남성 부위원장은 박노현, 여
성 부위원장은 김욱이 선출되었고, 제일모직 노조투쟁에 지도적 역할을 했
던 나경일은 감찰위원장을 맡았다. 회사 측은 노조 결성 3일 후 돌연 공장
과 기숙사를 폐쇄하고 노조원 152명을 강제로 불법 휴직시켰다. 또 어용노

---

3) 김상숙, 「1960년 4월 혁명기 대구지역 노동운동 – 제일모직노조와 대구시노동조합연맹의
   활동을 중심으로」, 『대구사학』129집, 2017. 중 당시 제일모직 노동자 이옥화의 진술 참조.

조를 만들어 노노간의 갈등을 조장하였다. 항의하는 노조원들은 1960년 6월 11일부터 시위에 돌입했고, 여성 노동자 4백여 명은 사측의 휴업에 맞서 '부당노동행위를 중지하라. 152명에 대한 불법 휴직조치를 철회하라. 불법 폐업을 중지하고 정상작업을 실시하라'는 요구조건을 내걸고 6월 15일부터 단식투쟁에 돌입했다. 7월 4일에는 노조원 5백여 명이 회사 본관 사무실을 점거하고 농성을 전개했다.

여성노동자가 다수인 제일모직 노조투쟁에는 당시 조선기업노조 등 타 공장 남성노동자들도 적극적으로 연대 투쟁을 했다. 나경일 등은 제일모직 노조투쟁을 지역으로 확산하는데 주요한 역할을 했다. 제일모직 노조원들이 회사 점거투쟁을 할 때 인근에 소재한 내외방직, 대한방직 노동자들이 주먹밥을 가져오고 전국노협 소속 노조원 1,500여 명이 지원투쟁에 참여했다. 7월 5일 사측의 고발로 경찰이 강제 진압에 나서면서 농성 노동자들과 경찰 간 충돌이 벌어졌고 18명의 노조원들이 부상을 입고 병원에 실려 갔다. 제일모직 노동자들의 완강한 투쟁은 9주간에 걸쳐 전개되었고 8월 13일 정부와 사측이 조정안에 합의해 폐업은 철회되었고 노동자들은 다시 공장으로 복귀했다. (김상숙, 2017. 130쪽)

4·19혁명이 일어나자 해외로 도피했던 제일모직 사장 이병철은 그해 8월 귀국을 하자마자 노조파괴에 나섰다. 그는 제일모직 노조 2대 위원장 권태형과 노조결성준비위원장 이기호를 해고했다. 12월 18일 제일모직 노조는 다시 파업을 결의하고 회사 숙직실과 발전실을 점거하고 단식 농성에 들어갔다. 노동자들은 공장의 주 전력 스위치를 내리고 전기 스위치에 손목을 묶은 채 저항했다. 한편, 당시 제일모직 투쟁을 지원했던 전국노협은 11월 25~27일간 대한노총과 통합대회를 열어 '한국노동조합총연맹(한국노련)' 결성에 합의했다. 한국노련 경북지부는 이병철을 규탄하는 벽보를 붙이고, 제일모직 불매운동을 벌였다. 그러나 제일모직 노동자들의 회사 점거농성

은 회사 측의 요구로 진압에 나선 경찰에 의해 사흘 만에 강제 해산되었고 발전실을 점거했던 노동자 20여 명이 또다시 해고되었다. 1961년 1월 제일모직 노조투쟁은 한국노련 의장 김말룡과 사장 이병철의 직권타결로 마무리되었다.(김상숙, 2017, 136쪽)

제일모직 노조투쟁은 장장 6개월여 동안 여성노동자들이 중심이 되어 노조탄압, 부당해고, 회사 폐업에 맞서 완강하게 진행되었다. 이 투쟁은 교원노조, 섬유노조 등 지역 노동자들과의 연대 속에 전개되었고 한국노련, 대구시노동조합연맹 등 노동자연대조직의 강화에도 크게 기여하였다. 비록 사측과 한국노련의 일방적 타결로 마무리되었지만, 지역 여성노동운동사에 전무후무한 대중적 노동쟁의로 각인되었다. 또 제일모직 사장 이병철에게도 이후 '눈에 흙이 들어와도 노조를 인정하지 못한다'는 또렷한 기억을 남기게 했다.

4·19혁명은 금융, 언론, 교원노조 등 '사무직 노조'에도 큰 영향을 주었다. 특히 대구지역은 교원노조가 처음으로 발기되고 설립된 지역으로 4·19 이후 전국 교원노조운동의 중심지였다. '대구시 교원노조 발기인총회'가 개최된 것은 1960년 4월 29일이었다. 이날 경북여고에서 대구지역 중고교 교원 60여 명이 모여 어용 '대한교육연합회'(대한교련) 탈퇴를 선언하고 교원노조 설립을 선언했다. 5월 7일 대구상고에서 다시 교원 280여 명이 참석해 정부수립 이후 처음으로 교원노조를 창립했다. 같은 날 초등학교 교원 1,300여 명도 대구국민학교에 집결해 '초등교원노조'를 설립하였다. 이후 교원노조는 안동(5.4), 경주, 김천 등 경북지역으로 빠르게 확산되었고 5월 29일 대구 종로국민학교에서 도내 22개 시·군의 초중고 교원노조 대의원들이 모여 '경북지구교원노동조합연합회'(위원장 김문심, 부위원장 이목)를 결성했다. 경북교원노조에는 초중등 교원 35개 조합, 7천여 명이 가입했다. 이후 전국 각지에서 속속 교원노조가 만들어지면서 7월 3일

최초의 전국적 규모의 공식 집회인 '전국대표자대회'가 대구에서 개최된 데
이어, 7월 17일 서울에서 '한국교원노동조합총연합회'가 설립되었다. 당국
의 불허방침에도 한국교원노조는 당시 전체 교원 10만여 명중 약 25%에 해
당하는 2만여 명이 공개, 비공개로 가입했고 경북지역의 교원은 9천여 명
으로 전국에서 가장 높은 가입률을 보였다.(이철국, 1988, 11~12쪽) 교원
노조는 '교원의 신분보장과 사회경제적 지위향상, 교육의 정치적 중립 보
장, 학원의 자유와 민주화, 교육행정의 부패와 부조리 척결, 대한교련 탈퇴'
를 결의했다. 또 과도정부의 교원노조 불법선언과 노조탄압에 항거해 교원
들은 총사퇴투쟁(8.25), 노조불법화 반대 집단농성 · 단식투쟁 결행선언대
회(9.26)를 개최하고 대구 경북에서만 6천여 명의 교원들이 집단 단식투쟁
을 벌이며 수업을 진행하기도 했다. 교원노조는 합법화 투쟁과 함께 초등학
교 교과서 무상공급, 교과서 대금 인하, 결식아동을 위한 기금 마련, 문맹교
육, 신생활운동 등 교육민주화 운동을 전개했고, '2대 악법 반대투쟁' 등 사
회민주화운동에도 적극 참여했다.

　4 · 19혁명으로 등장한 과도정부는 언론의 자유를 확대하는 정책을 발표
했다. 신문사 허가제를 폐지하고 정기간행물 등록제를 실시했다. 전반적으
로 노동운동이 활성화되고 교원노조의 전국적 확산 움직임에 영향을 받아
신문사에서도 노동조합 결성이 이어졌다. 당시 기자들은 일반 노동자 평균
임금의 절반 수준에 불과했으나 인텔리로서의 직업적 자부심으로 노조 결
성에 적극적이지 않았다.[4] 그러나 4 · 19 직후의 전반적 사회분위기 속에
서 신문사에서도 노조결성이 본격화 되었다. 대구지역은 이러한 흐름 속에
서 4 · 19 이후 전국에서 가장 먼저 신문사 노조가 결성되었다. '대구일보'는

---

4)　박용규, 「1960년대 언론 노동운동 – 1960년의 신문 노조 결성을 중심으로」, 『언론정보연
　구』54호, 서울대학교 언론정보연구소, 2017. 119쪽. 4·19혁명 이전 신문사 노조는 대한
　노총 산하 군산출판노조 소속 '군산신문' 뿐이었고 군산신문 노조는 인쇄노동자들이 가입
　한 노조였다.

1960년 5월 15일 노조를 설립했다. 곧이어 대구일보 노사분쟁은 이후 10월 14일 무기 휴간 사태로 이어졌다. 6월에는 서울, 부산, 전남 지역에서도 신문 노조가 만들어졌다. 서울에서 연합신문(6.17), 평화신문(6.17) 노조가 결성되었고, 부산에서는 '언론출판노동조합'(6.19)에 이어 9월 4일 민주신보, 부산일보, 국제신보, 부산문화방송 언론인들이 노조를 결성했다. 전남에서는 전남일보, 광주신보, 호남신문, 목포일보, 여수일보 기자들이 '전남기자노조연합회'(6.21)를 설립했다.(박용규, 2017, 123쪽)

이 시기 언론 노동운동은 신문노조를 처음 결성했다는 의미가 있었지만, 신문사의 영세성으로 인해 실질적인 성과를 거둘 수는 없었다. 또 4·19혁명의 여파로 정부의 탄압이나 경영진의 통제가 느슨해져 노조의 결성은 비교적 자유로웠지만, 신문산업의 영세성과 언론 노동자, 기자들의 의식의 한계로 인해 임금인상이나 고용 안정과 같은 실질적 성과를 거두기 어려웠고 따라서 지속적인 활동으로 이어지지 못했다. 경제적 처우 개선 외 편집권 독립이나 언론의 자유 등에 대한 문제의식이 깊지 못했다는 점도 한계로 지적된다.(박용규, 2017, 127쪽)

제2절 박정희 정권하 노동운동

1. 5·16군사쿠데타와 노동운동 탄압

1961년 박정희 육군소장이 주도한 5·16군사쿠데타 발발로 인해 노동운동은 기나긴 암흑기를 맞이했다. 박정희 군사정권은 미국과 일본 등 외세에 의존한 경제개발계획을 추진하는 한편 저항세력에 대한 탄압, 특히 노동쟁의에 대한 억압과 변혁적 노동운동의 핵심세력에 대한 가혹한 탄압을 진행하였다.

1961년 5월 23일 박정희 군사정권은 노조해산 명령을 내렸다. 이어 8월 자신들이 설정한 기준에 따라 산업별 노조를 만들도록 강제하고 9명의 간부를 직접 지명하여 노조조직을 재건하도록 했다. 군사정권의 의도에 따라 이들 9명의 재건위원들은 10일 만에 15개의 산업별 노조를 만들고 이를 토대로 '한국노동조합총연맹'(한국노총)을 결성했다. 위로부터의 급조된 조직은 노동자들의 자주적 의사와는 관계없이 군사정권의 안위와 경제개발계획을 관철하고 노동자들의 저항을 통제하기 위해 설치된 기구일 뿐이었다. 군사정권은 1963년 노동관계법을 개정하여 복수노조의 금지, 노동조합의 정치활동 금지, 산별노조 통제하의 노동쟁의, 노동쟁의에 대한 적법판정제도, 노조운영에 대한 정부개입의 확대, 쟁의냉각기간의 확대 및 쟁의절차의 복잡화 등을 추진했다.(이원보, 1999, 9쪽)

노동자 권리가 축소, 제약되는 것과 함께 노동자들의 생활상태는 악화되어갔다. 산업재해도 급격히 늘어났다. 노동자들의 실질임금은 노동생산성 증가분의 1/3에 불과했다. 생존의 기로에 선 노동자들은 1963~1969년까지, 한국노총의 산별노조 체제하에서도 연평균 105건에 달하는 쟁의를 일으켰다. 노동쟁의는 저임금과 생활난에 따른 임금인상 요구가 주종이었다. 그러나 그마저도 파업까지 진행된 쟁의는 전체 쟁의의 10%에 불과했다. 노동자들의 요구가 어용노조와 군사정권의 개입으로 대부분 좌절되고 말았던 것이다.

해방공간과 1960년까지 대구경북지역은 노동쟁의와 변혁적 노동운동의 중심지로서 이른바 '한국의 모스크바'라는 이름을 얻고 있었다. 박정희 군사정권의 노동운동에 대한 탄압은 그동안 변혁운동에서 많은 지도적 인재를 배출한 대구의 운동세력에게 심대한 타격을 주었다. 5·16군사쿠데타 이후 폭압적 상황에서 대구경북지역의 노동운동 지도자들은 지하로 스며들거나 공개적인 활동을 완전히 중단할 수밖에 없었다. 변혁적 노동운동의 단절을 극복하기 위한 일부 비합법, 비공개적 시도는 수많은 공안사건, 간첩사건으로 조작되어 잔존했던 지역의 노동운동 핵심 세력과 지도그룹이 크게 위축되는 결과를 낳기도 했다. 1964년 1차 인민혁명당 사건, 1968년 통일혁명당 사건, 1969년 남조선해방전략당 사건에 핵심적으로 연루된 지도그룹은 대부분 대구경북지역 출신인사들이거나 대구지역을 거점으로 오랜 기간 활동해 온 운동가들이었다.

2. 유신체제하 지역의 노동운동

1970년대 대구경북지역 노동자들은 초보적인 노동3권 마저 박탈당한 상황에서 저임금 장시간 노동에 시달렸고, 법적·제도적 무권리 상태에서 침묵을 강요당했다. 대구 출신으로 서울 평화시장에서 재단사로 일하던 전태일은 1970년 11월 13일 청계천 봉제골목에서 "근로기준법을 준수하라"며 외치고 분신했다. 그러나 전태일의 분신항거에도 불구하고 현장 노동자들의 삶과 노동현실은 조금도 변화될 기미가 없었다. 오히려 박정희 정권은 유신체제를 선포하고 노동자들의 각성과 진출을 억눌렀다. 이러한 상황을 뚫고 솟구친 노동자들의 저항은 아직 비조직적이며 자생적 형태에 머물렀지만 폭압의 크기만큼 극단적, 폭발적 양상으로 터져 나왔다.

1974년 1월 22일 오전 8시 30분 대구시 신암동 옥천여인숙 12호실에서 대동신철공업사 노동자 정세달(20세)이 기업주를 고발하는 유서를 남기고 극약을 먹고 자살한 사건이 발생했다. 정세달은 유서에 "1년 전에 대동신철공업사에 취직, 3개월 전 작업 중 사고로 왼쪽 손가락 3개가 절단되자 회사 측은 능률을 올리지 못한다고 보상금도 주지 않은 채 봉급을 10%나 깎았으며 힘든 일만 골라 시켰다."고 적었다. 유서에는 또 "몇 차례 이를 항의했으나 사장이 들어주지 않고 오히려 더 미워하므로 더러운 세상을 하직한다."고 쓰여 있었다.(『동아일보』, 1974. 1. 25) 정세달이 근무한 대동신철공업사는 대구시 북구 침산동 '3공단'에 소재한 공장이었다. 대구 '3공단'은 1970년대 중반 조성되기 시작했고 소규모 공장들이 밀집했다. 3공단이 생기면서 대구 인근과 경북지역에서 노동자들이 몰려왔고, 정세달도 경북 영천에서 대구로 일자리를 찾아와 참변을 겪었던 것이다.

1974년 당시 대구에서 가장 큰 규모의 공장은 제일모직, 삼호방직(이후 합동방직, 대농으로 변경), 대한방직으로 1,500명 이상의 노동자가 근무했다. 섬유업종의 경우 70%이상이 노조가 있었지만, 대개 노조비만 챙기고 노동자들의 요구를 대변하지 않았다. 오히려 노조는 사측과의 결탁해 노동자를 억압하거나 비리의 온상으로 남아 있었다.

1974년 삼호방직 노동조합 부녀부 부장으로 노조 활동을 하던 장명숙은 당시 노조와 사측이 뒷돈 거래를 하고 노동자들의 감원과 김장보너스 폐지에 몰래 합의한 사실을 알고 이 사실을 알리다 이듬해 8월 해고되었다. 해고된 장명숙은 1975년부터 대구 가톨릭노동청년회(JOC) 상근활동가로 활동하게 된다. 대구 JOC는 김영숙, 장명숙, 구필서(회전니트), 신형길, 김보규, 시승주 등이 주요하게 활동했으며 지역 노동운동 지원과 노동자 의식화에 큰 영향을 미쳤다. 당시 노동현장의 문제에 대응하는 외부 지원단체가 거의 없는 지역 상황에서 대구 JOC의 활동은 큰 반향을 일으켰다. 대구 JOC 행사에 5백 명 이상의 노동자들이 모여들기도 했다. 대구 JOC 활동가 일부는 1985년 대구노동사목을 만들어 지역 노동운동에 기여하게 된다.

삼호방직이나 대한방직과 같은 대규모 공장 노조 외 대구의 중소규모 섬유공장과 영세 금속 업체는 대부분 노동조합이 조직되지 않았고, 드물게 조직이 되었다하더라도 어용 산별노조의 훼방과 사측의 개입으로 와해되는 경우가 많았다.

한편 1977년 대구 원대오거리에 소재한 해성양행은 200명의 여성노동자들이 와이셔츠를 만드는 공장이었다. 서울에서 대학(서울여대)을 다니다 제적된 노숙영은 해성양행에 취업해 노조결성을 준비하고 있었다. 중앙정보부는 노조분회장으로 선출된 노숙영과 그를 지원하던 당시 연합노조 경북지역 본부장 김병구를 연행해 조사했다.[5] 또한 노조를 와해시키기 위해 깡패들을 동원해 노조원들에게 테러를 가하기도 했다. 이와 같이 당시 노동자들이 노조를 만든다는 것은 회사뿐만 아니라 경찰, 중앙정보부 등 거대한 권력과 맞서는 투쟁이었다.

1978년 아리아악기 노조쟁의는 1970년대 대구지역의 대표적 노동자 투쟁이었다. 전국연합노조 경북서부지역지부 아리아악기분회 분회장 정재종은 지역 상급 노조지부에 임금인상을 의뢰했으나 상급 노조지부는 의식적으로 묵살하며 아무런 조치를 취하지 않는 등 여러 노사문제를 방기했다. 아리아악기 노조 분회는 노사문제 해결, 노조 조직관리를 위해 분회장을 전임으로 하여 작업을 하지 않도록 요구했으나 노조지부장과 회사는 거부했다. 이에 분회장은 조합원들의 요구에 기반해 근로기준법 위반사항을 회사에 시정요구하고, 노조지부에 신고했다. 또 노조지부가 묵살하자 노동부와 중앙정보부에 고발하기도 했다. 1977년 11월경 사측은 노조해체를 조건으로 50만원을 주며 분회장 정재종을 매수하려 하였으나 분회장의 거부로 실패했다. 결국 아무런 수단을 찾지 못한 노조분회장과 노동자 5명은 1978년 1월 21일 대구 아리아악기주식회사 부사장 정구웅의 집을 찾아가 그의 가족들을 인질로 삼고 근로조건개선을 요구하면 농성을 벌였다. 그들은 당시 실질적 경영주였던 부사장 정구웅의 집에 과도를 들고 들어가 농성을 벌이다가 8시간 만에 농성을 풀고 경찰에 구속되었다. 아리아악기 노동자들의 극단적 투쟁은 당시 신문에 크게 보도되면서 여론의 주목을 받았다.

또한 비슷한 시기 대구 대봉동 소재 군수물자(군화) 납품업체 대봉물산

---

5) 노숙영과 김병구는 후에 1981년 발생한 '전국민주노동자연맹'사건으로 검거되어 혹독한 고문을 당하고 구속된다.

(분회장 이병학)에서도 노조를 결성했다는 이유로 군납이 취소되고 공장이
폐쇄되는 일이 있었다. 이에 실직 노동자 수십 명이 서울에 있는 회사대표
자택을 점거하고 농성을 벌이기도 했다.

노동자들은 이와 같은 충격적인 사건을 통해서만 저임금과 열악한 근로
조건, 경영주의 일상적인 폭언과 폭행, 교회 장로였던 경영주의 비신도 노
동자에 대한 부당처우(아리아악기), 강제 예배 등 노동자들에 대한 심각한
인권침해를 세상에 알릴 수 있었다.

한편, 당시 인혁당 재건위사건(1974)과 긴급조치 발동으로 위축된 대구
지역 사회운동과 학생운동은 1978년 11월 7일 경북대생들의 유신반대 가두
시위로 새로운 전기를 맞이했다. 당일 격렬했던 가두시위로 시위 주동자들
은 도피하거나 검거되고 강제 징집되었다. 이 시기에 경북대학교 복현독서
반의 회원 일부는 노동야학에 참여하여 노동현장과의 접촉을 시도했다.

1978년 9월 대구 북구에 소재한 원대감리교회에서 메아리야학이 문을
열었다. 이곳에서 영등포산업선교회 출신 전점석 등은 대학생 교사들과 노
동자 교육과 의식화를 시도했다. 메아리야학은 4기 졸업생을 배출하고 2년
여 활동하다 소속 교사들이 중앙정보부의 감시와 협박을 받으며 결국 문을
닫게 되었다. 하지만 조일제, 김봉근, 이강석 등 메아리야학 출신 노동자들
과 전점석, 이성해 등 교사들은 이후에도 지역 노동운동에 다양한 경로로
참여했다. 메아리야학은 가톨릭근로자회관의 생활야학, 내당교회의 다운야
학, 윤일성당의 윤일야학 등 1980년대 초·중반 대구지역 야학운동으로 이
어지는 바탕이 되었다.

제3절 1980년대 노동운동의 전개

1. 대구 노동야학, 민중교회, 노동사목

1981년부터 1990년 12월 말까지 대구지역 노동쟁의의 발생 건수는 총 502건이다. 이 가운데 1987년 6월 항쟁 이후의 노동쟁의가 전체의 99%를 차지하고 있다.(『대구시사(大邱市史)』3권, 1,067쪽) 이것은 1980년 이후 1987년까지 지역 노동운동의 암울한 상황을 잘 보여주고 있다. 그러나 이 시기는 1987년 이후 본격적인 지역 노동운동의 진출을 준비하는 합법·비합법적 움직임이 가장 활발했던 시기이자 엄혹한 탄압을 뚫고 전진하는 대구지역 노동운동의 전투적 기풍이 마련된 시기였다.

1987년 노동자대투쟁 이전까지 대구지역 노동야학, 민중교회, 노동사목 등의 활동은 지역 노동운동의 선진 활동가들을 배출하는 중요하는 역할을 했다. 대학생출신 노동자들이 현장으로 진출하고, 임금인상과 노조투쟁을 통해 의식화된 노동자들이 점차 조직화되면서 야학, 노동사목, 민중교회, 노동상담소 등 노동현장을 둘러싼 다양한 지원조직들이 등장했다. 대구지역에서 야학을 비롯한 이들 '외곽 단체'들은 어용노조가 대부분인 현장의 노동자들이 노동자 권리와 현실에 대해 인식하는 공간으로, 또는 공장 현장으로 '투신'을 지향하는 대학생 출신 운동가들이 노동자 삶을 배우고 현장 이전을 준비하는 장으로서 역할을 수행했다. 1987년 이전까지 이 공간을 통해 의식화된 노동자들을 중심으로 노동운동 이론과 학습이 확산되었고, 학생운동가들은 현장실천을 병행하면서 건실한 지역 노동운동가로 성장하였다.

1) 노동야학

앞서 언급했듯이 1978년 대구지역 첫 노동야학인 메아리야학이 북구 원대감리교회(2기부터 노원성당으로 이전)에서 문을 열었다. 이어 1979년 대구 가톨릭근로자회관에서 '생활야학'이 개설되었고, 1980년 내당교회에서 '다운야학'이 문을 열었다. 생활야학은 대학생 조영수, 이승희, 김기수 등이 교사로 활동했고 노동자들은 주로 3공단에 있는 소규모 공장, 섬유 봉제공장, 이현공단 자동차 부품업체 노동자들이었다. 이들 야학은 6개월 단위로 학생을 모집했고 오후반과 저녁반으로 나누어 교실을 열었다.

생활야학과 다운야학의 핵심활동가들은 공동 모임을 가지면서 교육 프로그램을 함께 만드는 등의 작업을 전개하였다. 그리고 당시 야학 학생들은 야학의 투쟁적 분위기를 어느 정도 알고 입학하는 경우가 많았다. 과목은 영어, 국어, 역사, 사회(노동법등) 등 기본과목 이외에 풍물을 가르치기도 하고 '노동의 역사' 등도 함께 공부했다. 야학 졸업생들은 본격적으로 풍물이나 노동법 공부를 시작하였다. 처음에는 야학 학생들을 모집하기 위하여 공단에 직접 가서 유인물을 나누어 주면서 모집했으나 야학 졸업생들이 스스로 동료, 친구들을 데려 오기도 하였고, 공장에서 후배 직수들을 데려오기도 했다.

생활야학은 활동 중간에 경북대생 신창일이 참여해서 대표를 맡았고, 1983년 제5기를 시작할 무렵 김기수가 생

위에서부터 〈그림 4-2, 4-3〉
〈다운야학〉교사와 학생들의 모습 (1981년, 칠곡 석적)
(출처: 권형민)

활야학의 대표를 맡았다. 그러나 김기수는 1983년 3월 초에 경북대 학생운동사건에 연루되어 강제징집을 당했고 그 후 생활야학은 거의 문을 닫게 되었다. 1983년 초 대구 JOC에서 이어받아 잠시 운영하게 되는데, 3기를 배출한 후에는 JOC로 통합되었다.

다운야학은 권형민이 중심이 되어 조직했다. 당시 대구지역 야학 교사였던 권형우(다운야학), 신창일(생활야학), 김기수(생활야학), 이은희(작고)등 4명은 노동현장에 들어갈 것에 결의하고, 야학 졸업생들을 중심으로 현장팀을 구성해 노동운동을 위한 준비를 시작하였다. 그러나 1982년 11월경 권형우가 교내시위로 구속되고, 김기수가 1983년 강제 징집되면서 생활야학과 다운야학은 사실상 활동을 멈추게 되었다. 또 이즈음 대구지역에서는 죽전성당에 개설된 '죽전야학'과 '만남야학'도 활동을 하고 있었다. 생활야학의 김기수는 강제 징집 후 제대하고 1985년 겨울 다시 대구 북구 윤일성당에서 '윤일야학'을 열었으나 1년이 안되어 경찰의 압박으로 다시 성당에서 쫓겨나는 일이 있었다.

특히, 1983년 9월 발생한 '대구미문화원폭발사건'은 대구지역 노동야학이 크게 위축되는 결정적인 계기가 되었다. 당시 '무장간첩'을 잡는다는 빌미로 공안당국은 학생운동권 뿐만 아니라 노동현장의 야학 노동자까지 무차별적으로 연행하고 야학을 파괴했다.

대구에서 노동야학운동은 노동운동과 학생운동 간의 연계 고리였다. 1980년대 중반까지 미약한 지역 노동운동 현실에서 노동자들과 학생운동이 만나는 접점이었다. 대학생 교사들은 야학을 통해 노동자들을 만나 계급적 현실을 배우고, 노동자들은 대학생 교사들을 통해 의식화되고 노동운동의 의미를 깨닫게 되었다. 1980년 한일섬유 노조 결성투쟁(메아리야학 출신 조일제)을 비롯해 주로 섬유업종의 크고 작은 노조투쟁에 야학출신 노동자들의 참여가 있었다. 대구지역 야학은 비록 오랫동안 지속되지 못했으나 1980년대 중반

이후 지역 노동운동과 사회운동의 많은 주요 활동가들을 배출했다.

2) 민중교회와 노동사목

1983년경부터 대구에서 달구벌교회, 작은교회, 이웃교회 등 민중지향성을 띤 교회운동이 전개되었다.

달구벌 교회는 예수교 장로회 소속으로서 서울의 영등포산업선교회와 교류가 있었다. 초기에는 서울 도시산업선교회 인명진 목사를 통해서 지원을 받았다. 달구벌 교회는 안기성 전도사와 최덕희를 중심으로 1983~1984년 경부터 교회 내 노동청년회(20~30명)를 만들었고, 1980년대 중반에는 교회공간을 활용해 '조약돌문화교실'을 열었다. 조약돌문화교실은 6개월 프로그램으로 3기(1기당 30명 정도)까지 진행되었고, 대구 북구 침산변전소 부근 시장 골목 안에 교회가 위치했기 때문에 3공단 노동자들이 접근하기 쉬웠다. 달구벌 교회는 노동운동 지향적인 활동 뿐 아니라 평신도가 주축이 된 일상적인 교회활동도 이루어졌고, 치과의사 이재용을 중심으로 민중진료소 활동도 전개하였다. 1985년경 달구벌교회 내에는 겉으로 드러난 노동청년회, 문화교실 외에 대학생 출신들로 현장 소모임 활동이 이루어지고 있었다. 손호만, 이동기, 최덕희(노동청년회장)등이 주로 역할을 담당했고 비공개 현장조직으로서 김경률, 김영옥, 박주철, 황원일 등이 활동하였다. 이 현장팀의 대학생 한 명이 경찰에 노출되면서 달구벌 교회 조직은 경찰의 탄압으로 크게 피해를 입었다. 이 사건으로 손호만을 비롯하여, 안기성 전도사, 노동청년회장 최덕희, 사공준 등 4명은 1986년 6월에 구속되었다.

이웃교회(이승학, 오규섭 목사)는 노동자에게 기타교실, 바둑 등 친목모임을 제공하며 노동자들의 교류와 연대 공간을 만들었고, 권형우, 조일제, 이철우, 김진곤, 서영화, 이장환, 이상점 등이 주요 역할을 했다.

1985년경 대구노동사목이 설립되었다. 대구노동사목 설립을 주도한 김영숙은 서울의 함세웅 신부 등을 통해 초기 자금을 마련해 사무실을 마련했다. 보수적인 대구가톨릭교구에서 노동사목에 대한 공식적인 지원은 기대할 수 없었기 때문이었다. 노동사목은 고성동, 침산동, 비산동 일대에서 낮에는 노동자, 빈민 탁아소를 운영하고 밤에는 JOC 활동 경험을 바탕으로 노동자 교육활동을 전개했다. 초기 김영숙과 이태숙, 박두봉, 김정일 등이 역할을 맡아 활동했다. 노동사목은 이후 지역의 파티마병원(1988) 노조 설립 지원에도 큰 역할을 했다. 또한 신암성당, 큰고개성당의 청년회를 모아 천주교사회운동협의회를 조직하는 등 교회쇄신에도 앞장섰다.

2. 5 · 18 광주항쟁과 1980년대 전반기 지역의 주요 노동자투쟁

유신체제가 1979년 10 · 26 사태로 종식되고 1980년 5월 광주항쟁 직전까지 이른바 '서울의 봄' 시기에 전국적으로 노동자들의 항거와 진출이 일어났다.(한국민주노동자연합, 1994, 102쪽) 대구지역에서는 쌍마섬유, 한일섬유, 중앙섬유, 아세아공업, 동명산업, 한철 등에서 노조결성이 이루어지기도 했다. 또 1980년 5월 광주항쟁 당시 한국노총 연합노조 소속 경북지부장이었던 김병구는 조직국장 황근식 등과 함께 '광주항쟁'의 진실을 알리는 유인물 수천 부를 대구에서 제작하였고 경북대 학생들이 배포하기도 했다.

1980년 5월 광주민주항쟁을 짓밟고 등장한 전두환 정권하에서 노동자들의 정치적, 경제적, 사회적 상황은 다시 나락으로 빠져들었다. 제5공화국 시기 동안 3저 호황이라는 외생적 요인에 의해 겉으로는 고성장과 경제안정을 이룩한 듯 보였으나 다수의 노동자 서민의 생활은 악화되어갔다.

1980년 5월 이후 전두환 정권은 노동계 '정화조치'와 노동조합운영지침 및 노사협의회 운영준칙(11.4) 등을 잇달아 발표하였다. 1980년 이른바 국

보위 입법을 통해 개악된 '노동5법'은 산별노조체제에서 기업별 노조체제로
의 전환, 노사협의회 운영체제 정착, 제3자 개입금지, 공기업과 방위산업체
의 쟁의금지, 당사자주의, 직권중재 강화, 지방노동위원회 관리권의 노동부
이관 등을 내용으로 한 것으로 '산업평화', '노사협조' 미명아래 노동자들의
손과 입을 묶어놓았다. 한편으로 청계피복노조, 원풍모방 등 민주노조의 교
두보는 차례차례 정보기관의 공작으로 파괴되어갔다.

　노동자들의 경제적 상황은 더욱 악화되었다. 1980년에서 1990년에 걸
쳐 노동생산성은 매년 10.9% 증가하였으나, 노동자들의 실질임금 증가율은
7.1%에 그쳤다. 제조업 노동자들의 근로시간은 1987년 현재 주당 54.0시간
으로 세계최장을 기록하고 있었다. 폭압적인 군사정권은 1986년 아시안게
임과 1988년 서울올림픽 개최를 앞두고 국제적인 주목을 받으면서 민주화
와 개방 압력에 직면하고 있었다. 1983년 말부터 시작된 유화국면 즉, '자
율화조치'는 폭압적인 통치방식의 부분적 완화조치였지만 군사정권의 불가
피한 선택이었다.

　'자율화조치'가 발표되고 그동안 가라앉아있던 노동자들의 불만과 요
구가 전두환 정권의 탄압을 뚫고 다시 터져 나오기 시작했다. 대구에서는
1984년 5월 사납금 인하를 요구하는 택시노동자들의 가두시위와 농성이 폭
발했다. 1984년 5월 25일 새벽 1시 동대구역에서 백여 명의 택시노동자들
에 의해 자연발생적으로 시작된 시위는 새벽 5시경 대구 시가지 중심지인
중앙주유소, 태평지하도, 대구역 일대로 확대되었고 택시노동자들이 5백여
대의 택시를 몰고 나와 '사납금 인하, 부제 완화, 퇴직금제도와 의료보험제
실시'를 요구하며 대로를 막고 농성을 시작했다. 오전 6시30분경 경찰과 조
합장들의 설득으로 해산될 것 같던 택시노동자들은 오전 8시에 이르러 오
히려 9백 명으로 불어났다. 택시노동자들은 주요 지점마다 50~100여 명
씩 농성을 하며 대구시내 교통을 사실상 마비시켰고, 경찰 1백여 명이 해산

을 시도했지만 완강한 저항에 부딪혀 강제해산을 중도에 포기하고 말았다. 이날 오전 8시 30분경에는 '사납금 인하', '부제완화', '노조결성 방해중지', 'LPG 자율 충전'등을 요구하며 시위를 벌이던 택시노동자 9백여 명이 대구시청에 집결해 시장과의 면담을 요구하여 부재중인 시장을 대신해 유경호 부시장과 면담이 이루어졌다.

유경호 부시장은 중재를 자청했지만 택시노동자 대표들은 이를 거부하고 대구택시운송사업조합 이사장 최용찬과의 직접면담을 요구했다. 한편 대구 택시운송조합은 긴급 이사회를 열어 '사납금 인하', '토요일과 일요일의 추가 사납금 철폐', '10부제에서 6부제로 완화', '예비군 훈련 시 기본급 지급', '퇴직금 실시', 'LPG충전 자율화', '노조결성 방해 중지' 등 요구조건을 부분적으로 받아들이기로 결정하고 최용찬 이사장이 대구시청 앞에서 그 결정 사항을 발표하려 했지만, 이를 듣기위해 노동자들이 몰려오자 도망쳐버렸다. 정오경에는 한전 대구지점, 칠성시장 등지에서 시위를 벌이던 택시노동자들이 시내로 행진하여 시청에서 농성하던 대오와 합세함으로써 본격적인 시위가 벌어졌다.

오후 3시 30분경, 최용찬 이사장에 대한 중부경찰서장의 수사 약속, 사납금 8천~1만원 인하, 월급 적립금과 LPG충전 자율화 등 모든 조건이 받아들여지고 이날 시위의 책임을 묻지 않겠다는 유경호 부시장의 약속을 받은 후에야 노동자들은 해산하기 시작했다. 시청 앞에서 본 대오가 해산하고 있던 오후 5시경 시내의 여타 주요 도로에서 시위를 벌이던 택시노동자 1천여 명은 반월당 로터리에 집결해 시내 중심도로로 행진하며 시위를 벌이기 시작했다. 이 대오는 최용찬 이사장의 확실한 약속을 받기위해 그가 사주로 있는 제일택시로 몰려갔는데 사납금 인하 약속이 번복되자 분노한 노동자들은 택시 19대를 뒤집어엎고 부수는 등 격렬한 시위를 벌였고 오후 8시경 경찰에 의해 택시노동자 65명이 연행되었다. 5월 26일 연행된 택시노동자 중 9

명이 구속되자 5월 26일과 27일 구속노동자 석방을 위한 파업과 시위, 서명운동이 진행되었지만 이후 별다른 성과 없이 이 파업투쟁은 종료되고 말았다. 그러나 이 투쟁은 택시 노동운동을 활성화시킨 기폭제가 되어, 1984년 5월 26일 경북 경산군내 택시 38대 중 20여 대가 운행을 중단하고 사납금 인하, 부제완화, LPG충전 자율화를 요구하며 농성에 들어가 4시간 만에 요구조건을 관철시켰다. 또 5월 29일 경북 구미시, 5월 30일 충남 대전시, 6월 2일 서울 새한 콜택시, 6월 4일 부산지역 택시노동자들의 투쟁으로 확산되었다.(임정남, 1985, 317~337쪽 ;『기초조사보고서』, 232쪽) 대구 택시노동자들은 5.25 투쟁 이후 '대구택시기사협의회'를 조직했고, 1987년 6월민주항쟁시기 택시파업을 주도하기도 했다. 1990년 아세아택시 노조위원장으로 선출된 최태일 등은 '대구택시기사협의회'를 '대구택시노동자협의회'로 재조직하고 1991년 두류공원에서 택시노동자들의 합법적 집회를 개최하기도 했다.

1984년 대구택시노동자 시위사건 이후 그해 여름 대구 북구 3공단에 위치한 한국경전기에서 노동자 권영숙 부당해고 사건이 발생했다. 사건의 발단은 1984년 8월 28일 공장 현장에서 회사 상무가 일을 서둘러하라면서 권영숙을 때린 데서 시작되었다. 권영숙이 항의하자 상무는 '여자가 어디 건방지게 대꾸냐'하며 멱살을 잡아 바닥에 던졌고, 넘어진 권영숙의 어깨, 가슴, 목을 마구 때리고 옷이 찢어지도록 잡아 흔들고, '개 같은 년, 건방진년'하며 욕설을 퍼부었다. 그 이후에도 회사는 조회와 방송을 통해, 사과를 하기보다 욕설이나 회사를 위해서 했던 것이라고 변명할 뿐이었다. 권영숙은 회사의 비인간적 처사를 호소하기 위해 노동부에 상무와 사측을 고소하였다. 폭행사건 4일 후 병원에 가서 진단을 받고 10일의 치료를 요하는 진단서를 발급받았지만 노동부 근로감독관은 '가만있는데 때리더냐', '아가씨가 잘못했으니 맞았다'고 하며 오히려 피해자에게 면박을 주고 회사 상무를 두둔했다.

회사에서는 '상무 폭행은 사실무근이다'는 내용의 엉터리 탄원서를 만들어 전사원에게 서명하게 했으나, 권영숙의 폭행피해를 직접 목격한 포장반 동료들은 회사의 회유와 강압에도 서명을 하지 않았다. 9월 19일 회사는 조장, 반장 30여 명을 사주하여 점심시간 직후 두 시간 가량, 퇴근시간(18시 30분)부터 다음날 새벽 2시까지 권영숙을 감금했으며, 폭행과 폭언, 욕설과 집단구타까지 하며 사표 낼 것을 강요하고 '상무를 고소한 년 나가라', '공장을 망하게 하는 년 나가라'며 지갑, 수첩, 노트, 연습장을 빼앗고, '간첩이다, 누구에게 지령을 받느냐'며 공포분위기를 조성하며 협박·위협을 했다. 직장 동료로부터 9시간 동안이나 구타를 당하며 사표를 강요당했던 권영숙은 결국 자신의 의지와는 상관없이 강제사표를 내게 되었다. 권영숙은 9월 20일 다시 집단 폭행과 강제사직에 항의하며 출근투쟁을 전개했다. 회사는 전날 빼앗은 권영숙의 일기를 아침조회시간에 낭독하며 인신공격과 비방을 했다. 또 권영숙을 친구들과 분리시키기 위해서 회사간부들은 회사 동료들에게 권영숙을 '용공', '간첩'이라고 날조했다. 회사는 출근투쟁을 하는 권영숙을 강제로 끌어내고, 회사 정문을 잠그고, 물을 퍼붓고, 검은 기름장갑으로 권영숙의 얼굴을 문지르는 등 잔인한 폭행을 저질렀다.

1984년 대구택시노동자들의 분출을 목격하고 한국경전기 노동자들의 투쟁을 경험하면서, 지역의 노동운동진영은 현장에서의 본격적인 투쟁을 준비해나갔다. 특히, 1985년 4월 인천 대우자동차 부평공장 2천여 노동자들의 대규모 파업투쟁과 이어진 그해 6월의 구로지역 민주노조 동맹파업 소식은 지역의 노동운동가들에게 놀라운 투쟁소식이었다. 그리고 지역에서도 과감한 선도적인 투쟁으로 노동자들과 결합해야 한다는 결의로 이어졌다.

1986년을 전후하여 대구지역에서 본격적인 노동자들의 임금인상, 근로조건 개선, 노조민주화투쟁이 분출했다. 1986년 2월 대구 이현공단에 위치한 동협제작소에서 친목회와 학습모임을 중심으로 노동자들이 모여 임금인상과 민주노조 건설투쟁을 준비했다. 노동자들은 '임금인상, 상여금 인상, 점심식사 제공, 유급휴가 실시, 근로기준법 준수' 등 5개항을 요구하며 2월 19일 노조를 결성했다. 노조 결성을 하자마자 경찰의 감시와 부당 개입, 금속노조의 설립신고서 반려, 노조 설립을 주도한 노동자 이태광 해고, 그리고 회사 측의 협박과 거짓 선전으로 노조는 3일 만에 와해되고 말았다.

1986년 3월에는 대구 계산성당에서 JOC를 중심으로 '근로자의 날' 행사로 노동자 문화제가 개최되어 지역의 임단투 분위기를 결집시키고자 했다. 또 1986년 2월 대학 3년을 중퇴하고 제일섬유에 현장 노동자로 입사한 송영진을 포함한 5명이 작업현장에서의 회식비 비리, 열악한 근로조건에 항의하다 부당해고를 당한 후 해고철회를 요구하는 출근투쟁을 전개했다. 같은 해 7월 전자부품을 조립·생산하는 한국경전기에서는 납땜 연기를 배출하는 환풍기 설치를 요구하는 노동자들을 강제 해고하는 사태가 발생했다. 해고 노동자들은 부당해고 철회, 8시간 노동제와 생활임금 쟁취, 노동자가 주인 되는 세상 등을 외치며 공단지역에서 출근투쟁을 전개했다. 7월 26일에는 공장 인근 경북대 학생들의 지지시위가 3공단 네거리에서 격렬하게 진행되었다.

8월에도 성화화성 노동자들이 달구벌교회 행사 참석을 이유로 퇴사를 종용하는 회사에 대항해 투쟁했고, 평화산업 노동자, (주)삼부 노동자들이 노조민주화와 근로조건 개선을 요구하면서 유인물을 배포하고 투쟁했다. 1986년 9월 아신금속에서도 임금인상, 근로조건 개선을 요구하는 투쟁이 발생했다. 대학생 출신 노동자들과 현장 노동자들이 '임금인상투쟁위원회'를 조직하고 잔업거부, 담벼락 구호, 유인물 배포, 회사 사무실 점거농성투쟁을 벌였다. 이 투쟁도 어용노조와 회사 측이 주동 노동자들을 해고하면서 마무리되었다. 같은 해 10월에는 동원산업에서 회사 측과 어용노조에 불만을 품은 노동자들의 자발적인 임금인상투쟁이 전개되었다. 회사 측의 요구로 경찰이 출동해 노동자들의 집회를 방해했고, 어용노조는 '법에 따라 투쟁하자'라며 투쟁을 회피하기 급급했다. 투쟁을 주도한 노동자 5명은 해고되고 회사에서 쫓겨났다.(한국기독교사회문제연구원, 1988, 139~140쪽)

한편 제일섬유, 한국경전기, 아신금속, 동원금속, 성화화성 등 빈발하는 노동자 대중투쟁을 연대·지원하기 위해 1986년 1월 민주통일민중운동연합(민통련경북지부) 산하 '대구경북노동자생존권확보투쟁위원회'(노생투위)가 권영숙, 임진호, 김찬수와 해고노동자들을 중심으로 결성되었다. 노생투위는 대구경북지역에서 일어나는 노동자 투쟁을 지원하고 지역과 공장의 소식들을 선전물로 제작해 지역 노동자들에게 전달하는 활동을 했다. 1986년 4월 5일 신민당 개헌 현판식 집회에서는 시가지 일원에서 노동자의 입장을 담은 독자적인 유인물을 배포하기도 했다. 노생투위는 1987년 노동자 대투쟁을 거치면서 민주헌법쟁취국민운동 대구경북본부 산하 '노동문제특별대책위원회'(이태광, 서은심, 박재빈)로, 이후 다시 '민주노조건설노동자공동실천위원회'(장명숙, 임진호)로 확대, 개편되었다.

3. 대구경북지역의 1987년 노동자대투쟁

가. 대구지역

1987년 7~9월에 걸쳐 건국 이래 최대 규모의 노동쟁의가 발생했다. 6월민주항쟁 이후 그해 10월 5일까지 발생한 노동쟁의 건수만 3,479건에 이르고, 노조조직은 1,161개가 늘어나 43.7%의 성장률을 보였고, 조직노동자 수도 33.1% 증가했다.(월간말 편집부, 1987년 11월호) 1987년 노동자 대투쟁은 자연발생적이며 비조직적인 폭발이었지만 한편으로 오랫동안 누적된 노동자들의 한이 폭발하고 분출되는 계기였다. 그해 여름 거의 모든 파업은 노동자들이 법으로 정해진 냉각기간과 다른 법적 요건들을 무시했기 때문에 불법적인 행동이었다. 법적 절차는 노동3권에 재갈을 물리고 있었고, 그에 따른다면 노동자의 자주적 파업은 불가능했기 때문이었다. 노동자들은 합법적인 노동쟁의 절차와 방식을 과감히 거부하고 공장을 점거하거나, 거리시위를 하거나, 경영간부를 볼모로 삼는 전투적인 행동을 택했다. 일부 노동자들은 노동자를 천시하며 악질적이고 오만한 경영자와 고용주들에 대해 폭력을 행사하기도 했다.(구해근, 2002, 231쪽) 권력과 자본이 폭발하는 노동자들을 감히 제어하지 못할 만큼 그 한은 깊고 강하게 응축되어 있었던 것이다.

이 시기 대구경북지역에서도 170개 이상 사업장에서 노동쟁의가 진행되었고, 동국화섬, 신라섬유, 성광화섬, 경산코오롱, 삼진섬유, 오대금속, 삼익공업사, 대구중공업, 청송기계공업, 한국경전기, 신성공업, 대성금속공업 등에서 새롭게 노조가 결성되었고, 삼립산업과 신아금속에서 노조불신임을 결의하고 새로 집행부를 구성하였다. 노동자들은 '임금 및 각종 수당 인상, 근로조건 개선, 노조 결성' 등을 주로 요구하였다. 이 시기 대구지역의 대표적인 노동쟁의 사례는 금복주, 무림제지, 오대금속, 삼성공업, 성안염직, 한국경전기, 현대금속, 삼익중공업을 들 수 있다.(한국기독교사회문제연구원, 1988, 157~167쪽)

앞서 언급한 6월민주항쟁 당시 민주헌법쟁취국민운동본부 산하 '노동문제특별대책위원회'와 함께 결합해서 투쟁했던 사업장 중 가장 두드러진 투쟁사례는 무림제지였다. 무림제지는 신규노조 결성투쟁을 전개하였으며 그 과정에서 파업투쟁을 주도한 노동자들은 해고당하고 구속되기도 하였다. 당시 '노동문제특별대책위원회'가 무림제지와 결합해서 실질적인 투쟁을 이끌었다. 1987년 9월 중순에서 10월 중순 사이에 무림제지 노동자들의 농성은 공권력 투입으로까지 이어졌는데, 당시 파업 기간은 약 15일 정도였으며, 이 기간 중 노골적으로 안기부 직원들이 현장에 나타났었고, 노조위원장이 연행되면서 투쟁은 중단되었다.

오대금속은 자동차부품 생산업체로 3공단과 이현공단에 2개의 공장이 있었다. 1공장에서 노조를 결성하였고, 2공장에서는 시도했다가 실패했다. 두 개 공장 노동자들은 만평로타리에서 가두시위를 전개하고 1주일간의 투쟁으로 요구조건을 관철시켰다.

삼성공업은 안경제조업체로 어용노조의 퇴진, 임금인상, 근로조건 개선을 요구하며 투쟁했다. 성안염직은 염색업체로 노조결성 투쟁이 전개되었다. 한국경전기는 이 시기에도 노조결성을 위해 투쟁했으나 회사 측의 폭력과 회유, 협박으로 다시 노조가 와해되었다.

1987년 신규노조 건설, 노조민주화 투쟁이 일어난 사업장은 남선물산, 평화클러치, 광진전자, 동협정밀, 신라섬유, 오리온제과, 신화금속, 오대금속, 동산의료원, 대원기계, 청송기계 등이다. 그해 8월 대구택시노동자들도 총파업을 했고 장기간에 걸쳐 강렬한 투쟁을 전개해 많은 구속자가 나왔다. 경북대 병원 간호사들은 근로조건 개선, 해고자 복직 투쟁을 전개했다.

1987년 대구지역 노동자 대투쟁은 자연발생적으로 일어난 경제적 투쟁이 대다수였다. 투쟁은 사전에 준비되거나 체계적으로 진행되지 못했고 현장 상황에 따라 발생하고 단기간에 종결되는 형태가 대부분이었다. 앞서 언급한 대부분의 경우들은 투쟁기간이 10일을 넘기지 못하는 사례들이다. 이는 대구지역 사업장의 규모, 섬유업종의 특성, 작업환경, 노동운동의 낮은 수준을 반영한 것이었다. 전국적 노동운동의 분출에 자극받고, 오랜 억압에 억눌렸던 울분이 단기간 폭발적 투쟁양상으로 나타났지만, 또 한편 자본의 사소한 양보와 회유에 쉽게 꺾이고 수그러들었다.

또한 노동자들은 임금인상 등 직접적인 경제적 이익에 관심을 보였고 민주노조에 대한 조직적 전망까지 시야를 넓히지는 못했다. 따라서 대부분 투쟁은 일회적 싸움으로 끝났고 작은 성과마저 회사 측과 어용노조에 의해 다시 빼앗기기도 했다. 이는 민주노조라는 조직적 목표를 가지는 투쟁지도부의 부재를 의미했다. '노동문제특별대책위원회' 등 외곽 지원 조직의 역할이 있었으나 인적·물적으로 한계는 뚜렷했다.

나. 경북지역

1986년과 1987년을 전후하여 대구지역의 일단의 노동운동 그룹이 포항, 구미지역으로 활동영역을 이전했다. 허영, 송창섭, 이성희 등은 포항으로, 조명래 등은 구미로 갔다. 이들은 포항과 구미의 현장과 외곽 노동상담조직을 통해 현장 투쟁을 지원했다. 이 시기 구미, 포항, 안동 등 경북지역의 노동자투쟁을 살펴보면 다음과 같다.

먼저, 구미지역은 전기전자 업종이 밀집해 있었는데 1980년 5.18 광주항쟁 직전 소위 '민주화의 봄'이라는 시기에 구미공단에 소재한 ㈜한국TV에서 노동자 2백여 명이 '어용공장장 퇴진, 회장의 경영권 포기'를 요구하며 작업을 거부하고 농성투쟁을 벌이기도 했다.(『매일신문』, 1980. 5. 15.) 그 후 본격적인 1980년대 구미지역 노동운동은 1984년 구미 원평성당 내 노동자소모임 '나눔의 자리'에 모인 노동자들로부터 시작된다. 1985년 흥명공업노조가 지역 최초의 민주노조로 결성되었고, 같은 해 오성택시 노조도 결성된다. 두 노조는 임금인상과 노조인정을 요구하며 연대투쟁, 고속도로점거투쟁을 시도하기도 했다. 구미지역에 대학생출신 노동운동가들이 등장한 것은 1985년 초반 무렵이며, 87년 6월 항쟁을 전후로 대구지역과 인천지역의 대학생출신 노동자들의 활동이 늘어났다.

1987년 구미지역의 노동자투쟁은 8월 11일 금성전선 노동자 5백여 명의 임금인상 요구 농성에서 시작되어 금성사 구미공장, 대아리드선 노동자들의 농성투쟁으로 이어졌다. 6월민주항쟁 지도부였던 민주헌법쟁취국민운동 구미본부는 이들의 노조결성을 지원하였다. 구미지역 대공장노조들(대우, 금성사, LG전선, 오리온전자 등)이 대부분 어용노조인 가운데 오리온전기 노조원들이 노조민주화를 요구하며 농성과 파업에 돌입했고 스피커 제조업체 한국산우드에서 노조가 결성되었다. 1987년 하반기 학생운동출신 현장취업자 서상학은 계림요업 노조를 결성하고 해고당하기도 했다.

포항지역은 1979년과 1980년대 초반 전국민주노동자연맹(전민노련)의 이태복, 김병구 등이 지역 노동운동과의 연계를 모색하기도 했으나, 오랜 기간 노동조합과 노동운동의 불모지였다. 이는 '포철왕국, 박태준 왕국'으로 일컫던 포항제철의 강력하고 오랜 노조탄압의 결과였다. 본격적인 노동자대중의 진출은 1985년 포항 오거리를 중심으로 13개 택시노조의 노조원 5백여 명이 참가한 동맹파업에서 비롯되었다. 이어 1987년 전국적인 노동자투쟁의 여파 속에서 포항지역에서도 민주노조를 건설하기 위한 움직임이 나타나게 되었다. 당시 1만 5천 명의 포철 정규직 노동자와 8천 명의 협력사 노동자의 임금격차는 100:55 수준이었다. 처음 한진기업, 영남통신 등 협력사 노동자들로부터 대투쟁이 시작되었고 이어 포철 소속 노동자들도 군대식 인사관리를 거부하고 노조결성을 위해 은밀히 투쟁하였다. 1987년 8월 포항민주화운동연합(이하 포민련) 의장 김병구는 서울의 장명국 등과 함께 핵심노동자 100여 명을 규합해 포항시 구룡포 성당에서 노조결성 예행연습까지 마쳤으나 이후 정보가 누설되어 포민련 사무국장 강호철이 구속되고 김병구 의장은 수배되었으며, 포철노조를 준비했던 노동자 150여 명이 연행되기도 했다.

또 1987년 포철 협력업체인 한진기업에서 노조결성을 추진하던 김병일이 해고, 구속되고, 포항제철 협력업체로서 유일하게 영남통신[6]의 노동자

---

6) 포철 협력사인 영남통신 노동자들이 노동조합을 설립하자 포항제철은 정문 출입을 봉쇄하

들과 포항제철 연관업체, 강원산업[7], 부산파이프, 흥화공업, 고로시멘트,
조선내화, 한국전열, 동부제강, 동국산업 등 12개 업체와 14개 택시회사 노
동자들이 투쟁에 참여했다. 이 가운데 포항제철 협력업체인 삼풍공업, 한
진기업 등의 경우 포항제철의 하청철회 압력으로 인해 좌절을 겪었으나[8],
1988년 조선내화, 제철설비 등 3사 투쟁을 선두로 19개 협력업체 외 41개
업체에 노동조합이 설립되고, 강원산업, 풍산금속에서 민주노조가 건설되
어 강력한 투쟁을 전개하였다.(민주노총, 2001, 133쪽)

　1987년 포철의 폭압적인 노조탄압을 경험한 협력업체 노동자들은 이후
"최소 6개월의 준비과정을 거친다", "연대투쟁만이 노조승리를 가능하게 한
다"는 교훈을 얻고, 노조설립 준비과정에서부터 마치 비밀작전을 수행하는
것처럼 치밀하게 준비하는 한편, 몇 개의 협력업체와 함께 연대하여 노조설
립투쟁을 모색하게 된다.(『사적지조사보고서』, 123쪽)

　한편, 경북북부 지역에서는 1987년 8월 11일 대성탄좌 문경광업소 광부
5백여 명이 회사 앞 국도를 점거하여 임금인상 등을 요구하였고,(『동아일
보』, 1987. 8. 19.) 같은 해 10월경에는 안동지역 8개 택시회사 노동자들이
사납금 인하와 처우개선을 요구하면서 서부시장 인근에서 파업시위를 벌였
다. 안동 택시노동자 시위를 계기로 경북북부지역 11개 시·군 택시노동자

고 영남통신과 협력계약을 취소한다. 결국 영남통신 노동자들은 포철 정문앞 농성, 형산강
　　다리 농성투쟁 등 처절한 투쟁에도 불구하고 포철자본의 거대한 벽에 부딪혀 좌절하고 만
　　다. (김병일, 「포항민주노조운동 10년사」, 민주노총경북지역본부포항시협의회, 1997, 10쪽.)

7)　1987년초 무렵 소모임을 가져오던 최영민, 정광수를 중심으로 노동자들이 파업시위를
　　주도한다. 당시 강원산업노동자들의 구호가 "쭈쭈바도 100원인데 호봉 30원이 웬말이냐"
　　였는데, 강원산업 노동자들의 노조결성(7.19)과 파업결의(8.11)소식은 삽시간에 확산되었
　　고, 현대종합금속, 부산파이프, 흥화공업, 조선내화 노동자들과 포항 철강공단 32개업체
　　노동자들이 연이어 파업을 선언하였다. (김병일, 위의 글, 9쪽).

8)　87년 당시 파업현장에서 즉각 노동조합이 설립되어 포항공단에 9개 노조가 만들어졌다.
　　그러나 포철의 하청계약 철회압력으로 동양석판, 조선내화, 한국전열등 3개 노조는 자진
　　해산하였다. (김병일, 위의 글).

들은 전국택시노동조합연맹 경북지부(정태영, 정재흥) 산하 경북북부 직할 사무소(정구영, 김수동)를 조직하고 1989년 경북북부지역 택시노동자 파업 투쟁을 전개하였다.

제4절 1987년 노동자대투쟁 이후 노동운동의 흐름

1. 노동정세와 전노협의 건설

1987년 노동자대투쟁 이후 급격히 증가하였던 국내 노사쟁의 건수는 1988년 1,873건, 1989년엔 1,614건, 1993년에는 130건, 1994년에는 106건으로 감소된다. 그러나 외형적인 쟁의 건수의 감소추세와는 달리 노동자들의 삶의 조건과 무권리상태는 더욱 악화되어갔고, 1989년 3월 지하철 노동자 투쟁, 1989년 5월 전국교직원노동조합의 결성투쟁 등 연이은 전국적 차원의 투쟁은 87년 대투쟁의 자생적, 일시적 한계를 극복하고 보다 조직적이고 의식적인 노동운동으로의 발전을 촉진했다.

자동차, 중공업(현대 계열 및 대우계열자동차와 기아자동차 및 조선 등) 중심의 노동조합이 매년 임금인상과 노동조건 개선을 요구하는 파업을 선도하고 이러한 과정에서 지역별로 연대조직된 지역노동조합 연합조직이 해당 지역 단위 중소사업장의 파업을 지원하면서 점차 기존 '한국노총'의 한계를 극복하기 위한 움직임이 가시화되어갔다. 1988년 7월 전국의 민주노조 진영은 〈전국노동법개정투쟁본부〉를 결성하여 노동법개정투쟁을 전개하였다. 그해 11월 13일 연세대 노천강당에서 개최된 '전태일 열사 정신계승 및 노동악법 개정 전국노동자대회'는 전국에서 5만여 명이 집결하면서 한국전쟁 이후 최대의 노동자 단일집회가 되었다. 이 힘을 바탕으로 1989년 3월 〈전노협 준비위원회〉를 거쳐, 마침내 해방공간의 '전평' 이후 최초의 전국적 자주적 노동운동조직, 〈전국노동조합협의회〉(이하 전노협)가 1990년 1월 결성되었다. 결성 당시 전노협은 전국 14개 지역노조 조직과 2개 업종노조 협의회에 속한 6백여 개 단위노조 조합원 20여만 명이 가입하였다. 성균관 대 수원캠퍼스에서 개최된 전노협 창립대회에서는 초대 위원장으로 단병호 를 선출하고 차별임금 철폐, 고용안정 보장, 안전한 작업환경, 노동3권 완 전쟁취, 여성노동자 차별철폐 등 12개의 강령을 채택하고, '평등세상 앞당 기는 전노협'을 표방했다.

2. 노동자대투쟁 이후 지역 노동운동의 흐름

가. 대구경북지역 노동자투쟁과 대노련의 건설

1987년 이후 대구지역 노동정세의 특징을 살펴보면, 먼저 섬유와 금속 부품하청을 주종으로 하는 중소영세 업체들이 밀집한 대구지역 노동자들의 임금수준은 1987년에서 1990년 사이 서울과 전국수준과 비교하여 상대적 으로 하락하고 있었다.(이하『사적지조사보고서』, 125쪽)

〈표 1〉 연도별, 지역별 임금

시도 / 연도	1987년 (원. 수준)	1988년 (원. 수준)	1989년 (원, 수준)	1990년 (원, 수준)
전국	378,560 (87.8)	446,800 (88.4)	524,638 (89.9)	616,765 (88.7)
서울	431,42 (100.0)	505,261 (100.0)	583,320 (100.0)	695,029 (100.0)
대구	362,252 (84.0)	386,423 (76.5)	449,701 (77.1)	532,105 (76.6)
경북	355,360 (82.4)	448,717 (88.8)	543,181 (93.1)	621,422 (89.4)

자료 : 대구시사편찬위원회,『대구시사』3권, 1075쪽의 도표를 재정리한 것임.

대구지역 노동자들의 쟁의건수는 1987년을 정점으로 1988년, 1989년에 가장 집중된 것으로 집계된다. 대구지역의 노사쟁의건수는 1987년 166건, 1988년 139건, 1989년 156건으로 폭발적으로 전개되었다가 1990년에는 33건으로 격감하고, 1991년 23건, 1992년 21건으로 줄어드는 양상이었다. 반면, 쟁의 건당 지속 일수는 장기화되는 경향이 나타났다. 1987년 5.3일이던 것이 1988년 10.1일, 1989년에는 19.2일, 1990년 19.1일, 1991년 18.2일, 1992년 20.1일로 급격히 늘어났다. 이는 1987년 이후 폭발적 노동자투쟁이 정권과 자본 측의 노골적인 노조탄압, 노동통제로 인해 외형적으로 쟁의건수는 줄었지만, 오히려 투쟁의 강도가 더욱 강화되어 나타난 것으로 파악된다.

먼저, 이 시기 동안 대구경북지역에서 전개된 주요 노동자 투쟁을 연도별로 살펴보면 다음과 같다.

1988년은 1987년 노동자대중투쟁의 자생적 한계를 극복하고자 사업장별 공동투쟁, 지역간 연대투쟁이 본격적으로 시도된 해였다. 지역차원의 임투 전진대회, 임투소식지 발간, 체계적인 투쟁지원활동이 시도되었다. 이 시기 한국LBI, 오대금속, 태양어패럴, 한일염직 등이 연대투쟁으로 민주노조를 건설했으며, 노조탄압에 대항해 지역 연대투쟁 집회를 개최하였다.

대구 북구 3공단에 위치한 한국LBI는 안경케이스를 만드는 다국적 기업으로 미국에 본사를 두고 있었다. 한국LBI 노조는 1988년 4월 15일 조합결성을 하자마자 위원장을 비롯한 4명이 해고되었고 6월에는 직장폐쇄 조치가 내려졌다. 6월 18일 노조탄압과 직장폐쇄를 규탄하는 지역 연대투쟁이 일어나자 회사 측은 해고자 복직 등 노조의 요구조건을 전면 수용했다. 태양어패럴 노조는 1988년 7월 노조를 결성한 후 단체교섭을 하면서 가두투쟁에 나서는 등 적극적으로 투쟁했다. 역시 지역 노동자들의 연대투쟁으로 회사 측은 노조의 요구조건을 전면 수용했다. 1988년 9월 노조를 결성한 한일염직은 유령 노조 해체와 임금인상을 요구하면서 파업에 돌입했다. 구사대와 경찰폭력에 강제 연행된 노동자들은 서부경찰서에서 농성을 벌이며 투쟁해 연행 노동자들이 모두 석방되기도 했다. 한국 LBI과 태양어패럴, 한일염직 노조투쟁은 회사 측의 강력한 탄압을 지역노동자들이 연대함으로써 극복할 수 있다는 자신감을 주었다. 또한 이 해에 경북대병원, 파티마병원, 시립교향악단, 지역건축설계노조, 지역인쇄노조, 매일신문, 지역 목욕업노조 등에서 신규노조가 건설되고, 상신브레이크, 동원산업(동원금속), 남선경금속 등에서 노조민주화투쟁이 이어졌다.

1988년은 전국적으로 진행된 노동법개정투쟁에 대구지역 56개 노조가 참여했으며 11월 '노조탄압 분쇄 3공단 대책위원회' 활동을 통해 노동운동의 연대수준은 더욱 향상되고, 그 연장에서 1988년 12월 7일 '대구경북지역노동조합연합 준비위원회'(30개 노조참여. 준비위원장 양재복)가 결성되었다. 이들은 노동탄압에 대한 공동대응과 투쟁, 어용노총에 맞선 민주노조 결집, 기업별 노조를 넘어 노동자들의 계급적 단결을 지향했다.

그러나 1989년 벽두 노태우 정권의 민중운동에 대한 반격이 개시되면서, 대구지방노동청에서 민주노조 탄압에 항의하는 삼공전자, 대하통상, 대하염공 노동자들의 농성이 강제 진압되고 7명의 노동자가 구속되는 사태가 발생했다. 이에 '대노련 준비위', '노조탄압 분쇄 3공단대책위원회'와 지역노동자 1천여 명은 경대교에서 대규모 항의규탄 집회를 열고 화염병을 던지며 격렬하게 투쟁했다. 대구지방노동청 점거농성투쟁은 영세한 사업장의 소규모 노조들이 연대하여 이듬해 2월까지 구속노동자 석방 투쟁을 이어갔다. 이

〈그림 4-4〉 1989년 대구지방노동청 앞 대구노동자 2차 총궐기대회
(출처: 대구노동운동역사자료실)

투쟁은 대구지역 노동자들의 전투적 기풍이 잘 드러난 투쟁으로 이후 '대노련' 건설의 중요한 투쟁적 기반이 되었다.(강승구, 2005, 22쪽)

1989년 임금인상투쟁은 남선물산 노조를 중심으로 태화염공, 대하염공, 염색공단 노조들이 참여한 '염색공단 임금인상공동대책위원회', 동원산업 노조를 중심으로 조직된 '자동차부품 임투공동대책위원회', 그리고 '전교조 탄압저지를 위한 공동대책위원회' 등을 통해 업종별 공동투쟁과 지역 연대투쟁이 활발하게 전개되었다. 남영섬유는 여성노동자들을 중심으로 180여 일 동안 '무노동 무임금 철폐'를 요구하면서 끈질기게 투쟁했다. 남영섬유 투쟁은 지역의 최장기 농성투쟁으로 기록될 뿐만 아니라 정권의 '무노동무임금'에 끝까지 저항하여 사측의 이면합의 제안도 거부하는 등 비타협적 투쟁의 전형을 보여주었다. 한편, 논공공단의 대우기전에서는 이 해에 민주파 위원장 후보가 당선되었다. 1989년 5월 대성탄좌 문경광업소 노동자 1,600여 명도 임금인상, 도급제 철폐, 완전월급제를 요구하는 파업을 전개하였다.

이 시기 활발하게 투쟁한 사업장은 여성노동자들이 주로 고용된 섬유업종이 많았다. 대한방직에서 어용노조 민주화투쟁을 진행하다 해고된 노동자들은 복직투쟁을 벌이는 과정에서 '섬유노동자실천위원회'를 만들고 이를 기반으로 '섬유노동자회'를 결성했다.(김상숙, 2004, 375쪽) 1988년과 1989년을 거치면서 지역 노동자들은 점차 개별 사업장의 울타리를 넘어 연대하기 시작했다. 투쟁 구호도 임금인상, 작업장 근로조건 개선에서 나아가 노조탄압 공동대응, 노동법 개정, 정권 규탄으로까지 이어졌다. 투쟁 주체도 대학생 출신 활동가에서 대중적 노동운동으로 변화하고 있었다.

1989년 11월 8일 '대구지역노동조합연합'(이하 대노련)'이 18개 노동조합, 4천여 명의 조합원이 참여한 가운데 창립대회를 열었다. 대노련은 결성선언문에서 "자주적이고 민주적인 노동조합운동의 기치아래 자본과 권력의 억압과 회유에 단호히 맞서 나감은 물론 노동귀족에 의해 타락되고

왜곡된 어용노동조합의 역
사적 오물을 걷어치우고
노동자의 완전한 권익과
참 자유와 해방"을 위해 매
진할 것을 결의하였다.(「대
노련 결성선언문」, 1989.
11. 8) 대노련은 사무처에
조직국, 선전국, 교육국,
문화국, 총무국을 두고 실

〈그림 4-5〉 대구지역노동조합연합 결성대회(1989년 11월 8일)
출처: 대구노동운동역사자료실

무자들은 해고노동자, 대노협과 노동교육협회 등 노동운동단체에서 충원
했다.

나. 경북지역

한편, 1987년 대투쟁 이후 구미지역 노동운동은 1989년 4월과 5월에 걸
쳐 폭발적인 노동자투쟁을 경험했다. 오리온전자, (주)정화, 한국IG모터,
승리전자, 한국트로닉스 등에서 노조결성투쟁이 동시에 전개되었고, LG전
선의 경우 100명이 넘는 해고자가 발생하기도 했다. 노동자들의 자생적 투
쟁에 대한 지원사업은 1989년 초 구미지역 해고노동자들과 현장활동가들이
결합한 '구미노동상담소'와 1990년 이후 '구미노동자의 집', 구미 '민중당'지
부 등이 주로 담당하였다. '구미노동자의 집'(박영아, 이은희, 박문선, 배태
선, 조명래 등)은 1989년 4~5월 투쟁에서 해고된 현장노동자들을 중심으
로 활동가들이 결합하여 1990년대 내내 노조결성 지원, 교육, 상담 활동을
활발하게 전개하였다. (이하『사적지조사보고서』, 128~129쪽)

구미에서 처음 민주노조 연대틀이 마련된 것은 1990년 1월 '구미지역 노

동조합협의회'(이하 구미노협. 초대 의장 김길용 흥명공업 노조위원장)가 결성되면서부터이다. 구미노협을 중심으로 이후 구미지역 공동임금, 단체협상 투쟁이 활발하게 전개되었다. 1991년과 1992년에 걸친 화인정밀, 양우화학 노조결성 투쟁과정에서 다수의 노동자들이 회사 측에 의해 해고되어, 이들이 중심이 되어 구미2공단 내 '금오노동회관'을 열기도 했다.

포항지역은 1988년 포항제철 협력업체인 제철정비, 삼풍공업, 선일기업 노동자들을 중심으로 협력3사 노조결성투쟁이 전개되었다. 협력3사 노동자들의 투쟁은 '포철왕국'으로 불리우는 포항지역에서 포항제철, 박태준과 정면으로 맞붙은 싸움이었다. 당시 투쟁지도부는 가족을 친지집에 피신시켜 가며 높은 결의로 투쟁에 임해 결국 그해 6월 28일 포항제철과 협력업체는 노조를 인정한다고 물러설 수밖에 없었다.

당시 협력업체 3사의 투쟁지도부의 계획은 3단계로 되어있었다. 1단계는 각 단위사업장 부위원장단을 중심으로 포항시청을 에워싸고 노조설립신고서 제출을 가로막고 있는 회사관리자를 뚫고 직접 설립신고서를 제출하는 것이었다. 그리고 2단계는 1단계가 실패할 경우, 각 사업장 위원장들을 중심으로 상경하여 야당 국회의원을 대동하고 노동부에 직접 설립신고서를 제출하며, 그마저도 실패할 경우, 3단계는 내용증명을 통한 우편접수 방법이었다. 결국 1단계에서 노조원들은 시청 유리창이 터지는 등 아수라장 끝에 노조설립신고서를 접수했고, 곧이어 평민당사 농성에 돌입하였다. 그날 저녁 협력업체 관리자 등 수백 명이 평민당사 2층 천장을 도끼와 해머로 부수고 난입, 농성노동자들을 끌고 가는 사태가 일어났다. 다음날 아침 제철정비, 삼풍공업 등 1,200명의 출근 노동자들이 작업거부하고 농성에 돌입하였고, 6월 28일 결국 포철과 협력업체는 노조인정 등 무조건 항복을 선언했다. 포철의 철옹성이 무너지자 포철을 비롯 협력업체들의 노조가 우후죽순으로 늘어나 60여개 노조가 설립되었다. 노동자들을 11월 10일 포항실내체육관에서 지역 최초의 연대조직인 '협력업체 노동조합연합(이하 협노련)을 결성했다.

　한국최대 방위산업체인 풍산금속 안강공장은 1988년 6월 폭발사고로 숨진 정구일씨 사건을 계기로 노조결성과 지부인정투쟁, 해고자복직투쟁을 연이어 전개했다. 1989년 1월 2일 새벽 풍산금속 안강공장에 5천여 명의 경찰병력이 투입되고, 포항지역 민주단체들은 시내 곳곳에서 시위와 투석전을 전개, 1월 11일 하루 동안 106명의 노동자가 연행되기도 했다. 지역 연대투쟁의 결과 1989년 2월 32개 노조를 중심으로 '포항지역 민주노조협의회 준비위원회'(이하 포항민노협준비위, 초대 위원장 장영태 제철정비 위원장)가 결성되었다. 포항민노협준비위는 삼정강업, 제철복지회, 대진공업 노조 결성 투쟁에 참여하여 적극적으로 연대투쟁을 전개했다.

　그러나, 1990년 초 포철 측의 협력업체에 대한 계약취소 압박에 의해 협노련이 포항민노협준비위에서 탈퇴하고, 불과 3개월 만에 가입노조 대부분이 탈퇴함으로써 포항민노협준비위는 와해되었다. 이후 연대의 구심이 사라지고, 포항지역 노조는 산발적인 투쟁으로 민주노조 사수투쟁을 전개했다. 1990년 7월 포항제철의 민족포철 노조민주화추진 조직이 선거에서 승리, 민주노조가 들어선 것을 계기로 강원산업, 제철정비, 풍산금속 노조가 교류를 추진하여 다시 연대조직 재건을 준비했다.

　1991년은 포철의 치밀한 노조와해공작으로 대규모 노조탈퇴가 잇따르며 포철노조가 와해되고, 지역 노조 집행부도 대부분 해고되는 등, 지역 전체가 침체상태로 접어들었다. 그 와중에도 포항지역 건설노조가 중심이 되어 태성, 동남, 동석, 동일철강 등 7개 노조가 모여 '포항지역 노동조합대표자회의'를 결성, 지역 노조연대의 틀을 다시 정비하였다. 대표자회의는 1993년 포항지역 50여 명의 해고노동자들의 40일간 노상천막농성투쟁을 이끌었고, 4년여의 활동성과를 바탕으로 1995년 3월 29일 '포항지역 노동조합협의회'를 창립, 민주노총 지역조직 건설로 나아갔다.

다. 지역 노동운동조직의 투쟁

1987년 노동자 대투쟁 이후 대구경북지역 노동운동은 개별 공장 차원의 분산적 투쟁에서 공동투쟁으로, 임금인상과 근로조건의 개선 요구와 함께 '총액임금제 분쇄', '노동운동 탄압 분쇄', '전노협 사수' 등 계급적 구호를 동시에 내걸고 싸웠다. 이 투쟁에는 1980년대 초반부터 지역 노동현장에서 성장해 온 선진적 노동자들의 조직적 지원 활동이 큰 역할을 했다.

1980년대 중반 지역 노동운동을 고민하는 선진노동자들은 여러 개의 소그룹으로 나누어져 있었는데 이들의 통합노력은 1988년 8월 15일 선진노동자조직 '대구노동자협의회'(이하 대노협. 박주철, 이태광, 김찬수, 김영옥, 박영진, 최정수, 안헌수 등)의 창립으로 부분적 결실을 맺었다. 대노협은 1970년대와 1980년대 대구경북지역 민족민주운동의 흐름을 계승하고, 직접적으로는 1987년 노동자 대투쟁을 통해 분출한 지역 노동대중을 변혁적 입장으로 의식화, 조직화함으로써 노동해방, 민중해방을 앞당긴다는 것을 목표로 노동자 대중투쟁, 현장 중심의 계급적 실천노선을 강조했다. 대노협은 1993년 해산할 때까지 선진노동자들을 조직하고, 지역의 거의 모든 현장 노동자투쟁과 함께하며 그들을 지원했다. 구미, 포항 등 주요 노동현장에 활동가들을 파견하여 지역 노동자투쟁을 조직적으로 지원하는 투쟁을 전개하기도 했다. 또한 전국민족민주운동연합(전민련), 민주주의민족통일전국연합(전국연합) 등 지역의 전선체 운동을 인적, 조직적으로 견인, 지원하며 이후 전노협, 민주노총 건설투쟁의 주력 역할을 했다.[9]

---

9) 1992~1993년경 대구지역의 선진노동자조직 내에서도 분화가 일어나 대노협에서 대구노동자료연구실(박은성)이 분립되었다. 또 1992년 2월 대노협과 소속 활동가들이 조직한 구미 노동자의집, 서부노동회관, 대구노동상담소, 열린터, 노동사랑 등과 대구노동사목이 뜻을 모아 '대구경북노동운동단체협의회 준비위원회'(대경노운협 준비위. 이태광, 김찬수, 안헌수, 이병수, 이성경 등)를 설립하였고, 그해 8월 '대구노동운동단체협의회'(참여단체: 대노협, 서부노동회관, 대구노동상담소, 열린터, 노동사랑, 대구노동사목, 대구노동연구소는

대노련으로 민주노조운동이 집결하면서 현장 투쟁에 대한 외곽에서의 지원, 교육도 활발해졌다. 1990년 9월 26일 '대구노동교육협회'(이하 노교협. 초대 대표 손호만, 2대 대표 최윤영)가 결성되었다. 노교협은 '전국노동단체연합'(대표 이종회) 소속으로 노동자 정치교육을 통해 선진노동자들을 의식화, 조직화하는 것을 목표로 했다. 1988년 총선에서 '민중의 당' 투쟁에 참여했던 운동 그룹들과 '일꾼의 집' 활동가 이동기, 손호만 등이 노교협의 주축이 되었다. 대공장이 밀집된 울산이나 마산창원과 같은 지역과 달리 대구는 중소규모 공장, 사업체들이 다수였기 때문에 소규모 노조로는 노조탄압에 버틸 자원이나 역량이 부족할 수밖에 없었다. 따라서 공장 외곽에서의 노조지원, 교육에 대한 수요가 컸고 노교협은 일상적인 노동자교육활동으로 '노동교실'을 열어 노조 간부교육을 진행했고, 기관지 신문 '평등세상'(1992. 1.~1993. 5.), '노교협통신'(1995. 2.~1999. 8.)을 월1회 1천 부가량 발행하여 배포했다. 노교협은 1999년 '대구민주노동자의집'(김용철)과 통합될 때까지 동산병원, 남선물산, 경북대병원 등 지역의 주요 노조투쟁뿐 아니라 울산 현대자동차, 현대정공, 마창 통일중공업, 포항 강원산업 등 전국의 민주노조와 적극 결합하여 투쟁하였다.(『대구노동교육협회 해산 기념자료집 – 새로운 전진을 위하여』, 1999)

3. 전노협 사수와 민주노총 건설 투쟁

1990년 1월 22일 전노협 건설로 노동운동의 전국적 구심이 마련되면서 정권과 자본 측의 공세가 더욱 강화되는 가운데 '전노협 사수'를 전면적으로 내건 지역 노동자들의 저항도 강렬한 형태로 전개되었다. 1990년 1월 20일 노태우 대통령 주재로 열린 '산업평화 조기정착과 임금안정을 위한 대책회

―――――――――

1995년 참여)가 공식 출범했다. 대노협은 1993년 무렵 해소된다.

의'이후 전국의 쟁의사업장에 대한 공권력투입이 난무하는 가운데 노동자 연행과 구속이 줄을 이었고, 노동자들의 구호도 '전노협사수, 민주노조사 수', '민중생존권 쟁취', '정권 퇴진'으로 모아졌다.

1990년 상반기 대노련은 노동운동탄압분쇄 공동전선, 업종별 공동임투 등 개별 사업장의 생존권적 요구투쟁에 한정되지 않고 총자본의 공세에 총 노동의 대응투쟁을 조직하기로 했다.(『대구지역노동조합연합 임시대의원 대회 자료집』, 1990. 10. 24) 또 4월 3일 대구 서구 갑 국회의원 보궐선거 에 김현근 후보를 출마시켜 노동자 정치세력화의 당위성을 선전했다. 이 시 기 대구지역의 대표적인 투쟁은 전투적 민주노조의 전통을 보여준 남선물 산을 비롯 태화염공, 대하염공 등 염색 3사 노조의 전노협 사수투쟁과 공동

〈그림 4-6〉 1990년 남선물산 노조 파업투쟁 모습 1
(출처: 대구노동운동역사자료실)

파업, 대우기전 노조 민주화 투쟁 등이었 다. 당시 민자당 창 당(1990. 5. 9) 규탄 과 전노협 사수투쟁, 민주노조 사수투쟁 으로 지역에서는 1백 명에 달하는 노동자 들이 구속되었다.

태화염공의 경우 4차례의 공권력 투입으로 14명이 연행되어 11명이 구 속되었고 남선물산의 경우 5차례에 걸친 공권력 투입으로 대량 구속 사태 를 낳는 등 정권의 핵심노조에 대한 탄압은 무차별적으로 자행되었고, 노동 자들의 투쟁 또한 연대투쟁의 강화로 완강하게 전개되었다. 특히, 남선물산 노조는 1989년 임금인상투쟁에 이어, 1990년 회사 측의 노조간부 고소·구 속 사태에 맞서 회사 굴뚝에서 60일간의 농성을 벌이며 110일간의 끈질긴

파업투쟁을 전개하였다. 비슷한 시기 청도 주신기업 노조위원장 최태욱이 임금체불, 노조탄압에 항거해 분신자살하는 사건이 발생하였다. 대구지역 노동단체들과 민주 단체들은 즉시 대책기구를 구성하고 연대 지원투쟁을 전개하였다.

1991년 5월 전국적으로 잇따른 분신항 거가 계속되는 가운데 5,6월 전국총파업투 쟁이 전개되고, 대구지역에서는 동산의료 원, 파티마병원, 지역 택시노동자 등 공익 사업장 노동자들을 중심으로 직권중재라 는 절차를 거부하고 파업에 돌입했다. 기 계금속부문은 (주)아신과 신광기계가 임금

〈그림 4-7〉 1990년 남선물산 노조 파업투쟁 모습 2 (출처: 대구노동운동역사자료실)

인상투쟁을 전개했고, 대동공업, 영풍제관, 경동산업 등 논공지역 공장들의 노조활동이 활발했다.

1992년 정부는 공공기관과 언론사, 대기업 등을 대상으로 이른바 '고임 금노동자'의 임금을 5% 이내로 억제하는 총액임금제 도입을 발표했다. 대 구지역은 대동공업 노조가 총액임금제 분쇄를 내걸고 49일간의 총파업투쟁 을 전개하여 전투적 노조운동의 맥을 이었다. 1992년 4월 총선에서는 '민주 주의민족통일대구경북연합'(대경연합)을 중심으로 수성갑(박주철, 무소속) 과 서구을(장명숙, 민중당) 지역구에 후보를 내고 지역 노동운동 전체가 공 동투쟁을 전개했다. 이어 1993년은 김영삼 정권의 출범으로 개별 노동조합 단위에서의 투쟁은 소강상태를 맞는 가운데 동협정밀 노조가 23일간의 파 업을 승리로 이끌었고, 동산의료원에서 민주노조재건을 위한 힘겨운 노력 이 있었다.

1991년 국제노동기구(ILO)가입에 따른 국제적 수준의 노동기준을 요구하는 노동법개정투쟁은 전노협의 성격과 투쟁방향을 보여준 대표적인 투쟁이었다. 전노협뿐만 아니라 업종회의, 대기업노조, 한국노총 산하 일부 노조 및 전국노련과 전국노운협 등 정치적 노동운동단체들까지 참여한 〈ILO 공동대책위원회〉(1993년)는 기업별 노조체계하의 폐쇄적 조직활동을 극복하고 임금인상투쟁에 머물고 있는 노동운동의 내용적, 정치적 발전을 분명히 하는 계기가 되었다.

그 후 1993년 메이데이 기념 대회, 그해 5월과 6월에 걸친 강제적 구조조정 반대, 고용안정 쟁취를 내건 전국적 총파업투쟁을 거쳐, 1994년 〈전국노동조합대표자회의〉(전노대)로 결집한 전노협, 업종회의, 현총련, 대공장노조 등 민주노조 진영은 1995년 11월 11일 연세대 강당에 집결하여 〈전국민주노동조합총연맹〉(이하 민주노총)을 창립하였다. 민주노총은 업종(산업)별 연맹(협의회)를 종축으로, 지역본부(협의회)를 횡축으로 하여, 기업별 노조체계를 타파하고 산업별 단일노조를 기축으로 전체 노동조합의 통일단결과 미조직 노동자들의 조직화를 추진하고자 하였다.(민주노총대구지역협의회 초동주체 모임, 「2차모임 회의자료」, 1994) 민주노총에는 15개 산업별(업종) 조직과 861개 노조 조합원 41만 8천 154명이 가입하였다. 민주노총 창립은 1987년 이후 계속된 민주노조운동의 승리였으며, '민주노조 총단결' 구도가 1차 완성되었음을 의미했다.(이준성, 2001)

제5절 대구경북 노동운동의 특성과 현재적 의미

이상 살펴본 대구경북지역 노동운동사는 주로 정부수립 이후 1992년까지 대구경북지역 노동운동의 주요 사건과 그 맥락을 중심으로 서술되었다. 노동운동은 사회정치이론에서 출발하는 것이 아니므로, 현실운동이 처한 사회경제적 상황과 노동자들의 의식과 실천이 가장 중요한 대상이 될 수밖에 없다. 대구경북지역의 노동운동 역시, 지역의 사회경제적 상황과 노동자 민중들의 역사적 삶을 통해 그 특성이 규명되어야 할 것이다.

한국전쟁 시기 대구경북지역은 비교적 전쟁의 피해를 겪지 않으면서 섬유산업을 중심으로 산업경제적 기반이 그대로 유지될 수 있었고, 1960년대 이후 경제개발 과정에서 한국경제의 공업생산력 성장에 중요한 역할을 담당할 수 있었다. 고도 성장기에 대구경북지역은 지역총생산(GRP)이 연평균 9% 성장을 기록했고, 한 때 전체 수출액의 절반 이상을 차지할 정도였다.(권상장·김도형·김영철·이병찬, 2006, 21쪽) 그러나 1970년대에 이르러 구미지역의 전자산업, 포항의 철강산업, 울산의 정유, 화학, 자동차산업이 우리나라 주력 산업 업종으로 등장하면서 대구지역의 경제구조와 위상은 점차 쇠락의 길을 걷게 되었다. 1980년대 전반기까지 전국 광공업 종사자 수의 연평균 증가율이 4.3%인데 비해, 같은 기간 대구는 1.4%, 경북은 2.4% 증가에 머물렀다.(권상장·김도형·김영철·이병찬, 2006, 199쪽) 한국경제의 구조변화에 뒤쳐지면서 그후 대구지역은 산업경제의 침체를 벗어나지 못하고 있다.

한편 대구경북지역은 사회문화적으로 조선 유교문화의 오랜 전통과 지식인을 우대하는 지역문화가 강하게 남아있는 곳이기도 하다. 대구경북지역민들의 교육열이 매우 높고 고등교육기관도 매우 많아 진보적 사상에 대한 수용과 지식인들의 현실참여도가 높은 곳이다. 정부수립 이후 1992년까지 대구경북지역의 노동운동은 이러한 지역의 사회경제상황이 녹아있다.

1950년대와 60년대 대구 내외방직, 대한방직, 제일모직 섬유노동자들의 투쟁은 규모나 투쟁 강도, 투쟁 주체들의 면면이 당대 대구지역의 산업적 위상과 노동자들의 현실을 잘 보여주고 있다. 그러나 5·16군사쿠데타 이후 박정희 정권에 의해 고문, 조작된 '인민혁명당 사건', '남조선해방전략당'

사건 등으로 인해 대구경북 노동운동은 인적으로 심대한 타격을 입게 된다. 그로인해 1950,60년대 전국 노동운동의 주도적 인물을 배출한 지역 노동운동은 1960년대 이후 1987년 노동자대투쟁 시기까지 크게 후퇴하게 되었다.

또한 1970년대 이후 섬유산업의 중심지라는 이름을 잃고 구미, 포항, 울산에 포진한 전기전자, 중화학, 기계철강 산업의 배후지로 전락하면서 대구지역의 산업은 기계부품의 2,3차 하청기지, 건설, 유통, 서비스업이 주종으로 자리 잡았다. 1980년대는 지역의 이와 같은 산업구조조정이 힘겹게 이루어지던 시기였다. 노동자들은 저임금과 열악한 근로조건에 시달렸고 한계기업들의 도산과 폐업으로 고용 불안 속에 떨어야만 했다. 1987년 대구경북지역의 노동자들은 공장 문을 박차고 나가 인간다운 삶의 보장, 노동3권의 확보를 위해 싸웠다. 1960년 4·19혁명 이래 숨죽였던 지역 노동자들의 투쟁이 비로소 다시 시작되었던 것이다. 비록 대공장 노동자 부대의 장엄한 대열은 아니었지만 공단의 골목골목에서 야학의 불빛이 켜지고 노동자 세상을 위한 대학생들의 현장 투신이 이어졌으며, 작은 공장들이 서로 연대하며 노동자연대의 힘을 보여주었다.

대구경북지역 노동운동은 1970년대와 1980년대 초반까지 지역의 운동가뿐만 아니라 서울과 종교계 출신의 노동운동가들이 결합하면서 출발했다. 인혁당, 남민전 사건, 그리고 1983년 대구미문화원 폭발사건 등을 겪으면서 대구지역의 운동자원이 큰 타격을 입은 상황에서 타 지역의 운동경험은 소중한 마중물이 되었다. 그리고 곧이어 지역의 학생운동과 연계한 젊은 운동가들이 대거 노동현장에 진입하는 1986년과 1987년을 거치며 대구경북지역 노동운동은 전국적으로 손색이 없는 노동자투쟁의 모범을 보여주었다. 그 가운데 1984년의 대구 택시노동자 시위와 1989년 대구지방노동청 점거투쟁, 남선물산 노동자들의 장기 파업투쟁 등은 지역 노동자들의 치열한 전투성과 강한 연대의식을 남김없이 보여준 투쟁이었다.

그러나 대구경북지역 노동운동은 아직 조직화되지 못하고 있는 다수의 중소규모 사업장 노동자들과 비정규직 노동자들을 포괄해 나가야 하는 과제, 민주노조 조직의 관료주의를 극복하고 현장성을 더욱 강화하는 문제, 지역 시민사회와의 우애와 연대를 폭넓게 확대해 나가야 하는 과제 등도 동시에 안고 있다.

제2장 농민운동

제1절 1950년대 이전 농민운동

8·15 해방 당시 우리나라 인구는 약 1,687만 명인 것으로 추산되고, 그중 농가인구는 1,249만 명으로 전체 인구의 약 70%에 달했다. 전형적인 농촌사회였다. 또 해방이 되자 강제징용으로 국외로 끌려갔던 동포 약 200만 명이 귀국해 1949년 5월 인구는 2,017만 명으로 증가했다. 해방의 감격으로 도시와 농촌이 흥성거렸지만, 늘어난 인구를 먹여 살릴 농업생산은 오히려 감소했다. 해방 직전 1940~1944년간 1인당 양곡류 소비는 1.41석이었으나, 해방 직후 1945~1947년에는 1인당 0.98석으로 줄어들었다. 부족한 식량난을 해결하기 위해 미군정은 강제 수매정책을 실시했으나 수매가격이 시장가격보다 훨씬 낮아 대구경북 '10월항쟁'이 일어난 1946년 3월까지 수매실적은 12.4%에 불과했다. (한국농촌경제연구원, 2003, 1002~1003쪽)

1945년의 흉년에 이어 1946년 6월 부산 어물시장에서 시작되어 대구 서문시장으로 확산된 콜레라로 경북지역에만 2,522명이 전염되고 1,581명이 사망했다. 당시 경북도는 호남지방에서 쌀 4천여 가마를 임시로 구해 왔으나 늘어난 인구로 턱없이 부족했다. 1946년 7월 3일 경북 왜관에서는 미군정이 식량창고에서 재고미(在庫米)를 꺼내 군용 트럭에 싣는 것을 본 주민

2백여 명이 "쌀을 왜관 주민에게 배급하라"며 군용트럭 3대에 돌을 던지며 항의했다. 밤이 되면서 합세한 주민 1천여 명이 왜관경찰서 정문 앞에서 농성하다 자정 무렵 해산하였다. 이 사건으로 주민 1명이 미군 총탄에 사망하고, 농민 10여 명이 검거되기도 했다.[10]

한편, 일제의 탄압 아래 숨죽였던 농민들은 해방이 되자마자 각 지역별로 자생적인 농민조합을 건설해 일본인 토지·재산에 대한 '자주관리'를 시행해나갔다. 이에 미군정은 1945년 12월 6일 군정법령 제33호를 발표하여 "모든 일본인 재산과 거기서 생기는 이익은…1945년 9월 25일부터 미군정에 귀속되고 군정의 소유가 된다."고 밝혀 미군정과 농민들의 갈등은 심화되고 있었다. 이 와중에 1945년 12월 8일 전국 13개도의 농민대표 576명이 서울에 모여 '전국농민조합총연맹'을 창립하였다. 발족 당시 전국농민조합총연맹은 전국 219개 시군 지부 가운데 188개, 2,231개 면 가운데 1,745개 면에 지부를 조직하고 남북을 합해 조합원이 3,323,197명에 달했다. 창립 당시 경북지역은 17개 군 127면, 2,598리(부락)에 조합원 275,913명이 가입하고 있었다.(이정식·스칼라피노, 1982, 240~241쪽)

전국농민조합총연맹은 '일제 및 민족 반역자의 토지몰수와 빈농에게 토지분배', '친일파·민족반역자를 제외한 양심적 조선인 지주의 소작료는 3·7제로 할 것', '친일파·민족반역자의 산림·하천·소택지 등을 몰수하여 국유로 할 것', '수리조합을 국영으로 하고 관리는 농민이 하게 할 것' 등을 실천과제로 내걸었다.

경북지역은 해방직후부터 각 군 단위로 '건국준비위원회 지부', '치안유지회', '치안대' 등을 자율적으로 조직했다. 1945년 9월 미군이 주둔하면서

---

10) 1946년 미군정은 하곡수집을 강행하여 농민들과 충돌했다. 미군정은 식량사찰본부까지 설치하여 수색, 압수, 투옥, 처벌을 강행했다. 하곡수집은 일제하에서도 없었던 일이라 농민들의 저항이 폭발했다. (장상환, 2010, 14쪽)

그동안 치안을 맡아왔던 '건국준비경북치안유지회'에 해산명령이 내려지자 각 군의 건국준비위원회 지부들은 인민위원회로 전환해갔다. 그 후에도 미군정의 탄압에 의해 중앙, 도 단위 인민위원회가 유명무실해 갔지만, 경북의 군 단위 지방 인민위원회들은 어느 정도 자생력을 유지하면서 지역에서 농민조합, 청년동맹, 부녀동맹 등을 조직하면서 영향력을 행사하고 있었다.

1946년 3·1운동 기념행사가 진행되었던 경북 하양장터에서는 민청(민주청년동맹)회원들을 중심으로 '토지개혁을 하라', '소작은 삼칠제로 하라', '남녀동권을 하라', '토지는 무상몰수 무상분배' 등을 외치며 수십 개의 만장 깃발을 들고 시위하기도 했다.(김상숙, 2016, 46쪽)

농촌에 비해 식량사정이 더욱 어려웠던 대구에서는 1946년 초부터 여러 차례 '기아(飢餓) 시위'가 있었다. 1946년 9월 전국 노동자들의 '총파업'이 대구에서도 확산되는 가운데 10월 1일 오전 기아 시위에 이어 그날 오후 대구역 광장에서 시민대회가 연이어 열리면서 대구경북의 '10월항쟁'이 시작되었다. 이날 집회 후 시위가 이어지자 경찰의 발포로 철도노조원 1명이 현장에서 사망한 사건이 일어났다. 10월 2일 오전 대구경찰서 앞 시위에서는 수천의 청년과 학생들이 시위대열에 앞장섰다. 이들은 경찰을 무장 해제시키고 경찰 발포로 인한 노동자 사망사건의 책임규명을 요구했다.

경찰서가 점거당하는 등 시위가 격화되자 10월 2일 오후 미군정이 계엄령을 선포했다. 10월 3일에는 '무기를 반환하고 감금한 공무원, 가족들을 즉시 석방할 것'을 명하는 계엄포고령이 발표되었고 노조간부와 좌익계 인사들에 대한 검거령이 내려졌다. 대구 10월항쟁이 미군정의 무력에 의해 꺾이자 항쟁의 불길은 경북의 22개 군으로 번졌다.

경북 칠곡군에서는 10월 3일 농민 200여 명이 곡괭이, 죽창을 들고 경찰서와 약목지서를 습격했다. 미군정은 10월 6일 계엄지구를 달성군, 영천군, 경주군, 영일군 등으로 확대했다.

10월 16일 당국의 발표에 의하면 이 사건으로 4,485명이 검거되었고 그 중 450명이 군사재판에 회부되었다. 10월 20일 현재 당국이 발표한 경북도 내 '피해상황'은 사망자 136명(관리 63명, 일반인 73명), 부상자 262명(관리 133명, 일반인 129명), 건물 전소 10채(관청 4곳, 일반 6곳), 건물파괴 766곳(관청 240곳, 일반 526곳)이었다.

대구에서 시작된 10월항쟁은 그해 12월까지 전국 73개 시군지역으로 확산되면서 계속되었다. 대구 10월항쟁은 10월 1일과 2일, 이틀 동안 도시에서 시작되었지만, 이후에 10월 6일경까지 경북지역 군으로, 그리고 12월까지 전국으로 확산된 '농민항쟁'의 성격이 강했다. 특히 경북지역의 투쟁양상은 강도가 매우 높고 지역민들의 참여도도 높았다. 경북 영천군의 경우는 일부 악덕 지주와 친일 인사를 제외하고 남녀노소 모두가 항쟁에 참여하기도 했다. 항쟁으로 치안이 마비된 지역(군위, 의성, 선산)은 지역 인민위원회가 치안 행정을 직접 맡아 질서유지를 했다.

10월항쟁이 끝나면서 미군정은 지방 인민위원회를 해체하고 좌익계 인사들에 대한 탄압을 본격화했다. 앞서 살펴본 전국농민조합총연맹도 전평(조선노동조합전국평의회, 全評)과 함께 좌익 계열의 대중조직으로 지목되어 미군정에 의해 점차 세력이 약화되었다.[11] 10월항쟁 이후의 극심한 검거, 탄압선풍으로 경북지역의 농민 기초조직과 활동공간도 거의 파괴되고 말았다.

1950년 초, 한국전쟁이 발발하기 직전에 농지개혁이 단행되었다. 농지개혁의 결과, 가장 큰 수혜는 '경작소작농'에게 돌아간 것으로 보였지만 농지개혁 과정에서 농민들의 참여는 철저히 배제되었고 농민들의 재소작농화를

---

11) 전국농민조합총연맹에 맞서 우익 농민단체인 '대한독립농민총연맹'이 1947년 8월 30일 결성되었으나 한국전쟁기간 중 부산에서 대의원대회를 열어 '대한농민회'로 이름을 바꾼 후 그마저 흐지부지되고 말았다.

방지하기 위한 대책은 미비했다. 농민층은 농지개혁의 대상으로 전락하며 탈정치화 되었고, 지주계급이 거세된 농촌사회는 지주들을 대신한 국가의 직접적 통제 아래 놓이면서 분단정권의 지지기반으로 머물게 되었다. (신병식, 1997, 40~44쪽) 또 농지를 분배받은 농가라 하더라도 계속되는 생활 곤궁으로 분배받은 토지를 매각할 수밖에 없어 농가경제의 생산, 소비의 기본 흐름은 농지개혁 이전에 비해 본질적 변화가 없었다.

한국전쟁 직전, 1949년 말 군경에 의한 '빨치산 토벌작전'이 전남과 경북, 경남 지역을 중심으로 자행되었다. 4·19 직후 제4대 국회가 조직한 '양민학살사건진상조사특별위원회'(1960. 5. 23)의 『양민학살사건 진상조사보고서』(1960)에 따르면 대구경북지역 희생자는 5,082명에 달한다. 이마저도 당시 보복이 두려워 피해신고를 하지 않은 분위기를 감안하면 그 피해자 숫자는 최소 국회 조사결과의 3배에 달할 것으로 추정된다.(김상숙, 2016, 259~267쪽)

제4대 국회가 조사한 한국전쟁 전 경북지역의 군경에 의한 민간인학살 피해상황은 다음과 같다. (김상숙, 2016, 244~254쪽 내용을 표로 재정리. 국민보도연맹사건 피해상황은 포함되지 않았음)

〈표 1〉 한국전쟁 전(前) 군경에 의한 경북지역 민간인 희생 피해

지역명	주요 피해 장소	희생자 수
경주, 월성	월성군 안강읍 육통리 능골, 노당리 살림, 강교리 산골, 두류리 저수지 제방, 하곡동 산골, 월성군 내남면 경주군 내동면 황룡리 절골 등	231명
경산	경산군 용성면 부제동	65명
청도	청도군 청도읍 한재리,이서면 금촌동, 매전면 동산동,운문면 오진동	166명
영일	영일군 죽장면, 지행면 대곡리, 지행면 산서리, 죽장면 월평리/봉계리/입암리/상사리/하사리	169명
칠곡	석적읍 성곡리 벼랑골, 지천면 심천동	16명
고령	고령군	12명

성주	성주군	11명
군위	군위군	27명
김천 금릉	김천군	4명
상주	상주군	5명
영덕	영덕군 지품면, 송천동, 수암동, 용덕동 영덕군 영해면	350명
영양	영양군 석보면 요원동, 석보면 소계리, 입암면 신사동, 일월면 용화동, 도계동, 섬촌동	149명
안동	안동군 예안면 도촌동, 길안면 대곡동, 풍산면	141명
영주	단산면	35명
예천	용궁면 월오동	58명
의성	안계면 봉양동	7명
봉화	물아면 오록동, 봉화면 도촌동, 유곡동	100여 명
문경	문경군 산북면 석달마을, 문경읍 갈평리	103명

당시 위 피해 마을들에서 1차 토벌대상은 '10월항쟁' 관련 구속 전력자들이었다. 이들은 10월항쟁 직후 검거되었다가 이듬해 봄 훈방되었거나, 1948년 8월 정부수립 특사로 출소한 경우가 많았다. 출소 후 요시찰 대상자로 경찰의 감시를 받다가 군경의 토벌작전에 의해 본인과 가족, 때로 이웃들까지 집단 학살된 경우가 많았다. 그 외 빨치산들에게 식량을 주었다는 이유로, 또 산간지역 토벌작전 중 소개 명령을 따르지 않았다는 이유로 주로 노인들만 남은 주민 전체를 좌익으로 몰아 집단 살해한 경우도 있었다.

한국전쟁이 발발하자 이승만 정권은 '국민보도연맹'(1949. 4. 21.창설) 가입자들을 전국 각지에서 잔인하게 학살했다. 보도연맹은 좌익전향자를 보호하고 지도함으로써 과거 좌익 활동에 가담했던 죄를 씻어주고 온전한 국민으로 만들겠다는 목적을 표방하고 조직한 단체다. 이승만 정권이 지시하여 할당식 가입, 단체가입의 형태로 가입된 국민보도연맹원들은 당시 학생단체, 노동단체, 농민단체 가입자, 국가보안법 위반 전력자 등이었으나 나중에는 애초 보도연맹이 표방한 좌익사상 소지 여부와 무관한 사람들도 많았다. 국민보도연맹이 전국적으로 반강제적으로 조직되면서 보도연맹원들의 외연은 좌익에서 반정부혐의자로, 다시 민중 전체로 확대되어 1949년 11월 경 전체 국민보도연맹원은 30만 명에 이르렀었다. (김선호, 2002, 328쪽) 한국전쟁이 발발하자 이승만 정권은 이들 보도연맹원들이 적들에 가담할 것을 우려해, 아무런 법적 절차도 없이 대대적인 학살을 자행한 것이다.

국민보도연맹사건 피해를 지역적으로 살펴보면 인민군 점령 기간이 길었던 호남지역은 군경토벌사건 희생자가 많고, 중부지역은 9.28 수복 이후 부역 혐의 희생자가 많았던 반면, 인민군 비점령지역과 교전 지역이 많았던 경북지역은 국민보도연맹 사건 희생자가 많았다.

국민보도연맹사건으로 희생된 경북지역 민간인 희생자들의 수는 정확히 파악된바 없다. 그러나 '진실·화해를위한과거사정리위원회'(이하 진실화해위원회)에서 진실규명된 국민보도연맹사건 확정 피해자 숫자만 1,438명이다. 지역별 피해자 수는 영천 239명, 군위 13명, 경주 34명, 대구 52명, 고령 28명, 성주 3명, 칠곡 30명, 청도 331명, 예천 59명, 문경 38명, 상주 23명, 영주 2명, 울진 29명, 봉화 8명, 안동 25명, 의성 54명, 영양 8명, 청송 2명, 김천 19명, 구미 7명, 포항 156명, 영덕 104명, 경산 127명이다. 이상의 피해자 숫자는 진실화해위원회에서 신청된 사건 가운데 자료나 증언 등을 통해 확인된 숫자에 불과하다. 그 외 미신청사건과 자료나 증거가 소실된 피해사례까지 포함하면, 위 확인된 숫자보다 훨씬 많을 것으로 추정되고 있다. (진실화해위원회『종합보고서』3권, 160쪽)

10월항쟁에 뒤이은 검거, 구속 선풍, 한국전쟁 직전 군경에 의한 민간인 희생, 그리고 한국전쟁 이후 국민보도연맹 가입자들에 대한 집단학살은 해방 후 1950년대 경북지역 농민운동의 침체 및 그 이후 경북지역 농민운동의 전개와 밀접한 연관이 있다.

1970년대 경북지역 가톨릭농민회를 이끈 정재돈에 의하면 "당시 경북지역에서는 한국전쟁 시기에 남편이나 아들들이 빨치산으로 산에 갔다가 죽거나 월북하여, 한 날 제사가 있는 집들이 많았고 과부들만 사는 집도 여럿 이었다."고 한다. (「정호경 신부님과의 추억을 따라서」, 2012)

한국전쟁 전후에 학살된 경북지역 희생자들은 멀리는 일제하 이 지역의 농민운동, 계몽운동, 독립운동 참여 가계에서부터 가깝게는 1946년의 10월 항쟁 참여자들과 그 가족들까지 광범위하게 포함하고 있었다. 한국전쟁 당시 이들에 대한 집단학살은 경북지역 농민운동의 역사적 흐름과 인적 토대를 심각하게 파괴했다. 그리고 살아남은 피해자, 그 가족과 이웃, 지역공동체의 강한 피해의식은 이후 경북지역 농민운동의 대중적 확산에 장애요소가 된 것도 사실이다.

그러나 1960년 4·19혁명이 일어나자, 한국전쟁 전후 군경 등에 의해 연행된 후 행방불명되거나 불법으로 집단학살된 국민보도연맹 희생자들의 유족들은 '피학살자유족회'를 결성하고 정부차원의 진상조사를 통한 명예회복을 요구하였다. 경북지역의 피학살자유족회 활동은 경남유족회와 함께 당시 전국피학살자 유족회 조직에서 주도적 역할을 했다. 4·19혁명으로 열린 공간에서 다시 그 유족들을 중심으로 전국적 진상규명을 전개한 것은 학살과 탄압에도 끊이지 않는 경북지역 농민운동의 강인한 정신적 토대와 전통을 다시 확인하게 해주었다. 5·16군사쿠데타로 인해 이마저도 탄압에 처하면서 경북지역의 농민운동은 다시 긴 휴지기를 맞게 된다.

제2절 박정희 정권하 농민운동의 전개

1. '경제개발5개년계획'과 유신농정

1961년 5·16군사쿠데타에 성공한 군부는 쿠데타의 명분이었던 경제문제를 가시적으로 해결하기 위해 자본과 기술 그리고 시장까지를 해외에 의존하는 급속한 공업화, 즉 '수출주도 공업화정책'을 주요 경제정책으로 삼았다.(박현채, 1988, 42쪽) 이러한 수출지향적인 공업화전략은 제1차(1962~1966), 2차(1967~1971) 경제개발 5개년계획을 통해 한국사회를 농업중심의 사회에서 공업중심의 사회로 변화시켰다. 또 제3차 경제개발 5개년 계획(1972~1976) 이후는 '식량의 자급자족에서 주곡자급으로' 후퇴하기 시작하고, 제4차 경제개발 5개년 계획(1977~1981)부터 1980년대 이후는 '개방농정'으로 농정의 대전환이 이루어지게 된다.

1960년대 전반까지 아직 우리나라는 전통적인 농촌사회였으므로 박정희 정권은 식량자급과 농업발전을 내세우는 정책으로 농민들을 유혹하였다. 이른바 정부 주도로 농어촌고리채 정리사업(1961년 5월)과 농업은행과 농협을 정비해 통합한 새로운 농업협동조합의 조직이 추진되었고(박현채, 1981), 전체농지의 6%에 달한 개간사업과 협업농을 육성하는 농업구조개선 정책이 시행되었다.(박진도, 1988, 233쪽) 그러나 이러한 1960년대 전반기의 농업정책은 처음부터 그 한계를 명확하게 노정하고 있었다. 왜냐하면 농어촌고리채 정리사업은 농촌의 자금수요에 비해 정부의 공급융이 크게 부족하여 미봉책으로 끝날 수밖에 없었고, 협업농 육성은 요란한 구호에도 불구하고 실질지원이 거의 없었기 때문이다. 이러한 미봉적인 중농정책들은 1960년대 후반에 이르러 본격적인 공업화 정책 속에 매몰되었을 뿐만 아니라, 마침내 식량자급이라는 농정목표마저 변질된 채 값싼 잉여농산물 도입만 계속되었다. 미공법(PL) 480호에 의해 계속 무상으로 도입되던 잉여농산물조차도 1967년부터 유상의 장기차관 방식으로 변하였고, 계속된 저미가정책도 쌀의 소비만을 부추겨 부족한 외화를 쌀수입으로 낭비하였다. 확대된 도농간의 격차는 급속한 이농을 야기하였는데, 특히 1960년대 말 연이은 삼남지방의 큰 가뭄은 이를 크게 촉진하였다. 그 결과 상대적 과잉인구였던 농촌에서 도시로 떠난 머슴과 빈농들이 도시 빈민촌을 형성하고 도시의 저임금노동의 저수지가 되었다.

1970년 1월 『농어촌 근대화 촉진법』이 제정되었다. 박정희 정권은 이 법을 근거로 대규모 "농어촌의 혁신적 개발"정책들도 함께 추진하였다. 농업용수개발 사업, 경지정리와 관배수 시설개선, 농지의 보전과 확대, 농업 기계화사업, 대단위 농업종합개발 사업 등이 지역의 여건, 토양의 토착성이나 지역농민의 의사, 직접 농사를 짓는 농토의 주인의 생각과는 무관하게 중앙정부의 생각대로 '밀어붙이기식'으로 강력히 추진되었다. 이른바 '유신농정'이 본격화된 것이다.

유신농정의 대표적 '농촌진흥'운동이었던 새마을운동은 원래 일제의 농촌진흥운동으로서 1932년 7월부터 1940년 12월까지 전개된 조선총독부 주도의 관제 '아타라시이 무라 츠쿠리(あたらしい むら(新しい 村)つくり)'를 글자 그대로 번역한 것이었다. 박정희는 1972년 10월 17일 소위 유신헌법을 채택하고, 1973년 1월 연두 기자회견에서 "10월 유신이라고 하는 것은 곧 새마을 운동이고, 새마을 운동이라고 하는 것은 곧 10월유신"이라고 선언했다. (「경북지역 농민운동사 초록」 미간행, 45쪽)

그러나 유신농정의 폐해는 곧 드러나고 말았다. 1977년 쌀 생산량이 4,170만 섬에 이르러 쌀 자급의 토대를 마련하였다고 했으나, 1978년 발생한 극심한 도열병 피해로 쌀을 수입하게 된 것이다. 1978년 이래 3년 연속된 재해로 쌀 수입량이 급증했는데, 1979년에 50만 1천M/T (347만 9천섬), 1980년에 58만M/T(402만 7천섬), 1981년에는 224만 5천M/T(1,590만 섬), 총 합계 332만 6천M/T(2,309만 7천섬)이라는 엄청난 양의 쌀이 수입되었다. 1981년 한 해의 쌀 수입량은 1950년대 1년 쌀 총생산량과 맞먹는 양으로서, 녹색혁명에 성공했다는 박정희 정권의 자랑을 무색하게 했다.(「경북지역 농민운동사 초록」 미간행, 35쪽)

유신농정의 화학농법 장려정책으로 비료·농약·제초제 사용에 대한 농민들의 맹목적 믿음의 수준은 높아갔고 결과에 대한 책임의식은 누구에게도 없었다. 적합한 품종선택을 소홀했고, 통일벼를 10년 여 재배하면서 질소비료를 과다하게 사용해 발생한 지력소모에 대처하지도 못했다. 인간의 소득증대만 생각하는 다수확 생산중심의 재배기술의 습관화와 자연과 인간 간의 필연적 관계를 무시한 결과는 무수한 농민들의 농약중독사고로 이어졌다.

유신농정의 폐해는 박정희 정권의 온갖 이데올로기적인 눈가림에도 불구하고 마침내 '농민 스스로에 의한 농민운동'을 촉발시킬 수밖에 없었다. 그결과 유신체제의 가장 충실한 기반이었던 농민대중이 서서히 주요한 체제저항세력으로까지 성장하였다. 일찍이 4·19혁명 이후 여러 민족민주세력이 지속적으로 농업문제에 관심을 가져왔고,(장상환, 1990, 290쪽) 농민대중들도 잇따르는 농약사고와 농촌의 해체를 겪으면서 자신의 빈곤이 단순한 기술부족이나 게으름 때문이 아니란 점을 깨닫고 농업을 둘러싼 사회경제적 구조를 새롭게 인식하기 시작하였다.

2. 경북지역 가톨릭농민회의 활동

새로운 농민운동은 농촌지역에 기반한 종교조직들, 특히 가톨릭에서 먼저 시작되었다. 〈가톨릭노동청년회(JOC)〉는 1964년 10월 17일 노동청년들이 대부분 가난한 농촌 출신이라는 점을 깨닫고 JOC 내부에 농촌청년부를 설치하였다. 한국가톨릭농촌청년부는 경북 구미를 기반으로 전국의 주요한 농촌지역 가톨릭교회에 농촌청년 운동을 소개하는 조직적 활동을 전개하였다. 그리고 이 농촌청년부는 1966년 10월 〈한국가톨릭농촌청년회(JAC)〉로 분리 독립하였다.(『교구 농민회』, 9쪽)

새로운 농민운동 조직인 〈한국가톨릭농촌청년회(JAC)〉의 창립총회도 경북 구미에서 열렸다. 창립총회에서는 JAC 초대 전국 지도신부로 구미본당

주임 이석진 신부, 초대 회장에 이길재가 선출되었다. 당시 JAC 전국본부
는 구미본당 3개 공소에 한국가톨릭농촌청년회 모임을 조직하고 야간학교,
협업양계, 협업농장, 신용협동조합, 협업양돈장 경영을 전국사업으로 추진
했다. 이때 시행된 전국시범 양송이 재배농장에는 전라도, 충청도에서 견학
을 올 정도였다.(『가톨릭농민회 50년사Ⅰ』, 60쪽)

　이렇게 독자적인 틀을 갖춘 〈한국가톨릭농촌청년회〉는 〈분회〉, 〈교구연
합회〉, 〈전국연합회〉라는 전국적인 조직 틀을 갖추며 성장했고, 1972년 4월
〈한국가톨릭농민회〉(이하 가톨릭농민회)라는 전문적인 '농민운동체'가 발족
하였다.(한국가톨릭농민회 「1990년도 제20차 대의원대회 자료집」, 1990)

　가톨릭농민회는 '농민권익의 옹호', '사회정의 실현'을 목표로 하여 본
격적인 운동단체의 모습을 갖추어 나갔다. 가톨릭농민회의 새로운 활동은
1973년 남한강 일대의 홍수피해를 구호하기 위한 가톨릭 원주교구의 '재해
대책사업' 등 농민 스스로에 의한 민주적-협동적 농촌개발사업의 경험들이
축적된 데서 비롯되었다.(이우재, 1991, 216쪽) 그리고 1974년 11월부터는
〈크리스찬아카데미〉의 '농민교육 프로그램'(이우재, 1991)과 〈YMCA 연맹〉
의 '농촌개발사업'(대한YMCA연맹, 1988, 116~118쪽)이 진행되었다.

　가톨릭농민회는 1974년 "농지 임차관계 실태조사"에 이어 1975년부터
"쌀 생산비 조사사업"을 시작했고, 이듬해는 조사대상 농가를 5배 규모로
늘여 8개도 111개 농가의 통일벼와 일반벼 가마당 쌀 생산비를 밝혀냈다.
이를 바탕으로 1976년 가톨릭농민회 10주년 기념대회에서 쌀 생산비를 보
장하는 적정선인 통일쌀 32,221원, 일반쌀 35,589원으로 추곡수매가를 인
상할 것을 정부에 건의함으로써 농업 생산비에 대한 인식을 바꾸어 놓았다.
(『가톨릭농민회 50년사Ⅰ』, 107쪽)

　크리스찬아카데미의 농민교육은 독일 기독교 원조기관으로부터 지원을
받아 농촌운동가를 양성하기 위한 사업이었다. 이 농민교육은 정치경제적

양극화 현상을 극복하고 건전한 민주사회로 발전하려면 '각종의 압력집단이 압력과 화해의 기능을 제대로 행해야만 한다'고 전제한 뒤, '농업문제의 해결을 위해서도 농민의 민주적 정치역량이 육성되어야만 한다'는 것을 주로 강조하였다. 이 프로그램은 1974년 11월부터 1979년 3월까지 무려 21기에 걸쳐 약 800명의 우수한 교육생을 배출하였고, 후속교육을 포함한 수많은 교육활동을 통해 1970년대 농민운동의 인적자원을 풍부하게 공급하였다. 특히 교육생의 약 절반정도가 가톨릭농민회의 핵심회원으로 활동하였다는 사실만으로도 이 교육의 영향력을 미루어 짐작할 수 있다. 같은 시기에 〈YMCA연맹〉도 '농촌신용협동조합' 운동과 '부락개발사업'을 전개하여 농민들의 초보적인 의식화에 기여하였다.

전통적인 유교문화가 뿌리 깊게 잔존해 온 경북지역의 농민운동도 초기에 이러한 종교조직, 특히 가톨릭농민회 조직을 중심으로 전개되었다. 특히 1970년대 경북지역 농민운동은 안동가톨릭농민회를 중심으로 경북 북부지역에서 활발하게 전개되었다. 한국가톨릭농민회가 1976년 4월에 인준된 이후, 가톨릭안동교구(교구장 두봉 주교)가 1977년 4월 30일 교구 사목국 내에 처음으로 경북 농민운동의 모체라고 할 수 있는 〈농민사목부〉를 설치하였다. 농민사목부는 19개 본당, 27개 공소, 33개 마을을 대상으로 '제1차 공소 실태조사'를 마친 후, 그 중에서 11개 마을을 선정하여 현지 '농민교육'을 실시하였다. 이 과정에서 발굴된 지도자들을 대상으로 한 '농촌지도자 연수회' 등이 연달아 개최되었다. 교육을 수료한 농민들은 가톨릭농민회 회원으로 가입했고, '쌀 생산비 조사활동'도 진행했다. 경북 영해지역에서 '영해 상조회'(분회장 권종대), 경북 영양군 청기면에 '청기분회'(분회장 오원춘)가 이 때 조직되었다. 또 1977년 10월 경북 안동의 안동문화회관에서 천주교 정의구현전국사제단 주최 '노동자 농민 양심수를 위한 기도회'가 열려 다수의 농민회원들이 참석해 긴급조치 해제 등을 요구했다. 이 사건으로 가톨릭

안동교구 사목국장으로 있던 정호경 신부와 류강하 신부가 긴급조치 위반
으로 구속되기도 했다. 이러한 사건을 겪으면서 점차 회원과 조직이 확대되
고 본격적인 경북지역 농민운동이 시작되었다.(천주교 안동교구사목부 농
촌개발사목부 「제1차조사보고서」, 1977.5)

1977년에는 〈한국가톨릭농민회대구교구연합회〉가 결성되었으며, 이어
1978년 12월에는 〈한국가톨릭농민회안동교구연합회〉[12](회장 권종대, 부회
장 배용진)가 전국에서 열 번째로 결성되었다. 안동가톨릭농민회는 물가폭
등과 외국 농축산물의 수입확대, 그리고 주택개량 등의 온갖 전시행정과 증
산강제 등으로 농가부채가 급증한 가운데 혹심한 가뭄까지 겹쳐 농가경제
가 극도로 악화되었던 상황 속에서 '농산물 생산비 보장'과 '강제행정 철폐'
를 투쟁목표로 내걸고 현장 활동을 전개하였다.

제4차 경제개발 계획이 추진되었던 1970년대 후반 농업정책의 목표는
'주곡자급을 위한 생산기반 확충'이었으며, 모든 농정은 농업의 생산과 기술
부문에만 집중되었고, 지나친 실적주의에 집착한 강제농정이 일반화되었던
시기였다. 이 시기 대구경북지역 농민들은 이른바 신품종벼 강제권장, 일
반벼 재배 방해, 초가지붕 강제철거, 주택개량 강요, 경지정리 및 객토사업
강제, 하곡·추곡수매량 제한과 수매부정, 하천사용료 부당징수, 부실 경
지정리 피해, 을류농지세 부당징수[13], 그리고 무분별한 외국 농축산물 수입
등 반농민적 농정에 의해 고통 받고 있었다. 따라서 1970년대 경북지역 농
민운동은 관료주의적 횡포에 대한 농민들의 피해보상을 요구하는 방향으로

---

12) 한국가톨릭농민회 조직은 전국본부, 도를 기준으로 하는 연합회, 군 단위 협의회, 그리고
   공소(마을) 단위의 분회로 조직되었다. 따라서 이 조직의 정식명칭은 '한국가톨릭농민회
   안동교구연합회'이나 편의상 '안동가톨릭농민회'로 약칭한다.
13) 당시 지방세인 농지세는 수도작을 하는 농지에 부과하는 갑류농지세와 과수, 특용작물,
   채소 등을 생산하는 농지에 부과하는 을류농지세가 있었다. 농민들의 부담도 컸지만 도
   시근로자의 절반에도 못 미치는 기초공제액, 을류농지세에 대한 공무원들의 자의적 부과
   등으로 농민들의 분노를 자아냈다.

전개될 수밖에 없었다.

경북 의성군 다인면 덕미리(상광), 신평면(쌍호), 예천군 지보면 도화리 (축동), 그리고 영양군(청기) 등에서 정부의 강제농정에 반대하여 '품종 선택권 쟁취투쟁'이 전개되었고, 의성군 신평면(쌍호) 농민들은 부당한 수세를 시정하는 문제를 제기하였다.

3. 경북 영양군 감자 불량종자 피해보상투쟁과 '오원춘' 사건

위에서 살펴보았듯이, 1970년대 중반부터 박정희 정권은 농산물 가격저하정책으로 도무지 증대되지 않는 농업생산을 늘리기 위해 행정지도라는 명목으로 신품종 강제 경작을 추진했다.

경북 영양군에서는 군 당국과 농협이 '78년 잎담배 후작 등 유휴농지 활용 극대화로 농가소득 증대'라는 구호 아래 가을 감자씨 '시마바라(鳥原)' 종자를 50kg 1포당 8,000원으로 군내 5개면에 걸쳐 반강제적으로 심도록 했다. 종자가 가짜인지 불량인지 원인 모르게, 재배농가의 80% 이상에서 싹이 트지 않아 폐농하게 되었다. 그런데도 당국에서는 별 보상대책이 없자, 영양군 청기면 가톨릭농민회 분회원(분회장 오원춘)이 중심이 되어 당국에 책임을 추궁하는 한편 1978년 10월 5일 〈청기 감자 피해보상대책위원회〉(청기면 청기동, 정족동 34농가)를 구성, 한 달간에 걸쳐 피해실태조사를 완료(34개 농가 총피해액 780만원)하고 군수, 군 농협장에 피해보상을 두 차례 서면 건의했다. 그러나 군 당국은 "79년 6월까지 시험장의 종자 감정 결과를 기다려보라"는 무성의한 답변(『매일신문』, 1979. 1. 9)을 하였고, 나중에 1979년 1월 23일 천주교 안동교구 사제들이 피해현장을 방문하는 등 문제가 확대될 움직임이 보이자, 바로 피해농민을 우롱하는 성의 없는 대책안을 내놓고 '(대책안에) 만족하고 이의를 제기치 않겠다'는 각서를 받아가는 등 농민들을 분노하게 만들었다. 결국 관과 농협의 각종 방해와 회유에도 불구하고 가톨릭농민회 회원들의 끈질긴 활동과 가톨릭안동교구 사제단의 지원으로 농민들은 피해액 전액을 보상받을 수 있었다.(이하 『사적지조사보고서』, 272~279쪽)

영양군 감자 불량종자 피해보상투쟁이 마무리된 후, 1979년 5월 5일 이 피해보상 활동에 앞장섰던 가톨릭농민회 청기분회장 오원춘 씨가 행방불명되는 사건이 발생하였다. 가톨릭안동교구는 20일이 지난 후 오원춘 씨가 납치, 감금, 테러를 당했다는 사실을 공개해 큰 파문이 일어났다.

조사결과에 따르면 오원춘은 사건이 발생되기 전부터 괴이한 전화가 걸려오고 영양경찰서 정보과 형사들로부터 "오형, 조심하라", "5월 5일 집에 있느냐?"는 질문을 받아 불안해하던 중 5월 5일 아침 집을 나서며 부인에게 "혹 무슨 일이 있거든 교구청과 본당에 연락하라" 해놓고 영양행 버스를 타고 12시경 버스 종점에서 내렸다. 이때 정체불명의 남자 두 명이 "안동에서 연락했던 사람이다", "안동에 함께 가자"하여 오원춘은 가족과 교구, 농민회에 연락할 겨를도 없이 검은 세단에 납치되어 오후 2시경 안동에 도착, 점심을 먹고는 다시 차량에 타 포항까지 끌려가게 되었다. 오후5시경 포항 모처까지 오원춘을 납치한 괴한들은 "왜 왔어? 체제에 도전하는 놈은 그냥 놔 둘 수 없다"라며 주먹과 구둣발, 각목 등으로 어깨와 허리를 가리지 않고 전신을 두 시간 가량 구타하여 오원춘은 성한 곳이 없게 멍이 들고 짓밟혔다.

5월 6일 아침 오원춘이 완강하게 "농사일이 바쁘니 집에 가야겠다"고 하자 괴한들은 오원춘을 강제로 울릉도행 「한일호」에 태웠다. 그후 5월 18일까지 오원춘은 울릉도에 갇혀 몇 차례 탈출시도조차 발각되는 등 사실상 감시, 감금상태에 놓여 있었다. 5월 18일 울릉도 부둣가에서 괴한들은 "많이 달라졌다"며 어깨를 두들기고 "농사일이 바쁠테니 내일 돌아가자"고 하며 다음날 아침 배편으로 울릉도를 떠나 오원춘을 다시 포항에 내리게 했다.

그리고 괴한들은 "집에 가서 일이나 잘 하시오. 얼마간 집에만 있는 게 좋을 거요"라고 위협했고 오원춘은 영덕을 거쳐 영양으로 돌아왔다.

6월 13일 오원춘이 정희욱 신부에게 납치 사실을 보고하고 교구장 두봉 주교에게 이 사실이 전달되었다. 정희욱 신부가 영양경찰서에 납치사실을 확인하자 정보과장은 '모른다'고 회피했다. 이에 안동가톨릭농민회 총무 정재돈이 정호경 신부의 지시로 진상조사에 나섰다. 6월 27일에는 경북 의성군 안계 천주교회 방인(邦人)사제 회의에서 오원춘 납치사건을 논의하고 〈안동교구 사제단 대책위원회〉(신부 정호경, 류강하, 정희욱, 김기)를 구성하기로 결정하였다. 7월 5일 오원춘은 양심선언문을 작성했고 가톨릭 안동교구에서 불법 연행에 대한 항의와 시위가 벌어졌다. 7월 17일 가톨릭 안동교구는 '짓밟히는 농민운동'이라는 문건을 제작해 천주교정의구현사제단을 통해 전국에 폭로했고, 정의평화위원회는 농민생존권과 교권수호를 위해 '안동교구 오원춘사건 대책위원회'를 구성했다. 그리고 7월 25일 가톨릭안동교구는 오원춘 납치사건이 중앙정보부에 의한 것이라고 밝혔다.

그러자 경북도 경찰국은 허위사실 유포 혐의로 오원춘과 정호경 신부, 정재돈 안동가톨릭농민회 총무를 연행하여 대공분실에 감금하고 긴급조치 9호 위반혐의로 구속했다. 7월 27일에는 안동경찰서 사복경찰 수십 명이 안동교구청에 난입하는 사건도 벌어졌다. 이에 8월 6일 가톨릭안동교구에서 김수환 추기경과 신부 120명, 신자 600여 명이 참석한 가운데 이를 규탄하는 전국기도회가 열렸고 8월 22일까지 항의 농성이 진행되었다. 안동 목성동 본당 성당에서 기도회를 연 신자와 농민회원들은 밤 11시부터 피켓을 든 신부를 선두로 '유신헌법 철폐하라', '종교탄압 중지하라', '농민운동 탄압 중지하라'는 구호를 외치며 안동시내 중심가를 거리 행진하였다. 이 시위사건으로 다시 가톨릭농민회원 7명이 구류처분을 받았다.

8월 20일 천주교정의평화위원회 주최로 명동성당에서 전국기도회가 개최되었고 인천, 수원, 대전, 광주, 전주, 마산으로 기도회가 확산되었다. 오원춘 사건 공판이 진행되면서 이돈명, 황인철 변호사가 선임되었다. 9월 30일 공판과정에서는 방청권 제한에 항의하며 공정한 재판을 요구하는 최병욱(가톨릭농민회 전국연합회 회장) 등이 연행되어 최병욱 회장이 법정모욕혐의로 구속되었다.

10월 14일 가톨릭안동교구 사제단이 '오원춘 사건 보고서'를 발표했다. 사제단은 '경찰 측의 발표는 사실과 다르며 재판과정에서 경찰의 조작과정이 폭로되었음'을 밝히고 재판은 요식행위에 불과하다고 밝혔다. 오원춘은 징역2년, 자격정지 2년을 선고받고 복역 중 10 · 26사건으로 박정희가 사망하자 12월 8일 다른 관련자들과 함께 석방되었다. (『사적지조사보고서』, 259~267쪽 ; 『한국가톨릭농민회 30년사』, 285~287쪽)

오원춘 사건은 1975년 쌀 생산비 보장운동, 1976년 함평 고구마 피해보상투쟁, 1978년 4월 춘천가톨릭농민회 탄압사건, 그리고 1978년 11월 경북 상주 함창(11.21~11.22), 대전(11.16~11.17), 원주(11.13~11.14), 광주(11.27~11.28)에서 동시 개최된 '78년 쌀 생산자대회 및 추수감사제' 투쟁을 통해 폭발적으로 전개되는 1970년대 후반 농민운동의 흐름 속에서 이해할 수 있다. 경찰과 중앙정보부, 언론, 검찰, 사법부 등 유신정권을 유지해온 폭력기구들이 기층 농민대중들 속으로 급격하게 확대되는 농민운동을 저지, 탄압하기 위해 무법적인 인권탄압을 자행하였다는 점뿐만 아니라 농민운동이 이미 그러한 탄압으로 무너질 단계를 넘어 전국적 연대를 통해 강고한 조직력을 보여주고 있다는 점이 중요하다. 또한 농민들의 경제적 요구, 억울한 피해보상 운동마저 정치적으로 탄압하는 부당한 권력의 실체를 확인함으로써 이제 농민운동이 새로운 차원으로 발전하게 된 계기가 되었다고 할 수 있다.

제3절 1980년대 농민들의 투쟁

1. 1980년대 '개방농정'과 지역 농민운동의 흐름

1979년 10월 26일 대통령 박정희 피살사건이 일어나고 비상계엄 하에서, 가톨릭농민회는 '전국 추수감사제 및 농민대회'를 개최하고, 1980년을 맞이하게 된다. 5·18 광주학살이라는 태생적 과오를 갖고 있는 전두환 정권은 미국이 주도하는 신자유주의라는 자본주의의 구조조정에 굴복했다. 신자유주의적 구조조정으로 국내자본을 재편하면서 발생하는 피해는 다시 기층 민중들에게 전가되었다. 농업분야에서의 신자유주의적 '개방농정'은 가격 비교우위를 앞세운 각종 수입개방으로 나타났고, 쏟아지는 외국산 농축산물로 농민들은 자살, 야반도주 등 한계상황에 내몰리고 있었다. 그 결과 1965년 전체 인구의 55.1%를 차지했던 농가인구는 1982년 24.6%로 줄어들었다.(『교구 농민회』, 22쪽)

1978년부터 1980년까지 3년 연속된 재해로 쌀 수입량이 급증하였고, 1981년에는 육우도입이 24,920두, 1983년에는 예년의 두 배나 되는 74,164두를 도입하여 '소값 하락파동'도 발생하였다. 1983년의 소 도입 물량 중 6.1%에 이르는 4,652두가 폐사하거나 도태하여 '병든 소'파동에 대한 여론도 악화되어갔다. 1983년은 가을 추곡수매가 동결 및 수매량 제한조치와 동시에 농산물 가격폭락이 심각한 해였고, 1984년~85년의 추곡수매가도 3~5% 인상에 그치는 등 살인적인 저곡가정책의 강행과 함께 신자유주의 정책에 입각한 농축산물 수입개방 확대로 한국 농가경제의 상황은 최악으로 빠졌다. 1980년의 농가 호당 부채액은 33만 9천원에서 1982년에는 83만원으로, 1984년에는 178만 4천원, 1985년에는 202만 4천원, 1988년 313만 1천원으로 급증했다.(『농림수산 주요 통계』, 1988)

경북지역 농민운동의 주력인 가톨릭 안동교구연합회의 '안동가톨릭농민회'는 명칭과 달리 안동뿐만 아니라 교구의 관할지역인 영주, 예천, 문경, 상주, 의성, 청송, 영덕, 영양, 울진, 봉화 등 경북북부 지역을 포괄하고 있었다. 안동가톨릭농민회는 1980년대에 들어서면서 1979년 '오원춘 사건'에서 겪었던 주요 간부들의 연행과 구속 등 많은 탄압을 딛고 '조직 활성화와 확대 강화'를 활동 목표로 삼고 농촌사회 민주화와 마을 공동체 강화 등 현장 활동을 전개했다. 현장 활동은 생산과 생활의 현장이면서 동시에 농민운동의 현장인 마을 단위에서 실시되었는데, 농민들의 일상적 요구와 생활 주변의 문제를 해결하고 농민적 이해에 기초한 사회개혁을 실현하는데 목적이 있었다.

안동가톨릭농민회는 정재돈 총무가 1980년 계엄 하에서 포고령 위반으로 한 달간 계엄사 합동수사본부에 구금된 상황에서도 쌀 생산비 조사와 마을 실태조사, 사랑방 교육, 소집단 훈련, 지도자 연수회 등 조직 강화에 주력했다. 농민회 조직도 1976년 안동 목성동성당 갈전공소, 풍산공소, 다인 본당의 상광공소에 3개 분회를 구성한 것을 시작으로 영해상조회, 청기분회(이상 1977년), 구담분회, 하갈분회, 신흥분회(이상 1978년), 쌍호, 축동분회(이상 1979년)에 이어 풍양분회, 봉화분회(이상 1980년), 봉화 구들방분회, 다인 대농분회, 풍천 진천분회(이상 1981년), 풍천협의회, 옥산분회, 마암분회, 공평분회(이상 1982년), 월소분회, 진보분회(이상 1983년), 입암분회 외 3개 분회(이상 1985년)로 확대되어갔다.(『안동가농 30년』, 15쪽)

이 시기 안동가톨릭농민회는 '기본사업'으로서 조직의 일상 활동과 회원 교육사업에 1차적인 힘을 기울였다.

〈표 2〉 1980년~1985년 안동가톨릭농민회 주요 조사, 교육활동
(※『교구 농민회』, 30~35쪽 내용을 표로 정리함)

	1980년	1981년	1982년	1983년	1984년	1985년
마을실태조사	마을조사 10개, 쌀 생산비 조사 26개 농가	마을조사 12개, 쌀 생산비 조사 27개 농가. 조세 공과금조사 7개 지역, 소작실태조사 8개 지역, 수세 및 농조 실태조사 6개 지역	마을조사 7개, 공소 실태조사 30개, 신자 의식조사 1500여 명, 농협민주화·농지세·기초교회 공동체 등 활동사례 조사	마을조사 3개, 주민 건강조사 100명, 농산물·공해 등 9종 조사	보리생산 실태와 공동체 활동 조사	도입 소 피해 실태 조사
사랑방교육 (기초,분회)	71회	64회	57회	74회 (563명)	75회 (533명)	17회 (125명)
지역교육	6회	16회 (824명)	주민교육 5회 (140명)	주민교육 11회(233명), 부녀 초청 2회 (41명)	주민교육 9회(274명),여성교육 1회(25명)	주민교육 12회(364명), 여성교육 2회 (76명)
지도자 훈련	소집단 훈련3회 지도자 연수회 1회			2회(66명)	지도자 훈련 1회(25명) 간부연수 1회(51명)	지도자 훈련 2회(62명), 간부연수 1회 (64명)
기타	지역교육 6회, 피정 2회	초청교육 10회, 파견교육 10회, 풍물강습회	교육지원 7회	파견교육 7회, 지원교육 10회	농협교육 1회(31명), 파견교육 8회, 교육지원 6회	파견교육 4회(18명), 교육지원 10회

1981년에는 안동가톨릭농민회 지도신부로 교구 사무처장 김재문 신부가 임명되었고, 우영식 회장과 이유린 부회장이 선임되었다. 또 안동가톨릭농민회 교육책임자로서 권종대 부장이 상근하면서 교육활동은 더욱 활발해졌다. 1982년 발생한 부산미문화원방화사건으로 가톨릭 교계와 농민회에 대한 언론의 왜곡, 비방이 커지면서 정재돈 총무와 권종대 안동농민회관 총무가 입건되기도 했으나 안동가톨릭농민회는 농지세제 시정 활동, 외국 농산물 수입 중단, 농협 민주화 등 농민생존권 확보 투쟁을 흔들림 없이 지속했다.

1980년대 전반기 농민권익 침해유형은 주로 '신품종의 강제권장'이 주를 이루었는데, 이는 수확량의 통계수치를 늘리려는 행정당국에 의해 강제되고 있었다. 1981년 예천군 축동(지보면 도화리)분회에서는 '논갈이 강요'가 문제로 제기되었는데, 이 역시 정부의 '농토종합배양 10개년 사업' 때문이었다. 그 외에도 농약강매, 규산질비료 강매, 을류농지세 과다부과, 그리고 수세문제 등도 문제로 제기되었다. 1982년 예천군 풍양지역에서는 마을 동장이 냉해피해 지원금을 가로채는 일도 발생하였다. 농민회원들은 관청과 농협의 부당한 강제 행정에 대해 적극 항의하고 문제제기하면서 이전까지의 수동적이며 패배적인 자세에서 벗어나 경찰·행정기관을 두려워하지 않고 스스로의 권익을 주장할 수 있는 용기와 성취감을 얻을 수 있었다. 이처럼 안동가톨릭농민회를 중심으로 한 경북지역 농민운동은 농민들의 일상과 권익을 지키는 일에서부터 시작하여 점차 보다 높은 단계로 발전해 나가고 있었다.

1983년 정부가 수매가 동결조치를 내리자 안동가톨릭농민회는 현수막, 벽보 등 보다 적극적인 홍보활동을 전개하였고 연합회보 〈마당〉을 발간하여 수매량 확대, 수세 현물 납부 등 농민들의 요구를 담았다. 또 농협 민주화를 요구하는 '농협조합장 직선을 위한 백만인 서명운동'에도 적극 참여하였다. 이러한 활동은 안동가톨릭농민회의 기본 조직, 교육사업과 결합하면서 농민운동 역량을 질적 양적으로 발전시켜나갔다. 1984년에 이르러 민통련 등 사회민주화를 요구하는 재야운동조직들이 등장하면서 농민회 조직은 재야, 학생들과 직 · 간접적으로 연대하면서 농민들의 생존권 투쟁을 사회에 알려나갈 수 있었다.(『교구 농민회』, 30~35쪽)

이러한 현장 활동과 더불어 1980년대 전반기 안동가톨릭농민회가 주력했던 또 다른 주요활동은 〈한국가톨릭농민회〉와의 긴밀한 공조관계를 통한 전국적 과제 활동이었다.

첫째, 쌀 생산비 조사에서 출발한 쌀 생산비 보상운동이었다. 1975년에 한국가톨릭농민회에서 처음 실시한 쌀생산비 조사활동은 최초의 농산물 생산비조사였고, 이는 각계에 큰 반향을 불러 일으켰다. 또한 이를 바탕으로 한 쌀 생산비 보상운동은 농민의 생산비 의식을 높였다. 특히 한국가톨릭농민회는 쌀 생산비 조사원 교육, 현장교육, 지도자 연수 등 각종의 교육을 실시하였으며, 아울러 회원들이 직접 조사한 쌀 생산비의 조사결과를 여론화하였다. 쌀 생산비는 농산물 저가격정책과 함께 농민들에게 절실한 문제로 제기되었으며, 한국가톨릭농민회는 생산비 추정치를 바탕으로 정부의 수매정책을 비판하였다.

이를 토대로 한국가톨릭농민회는 '전국 쌀 생산자 대회'를 개최하여 농산물 가격보장을 강력히 요구하였다. 그 중에서도 특히 1980년 경북 예천군에서 열린 '경북지역 농민대회'에서는 쌀생산비 보장에 대한 결의문을 채택하였으며, 1982년의 '경북 상주군 함창대회'에서는 농업정책의 부당성을 비판하였고, 1983년 '경북 의성군 다인대회'에서는 농협민주화를 결의하고 농산물의 가격보장을 요구하였다. 1984년 11월 20일 경북 의성군 다인본당에서 열린 '추수감사제 및 경북 농민대회'에는 1,300명이 넘는 농민들이 참석하여 정부의 반농민적 정책을 성토하고 농협과 농지개량조합의 행태를 규탄하며 농협과 농지개량조합의 민주화를 촉구했다. 농민들은 경찰과 행정

공무원의 저지를 뚫고 풍물패를 앞세우고 깃발과 소 상여를 메고 가두로 진출하기도 했다. 또 이 대회에서는 농민단체로서 처음으로 남북한 농사기술, 종자교류 제안이 발표되기도 했다.(『교구 농민회』, 34쪽)

둘째, 1981년부터 농민운동의 주요과제로 나타났던 농업세제 시정활동은 농지세·수세 등 부당한 세제를 시정하기 위한 활동으로써, 세법 바로 알기 학습과 을류농지세 작물(고추, 마늘) 생산비 조사, 이의신청 운동 등으로 전개되었다. 특히 1982년에 경북 의성군 상광분회(다인면)에서 부당수세 거부운동이 가장 먼저 발생하였다. 그리고 의성군 다인지역에서는 농지개량 조합비 현물 납부운동도 전개되어 의성 농지개량조합에 수세를 현물로 납부할 것에 대해 질의하였으나, 큰 성과를 거두지는 못했다. 영양군 청기분회 등에서는 을류농지세 문제와 관련해서 농지세의 필요경비 산출의 문제와 재해농가에게 감면혜택의 부여에 인색하였던 관계 공무원의 문책을 요구하기도 하였다.

셋째, 1980년대의 농협민주화운동은 1970년대식의 사안별 시정운동에서 벗어나, 농민회원들이 이사·감사·대의원 등을 맡아 농협운영에 직접 참여함으로써 농협을 민주화하려는 운동으로 발전하였다. 안동가톨릭농민회가 중심이 되어 진행한 농협민주화운동의 구체적인 활동내용은 농협관계 학습회 실시, 단위농협 총회·대의원대회 자료의 실태 파악, 총회·대의원대회의 민주기능 회복, 조합장 선거제 실시와 그 민주적 운영, 농협 임원의 민주적 기능 회복 등이다. 특히 1982년에는 조합 민주화를 위한 집중지역을 설정하고 현장 활동을 실시했는데, 그 결과 의성군 쌍호, 예천군 축동구들방 분회, 상조분회에서 총회·대의원대회에 진출했으며 감사와 이사 등의 임원을 맡기도 하였다. 조합장 선출에도 계획적으로 참여하여 총회·대회의 활성화와 농민회 활동에 대한 선전효과를 거두었다. 영양 청기분회의 고추수매 부정 진상규명과 상광분회의 부당수세 거부 등 조합원의 권리

회복을 위한 활동도 아울러 전개되었다. 특히 1980년대 전반기 농협민주화 운동 중에서 가장 성과가 컸던 싸움은 비료 출고료 시정 투쟁이었다. 안동 가톨릭농민회가 농민들의 주요한 이해가 집약된 투쟁 과제를 선택, 해결함으로써 농민회원들에게 자신감을 심어주었으며, 지역 주민들에게 농민회에 대한 평판과 신뢰를 높였다. 이 투쟁은 경북북부지역의 풍천협의회, 의성 구천분회, 선산군, 영양 청기분회, 문경 창리분회, 예천 축동분회 등에서 활발하게 전개되었다.

넷째, 한편 미국의 농산물 수입개방 압력에 굴복한 전두환 정권의 농산물 수입 정책으로 인해 농가부채가 급증했고 파산 위기에 처한 농민들은 부채문제에 대한 불만이 팽배했다. 농민대중의 삶이 기로에 서고 투쟁의 열기가 살아 오르면서 1984년 농가부채 탕감투쟁이 전개되었다. 또 농민운동진영은 농축산물수입으로 인한 농가파산의 원인이 미국의 신자유주의적 수입개방 압력과 전두환 군사정권의 신식민지 농정(소위 '개방농정')에 있다고 규정하고, 농민대중의 당면 요구인 소 값 피해보상을 계기로 이를 '개방농정 철폐, 수입정권·군사독재 타도'투쟁으로 발전시킬 것을 운동방향으로 설정하고, 소 값 피해보상 및 농축산물 수입개방 저지투쟁을 조직화하였다. (『사적지조사보고서』, 191~194쪽)

한편, 1987년 6월민주항쟁과 7~9월의 노동자 대투쟁 그리고 13대 총선에서의 여소야대 국회출현은 여러모로 개방농정에 대한 전면적인 농민투쟁을 크게 고양시킬 사회적 여건을 조성하였다. 그러나 이미 전두환 정권은 1986년 9월 우루과이에서 전세계적 농산물 무역을 완전히 자유화하기 위한 무역협상을 실시하기로 합의한 뒤였다. 그리하여 한편으로는 가트(GATT)를 내세워 농산물 수입을 전면 자유화할 것을 목표로 한 다자간협상에 참여하고, 다른 한편으로는 미국과의 쌍무협상을 통해 엄청난 양의 수입농산물을 도입하는 상황이 벌어지기 시작하였다. 그 결과 젊고 유능한 농민들이 떠나버린 텅 빈 농촌에는 골프장을 위시한 관광단지나 농공단지를 조성하는 등 노골적인 농업포기 정책이 취해지기 시작하였다. 이에 대해 농민들은 6월민주항쟁의 일익을 담당하였던 시군지역 반독재투쟁의 조직경험을 기반으로 각 지역마다 수세투쟁, 농산물 제값받기 투쟁, 의료보험투쟁, 농축산물 수입저지투쟁, 골프장 반대투쟁 등을 전개하며 항거했다.

이러한 1980년대 투쟁을 통해 농민운동은 폭넓은 대중운동으로 발전하여 대중조직, 대중투쟁노선이 전국적으로 확산되고 정착되었다. 1988년 한 해 동안 무려 300여회의 투쟁에 연인원 20여만 명 이상이 참여하였으며, 투쟁의 형식도 소극적인 집회의 수준을 넘어서서 시위·농성 등의 적극적인 형태를 띠게 되었으며 마침내 농민운동의 전국적 단일 조직대오를 요구하는 데 이르렀다. 1980년대 경북지역의 주요 농민투쟁은 다음과 같다.

2. 1985년 소값 피해보상투쟁 ('소몰이 시위')

1980년대 이후 소위 '비교우위론'을 앞세운 전두환 정권의 수입 '개방농정'은 1980~1985년간 90억 달러에 이르는 외국농축산물 도입으로 나타났다. 이로 인해 사상 유례가 없는 국내 농축산물 가격 폭락을 가져왔으며, 미국 레이건 정권의 계속된 수입개방 압력으로 농민들의 생존권은 위기에 내몰리고 있었다. 그 가운데 소는 일반 농가의 가장 중요한 부업으로 많은 농민들이 희망을 걸고 있는 농사였다. 그런데 전두환 정권이 들어선 이후 5년간 무려 20만 7천 마리의 외국소와 약 90만 마리 분의 외국쇠고기가 수입되어 1985년 10월 당시 국내 소 값이 1983년 초보다 60~80% 가량 폭락하였다. 농촌에서는 이를 '개 값만도 못한 소 값'이라고 하였다. 소 값 폭락으로 농민들은 야반도주 혹은 음독자살하는 지경에 이르렀다. (『가톨릭농민회 50년사 I 』, 240~241쪽)

이에 한국가톨릭농민회를 중심으로 1985년 1~3월, 수입 소 피해 실태조사가 진행되었고, 4월 22~23일 양일간 기독교농민회의 '미국의 농축산물 수입개방 강요 규탄대회' 및 미 대사관 앞 시위가 일어났다. 농민들의 시위는 전국 22개 지역에서 경운기와 소를 마을에서부터 몰고 나와 군·면소재지까지 시위를 벌이거나 소 반납, 소시장에서 소를 때려죽이는 등 여러 형태로 벌어졌는데, 1985년 7월 1일 경남 고성 농민들의 시위를 계기로 이러한 시위를 '소몰이시위'로 부르게 되었다. 소몰이시위는 그해 7~8월 경기도 안성, 강원도 원주, 춘천, 홍천, 경남 고성과 진양, 충북의 괴산, 음성, 진천, 청주, 경북의 안동, 의성 등 20여 개 시, 군에서 2만여 명의 농민들이 참여했다. 전국적인 소 값 피해보상투쟁은 9월 23일 가톨릭농민회가 주최한 '전국농민대회'와 9월 25일 '소 값 피해보상운동 진상보고대회'로 이어졌다. (『한국민족문화대백과사전』, 2020)

　경북지역 소몰이시위는 1985년 7월 16일 의성군 가톨릭농민회 다인지역협의회 운영위원회에서 소값 피해보상투쟁의 필요성이 제기되고 지역 실정과 조직의 역량에 맞게 활동을 전개할 것을 합의하면서 시작되었다. 농민들은 근방에서 제일 규모가 큰 안계 우시장에서 7월 21일 거사하기로 결정하고, 의성군 안계, 신평 쌍호, 월소지역 회원들과 힘을 합치기로 했다.

　다인지역 농민(전맹진, 김홍섭, 오해수, 이재한, 오광호, 오일호, 오천호)들은 소, 경운기, 깃발, 현수막 등을 준비하고 우시장에 집결하여 성명서를 채택하고, 시내 시위 후 안계성당에서 미사를 지내기로 계획했다. 그러나 거사 하루 전날인 7월 20일부터 경찰이 미리 정보를 입수하여 방해공작을 펼치자, 소와 경운기의 안계 우시장 사전 집결이 불가능할 것으로 판단하고 당일 아침 8시까지 다인성당에 동원 가능한 소와 경운기를 갖고 모든 회원이 집결하기로 했다. 시위 당일 날이 밝자, 다인면 중심인 다인지서 앞 다리목에서는 경찰 30여 명이 미리 교통차단용 바리케이드를 설치해 가로막고 있었다.

인근 예천군 풍양면 농민회원은 도중에 경찰의 거센 저지를 받고 소를 가져오지 못하고 경운기마저 2대만 도착했다. 다인성당에 집결한 농민시위대 대표는 소를 싣고 평화적으로 가겠다고 하고 길을 비킬 것을 요구했으나 경찰이 가로막고 불응하자, 소를 태운 경운기를 앞세우고 남녀회원이 바리케이드로 돌진, 저지선를 뚫고 나아갔다. 또 다인 지서 앞 다리 목에서 바리케이드를 치고 방어선을 설치한 40~50여 명의 경찰에 다시 가로막히자, 농민 시위대는 함성과 함께 힘으로 밀면서 장대를 휘두르기도 하는 등 밀고 밀리는 난투극을 벌리다가 마침내 경찰 저지선을 돌파했다.

소몰이 시위대는 다인 시내를 빠져나오면서 비포장으로 굴곡이 심한 도로를 11대의 경운기와 1대의 트럭에 나누어 타고 노래를 부르며 대열을 정비하여 달렸다. 다인, 안계 중간 지점에서 시위대는 미리 준비한 "소 값 피해 보상하라", "외국농산물수입 중단하라", "농가부채 탕감하라" 등이 적힌 10여 개의 대형 깃발과 "소 값 똥값", "농가부채 탕감", "수입중단" 등의 구호가 쓰인 현수막을 모든 경운기에 부착하고 같은 내용이 쓰인 소 덕석을 소 잔등에 씌운 후, 참가자 모두는 "소 값 피해 보상하라"는 머리띠를 두르고 30여 리의 행진을 계속 했다. 시위대는 다인-안계간 30여리 행진을 2시간의 난투 끝에 마치고 오전 11시경 안계 시내에 진입했다. 농민 시위대는 안계 오거리 가운데서 잠시 노래와 구호를 외치다 다시 행진, 사람이 가장 많은 안계 시장 입구에 도착해 다시 노래와 구호를 외쳤다. 농민들은 경찰의 소극적인 제지를 뚫고 계속 풍물을 치고 노래와 구호를 외치며 마침내 안계 우시장에 도착했다. 소를 실은 경운기는 우시장 입구에 집합해 놓고 농민들은 모두 우시장에 들어가 성명서를 낭독하고 박수로 채택한 뒤 농민회장(배용진)의 선창으로 농민운동만세 삼창을 불렀다. 시위대는 다시 소를 실은 경운기를 앞세우고 우시장 골목을 나와 국도로 향했다. 이 때 완전무장한 전

투경찰대가 시위대를 가
로막자 농민들은 앞으로
나가 다시 시장입구를 지
나 오거리로 오면서 풍물
을 치고 노래 부르고 구
호를 외쳤다. 시위대는
마지막으로 오거리에서
다시 한번 구호를 외친
뒤 안계 시장에 모인 군
민들에게 잠시라도 생업

〈그림 4-8〉 농민들이 소값피해 보상을 요구하며
소몰이행진을 하는 모습 1
(출처: 가톨릭농민회안동교구연합회)

에 지장을 주어서 미안하다고 하고 농민의 입장에 대한 이해를 호소하는 동
시에 전투경찰을 위로한 뒤 오후 4시경 시위를 마무리했다.

이 소몰이시위로 다인지역 가톨릭농민회 회원인 전맹진, 김홍섭, 오해
수, 이재한, 오광호, 오일호, 오천호가 의성경찰서에 강제 연행되었고, 풍
양지역에서는 전병철, 정원해, 전영대, 김병원, 안휘문, 안영성 회원이 예

〈그림 4-9〉 농민들이 소값피해 보상을 요구하며
소몰이행진을 하는 모습 2
(출처: 가톨릭농민회안동교구연합회)

천경찰서에 강제 연행되
었다. 상주 길마을에서
는 송선교, 송학수 회원
이 강제 연행되었다. 청
기지역에서는 이재원,
이오창, 오원춘이 청기
지서에서, 쌍호지역에
서는 9명의 회원이 경찰
조사를 거부하는 투쟁
을 했고, 안동가톨릭연

합회 배용진 회장과 권종대 사무국장이 경찰조사를 받았다.(『교구농민회』, 197~180쪽)

그러나 이 투쟁에서 안동가톨릭농민회와 농민조직은 전국적인 소 값 피해보상투쟁에 발맞추어 지역 농민들의 요구를 전면에 걸고 선도함으로써 조직, 투쟁역량을 과시했고, 투쟁의 정당성과 자신감을 확인할 수 있었다. 또 이 과정에서 평소 농민운동에 소극적이고 보수적이라고 여겼던 여성 농민들의 투쟁성과 역할을 재확인하는 계기가 되었다. (『기초조사보고서』, 268~270쪽)

3. 농지개량조합 조합비(수세) 현물납부 투쟁

일제 강점기부터 수리조합이라고도 불리는 농지개량조합은 조합이면서도 농민들의 이익을 보호하기보다 국가기관처럼 행세하면서 '농지개량조합비'라는 명목의 수세를 지나치게 고율(300평당 15,000원)로 부과하여 농민들의 원성을 받고 있었다. 수세는 농민들에게 국가의 세금처럼 무섭고 내지 않을 경우 차압을 당할 정도였다. 또 원래 농지개량조합 규정엔 현물인 나락으로 부과하게 되어있었는데 징수에 편리하다는 이유로 현금으로 조합비(수세)를 징수하였다.(『교구 농민회』, 187쪽)

저수지는 농민부담으로 조성되었음에도 불구하고, 다른 사회간접자본은 국가예산으로 관리하면서 오직 이것만 정부보조보다 농민부담으로 운영하려는 잘못된 정책에 대한 농민들의 불만이 팽배했다. 1985년경부터 확산된 이 수세투쟁은 1987년 11~12월 사이에 이르면 해남 및 나주지역 '수세폐지대회'에 무려 1만여 명의 농민들이 참여하여 수세를 거부하고 납부고지서를 불태우는 대규모 투쟁으로 폭발하였다. 1988년에는 전국으로까지 확산되었는데, 이 해 9월 14일에는 〈전국수세폐지대책위 준비위원회〉가 결성되어

"수세폐지, 농지개량조합(이하 '농조') 해체, 수리청 신설"을 촉구하기도 했다. 이 투쟁의 결과, 수세를 300평당 벼 5kg으로 인하하고, 농조조합장 직선을 내용으로 하는 수세관계 법령이 개정되었다.

경북지역의 수세 현물납부 투쟁은 1985년 12월 8일 가톨릭농민회 의성군 다인지역협의회 산하 대농분회에서 농지개량조합의 조합비(수세)를 현물로 납부하여 항의하기로 결정하면서 시작되었다. 농민회원들은 농지개량조합에 대하여 가톨릭농민회 대농분회 이름으로 여러 차례 수세를 현물로 받아줄 것을 호소하였으나 묵살 당하자 수리조합에 수세를 현물로 자진 납부하는 투쟁을 결의했다. 12월 11일 아침 가톨릭농민회 다인지역협의회 대농분회원들(오상백 외)은 각자의 수세를 계산하여 전부 23가마의 나락을 경운기에 싣고 농지개량조합으로 운반하였다. 조합에 도착한 농민들은 현물 납부한 수세 영수증을 요구하였으나 조합측은 이를 거부했다. 농민들이 조합 현관에 나락을 적재하고 돌아가자 조합측은 농민회원 집집마다 나락 가마니를 재반송했다. 여러 차례 반송과 재반송을 거듭한 끝에 조합측은 다인장터 삼거리와 다인종고 가는 길에 나락을 유기했고, 농민회는 회의를 거쳐 나락을 유실물로 간주하여 오상백 농민회원의 경운기에 나락을 싣고 다인지서에 신고하였다. 다인지서 경찰들이 이를 제지하면서 농민회원과 몸싸움이 벌어졌고 경찰은 권총에 실탄을 장전해 '다 죽이겠다'며 협박하고 폭행을 저질렀다. 이에 다인협의회 농민회원들이 안동가톨릭농민회에 사건 경과를 보고하였고 안동가톨릭농민회는 진상조사단을 파견하여 의성 경찰서에 강력히 항의하며 폭력 경찰의 문책을 요구하였다. 사태가 확대되자, 경북도경 국장이 헬기를 타고 현장에 나타나 다인성당에서 농민회 지도신부인 류강하 신부에게 사과하며 사건은 일단락되었다. (『기초조사보고서』, 270~271쪽)

4. 1986년 농가부채 탕감투쟁

1986년에는 무분별한 외국 농축산물 수입으로 인해 농가 수입이 감소하고 '한미통상협상' 체결로 인한 양담배 수입으로 담배생산 농가의 어려움이 가중되고 있었다. 기록적인 농가부채(호당 평균 400만원)로 생존권을 위협받고 있었던 경북지역 농민들이 벌인 가장 두드러진 활동은 '외국 농축산물 수입반대와 농가부채 해결', '농민생존권과 민주헌법 쟁취' 투쟁이었다.

농가부채 문제를 해결하기 위해 안동가톨릭농민회는 각 지구별로 지도신부단을 결성하고, 곧바로 실천 활동에 필요한 교육사업과 농가부채 피해실태조사서 작성에 착수했다. 1986년 2월 27일 상주농민회(기독교농민회) 창립대회에서 농가부채 해결의 목소리 터져 나왔고, 이어 3월 30일 가톨릭농민회 영양협의회가 창립대회 겸 '농가부채 탕감대회'를 영양성당에서 200여 명의 농민회원과 농민들이 참가한 가운데 개최하였다. 4월 13일에는 풍천협의회가 구담백사장에서 500여 명의 농민들이 모인 가운데 '농가부채 탕감대회'를 열었다.

이 투쟁의 여세를 몰아 안동가톨릭농민회(회장 배용진)는 〈천주교 안동

〈그림 4-10, 4-11〉 안동가톨릭농민회원과 성직자들이 농가부채탕감을 위한 기도회 및 농민대회를 개최하고 행진하는 모습 (출처: 가톨릭농민회안동교구연합회)

교구 농가부채탕감대책위원회〉, 〈천주교 안동교구 정의평화위원회〉와 공동으로 4월 16일 오후 1시 30분 안동문화회관 대강당에서 약 700명의 농민과 40여 명의 신부, 70여 명의 수녀들이 참석한 가운데 '농민 노동자를 위한 기도회 및 농가부채 탕감 농민대회'를 개최하였다. 이날 행사는 1부 미사, 2부 농가부채탕감대회, 3부 가두시위 순으로 진행되었다. 안동문화회관 강당에서 대회를 모두 마친 농민들과 신부, 수녀들은 오후 4시부터 '농가부채 탕감', '외국 농축산물 수입 중단', '군부독재 퇴진' 등 주장이 담긴 50 여개의 만장을 앞세우고 징과 꽹과리를 치며 거리로 나섰다. 1시간여 동안 농민들은 농가부채 탕감, 군부독재퇴진, 민주개헌쟁취, 외국 농·축산물 수입중단, 소값 피해보상 등 구호를 외치면서 거리 시위를 계속했다. 분노한 농민들은 최루탄과 폭력으로 저지하는 수천 명의 경찰 병력을 뚫고 안동역까지 진출하였다. 오후 6시 30분까지 안동역 앞에서 연좌농성 투쟁을 하는 과정에서 노약자와 여러 명의 수녀들이 부상당하거나 졸도했고, 20여 명의 농민들이 연행되었다가 풀려나오기도 했다. 700여 농민들은 다시 안동문화회관으로 돌아와 계속 적극적인 싸움을 전개할 것을 다짐하는 결단식을 갖고 해산했다. (『기초조사보고서』, 272~276쪽)

이 시기 농가부채 탕감투쟁은 수입개방에 따른 농업, 농민문제의 본질을 인식한 농민들이 지역 민주세력과 연대하여 독재정권과 외세에 맞서는 민중의 생존권쟁취 투쟁이었다. 또 그동안의 소극적인 시위 수준을 벗어나 적극적인 거리투쟁으로 투쟁양상도 변화했고 농민들 스스로 농업, 농민문제 해결의 자주적 해결의지를 보여주고 있었다.

5. 미국 농축산물 수입저지투쟁

안동가톨릭농민회는 4.16 농가부채 탕감대회 이후 확산되는 농민들의 투쟁을 조직하기 위해 1986년 8월 29일 안동농민회관에서 〈미국 농축산물 수입저지 운동본부〉를 결성하고 현판식을 가졌다.

9월 1일부터 4일까지 의성군 안계면과 안동군 풍천면, 영양읍 등에서 미국 농축산물 수입반대 실천대회를 개최했다. 지역 농민들은 경운기를 앞세우고 과감한 거리시위를 펼쳤고 '군부독재 퇴진', '민주헌법쟁취', '지방자치제 실현' 등의 구호를 외쳤다.

농민들은 지역 단위로 집회와 시위를 개최하면서 자신감과 고양된 정치의식을 보여주었다. 그리고 이 투쟁을 통해 경북지역 농민회 조직은 급속하게 확대되었다. (『기초조사보고서』, 276~277쪽)

6. 1987년 쌀 생산비 보장 및 농협민주화 쟁취투쟁

1987년 6월민주항쟁과 노동자 대투쟁을 계기로 전두환 정권은 이전의 강압적인 통치를 수정하고 유화정책으로 후퇴할 수밖에 없었다. 농민들은 투쟁의 목표를 농가부채 해결 및 외국농축산물 수입저지 투쟁, 수세거부운동, 쌀 생산비 보장과 농협민주화 등으로 구체화하고 사회 전체의 민주화 투쟁도 함께 전개했다.

1987년 7월 말 성주 우시장에서 영남대 농촌 활동 대학생들과 농민 80여 명이 쌀 값 보장과 농

〈그림 4-12〉 다인면 농민들이 쌀 생산비 보장 및 농협민주화추진 대회를 개최하고 있는 모습 (출처: 가톨릭농민회안동교구연합회)

가부채 탕감을 요구하며 행진한 후 성주군청에서 농성했다. 1987년 9월 29일 상주 사벌면에서 '쌀 생산비 보장 및 농협민주화 쟁취 상주대회'가 100여

명의 농민들이 참여한 가운데 개최되었다. 9월 30일 의성군에서 개최된 '쌀 생산비 보장 및 농협민주화 쟁취 의성대회'에는 농민 150여 명이 참여했다. 10월 3일 예천군 풍양면에서도 '쌀 생산비 보장 및 농협민주화 쟁취 예천대회'에 농민 300여 명이 참여했다. 10월 17일 의성군 다인장터에서 열린 '쌀 생산비 보장 및 농협민주화 쟁취 다인대회'에도 100여 명의 농민이 참여했다. (『기초조사보고서』, 277~284쪽)

7. 1988년 고추 제값받기 대투쟁

1987년 대통령 선거가 끝난 후 정부는 양담배와 쇠고기 등 외국 농축산물 수입의 길을 터주기 위해 국내 잎담배 종자에 대한 공급제한을 실시했다. 양담배 수입에 따른 불안심리 때문에 많은 잎담배 농가들이 고추생산으로 돌아서면서 고추 과잉생산이 벌어졌다. 고추 값은 1988년 7월 1근당 2,500원하던 고추가격이 800원대로 폭락하였다. 특히 고추가 농가수입의 60~70%를 차지하였던 경북 북부지역 농민들은 이러한 상황에 직면하여 생존권적 요구로서 '고추 제값받기 투쟁'에 나서게 되었다.

1988년 8월 19일 영양읍내 장터에서 100여 명의 농민들이 모여 '고추생산비 보장'과 '민주농협쟁취' 등을 내건 농민대회를 개최하면서부터 경북북부 일대에 '농산물 제값 받기' 농민대회가 급속도로 확산된다. 8월말 영양군내 마을마다 '고추생산비 보장 영양지역 대책위' 이름으로 '9.4 고추생산비 보장 영양농민대회' 안내 포스터와 대자보, 현수막이 나붙고 가두 차량방송이 계속되었다. 9월 4일 오전 11시경 영양 읍내 장터(서부동시장)에서 예정된 '고추생산비 보장 영양농민대회'가 1,000여 명의 농민들이 참여한 가운데 개최되었다. "우리는 왜 이 자리에 모였는가?", "고추값 폭락 원인이 무엇인가?", "앞으로 어떻게 싸워야 할 것인가?"에 대한 열띤 토론들이 진행

되었고 농민들은 군수와
농협 군지부장에게 고추
생산비 보장에 관해 대화
를 요청했으나 끝내 나타
나지 않았다. 분노한 농
민들은 20여 대의 경운
기를 앞세워 군청을 향해
행진을 시작했고 시위 군
중은 2천여 명으로 늘어
났다. 무장한 전경들이
갑자기 농민대열 한복판
에다 최루탄을 쏘아대자
여성농민들은 치마에다
돌을 주워 나르고 젊은
농민들은 전경을 상대로
투석전을 전개했다. 인근
상인들도 '고추에서 돈이

〈그림 4-13〉 1988년 고추 적정생산비를 요구하며
시위하고 있는 농민회원들
(출처: 가톨릭농민회안동교구연합회)

안 나오면 이곳에서 장사도 끝장'이라면서 농민시위에 동참했다. 시위 과정
에서 농민 8명 등 10여 명의 부상자가 발생했고, 경찰은 가톨릭농민회영양
협의회 이재원 총무 등 12명을 연행했다.(『교구 농민회』, 194쪽)

　고추가 주요작물이었던 봉화군에서도 1988년 8월 20일 '봉화군농민회
결성 추진위원회'가 만들어져서 고추의 생산비 보장을 위한 서명운동을 전
개했다. 9월 12일 봉화군 농민대회에서도 농민들은 군청 앞마당으로 밀고
들어가 군수와 농협 군지부장, 의료보험조합장을 불러 고추 생산비 보장,
농협민주화, 농촌의료보험문제 등에 대해 따져 물었고 군청 앞마당에서 미

국, 경제기획원, 독재정권, 관제농협, 독점재벌, 의료보험조합 등 반농민적인 것을 상징하는 허수아비를 불태웠다. 9월 17일 1천여 명의 봉화군 농민들은 '제2차 농민대회'를 갖고 다시 군청으로 몰려가 항의했다. 봉화 농민들은 면단위 농민대회를 연속 개최하면서 면사무소와 농협에 대한 공격을 계속 전개했다. 봉화군 재산면에서는 9월 20일 농민들이 면사무소 앞마당으로 50여 대의 경운기에 고추를 가득 싣고 와서 수매를 요구했다. 9월 21일 명호면 농민 300여 명은 면장과 농협조합장을 불러내 고추 생산비 보장 대책 수립을 요구했고, 10월 2일 500여 명의 농활 대학생(서강대)들이 봉화 장터에서 제3차 농민대회를 개최했다. 이날 농민들은 '청와대로 가서 고추값 폭락 대책을 따지자'며 철도를 점거, 2시간 34분간 영동선 열차운행을 저지시켰다. 농민들이 경운기로 철길을 막고 있자 경찰은 전경을 동원, 무차별 최루탄을 발사하며 농민들을 해산시키고 18명의 농민과 학생을 연행했다. 이날 대회로 이유린, 김차원, 이대현, 전영일이 구속되었고, 이완재 등 4명이 불구속 입건되었는데 봉화지역 농민회원들은 고추생산비 보장과 구속농민석방을 요구하며 봉화 천주교회에서 철야농성을 벌였다.

고추, 담배, 사과를 주로 재배하였던 청송군에서도 담배경작이 제한된 후 고추경작이 더욱 늘었다. 청송군 농민회 조직 상황을 살펴보면 1983년에 창립된 진보면 '광덕농민회'가 꾸준히 활동을 하는 가운데, '안덕면 농민회'(1988년 7월 29일 창립, 회원 50명), '현서면 농민회'(1988년 10월 11일 창립, 회원 80명), '현동면 농민회'(1988년 10월 25일 창립)가 잇달아 창립되어 활발한 고추투쟁을 전개했다. 9월 14일 청송 안덕면 농민 500여 명은 부군수를 불러내어 군수명의로 수입개방 반대한다는 공고문을 작성하여 부착할 것을 요구하는 등 각 부락마다 이들 농민회를 중심으로 면단위 투쟁을 계속했다. 청송군 농민들은 9월 19일 청송 읍내 장터에서 1천5백여 명의 농민들이 참가한 가운데 청송군 농민대회를 개최했다. 이후 청송군에서의 농민투쟁은 각 면을 중심으로 '농협부채 투쟁'으로 발전해 나갔다.

안동군의 고추투쟁은 길안면과 풍천면에서 시작되어 '안동시 · 군 농민대회'로 발전했다. 1988년 10월 2일 안동시 · 군 농민대회에는 5천여 명의 농민들이 대거 참여하여 치열한 투쟁을 전개했다. 오전 11시경 안동역전에서 대회를 마친 농민들은 수입반대, 미국반대, 전두환, 이순자 처단을 외치며 군청으로 행진했고 시위대를 막아선 경찰은 2,300발의 최루탄을 발사하며 군청 진입을 저지했다. 시가전을 방불케 하는 투쟁에서 많은 농민들이 투석, 화염병으로 맞서다 부상을 입었고, 학생 한 명이 직격 최루탄에 맞아 눈을 심하게 다쳐 대구와 서울로 긴급 후송되기도 했다. 몇 차례 밀고 밀리는 공방 끝에 농민들은 군청을 점거했고 군수에게 책임 있는 답변을 요구했다. 군수가 나타나지 않자 농민들은 이날 하루 군청은 농민이 직접 맡겠다고 선포하고 안동군내 14개 읍, 면별로 14개의 책상을 끄집어내던 중 경찰의 무차별 최루탄 발사로 군청에서 밀려나왔다. 그 후 농민들은 안동 시내 곳곳에서 산발적인 시위를 벌이다 경찰의 최루탄과 강제 연행에 의해 해산되었다. 이날 대회로 8명의 농민, 학생이 부상, 입원 치료를 받았고 29명이 연행되어 유기승, 임차발 등 2명이 구속되었다.

10월 12일 〈농산물 제값받기 경상북도 대책위원회〉 주최로 안동역전에서 농민대회가 다시 개최되었다. 3천여 명의 농민들이 참여한 이날 대회도 치열하게 전개되었고 안동 경찰서장이 헬리콥터를 타고 시위진압을 진두지휘하여 농민들을 분노케 했다. 안동 농민들은 이후 안동 목성동성당을 중심으로 연말까지 근 3개월간 장기투쟁을 전개했다.

안동에서의 2차례에 걸친 농민대회(10. 2; 10. 12)는 영양, 청송, 의성, 상주, 봉화군 농민들이 참석하는 '경북지역 농민대회'였는데, 1988년 11월 '안동농민회 결성 준비위원회' 구성으로 이어졌다.

예천군에서도 1987년 4월 풍양면을 중심으로 '예천군 농민회'가 결성되었다. 10월 12일 안동가톨릭농민회와 예천군 농민회는 '농산물 제값받기 예천군 대회'를 5백여 명의 농민들이 참여한 가운데 개최하고 고추와 수입 농산물에 대한 화형식을 거행했다.

의성군에서는 10월 7일 의성 장터에서 1천5백여 명의 농민들이 참여한 '농산물 제값 받기 대회'가 열렸다. 〈농산물 제값받기 의성군 대책위원회〉가 주최한 이날 대회에서 농민들은 군수, 농협 군지부장, 의료보험조합장을 불러내어 고추값 폭락대책과 의료보험 문제점에 대해 문제제기하고 성조기와 양담배, 관제농협, 전두환, 이순자, 반농민적 악법과 제도를 상징하는 허수아비를 불태웠다. 대회를 마친 농민들은 평화행진을 벌인 후 의성성당에 집결, 각 면단위별로 그 자리에서 대책위원회를 구성했다.

상주군에서는 10월 8일 상주군 사벌면 단위농협 앞에서 〈가톨릭농민회 상주협의회〉 주최로 100여 명의 회원들이 참여하여 '농산물 제값받기 농민대회'를 개최했다. 이날 대회에서 농민들은 상주 군수, 농협 조합장, 의료보험조합 대표를 불러 질의하고 대책을 요구했다.

11월부터 농민들은 농협 빚을 고추 등 현물로 상환하겠다고 선언하고 '현물상환 결의대회'를 이어갔다. 11월 7일 봉화 소천면, 11월 10일 청송군 현서면과 안덕면, 11월 12일 안동군과 봉화군, 11월 14일 영양군, 11월 17일 봉화군, 11월 25일 상주군, 12월 8일 예천군에서 각각 현물상환 결의대회가 열렸다. 일부 지역(청기, 일월, 수비)에서는 고추 수매로 농협 빚 현물 납부를 관철시켰다. 11월 17일 서울 여의도 광장에서 열린 '농축산물 수입저지 및 고추제값받기 전국농민대회'에는 전국의 농민 2만여 명이 집결했다. 12월 9일 봉화군 농민회원 60명은 서울 민정당사 앞에 고추를 쌓아놓고 농성을 벌였고, 청송군 부남면 농민들은 서울 농협중앙회에서, 청송군 안덕면 농민들은 정치인 김대중의 집 앞에서 대책을 요구하며 고추 3백 부대를 적재해놓고 농성투쟁을 전개했다.(『교구농민회』, 192~5쪽)

1989년 2월13일 여의도 광장에서 '수세폐지 및 고추전량수매 쟁취를 위한 전국농민대회'가 열렸다. 전국 90여 개 군에서 온 2만여 농민들은 이 대회에서 부당수세 폐지 및 적립금 반환, 농지개량조합 해체 및 수리청 신설, 남북 농산물직거래 즉각 수락, 고추 전량 수매, 통합 의료보험제 실시, 농축산물 수입개방 중단 등을 실현하기 위한 4당 총재와의 면담을 요구하면서 저지하는 경찰에 맞서 격렬하게 시위하였다. 농민들은 그간 대중적인 농민운동으로 나타난 모든 요구를 결집하여 한국 농민운동의 존재를 내외에 과시하였다. (『기초조사보고서』, 288~292쪽)

1988년 '고추 제값받기 대투쟁'은 경북지역 뿐만 아니라 전국 농민운동의 획기적 전환을 가져온 일대 사건이었다. 투쟁의 폭발적 전개는 농민대중을 정치적으로 각성시켰을 뿐 아니라 농민운동 활동가를 훈련시켜 농민운동의 공간을 넓히는데 결정적인 역할을 했다. (『사적지조사보고서』, 199쪽)

또한 기존의 소규모, 일회적, 청원식 운동방식을 극복하고 주체적이고 지속적이며 응집력 있는 투쟁을 전개했다. 이 투쟁을 거치며 종교조직에 기댄 농민운동을 벗어나 대규모 투쟁을 조직할 전국적 농민조직의 필요성이 제기되고 자주적 농민운동의 조직에 대한 논의가 본격화되었다.

8. 산동 골프장 건설 저지투쟁

1980년대 후반 전국적으로 골프장 건설 붐이 일어났다. 1990년 7월 현재 전국에서 무려 116곳이 사업승인을 받아 건설 중이었는데 이 가운데 경북 경주군 외동읍, 구미 선산군 산동면을 포함 최소 30여 곳에서 골프장 반대투쟁이 전개되고 있었다. 선산군 산동 골프장 저지투쟁은 전국 곳곳에 알려져 비슷한 처지에 있는 전남 화순군, 경기도 파주군, 강원도 삼척군 등 30여 지역에서 골프장 반대투쟁 '견학'을 오기도 할 정도로 모범적인 투쟁을 전개했다. 1991년 1월 '산동골프장 반대 대책위원회'(위원장 김상억)는 〈환경과 공해연구회〉가 선정한 '올해의 환경인'에 선정되기도 했다. (『한겨레신문』, 1990. 7. 20 ; 『한겨레신문』, 1991. 1. 11)

처음부터 경북 선산군은 골프장 사업계획(경북 선산군 산동면 인덕동 산 39의1번지 일대 약 45만 평에 27홀 규모)이 제출된 지 두 달 만에 이례적으로 1987년 8월 교통부의 내인가를 받았다. 10월경 선산군수는 산림보전지역과 농지들을 관광휴양지역으로 바꾸기 위한 국토이용계획 변경신청서를 경북도지사에게 제출하고, 11월 선산군 소유 임야 34만7천 평을 골프장용지로 사업자인 구미개발에 대부해주면서 골프장사업계획 승인신청서를 경북도지사에게 제출했다. 이때까지만 해도 사업자는 주민소유 토지를 매입하면서 용도를 밝히지 않고 면장 등을 내세워 국가 주요 산업의 공장부지라고 거짓으로 변명했기 때문에 주민들은 골프장 건설에 대해 거의 알지 못하고 헐값에 땅을 매각했다.

1988년 3월 건설부 고시로 국토이용계획 변경이 결정되고 5월에 선산군의 분묘이장 공고를 보면서부터 산동면 주민들은 비로소 골프장이 들어선다는 사실을 알게 되었다. 속았다는 생각과 함께 토지매각을 거부하거나 분묘이장 허가의 취소를 요구하는 등 주민들의 반발이 시작되었다. 이에 불안해진 구미개발은 1988년 6월 4일 선산군수와 합의각서를 체결했다. 1988년 6월 4일부터 주민들도 본격적으로 골프장 건설 저지를 위한 서명운동을 벌이면서 산동면 전체 유권자 2천8백여 명 중 2천4백70여 명이 서명 날인한 탄원서를 정기국회가 시작되는 9월에 청와대, 경북도지사, 선산군수 등 행정기관과 조선일보, 경북일보 등 각 언론기관 및 정당에 보냈다. 10월 16일 환경청은 "협의조건만 제대로 이행하면 환경오염의 우려가 없다."는 선산골프장 건설사업의 환경 영향평가 협의 결과를 서둘러 경상북도지사에게 통보했다. 1989년 7월 3백여 명의 주민이 경북도청을 점거,

도지사 면담을 요구하며 점거농성 벌였다. 농민들은 투쟁조직을 재정비하고 산동청년회를 중심으로 〈산동골프장 결사저지 대책위원회〉(위원장 김효열)를 결성하였다.

이러한 산동면민들의 투쟁에 당시 〈대구경북민주화를위한교수협의회〉도 대책위를 결성하여 주민교육과 기자회견을 통한 골프장 설치의 부당성 홍보에 주력했다. 대책위는 1989년 9월부터 세 차례 골프장저지대책위 소식지를 발행하고, 민교협과 연계한 자체 주민교육(농업기술교육 포함)을 실시했으며, 대학생들과 협력하여 골프장 반대 연극 '골프공화국'(놀이패 탈)을 만들어 각 마을회관에서 공연했다. (『사적지조사보고서』, 293~295쪽)

1990년 11월 21일 골프장 부지에 마침내 건설장비가 투입되자 주민들은 3일 동안 자녀들의 등교를 거부하고 주민 5백여 명은 집단 시위를 벌이면서 이에 항의하는 한편, 현장 내에 비닐하우스와 천막을 짓고 하루 평균 100~150명의 주민들이 현장을 감시하면서 4개월간 철야농성을 계속했다. 12월 24일 다시 공사작업을 시도하는 것을 보고 농성하던 주민들이 뛰어나와 저지하려 하자 시공회사측이 동원한 폭력배들이 주민들을 닥치는 대로 구타하여 17명이 부상하고 이 중 3명은 중상을 입어 치료를 받기도 했다. (신창현, 1991)

〈그림 4-14〉 산동골프장 건설 저지투쟁 (출처: 전국농민회 경북연맹)

산동골프장 건설 저지투쟁은 1988년부터 5년여 기간 동안 농민이 대부분인 주민들이 똘똘 뭉쳐 투쟁했다. 비록 골프장은 1989년 건설되고 말았지만 18홀 규모로 축소되었고 이후 전국적인 골프장 건설 저지투쟁 가운데 대표적인 투쟁사례로 남았다.

제4절 경북농민운동연합과 전국농민회총연맹

1. '경북농민운동연합'의 투쟁과 '전농'의 창립

1988년 대중투쟁과 대중조직의 발전에 따라 농민운동조직의 통일 문제가 전면에 제기되었다. 농민운동은 대중적 투쟁을 통해 지역이라는 한계를 극복하고 전국으로 확산되어 나갔으며, 그 방법도 청원수준에서 거부투쟁으로, 준법에서 합법성 쟁취로, 일회성 투쟁에서 장기성 투쟁으로, 소수 활동가 중심에서 대중 중심으로 전환되었다. 또 대중운동의 성과에 발맞춰 농민운동의 흩어진 조직을 통일해야한다는 강력한 압력이 참여농민들로부터 제기되고 있었다. 이 단계에서 농민대중의 자주적 운동조직의 전국적인 결집체로서 최초로 등장한 것이 바로 1987년 2월 26일 결성된 〈전국농민협회〉였다. 종교단체의 성격에서 벗어나 농민 스스로의 조직을 표방한 전국 15개 지역의 농민회가 뭉친 전국농민협회는 창립선언문에서 "농민 스스로에 의한 자립적 조직으로 뭉쳐 1천만 농민 속에 튼튼히 뿌리박을 때, 농민 권익을 세우고 나라의 민주화와 민족통일에 이르는 올바른 농민운동의 기초가 된다."고 밝혔다.

1989년 초반 농민운동 조직은 기존 〈가톨릭농민회〉와 〈기독교농민회〉를 위시하여 새로이 결성된 〈전국농민협회〉, 그리고 어떠한 전국조직에도 가입하지 않은 〈자주적농민회〉들로 농민조직들이 나눠져 있었다. 이러한 상황은 농민운동의 지도력을 약화시키고 사업의 중복과 조직 간의 소모적 갈등으로 운동역량을 낭비하게 만들었다. 이 때문에 이러한 조직통일의 문제를 가장 절실하게 생각하고 있었던 몇몇 선구적인 지역에서부터 계통을 달리하는 여러 조직을 하나로 묶어 통일된 군단위 조직을 건설하려는 움직임이 일어나기 시작하였다. 이러한 지역농민들의 노력이 전국수준의 조직통일 논의를 더욱 촉진시켰다.

1988년 11월 24일 '제1차 전국 및 도, 군 단위 농민대표자회의'에서 '전국농민운동단체협의회(가칭)'를 결성하기로 합의하고 이후 2차례의 대표자회의, 7차례의 준비소위원회가 진행되었다. 비슷한 시기 가톨릭농민회도 '농민운동 통일을 위한 조직개선 특별위원회'를 구성하고 「농민운동 통일방안」을 채택했다. 이에 따라 가톨릭농민회는 65개 지역협의회 조직을 '군농민회'로 개편하는 작업에 들어갔다. 그리고 1989년 3월 1일 대전가톨릭농민회관에서 〈전국농민협회〉 소속 일부 군농민회를 제외하고 〈가톨릭농민회〉와 〈기독교농민회 총연합회〉, 독자적 군농민회 등 전국 9개 도 95개 군 대표자들이 참여한 가운데 〈전국농민운동연합〉(이하 전농련)이 결성되었다. (가톨릭농민회 50년사 편찬위원회, 2016. 289쪽) 선출된 임원은 의장 윤정석(경북 선산), 부의장 정광훈(전남 해남), 권종대(경북 영덕), 박기식(충북 영동), 엄동익(강원 원성)이었다. 전농련은 회칙(제2조)에서 '농민대중의 당면투쟁 및 자주적 조직화(군농민회)를 추동, 강화하여 농민운동의 전국적 통일을 적극 추진한다'고 밝혔다. (엄영애, 2007, 313쪽)

경북지역에서도 1988년 고추투쟁과 산동 골프장 반대투쟁을 거치면서 영주영풍, 경산, 상주(농민회 준비위원회) 등 군 단위 농민회뿐만 아니라 경북지역 245개 면 중 65개 면 단위에서 면 농민회가 확산되고 있었다. 경북지역의 활발한 군 단위 조직통일사업은 전국 농민운동의 통일에 견인차 역할을 수행하였다는 평가를 받았다. 그리고 1989년 4월 12일 경북대 야외공연장에서 경북지역 23 시군 가운데 16개 시군(의성, 안동, 청송, 울진, 경산, 영덕, 영일, 고령, 성주, 예천, 봉화, 선산, 금릉, 상주, 영양, 영주) 농민회 조직이 참여한 가운데 〈경북농민운동연합〉이 출범했다.

경북농민운동연합은 쌀 투쟁(상주, 안동 등)과 고추투쟁(봉화, 영양, 청송 등) 뿐만 아니라 의료보험거부투쟁(전화기 차압 항의 투쟁, 예천), 수입개방저지투쟁(영주), 봄철 영농발대식(선산, 고령, 경산 등), 계분공장 반대투쟁(성주군 초전면), 원전반대투쟁(울진), 핵폐기장 반대투쟁(울진, 영덕, 영일) 등 군 단위 이슈에 적극 개입하면서 투쟁을 이끌었다. 또한 1989년 민중대회, 전교조 합법성 쟁취투쟁 등 민중연대에도 적극 나섰다. 1990년 대학생 여름농촌활동에는 15개 군에 4천여 명의 학생들이 참여했고 총 연인원 5천여 명의 학생들이 경북지역에서 '농활'을 진행했다.(『전농경북도연맹 20년사』, 24~31쪽)

전농련을 중심으로 한 전국 단일 농민운동 조직 건설 논의는 1990년 1월 31일 '전국단일조직건설을 위한 농민단체연석회의(이하 연석회의)'를 시작으로 2차례의 전국대표자회의와 5차례의 추진위원회 회의를 통해 이루어졌다. 첫 연석회의에서는 전국농민운동연합, '전국농민협회', '독자농 전국모임' 등의 주요 간부 30여 명이 참석하여 전국적 농민운동 조직의 강령과 조직체계를 함께 논의했다. 이 과정에서 ① 합법공개 대중조직일 것, ② 변혁지향적 조직일 것, ③ 빈농·소농 주도의 원칙을 견지할 것, ④ 군 농민회를 구성 주체로 할 것에 합의했다. 그리고 2월에 78개 군 농민단체 대표자들이 '전국농민회총연맹 창립준비위원회'를 구성했고, 29개 군 대표자로 '추진위원회'를 구성했다.

경북지역은 1990년 3월 7일 '경북도연맹 준비위원회'(위원장 윤정석)를 결성했다. 참여한 군 농민회는 의성, 안동, 청송, 영양, 영주, 봉화, 예천, 울진, 영덕, 영일, 경산, 고령, 성주, 상주, 금릉, 선산 등 16개 지역이었다.

전농 창립준비위원회는 4월 10일 '창립준비위원회' 총회를 거쳐 1990
년 4월 24일 서울 건국대학교에서 전국 6개 도연맹과 72개 군 농민회 소
속 230명의 대의원이 참석한 가운데 전국 농민 단일조직인 〈전국농민회총
연맹〉(이하 전농) 창립대회를 개최하였다. 대회에서는 의장 권종대(경북 영
덕), 부의장 정광훈(전남 해남), 민일근(충남 예산)을 선출했다. 그리고 전
농련은 1990년 4월 23일 전국농민회총연맹이 창립되기 하루 전날 서울 성
문밖교회에서 해산총회를 열어 결의문을 채택하고 해산했다.

전농은 1군 1농민회 원칙에 의한 군 단위 단일조직을 건설하면서 전국농
민회총연맹—도 연맹—군 농민회를 연결하는 전국적 단일체계를 구축했다.
전농의 창립은 농민운동의 단일성과 지도성을 확보하고, 민족민주운동에
농민운동이 적극 결합함으로써 사회변혁운동에서 제 역할을 할 수 있게 되
었다는 점에서 중요한 의미를 갖는다. (이창한, 2011, 309~310쪽)

한편 안동가톨릭농민회는 정호경 신부가 1986년 "생활 공동체 운동"을
제창한 이후 꾸준히 소공동체 운동을 전개해왔는데 농민운동조직의 전환과
전농 출범을 전후하여 '농민만이 아니라 도시인도 할 수 있고, 개인 변혁과
사회 변혁이 함께 이루어져가는 생명운동'을 지향하는 "생명의 공동체" 운
동(대표 조창래 신부)을 선언했다. 1990년 12월 19일 〈생명의 공동체 창립
총회〉(안동문화회관)에서는 공업화와 산업문명이 가져온 소비만능주의의
폐해, 맹목적 성장주의와 환경 파괴 등 만연한 생명의 위기를 극복하기 위
해 "작은 공동체를 통한 만남과 나눔 활동, 생태계 살리기 운동, 건강한 소
비 활동, 공동 구매·판매 활동, (유기농업, 필자 주) 생산 공동체 및 타 생
명 공동체와의 연대 활동, 생명의 공동체 확산 활동"을 결의했다.('생명의
공동체 선언문', 『교구 농민회』, 295쪽)

2. 경북지역 여성농민들의 투쟁

모든 농민들의 투쟁에는 여성농민들이 항상 함께 하였다. 그러나 남성 중심의 농민운동 풍토에서 여성농민들이 '농민문제'와 '여성문제'에 대해 자각하고 조직화되기까지는 오랜 시간이 필요했다. 1977년 〈가톨릭농촌여성회〉가 조직되었으나 '농촌여성'들의 애로사항과 여가문제 외 여성농민들의 본질적 처지에 대한 인식은 부족했다. 그러나 1980년대 들어 소몰이 시위와 고추투쟁 등 전국적 투쟁에서 여성농민들은 단순한 '식사준비'나 '시위참여' 수준을 넘어 투쟁의 주체로 당당히 나서는 계기가 많아졌다. 여성농민들은 기존 조직의 틀 안에서 여성농민 문제 등에 대한 교양사업과 투쟁사업 등을 전개했다.

마침내 여성농민은 여성농민조직 활성화에 대한 논의과정을 거쳐 1989년 '전국 여성농민 조직 활성화를 위한 위원회(이하 조활위)'를 결성하여 전국조직 건설을 준비하게 되었다. '조활위'는 '전국여성농민위원회준비위'가 결성될 때까지 한시적 조직으로서의 위상을 가졌다. 이를 위해 전국 각지의 여성농민 활동가들이 간담회 등을 개최하여 1989년 9월에 '전국여성농민위원회 준비위원회'로 전환하고, 같은 해 12월 대전가톨릭농민회관 대강당에서 '전국여성농민위원회(이하 여농위)'가 결성되었다. 여농위는 1992년 1월 20일 '전국여성농민회총연합'(전여농)으로 발전했다. (이창한, 2011, 310쪽)

경북지역의 경우, 1988년 이후 군별 여성농민의 조직화가 활발하게 전개되었다. 1988년 '상주군 여성농민회'가 결성(7. 2)되었고 성주군에서는 1988년 이전부터 초전면 소성동에 가톨릭농촌여성회 활동이 있었는데 그해 하반기부터 가톨릭농민회 회원 부인들의 친목모임이 열리는 등 여성농민들의 조직이 활발했다. 경산군에서도 1988년 계모임 형식으로 여성농민들이 점차 조직화되었고, 고령군에서는 1988년 11월 2일 농민대회를 계기로 여성농민들의 '반딧불모임'이 시작되었다.

1989년 2월 25일 경북 여성농민운동 활동가 제1차 회의가 열렸는데 김미영(안동), 이현정(영양), 임봉순(봉화), 임순분(성주) 등이 활동했다. 그즈음 상주군에서는 '상주여성농민 한마음회'가 6개면 여성농민 23명이 참여하여 결성되었고 성주군에서도 5개면에서 여성농민 8~13명이 활동했다. 3월 12일에는 경북여성농민단합대회가 20여 명의 여성농민이 참여하여 진행되었고, 3월 31일 '경북여성농민회 준비위원회' 준비모임을 결의하여 1990년 2월 27일 '경북여성농민회 준비위원회'가 공식 결성되었다. 경북여성농민회 준비위원회는 1990년 들어 경산군에서 '들불여성농민회'(회원 15명), 의성군에서 '점곡면 동변마을 여성농민회'(1990. 3. 3. 결성 회원 13명), '안계면 쌍호, 월소 분회'(회원 10여 명)가 조직되었고 청송군 현서면 '청솔여성농민모임'이 3월 결성되는 등 활발한 조직사업을 진행했고 1992년 2월 24일 〈경북여성농민회연합〉이 창립되었다. 주요 활동가는 류옥선, 전분희, 윤금순, 김태숙, 류은미, 이병술, 김희경, 김정렬 등이었다. (엄영애, 2007, 476~538쪽)

3. 1990년대 경북지역 농민운동

1990년대에 들어서자 한국농업은 개방농정에 지쳐 자본축적에 기여할 수 있는 폭이 점점 줄어들었다. 그래서 '농업구조조정'이라는 1990년대의 새로운 농업정책 방향이 나타났다. 새로운 농업정책은 전체산업의 구조조정이 지향하는 국제경쟁력 강화라는 목표를 서둘러 달성하기 위해, 비효율적이라 지칭되는 국내농업을 과감히 도태시켜 국제경쟁력을 갖출 수 있는 규모의 경제를 강제로 실현시킨다는 매우 위험한 발상이었다. 농업에서 불필요해진 농업노동력을 기술훈련과 농공단지 조성을 통해 공업노동력으로 전환시키며, 농지이용체계도 꼭 필요한 농업진흥구역 만을 제외하고 나머지는 공장부지와 주택지의 구입난을 해소시키기 위해 전용을 허용하겠다는 것이 그 주요내용이었다.

이처럼 개방만을 강제해오던 내외독점자본의 압력은 1989년 「농어촌발전종합대책」이라는 이름의 전면적인 농업재편을 위한 새로운 정책으로 집약되고, 제7차 경제개발 5개년 계획으로 실행되었다. 그리하여 정부는 1990년부터는 '우루과이라운드' 협상을 내세워 개방 불가피론을 강요하면서 농업발전을 위해서도 구조조정을 앞당겨야 한다고 주장하였다. 이 구도는 정부의 농산물 수입자유화 예시계획 발표로 더욱 분명해졌다. 절대다수 농민들의 반대에도 불구하고, 1989~91년 동안 243개 농축산물이 개방되었고, 1992~94년 동안 131개 농축산물이 개방되었으며, 그리고 1995~97년 동안 나머지 142개 품목까지 모두 개방되었다. 그 결과 1980년대 중반에는 60% 내외였던 수입자유화율이 1991년에는 84.7%가 되고, 1997년에 이르러 마침내 100%를 서둘러 달성했던 것이다.

1991년은 미국의 수입개방 압력이 전면적으로 가시화되면서 농업포기, 농민말살 정책이 극명히 드러난 해였다. 이는 노태우 정권이 대외적으로 굴욕적인 쌀개방, UR협상 등을 일방적으로 수용한 결과였다. 경북 농민운동은 1991년 5월 투쟁에서 정치적 과제를 내걸고 안동, 경산, 김천, 예천, 상주 등지에서 '공안통치분쇄', '노태우퇴진' 투쟁을 전개하였다. 같은 해 하반기의 주요 투쟁사업은 쌀 수입저지와 전량수매투쟁에 맞춰 일관되게 전개되었다. 경북지역은 9~10월 동안 다양한 교육사업, 농민단합대회 등에서 쌀 투쟁을 결의하였으며, 11월 17일 상주에서 1천2백여 명이 참여한 가운데 '경북농민대회'를 개최한 후, 11월 26일 서울 장충단공원에서 전농(의장 권종대) 주최로 열린 '미국쌀 수입저지와 쌀값보장 전량 수매를 위한 전국농민대회'로 집결했다. (『기초조사보고서』, 291~292쪽)

1992년은 4월 17일 안동, 의성, 성주, 5월 2일 상주의 영농발대식으로 상반기 투쟁이 시작되었다. 영농발대식의 목표는 92년의 주요 투쟁활동인 의료보험을 비롯한 각종 현안투쟁을 위해 총선으로 이완된 조직을 재정비하고 농민대중과의 친화력을 제고하는데 있었다. 그 결과 다양한 행사를 진행함으로써 대중과의 친밀감을 형성했으며, 봄철 농번기 투쟁을 조직화하였다. 후반기로 넘어가면서 경북 의성에서는 1천여 명의 농민들이 참여한 가운데 '농가부채탕감 및 쌀값보장 전량수매 쟁취 경북농민대회'가 10월 2일에 개최되었다. 이 대회의 성과는 농업·농민문제와 민주정부 수립의 필요성을 농민대중에게 선전하였으며, 각 민주단체와의 연대를 강화하였고, 농가부채탕감의 정당성을 확산시켰다는데 있었다. 또한 11월 8일에서 12일 사이에 전개된 '농가부채 탕감 및 쌀값보장 전량수매를 위한 각 군 동시다발 집회 및 선전주간'에는 경북농민대회의 성과를 각 지역으로 확산시키고 대통령선거에 맞추어 민자당의 반농민성을 선전하고 폭로하였다. 이어서 12월 1일 경북 선산군 고아면 면사무소 앞에 쌀 6백 가마 야적과 12월 3일 상주군 민자당 지구당 앞 2백 가마 야적을 시작으로 쌀 투쟁 선전전이 15일간 전개되었다. (『전농경북도연맹 20년사』, 46~52쪽)

제5절 경북 농민운동의 특성과 역사적 의미

경북지역은 해방 이후 1946년 10월항쟁과 한국전쟁 전후 양민학살을 겪으면서 지역의 자생적인 민중운동역량이 거의 대부분 파괴되고 말았다. 여기에 이승만 정권의 농지개혁 실패, 박정희 정권의 '경제개발계획'과 유신농정, 전두환·노태우 정권의 신자유주의 개방농정이 차례로 이어지면서 지역 농민들의 삶은 피폐해져갔다.

그러나 경북지역 농민들은 한 순간도 투쟁을 멈추지 않았다. 해방공간에서의 농지 자주관리운동, 1950, 1960년대의 암울한 상황에서도 농촌계몽과 소득향상, 지역개발운동, 1970~80년대 가톨릭농민회를 중심으로 생존권 투쟁, 농가부채 탕감투쟁, 수세투쟁, 농축산물 수입개방 저지투쟁, 고추 제값받기 대투쟁, 소몰이 투쟁 등을 간단없이 전개하였다. 가톨릭농민회 운동에서도 경북지역 농민운동은 조직과 투쟁, 리더십 분야에서 커다란 기여를 했다.

1988년 고추 제값받기 대투쟁은 경북에서 시작하여 전국적인 대투쟁으로 확산되었으며, 1988년 선산 산동골프장 저지투쟁은 5년여 주민들과 지역민주화운동이 결합하여 전국적인 골프장 저지투쟁에서 모범을 창조했다. 또 경북지역 농민운동은 1990년대에 이르러 지역 군 단위 농민조직을 망라한 전국적 농민운동조직을 결성하고 주요 간부들을 배출하는데 큰 기여를 했다. 무엇보다 경북 농민운동은 1980년대 사회민주화의 전반적 흐름 속에서 전국교직원노조 경북지부와 함께 경북지역 군단위 민주화운동의 거점으로서 대구경북지역 민주화운동의 근거지 역할을 다했다. 이 과정에서 경북 여성농민들의 끈질긴 투쟁도 기억해야 할 것이다. 유교적 전통이 강한 지역 특성을 극복하고 경북여성농민들은 전국여성농민의 조직화에 앞장섰다.

경북지역의 농민운동은 농민 고령화, 농촌 공동화 등 역대 반농업 정책의 결과로 1990년대 중반 이후 영향력이 줄어들게 된다. 2020년 현재 전농 경북도연맹은 경북지역 13개 시,군 농민회를 조직하고 있다. 또 주요 활동으로 '농민헌법의 제정', '농민수당 입법', '농업예산의 총예산 5%대로 확대', '농산물 가격보장제 도입', '비농민의 농지소유 제한', '통일농업, 생태농업 전환', '농협중앙회장 직선제' 등을 추진하고 있다. 앞으로 경북 농민운동은 농업의 사회적, 생태적 역할을 강화하고 농민 생존권의 보장, 민족농업의 실현을 위해 계속 투쟁해 나갈 것이다.

제3장 교육운동

제1절 교육민주화운동의 분출

1. 한국교원노동조합의 태동과 결성

광복 이후 국가 정책에 의해 학교교육이 확대되면서 각 급 학교와 교원이 급증하였다. 1945년을 기준으로 볼 때 1960년 현재 학교 수는 2배로 증가하였고, 학생과 교원은 4배 가까이 증가하였다. 교원은 광복 이후 임용된 교원이 80%를 상회하고, 교원의 평균 연령도 30세 전후로 몰려있어서 교원의 세대교체가 이루어졌다. 그러나 이들 젊은 교사들은 저급한 임금[14]으로 빈곤에 시달려야만 했고 신분의 안정성을 보장받을 수 없었다.

교육계 상층부의 반민족적이며 비민주적인 행태와 교사집단이 감당해야 하는 역할의 문제점도 심각하였다. 당시 교육계는 일본의 식민지교육에 복무했던 인사들이 교육이념과 정책을 수립하여, 자유당 정권의 독재를 합리화하는데 앞장서고 있었다. 교사들은 학교장의 강요에 의해 자유당 입당 원서를 쓰고 선거 운동에 동원되었으며, 방학책 및 각종 부교재를 판매하거나

---

14) 1960년 '한국은행조사월보'에 의하면 1960년 11월 서울 시내 봉급자의 가구당 월평균 지출의 평균액이 약 17만 8천환인데 비해 교원의 가구당 지출액은 8만 1천환이었다. 교원의 한 달 보수는 3~4만환이란 점을 감안하면 생계 상태의 열악함을 가늠할 수 있다.(이목, 1989, 274쪽)

기부금품을 강제 징수하여야만 했다.

비판적 교사에 대한 좌천이나 해직 등이 다반사였으며 특히 전체 교원의 15%인 사립 교원들의 신분보장 장치는 전혀 없었다. 교원들의 주된 불만은 '학원의 정치 도구화', '학원의 모리 대상화', '교사 신분의 불안정성' 등이었다. 유일한 교직단체인 대한교육연합회(이하 대한교련)는 중앙집권적 교육행정의 하부 조직화되어 교원을 통제하기 위한 기구로써 이용되었다. 대한교련의 임원 구성에서 평교사는 완전히 배제됨으로써 그들의 입장과 요구를 반영하지 못하였다.

이런 상황이 지속되면서 학원의 정상화와 교원들의 권익을 추진해나갈 자주적인 교원단체가 절실히 필요하였다. 자주적인 교원단체가 결성되는 상황은 1960년에 조성되었다. 대구지역 고등학생들이 주도한 2·28의거는 교사들에게 반성의 채찍이 되었고, 4월혁명과 자유당정권의 붕괴는 교사들에게 학원민주화를 위한 기대를 불러일으켰다.

그 열망은 교원노동조합(이하 교원노조) 결성으로 나타났다. 교사들이 교원노조를 선택한 이유는 첫째, 조직과 단체 활동의 법적 보장을 받을 수 있는 합법적 조직체라야만 했고 둘째, 단체 활동을 위하여 노동3권을 가져야만 하고 셋째, 대한교련만을 인정하는 현행법상 교직자 단체로는 노동조합 이외는 조직할 수 없었기 때문이었다.

교원노조의 결성은 2·28의거에 자극받은 대구에서 가장 먼저 시작되었다. 이승만의 하야 다음날인 1960년 4월 28일 교원노조 설립을 위한 발기인 모임이 소집되었다. 다음 날 대구 공·사립 중등교사 60여 명은 경북여자고등학교에서 여학룡의 주재 하에 '대구시교원노조결성준비위원회'를 구성하고 교원의 신분 보장, 학원의 완전 자유 보장, 학원의 정치적 중립과 민주화 등의 강령을 제정하였다. 이들은 「전국 교원동지의 분기를 촉구한다!」는 격문을 발표하여 전국의 교원들에게 교원노조 건설의 대의를 밝히고 민주학원 건설에 나설 것을 호소하였다. 5월 7일 대구상업고등학교에서 '대구지구중고등학교교원노동조합'(위원장 김장수)을 결성하고 대한교련 탈퇴를 선언하였다. 같은 날, 초등 교사들도 '대구시초등학교교원노동조합'(위원장 정호강)을 결성하였다. 이로서 지구(시 · 군) 단위로는 전국에서 처음으로 교원노조가 대구에서 출범하였다.(이하 대구교조)

교원노조 결성은 경북 각지로 확산되어 울릉도를 제외한 26개 시 · 군에서 35개의 조합이 결성되었다. 지구 단위 교원노조 결성이 확대되자 도 단위 연합조직의 결성으로 발전하여 5월 29일 대구종로초등학교에서 도 단위 연합회로는 전국에서 최초로 '경북지구교원노동조합연합회'(위원장 김문심, 이하 경북교조)를 결성하였다.

이후, 도 단위 연합체가 속속 결성되었다. 그 열기는 전국 규모의 연합체의 결성으로 발전하였다. 7월 3일 대구 청구대학 강당에서 '전국 교원노동조합 대표자회의'를 개최하여 전국연합체의 결성을 모색하였다. 그 결과 7월 17일 서울에서 '한국교원노동조합총연합회'(위원장 조일문, 사무국장 이목)를 창립함으로써 전국적 조직 체계를 정립하였다.

교원노조는 인적 구성 면에서 경남 · 북이 차지하는 비중은 절대적이었다. 전국 초 · 중 · 고등학교의 85%가 공립학교였던 1960년 당시, 경남 · 북은 전국 공립교원의 30% 이상을 차지하여 다른 8개의 도는 물론이거니와 서울보다 교원 수가 많았다. 교원노조에 가입한 교사는 1960년에 전국 10만 교사의 25%인 2만여 명이었으며, 1961년 초에는 약 4만여 명으로 확대되었다. 가입률도 타 지역보다 월등하여 경남 교원의 57%, 경북 교원의 63%가 가입하여 경북 가입률이 전국 최고치를 나타내었다(표 1). 전국 조합원의 87%, 전국 대의원 186명 중에서 81명이 경 · 남북에 속하였으며, 전국 82개 단위조합 중에서 61가 경 · 남북에 속하였으며 경북이 35개로 26개인 경남보다 많았다. 조직의 기초인 분회의 구성과 활동이 타 지역보다 두드러졌다.

<표 1> 과도정부시기 교원노조 가입자 상황

구분	서울	경기	충북	충남	전북	전남	경북	경남	강원	제주	계
가입자수	218	463	0	910	371	230	8,142	8,087	0	178	18,678
전체교원수	8,187	8,395	5,143	8,020	8,470	10,957	12,896	14,083	6,148	1,191	83,490
가입비율(%)	2.66	5.52	0	11.09	4.38	2.10	63.14	57.38	0	14.95	22.37

** 출처 : 『대한교육연감』, 1960, 214쪽

2. 정권의 탄압과 교원노조 합법화 투쟁

4월혁명으로 들어선 허정 과도정부는 국민 기본권과 민주주의의 회복을 요구하는 국민적 여망을 저버림으로써 사회적 갈등은 증폭되었다. 이런 상황에서 교원노조는 민주세력의 확대·강화에 중요한 시금석이었으며, 정권에게는 중대한 위협으로 간주되었다. 과도정부의 문교장관 이병도는 5월 19일 '교원노조 불허' 방침을 발표하였다.

경북교조는 5월 24일 대구역 광장에서 성토대회를 열고 장관의 사퇴를 촉구했다. 지역 언론도 "교원노조의 결성은 필요하고도 합법적인 것"(『대구매일신문』, 1960. 5. 22 사설)이라며 옹호하였다. 6월 22일 문교장관은 교원노조의 해체를 지시하고, 교원노조 탈퇴에 불응하는 교사들을 파면하겠다는 입장을 발표했다. 경북교조는 결사 투쟁을 천명하고 6월 25일에는 대구역 광장에서 궐기대회를 개최하여 교원노조의 합법성을 주장하였다.

정권의 탄압은 경북에서 시작되었다. 경북도지사는 8월 초에 대규모 인사이동을 단행하여, 경북교조 위원장 김문심 외 간부 25명을 산간벽지로 전보 발령하였다. 경북교조는 '전출 발령 거부'와 '교원노조 소속 교원 전원 집단 사퇴원 제출'을 결정하였으며, 8월 11일부터 14일까지 도청 광장에서 농성에 돌입하는 한편 도지사를 상대로 행정소송을 제기하였다. 경북고등학교(이하 학교명은 초등, 중, 고, 대로 표기), 경북여고 등 학생들도 교원노조 투쟁에 동참할 것을 결의했으며, 대한변호사협회와 공무원노조 및『대구매일신문』과『영남일보』등 지역 언론은 교원노조를 적극 옹호하였다.[15]

경북교조는 8월 20일 대구 달성공원에서 '교원노조 탄압 반대 전국 조합원 총궐기대회'를 개최하였다. 이 대회는 이른바 '8월 투쟁'의 분수령이 되는 중요한 의미를 지닌 집회가 되었다. 2,500여 명의 경북교조 조합원과 500여 명의 타도 대표들 및 시민 등 5,000여 명이 참가한 우리나라 역사 이래 최대 규모의 교사 집회였다.

이후 폭염을 무릅쓰고 투쟁은 격화되었다. 투쟁은 전국 최대의 조직력과 투쟁력을 보유한 경북의 중심인 대구에서 집중적으로 전개되었다. 도청 광장 농성, 전국에서 합세한 교사들의 집회와 가두행진, 9,500여 교원의 총사퇴 결행 선언, 경북교수협의회와 전국공무원노조의 지지 · 연대가 이어졌다.

이런 상황에서 8월 25일 대구고등법원은 경북교조가 제기하였던 행정소송의 주장을 받아들였다. 교원노조를 합법단체로 판시하고 전보발령을 부당노동행위로 규정하여 전보 취소 판결을 하였다. 이로써 8월 투쟁은 일단 교원노조의 승리로 마무리되었다.

그러나 장면 정부는 법원 판결에도 불구하고 '교원노조 불인정' 입장을 고수했다. 국회에서는 교원노조를 용공집단으로 조작하여 불법화하려는 움직임이 나타났다. 국회의원 곽태진은 "교원노조 배후에 보도연맹 및 자유당계의 조종"을 언급하였고, 곽태진 외 민의원 16명은 노동조합법 제 6조 단서조항「노조 가입 금지 대상자」에 '교원'을 추가하여 교원노조 설립을 불법화하는 개정안을 제출하였다.

경북교조는 9월 18일 곽태진의 지역구(경북 고령)에서 '노동조합법 개악 반대 성토대회'를 열고, "9월 25일까지 노동법 개정안을 철회하지 않을 경

---

15) 『대구매일신문』, 1960. 8. 11 사설「과도정부는 교원노조를 해산할 권한 없다」,『영남일보』1960. 8. 16 사설「관료적, 비민주적 처사를 한 경북지사는 사퇴함이 마땅하다」

우, 9월 26일부터 집단 단식 농성투쟁에 돌입할 것"을 선언하였다. 국회가 불응하자 9월 26일 대구역 광장에서 '단식투쟁 결행 선언대회'를 개최하고 단식에 돌입했다. 수업을 병행하는 단식농성으로 쓰러지는 교사들이 속출하였다.

경북고, 경북여고 학생들도 동조단식을 하였으며 심지어 중학생과 초등학생들까지 투쟁이 파급될 기미를 보였다. 9월 29일에는 학생 6,000여 명이 교사들의 농성에 합류하였으며, 대구역 등 여러 곳의 농성장에서 실시되던 노천자습에 동참하였다. 대구상고, 영남고 등 대구 학생 14,000여 명은 "스승 없이 학원 없다"는 구호를 외치며 시가행진을 하여 4월혁명 이후 최대 규모의 학생 시위로 발전하여 수습할 수 없는 지경에 이르렀다.

교원과 학생들의 저항이 격렬해지고 졸도 및 중태에 빠진 교사들이 1,600여 명으로 불어나면서 상황은 나날이 심각해져갔다. 그러자 9월 29일 국회는 노동조합법 개정 법률안을 폐기하였다. 승리를 쟁취한 교원노조는 전국 4만여 명의 단식투쟁을 종료하였다.

한편, 교원노조는 '노동조합 설립 신고증 교부투쟁'을 벌였다. 교원노조가 1960년 5월 27일 노조 설립신고를 하였으나 당국은 신고필증을 교부하지 않았다. 교원노조는 행정소송을 제기하였으나 8월 23일에 새로 출범한 장면 내각조차 신고필증을 교부하지 않았다. 재판마저 정부의 지연전술로 지지부진하자 투쟁의 선봉에 서 있던 경북교조는 1961년 1월 16일부터 1차 농성에 돌입하였다. 투쟁은 전국으로 확대되어 1월 26일에는 전국적으로 일제히 2차 농성에 돌입하였다. 정부의 지연작전으로 해를 넘긴 행정소송은 4월 26일 언도공판을 하루 앞두고 느닷없이 정부가 소를 취하함으로써 교원노조가 또다시 승리하여 합법성을 인정받았다. 그러나 정부는 끝까지 신고필증을 교부하지 않았다.

3. 교원노조의 민주화 운동

교원노조의 과업은 4월혁명 정신에 입각하여 민주학원을 건설하고, 교육계와 학원 내에 도사리고 있는 자유당 독재의 잔재와 비민주적인 악폐를 척결하는 것이었다. 자유당 독재정권에 기생하였던 교육관료와 학교장들이 주축이 된 대한교련, 학교장의 편에 서서 권력의 외곽단체로 전락한 사친회(학부모회), 학원을 모리의 수단으로 여기는 사립학교 재단, 사친회비 · 각종 잡부금 · 특정 상품 강매 등을 강요하여 교사들을 금전적 비리의 조력자로 몰아가는 악폐 등이 척결 대상이었다. 교원노조는 이를 혁신하고자 '학원 정화 운동'을 전개하였다.

'학원 정화'의 구호가 처음으로 집단적인 시위 및 집회의 형태로 표출된 것은 1960년 6월 13일 대구교조의 규탄 시위 때였다. 1,500여 명의 교사들은 "3 · 15부정선거에 가담하고 구정권을 배경으로 부정불법을 자행한 악질 교장과 교감, 장학사, 교육감은 즉시 사퇴하라!"라는 규탄 결의문을 낭독하고 "대한교련 해체, 학원모리배 근절, 국정교과서 자유 판매, 학원에 물품 강매 일소, 부패 학원 정화"를 외치며 시가행진을 하였다.

그러나 교원노조에 대한 정권의 탄압정책이 분명해지자 교육관료, 사학재단, 사친회 등 반혁명 세력의 반격이 가해졌다. 도지사는 교원노조가 요구하는 인적 쇄신을 거부했다. 당시 교원노조는 부당전출에 항의했던 '8월 투쟁'과 노동법개악에 반대했던 '9월 극한투쟁'에 조직력을 집중함으로써 학원정화운동을 제대로 진척시키지 못했다.

학원 정화에 대한 요구가 높아져가자 10월 중순 문교부는 '3 · 15부정선거를 전후하여 곡학아세한 교육공무원 정리요강'을 발표했다. 당시 3급(교장, 교감) 이상의 교원 및 문교부 행정 관계자들의 자리를 모두 바꾼다는 원칙을 세웠다. 그러나 이때까지 합법화 투쟁에 집중함으로써 제대로 된 대응

방안을 마련하지 못했던 교원노조는 서둘러 비위사실을 조사하고, 교육 · 행정 관료를 특정하여 교육당국에 숙정을 요구하였다. 그러나 교원노조가 지목한 자들 중에서 추방된 자는 한 사람도 없었으며 오히려 신정부에 의하여 중용되는 경향마저 있었다. 1961년에 들어 경북교조는 분회에서 수집한 자료를 토대로 반혁명 교육자로 선별된 수십 명을 특별검찰에 집단 고발하였으나 5 · 16군사쿠데타로 무산되었다.

한편, 4월혁명 초기에 시민의 권리 회복을 외치던 민주화운동의 양상은 1961년이 되면서 사회경제적 투쟁과 통일 문제를 요구하는 흐름으로 바뀌어갔다. 이는 분단체제하에서는 시민의 자유와 권리의 회복이 어렵다는 사실을 민주시민들이 깨달았기 때문이었다. 그리하여 학생운동단체와 진보적인 정당 · 사회단체들은 자주적인 민족통일운동을 위하여 조직을 강화하고 활동력을 넓혔다.

민주당 정권은 분출하는 민중의 요구와 통일운동을 제어할 목적으로 1961년 3월 10일 「반공임시특별법」과 「집회와 시위에 관한 법률」(데모규제법)을 제정하려 하였다. 정부의 법 제정 움직임에 대하여 전국의 언론, 진보적인 정당, 사회단체, 노동단체들은 이를 '이대악법'으로 규정하고 일제히 반대하였다. 교원노조는 2대 악법 반대투쟁 참여에 신중을 기하였다. 반대운동이 자칫 용공조작의 모략에 이용당할 수 있는 위험성과 교사들의 보수적인 정치의식이 상존하는 내부적인 조건 때문이었다.

교원노조는 3월 13일 「반공임시특별법」을 '노동운동을 무자비하게 탄압할 수 있는 악법'으로 규정하였다. 이후 대규모 군중집회와 경찰의 충돌이 잦아지고 구속자가 점점 늘어나자, 3월 31일 경북교조를 대표하여 김문심과 이목은 '이대악법반대경북정당사회단체노동단체학생단체공동투쟁위원회'결성에 참여했다. 4월 2일 대구역 광장에서 개최된 대규모 궐기대회에 교원노조 조합원들은 개인 자격으로 참가하였으며, 이 집회로 인하여 경북교조 위원장 김문심은 무기징역형을 받았다.

4. 5·16군사쿠데타와 교원노조운동의 좌절

5·16군사쿠데타를 일으킨 박정희 군부는 5월 18일 전국의 교원노조 간부 및 조합원 1,500여 명을 체포하고 그 중 '수괴급'으로 분류된 54명을 '혁명재판소'로 송치하였다. 당시 치안국은 용공분자 2,000명을 구속했다고 발표하였는데 그들의 대다수가 교원노조 교사들이었다. 혁명내각의 문교장관 문희석은 "한국교원노동조합은 민주당 정부를 전복하고 대한민국을 공산화를 하려던 음모 사실이 발각되었다."고 하여 교원노조 교사 1,500여 명을 파면한 이유로 삼았다. 그러나 11월 16일 한국교원노동조합 관련자에 대한 1심 재판 공소장에 '정부 전복, 대한민국 공산화'에 대한 내용이 전혀 없었으며, 재판 결과 1,500여 명의 조합원들이 무죄 석방됨으로써 정부의 발표가 허위·날조임이 밝혀졌다.

5월 22일에는 '국가재건최고회의'는 포고령 제6호를 공포하여 모든 정당 사회단체를 해산시킴으로써 교원노조도 해체되었다. 「특수범죄처벌에 관한특별법」 제6조 '반국가단체에 동조했다'는 이유로 기소되었던 간부 5명(총연합회 위원장 강기철, 사무국장 이목, 선전부장 신동영, 경남교조 위원장 이종석, 경북교조 부위원장 신우영)과 '대구교원노조사건'으로 기소된 대구중등교조 부위원장 여학룡 등에게는 최저 3년에서 최고 15년까지 실형이 선고되었으며 상고는 기각되었다. 이렇게 하여 4·19교원노조는 좌절되었으며 교사 운동은 암흑기를 맞게 되었다.

제2절 교육민주화를 위한 교사운동의 재개

1. 1980년대 초기 교사운동

교사운동은 1970년대 말, 소모임 형태의 공개·비공개 조직이 결성되면서 되살아났다. 정권의 감시와 탄압을 피해 종교단체나 사회단체에 소속한 합법적 소모임들이 만들어지고, 이들은 낮은 차원에서 교육문제를 제기하고 제도 개선을 위한 활동을 하면서 교사운동의 대중적 발전의 기초를 마련해갔다. 1981년부터 각 지역별로 YMCA교사회가 결성되고, 이들이 1982년 1월 5일 의정부 다락원에서 '한국YMCA중등교육자협의회'(이하 한국Y교협, 회장 오장은)를 창립하면서 전국적 규모의 교사운동이 전개되기 시작하였다.

대구에서는 이재원(성명여중)의 주도하에 1981년 12월 17일, 지역 단위의 Y교사회로는 전국에서 처음으로 '대구YMCA중등교육자협의회(이하 대구Y교협) 창립준비위원회'를 결성하였다. "기독교적 정신과 교육자적 신념"으로 "학교교육과 청소년 문제를 토론하고 교육자적 자질 향상을 도모"하는 학습모임 수준에서 조심스럽게 출발하였다.[16] 이재원은 영남지역 Y교협의 확대를 위하여 노력하여 1982년 8월 3일 '영남지역YMCA중등교육자협의회'의 창립을 주도하였다. 1983~4년에 대구Y교협(2대 회장 김시철)이 주관하여 세 차례의 '영남지역Y교사연수회'를 개최하여 역량을 축적하였다. 이 무렵 참가한 회원은 이병희, 김순녕, 임종헌, 김영숙 등 10여 명이었다.

---

16) 이재원은 서울YMCA 이창식 간사로부터 한국Y교사회 참가 제의를 받고 4·19교원노조로 많은 교사들이 고초를 겪은 사실이 떠올라 "Y교사회가 교원노조운동을 하자는 것이 아니라"는 확약을 받고 가입했다고 회고하였다.(도서출판사람, 1996, 54쪽) 또한 1984년 1월 26일 대구Y교협 1월 정기집회에서 〈한국기독교사회문제연구소 구속사건〉 상황을 설명하면서 '본 회의 목적은 순수한 자기 발전을 위한 연구, 친교, 봉사 모임임을 재천명'할 정도로 4·19교원노조에 대한 피해 의식이 강했다.

〈그림 4-15〉 영남 YMCA 중등교육자협의회 회원들의 활동모습(1982.8.3~4)
(출처: 전교조대구지부)

한편 1980년대 초 대구경북에서 또 하나의 교사 운동이 있었다. 1970년
대부터 경북에서 '경북글짓기교육연구회'를 만들어 '올바른 글쓰기' 운동을
해오던 이오덕[17]의 영향을 받아 전국의 40여 명 교사들이 1983년 8월 20일
'한국글쓰기교육연구회'를 결성하자 대구경북에서도 초·중등교사들이 '대
구경북지회'를 구성하였다. 이들은 글쓰기 교육을 통하여 아이들에게 사람
다운 마음을 가지게 하고, 바르게 살아가도록 하는 교육 즉 '삶을 가꾸는 교
육'을 추구하였다. 1985년에서 1987년 무렵까지 대구경북지회(지회장 이도
걸)는 대구초등학교 부근의 물레출판사에 사무실을 두고 있었으며, 서정오,
윤태규, 이호철, 임성무, 구자숙 등 10여 명의 회원이 참여하였다.(이도걸
구술, 2020년 6월 11일)

경북에서도 이오덕, 권정생, 전우익 선생의 영향을 받거나 Y교협에서 활
동한 교사들이 교육운동가로 성장하였다. 특히 경북 안동에서 차영민, 김
헌택, 김대성 등 자생적으로 활동가가 된 교사들이 많이 나타났다. 이들은
1985년 6월 29일 경북지역 최초의 교사대중조직인 '안동YMCA교사회'(회

---

17) 이오덕은 "올바른 글쓰기 교육이야말로 낡은 질서로부터 아이들을 해방시키는 가장 훌
륭한 교육방법"이라며 글쓰기 혁명을 통해 한국사회의 변혁을 도모하였으며, 그의 사상
에 영향을 받은 많은 교사들이 전국 각처에서 전교협과 전교조를 주도하는 교육운동가
로 성장하였다. 실천적 교육운동가로서 '참교육'이란 용어를 처음 사용하였으며 1999년
전교조 '참교육상'을 수상하였다.

장 김대성, 경덕중, 이하 안동Y교협)를 창립하였다. 이 무렵 회원은 장병직, 정영상, 김용락, 석진미, 임정희, 류명희, 이재삼, 이명자, 박서호, 우재찬, 심영란, 김재형 등 초·중등 교사들이 두루 참여하였다.

교사운동을 불온시 하던 교육당국은 1985년 5월 교육무크지『민중교육』과『교육현장』이 발간되자, 민중교육 관련 교사들을 중징계하여 19명을 파면 또는 구속하였다. 이때 경북에서는 송대헌(영주 부석고)이 파면되었다. '민중교육지사건'으로 교사운동은 잠시 위축되었지만, 교사 대중이 교육현실을 직시하게 되고, 교육문제에 대하여 역사적·사회구조적 인식을 갖는 계기가 되었다.

1986년 1월 서울의 여중생이 "행복은 성적순이 아니잖아요!"라는 유서를 남기고 자살한 사건과 대통령 직선제 개헌 운동과 사회민주화를 위한 각계의 시국선언에 힘입어 교사운동은 활기를 되찾았다. Y교협 교사들은 5월 10일을 '교사의 날'로 정하고 '교육민주화선언'을 발표하였다. 이 선언은 교육이 군사독재정권의 굴레에서 벗어나는 신호탄이 되었으며, 교사들을 크게 고무시켜 교육운동이 확장되는 계기가 되었다. '민중교육지 탄압 항의성 명서 복사사건'[18]으로 감시와 탄압을 받았던 대구와 안동의 Y교협 교사들은 부산에서 개최된 '영남지역 교사의 날' 행사에 참가하였다. 이 무렵 대구 Y교협은 이도걸, 정호영, 손혜련, 배창환, 이석우, 정정옥, 박우현, 정만진, 서중현 등이 새롭게 참여하였다.

5·10교육민주화선언에 공감하는 교사들은 6월 이후 전국 4개 권역별로 '교육민주화선언 실천대회'를 결행하였다. 영남권 Y교사들은 9월 6일에 부

---

18) 대구Y교협에 출입하던 이석우 교사(당시 군인 신분)는 이재원 회장으로부터 입수한 『민중교육』 탄압 항의 성명서' 복사를 의뢰하였다가 이를 불온문서로 여긴 복사실 주인의 신고로 군수사대에 연행되어 70여 일간 구속되어 조사를 받고 기소유예로 석방되었다. 이 사건으로 이재원 회장이 경찰 조사를 받았다. (이석우 구술, 2020년 4월 10일, 장명재 전화 청취)

산YMCA 강당에서 '영남지역교육민주화실천대회'를 개최하였다. 교육당국은 이 행사에 참가했다는 이유만으로 참가자를 징계했다. 대구 참가자로 파악된 이재원, 서중현, 이병희는 정직, 박우현은 견책, 손혜련과 배창환은 경고 처분을 당했으며, 김순녕은 기혼교사라는 이유로 유독 해임되었다. 조직의 간부가 아닌 평회원인 김순녕이 해임된 것은 협성교육재단이 여교사 채용 때 받는 '결혼과 동시 퇴직 각서'를 악용한 까닭이었다. 이 각서로 협성교육재단에서 1973년 이후 100여 명의 여교사가 강제 사직을 당하였다. 김순녕은 이에 불복하여 끝내 사직을 거부하여 해임을 당했는데, 이후 사립학교 여교원의 '결혼 퇴직제'를 추방하는 계기를 마련하였다.

한편, 경북에는 1987년 2월 19일 안동Y교협 회장 김대성이 해직되었다. 경찰이 '한국고등학생기독교운동총연맹'의 안동 지회 회원인 여학생(길원여고)이 정인의 책『들어라 역사의 외침을』소지한 것을 문제 삼아 지도교사인 김대성을 '의식화교사' 혐의를 덧 씌워 구류 20일을 처분하자, 학교재단은 이를 구실로 삼아 해임하였다.

2. 교사협의회의 창립과 평교사회 건설

대구Y교협은 1987년 8월부터 대구교사협의회가 창립되는 10월까지 3개월간 배창환이 회장을 맡았다. 이 무렵 대구Y교협은 대구YMCA를 떠나 대구초등 인근 '우리문화연구회' 복도에 책걸상을 놓고 독자적인 사무실을 마련하였다. 기존의 회원 외에 정도원, 이승교, 변태석, 심용섭, 임성무, 김윤현 등이 가입하면서 회원은 20여 명으로 불어났으며, 비공개 조직으로 운영되면서 교육운동의 이론을 창출하고 활동가를 육성하는 선진적 교사모임으로 성장해갔다.

안동을 중심으로 경북 북부권 교사들은 1987년 8월 25일 '안동교협창립준

〈그림 4-16〉 대구경북교사협의회 창립대회 모습(1987년 10월 31일) (출처: 전교조대구지부)

비위원회'를 발족하고, 「안동지역 교사신문」을 창간하여 교협 설립을 준비하였다. 이 과정에서 김창환, 서재관, 김두년, 김명희(길원여고), 김명희(성희여고) 등 뒷날 경북 교협을 이끌 새로운 활동가들이 참여하였다.

교사운동은 1987년 6월민주항쟁을 계기로 전국적인 대중운동으로 발전하였다. 전국 각지에서 교사협의회(이하 교협)가 창립되고, 단위학교에서는 자발적으로 평교사회가 결성되기 시작하였다. 9월 27일에는 '민주교육추진전국교사협의회'(이하 전교협, 회장 윤영규)가 창립되었다.

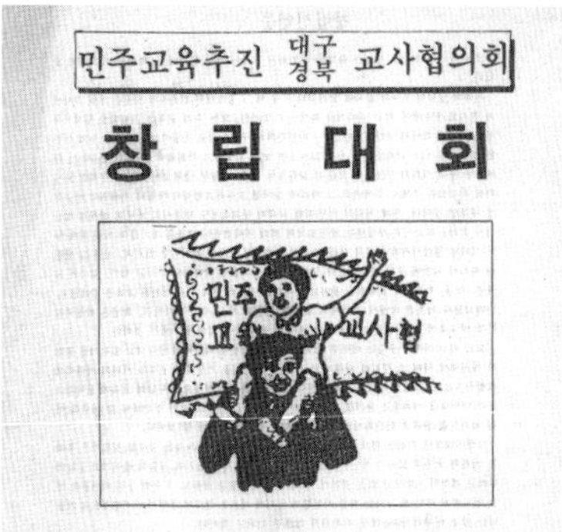

대구경북에서는 10월 31일에 대구봉덕성당에서 대구와 경북을 통합하는 대구경북교협'(회장 이재원)이 결성되었다. 대구경북교협은 ▲교육의 자주성 획득과 학교민주화를 위한 시·군별 교사협의회와 평교사회

〈그림 4-17〉
대구경북교사협의회 창립대회 자료집
(1987년 10월 31일)

결성 ▲교육악법 철폐와 민주교육법 제정을 위한 서명운동 추진 ▲교련 탈퇴운동 전개 ▲교권 침해 공동 대처 ▲학생 자치활동 적극 지원 ▲교육 관료의 부당한 간섭과 명령 거부 ▲교육문제에 대한 연구 실천 및 교육자료 제작·홍보를 실천 방침으로 정했다.

이후, 대구경북교협은 1988년 2월 6일 대구교협과 경북교협으로 분리하였으나 대구교협 이재원 회장이 경북교협 회장을 겸임하였으며, 대구교협과 사업과 행사를 공동으로 추진하였다. 그러다가 8월부터 경북에서 평교사회가 폭발적으로 증가하고 곳곳에서 일어나는 사학기부금 반환 투쟁에 효율적으로 대응하기 위하여, 12월 17일 대구대명성당에서 명실상부한 경북교협(회장 이영희)을 재창립하고 대구 성당동에 독자적인 사무실을 마련하였다.

대구경북에서 평교사회는 1987년 10월부터 결성되기 시작했다. 대구에서는 10월 19일 경화여중을 시작으로 열악한 교육환경에 놓여 있던 사립중등학교에서 속속 결성되었으며, 공립학교는 1년 뒤인 1988년 9월 22일 칠곡중을 시작으로 결성이 이어져갔다. 1988년 말경에는 공·사립 64개교에서 평교사회가 결성되었다. 경북에서는 1987년 11월 24일 안동공고를 시작으로 1988년 6월에 풍산종고, 9월에 경안고, 경덕중에서 창립되었으며, 1988년 말경에는 90개 학교에서 결성되었다. 평교사회의 결성은 교사대중들이 학교운영과 교육활동의 주체라는 점을 자각하고, 교육문제의 구조적인 문제점을 해결하는 주체로 등장하는, '아래부터의 대중조직 건설과 교육민주화 운동'의 출발이었다.

대구경북교협은 자발적으로 이뤄지는 평교사회 활동을 지원하는 한편, 평교사회를 교협의 기층조직으로 삼으려고 했다. 당시 평교사회들은 교협과의 연계를 막으려는 교육당국의 악선전과 탄압으로 교협을 경계하거나 일정한 거리를 두었다. 대구경북에서 평교사회 건설이 확산되고 교협과의 결합력을 높이게 되는 계기는 1988년 7월의 '구미연수원 투쟁'이었다. 이 투쟁은 대구와 경북의 1·2급 정교사 연수 참가자들이 '공·사립 동일 연수비 지급'을 요구하며[19] 연수 거부에 돌입하여 요구를 관철함으로써, 연수비를 임의로 책정하던 사학의 불법적 관행을 바로 잡고 교육행정을 민주화한 의미 있는 투쟁이었다. 투쟁의 성과는 9월 말, 대구에서 47개 학교 평교사회의 결성으로 나타났다. 또한 이 투쟁을 이병희, 심용섭 등 대구경북교협 활동가들이 주도함으로써 교협에 대한 대중적 인식과 지지를 높일 수 있었다.

악덕 사학재단 및 학교장의 횡포와 수구적인 교육관료들의 권위주의적 억압은 평교사회의 결성과 교협과의 결속에 촉매제가 되었다. 힘이 약한 평교사회들은 탄압에 맞서기 위하여 정보력과 투쟁력을 가진 교협에 속속 가입하였다. 1988년 하반기에 활발했던 사학민주화투쟁과 학교민주화투쟁으로 대구경북교협은 회원이 폭발적으로 증가하고 교사대중의 의식은 질적으로 고양되어갔다. 투쟁에 앞장섰던 이만호, 최연호, 김상완, 이영희, 김윤근, 배용한 등 걸출한 교사들이 이후 대구경북 교협과 전교조의 대중적 지도자로 성장하였으며, 대구경북이 서울, 광주·전남과 함께 전국 교육운동의 주축으로 떠오르게 되었다.

대구경북 교협은 평교사회를 결속하여 대구경북교협의 하부조직인 시·군·구 교협 조직으로 구성해갔다. 그 결과 대구에서는 1988년 10월 7일 서달서구교협(회장 이재일)를 시작으로 동북구(고태보), 수성구(최정수), 중남구(최연호)의 4개의 지역교협이 결성되고, 이듬해 4월에 국공립중등(이도걸)과 초등(최이윤)교협을 창립하였다. 전체 회원은 1,700여 명에 달했다. 경북에서는 경북지역 교육운동의 중심이었던 안동에서 1987년 11월 27

---

19) 당시 연수 참가비는 국공립학교는 평균 28만원을 지급하였으나 사립학교들의 지급액은 5만원 이하 8개교, 10만원 이하 26개교, 15만원 이하 20개교이었으며 심지어 전혀 지급하지 않은 학교도 있었다.(대구교사신문 호외 8호) 이에 교사들이 연수를 주관하는 교위에 시정을 촉구하였지만 교위가 책임 있게 행정지도를 하지 않아 분개하였다.

일 안동교협(회장 장병직) 창립을 시작으로 12월에 포항·영일, 울진(조운용), 예천교협(김창환)이 결성되었으며, 1988년에 경주·월성, 점촌·문경, 영주·영풍, 달성·고령 교협이 창립되었다. 1988년 12월 현재, 경북의 17개 시·군 가운데 15개 지역 교협이 결성되고, 전체 회원은 2,300여 명에 이르렀다.

3. 교사협의회와 평교사회의 교육민주화 운동

1) 학교민주화 투쟁

대구경북 교협의 주도하에 각 급 학교의 평교사회는 '학교민주화 운동'을 전개하면서 '학교비리 추방운동'을 전개하였다. 비리추방운동은 '교사의 자정운동'이자 '학부모와 국민 신뢰회복 운동'이었다. 학부모와 교사 사이에 수수되는 '촌지', 담임 배정과 업무 분장 및 교사 채용과 관련한 금품 상납, 각종 업자와 교직원 사이의 금품 수수 등은 당시 교육계의 고질적인 비리였다. 특히 '채택료'라는 이름으로 교과서, 참고서, 학력평가 모의고사 시험지, 실습 재료, 체육복 선정 과정에서 교직원들은 금품을 수수하였고, 학생 수련회, 수학여행, 졸업사진첩 따위에도 업자의 웃돈이 주어졌다.

전국적으로 '채택료' 거부 운동을 선도한 것은 1988년 9월 18일 경북 영주고 교사들의 양심선언이었다. 이들은 부교재 가격의 20%에 상당하는 채택료와 외부 모의고사, 수학여행 비용의 일부를 대가로 받아온 것을 학생들에게 사죄하면서 이후 떳떳하게 교단에 설 것을 약속하였다. 경주·월성 교협과 포항·영일교협에서도 10월 12일 "참교육과 청렴한 민주교사상 정립을 위한 양심선언"을 하고 각종 채택료와 향응 및 학부모 촌지를 거부하기로 결의하였다. 1989년 4월 4일 대구성화여중 평교사회는 공개입찰로 수학여행 업자를 선정하도록 하였다.

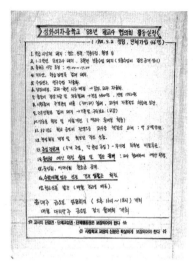

〈그림 4-18〉
1988년 성화여중 평교사회 활동실적

이와 같은 교사들의 자정운동은 교사들의 명예 회복과 자존감을 높였을 뿐만 아니라 학부모들에게 신선한 충격으로 다가갔다. 나아가 육성회나 어머니회 찬조금 폐지 운동으로 발전하여, 학부모들이 학교민주화와 교육개혁 운동의 주체 및 협조자로 나서게 하는 촉매제가 되었다.

각 급 학교 평교사회는 학교비리 추방 운동과 더불어 학교장[20]과 사학재단을 상대로 끈질기게 학교민주화 투쟁을 전개하여 학교현장을 획기적으로 변화시켰다. 1998년 대구경북교협에 전달되었던 각 급 학교 평교사회 활동 동향을 통해 살펴 본 평교사회의 요구와 성과들은 다음과 같다.

▲ 학교운영의 민주화 : 교무회의의 의결기구화, 평교사가 참여하는 인사위원회 구성, 법정 교원의 확보, 주임 직선제, 주감 일지 및 학급 일지 폐지, 학습지도안·학급경영록 검열 폐지, 담임·교과 배정 및 업무 분장 시 교사 및 교과별 협의회의 의견 수렴, 직원회의의 축소 및 간소화, 학교장 감시 감독 목적의 순시 자제, 교사와 관련된 공문서 공개

▲ 학교 재정의 투명성 보장 및 학부모 부담 비용 폐지 및 축소 : 학교 예

---

20) 당시 학교는 '학교장의 왕국'이었다. 그것은 「교육법」 제 75조 ③항 '교사는 학교장의 명에 따라 학생을 교육한다.'는 법 조항 때문이었다. 교사들은 학교장의 지시가 불법과 탈법이든 일단 무조건 따라야만 했다. 교육법 중에서 가장 대표적인 악법의 하나인 이 조항은 오랜 투쟁 끝에 2004년 1월 '교사는 법령이 정하는 바에 따라 학생을 교육한다.'로 개정되어 학교민주화의 법적 기초가 마련되었다.

산편성 심의 및 결산 공개, 실험 · 실습비 정상 운용, 보충수업비 집행 내역 공개, 육성회 · 어머니회 찬조금 징수 폐지 및 사용 내역 공개, 수학여행 업자 선정 및 견적 입찰 시행, 매점 · 식당 · 문구점의 공개 입찰과 사용료 장학금 전환,

▲ 교권 신장 및 학교 환경 개선 : 여교사 산전 · 산후 휴가 2개월 보장, 가족수당 정상 지급, 출장비 정액 지급 및 사전 지급, 숙직 전담제 실시, 교사 · 학생 화장실 개선, 여교사 전용 화장실 설치, 학생 책걸상 규격 조정 및 낡은 책걸상 교체, 교실 난방 · 조명 시설 개선, 교사 · 학생 휴게실 설치

▲ 과열 입시교육 개선 : 강제 자율학습 · 보충수업 폐지 또는 개선, 비교고사 폐지, 1 · 2학년 모의고사 폐지, 성적 대비 모범학급 제도 폐지, 학급 및 교사 간에 성적 비교 공개 금지

▲ 학생 자치활동 보장 및 학생 복지 : 학생회 직선제 실시 및 학생 자치활동 보장, 학생회 임원 성적 제한 규정 폐지, 학교 신문 발간, 교내매점 판매물품 가격인하 및 운영 개선

또한 대구경북교협은 전두환 정권의 '7 · 30교육개혁' 조치 이후에 극도로 심화되었던 '입시교육 철폐 투쟁'에 나섰다. 입시 위주의 경쟁 교육은 '학교의 학원화'와 '학교 교육과정의 파행적 운영'을 심화시키고, 학생들 간의 과열 경쟁을 초래하여 '학교교육의 비인간화'를 심화시켰다. 그 영향으로 살인적인 입시 경쟁 교육을 견디다 못한 어린 학생들이 한 해 백여 명 자살하는 비극이 반복되었다. 뿐만 아니라 학교당국은 입시교육을 핑계로 자주적인 학생 자치활동과 창의적인 학생 활동을 차단함으로써 학교민주화를 가로막고 학생의 개성을 말살하는 근원이 되었다. 교사집단과 교육관료들은 학습부교재, 보충수업, 자율학습, 모의고사 등을 구실로 각종 비용을 징수하여 경제적 이득을 취함으로써 입시 교육 비리는 더욱 기승을 부렸다. 심

지어 학습부교재 공급을 장악한 상업자본이 교육관료 및 학교장과 교사들에게 막강한 영향력을 행사하는 지경에 이르렀다.

입시위주의 경쟁교육은 민족·민주·인간화 교육을 '참교육'으로 규정하는 전교협의 교육이념과도 상충되었다. 대구경북교협은 이와 같은 문제의식에서 입시교육철폐운동을 '교육내용의 민주화' 운동으로 규정하였다. 1988년 4월에 보충수업과 자율학습에 대한 실태조사를 실시하고, 5월 28일 전국에서 처음으로 '강제적 자율학습 폐지 및 보충수업의 교육적 개선을 위한 공청회'를 개최하고 시민 서명운동을 시작하여 전국적인 서명운동으로 발전시켰다. 6월 25일에는 경북대에서 '교육민주화를 위한 범시민 결의대회'를 열고 "살인적 보충수업, 심야 강제학습 폐지"를 주제로 토론을 벌였다. 또한 대구교협은 모의학력고사 폐지 투쟁과 초등학생들마저 보충수업을 받게 만드는 '배치고사 폐지 투쟁'을 전개하여, 1988년 11월 15일 대구시교위로부터 배치고사 철회를 약속하는 합의서를 받아냈다.

2) 사학정상화 투쟁

1970년대와 1980년대 급속한 산업화에 따른 노동력 수요의 증가와 맞물려 학교 설립이 급증하였다. 설립된 학교는 대부분 사립학교(이하 사학)였다. 정부는 국가 예산 부족을 이유로 사학의 설립을 유도하고, 이들 사학은 국가가 책임져야할 교육비 부담을 교사·학생·학부모에게 전가함으로써 무수한 비리와 문제가 야기되었다. 법정 교원 수의 부족, 교사에 대한 부당한 급여, 교사채용 시 금품수수, 잡부금 징수 유용, 단체행사비 유용, 육성회비·학부모회비 강제징수, 정원 외 학생 모집, 회계 부정, 학교 시설 부족 등의 현상은 비일비재하였다. 이들 사학은 사학을 사유재산으로 규정하고, 사학의 자율성 보호라는 미명하에 사학에 대한 정부와 시민의 감시와 규제를 거부하였다. 악법중의 악법인 「사립학교법」은 족벌 체제를 구축하여 교육모리배 짓거리를 일삼는 사학자본의 튼튼한 보호막이 되었다.

대구경북은 타 시도에 비해 인구가 많아 사학의 비율이 높았던 만큼 사학의 비리와 횡포도 극심했다. 복종하고 침묵하던 사립 교사들은 1987년 6월민주항쟁과 전교협 결성을 계기로 자신감을 가지고 평교사회를 결성하고 사학정상화투쟁에 나섰다. 일일이 기록할 수 없을 만큼 수많은 투쟁 중에서 전형이 되는 투쟁은 다음과 같다.

▲ 1987년 11월 23일 '안동공고 공증각서 사건'이 발생했다. 학교를 인수한 새 이사장이 교사들에게 "품성과 자질이 미흡하고 근무 성적이 불량한 교사들에게 각서 및 시말서를 요구하고, 3회 이상 제출한 경우에는 이유 불문하고 자진 사직한다."는 공증각서를 요구하자 이에 분노한 교사들이 다음 날 평교사회를 조직하고 51명이 안동학생회관에서 농성을 전개하였다. 학교재단은 공증각서를 철회하고 잠시 물러났으나 1988년 10월 1일 투쟁을 주도한 배용한을 직위해제하여 평교사회를 무력화시키려 했다. 8일 간의 단식과 가두시위 등의 투쟁으로 이를 물리치고 10월 11일 전국 최초로 평교사회에서 교감 후보 추천권을 쟁취하여, 교사들이 직접 선출한 교감을 임용하는 개가를 올렸다.

▲ 1988년 8월 22일 대구 경상고에서 반○○ 학생이 학교장에게 두발문제로 모욕을 당한 후 음독자살하는 사건이 발생하였다. 교사들은 평교사회를 결성하고 학생의 죽음을 타살로 규정하고 학교장에게 "수업 중인 교실에서 학교장의 학생 체벌과 상시적인 단체 체벌 금지" 및 "교사 채용 시 작성했던 임의 서약서 및 사직서 반환" 등 학교민주화 7개항을 요구하고 투쟁하여 학교장을 퇴진시켰다.

▲ 1988년 9월 28일 대구 배영고 교사들은 평교사회를 결성하고 형편없

는 학교시설 개선과 교사의 근무여건 시정, 교육민주화 등을 요구하는 '79개항의 건의서'를 재단에 요구하였다. 교사들은 '준공검사 미필인 학교건물 사용과 재단비리에 대한 감독관청의 감독소홀'을 성토하여 "교육감 사퇴, 관선이사 구성"등을 요구하며 학교와 대구시교위를 오가며 농성투쟁을 전개했다. 20여 일간의 투쟁 끝에 대구시교위에서 교육감 보증 하에 '재단이사장 및 이사 전원 퇴진과 재구성, 국·공립에 준하는 교원 수 확보, 징계위원회 및 예·결산 심의에 교사 참여 보장, 매점·식당·문구점의 공개 입찰과 사용료 전액 장학금 사용' 등 '79개항의 합의서'를 받아내는 성과를 올렸다.

▲ 1988년 12월 4일, 경산시의 육주학원 소속 경산여중·고 등 6개 학교의 연합평교사협의회는 경북교협 이상철 간사가 입회한 가운데 재단이사장과 교장단의 날인으로 사실상의 단체협약을 체결하였다. 그 내용은 '여교사 사직 강요 및 부당한 권고사직 금지, 주임교사 직선제, 학교예산 공개. 교무회의 의결기구화, 재단의 학교경영 간섭 금지, 출장연수비 법정액 지급' 등 21개 조항에 달하였다.

한편 1988년 여름부터 '사립학교 교원 채용기부금 반환' 투쟁이 전국적으로 전개되었다. 경북에서는 영천 성남여중 교사들이 투쟁하여 3,200만원의 기부금을 반환받았으며, 안동 영문고, 경주 선덕여상, 대구 정동고, 대구 배영고 등 여러 학교에서 투쟁이 전개되었다. 1989년, 대구성심여상(사회교육시설)에서는 그 동안 채용기부금을 많이 받을 목적으로 교사를 과다 채용했는데, 새로 학교를 인수한 교장이 3명의 교사를 일방적으로 해임 통보하였다. 이에 평교사회는 "부당해임 철회, 교사의 신분보장, 학생저축 1억 2천만 원 은행 미입금 유용 문제 해결, 강제기부금 반환" 등을 촉구하며 30명의 교사가 단식 농성에 돌입하였다. 투쟁 끝에 학교 측으로부터 요구사항을 수용하는 합의서를 작성하였으며, 교사들은 반환받은 채용기부금 전액

을 장학금으로 기증하였다. 채용기부금 비리는 그 후에도 끊이지 않아 1991
년 10월 8일 포항 경포여고 교사 27명이 2억 원 상당의 기부금 비리를 폭로
하였다.

3) 교육법 개정 투쟁

사학민주화 투쟁과 학교민주화 투쟁을 통하여 상당한 성과를 거두기는
했지만 교육 모순의 근본적인 해결을 위해서는 비민주적인 교육관계법의 개
정이 선행되어야만 했다. 전교협은 1988년 4 · 26총선 결과 여소야대 국회
가 구성되어 입법을 통한 제도개량을 도모하는데 유리한 국면이 조성되자
본격적으로 교육법 개정투쟁에 나섰다. 주요 과제는 교무회의 의결기구화,
교장 선출 임기제, 교원의 노동3권 보장, 국정교과서 제도 폐지, 평교사회
보장, 학생회 직선제, 예 · 결산 공개, 사립교원 신분보장 등이었다. 그 중
교사의 노동3권을 인정하는 민주교육법을 제정하는데 역량을 집중하였다.

대구경북교협은 합동으로 10월 30일 경북대에서 대구경북교협 창립 이
래 최대 규모인 2,000여 명이 참가한 가운데 '학생 · 교사를 위한 민주교육
법 쟁취 결의대회'를 개최하였다. 대회 후 500여 명은 경찰의 제지를 물리치
고 신도극장~동인로터리~대구백화점으로 가두행진을 하였다. 이 행진은
대구경북의 교사들이 가
두로 진출한 첫 번째 행
진이었으며, 교내 투쟁에
머물렀던 교사들에게 사
회적 투쟁의 경험과 자신
감을 심어주었다.

대구교협 '민주교육법

〈그림 4-19〉 대구경북 교사협의회가 개최한 민주교육법쟁취
결의대회 (1988년 10월 30일) (출처: 전교조대구지부)

쟁취특위'(위원장 최연호)는 대구경북민주
화교수협의회와 경북대 사범대·대구교대
학생회와 함께 '민주교육법 쟁취 범시민 서
명운동'을 시작하였다. 이 서명은 범국민 서
명 운동으로 확산되어 정치권을 압박하였
다. 교육법 개정투쟁의 열기를 모아 대구경
북 교사 1,000여 명은 11월 20일 여의도광
장에서 열린 '민주교육법 쟁취 전국교사대
회'에 참가하였다. 전국에서 모여든 1만 3천
여 명 교사들이 여의도광장과 국회의사당
앞길을 가득 메워 4·19교원노조 이래 최대
규모를 이룬 이 대회에서 교육법 개정투쟁
은 최고조에 달했다.

〈그림 4-20〉
대구교사협의회가 펴낸 〈대구교사신문〉

마침내 1989년 3월 9일 제13대 국회에서 '6급 이하 공무원의 노조건설 및
단체교섭을 인정'하는 노동조합법 개정안을 통과시키는 성과를 이루어내었다.
그러나 3월 23일 노태우 대통령이 거부권을 행사함으로써 무산되고 말았다.

제3절 교육민주화운동의 확장

1. 전국교직원노동조합의 결성과 정권의 탄압

전교협은 1988년 11월 야3당의 노동조합법 개정안이 마련되고, 교원의
노동조합 건설에 대한 교사의 지지도가 80%를 상회하자 '교원노조 건설'을
본격적으로 모색하였다. '시기상조론'등 논란이 있었지만 조직적인 토론 과
정을 거쳐 1989년 2월 19일 전교협 대의원대회에서 참석대의원의 만장일치

로 '상반기 중 노조건설'을 의결하였다.

1989년 2월 대구교협은 광주교협과의 지역감정 해소를 위한 교류활동 과정에서 뇌졸중으로 쓰러진 이재원 회장을 대신하여 최연호(심인중)를 2대 회장으로 선출하였으며, 대구경북교협은 3월부터 '노조추진위원회'(위원장 대구 이만호, 경북 이영희)를 구성하고 교원노조 건설에 착수하였다.

교사운동과 교원노조 건설 움직임에 대한 독재정권의 감시와 대응은 상상을 초월했다. 1986년 교육민주화선언을 계기로 문교부는 '문제교사'[21]들의 동태를 감시하는 '교원정보부'를 비밀리에 운영해왔으며, 1989년 교원노조 건설이 본격화하자 청와대를

〈그림 4-21〉
대구교사협의회 3차 임원연수 때 모습.
대구교사협의회와 광주교사협의회가
함께 하고 있다(1989년 1월) (출처: 전교조대구지부)

정점으로 국가기관을 총동원하여 '교원노조 분쇄를 위한 대책기구'를 구성하여 전교조 와해 공작을 실행하였다.[22] 그런 반면에 전교조 확산을 저지할 목적으로 교사에 대한 처우개선과 복지 및 학교환경의 개선을 서둘러 추진하였다. 그 변화는 지극히 개량적 수준에 머물렀지만 교사들은 "정부 수립 후 40년 동안 바뀌지 않았던 게 한꺼번에 바뀌었다"라고도 평가하였다.

---

21) 1989년, 문교부가 '문제교사' 식별법이라며 교육청에 내린 공문에는 △촌지를 받지 않는 교사 △학급문집이나 학급신문을 내는 교사 △형편이 어려운 학생들과 상담을 많이 하는 교사 △지나치게 열심히 가르치려는 교사 △신문반, 민속반 등의 특활반을 이끄는 교사 △반 학생들에게 자율성, 창의성을 높이려 하는 교사 △직원회의에서 원리 원칙을 따지며 발언하는 교사 △아이들한테 인기 많은 교사 △학부모 상담을 자주 하는 교사 △학생 정학이나 퇴학을 반대하는 교사 등으로 규정하였다.(출처 『신동아』 1989년 7월호)

22) 이 사실은 1989년 9월 정기국회에서 이철 의원이 '교원노조분쇄대책'이라는 청와대 비공개 문서를 공개함으로써 밝혀졌다.

정권은 수구언론을 동원하여 교원노조 교사들을 '의식화 교사'로 몰아가고 참교육에 대한 이념 공세를 퍼부었다. 1989년 3월에 문익환 목사의 방북을 빌미로 공안정국을 조성하여 이념 공세는 더욱 확대되었다. 전국적으로 31명의 교사를 용공조작의 희생양으로 삼으려 했다. 4월 30일 치안본부는 대구 송현여고 정도원이 수업 중에 문익환 목사의 방북을 찬양했다는 혐의를 씌워 학생들을 내사하였다. 대구교협은 용공조작과 탄압 중단을 촉구하는 성명을 발표하고, 정도원은 양심선언을 하고 단식 수업에 돌입하였다. 동료교사들의 지지 농성과 지역사회와 학생들의 응원에 힘입어 좌경용공 음모를 무력화시켰다. 봉화 춘양중 이애자는 수업 중 '개구리 소리', '못 생긴 얼굴' 노래를 가르치고 숙제로 신문 사설을 붙여오게 했다고 해서 좌경용공 교사로 몰려 내사를 받았다. 영주 동산여중 이수찬은 교실 뒤 낙서판에 어느 학생이 쓴 "북한에 가고 싶다"는 글을 교사가 의도적으로 시켰다고 하여 '북한찬양' 혐의를 씌워 국가보안법 위반으로 구속되었다.

교원노조 결성이 임박해지자 정부는 '노조 결성 주동자에 대하여 형사 처분 및 파면·해임' 방침을 결정하였다. 5월 28일 교원노조 결성대회를 무산시키기 위하여 대회장인 한양대 주변에 경찰 4,500여 명을 배치하여 원천봉쇄하고, 전국 각지에서 교사들의 상경을 막았다. 그러나 교사들은 경찰 정보망을 따돌리고 연세대에서 전국교직원노동조합'(위원장 윤영규, 이하 전교조) 창립을 선포하였다.

전교조의 창립은 1960년 4·19교원노조의 부활이며 교육민주화 운동을 향해가는 역사적인 대장정의 시작이었다. 전교조는 다음과 같은 강령을 발표하였다.

1. 우리는 교육의 자주성, 전문성 확립과 교육민주화 실현을 위해 굳게 단결한다.

2. 우리는 교직원의 사회경제적 지위 향상과 민주적 권리의 획득 및 교
   육 여건 개선에 모든 노력을 기울인다.
3. 우리는 학생들이 민주시민으로서 자주적 삶을 누릴 수 있도록 민족·
   민주·인간화교육에 앞장선다.
4. 우리는 자유, 평화, 민주주의를 사랑하는 국내 여러 단체 및 세계 교
   원단체와 연대한다.

전교조 결성 이후 전교조의 하부조직인 지부, 지회, 분회가 속속 창립되
었다. 경북에서는 6월 1일 전국 최초로 안동지회(지회장, 장병직)가 창립
되고, 6월 중에 봉화(서옥용), 예천(김창환), 달성·고령(조기철), 포항·
영일(서인주), 경주(김윤근), 청송·영양(이영호), 성주·칠곡(장성녕), 구
미·선산(허섭), 영주·영풍(조영옥), 상주(이상훈), 의성(홍운기), 울진(이
남근), 경산(박현수), 점촌·문경(김영모), 김천(구자숙)지회가 창립되었다.
또한 6월 5일 동국고(분회장 정희철)를 시작으로 6월 중으로 29개교의 분
회가 창립되었다.

대구에서는 6월 8일 산격여중(공립)과 경원고(사립)를 시작으로 6월에만
36개교 분회를 결성하여 조합원이 1,200여 명에 달하였다. 지회는 6월 20
일 동북구(박지극)를 시작으로 수성구(최정수), 중남구(김상완), 서달서(현

〈그림 4-22〉 대구경북 교원노조 발기인대회(1989년 5월 14일) (출처: 전교조대구지부)

암수), 국공립(이도걸),
초등(이은생)의 6개 지회
가 결성되었다.

전교조대구지부(이하
대구지부)와 전교조경북
지부(이하 경북지부) 결
성대회는 6월 11일 경북
대에서 교사 1,300여 명

〈그림 4-23〉
전교조 대구경북지부 결성대회(1989년 6월 11일)
(출처: 전교조대구지부)

과 시민, 대학생, 고교생 등 2,000여 명이 참가한 가운데 합동으로 개최되
었다. 당국은 '참가자 전원 입건' 방침을 발표하였고, 경찰은 대회 전날부터
18개 중대 2,700명을 배치하여 경북대를 봉쇄하였다. 교사들은 갖은 방법
으로 봉쇄를 뚫고 들어와 결성대회를 진행하여 대구지부장에 이만호, 경북
지부장에 이영희를 선출하고, 지부 창립을 선포하였다. 대회 도중에 경찰은
'페퍼 포그'(차량용 다연발최루탄발사기)를 난사하며 행사장 부근까지 진입
하였다. 이 과정에서 안명우(경대 철학과4) 이상업(대구대 경영2) 등 대학
생 9명이 중경상을 입었다. 경찰은 결성대회 장소가 경북대 야외공연장이
라는 이유로 이만호 대구지부장과 이영희 경북지부장 및 사회를 맡았던 김
상완을 「집회와시위에관한법률」 위반으로 기소하였다.

전교조 교사에 대한 교육당국의 징계 방침은 시시각각 강경해졌다. '주동
자급 → 분회장급 이상 → 탈퇴 거부 교사 전원 파면·해임'으로 변경되었
으며, 징계를 반대하는 학생들의 시위가 확산되자 "7월 12일 조기방학을 실
시하고 8월 5일까지 징계 완료"를 지시했다.

대구에서는 6월 9일 대구 산격여중 공동분회장 3명이 처음으로 직위해
제 되고 이도걸(죽전중), 권영주(중리여중) 등 공립 7개 학교 분회장이 일제
히 직위해제 및 형사 고발되었다. 경북에서는 6월 11일 김창환(예천여고),

홍운기(의성 점곡중) 지회장이 직위 해제되고 구속되었으며, 강현주(의성공고) 외 다수가 기소되었다.

정권은 대량 징계에 따르는 정치적 부담을 덜고자 폭압적인 협박과 회유 및 반인륜적 만행에 가까운 수법을 동원하여 '조합원 탈퇴'를 공작하였다. 당시 이철 의원의 폭로에 의하면 대구시교위 학무국장을 회장으로 시경 정보계장, 시청 직원, 육성회장, 대구시교위 교육과장, 기획담당관, 교장대표 등 14명으로 '교육정상화지역협의회'를 구성하여 공권력 요청 방안과 학부모 동원 지원 체제 등을 논의하는 한편, 전교조 교사들을 납치·감금·협박하는데 큰 역할을 수행했다는 사실이 밝혀졌다. 또한 경북 도교위 감사에서 〈교원노조종합대책〉이란 문서에서 교사 개인별 '누가(累加)기록카드'를 작성하고, 시·군 장학사 및 학교장들로부터 교원노조 가입교사에 대한 '경위서' 또는 '지도확인서'를 거의 매일 받아왔음이 밝혀졌다. 지도확인서에는 5월부터 8월까지 4개월간 매일매일 전교조 교사의 동태, 설득방법, 교사의 반응, 일거수일투족, 뿐만 아니라 학교장의 지도소감 등을 일지 형식으로 기입하게 하였다. 또한 전교조 가입 교사에 대한 미행, 집회 참여 저지를 위한 강제납치, 연로한 부모 동원, 경찰력을 동원한 탈퇴 강요, 가족의 직장 상사를 통한 탈퇴 종용, 지도 결과에 대한 효과까지 기록하게 하여 전교조 탈퇴 작전이 얼마나 치밀했고 비교육적이며 반인륜적이었는지 드러났다.

7월 12일 대부분 학교들이 조기방학에 들어가고, '탈퇴 각서'를 작성하지 않은 조합원에 대한 징계에 착수하자, 2만여 명 조합원의 대다수가 탈퇴할 수밖에 없었으며, 탈퇴를 거부한 조합원들은 전원 파면·해임되고 일부는 구속되었다. 문교부 발표에 따르면 1990년 1월 8일 현재 대구 58명, 경북 101명, 전국적으로 1,515명이 해직되었으며, 114명이 구속되고 202명이 불구속 사법처리 되었다.

2. 전교조 사수투쟁과 합법화 투쟁

교육당국은 여름방학 중에 탈퇴 각서 쓰기를 거부한 교사들에 대하여 징계 절차를 진행하였다. 전교조는 구속된 윤영규 위원장을 대신하여 이만호 대구지부장을 위원장 직무 대행으로 선임하고, 탈퇴각서를 거부하고 전국에서 달려온 600여 명의 교사들은 7월 26일부터 명동성당에서 열흘간 '전교조 사수와 징계저지를 위한 단식농성'을 전개했다.

전교조는 9월부터 조직을 복원하기 위하여 '비공개 현장조합원 제도'를 도입하고 교사들을 '후원회원'이란 이름으로 조직화하였다. 해직교사들은 '현장방문'이란 이름으로 학교를 찾아가서 『전교조 신문』과 홍보물을 배포하면서 '후원회원 교사'를 조직했다. 현장방문 활동은 조직 복원의 기폭제가 되었고 위축되었던 현장 활동가들을 다시 결집시키는 성과로 나타났다.

특히 경북지부의 현장방문 활동은 전국적인 모범이 되었다. 100여 명의 해직교사들을 셋으로 나누어 '조직복구대'를 구성하여 산간오지의 분회까지 찾아가서 교사들과 함께 밥을 먹고 교육과 세상사를 이야기하며 '교육운동의 전도사'가 되어 교사들을 조직화하였다. 대구경북민주화교수협의회는 승합차량 구입비의 일부를 지원하여 활동을 도왔다.

불의의 사고도 따랐다. 1990년 2월 19일, 청송의 진보종고에서 해직된 배주영이 자취방에서 연탄가스 중독으로 사망하였다. 안동 교협과 청송·영양 교협을 창립하고, 해직을 당한 후 전교조신문과 참교육 물품을 가득 담은 배낭을 메고 산골학교를 누비던 배주영의 참교육 실천 활동은 이후 전교조 조합원들의 행동 강령이 되었으며 전교조는 '전교조장'으로 장례를 치러 추모하였다.

이런 노력의 결과 전교조는 1989년 12월 10일 전국대의원대회에서 '전교조 조직이 복원되었음'을 공식 선언하였다. 고난의 가시밭길을 헤쳐 온 전교조에 대하여 1989년 11월 11일 전태일기념사업회는 제2회 '전태일노동상'을 수여했다. 수상의 근거로 ▲노동운동의 주체 및 지지자 확장 ▲전국적 단일 산별 본부 형성 ▲노조의 정치적 역할 수행 ▲다양한 투쟁전술 구사 등으로 '노동운동의 지평을 획기적으로 넓혔다'고 평가하였다.

한편, 전교조를 지켜내기 위하여 1989년 7월 15일, 대구경북의 27개 민주단체는 '전교조탄압저지및참교육실현을위한대구경북공동대책위원회'(이하 공대위, 사무국장 김찬수, 정책실장 안헌수)를 결성하였다. 공대위는 경북의 구미, 선산, 안동, 포항, 김천에서도 결성되었다.

공대위는 9월 24일에 경북대에서 3,000여 명이 참가한 가운데 '전교조탄압저지와 합법성 쟁취를 위한 2차 범국민대회'를 개최하고, 시내 중앙로까지 진출하여 밤늦도록 경찰과 공방을 벌이면서 시위를 하였다. 당국은 이 대회의 책임을 물어 최연호 대구지부 지부장 권한대행을 구속하였다. 국민대회는 경북의 안동, 구미, 포항에서도 개최되었으며, 집회 과정에서 경찰의 폭력적 진압으로 수십 명이 연행되었다. 이날의 국민대회는 6월민주항

〈그림 4-24〉 전교조탄압저지와 합법성쟁취를 위한 2차 국민대회 모습(1989년 9월 24일)
(출처: 전교조대구지부)

쟁 이후 최대의 범민주연합을 형성한 전교조공대위와 정권 간에 '민주 대 반민주' 전선의 구도로 치러진 최대 규모의 공방전이었다. 또한 노태우 정권의 공안탄압으로 침체되어 있던 여러 민주 단체가 공안 정국을 돌파하는 계기를 마련한 대회였다. 이후 공대위은 11월 12일에 '3차 국민대회', 11월 26일에 '89민중대회'등 대규모 대정부투쟁을 개최하였으며, 이와 관련하여 이영희 경북지부장은 두 번째로 구속되었다.

공대위는 전교조가 조직 복원을 완성하고 법외노조로 자리 잡자, 12월 12일 5개월에 걸친 활동을 정리하고 해소되었다. 교육주체이면서도 소외되었던 학생과 학부모는 공대위 연대 활동을 통해서 교육주체로 우뚝 설수 있는 계기를 마련하였고, 교사들에게는 사회적 연대 의식을 강화시켜준 계기가 되었다.

전교조를 지원하기 위한 범시민적 행동도 다양하게 지속되었다. 10월 11일 대명동 계명대학교 대운동장에서 교사·학생·시민 1만여 명이 운집한 가운데 '참교육 실현을 위한 정태춘 전국순회 무료공연'을 하였고, 10월 28일에는 1,000여 명이 '참교육 실현을 위한 국민걷기대회'를 실시하여 앞산공원에서 심신수련장까지 행진하였다.

1990년 1월, 노태우, 김영삼, 김종필은 3당을 합당하여 거대여당인 '민주자유당'(이하 민자당)을 탄생시키고 민족민주운동을 탄압하였다. 위기에 처한 대구경북의 민주단체들은 4월 28일 경북대에서 '민자당일당독재분쇄및민중기본권쟁취를위한국민연합대구경북본부'(이하 국민연합)를 결성하고 반민자당 투쟁에 나섰다. 전교조는 민주세력이 대동단결하여 반민주연합을 저지해야만 합법성을 쟁취할 수 있다고 판단하여 국민연합에 참여했다. 이영희 전 경북지부장은 상임의장의 중책을 맡았으며, 이도걸 대구지부장과 김윤근 경북지부장도 국민연합이 주최하는 각종 투쟁을 주도하였다. 해직교사들은 '거리의 투사'가 되어 각 지역에서 연대의 중심이 되고 투쟁의 선봉이 되었다.

1991년 4월에 명지대 강경대 학생 타살 사건과 이에 항의하는 대학생들의 분신이 잇따르자, 대구지부(지부장 이도걸)와 경북지부(지부장 김창환)는 민주진영과 함께 공안통치 종식 투쟁에 참여하였다. 대구지부는 5월 10일 교사의 날을 맞이하여 '폭력살인정권 규탄 및 교육자치 선언대회'를 열었으며, 경북지부는 5월 8일 「살인적인 공안정국을 규탄하고 근본적인 민주개혁과 전교조 합법화와 해직교사 복직을 포함하는 시국선언」을 전국에서 처음으로 발표하였다. 이 선언은 전국적인 시국선언으로 발전하였다. 5월 15일 스승의 날을 맞이하여 대구 현직교사 101명이 시국선언을 발표하고 '백골단 해체, 공안통치 종식, 해직교사 즉각 복직'을 요구하였다. 경북지부 교사 97명이 2차로 선언에 동참하였다.

끓어오르던 공안탄압 분쇄투쟁은 6월 3일 '정원식 총리서리 밀가루 투척 사건'으로 반전되었다. 보수 언론이 국민여론의 악화를 호도하는 틈을 타서 정권은 민주진영에 대한 대대적인 탄압에 들어갔다. 전교조 지도부를 구속하고 시국선언교사들을 징계했다. 대구지역의 시국선언 교사들을 대표하여 임성무(성북초), 서수녀(대구북중)가 해임되었다.

1992년은 총선거와 대통령선거가 치러지는 해였다. 대구지부(지부장 장명재)와 경북지부(지부장 배용한)는 두 차례의 선거를 '전교조 합법화와 해직교사 원상복직'에 유리한 정치적 조건을 확보하기 위한 기회로 판단하고 투쟁을 전개해 나갔다.

현직교사들은 해직을 각오하고 6월 21일 '교육대개혁과 해직교사 원상회복을 위한 전국추진위원회(이하 추진위)'를 결성하여 각종 서명운동을 전개했다. 대구경북에서도 '대구교사추진위'(위원장 박지극, 정동고)와 '경북교사추진위원회'(위원장 장병직, 안동 중앙고)가 구성되고, 시·군·구 단위별로 추진위원회가 구성됨으로써 '제2의 전교조 사태'와 같은 국면이 조성되어 긴장이 고조되었다. 대구경북지역의 35개 사회단체들도 6월 23일 '교육대개혁과 해직교사 원상회복을 위한 범국민 서명운동 대구경북본부(이하 범서본)'를 결성하고 추진위 투쟁에 힘을 보탰다.

정부는 전국 14개 지부의 추진위원장을 해임하였다. 그러자 107명의 시·군·구 추진위원장들은 해직을 각오하고 또다시 자신들의 명단을 공개하여 해직교사 복직의 여망을 국민에게 각인시켰다. 10월 14일 범서본은 대구 33,596명, 경북 51,030명 등 전교조 사상 최대 인원인 102만 명이 서명한 청원서를 국회에 제출하여 전교조 합법화 문제와 해직교사 복직 문제를 정치사회적 쟁점으로 부각시켰다.

대구·경북지부는 11월 이후 '범민주대연합에 의한 민주정부의 수립을 목표로 하는 대통령선거투쟁'에 참여하여, 범민주단일후보로 추대된 김대중 후보의 당선을 위한 선거운동에 참여하였다. 선거운동은 교사의 정치활동이 금지된 법적인 한계로 인하여 해직교사 중심으로 진행되었다. 선거 결과 김영삼 후보가 당선되어 목표 달성에는 실패하였다. 그러나 줄기차게 투쟁해 온 결과들이 누적되어 1993년 김영삼 정부가 해직교사 복직 문제를 사회통합의 과제로 수용하게 되었다. 전교조가 요구한 '원상복직'이 아니라 정부가 일방적으로 제시한 '특별법에 의한 신규채용'의 방식이긴 했으나 1994년 3월에 해직교사의 복직이 이루어졌다.

3. 중·고등학생, 학부모, 청소년 단체의 교육민주화 운동

1) 중·고등학생 운동

1960년 대구지역의 고등학생들이 주도한 2·28의거 이후 중·고등학생의 민주화운동은 1987년 6월민주항쟁으로 변화된 사회적 분위기와 교사운동을 배경으로 되살아났다. 학생들의 요구와 투쟁은 주로 학생회 직선제 실시, 학생 자치활동 보장, 강제적인 보충수업 폐지, 열악한 교육환경 개선,

사학비리 척결 등이었다.

▲ 1987년 7월 10일 대구 경북여상 학생들은 서예 노트. 폐품비, 종교 헌금, 체육 성금, 소풍비, 꽃값, 저축, 반공영화비, 산업견학비 등 각종 명목으로 돈을 요구하는 학교에 저항하여 「우리는 더 이상 빼앗길 수 없다」는 제목으로 학교민주화선언을 발표하였다.

▲ 1988년 6월 13일 구미 금오여고에서는 '31개 학급에 30여 명에 불과한 교사의 충원, 콘크리트 교실 벽에 페인트로 칠한 칠판과 신체가 다 보이는 칸막이 화장실 개선, 학생회 직선제, 도서실 · 가사실습실 설치' 등을 요구하며 시위에 돌입하였다. 학교 측이 자주적 학생회 건설을 주도하던 학생회 박연화 부회장을 퇴학 조치하자 학생 350여 명과 배태효 등 교사들은 9월 8일 금오공대 강당에서 퇴학조치 철회 등 12개 항을 요구하며 항의 농성에 돌입했다. 9월 10일부터 '재단이사장 공개사과 및 사퇴, 재단비리와 재산공개, 재단비리특위 구성, 관선이사회 설립' 등을 요구하며 경북대와 경북도교위에서 9일 동안 철야농성을 하였다. 마침내 학교재단으로부터 경북교육감의 직인이 찍힌 15개항의 합의각서를 받아내었다. 금오여고 투쟁은 소수의 정예화 된 학생들이 이루어낸 값진 투쟁이었으며, 같은 재단 소속인 대구 배영고의 평교사회 결성과 학교민주화 투쟁 및 경북지역 학생들의 학교 정상화 투쟁의 기폭제가 되었다.

▲ 1989년 5월에는 울진 죽변종고 학생들이 학생회장 직선제를 요구하며 교내 시위를 하였다. 울진경찰서 대공과 형사 5명은 학생 4명을 죽변읍 여관에 감금하여 시위 주동자의 배후를 대라며 협박하며, 박미경 등 교사들의 동태를 조사하는 일이 발생하였다.

한편, 대구경북지부는 학생들의 민주적 시민의식을 함양하고, 자주적 학생 활동을 지원할 목적으로 1989년 하반기부터 '학생 사업'을 적극 추진하였다. 학생들을 모아 '참교육 강좌'를 개설하고, 11월에는 '학생의 날 기념주간'을 설정하여 다양한 학생 활동을 하고, 겨울방학 기간에는 〈통신교실〉이란 이름의 학생 소식지를 발행하였다. 안동지회를 비롯한 경북지역의 지회들도 '꿈을 키우는 겨울학교'를 운영하였다. 종전까지 개별적·간헐적으로 움직였던 학생들은 이런 활동들을 통해서 집단적·조직적 활동 능력을 길러나갔다.

특히 대구지부는 '자주적인 학생회의 실현이야말로 학교민주화의 요체'라고 규정하고 경북대 사범대 학생회 및 '새벗청소년도서원'과 함께 1990년 1월 '청소년 열린교실'(이하 열린교실)이란 이름의 계절학교를 개설하였다. 전교조의 학생 사업을 통해 연결되었던 학생들은 방학 중에 열린교실에 참가하여 10여 일 동안 학급과 동아리를 편성하여 다양한 교육과정과 토론식 수업 및 학생자치 활동을 하였다. 열린교실은 1997년 1월까지 모두 15회가 개설되어 3,000여 명의 졸업생을 배출하였다. 열린교실에 참가했던 학생들은 졸업 후 동창회를 결성하고 소식지 「열린소리」를 제작하여 연대를 이어갔다. 이들은 대구지부와 함께 1990년 3월 25일 경북대에서 고등학생 200여 명과 함께 '자주적 학생회를 위한 고등학생 토론회를 개최하고, 경화여고 등 2개 학교 학생들은 직접선거에 의한 학생회 건설 사례를 발표하였다. 4월 19일에는 '4월혁명 30돌맞이 고등학생 기념행사'를 개최하였으며, 경북대 강당에서 학생·교사 300여 명이 참가하여 연극 '마지막 수업' 공연을 하였다.

열린교실을 거쳐 간 학생들은 학교별로 소모임을 만들거나 자주적 학생회 건설을 위한 활동을 하였다. 1991년 10월 대구 영진고에서 학생회장 송영우의 주도하에 자주적 학생회를 요구하는 시위가 일어났다. 학생 1,300여 명의 서명지를 학교에 전달하고 운동장 시위를 하였다. 학교당국은 송영우 등 학생대표 4명의 무기정학을 의결하였다. 학생들이 징계의 부당함을 호소하는 유인물을 학교 외부에 배포하고 교사들과 동문들이 지속적으로 항의하자, 11월 6일 학교 측은 '학생자치권 인정', '성적제한 규정 완화' 등 요구사항의 대부분을 수용하고 징계를 철회하였다.

자주적 학생회 건설운동의 결과 1991년 대구에서는 6개 학교가 직선제를 실시하는 성과를 남겼지만, 체계적이고 지속적인 운동으로 발전하거나 확산되지는 못하였다. 그러나 억압적인 학생회 회칙을 보다 민주적으로 개정해내고, 동료 학생들에게 '학교의 주인은 학생'이라는 자각을 확산시키고, 교육관료나 학교당국자들도 학생회 직선제를 인정하게 하는 의식의 변화를 이끌어내었다.

1989년 전교조 교사들에 대한 징계가 가해지자 학생들은 몸을 사리지 않고 징계저지 투쟁을 전개하였다. 학생들은 서명·농성 이외에도 다양한 방법으로 의사를 표현하였으며 가두 진출 시위와 여러 학교와 연대하여 투쟁을 펼쳐나갔다.

▲ 6월 10일 대구 산격여중생 300여 명은 분회장을 연행하러 온 경찰차를 에워싸고 연행을 막았으며, 공동분회장 3명이 직위해제 되자 800여 명이 3일간 농성을 지속하였다. 대구시교위는 각 학교로 소요가 확산되는 것을 차단하고자 학생 시위를 막지 못한 책임을 물어 학교장을 직위해제하였다. 이후 학생들은 "선생님들이 단식하는데 우리만 점심을 먹을 수 없다." 며 억수같이 퍼붓는 비를 맞으며 운동장에 모여 도시락을 앞에 놓고 스승의 은혜를 부르기도 하며 전교생이 6월 19일까지 운동장 농성을 하였다. 장기간의 농성으로 50여 명이 탈진하였으며, 학생 2명은 "선생님을 돌려 달라" 는 혈서를 쓰기도 하였다.

▲ 6월 12일 경북 예천여고생 900여 명은 김창환 지회장에 대한 징계에 항의하며 '우리가 지키자, 우리 선생님'이란 구호와 어깨띠를 두르고 운동장 농성을 시작하고, 6월 15일부터 1주일 동안 300명씩 윤번제로 '김창환 선

생님 보호 결사대'를 조직하여 철야농성을 강행하였다. 김창환 교사에 대한 고발취하 요구가 받아들여지지 않자 학생들은 교장실에서 집기를 들어내고 농성하였다. 학교장은 학생들에게 김창환 교사에 대한 고발 철회를 서면 약속했다가 '감독소홀'을 이유로 직위해제 되었다.

▲ 6월 14일 경북 의성 점곡중 2학년 2반 학생 전원은 담임교사 홍운기의 구속 및 직위해제에 항의하며 도학력고사 시험 답안지를 동일하게 작성하였다.

▲ 7월에는 4일에 경북 상주여상 학생 1,200여 명, 6일에는 안동 중앙고 1,500여 명, 안동 경일고 2,000여 명이 수업 거부 및 학기말 시험 거부 농성을 하였다.

▲ 7월 6일 대구 배영고 학생 1,000여 명은 '전교조 교사 징계 철회'와 '일반배정 학군 편입' 등 7개항을 요구하며 7일간 교내·외 시위를 벌였다. 이 과정에서 '구교대(반 전교조)' 교사의 폭력으로 학생의 고막이 파열되었다. 학생들에게 답변을 회피하던 학교장이 7월 12일 전격적으로 조기방학을 발표하자 학생들은 학교 밖 1km까지 진출하여 가두시위를 했고, 격분한 일부 학생들은 교장실 집기와 학교건물 유리창 수 십장을 파손하는 사태가 발생하였다. 학교장은 전국 최초로 공권력의 투입을 요청하였다. 당시 배영고 학생 투쟁은 중앙지는 물론 지역 신문과 방송에 연일 톱뉴스로 보도되었다. 사태가 악화되자 국회의원 3명(한광옥, 박석무 외 1인)이 학교를 방문하여 진상을 파악하고 학교관계자, 교사, 학부모들과 대화를 하였다.

▲ 7월 13일 배영고 등 대구시내 18개 사립고교 간부 학생들이 연대하여 경북대에서 전교조 탄압 규탄대회를 벌이기로 하자 경찰이 원천봉쇄에 나서 검문검색을 강화하고 참가키로 한 학생 간부 97명을 연행하였다.(『매일신문』, 1989. 7. 13)

▲ 7월 13일 경주 신라고 학생들은 조기 방학을 거부하고 등교하여 시위를 하였다. 다음날 1,000여 명은 가두시위를 하였으며 전투경찰과 1시간 동

안 대치하며 몸싸움을 벌였다.

자주적 학생회 건설과 전교조 교사 징계저지 투쟁과정에서 학생들은 억압된 분노와 슬픔을 죽음으로 표현하기도 했다. 1990년 6월 5일 대구 경화여고 3학년 김수경이 민주적 학생회 건설과 전교조 교사 징계저지 활동과정에서 재단 측 교사에게 당한 심각한 모욕을 이기지 못하고 영남대학교 인문관에서 투신 사망하였다. 대구지부와 시민단체들은 '김수경 학생 추모 대구시민대책위원회'를 결성하고, 김수경의 죽음을 '민자당 독재정권에 의한 참교육과 학생활동에 대한 탄압이 초래한 타살'로 규정하고 범시민적으로 규탄하였다.

비극은 이어졌다. 김수경의 장례식을 치르고 불과 며칠 뒤인 6월 11일, 원화여고 1학년 김미경이 김수경의 죽음을 슬퍼하는 일기를 남기고 영남대에서 또 다시 투신 사망하였다. 6월 12일에는 이창원(당시 22세 청년)이 "전교조를 탄압하는 노태우를 처단하라."라는 메모를 남기고 영남대에서 투신하여 중상을 입었다.(『민주일보』. 1990. 6. 19)

학생들이 해직교사에게 사은회를 한 것도 불법이 되고 징계 사유가 되었다. 1990년 2월 13일 "대구 경상고 졸업생과 재학생 20명이 졸업식을 마치고 경상고 해직교사 6명을 모시고 조촐한 사은회를 한" 사실이 『영남일보』에 '미담 사례'로 보도되었다. 학교 측은 '불법집회 참가 및 학교 명예 훼손'을 사유로 재학생 4명에 대하여 징계 방침(나상현 외 2명은 무기정학, 윤희곤은 유기정학)을 결정하였다. 징계학생들은 한 달 동안 학교와 대구인권위원회를 오가며 농성을 지속하고, 대구지부와 시민단체들은 '범시민대책회의'를 발족하고 투쟁을 하여 결국 징계를 무효화시켰다. 그러나 그 과정은 복잡하고 치열했다. 해직교사 3명이 부상을 입고 47명이 경찰서로 연행되어 즉결재판에 회부되고, 경북대 최공훈 학생은 구속되었다. 부당징계를 용인한 대구시교위에 대한 항의 과정에서 해직교사 5명이 형사고발을 당하였다.

2) 학부모 운동

1988년 2월부터 대구에서 교육문제에 관심이 많은 학부모들이 정기적인 모임을 해 오다가, 1989년 3월 25일 대구교육대학에서 학부모 50여 명이 참석한 가운데 '참교육을위한대구학부모회'(회장 이경희, 이하 대구참학)를 창립하였다. 대구참학은 '마산학부모회'의 뒤를 이어 전국에서 두 번째로 창립되었다. 대구참학은 창립 행사로 '교육의 주체로 함께 서야 할 우리'라는 주제로 교사·학부모 간담회를 개최하여 육성회비, 촌지 문제 및 학교교육환경에 관하여 토론하였다.

창립 당시 대구참학이 하고자 한 사업은 ▲학부모의 권리 찾기 운동 : 육성회비 반환 청구 소송, 교육세 바로쓰기 촉구 운동, 촌지 없애기 운동 ▲교육 홍보사업 : 대중강연회, 홍보물 제작, 회보 발행 ▲문화사업 : 회원 친목 행사 개최, 교육주체 중심의 행사, 저질 퇴폐 문화 추방 등 교육 유해환경 척결 등이었다.(「참교육대구학부모회」 창간호 회지. 1989. 10. 23).

대구참학이 창립될 무렵 전교조 건설 문제로 전국이 소용돌이치고 있었다. 대구참학은 전교조의 취지에 전폭적으로 찬성하고 1989년 5월 대구여성회와 함께 전교조 지지 성명을 발표하였다. 전교조 교사에 대한 징계가 시작되자 민교협과 민가협 회원들과 함께 교사들의 농성장을 지원 방문하였으며, 「우리 모두 참교육에 동참합시다」 제목의 전단지를 지역 각 일간지에 넣어 시민들에게 배포하였다. 6월과 10월에는 '교원노조 바로 압시다', '올바른 교육을 위한 학부모의 역할'을 주제로 두 차례 '이야기 마당'을 개최하였다. 전교조공대위 활동과 전교조 해직교사 후원금 모금 활동에 참여하고, 10월 28일에는 전교조대구지부와 '국민걷기대회'를 공동주최하는 등 전교조를 전면적으로 지원하였다.(주보돈 구술, 2020년 9월 30일)

9월 22일에 '참교육을위한전국학부모회' 창립에 주도적으로 참여하고,

10월 28일에는 회지 「참교육대구학부모」를 창간하였다. 11월에는 육성회비 반환 청구소송을 제기하였다.

1990년(회장 김정숙) 2월에는 '경상고 학생 부당징계 철회를 위한 범시민 대책회의'에 참여하여 징계를 철회시켰다. 3월에는 대구백화점 앞에서 상반기 중점사업이었던 '돈봉투 없애기' 캠페인을 벌이고, 대구시내 초·중·고 학교장에게 협조 서한을 발송하였다. 4월부터 9월까지 학부모를 위한 "월례강좌"를 네 차례 개설하고, 회원 간의 상호 교류와 대화의 장을 마련하고자 「소식지」를 발행하였다. 5월에는 전교조대구지부와 공동으로 '어린이날큰잔치' 행사를 주관하였으며, 이후 해마다 5월 어린이날큰잔치 행사를 공동 주관하여 많은 학부모들의 참여를 이끌어내었다.

1992년(회장 이경희)에는 '교육대개혁과 해직교사 원상복직을 위한 범국민서명운동 대구경북본부' 결성에 참가하였다. 8월 11부터 13일까지 전교조대구지부와 함께 경북 포항시 구룡포의 경북대 수련원에서 '참교육 어린이 여름학교'를 개설하였으며, 이 사업은 대구참학의 연례 사업으로 발전하였다.

1989년 이래 1993년 까지 대구참학은 대구경북지역의 유일한 민주적 학부모 단체로서 적극적으로 전교조 지원 및 징계 대응 활동을 하면서 교육 개혁과 교육민주화에 기여하였다. 또한 촌지 없애기 운동과 육성회비 반환 운동, 학부모의 학교 운영 참여 등 학부모 권리 찾기 운동을 통해 학부모를 교육주체로 성장시켜 나가는데 기여하였다.

3) 청소년 단체 운동

'새로운청년회' 회원인 배종령과 대학생이었던 신남희, 박창준, 김종근 등은 1989년 7월 1일 '새벗도서원(이하 새벗)'을 창립하여 입시 위주의 학교 교육에 힘들어하는 청소년들을 위한 교육문화운동을 시작하였다. 새벗은 대구 중구 봉산동에 공간을 마련하여 중·고등학생들에게 건전한 만남의 장을 제공하였다. 독서토론 및 영화제를 통해 교육과 사회 및 민주주의 역사와 관련하여 토론학습을 하고, 학생인권과 학생자치활동을 실천토록 하였다. 또한 풍물반, 놀이연구반, 고적답사반, 민족무예반 등의 소모임을 조직하여 우리 문화를 배우는 놀이 공간으로 활용하였다. 그 무렵 전교조는 새벗의 버팀목이 되었으며 새벗은 전교조와 함께 청소년 교육 사업을 펼쳐나갔다.

새벗은 1991년 7월에 도서관운동과 청소년교육문화운동으로 분화가 되는데 신남희는 도서관운동에 주력하고, 경북대 학생이었던 한유미와 배상임, 권수경, 정은정, 이은정, 안미향 등은 '새벗청소년도서원'이란 이름으로 별도의 공간을 마련하고 청소년 교육문화 활동에 주력하였다. 새벗은 청소년 의식화교육을 경계하던 교육당국과 경찰의 감시의 대상이 되었으며, 새벗에 활동공간을 무상으로 제공한 이지영씨(세무사)는 세무조사를 당하기도 하였다.(한유미 서면 진술, 2020년 6월 15일)

특히 이 무렵 새벗의 중요 활동은 전교조대구지부와 경북대 사범대 학생회와 연계하여 개설한 '청소년열린교실'사업이었다. 청소년들은 열린교실을 통하여 삶의 주인으로서의 정체성과 자주성 및 민주주의 시민의식을 함양하였다. 새벗의 교육문화 활동과 열린교실을 통하여 성장한 많은 청년과 청소년들이 이른바 '참교육세대'를 형성하였으며 이들의 상당수가 사회운동 활동가로 성장하였다.

이후 '새벗청소년도서원'은 1996년에 '대구청소년교육문화센터 우리세상'으로, '새벗도서원'은 1993년 대구 최초의 민간도서관인 '새벗'으로 발전하였으며, 2002년에는 청소년교육문화운동에 기여한 업적을 평가받아 전교조로부터 '참교육상'을 수상하였다.

제4절 학계의 민주화 운동

1. 지방사회연구회와 대구사회연구소의 진보적 학술운동

1980년대 대구경북지역의 진보적 학술운동은 '지방사회연구회'(이하 지사연)에서 비롯되었다. 1982년 지역의 몇몇 진보적인 교수들의 학문적 욕구에 의해 시작된 공부모임은 1984년 김형기, 이호철, 배영순, 김도형, 이윤갑의 주도하에 학술운동을 위한 지식인의 모임으로 발전하였다. 이들 교수들은 보다 조직적인 학술모임으로의 발전을 도모하였다. 1985년에 수차례 준비과정을 거쳐 11월 8일 계명대학교에서 '지방사회연구회'(회장 백승균)를 창립하고, 32명의 회원을 경제, 사회, 문화 등 3개의 분과로 구성하여 활동하였다.

지사연은 학문적 연구를 통해 사회의 민주화와 역사 발전에 기여하는 것을 지식인의 과제와 역할로 규정하고, 학문적으로 정리되지 못한 지방사회의 제반 문제를 한국 사회 전반의 발전과 관련하여 해명하고, 그 대안을 모색하며 이를 학술, 교육, 문화운동으로 실천하려 했다. 특히 "1980년대에 이르러 급속하게 성장하는 민중운동은 사회 현상과 변동에 관한 과학적인 이론의 도움이 없이는 성공할 수 없다"고 보고, "연구자들이 사회현상과 변동에 대하여 보다 과학적이고 구체적인 분석을 해야 한다"고 주장하였다. 이런 관점에서 연구운동의 방향성을 설정하고 1986년부터 월례발표회, 연수회, 심포지엄과 같은 구체적인 활동을 추진하였다.

1987년 6월민주항쟁의 결과가 노태우 정권의 탄생으로 나타나고 회원 성향의 차이에 따른 내부적 요인이 겹쳐지면서 활동도 점차 침체되었다. 그런 가운데에도 지사연은 지방에 근거한 유일한 학술운동 단체로서 전국적 차원에서 제반 학술운동단체들을 연계하는 역할을 하였으며, 수준 높은 연구발표와 토론을 통하여 학술적 성과를 회원들이 공유하는 성과를 거두었다.

이후 1989년까지 지사연은 심포지엄 개최와 월례발표회, 특별세미나를 통하여 지역 학술운동의 방향을 모색하였다. 현실문제에 대한 토론을 활성화시키고, 실제 활동가들을 토론에 참여토록 하였다. 지역 현실에 대한 실태조사와 연구 성과를 사회에 환원하는 강연회, 토론회, 학술강좌를 꾸준히 진행하였다. 1989년에 개최된 제4회 심포지엄은 '지역사회 발전과 지방자치제─대구경북지역의 실태와 과제'라는 공동주제로 개최되었는데, 지역실태조사를 통하여 한국사회의 모순구조가 지역에서 강화된 형태로 나타나고 있음을 검증하였다.

또한 대구 지사연의 활동은 광주, 전주, 부산 등 다른 지역의 학술운동을 촉발하였다. 지사연의 활동이 알려지자 각 지역의 대학교수와 연구자들이 중심이 되어 광주·전남 지역에서는 '전남사회연구회'를, 부산에서는 '부산경남지역사회연구회'를, 전주에서는 '호남사회연구회'를 결성하였다. 각 지역에서 지역 현안을 연구하는 학술단체들이 조직되고 학술단체들 사이의 교류와 협력 필요성이 높아지자, 지사연은 1989년 11월 대구, 부산, 전주, 광주 등 네 지역의 지역학술운동 단체가 참여하는 '지역사회연구단체협의회' 결성을 주도하였다. '지역사회연구단체협의회'는 지역 연구단체 간의 학술정보 교환, 공동 학술행사 및 조사연구를 수행할 목적으로 결성되었다.

1990년에 접어들면서 보다 강화된 보혁구도와 지역사회의 강한 보수화 경향으로 활동은 더욱 위축되었다. 회원들의 참여가 줄어들고, 학술강좌 또한 대중사업으로 정착되지 못하면서 침체기를 맞이하였다. 이와 같은 현실적 한계가 드러나는 가운데 1991년에도 월례발표회는 지속되어 "지역교육 및 언론의 실태와 과제"라는 주제로 심포지엄을 개최하고, "한국근현대사"라는 주제로 학술 강좌를 진행하였다.

지사연은 내·외적인 난관을 극복해내고 지역사회에 대한 연구를 심화하고 정책 대안을 마련할 수 있는 연구단체로 거듭 나기 위하여, 1992년 2월 12일 정기총회를 열고 지사연을 발전적으로 해소하고 연구소로 전환할 것을 결의하였다. 4월 28일 가칭 '대구사회연구소 창립준비위원회'(위원장 김민남)를 구성하고 연구소의 정관 및 운영 계획을 마련하였다. 교수를 중심으로 각계 전문가, 연구자, 교사가 참여하여 발기인 113명, 8개 연구부 연구위원 63명, 연구원 40명을 확정한 후 5월 22일 '대구사회연구소'(소장 김민남, 이하 대사연)를 창립하였다.

대사연은 창립선언문에서 "우리에게는 우리나라의 민주적 개혁과 사회의 근본적 쇄신을 실현할 수 있는 전망과 합리적 정책 대안을 제시할 사회적 책무가 주어져 있으며, 지방자치제가 풀뿌리 민주주의로서 정착되도록 지역주민의 생활상의 요구에 따라 문제를 제기하고, 삶의 질의 개선과 지역 발전을 위한 합리적인 정책 대안을 제시하려 한다."는 기본 방향을 밝혔다.

대사연은 기본 사업으로 1. 연구 분야별 기초자료 수집 정리 2. 연구 분야별 지역 동향 분석 3. 연구 프로젝트 수행 4. 정기 간행물, 연구서 등의 출판사업 5. 정책토론회, 정세토론회 및 강좌 개최 등을 설정하였다. 연구 분야별로는 교육문화, 노동, 농업, 도시개발, 법제, 보건의료, 산업, 환경 등 8개 분과를 구성하였다.

대사연은 1992년 8월부터 월간 「지역동향」을 매월 출간하여 대구경북지역의 주요 기관에 배포하였으며, 12월 대통령선거를 앞두고 '시민생활, 대선 공약에 어떻게 반영되고 있는가?'를 주제로 제1회 시민토론회를 개최하여 경제정책, 생활환경정책, 교육정책 등 3개 분야별 주제 발표를 하고 토론을 하였다.

2. 1980년대 정치와 학원의 민주화를 위한 교수 운동

전두환 정권과 6월민주항쟁을 거치면서 교수들은 자신들의 정치적 견해를 시국선언과 같은 형태로 표현해왔다. 1986년 3월 28일 고려대학교 교수 28명이 직선제 개헌을 요구하는 시국선언을 발표한 이후 4월 30일까지 28개 대학 763명의 교수들이 일제히 시국 선언을 이어갔다. 대구경북에서도 지사연에 소속된 교수들을 중심으로 시국선언에 참여하였다. 1986년 4월 16일 계명대에서 49명이 서명한「현 시국에 대한 우리의 견해」제하의 시국선언문 발표를 시작으로, 4월 18일 영남대 50명, 4월 28일 경북대 41명의 교수들이 서명과 성명서를 발표하였다.

교수들의 시국선언은 1987년 대통령 직선제 개헌 요구를 거부하는 전두환의 '4·13호헌 조치'가 발표되자, 5월 말까지 더욱 확산되었다. 전국의 48개 대학 1,510명의 교수들이 시국선언에 참여하였다. 대구에서도 5월 6일 계명대 교수 56명은 4·13호헌조치와 관련된「현 시국에 대한 우리의 견해」제하의 시국성명서 발표하였다. 성명에서 "호헌 조치 철회와 개헌 작업의 재개, 인간다운 생존권 보장과 언론집회결사의 자유 보장, 학문연구의 자유 보장과 교육의 민주화와 학원의 자율성 확립"을 주장하였다.

교수들의 시국선언은 민주화를 열망하는 시민과 학생들의 전폭적인 지지를 받았다. 지역 사회에서 대학 교수가 가진 비판적 지식인의 위상과 책임을 자리매김하는 계기가 되었으며, 6월민주항쟁을 이끌어내는 데에도 중요한 기여를 하였다. 또한 1987년 7월 21일 대학교수들의 전국적인 대중운동조직체인 '민주화를위한전국교수협의회'(이하 민교협)의 결성을 낳았으며, 교육관계법의 민주적 개정운동 등 민주화를 위한 실천운동의 원동력이 되었다.

이 시기에 때를 맞추어 학원자율화를 실현하기 위한 교수들의 자치적 대의기구로서 교수협의회가 대학별로 속속 결성되었다. 대구경북에서도 지사연 소속 교수들은 각 대학의 교수협의회 출범에 앞장을 서고, 각 대학별로 사립학교법 개정운동, 부패사학 개혁운동, 총장직선제 쟁취운동 등 학내 민주화투쟁을 전개하였다.

계명대학교에서는 1988년 4월 7일 체육대학 학생들의 현안 문제 해결을 내걸고 시작된 본관 점거농성 투쟁이 학교 전반의 문제로 비화되면서 학원 자주화투쟁으로 발전하였다. 5월 2일에 교수와 학생들은 학생 정치활동 보장, 총장선출 문제 등과 관련하여 공청회를 개최하고, 이를 토대로 총장이 사퇴하고 사립대 최초로 직선제 총장을 선출하게 되었다.

대구대학교에서는 1988년 교수협의회가 결성되었지만, 학교법인 영광재단의 비민주적 학교운영과 총장 부재로 인한 파행적인 학사운영이 문제가 되었다. 1989년 4월 교수협의회가 '학원 정상화를 위한 제언'을 발표하면서 총장 직선제가 본격적으로 논의되기 시작하였으며, 교수, 학생, 교직원 등 학교 구성원들은 '대학발전협의회'(의장 박용)를 결성하고 1989년 9월 11일에 '민주총장 선출'을 위한 교수투표를 시도하였으나 대학본부 측의 방해 등으로 무산되었다. 이후 총장직무 대행체제를 이어가다가 1993년 학교법인이 또다시 총장을 임명하면서 총장직선제 투쟁의 불이 붙게 되었다.

영남대학교에서는 1980년 3월 28일 교수협의회가 창립(회장 조용)되었고 뒤이어 4월 23일 전두환 군부세력의 비호 하에 박근혜가 29세의 나이로 재단이사장에 취임하였다. 학생들은 이에 반발하여 5월 14일 1만여 명이 경산에서 대구 대명동 캠퍼스까지 17㎞를 행진하며 박근혜 퇴진을 외쳤다. 그러나 5월 17일 계엄령 선포로 교수협의회는 해산되고 이수인(정외과), 김윤수(회화과) 교수가 강제 해직되었다가 1984년 9월에 복직되었다. 1987년 9월 17일 교수협의회가 재창립되었고(회장 이성대), 1988년 10월 국정감사에서 드러난 부정입학 문제에 책임을 지고 이사 신분으로 사실상 재단을 지배하던 박근혜는 11월에 영남학원을 떠났다. 이에 따라 12월에는 교수들의 직선제 투표로 김기동 총장을 선출하였다.

경북대는 1987년 서원섭 총장의 중도 퇴임과 천시권 총장의 취임 이후 민주화 요구와 학내 갈등으로 대학사회가 요동치는 가운데 10월 15일 교수협의회가 출범하였고, 학원자율화를 요구하는 교수들의 민주화 요구는 확대되었다. 1988년 교수협의회는 교수재임용제 폐지와 대학인사위원회 폐지를 문교부와 대학본부에 건의하였으며, 전국 최초로 대학자율화의 초석이 되는 총장선거 규정안을 만들었다. 그 결과 1990년에 국립대로서는 최초로 직선제 총장을 선출하였다.

3. 민주화교수협의회의 결성과 활동

시국선언에 참여한 교수들을 중심으로 1987년 7월 21일 '민주화를위한전국교수협의회'(이하 민교협)가 창립되었다. 대구경북지역의 교수들도 민교협 창립에 주도적인 역할을 하였고, 활동력이 왕성했던 대구경북을 대표하여 경북대 김상기 교수가 공동의장으로 추대되었다. 대구경북에서도 1989년 3월 3일 '학원의 민주화와 사회의 민주화를 실현할 목적'으로 민교협의 대구경북지역회인 '대구경북민주화교수협의회'(회장 경북대 이병휴, 총무간사 김형기, 이하 대경민교협)가 창립되었다. 당시 대경민교협에 참여한 교수들은 180명이었으며, 그 중 상당수는 지방사회연구회에서 활동하던 연구자들이었다.

1989년 대경민교협은 민주교육법 쟁취 투쟁에 적극 참가하여 전국적 서명운동에 주도적인 역할을 했다. 또한 대경민교협은 전교협의 교원노조 전환이 가시화되자 교원노조에 대한 지지 입장을 채택하고, 전국 민교협 교수들의 교원노조 참여를 이끌어내는데 선도적인 역할을 하였다. 전교조 결성이틀 전인 5월 26일 김민남을 비롯한 대구경북의 교수 16명[23]이 전국에서 처음으로 교원노조 가입 입장을 밝히고, 전교조 대구경북지부가 창립되자 6월 22일 교수 70명이 가입원을 제출하였다. 6월 8일에는 대구경북지역의 6개 대학의 민교협 회원 및 비회원 교수 242명은 대학교수로서는 전국 최초로 '교원노조 결성 지지 및 탄압 중단' 성명서를 발표하였다. 특히 신현직 (계명대)은 '민교협소식' 제5호(1989년 6월 16일 발행)에 「교원노조와 교수의 입장」을 투고하여 "총장선출로써 모든 것이 해결된 것처럼 자족하는 교수협의회운동"을 비판하며 "교육의 자주성을 확보하기 위한 교원노조운동에 교수와 교사의 차별성을 타파하고, 민교협이 당연히 교원노조에 동참할 것"을 주장하였다. 이종오(계명대)는 전교협의 '교원노조운동' 좌담회에 참여하여 교육민주화를 향한 민교협의 입장을 설명하였다.

이후 대경민교협은 전교조공대위에 참가하고 전교조 교사에 대한 징계저지 투쟁에 앞장섰다. 7월 26일 전교조가 명동성당 단식 농성에 돌입하자 대경민교협도 7월 27일 계명대 동서문화관에서 임시총회를 열고 8월 2일까지 농성하였다. 회원 교수들은 집회와 강연을 통하여 교육개혁과 전교조의 당위성을 알렸으며, 대경민교협 계명대 분회는 9월 11일 '전교조 공청회'를 개최하여 '민중적 토대에 기초한 민주화운동과의 맥락 속에서 전교조 운동의 전망'을 제시하였다.

전교조 교사들이 대량 해직되자 대경민교협은 지역의 해직교사들의 생계를 지원하기 위하여 1989년 9월 전교조 후원회를 결성하였다. 이 후원회는 시민사회가 함께하는 '국민후원회'로 발전하였으며, 경북대 김민남의 주도하에 시민 '1,000원 모금 운동'을 전개하여 1990년 12월까지 15개월간

---

23) 전국에서 처음으로 교원노조 가입 의사를 공개 표명한 교수 16명은 경북대 김민남, 김형기, 주보돈, 이정우 / 영남대 민주식, 박현수, 배영순 / 계명대 박병춘, 손영원, 신현직, 이윤갑, 이종오, 전용헌 / 효성여대 이윤석, 최상천 / 대구대 홍승용 등이다.

8,000만원을 모금하여 전교조 대구경북지부를 지원하였다.(주보돈 구술, 2020년 9월 30일)

1990년 대경민교협(지회장 계명대 강대인, 총무간사 이종오)은 3월에 '대구경북국민연합'에 가입하고 국민연합이 주최하는 반민자당, 민중 지원 집회에 적극 참여하였다. 5월에는 '전교조 해직교사 원상복직 추진위원회'를 구성하였으며, 7월에는 '대구지역 노동운동 탄압 반대를 위한 기자회견' 및 성명을 발표하고, 11월에는 '5공 청산, 민중생존권 및 전교조 합법성 쟁취 국민대회'에 참가하였다.

1991년 대경민교협(지회장 경북대 임종국, 총무간사 이호철)은 5월 2일 「고 강경대 군의 죽음을 애도하며 공안통치 종식과 독재정권 퇴진을 요구한다」 제하의 성명을 발표하고 계명대에서 철야농성을 하였다. 5월 14일부터 금오공대를 시작으로 5개 대학 교수 226명은 대학별로 시국선언을 발표하였다. 대경민교협 결성 이래 발행해 온 소식지 「민교협소식」을 1991년 5월까지(제4호) 발행하였다.

1992년이 되면서 대경민교협(지회장 영남대 정석종, 총무간사 권기홍)은 1991년 하반기에 민교협 중앙회에서 이루어졌던 전국연합 참가 결정이 회원들의 반발을 야기하여, 조직을 완비하기도 어려울 정도로 침체 국면을 맞이하였다.(『민교협월보』 제11호, 1992년 11월) 이런 가운데 6월 23일 대구경북지역의 32개 단체와 함께 '교육대개혁과 해직교사 원상회복을 위한 범국민 서명운동 대구경북본부'를 결성하고 6개 대학의 교수 297명의 서명을 받아내고, 10월에는 교육관계법 개정을 위한 국회청원 서명에 교수 492명의 서명을 이끌어내었다.

대경민교협은 교육과 정치 민주화 이외에도 환경, 농업, 노동, 학생운동 등 사회민주화운동을 위한 학술적 지원활동을 했다. 1989년 경북 고추싸움 현장조사 활동, 1990년 선산 산동골프장 건설저지운동과 골프장의 고독성

농약 투여 사건에 대한 지원 활동을 통해 농민운동을 지원했고, 1991년에 터진 두산전자의 페놀오염 사건에 대한 연구를 통해 대구환경운동연합 설립에도 일조했다. 11월 9일 대경민교협과 민교협 중앙회가 공동으로 '시민생활과 환경'이라는 주제로 시민대토론회를 개최하였다. 지역 노동운동가들과 함께 노동자학교를 운영하는 등 노동운동을 지원했다. 1992년 2월 13일 청송군 소비조합 주최의 농민교육에 참여하였다.

이외에도 기금 마련 활동으로 모은 수익금으로 민주노조와 농민지원 사업을 하였다. 현대중공업 노조, 영남일보 노조, 남선물산 노조 등 수많은 투쟁 현장을 방문하여 지원금을 전달하였으며, 대노련의 사무실 마련을 위한 기금을 전달하였다.

제5절 대구경북 교육운동의 특징과 의의

대구경북이 한국교원노조운동의 발상지이고 투쟁의 중심지가 된 요인으로 1960년 당시 영남지역이 전국 최대의 교원과 교원노조 전국 조합원의 87%를 점유하였던 인적 구성상의 특징에서 찾을 수 있다. 특히 대구경북의 교원노조 가입율과 단위 조합의 수가 전국 최고치였던 점이 강력한 투쟁의 동력으로 작용했다. 다음으로 대구의 사회역사적 환경이 작용했다. 당시 대구는 전국 3대 도시 중의 하나로 일제강점기 이래 정치사회적 중심지일 뿐만 아니라 3대 교육도시로서의 명성을 지녔으며, 10월 항쟁의 중심지로서 민중의식이 높았던 곳이었다. 또한 한국전쟁 당시 비점령지로서 진보적 세력이 건재하였고, 전국에서 피난해 온 정치사상가와 지식인 문화예술인의 영향과 자유당정권에 비판적인 지역 언론의 영향으로 시민의식이 높았다. 자유당 독재정권에 항거하는 대표적인 야당도시로서 대통령 선거와 총선거에서 야당 후보가 압승을 하던 곳이었다. 이러한 사회적 환경이 대구에서 4·19혁명의 도화선이 된 2·28학생의거와 자주적 평화통일운동의 선봉 역할을 했던 '민족자주통일연맹'의 조직과 교원노동조합운동의 태동을 가능 하게 했던 것이다.

1980년대 대구경북에서 재개된 교사운동의 특징은 대구경북이 1960년 한 국교원노조운동의 발상지라는데 대한 자긍심과 계승의식이 강하게 작용했 다는 점이다.[24] 그 자긍심과 계승의식이 한국교원노조운동에 대한 대 탄압과 좌절 이후 지역 교육계에 만연했던 패배의식을 극복하는 힘이 되었으며, 박 정희·전두환·노태우로 이어지는 'TK정권' 30여 년 동안 고착화된 보수의 벽을 뚫어내는 힘이 되었다. 그 힘을 토대로 성장해 온 지역의 선진적 교사들 과 교사대중의 교육민주화를 향한 의지와 열정은 대구경북을 서울과 광주· 전남에 버금가는 교육운동의 주력으로 발돋움하게 하였다.

교사운동의 발전 과정에서 대구와 경북의 교사운동의 양상이 다르게 나 타나는 특징을 보였다. 경북지역의 교사운동은 중소도시와 농어촌에 생활 기반을 둔 젊은 교사들이 지역 주민으로서의 정체성을 확보하고, 시·군 단 위별로 지회 사무실을 가지고 지역의 시민운동가와 학부모, 학생들과 친밀 하게 접촉하면서 전개되었다. 지역적 정서를 감안하여 주민의 요구와 학교 실정에 맞는 참교육 실천 활동을 전개하여 지역공동체적인 교육운동의 토 대를 구축해갈 수 있었다. 이에 비하여 '직할시'로서 경북 지역의 정치와 행 정, 경제의 중심지인 대구의 교사운동은, 공안정국 상황에서 지역연대가 요 청하는 정치사회적 투쟁에 역량을 쏟아야만 했다. 대도시의 무수한 난제 해 결과 수행해야할 각종 투쟁에 비하여 협소한 조직 역량의 한계와 대도시의 문화적 특성으로 인하여, 지역주민이나 교사대중과 함께 하는 지역공동체

---

24) 4·19교원노조운동의 서막을 알리는 격문 '전국 교원 동지의 분기를 촉구한다'를 쓴 이 목 선생(전 한국교원노조총연합회 사무국장, 전교조 지도자문위원)이 대구에 거주하면 서 교사협의회 시기부터 2015년 93세로 사망할 때까지 30여 년간, 대구와 경북지역에 교원노조운동의 정신과 실천을 설파하여 지역 교사들의 사표가 되었다.

적 교육운동의 토대를 형성하기 어려웠다.

그럼에도 불구하고 1980년대~1990년대 초 대구경북의 교사운동은 지역적 한계를 극복해가며 학생·학부모·시민 등과 연대하여 교육개혁과 정치사회적 민주화운동에 기여하였다. 또한 '교사도 노동자'임을 주창하여 노동존중사상을 확산하고 노동자 권리를 향상시켰으며, 노동운동의 주체 및 지지자를 확장하여 노동운동의 지평을 넓혔다.

한편 대구경북의 학부모운동과 교수운동은 독자적으로 혹은 교사운동과 보조를 맞춰가면서 교육민주화와 교육개혁을 진전시켰다. 전국 학부모회 중에서도 선구적이었던 대구참교육학부모회는 대구경북의 유일한 민주적 학부모단체로서 학부모 권리의식을 확산하여 학부모를 학교운영의 주체로 세워내면서, 대구 교육계에 영향력을 발휘하는 조직으로 성장하였다. 진보적인 교수들은 지사연과 대사연을 중심으로 결합하여 서울 중심의 교육·지식 체계를 극복하고 지역이 중심이 되는, 지역민을 위한, 진보적인 지식 체계를 정립하려는 노력을 전국적으로 선도하였다. 또한 민교협중앙회의 창립과 활동에 중추적인 역할을 하였으며, 대학별 교수협의회 운동과 민교협 활동을 통해서 학원의 민주화 및 정치사회적 민주화에 기여하였다.

제4장 문화예술운동

제1절 체제저항 예술운동의 태동과 변화

1. 정부수립 전후 대구의 문예운동

한국현대사에서 체제저항운동의 실체를 찾는 노력은 동학혁명으로부터 일제강점기 민족해방운동까지 거슬러 올라간다. 대구경북지역의 문화예술운동 원류는 일제강점기 항일운동에서 찾을 수 있다. 항일운동의 한 축에는 계몽운동이 있었으며 우리 말과 우리 글쓰기에 대한 각성과 교육이 그 근간이었다. 그 흐름 속에서 지역에서 본격적인 시사종합지가 등장했다. 조상원이 1945년에 창간한『건국공론』이었다. 또한 대구는『아동』,『새싹』과 같은 어린이 문학잡지가 해방과 정부수립기에 출간되었다. 최근의 연구결과에 따르면, 대구는 일제강점기와 해방기, 그리고 정부수립기에 진보적인 연극영화운동이 벌어졌던 공간이다.(박창원, 2012, 26쪽) 그 당시의 경향은 이 지역의 문화예술운동에 밑거름이 되었다. 역설적으로, 지금보다 수도권 집중화 경향이 낮았던 일제강점기와 해방기에 대구는 다양한 문화 활동이 벌어졌다. 그동안 '카프(KAPF)'의 문학과 미술을 중심으로 조명되어 왔지만, 새로 밝혀진 사실은 대구가 연극과 영화 운동에도 상당히 주목했다는 점이다. 진보적인 연극영화운동은 학생과 청년 집단이 중심이 되었다. 그 출발은 1925년에 발족한 '대구무대협회'이다. 이 극단은 '조선키네마'와 '무대예술연구회'에서 활동했던 인사들이 주축을 이뤘다. 일본에서 전해 온 신파극이 대중문화의 주류를 차지했던 당시에, 대구무대협회는 민중지향적이며 사회고발적인 성격을 띤 작품들을 무대에 올렸다. 이런 움직임은 1929년에 창립된 '대구가두극장'으로 이어졌다. 이 또한 농민과 노동자의 현실을 직시하고 계급의식을 고취하는 목적을 두었다.

대구가두극장에서 주도적 활동을 했던 신고송은 카프의 이상춘, 이갑기와 함께 이 단체에 마르크스주의에 기반을 둔 조직 강령을 내세웠다. 대구가두극장은 '대구노동회사건'을 다룬 연극 「하차」를 무대에 올리려고 했지만 일본 경찰에 의하여 제지되었다. 이상춘은 대구의 전위적 미술운동 조직인 '영과회(零科會)'에 가입하여 활동하기도 했으며, 또 다른 구성원인 이원식[25]은 1935년 설립된 '코레아영화제작소'를 박민천 등과 만들었다. 박민천은 일제 강점기 시절의 조선인 전용영화관이었던 '만경관'에서 「만경관 뉴-스」 제작을 맡은 인물이다. 만경관 뉴-스는 문맹률이 높은 대중을 계몽했다. 해방 직후 실체를 드러낸 '10月영화공장'은 영화관에서 뉴스를 상영하는 한편 농촌을 순회하며 공연도 펼쳤다. 10월영화공장은 노동해방을 다룬 「싸우는 열차」가 문헌을 통해 알려져 있다. 이 단체는 지역에서 벌어졌던 여러 사건의 모습을 카메라에 담았다. 10월영화공장은 명칭을 '10월영화사'로 바꿨으며 곧이어 사진가 최계복이 합류하며 '조선문화영화사'로 거듭났다. 이들은 1948년 정부 수립 이후에도 여전히 활동을 이어갔다. 이들의 활동은 전쟁이후 1950년대에 이르러 해체되었다.

해방과 정부수립 시기의 지역 문화예술운동에서 10월영화공장은 박창원

---

25) 이원식은 일제하에서 교사로 활동하다 대구사범 재학 시의 현준혁사건으로 파면, 독학으로 의원 개업함. 해방 후 좌익정당 활동을 하다 한국전쟁 때 예비검속을 피해 피신, 아내가 대신 가창골에서 학살됨. 4월혁명 시기 피학살자유족회 부회장으로 활동하다 5·16 후 체포되어 20년 장기수로 살다 석방됨. (『근현대 대구경북사상인명사전』, 440쪽).

의 연구를 통해 전체적인 모습이 조망되기 시작했다. 이 과정에서 언급된 인사가 영화감독 겸 출판인 김유영이다. 코레아영화제작소와 만경관에서 기술고문을 맡기도 한 그는 1929년 말에 '신흥영화예술가동맹'을 이끌며, 노동자계급 영화의 경향을 소개했다. 그는 1931년 대구에서 사회주의 이념에 기초한 종합 문예지를 창간했다. 이와 같이 해방공간에서 벌어졌던 움직임은 이후에 지속된 지역 문예운동의 기원이라고 볼 수 있다.

2. 이승만 정권 하에서의 문예운동

대구경북의 근현대사를 돌이켜볼 때, 이승만 정권과 뒤이은 4 · 19혁명과 제2공화국 시기를 하나로 묶기에는 다소 무리가 있다. 전쟁과 독재, 혁명과 좌절이 연속된 이 시기는 역사적 의미를 서로 달리하기 때문이다. 또한 이 시기를 기록한 문화예술 운동사에도 밝힐 부분이 많다. 대구는 한국전쟁기 전국의 문화계 인사들이 임시 정착했던 곳이다. 지역 문화예술사에서 빠지지 않는 서술이 대구 피난시절에 벌어진 작가들의 활동이다. 예술가들은 전쟁 속 여러 비극을 외면할 수 없었지만, 때로는 시공간을 초월한 작품을 탄생시켰다. 여기서 남북한 체제 대립 속에서 예술가들이 정착지역의 이데올로기와 반대되는 생각을 작품으로 드러내는 일은 쉽지 않았다. 휴전 이후 남한 예술과 정치 사이의 구도는 종속적인 관계로 굳었다.

이승만 정부의 무능과 탐욕은 정부수립 때부터 내재해 온 모순을 점점 더 드러냈다. 1960년엔 4 · 19혁명의 전초가 된 2 · 28의거가 발생했다. 당시 상황에서 지역의 문예운동을 확인할 수 있는 자료는 많지 않다. 하지만 그 중에서 『4 · 19혁명가요』의 창작과 보급은 눈에 띄는 사건이다.(손태룡, 2018, 9~48쪽) '4 · 19혁명가요'는 지휘자 이기홍에 의하여 창단된 '대구관현악회'가 1960년 7월 19일 계성고 강당에서 세 차례에 걸쳐 초연되었다.

저녁 공연은 SP음반으로 녹음되어 '4·19혁명가요집'이라는 제목으로 출시되었다. 혁명 정신을 기리기 위한 그 노래들은 '혁명 신가곡'으로 불렸다.[26] 4·19혁명 전후에는 가곡을 가요라고 불렀으며, 4·19혁명가요는 극소수의 음반으로 남아 있는 상태이며, 현재 연주되고 있지 않다. 작사가 여섯 사람은 모두 대구 출신의 시인이었으며, 그들의 노랫말에 작곡가 다섯 명이 곡을 붙였다. 1964년 '대구시립교향악단'의 초대 지휘자를 맡은 이기홍이 중심이 된 작곡가들은 주로 지역의 중고등학교와 대학교에 재직하면서 음악과 문학과 출판계에서 활동했다. 시위에 주도적으로 참여하지 않았던 음악인과 교육자들이 4·19혁명가요를 창작한 이유는 대구에 널리 퍼져있던 정서가 작용했다. 정부로부터 야당 도시로 낙인 찍혀 불이익을 당한다는 시민들의 반정부의식이 본격적인 활동가가 아닌 일반 예술인들에게도 퍼져있었던 것이다.

이 시기에 지역에서 벌어졌던 노동운동과 교육운동을 볼 때, 그 투쟁에 문화예술이 부분적으로라도 기여한 것을 문서나 증언으로 전해지는 사례는 많지 않다. 교육민주화운동의 출발점이 된 '한국교원노동조합'은 운동의 역사에서 1960년 10월에 '학생종합예술제전'을 기획했던 사실이 남아있다.(이목, 1989, 333~340쪽) 기획 단계에서 노조는 예술제 경험이 없는 까닭에 행사를 임기응변으로 치러야 했다. 「4·19혁명의거 학생위안 및 제2공화국 수립 경축 제1회 경북학생예술제」라는 긴 행사 명칭은 그만큼 행사 준비에 혼선이 많았던 동시에, 어렵게 성사시킨 예술제에 절실하게 담을 의미가 많았음을 보여준다. 예술제는 경북 서른다섯 개 지구의 교원노조가 역할을 나누었지만, 여건상 도청소재지인 대구를 중심으로 벌어졌다. 문학, 미술, 음

---

26) 「민주전사」(박훈산 사, 박기환 곡), 「빛나던 사월」(신동집 사, 하대응 곡), 「사월은 진달래」(서정희 사, 이기홍 곡), 「사월의 꽃」(이민영 사, 안종배 곡), 「아! 4·19」(김장수 사, 백남영 곡), 「하늘이 안다」(전상렬 사, 안종배 곡)를 모은 여섯 곡이다.

악, 무용으로 장르를 나누어 11월 3일부터 열흘 동안 벌였던 예술제에서, 노조 구성원들은 예술도 투쟁의 한 가지 단면임을 경험했다. 이 행사에 반 감을 가진 교장급 교원들은 학생들 차출을 금하기도 했던 가운데 백일장과 경연대회가 차례대로 열렸다. 폐막 하루 전인 12일에는 전체 행사 가운데 핵심인 예술제전이 대구국립극장(현 CGV대구한일극장 자리)에서 열렸다. 이 자리에서 특히 경북여고 합창단이 4·19혁명가요들 가운데 두 곡인 「아! 4·19」와 「4월은 진달래」를 제창하며 혁명 정신을 드높였다.

3. 박정희 정권 하에서의 문예운동

5·16군사쿠데타 이후 박정희 정권의 강압 통치 아래에서도, 예술은 나 름의 발전을 이루며 작동했다. 그러나 예술이 정치에 직접적인 영향을 끼치 는 경우는 정권의 의도에 따른 행사 이외에는 많지 않았다. 예술은 밖으로 는 국위 선양을, 안으로는 국민의 의식 통제를 위한 수단으로 전락했다. 예 술을 정권 유지의 차원에서 통제하려는 의도는 분단 체제 하의 남과 북이 다르지 않았다. 이 시기 예술에 대한 다음과 같은 가정은 큰 이견을 보이지 않을 것이다. 해방 이후 북한과 달리 남한은 미국으로 대표되는 서구문화가 대량으로 유입되었고, 일제강점기부터 전해져 온 서구의 순수예술도 매체 를 넓혀 본격화되었다는 점이다. 순수문화와 대중문화가 판세를 굳히는 와 중에 우리의 전통적 민중문화는 위축되어 갔다.

박정희정권 시기인 1960년대와 1970년대는 대학생들의 민주화운동이 본격적으로 일어났던 시기이다. 이전 운동의 역사에서 고교생들이 중요한 축을 맡았던 저항 주체의 연령이 높아진 점도 있다. 뒤에서 언급할, 대구경 북 문예운동의 중요한 거점인 마당극운동의 효시가 된 단체가 이 시기에 등 장했다. 바로 '새날동지회'이다. 이들은 1959년 말에 결성되어 1967년 중반까지 활동을 벌였다. 새날동지회는 대구권 고교생들이 주축이 되어 일부 대학생들도 합세한 조직이었다. 이는 4·19혁명 세대가 대학 진학을 하는 시기와 맞물린다. 중고등학교와 달리 자기 의지에 따라 다양한 공부를 할 수 있는 대학 생활은 학생들에게 현실 인식의 기회를 제공했다. 하지만 예술은 민주화운동의 전면에 나설 수 없었다. 박정희가 인혁당사건, 동백림간첩단사건, 민청학련과 인혁당재건위사건 등을 기획하면서 정권의 위기를 넘기는 와중에 대학생들과 예술가들은 탄압 받을 수밖에 없었다.

1960, 70년대는 지역의 민주화운동에서 예술이 중심이 되는 예가 1950년대와 마찬가지로 많지 않았다. 지역 대학가는 한일협정반대운동과 거기에 따른 구속자 석방운동, 총학생회와 자치권투쟁, 각종 공안조작사건에 대한 반대투쟁, 긴급조치와 유신반대운동을 치열하게 진행했으며 그때마다 비통한 사건이 이어졌다. 이 시기에 학생들을 결집할 수 있던 장은 학내 서클이었다. 많은 서클들이 '문화'와 '연구'를 자신들이 활동하는 명분으로 내세웠다. 예컨대 계명대학의 '정통문화연구회', 영남대학의 '전통문화연구회', 경북대의 '언어문화연구회'가 그렇다. 하지만 이들 '문화'란 이름을 내건 조직은 독서와 토론 그리고 유적 답사를 주된 활동으로 삼았으며, 문화운동을 개척하는 활동을 못한 채 강제 해산과 재건을 거듭하며 학생운동의 한 축을 맡았다.

책의 전반부에서도 다루었다시피, 예컨대 이런 서클보다 앞선 시기에 경북대에서는 '맥령'을 조직 개편한 '정사회'가 있었다. 또한 '복현문우회'도 훗날 문예운동가들의 배출에 큰 몫을 맡았다. 학술 탐구 이외의 시위와 여흥이 섞인 토론은 어디나 마찬가지였으며, 거기에는 노래가 빠질 수 없었다. 운동에 나선 학생들과 활동가들이 대학교 인근 또는 대구 중구 염매시장에 자리한 "곡주사"와 같은 술집에 모일 때 그러했다. 당시에 즐겨 불리던 곡은 동요나 가곡 이외에 「해방가」, 「학도가」, 「스텐카라친」, 「탄아 탄아」 같은 비공식적인 음악과 더불어 애국가도 포함되어 있었다.(여정남기념사업회,

2017, 105쪽) 많은 사례를 통해 알 수 있듯이 1970년대까지의 운동 진영은 운동을 위한 예술 창작에 적극적으로 나서지 않았다. 기록물이나 문건을 별로 남기지 않는 것과 같은 이유에서였다. 그러한 물건들은 위법한 행위의 증거품이 되기 때문이다. 책이나 음반은 소통을 전제로 가급적 많은 양을 복제하는 게 원칙인데, 시위와 운동에 필요한 예술 작품은 예외가 될 수밖에 없었다. 여기에 예외적인 사례도 있다. 지역에 한하여 소통한 시위가가 현장 활동가에 의해서 창작된 일이다. 경북대 복현독서회 회장이었던 함종호는 고향에서 군복무 중 1978년 11월 경북대의 대규모시위 소식을 듣고 당시 심정을 담은 노래 「팔천건아가」를 만들었다. 「팔천건아가」는 이후 1990년대까지 시위 현장에서 널리 불리었다.

같은 시기에 제도권에 속했던 예술가들은 종종 우회적으로 자신의 생각을 표현했다. 직접적인 체제 비판이나 현실 고발은 한 작가가 감당하기에는 위험부담이 컸다. 예술가들은 중의적인 어법과 추상적인 표현을 통해 예술의 자유를 간접적으로 체험했다. 1974년부터 1979년 사이에 대구시와 달성군 일대에서 다섯 차례 벌어졌던 '대구현대미술제'도 한 가지 예이다. 파격과 진보를 내세운 현대 예술은 사회 현실에 대해서도 같은 입장을 취했지만, 그것은 어디까지나 원론적인 차원에서 소극적으로 벌어질 수밖에 없었다. 현실 속의 전위인 민주화운동 진영과 예술 속의 전위인 모더니즘과 아방가르드가 충돌한 것은 이후 1980년대에 이르러서였고, 서울과 마찬가지로 대구에서도 일련의 논쟁이 벌어졌다.

4. 양서조합운동

2부에서 간략히 밝힌 것처럼, 유신체제 막바지에 이르러 전국에서는 이른바 양서운동이 펼쳐졌다.(차성환, 2004, 146쪽) 양서운동은 대학 독서토론회와 문화연구회 서클에서 읽힐 책의 수요가 커진 결과였다. 대구의 양서조합은 경북대에서 시위 주동 혐의로 제적된 이후 계명대에 다시 입학한 박명규가 만들었다. 그는 1978년 여름 기간 동안 준비 과정을 거쳐 가을에 '대구양서이용협동조합'(이하 대구양협)을 발족했다. 대구양협은 부산으로부터 방식을 전달받아 만들어진 조직이었다. 같은 해 봄에 처음 부산에서 결성된 양협은 빠른 시일 내에 전국에서 거점을 마련했다.

박명규는 박태주, 황철식, 권약한, 이윤기, 서훈 등과 더불어 조합을 창립하고 서점 한 곳을 인수했다. 그렇게 마련한 조합 직영책방이 '한양서점'이었다. 계명대 사거리와 경북공고 사이에 터를 잡은 한양서점에서 학생들은 독서 토론 및 야학과 관련된 모임을 가졌으며, 무엇보다 이곳은 대학 간, 조직 간에 교류를 할 수 있는 접선지 역할을 했다. 대구양협은 소식지로『달구벌』을 인쇄하여 배포하였다. 당국은 여러 경로를 통해 한양서점과 대구양협에 압박을 가했다. 경찰과 정보부는 요원을 서점 근처에 배치하여 출입하는 사람들을 확인하고, 수시로 금서목록을 들고 와서 책을 압수했다. 게다가 1980년 '서울의 봄' 시기에 운동에 참여한 수많은 학생이 서점의 고객인데다 5·18일 비상계엄 선포 후 박명규도 계엄포교령 위반으로 구속되면서, 서점 경영을 어렵게 만들었다. 결국 1980년 말에 한양서점과 대구양협은 해산을 하게 되었다. 조합의 다른 간부들도 상당수가 그와 비슷한 어려움을 겪었고, 몇 달 후에 한양서점도 문을 닫게 되었다.

대구양협과 함께, '두레양서조합'도 같은 시기에 활동했던 단체이다. 1978년 대봉동 수도산 인근의 한 상가에서 문을 연 두레양서조합은 이듬해에 경북대학교 후문으로 장소를 옮겼다. 두레양서조합은 대학교 4H연구회 출신들의 모임으로, 정상용이 서점을 운영하며 나머지 20여 명이 출자해서 출범했다. 두레양서조합 또한 대구양협과 마찬가지로 5·18광주항쟁을 기점으로 조합원들이 구속되면서 해산되었다. 대구의 양서조합운동은 이후에 그 역할을 계승한 대학 인근 서점과 출판 활동 등을 통해 그 정신이 이어졌다.

5. YMCA의 탈춤강습

대구 YMCA(이하 대구Y)는 1970년대에 시민교육 사업의 일부로 「시민논단」을 운영했다. 「월요세미나」라는 이름으로 이어져 오던 강좌가 1975년부터는 전국 YMCA의 협의를 통해 「시민논단」으로 바뀐 것이다. 여기에는 시민을 위한 일반 상식 강좌부터 유신체제의 모순을 지적하는 강연까지 다양한 프로그램이 포함되어 있었다. 이 가운데 「가면극과 대중운동」(1973), 「대중가요와 시대상」(1975), 「연극과 인간」(1975), 「대학문화는 존재하는가」(1976), 「경북지방의 민속예술」(1976), 「탈춤과 한국의 얼」(1977)과 같은 강연 주제는 1980년대 문화운동의 방향을 예고했다.

1973년에 대구Y는 탈춤 강습회를 열고 문화운동의 본격적인 첫걸음을 내디뎠다. 대구Y 이사장 이성행이 프랑스 인류민속박물관에 가서 접한 하회탈이 그의 의식을 바꾸었으며, 이것이 이후에 전개되는 탈춤운동의 시발점이 되었다고 볼 수 있다. 1973년 6월에 대구Y는 '가면극연구회' 발기모임을 가졌고, 곧이어 안동 풍천 일대에서 농촌 봉사활동을 펼치며 하회탈춤 기능전수자들과 교류를 시작했다. 대구Y강당에서 강사 무세중에 의해 벌어진 첫 강습회부터 대구 지역 의대생들의 호응이 가장 높았으며, 전통 가면극의 재현을 넘어서서 누구는 정치인 역을, 또 다른 누구는 중앙정보부 요원 역을 맡는 식으로 일종의 창작 마당극공연을 벌였다. 대구Y의 탈춤 강습은 대구권의 여러 대학으로 빠르게 퍼져나갔으며, 서울을 포함한 전국 각 대학으로까지 확산되는 계기가 되었다.

6. 분도출판사의 금서들

예나 지금이나 천주교 대구대교구는 정치적으로 보수적인 입장에 가까웠다. 대구교구와는 계통이 다른 베네딕도회의 수도원이 칠곡군 왜관읍에 있었다. 베네딕도의 한자어 표기인 분도수도원으로 불리던 이곳에는 독일인 신부 하인리히 세바스티안 로틀러도 있었다. 1965년에 사제 서품을 받은 그는 이듬해 왜관으로 파견되었다. 그가 한국으로 오게 된 데에는 뷔르츠부르크 대학에서 같이 공부하던 정양모 신부의 역할이 컸다. 로틀러 신부는 한국 이름을 임인덕으로 짓고 사목에 임했다. 초기에는 안동대교구 산하 상주와 점촌 성당 주임신부를 맡았던 그는 한국 사회와 농촌의 실상을 목격했다. 안동대교구의 주교였던 두봉 신부의 실천도 그에게 영향을 끼쳤다. 이후 임인덕 신부는 수도원으로 돌아와서 1972년에 '분도출판사' 사장으로 부임했다. 분도출판사는 프랑스의 한 수도원에서 쓰던 하이델베르크 인쇄기 두 대를 인수하고 인쇄소를 시작했다.

분도출판사는 임인덕 신부 이외에도 김윤주와 정한교 두 사제 편집장의 활동이 두드러졌다. 순심중고 교사직을 맡았던 김 편집장은 1962년부터 1977년까지 재직했으며, 이후에도 고문으로 활동하며 독일어 번역에 큰 공헌을 했다. 정한교 신부는 『전망』지 편집에 관여하다가 왜관으로 왔다. 분도출판사에게는 김수환 추기경과 지학순 주교, 그리고 르네 두봉(René Dupont) 주교가 든든한 배경이 되어주었다. 임인덕 신부가 사장이 된 분도출판사가 처음으로 출판한 책은 바바라 워드의 칼럼집 『성난 70년대』였다. 경제학자이자 생태학자인 바바라 워드는 "지속가능한 발전" 개념을 처음 만들었고, 이 책의 국내 보급은 남한의 환경운동에 큰 영향을 끼쳤다. 1973년에 두 번째로 낸 『현실에 도전하는 성서』는 매우 급진적인 성경 해석을 담고 있으며, 박정희 정권에 억압받은 지식인들의 필독서가 되었다.

같은 해 브라질의 헬더 카마라 대주교가 쓴 『정의에 목마른 소리』가 출간될 즈음부터 분도출판사는 당국의 탄압을 받았다. 지역 교단도 분도출판사에 우호적인 태도를 거두었다. 이에 유통망이 없어진 분도출판사는 여러 곳을 직접 돌아다니며 책을 팔 수밖에 없었다. 1977년에 출판된 책이 구스타보 구티에레즈의 『해방신학』이다. 이 책은 도서출판 허가도 대구가 아닌 서울대교구를 통해 얻어야 했다. 정권도 분도에서 펴낸 책들을 금서로 지정했지만, 출판사는 비공식적으로 계속 책을 찍어냈다. 분도출판사가 출간한 책들은 신학생들과 일반인들에게 필독서가 되었으며, 천주교와 개신교 교단 내부에서 각각 '평신도신학운동'과 '가톨릭청년신학동지회', 그리고 전국 단위 종교 운동단체인 '우리신학연구소'가 결성되는 계기가 되었다.

제2절 문화예술운동의 본격적 활동: 신군부 정권하에서의 문예운동

1. 대학가에서 싹 틔운 마당극

전두환 신군부의 쿠데타로 시작된 제5공화국은 대구경북지역의 문화예술운동이 조직화된 시기였다. 문예운동이 본격화된 바탕에는 마당극과 탈춤 모임이 있었다. 이전 시기, 대구경북 마당극운동의 형성 초기에 대구Y가 공식적인 배경이 되었다면, 비공식적인 출발은 좀 더 거슬러 올라가서 '새날동지회'의 활동에서부터 맥을 찾을 수 있다.(김사열, 2005, 25쪽) 1959년 10월에 창립된 이 단체는 경북고, 경북여고, 대구고, 대구농고, 대구여고, 사대부고 등의 재학생들이 주축을 이뤘고, 대학생 일부도 참여했다. 새날동지회는 주로 농촌문제에 관심을 가지고 봉사활동을 펼쳤다. 「모닥불」과 「흙냄새」 같은 자료를 발간하기도 했던 그들은 1963년 대구 'KG(케이지)홀'에서 「원귀마당쇠」를 초연했다. 조동일 원작의 이 작품은 '서울대 향토개척단'

이 공연한 작품을 상황에 맞게 구성한 풍자극이다.[27]

1978년에는 김사열과 이균옥이 중심이 되어 경북대 민속문화연구회(속칭 탈춤반)가 창립되었고 대학마다 풍물패와 탈춤패가 잇달아 창립되어 전통문화의 계승과 재창조에 관심을 집중했다. 영남

〈그림 4-25〉 경북대탈춤반 창립공연을 위해 연희자 전원 의상착용 후 대운동장에 도열해 있는 모습 (출처: 경북대기록관)

대는 풍물과 마당극(『신명마당』 출신인 극작가 최현묵과 배우 윤철진이 졸업 후 연극계에서 활약), 계명대는 탈춤(윤상순, 오정식, 형남수 등 졸업생들이 연희패 '한사랑'을 결성)이 앞서있다는 평을 받았다. 경북대 탈춤반은 1980년 마당극 『냄새굿놀이』를 공연했다. 박정희 암살 이후의 이른바 안개 정국 속에서 4·19혁명 기념일에 교정 시계탑 아래에서 공연된 이 작품은 공동창작으로 되어 있으나, 실제로 대본과 연출은 김사열이 맡았다.

각 대학 탈춤반 출신들은 1983년 12월 '놀이패 탈'을 결성하여 본격적인 연희패의 형태를 갖추었다.[28] 이들은 첫 작품으로 박제상의 설화를 바탕으로 일제강점기 위안부와 1980년대의 일본인 기생관광 문제를 병치한 『내 차라리 계림의 개 돼지가 될지언정』을 시작으로, 초기에는 창작 탈춤을 공연

---

27) 장주효가 홍갑표와 더불어 연출을 맡았으며, 구복군, 김장부, 손태익, 원홍길, 이종훈, 이희권, 최병진, 함병수 등이 배우와 스태프로 참여했다. 이 작품의 공연은 대구경북 마당극운동의 시초라고 할 수 있다.

28) 강수연, 김명희, 김민자, 김사열, 김현근, 박일민, 서태경, 우진수, 윤철준, 이균옥, 이금숙, 이승미, 이옥란, 장재화, 정미애, 조형미, 채명, 채종권, 최재경, 최재우, 형남수 등이 그 회원이었다.

〈그림 4-26〉'놀이패 탈'의 첫 공연포스터와 공연모습(1985년 3월)
(출처: 김사열)

했다. 이후 거창 양민학살을 정면으로 다룬 「이땅은 니캉 내캉」(1988)부터는 마당극 양식을 시도했다. 장재화 연출로 공연된 이 작품은 구경꾼들이 둥그렇게 둘러싼 마당극판에 현대 서사극의 요소를 결합하여 과거와 현재의 사건을 연결했는데, 거창 현지 공연을 통해 주민들의 열띤 호응을 이끌어냈다. 이 작품은 '제1회 전국민족극한마당(서울)'에도 참가해서 호평을 받았다.

한편 경북대 '극예술연구회'(속칭 연극반) 출신이 주축이 되어 1983년 1월에 창립한 극단 '시인'도 1980년대에 공연활동을 펼쳤다[29]. 그들은 교육현장의 문제를 다룬 「서서 잠드는 아이들」을 비롯하여 「너도 먹고 물러나라」, 「파수꾼」, 「전천후 선생님」과 같은 작품을 무대에 올렸다. 1983년에 극단 '시인'과 '놀이패 탈'이 창립되면서 대구 지역의 진보적 연극운동은 활성화되었고, 전통 탈춤, 창작 탈춤, 마당극, 마당굿, 대동놀이, 진보적 리얼리즘 연극(무대극)을 포괄하는 '민족극'이라는 개념이 제시되었다. 민족극은 분단이라는 민족현실을 극복하려는 적극적 예술이념에 기초해 민중현실을 민중

---

29) 주요 활동가는 권갑순, 김재봉, 김재석, 박현준, 박찬희, 오연주 등이었다.

적 입장에서 형상화해내는 연극예술'로 규정되었고, 1990년 '시인'과 '놀이패 탈'이 극단 '함께사는세상'으로 통합하면서 현실화되었다.

1988년 결성된 전국민족극운동협의회에는 대구 지역의 5개 단체(놀이패 '탈', 극단 '시인', 극단 '처용', 극단 '떼풀이', 극단 '한사랑') 참여하여 서울에 버금가는 세를 과시했다. 정문태가 이끌던 떼풀이는 지역에서는 처음으로 1987년부터 「신문 1.2.3.」(1987) 과 「먹이사슬」(1989) 등 반핵문제를 다룬 연극을 선보였다. 이재용이 이끄는 극단 '처용'은 1983년 창단 이래 「저승 훨훨 건너가소」(최현묵 작, 1988), 「한씨연대기」(황석영 원작), 「초분」(오태석 작) 등 현실비판적인 창작극을 공연했다. 1986년 '문화장터 처용' 소극장이 무리한 법 적용으로 폐쇄되자 지역의 연극인들과 진보적 예술인들이 항의에 동참하였다.

1988년에 창단된 '한사랑'(대표 이철진)은 「단발령」(1988)부터 「비풍초동팔삶」(1988), 「종이도시」(1989)까지는 박철 작. 안빈 연출의 체계로 활동했다. 한사랑은 원형으로 이루어진 서구 전통의 액자무대에서 리얼리즘 연극을 공연하면서, 특히 도시 빈민 문제에 관심을 보였다. 철거 대책위원회와 재개발추진위원회 사이의 갈등을 다룬 「종이도시」는 6공화국의 실책으로 꼽히는 주택 문제를 도시빈민 문제와 결합시켜 낸 문제작으로 꼽힌다. 1946년 대구를 시발로 경북 일원을 거쳐 전국에 확대된 10월 항쟁을 소재로 한 「시월」(1990)은 10월 항쟁의 역사적 복권을 시도한 대구 지역 최초의 작품이다. 「벽」(1989)은 제3회 민족극 한마당에서 공연한 작품으로, 국가보안법 문제를 정면에서 다룬 수작이다. 이 작품을 계기로 극단과 공연관계자들은 당국의 음성적인 탄압과 감시를 받아야 했다.

2. 우리문화연구회의 결성과 활동

1984년 유화국면 시기에 접어들면서 대구경북지역의 운동세력들도 조직 재편의 상황을 맞았다. 당시에 전국의 문화예술 운동은 '민중문화운동협의 회'가 4월에 결성되면서 한 단계 도약했다. 1985년 2월에 창립한 '우리문화 연구회'(이하 우문연)는 현장에서 활동하고 있던 대구의 진보적 문화예술인 들이 집결하여 설립한 조직이었다. 우문연은 외형적인 면에서 약 10년 뒤에 등장한 민예총 대구지회보다 작은 규모였지만 대구경북 문화예술인들이 처음으로 결합한 대중조직이라는 점에서 중요한 의미를 갖는다. 우문연의 뿌리는 '일꾼의 땅'과 '분단시대'다. 일꾼의 땅은 대구에서 발간된 무크지를 중심으로 모인 동인[30]이었으며, 분단시대는 1983년 대구와 경북의 김용락, 김윤현, 김종인, 김형근, 배창환, 정대호와 청주의 김창규, 김희식, 도종환이 모여 결성한 문학동인이다. 1984년에 이들은 이후에 성 토마스 성당으로 바뀐 대구 대명동 가톨릭문화관에 모였다. 배창환이 새로 펴낸 시집『잠든 그대』 출판기념회 자리였다. 여기서 그들은 문화운동의 재편과 새로운 방향을 모색했고, 그 결과가 우문연의 탄생으로 이어졌다.

우문연은『우리문화』를 발행하며 활동을 기록하고 홍보했으며, 산하에 문학, 미술, 음악, 연희, 학술, 영화 등의 분과를 둔 조직으로 편재되었다. 각 분과에 지역 문화예술인 들이 참여했다. 문학분과는 분단시대 동인들이 주축이 되어「민족문학교실」을 운영했으며, 음악(민요)분과는 소리패 산하의 유완순,

〈그림 4-27〉〈우리문화〉 창간호

---

30) 여기에는 김사열, 김영동, 김재호, 박근배, 박방희, 박병준, 사공준, 유연창, 윤재권, 이균옥, 이상익, 임진호, 장병윤, 정안면, 현담 등.

김애화, 김태화 등이 참여하였고, 미술분과는 김영동, 정하수 등이 관여하면서 「시민미술학교」를 진행했으며, 대학 총학생회와 공동 주관으로 「열린 판화전」을 개최했다. 연희분과는 이균옥, 김태숙, 김경호, 이상구 등이 회원으로 참여하였으며 「우리문화한마당」과 같은 행사들을 기획했다. 영화분과는 분도수도원과 연계하여 대명성당에서 월례 영화감상모임을 개최하기도 했다. 학술분과는 장세룡, 방종열 등이 참여하여 역사와 현실에 대한 연구를 진행했다. 우문연의 사무국은 도진용, 김충환, 조용식, 박영래 등이 담당하였다. 우문연에는 문예운동계의 여러 인사들이 참여하였다[31]. 이들은 결성기부터 역시 전국교직원노동조합 대구지부의 건설운동과 연계를 활발히 했다. 두 조직은 한 사무실을 나누어 쓰면서, 교육민주화의 필요성을 담은 마당극 「선새앰요」(연출 김창우)는 40여 회의 전국 순회공연을 하는 성과를 보이기도 했다.

우문연은 문화운동에서 서울에서 지방으로 정보가 하달되는 권위적인 수직 구조가 아니라, 지역 공동체 중심의 새로운 문화를 키워가고자 했다. 또한 "우리"의 문화는 마당극과 탈춤과 굿과 같이 전래되어 온 민속 문화를 통칭하기도 했으며, 이러한 전통문화야말로 소비와 향락에 물든 외래문화에 대항할 수 있도록 건강하게 더불어 사는 열린 문화라고 밝혔다. 우문연은 시민들과 학생들을 대상으로 기예와 지식을 전수하는 한편, 농민운동, 노동운동, 교육민주화운동을 지원하고 이들과 연대하였다. 특히 경북 일원의 농민회가 주도한 고추값 투쟁은 물론, 노동자의 일상적인 조직 활동과 쟁의과정을 집중 지원했다. 우문연이 남선물산과 대우기전 등에서 벌인 연대 활동은 대구경북노련이 제정한 제1회 연대상을 수상하며 높은 평가를 받았다.

---

31) 김진태, 김경호, 김영동, 김용락, 김지민, 김태숙, 김창우, 도진용, 방종열, 배창환, 장세룡, 정대호, 정지창, 조영창 등.

3. 여러 단체들의 쉼 없는 활동

1980년대 접어들어서도 대구Y는 본연의 자리를 지켰다. 대학YMCA가 KSCF로 통합된 이후 조직 지도력은 안정되어갔고, 공개합법기구 운동체로서 YMCA는 활동을 지속할 수 있었다. 시민논단과 강습회가 대구와 경북에서 이어졌으며, 매해 5월을 정점으로 5·18광주민주항쟁 관련 사진전과 기록필름 감상회가 열렸다. 1984년 2월 대구Y강당에서는 대구기독교문화연구회가 주최한 '마당예배―세밑굿잔치'라는 실험적인 예배의식도 열렸다. 여기서는 풀이굿마당이 예배의 형식으로 치러졌고, 마당극의 길놀이와 같은 '입장'에 이어 헌신과 고백은 '차림마당'으로, 기도는 '부름마당'으로, 간구와 메시지는 '아룀마당', 결단과 축도는 '다짐마당'으로 대체되어 진행되었다. 제례와 굿을 개신교 의례에 접목시킨 이 행사는 복음의 토착화와 함께 새로운 문화에 대한 대구Y의 태도를 보여준 사건이었다. 1985년에는 「청년문화대회」가 열렸는데, 이 자리는 Y 산하 각 서클들이 우문연과 대구기독청년협의회(EYC)와 연대한 형식이었다. 문화제는 「함석헌 선생 초청 강연회」를 비롯하여 시낭송, 영화감상회, 「평화노래부르기」, 민요배우기, 「소년 의병 굿」, 양서전시회, 「이오덕 작가와의 대화」, 「평화사진전」, 판화전시회, 탈춤강습회, 청소년 문화광장 등으로 구성되었다.

이즈음에 대구의 천주교에도 변화의 조짐은 있었다. 앞서 밝힌 대로 분도출판사는 당국의 탄압에 경영의 어려움을 겪었으나, 양서 보급의 기능을 계속 수행했다. 그 활동 가운데 하나는 직영서점을 신설한 일이었다. 분도출판사는 서울과 부산과 대구에 '분도서원'이란 이름의 서점을 열었다. 대구는 중구 동성로에 자리잡고, 윤순영이 경영을 맡았다. 윤순영은 1974년부터 왜관 순심학교 교사로 재직하며 정한교 신부를 매개로 임 신부를 만났으며, 출판 사업의 협력자가 되었다. 그는 분도서원 뒤편 장소를 매입하여 분도인쇄소 대구 지사를 두며 활동을 병행했다. 분도서원은 종교서점이었으나 일반 서적도 취급했으며, 무엇보다 인문사회과학 계열의 도서를 다량 갖추었다. 분도서원은 변호사 박원순이 대구 인사들을 접촉한 곳이기도 하며, 6월민주항쟁 전후로 도심 가투를 벌이던 학생들이 최루탄과 백골단을 피해 몸을 숨기던 장소로도 알려졌다.

한편 1982년에 임인덕 신부는 소외된 계급을 사진에 담는 작가 최민식을 만났다. 분도출판사는 작가의 창작 비용을 지원했다. 출판사는 정권의 블랙리스트에 오른 최민식을 외국에서 한국어판으로 유통하는 방법으로 창작의 권리를 보호했다. 최민식과 유사한 방식으로 관계를 맺은 작가는 이철수였다. 판금과 압수와 사법 조치에 맞서는 분도출판사의 경영은 한동안 계속되었다. 이보다 앞선 1979년 말에 임인덕 신부는 안동에서 문학가 권정생을 만났으며 두 사람의 관계는 권정생의 말년까지 이어졌다. 그는 독일에서 16㎜ 영사기를 들여와서 '안동가톨릭회관'에서 영화모임 「열린 영상」을 매달 열었다. 그 자리가 두 사람의 첫 만남이었다. 분도출판사는 권정생의 문학작품 『도토리 예배당 종지기 아저씨』와 『초가집이 있던 마을』을 펴냈다.

임인덕 신부는 세계의 영화들을 한국에 수입하여 보급하는 일에도 앞장섰다. 본인이 직접 선별한 그 목록에는 세계 걸작영화들이 포진되어 있었으며, 넓게 보아 그의 활동은 한국 영화예술의 성장기에 영화광들의 욕구를 충족시키는 밑바탕이 되기도 했다. 대구에서는 수도권보다 다소 늦은 1980년대 후반부에 이르러 대학가와 YMCA, 가톨릭문화관에서 상영이 금지된 영화들과 실험영화 및 예술영화가 상영되기 시작했다. 프랑스68혁명에서 시네마테크가 맡았던 기능과 흡사했던 영화 공동체의 열기는 그 잠재력을 깨달은 문화예술운동 진영에 빠르게 채택되었다. 독일인 허창수 헤르베르트 신부도 '엠네스티 한국지부'와 '구미가톨릭근로자문화센터'를 통해 그가 벌인 인권과 사회적 경제운동과 더불어, 영화 소개에 헌신했다. 1987년부

터 허창수 신부는 대구대교구의 인적 망을 통하여 『Z』, 『로메로』처럼 군사독
재정권을 비판하며 인권의식을 고취하는 영화를 대구 일대 성당에서 상영
하게끔 권했다. 「월요영화제」라는 명칭으로 불린 이 행사는 본당에 따라서
는 천주교회의 시청각실이나 강당이 아닌 성당 건물에 스크린을 세워 영화
가 상영되기도 했다. 대구 내 각 본당 가운데 상대적으로 진보적인 의식을
지닌 사제가 주임신부 직을 맡은 곳에서 허락된 월요영화제는 입당 기도와
같은 종교 의례 없이 영화만 상영하는 원칙이 있었다. 그 이유는 신자가 아
닌 일반인들의 참여 문턱을 낮추게 하자는 고려가 있었기 때문이다.

제3절 새로운 문화예술운동의 등장: 1980년대 말에서 1990년대 초의 문예운동

1. 우리문화연구회의 분화

우문연은 민주화운동에도 서울과 지방 사이에 존재했던 수직 구도를 극
복하고 지역의 독자성을 확보하는 성취를 이루었다. 하지만 조직 체계와 다
루는 장르 분과는 모든 지역이 크게 다를 수 없었다. 6월민주항쟁이 불러온
진보적 예술의 질적·양적 성장은 모순에 저항하고 민주화운동을 독려하는
마당극과 민중가요(개사곡과 창작곡), 민중미술(판화나 걸개그림, 포스터,
만화, 사진)과 판화 시집, 무크지, 팜플렛, 대자보식 전단, 영화 등의 새로
운 문화운동 매체들을 부각시켰다. 학생들과 노동자들의 시위 현장에는 문
화패들이 결합하여 동참하는 일이 더욱 빈번해졌다. 이른바 민중문화운동
의 백화제방 시대가 열린 것이다.

우리문화연구회는 서울의 민중문화운동연합, 광주의 광주민중문화운동
협의회 등과 상설회의체를 구성하여 전국단위의 연계를 도모하였고, 그 당

시 재야세력의 집결체인 국민운동본부에 회원 단체로 참여하였다. 다른 지역의 협의회와 마찬가지로 우문연 또한 공연예술인들이 주도권을 쥐고 있었다. 예술은 본질적으로 예술가 개인의 의식에서 나오는 주관적 표현이지만, 공연예술은 여러 명의 협업이 있어야 한다. 창작 과정에서 대부분의 극단은 놀이패 탈처럼 공동창작 방식을 따랐으나 이것은 극본, 연출, 연기, 기획 등의 역할 분담을 무시하고 전문성을 약화시키는 결과도 낳았다.

우문연이 창립된 1985년부터 시작된 대구경북 문예운동의 조직 변화는 민예총의 결성 시기까지 10년이 안 되는 기간 동안 급박하게 이루어졌다. 1988년 10월 '대구민중문화운동연합'이라는 명칭으로 새로운 조직이 우문연에서 분화되었다. 한편 우문연은 그 당시 연대하던 타 지역의 문예운동과 호흡을 같이 하기 위해서 활동가들을 충원했고, 1989년 2월에 '대구민중문화예술운동연합'(대구'민예련'으로 약칭)으로 조직의 위상을 강화하여 활동했다. 1990년 2월 대구민중문화예술운동연합이 우문연으로부터 분화되어 나온 '대구민중문화운동연합'과 통합하여 '대구노동자문화예술운동연합'(대구 '노문연'이라 약칭)이 건설되었다. 김성희, 주희숙, 이상구, 이광운 등은 민예련 시절에 문예 활동가로 참여하여 노문연 체제 이후까지 활동을 이어 갔다. 노문연의 주요 활동가들은 대학 강단과 교육민주화 현장과 예술 현장으로 진출했는데, 이후 '노동교육협회'와 'R문예연구소'로 운동의 성격이 이어졌다. 노문연은 성당시장 인근에 거점을 두고, 독자적 활동과 더불어 노동운동을 지원하고 연대했다.

노문연이 해체된 1993년 10월에 이르기까지 여러 운동 조직의 변화는 민예총의 건설에 수렴된다. 이는 예컨대 '민족문학작가회의'나 '대구경북민족미술협의회' 같은 장르별 예술가 활동이 강화되었고, 전투적 문예활동의 실효성이 줄어드는 정세에 따른 결과다. 언뜻 보아 복잡하고 혼란스러워 보일 수도 있는 조직 재편 구도지만, 그 본질은 단순하다. 대학을 나선 활동가들

이 노동 현장과 예술 현장에 진입하면서 낭만
적인 사명감 대신 좀 더 성숙한 자기 정체성을
고민하기 시작했던 것이다. 여기에 노선 갈등
은 소모적이거나 부정적으로 평가될 수도 있
으나 전체 운동진영을 이전 시기보다 훨씬 다
양하게 발전시켰고 외적 규모도 키운 점이 있
다. 또한 그것은 첨예한 노선의 불일치라기보
다 활동하는 단체와 개인들의 인맥에 따라 나
뉘고 뭉친 과정으로 보는 편이 더 정확하다.

〈그림 4-28〉
정하수 판화전 〈우리의 자리매김〉 도록

2. 문예운동공간의 확보- 예술마당 솔

운동을 실천하는 조직이 다듬어지면서, 다음 관심은 공간으로 모였다.
다시 편성된 대구 문예운동의 조직은 저마다 다양성과 확대를 경험했다. 하
지만 그 결과물을 확인할 공간이 없었다. 검열과 탄압이 심했던 5공화국 시
기에는 독립되어 지속적으로 활동할 공간이 존재할 수 없었다. 다른 용도의
건물에 부속되었거나 단발성으로 치고 빠지는 식으로 점유한 경우 이외의

〈그림 4-29〉
대구노동자도서실 개관기념 정하수 개인전 현장
(출처: 석원호)

공간 개념은 거의 없었다. 사
무실이나 아지트는 말 그대로
실무를 벌일 뿐이지, 예술 활
동을 펼치는 장소가 아니다.
여러 대학에서는 집회 신고
없이 회합이 가능한 광장이나
노천강당이 존재한다. YMCA
와 가톨릭문화관 같은 종교시

설도 문예운동의 요람이었다. 하지만 시대 환경은 더 전문성 있고 많은 공간을 요구했다.

전시의 경우에, 학내를 벗어난 공간을 찾는 것은 힘들었다. 시위 현장에 일시적으로 공개되는 작품이 아니라 일정한 배치와 관람이 요구되는 미술작품은 전문 전시 공간을 찾을 수 없었다. 우문연 이후 대구의 문예운동 조직은 미술운동을 분과로 채택하면서, 운동으로써 미술이 가진 가능성을 제시했다. 대학별로 경북대는 "결", 계명대는 "한울", 영남대는 "가래", 대구대의 "들불"과 같은 그림패가 활동하고 있었다. 또한 미술창작연구소 "쇠뿔이"가 활동을 시작했으며, 서울의 "미술비평연구회"와 교류를 했지만, 정작 시각예술의 소통이 이루어질 공간 문제는 운동의 큰 걸림돌이었다. 1985년과 1987년 "수화랑"과 "대백화랑"에서 정하수, 박용진, 정비파, 정해균, 양호규 등이 참여한 그룹전「지금 우리는」처럼 이례적인 경우가 있었을 뿐이다. 대구노동자도서실이나 대학교 인근 찻집들은 전문적인 전시공간이 아니었다.

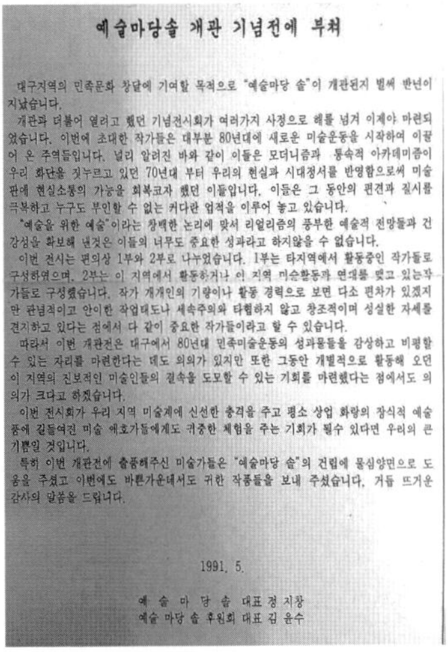
예술마당솔 개관 기념전에 부쳐

대구지역의 민족문화 창달에 기여할 목적으로 "예술마당 솔"이 개관된지 벌써 반년이 지났습니다.

개관과 더불어 열려고 했던 기념전시회가 여러가지 사정으로 해를 넘겨 이제야 마련되었습니다. 이번에 초대한 작가들은 대부분 80년대에 새로운 미술운동을 시작하여 이끌어 온 주역들입니다. 널리 알려진 바와 같이 이들은 모더니즘과 통속적 아카데미즘이 우리 화단을 짓누르고 있던 70년대 부터 우리의 현실과 시대정서를 반영함으로써 미술판에 현실소통의 가능을 회복코자 했던 이들입니다. 이들은 그 동안의 편견과 질시를 극복하고 누구도 부인할 수 없는 커다란 업적을 이루어 놓고 있습니다.

"예술을 위한 예술"이라는 창백한 논리에 맞서 리얼리즘의 풍부한 예술적 전망들과 건강성을 확보해 낸것은 이들의 너무도 중요한 성과라고 하지않을 수 없습니다.

이번 전시는 편의상 1부와 2부로 나누었습니다. 1부는 타지역에서 활동중인 작가들로 구성하였으며, 2부는 이 지역에서 활동하거나 이 지역 미술활동과 연대를 맺고 있는작가들로 구성했습니다. 작가 개개인의 기량이나 활동 경력으로 보면 다소 편차가 있겠지만 관념적이고 안이한 작업태도나 세속주의와 타협하지 않고 창조적이며 성실한 자세를 견지하고 있다는 점에서 다 같이 중요한 작가들이라고 할 수 있습니다.

따라서 이번 개관전은 대구에서 80년대 민족미술운동의 성과물들을 감상하고 비평할 수 있는 자리를 마련한다는 데도 의의가 있지만 또한 그동안 개별적으로 활동해 오던 이 지역의 진보적인 미술인들의 결속을 도모할 수 있는 기회를 마련했다는 점에서도 의의가 크다고 하겠습니다.

이번 전시회가 우리 지역 미술계에 신선한 충격을 주고 평소 상업 화랑의 장식적 예술품에 길들여진 미술 애호가들에게도 귀중한 체험을 주는 기회가 될수 있다면 우리의 큰 기쁨일 것입니다.

특히 이번 개관전에 출품해주신 미술가들은 "예술마당 솔"의 건립에 물심양면으로 도움을 주셨고 이번에도 바쁜가운데서도 귀한 작품들을 보내 주셨습니다. 거듭 뜨거운 감사의 말씀을 드립니다.

1991. 5.

예술마당솔 대표 정지창
예술마당솔 후원회 대표 김윤수

〈그림 4-30〉
〈예술마당 솔〉 개관기념전 전시서문

공연의 경우는 앞서 사례를 언급했지만, 마당극을 제대로 공연할 수 있는 극장이 지역에서는 부족했다. 공교롭게도 이 시기는 대구 곳곳에 소극장들이 들어서는 시기였지만, 그곳들은 영화를 재개봉하는 장소였지 연극 전용 극장이 아니었다. 극단과 연희패의 수가 늘어나면서 연습공간을 겸한 상설 무대는 조금씩 늘어났다. 대구경북 연극의 진보적인 성향에 비추어 볼 때, 이러한 추세는 당국과 마찰을 빚을 수밖에 없었다. 그 예가 상술한 1986년 11월 처용 소극장 폐쇄사건이었다. 이 같은 억압은 새로운 공간 마련에 운동의 역량이 모이는 방아쇠 구실을 했다.[32] 그래서 등장한 곳이 '예술마당 솔'(이하 솔)이었다. 솔은 진보적인 문화예술인들이 갈망하던 문화공간을 마련하기 위해 지역뿐만 아니라 서울과 호남, 심지어는 중국의 진보적 예술인들까지 힘을 모아 만든 시민문화공간이다. 건립 기금 마련을 위한 전시회를 영남대 미대 교수 김윤수와 "현실과 발언" 작가 주재환, 중국 심양 노신미술학원 이광군, 평론가 장미진, 화상 김태수, 화가 박일민 등의 도움을 받아 맥향화랑에서 열었다. 많은 작가들이 참여한 이 전시회[33]는 단순히 기금마련전을 넘어서 회화, 판화, 조각, 서예, 서각, 만화 등 다양한 장르를 민중미술로 결집한 시도였다.

1991년 10월에 정식 개관한 솔은 임진택 창작판소리 「똥바다」 공연에 이어 '제3회 전국민족극한마당'을 3주에 걸쳐 개최했다. 전교조대구지부는 협찬을 맡아서 많은 학생들과 교사들의 성원을 이끌었다. 솔의 간판 글씨는 신영복이 썼고, 그림은 정하수가 도안했다. 솔의 전체적인 기획에는 조직 초기 대표를 맡은 정지창과 최재우의 역할이 컸다. 손병렬은 월간지 형태로 정착된 소식지 편집을, 전반적인 실무는 이전까지 기획사 '판'을 통해 활동을 벌이던 박재욱과 도진용이 맡았다. 초기에는 「우리 것을 아는 모임」을 통한 문화유산답사를 김기현과 최광식이, 후에는 유홍준이 이끌면서 전국적인 문화답사 열기를 일으켰다. 이밖에도 솔은 문학, 역사, 미술, 음악, 민속, 지리와 풍수, 생태 등의 다양한 강좌를 통하여 시민들의 문화적 갈증을

---

32) 1990년 3월, 중구 대봉동에 무속문화 박물관인 '건들바우박물관'이 개관했다. 인류학자 김택규, 장주근, 장철수, 최길성이 주축이 되어 건립한 건들바우 박물관은 전통문화의 보존과 연구에 무게가 더 실린 공간이었으므로, 운동을 위한 공간은 아니었고, 진보적 예술인들에게는 생동감 있는 문화를 펼칠 공간이 필요했다.

33) 장일순, 신영복, 김지하(이상 서예), 강연균, 심정수, 신학철, 임옥상, 이철수, 정하수, 박불똥(이상 회화와 포토꼴라주, 조각, 판화), 주완수, 최정현(이상 만화), 장망(판화, 노신미술학원), 장비(회화, 노신미술학원) 등 65명의 작가들이 출품하였다.

해소해줬다. 배창환이 주도한 시창작 교실
을 통해 통일운동가 류근삼이 시인으로 등
단했고, 조선일보의 이승만 추모 공작에 맞
서 「이승만 바로알기전」도 기획했다. '함께
사는세상'을 비롯한 많은 극단들이 이곳에
서 공연했다. 박재욱의 기획으로 정태춘, 노
찾사, 사물놀이, 장사익의 공연을 유치하
여 경북대학 대강당 등에서 공연했다. 미술
전시로는 오윤, 이철수, 김준권, 유연복 등
의 판화와 이석금의 탈 전람회를 통해 새로
운 민중미술 사조와 작가들을 소개했고, 지

〈그림 4-31〉 〈현실과 미술〉 창간호

역의 유망한 신진작가들을 발굴하여 전시를 열기도 했다. 김창우의 주도로
「16㎜ 목요영화마당」이 매주 열렸다. 1990년대 중반에 설립된 '열린공간Q'
활동기 이전까지 솔은 시네마테크의 역할도 충실히 맡았다.

3. 장르별 운동의 약진

　우문연과 솔의 창립 회원으로 활동해왔던 화가 정하수가 1989년 평양의
'세계청소년 축전'에 작품을 보냄으로써 사법당국에 구속된 사건이 벌어졌
다. 정하수는 대구를 중심으로 민중미술을 이끌어갔던 화가로서, 미술창작
과 조직활동에 헌신했다. 그를 석방시키려는 진보 진영과 미술계의 움직임
이 결국 1991년에 '대구경북민족미술협의회'(이하 대경 민미협)의 창립으로
이어졌다. 대경 민미협의 창립에는 박용진이 건준위 위원장을, 최수환이 사
무국장을 맡았다. 김영동과 정하수를 비롯하여 '민들레만화연구소'를 운영
하던 이재웅이 관여했으며 천광호, 김종표, 박일민, 김지민, 김기용, 김미

련 등의 작가들과 필자가 활동했다. 대경 민미협은 1992년 5월에는 무크지 『현실과 미술』을 창간하고 미술 장르를 토대로 문예운동의 역량을 고취하며 곧 민예총 대구지부에 합류했다.

대경 민미협처럼 조직이 출범하고 발전한 미술의 사례가 다른 장르에서도 그대로 재현된 것은 아니다. 전통음악과 대중음악이 주도한 음악운동은 당시 서클에서 동아리로 이름이 바뀌던 학생문화가 주도했다. 경북대의 '우리노래반', 효성여대의 '우리노래연구반', 계명대의 '민요연구반', 영남대의 '가락' 등은 1980년대에 시작했던 노래패. 성서공단과 구미공단에서는 노조 단위에 맞춰 록밴드 내지 중창단 형식을 갖춘 노래패들이 등장했다. 현장 공연에서는 확성장치가 필요했으며, 이제 공연을 지원하는 새로운 기획사들도 생겼다. 1985년에 창단한 소리패 '산하'와 1990년 창단한 '소리타래'와 '봉우리'는 눈에 띄는 활약을 했다. 우문연에서 활동하던 유완순이 주축이 된 '산하'는 노래극을 시도하면서, 소리패와 민중 극단의 성격을 함께 가졌다. 우문연과 솔에서 활동하던 도진용이 중심이 된 소리타래는 그의 이른 죽음에도 불구하고 활동이 이어지며 다수의 정규음반과 무대 공연을 이어오고 있다.

대학 내 활동으로 출발한 마당극 또한 이 시기에 극단의 모습을 갖추었고, 경북의 여러 도시에 진보적인 연극 단체가 정착했다. 1986년 구미에서 창단한 '말뚝이', 1988년 상주에서 시작한 '개벽', 같은 해 '안동민족문화연구회'에 의해 창단된 '터풀이'는 현장문화와 무대예술의 지역화에 매진해왔다. '처용'은 정통극에서 마당극으로 변화를 시도했다. 1988년에 창립공연을 가진 '한사랑'과 1991년에 출발한 극단 '시월'은 이후 '가인'으로 통합되었다.[34]

---

34) 이미 기성 연극계와 운동 진영에서 활동 해왔던 김성열, 이상원, 이재용, 이동학, 유근태, 장영미 등이 기성 연극운동을 이끌었다.

4. 문예운동의 백화제방

대구의 양서운동은 1970년대 후반 한양서점과 두레서점의 조합활동 이후 1980년대 중반 '우리출판사'가 등장하면서 새로운 장을 펼쳤다. 우리출판사의 전신은 경북대 북문의 복사점인 '우리문화사'인데, 이곳은 집회와 조직 활동 유인물이 암암리에 제작했다. 또 당시 금서로 지정된 서적, 가령 황석영의 『죽음을 넘어, 시대의 어둠을 넘어』, 『김형욱의 회고록』도 제본하여 보급하던 곳이 우리문화사였다. 이런 활동의 연장선에서 설립된 우리출판사는 『분단시대 판화시집』, 『영남의 민족극』, 『산디노의 딸들』, 『민주시인 육필시집』 같은 책들을 출간했다. 초기에는 대구 신천동에서 우문연과 같은 사무실을 썼던 우리출판사는 우문연 활동을 이끌었던 김진태가 주도했으며, 사회과학서점의 도래와 연결되었다.

각 대학가를 중심으로 이른바 '사회과학서점'들이 생겼다. 대표적인 것이 '마가책방', '신우서적', '시월서점', '일청담', '새날책방', '분도서원', '청산글방', '남도책방', 근우서점이었다. 경북대 동문 근처에는 일청담이 있었으며, 도심에 있던 마가책방은 경북대 북문 건너편으로 이전해 왔다. 마가책방은 해직교사 권형민이 1984년 중구 공평동 시립도서관 앞에서 문을 열었고, 각 대학 민추위나 총학과 협력해 대학 축제기간에 도서전시회를 개최하거나 신간소개 팜플렛을 발행했다. 그 뒤 형제 권형우가 경영하다가 1990년부터는 단골로 드나들던 우정욱이 이 서점을 인수했다. 한편 경북대 국문학과를 다니며 '예목' 서클에서 활동하던 신창일은 김동국과 벌인 교내 벽서운동이 빌미가 되어 구속되고, 학교에서 제적당했다. 이후 그는 야학과 노동현장에 투신했다가 다시 체포되었으며, 출감 이후 그는 전정순이 창업한 작은 책방을 출입하다가 함께 서점을 운영하게 되었다. 그곳이 신우서적이다. 1980년대 중반에 이르러 사회과학 전문서점으로 알려지기 시작한 신우서적은 협소한 장소에 토론 장소로 불충분했으며 서점 운영난을 덜기 위해, 같은 건물 위층에 전통찻집 '사림'도 열었다. 1989년에 하형기와 차선희가 자신의 모교인 영남대 앞에 세운 남도책방은 경산권을 통틀어 유일한 사회과학 전문서점이었다. 계명대학 대명동 캠퍼스 정문에 있던 청산글방은 김석호가 운영했다. 계명대는 다른 대학들보다 대구 도심부에 가까운 관계로 격렬한 가투가 빈번히 벌어졌고, 청산글방은 그 시위 진영에서 교두부가 되기도 했다. 청산글방이 사라진 1990년대 이후에는 '계명대민주86학번 동기회'가 자금을 모아서 새날책방을 세웠고 그것은 '직립보행'으로 이어졌다. 근우서점은 노동운동이 활발해지자 노동자 주거지인 북비산네거리에서 이무호가 개설한 사회과학서점이었다. 우문연 출신의 권오국은 중구에 시월서점을 열었다가 장소를 옮겨 대형 서점 '하늘북'을 운영하며 윤순영의 분도서원, 신창일의 신우서적과 더불어 동성로 지역서점 시대를 열었다.

한편 경북 북부지역에서 민주화 운동의 구심점 역할을 맡았던 곳 가운데 하나가 목성동 성당이다. 안동에서 가장 먼저 설립된 목성동 성당은 본당에 속한 문화회관에서 많은 민주화 행사가 벌어졌다. 성당 앞에 자리 잡은 안동 분도서점은 이종원이 1984년 개점하여 종교와 출판 문화운동에 크게 기여했다. 이곳은 분도출판사의 출판물을 포함한 인문사회과학과 신학 서적을 취급했다. 매월 민통련 소식지 등이 나오면 서점에는 지역의 노동계, 농민, 교사, 학생과 종교인들이 은밀히 찾아와서 정세에 대한 정보를 교류했다. 이로 인하여 안동 분도서점은 당국으로부터 잦은 압수 수색에 시달렸다. 안동 분도서점은 1992년 해직교사 손원선이 인수하여 5년을 더 운영했다.

출판사와 서점이 양서를 매개하는 곳이라면 그 이전에 책을 쓰는 사람들이 있다. 문학가들과 학자들의 역할이 대표적이다. 지역의 문학은 김춘수, 신동집 등 원로의 영향으로 모더니즘 계열이 주류를 이루고 있었다. 대구에서 참여 문학의 물꼬를 튼 것은 김재진, 문형렬, 류후기, 배창환이 결성한 『오늘의 시』 동인이다. 소규모 동인의 한계를 넘어 진보적인 작가들이 참여한 대중조직은 6월민주항쟁을 거치며 창립된 '대구경북민족문학회'였다. 1987년 대구문인협회가 전두환의 호헌을 지지하는 성명을 발표하자 이에 반대하여 "호헌 철폐, 직선 쟁취"를 내건 성명에 참여했던 문인들이 지역 최초의 진보적인 문인단체를 결성한 것이다.[35] 민족문학회는 민족문학강좌를 열고, 소식지를 발간하고, 문학의 밤을 열어 시낭송과 함께 소리패 산하의 시노래 공연을 펼치는 한편, 문학기행을 통해 저변을 넓혀갔다. 민족문학회는 후일 민족문학작가회의 대구지회와 경북지회로 그 맥을 이어갔다.

분단시대 동인들을 중심으로 1994년에 창간된 계간 『사람의 문학』 또한 지역의 진보적 문학운동 기관지로서 공헌했다. 정대호가 발행을 맡은 이 잡지는 예컨대 『시와 반시』와 같이 문학 중심의 구성에서 벗어나 미술, 마당극, 연극, 영화 등 다른 장르에도 문호를 개방하여 종합 문예지의 성격을 가졌다. '사람의 문학'은 분단시대와 우문연 그리고 전교조 활동을 벌이던 문학가 다섯 명[36]이 주도했다. 1991년 김종철이 대구에서 창간한 『녹색평론』은 녹색운동을 표방한 한국 최초의 격월간 간행물이다. 녹색평론의 근본적 생태주의는 특정 정권이나 체제에 대한 저항 운동이 아니지만, 대의제 민주주의의 한계와 신자유주의의 야만성을 지적하고 대안을 제시했다는 점에서 민주화 운동의 범주에 포함될 수 있다. 녹색평론은 1990년대 이후 새만금 사업과 수돗물 불소화 반대운동 등을 통해 환경운동의 대중적 확산에 크게 기여했고, 소농 중심의 농본주의, 화석 연료의 과소비를 대신할 대체 에너지 개발과 자발적 가난, 대의 민주주의를 보완하는 숙의 민주주의, 지역화

---

35) 이오덕, 박주일, 김녹촌, 권정생, 염무웅, 손춘익 등 원로를 고문으로 추대하고, 공동 대표는 이하석과 정지창이, 사무국장은 김용락이 맡았다. 김재진, 송재학, 박방희, 정대호가 분과장을, 김민수(포항), 양승모(예천), 김석현(안동), 권석창(영주), 장옥관(구미)이 지역 간사를 맡았고, 김윤현, 김일광, 민현기, 박치대, 배창환, 이성복, 이주형, 양선규, 정재호 등이 운영위원으로 참여했다.

36) 김용락, 김윤현, 배창환, 정대호, 정만진.

폐와 기본소득제 도입 등을 대안으로 제시했다.

양서조합운동과 분도수도원 그리고 대학가에서 벌어졌던 대구경북의 문화예술운동은 대중과의 접점이 많지 않았다. 우문연과 파생된 조직들 또한 마찬가지다. 하지만 일상 공간 안에 늘어난 서점들과 영화 상영, 그리고 교육 및 환경 문제에 대한 시민들의 관심은 달랐다. 여기에 도서관이 또 다른 주체로 등장했다. 앞장의 교육민주화운동에 소개된 '새벗청소년도서원'도 문화예술운동의 맥으로도 볼 수 있을 것이다. 도서관을 중심으로 펼친 사업은 장소나 기관의 운동 개념을 넘어서 다른 부문 운동의 조직과 운영에 제도적인 후원을 했다.

양서운동과 출판운동, 그리고 문학운동 이외에도 책을 매개로 한 또 하나의 의미 있는 시도는 학술운동이다. 대학에서 벌어진 저항 운동의 중심에는 학생들이 있었다. 교원노조운동과 이를 계승한 교육민주화운동의 주체는 초중고교 교사였음에도, 대학 교수는 개인 차원 내지 특별한 경우를 빼고는 일체화된 운동 역량을 보여주지 못했다. 하지만 대구권 대학의 진보적인 연구자들이 중심이 된 '지방사회연구회'가 1985년 말에 설립되었고, 1989년 봄에는 '민주화를위한전국교수협의회대구경북지회'도 출범했다. 이 두 단체의 역량이 결집되어 1992년에는 '대구사회연구소'가 창립되어 현실에 관여하는 학술운동 주체가 되었다.

1990년 홍승용의 주도로 창립된 '문예미학회'는 문예이론과 변혁이론을 주제별로 연구하고 발표하는 세미나를 진행하고, 그 결과를 논문 게재 형식으로 기관지 『문예미학』에 발표했다. 초대 회장 정지창을 비롯해 홍승용, 이강은, 허상문, 이덕형, 김용락, 양종근, 변상출, 김겸섭 등 소장 연구자들이 문예미학회에 참여했으며, 전국의 연구자들이 가세하여 수준 높은 학술지로 성장했다. 문예미학회는 학자들이 연구 실적을 쌓기 위해서가 아니라 순수한 학문적 탐구를 목표로 했다는 점에서 학술운동의 가치를 인정받았다.

5. 민예총의 건설기

1990년대 초반에 접어들면서, 국내외에서 벌어진 정세와 문화 환경은 문화예술 운동의 변화를 요구했다. 대구경북 문화예술운동의 대표적인 자산인 민족극도 큰 변화를 겪었는데, 여기에는 1988년에 '영남지역마당극운동협의회'가 결성된 이후에 전국 단위에서 '전국민족극협회'가 출범한 점이 크게 작용했다. 서울올림픽을 거치면서 군사독재 시절보다는 표현의 자유가 확대되었지만, 대학이라는 보호 구역을 벗어나 전문성과 상업성으로 무장한 대중문화와 경쟁하게 된 아마추어적인 민중문화는 전문성 고양과 역량 강화를 통해 돌파구를 찾아야 했다.

현실 속에서는 운영 방식과 재정의 어려움으로 문을 닫는 단체가 늘었다. 특히 창작 집단의 경우가 그러했다. 한 단체 안에서도 역량이 뛰어난 소수가 전업 예술가의 진로를 모색하는 반면에, 아마추어리즘을 극복하지 못한 구성원들은 생업을 얻거나 다른 운동 영역으로 길을 찾았다. 이런 상황에서 놀이패 '탈'과 극단 '진달래'는 '함께사는세상'으로 통합하여 새로운 활로를 모색했다. 앞서 밝혔듯이, 노문연 산하 단체인 극단 '시월'이 1988년에 창단한 극단 '한사랑'과 결합하여 극단 '가인'으로 다시 출발한 것도 분산된 역량의 집중화로 볼 수 있다. 이후 지역의 민족극은 함께사는세상과 가인의 두 단체가 이끌었다. 이러한 사정은 다른 장르도 비슷했다. 노문연은 해체되었지만 하부 조직들인 극단 '가인'과 영상집단 '새날', 노래패 '모토'는 활동을 이어갔다. 대경 민미협도 활발한 창작과 전시 활동을 벌이고 있었다.

이와 같은 장르 단체들을 하나로 결집할 통합적인 예술조직은 '한국민족예술인총연합 대구지회'(이하 대구 민예총)의 출범으로 실현되었다. 전국 단위의 민예총이 1988년에 출범했으므로 대구지회의 창설은 이후 6년 만의 일이었다. 1994년에 대구시민회관 소강당에서 창립한 대구 민예총은 우문연 이후 전개되었던 지역 문화예술운동을 가장 포괄적으로 계승하고 발전시킨 단체이다. 대구 민예총은 창립 당시부터 "우리 사회에 민주화와 통일, 민중의 복리, 지역 문화예술 발전에 기여"하는 목적을 내세우면서, 취지에 동감하는 지역 예술인들을 하나로 규합했고 산하에 장르별 분과와 연구소, 특별위원회를 두었다. 정지창, 이하석, 김창우, 이균옥 등이 역대 지회장을 맡았다. 각 분과별 산하 단체는 노동자예술운동연합의 시기부터 활동해오던 단체들이 대부분 소속되었다. 대구 민예총은 문학, 미술, 음악, 풍물(굿), 춤, 연희, 영상 등 장르를 망라한 지역의 진보적 예술인과 단체들의 결합체로서 표현의 자유를 지키고 확장하는 데 힘썼다. 상술한 것처럼 1987년 출범한 '대구경북민족문학회'는 1990년에 '대구경북작가회의'로 발전하며 민예총의 한 축이 되었다. 대경 민미협은 미술의 제도권과 운동권에서 다양한 활동을 펼쳤다. 대학 동아리 연합에서 성장한 풍물굿패 '마당'이 '매구'로 이어졌으며, 1989년 창단한 풍물굿 '얼쑤패'는 풀뿌리 시민운동세가 강한 대구 북구의 강북 지역에서 주도적인 활동을 펼쳤다. '소리타래'와 '좋은친구들'은 음악 부문에서, '대구독립영화인협회"와 '모션&픽쳐'는 영상 부문에서 문예운동을 이어갔다.

제4절 대구경북 문화예술운동의 의미

대구경북의 문화예술운동의 역사는 한국 전체 문예운동사 안에 놓여있다. 그렇지만 이 지역의 문예운동은 다른 지역과 비교할 때 뚜렷한 특징을 보여준다. 대구는 근대적 교육 체계가 자리 잡으면서 예술 분야의 저변도 다른 지역에 비하여 일찍 갖추어졌다. 이런 조건은 다양한 예술사조 중 진보적 가치를 추구하는 예술 활동을 일찍 태동시켰다.

타 지역과 비교하여 가장 두드러진 영역은 영화이다. 대구경북의 영화운동은 일제 강점기부터 출발했다. 지역 영화계는 항일의식과 노동해방의 가치를 담은 작품을 다수 발표했다. 매체의 특성상 영화운동은 다른 곳에서 완성된 작품을 상영하는 활동 자체도 포함할 수 있다. 하지만 해방 전후와 정부 수립기의 대구경북은 지역 예술인들이 설립한 회사 혹은 결성된 조직을 통하여 영화운동을 전개했다. 이후 오랫동안 대구경북은 영화운동의 맥이 끊어진 채 상업영화의 로케이션과 소비 지역으로만 기능하다가 1980년대 이르러 새로운 운동의 가능성을 실현하기 시작했다. 독립영화를 중심으로 단체와 작가들이 영화운동의 형태로 시도하고 있다.

출판 분야는 대구경북에서 영화와 더불어 해방 이전 시기부터 형성된 문화산업이다. 문학이나 학술 활동과 불가분의 관계에 있는 출판업은 지역에서 청소년과 아동문학의 근대적 여명기에 큰 역할을 맡았다. 역대 군사정권 아래에서 지역의 출판계와 서점들은 검열과 억압에 대항하며 문화예술운동의 한 축이 되었다. 대구양서조합운동과 분도출판사가 그 예이다. 이 두 가지 사례는 다른 영역에서 벌어졌지만, 책이라는 매개체를 통하여 민주화운동의 맥락을 같이 했다. 1960년대부터 이념서클을 통해 맥을 이어온 학생운동의 흐름은 유신 말기에 전국 단위 양협의 건설 속에서 대구에 지회와 서점들을 등장시켰고, 1980년대 중후반에 이르러 대학가를 중심으로 사회과학서점의 확산에 토대가 되었다.

출판물 안에 콘텐츠가 되는 문예창작과 학술활동은 대학교 연구진과 문학 동인을 중심으로 벌어졌다. 그러나 정권의 감시 아래에 자유로운 활동이 불가능했던 것은 대구경북 지식인들만이 처한 상황은 아니었을 것이다. 1980년대 중반에 결성된 지방사회연구소는 지역에서 진보적인 학자와 문예이론가들의 독자성을 키웠다. 1990년대에는 녹색평론, 문예미학, 사람의 문학 등의 간행물들이 문화운동의 영역을 확장시키며, 문화의 지역분권에도 기여했다.

출판운동의 확장세 이전에 대구의 문학운동은 자리를 잡고 있었다. 1980년대에 형성된 순수문학과 참여문학의 대립 구도가 대구경북에서도 드러났다. 지역의 참여문학은 다른 부문운동과 다른 예술장르, 그리고 다른 지역의 문학운동과 연대했다. 일꾼의 땅과 분단시대가 그와 같은 1980년대 상황의 예시다. 두 조직은 우리문화연구회의 결성으로 뭉쳤다. 우리문화연구회는 대구경북지역 운동사에서 최초로 기록될 종합적인 문예운동단체이다. 이들은 조직 안에 문학과 예술의 각 장르별 분과를 두며 지역의 진보적 예술가들과 활동가들을 규합했다. 1970년대에 문예운동을 비롯한 여러 사회 움직임에 YMCA가 지원자 역할을 했고, 대구경북지역의 여러 시 단위 YMCA도 그와 같은 기여를 했다면, 우리문화연구회는 1980년대 이후 문예운동 자체가 문화를 주도해가는 과정을 이끌어냈다.

다른 지역의 문예운동에 비하여 대구경북의 운동이 가장 큰 성취를 이룬 분야는 공연예술이다. 마당극에서 출발한 창작과 연기활동은 영남 지역의 민족극을 하나의 경향으로 형성하는 역할을 했다. 4·19혁명기로 올라가는 지역의 마당극 무대는 1970년대 대학의 탈춤반과 연희패 서클들이 배출한 예술가들이 주도했다. 지역의 마당극은 전통문화와 민중문화의 계승과 발전이라는 의미를 실현했으며, 서구의 연극과 문학을 주체적으로 수용하는 계기도 되었다. 희곡과 무대를 매개체로 삼는 공연은 비평의 활성화와 무용과 음악의 창작과 결합했다.

대구경북 문화예술운동에서 음악이 처음으로 전면에 나선 사건은 4·19혁명가요와 4·19혁명기념학생예술제였다. 4·19혁명가요의 작곡은 지역 음악학교 교수와 교사들이 주축이 되었으며, 작사에는 여러 지역 문학가가 참여했다. 음반으로도 제작된 이 작품은 4·19기념식과 여러 행사에서 공식적으로 채택되어 공개되었으나, 박정희의 정권 탈취 이후 대중들로부터 존재가 말살되었다. 군사독재 시기에 가두투쟁에서 불리던 노래에는 팔천

건아가와 같은 창작곡이 있었지만 다른 지역과 큰 차이가 없었다. 거리가 아닌, 음악이 발표되고 감상하는 무대도 진보적인 표현은 제한되었으며, 그 것은 전시를 기반으로 하는 미술도 상황이 다르지 않았다.

대구의 미술은 서정성과 전위성을 추구하는 양대 진영이 한국에서 서울에 버금가는 위상을 이루면서도 정치적으로 진보적인 시각예술의 자리는 좀처럼 마련되지 않았다. 일부의 작가와 평론가들이 주도한 민중미술은 1980년대 중반 이후 본격화되며 세를 넓혀갔다. 정하수의 미술작품과 탄압 사례는 표현의 자유를 지키려 예술가가 단결하여 새로운 국면을 여는 계기가 되었다. 정하수 구속사건과 석방운동을 계기로 새롭게 변화한 문화 환경은 민중문화와 리얼리즘 예술을 본격적으로 선보일 장소와 제도를 요구했다. 예술마당솔이 그 결과로 등장했다.

대구경북의 문화예술운동은 시간이 흐르면서 자연스럽게 분화된 조직으로 탈바꿈해 갔다. 6월민주화항쟁 이후 전국적 추세에 따라 대구의 문예운동에서도 각종 협회와 단체, 그룹과 연구소 등이 발전적인 해체와 건설을 이어갔다. 우리문화연구회는 민중문화예술운동연합과 노동자예술운동연합의 모태가 되었고, 그 단체들은 각자의 노선으로 활동을 이어갔다. 이들 개별 조직은 1980년대 후반 한국민족예술단체총연합 설립에 이어진 민예총 대구지회 건설에 기초를 제공했다.

제5장 여성운동

제1절 1980년대 이전 여성운동

1. 민주화운동으로서의 여성운동의 성격과 범위

성평등과 사회정의 실현을 목표로 하는 여성운동은 그 자체로 사회 민주화를 위한 실천운동이다. 그러나 국가와 자본을 뒷배로 둔 가부장제에 저항해온 여성운동은 민주화운동에서 부차적 영역으로 인식되어온 것이 사실이다. 민주화운동 내부의 남성중심적인 젠더의식은 여성운동이 민주화 담론의 영역 속에 들어오지 못하게 하거나, 들어온다 해도 왜곡하거나 겉돌게 만든 요인이었다. 이런 상황에서 1980년대 진보적 여성운동 주체들 역시 여성운동을 민족·민주·민중 운동의 부문운동으로 설정하였다. 그들은 여성해방, 노동해방, 민중해방의 실현을 여성운동의 목표로 두면서 반독재 민주주의 투쟁을 진보적 여성운동의 우선 과제로 설정하였던 것이다. 그로 인해 반독재 민주주의 투쟁 이념을 공유하는 운동 주체들은 가부장적 문화를 용인하거나 부차적으로 인식할 수밖에 없었다. 즉, 사회적 소수자인 여성들은 민주화운동의 주체이었음에도 불구하고 민주화운동의 역사에서 배제되는 부당함을 감내했던 것이다.

이런 관점에서 민주화운동으로서 여성운동사 기술은 가부장제의 구조적

폭력에 저항한 여성운동을 민주화운동의 주체로 복원하는 것에서 시작되어야 한다. 여성들의 민주화운동에 대한 평가와 새로운 가치부여는 여성운동의 역사뿐만 아니라 민주화운동의 범위와 성격을 확장하는 계기가 될 것이다. 여성운동사를 서술하는 과정에는 크게 세 가지의 관점을 포함할 수밖에 없다. 여성(주의)운동 시각에서 민주화운동을 바라보는 것, 여성운동에 선행하는 민주화운동의 시각에서 여성운동을 규정짓는 것, 여성주의와 민주화운동의 수평적 만남으로 파악하는 것 등이다. 여성운동에 대한 상당한 관점의 차이에도 불구하고 1990년대 중반까지는 여성주의적 실천과 이념의 지향점이 혼재하는 양상을 보였다. 일제강점기 이후 여성운동의 역사는 가부장제 사회가 강제하는 제도에 저항하고, 남성에게만 집중된 권력을 해체하는 과정이었다.

이 과정에서 정치, 노동, 학생, 농민, 환경 등의 사회운동과 상호작용을 통해 여성운동은 내적 팽창과 외연 확대를 이룸으로써 우리 사회의 민주화 영역을 확대해나갔다. 여성운동은 일제강점기에는 일제로부터 국가의 해방투쟁을, 1980년대까지는 반독재 민주화투쟁을 핵심과제로 삼는 사회변혁운동으로 기능했다. 그러나 진보적 여성운동은 민주화운동이 당시 여성운동의 필요조건이자 선행조건이긴 하였으나 충분조건이 될 수는 없음을 인식하게 되었다. 그로 인해 시민사회의 활성화가 시작된 6월민주항쟁 이후 1990년대 민주주의 이행기에 시민운동방식의 독자적 여성운동으로 발전하기 시작했다. 이 과정을 통해 여성운동은 단순히 성차별에 대한 문제 제기를 넘어서서 사회 전체를 진단하는 실천운동으로 자리 잡았다.

이 글은 일제강점기부터 1990년대 초반까지 대구경북지역의 민주화운동으로서 여성운동의 흐름을 여성단체의 조직과 전개 양상을 중심으로 살펴볼 것이다. 특히 진보적 여성단체가 조직되기 시작한 1988년부터 진보적 여성운동이 본격화된 1990년대 초반까지의 활동에 집중해볼 것이다. 이를 통해 대구경북 민주화운동사에서 여성운동이 담당한 역사를 복원하고 평가하고자 한다. 이는 민주화운동에 대한 새로운 인식을 제공함으로써 민주화운동의 지형을 수정하는 과정이 될 것이다. 그러나 여성운동사 기술이 한정된 자료와 구술에 의존할 수밖에 없고, 여전히 자료발굴과 재평가의 과정 중에 있는 만큼 서술에 한계가 있다. 아울러 여성운동의 특정한 의제는 보수 진영과 한 목소리를 낸 경우도 있었다. 성별과 성역할이 차별의 근거가 되는 사회에서 젠더 의제는 이념과 진영을 뛰어넘는 문제이기 때문이다. 예를 들어 호주제 폐지를 포함한 가족법 개정 운동은 진보 여성단체와 보수 여성단체가 공동으로 대응한 여성 의제였다. 그러나 이러한 복잡한 상황을 고려할 필요가 있음에도 불구하고 1990년대 초반까지 젠더관련 의제를 부각시키고 해결하고자 투쟁했던 여성운동은 주로 사회 민주화를 주도했던 진보 진영의 운동이었음은 분명하다. 따라서 이 글은 여성운동의 의미와 범위를 적극적으로 해석해서 젠더관련 의제를 중심으로 활동했던 대구경북지역 여성단체와 여성운동단체의 여성운동의 흐름을 기술하고자 한다.

2. 1987년 이전 대구경북지역 여성운동의 양상

1) 해방 이전의 지역 여성운동: 여성운동의 반제국주의 투쟁

대구경북지역에서 근대적 형태의 여성운동은 일제강점기의 조선독립과 국권회복을 위한 저항운동에서 시작되었다고 할 수 있다. 일제강점기는 여성이 학생이거나 기독교인인 것 자체가 기존 질서에 대한 반항과 저항으로 읽혔던 시기였다. 이 시기에 저항적 여성들은 독립운동의 과정에서 민족의식을 고취하거나 사회 속의 여성의 현실, 젠더와 계급에 대한 인식도 함께 발전시켰다. 일제강점기 대구경북지역의 여성운동은 주로 국채보상운동 참여, 국내·외의 임시정부 지원, '3·1만세운동' 조직과 참여, 신여성교육기관을 중심으로 한 사회참여 등으로 전개되었다.

1907년 2월 시작된 국채보상운동은 국가의 경제적 자립과 독립을 위해 신분, 나이, 성별을 초월한 전 국민적인 저항운동이었다. 또한 이 운동은 여성들이 스스로 구국운동의 주체가 되었던 항쟁이었다. 조선의 독립과 조선인의 자립이라는 거국적 사안에 주체적으로 참여함으로써 여성들은 남녀평등 의식의 고양을 경험하게 되었다. 1907년 2월 23일 대구 중구 남일동에서 7명의 여성이 만든 '대구남일동패물폐지 7부인회'는 전국적으로 수십 개에 이르는 여성국채보상단체 결성의 출발점이 되었다. 남성중심이던 국채보상운동에 여성이 조직적으로 참여하면서 근대 여성운동의 효시가 되었다. 여성과 남성을 동등한 권리와 의무를 가진 주체로 규정한 7부인회는 누구의 부인으로 지칭되었다가 2015년에 구성원 6명의 이름(정경주, 서채봉, 김달준, 정말경, 최실경, 이덕수)이 밝혀졌다. 3·1만세운동 당시 신명여학교 전교생 50여 명은 서문시장에서 '대구3·8만세운동'에 참여하였다. 신명여학교의 대구3·8만세운동은 이후 지역 여성단체와 여성운동가의 모태가 되면서 국권 회복과 여권 신장을 목표로 조직된 '대한애국부인회'와 '조선여자기독청년회'로 계승되었다. 또한 경북 여성들의 움직임도 활발해져 대구여자청년회(1923), 안동여성회(1925), 금릉여성회(1925) 등 여러 지역에서 여성단체가 조직되어 여권신장을 위한 초석을 놓았다. 여성운동이 독립운동이라는 공적영역에 진입함으로써 여성해방을 위한 인식과 요구가 공고해진 측면이 있었다. 즉, 당시 여성운동은 사회와 가정, 여성 의식의 개조를 통한 남녀평등을 지향하면서 여성의 교육과 계몽을 통한 봉건적 인습타파의 형태로 나타났던 것이다.(김경일, 2005, 254~255쪽)

1920년대 중반에는 여성운동이 사회체제변혁을 위한 사회주의운동으로 방향을 전환하였다. '조선여성동우회', '근우회' 등의 여성 조직을 바탕으로 다양하고 활발한 사회활동이 이루어졌다. 대구, 하양, 군위, 영천, 김천, 영주, 경북의 6개 지역에서 근우회[37] 지회가 설립되어 여성들의 문맹 퇴치와 교양교육에 힘썼다. 영천출신 백신애, 대구출신 정칠성과 이춘수 등이 대표적으로 활동하였는데 항일 운동가이자 계몽가인 백신애는 조선여성동우회 집행위원과 근우회 중앙집행위원을 역임하면서 진보적 여성운동과 항일운동에 헌신했다. 정칠성과 이춘수는 1923년 '대구여자청년회'를 창립하고 집행 위원으로 활동하였으며, 1924년 우리나라 최초의 사회주의여성단체인 조선여성동우회 집행 위원으로 함께 활동하는 등 사회주의 여성운동을 주도하였다.(한재숙, 2015, 47쪽) 1924년 5월 조선여성동우회의 결성으로 시작된 사회주의 여성운동은 1920년대 초창기 신여성과 계몽주의적 신여성을 비판하면서 여성해방의 새로운 전망을 제시하였다. 사회주의 여성해방론은 봉건주의나 민족주의적 관점이 아니라 계급적 관점에 입각하여 여성해방과 남녀평등의 개념을 새롭게 이해했다. 그들은 계급해방이 곧 여성해방임을 주장하면서 무산여성의 완전한 해방을 요구하였다.

사회주의 여성운동은 근우회 설립 이후 1920년대 후반에는 경제적 자유를 위한 무산계급운동에서 조선 여성들의 해방과 지위 향상을 위한 투쟁으로 방향을 전환하였다. 이 당시 여성 사회주의자들은 구시대의 봉건적 유물과 아울러 근대 자본주의의 고통과 모순을 비판하고 극복하고자 노력하였다.(김경일, 2005, 288~289쪽) 이렇듯 일제강점기 동안 여성들이 참여한 국권회복과 조선독립을 위한 운동은 여성이 근대 주체로 형성되는 계기가 되었다. 유교의 제약에 묶여있던 여성들로 하여금 남녀차별 현실에 대한 인식을 획득할 기회를 제공했기 때문이다. 아울러 여성 독립운동가들은 독립운동이 남성의 전유물이 아님을 보여주면서 민족해방이 곧 여성해방의 길임을 천명하고 독립운동의 주체로 거듭나게 되었다. 그러나 독립운동에 헌신한 여성들은 전통적인 성역할을 성실히 수행하면서 독립 투쟁도 하는 이

---

37) 1927년~1931년 존재한 여성 항일운동 및 여성 지위향상운동 단체

중의 굴레를 쓸 수밖에 없었다. 그들은 민족해방이 성차별과 여성해방에 우선하는 과제임을 용인하면서도 각 국면마다 국권회복을 위한 독립운동을 통해 사회적으로 목소리를 내는데 주저함이 없었다. 이 당시 여성운동의 목표는 독립과 해방을 통한 여성의 자유와 평등이 구현된 새로운 사회였다.

2) 해방~1970년대 지역 여성운동: 여성의 지위 개선

해방 후 국가 건설을 위한 정치참여와 사회활동에 대한 여성계의 요구도 다양해졌다. 해방 다음날인 1945년 8월 16일 해방 후 최초로 설립된 여성단체 연합체였던 '건국부녀동맹'이 조직되었다. 이 단체는 사회주의 계열과 교육계, 종교계, 전문 직업인 등 각계각층의 여성이 만들었다. 이어 건국부녀동맹을 모체로 하여 조선공산당의 외곽 대중조직체인 '조선부녀총동맹'(이하 '부총')이 결성되어 1945년 12월 22일~24일 전국부녀단체 대표자대회를 열었다. 부총 경북지부는 1946년 3월 17일에 결성되었고 남녀평등의 선거권, 경제적 평등권, 임금차별 철폐, 탁아소 공동식당 등의 사회시설과 의료시설을 요구하였으며 모자보호법 등을 행동강령으로 채택하였다.(문경란, 1989, 44쪽) 약 80여만 명에 달하는 좌익여성운동의 결집체였던 부총은 다양한 계층을 아울러 제국주의 잔재 청산, 민주국가 건설, 여성의 평등권 획득을 위해 힘썼다. 1947년 2월 좌익계 '남조선민주여성동맹 경북도지부'가 잠시 활동하였고, 우익계 '한국애국부인회'의 후신 대한부인회 경북도본부가 조직되었다. 5·16군사쿠데타를 거치면서 여성단체는 침체기에 빠질 수밖에 없었다. 1950년대와 1960년대는 전반적으로 여성단체의 활동이 활발하지 못했는데 1963년 10월 한국부인회 경북도지부가 창립되어 관주도의 계몽활동과 봉사 활동이 펼쳐졌다.

여성운동의 체계적인 양상은 해방 이전의 사회주의 여성운동에서 찾아

볼 수 있었으나 그것은 대중화되어 오래가지 못하였다. 해방 이후 여성운동은 1970년대에 이르기까지 여성 대중을 위한 운동으로 이어지지 못하고 상류층 지식인 여성들의 여가선용 활동으로 여겨지거나 독재정권의 하수인으로 전락한 측면도 있었다. 특히 1950년대에서 1970년대까지는 독재 권력에 의해 지식인 여성이 동원되어 반공 이데올로기 주입을 위한 관변단체 중심의 여성운동이 전개되었다.(『근현대 대구경북지역 사회변동과 사회운동 I』, 296쪽) 1970년대에는 새마을운동의 일환으로 관변단체인 새마을부녀회의 활동이 지배적이었다. 새마을부녀회는 새마을운동의 여파로 여성들에게 어머니, 아내, 며느리로서의 역할을 지역사회와 국가로 확대할 것, 여성 노동자들에게는 가혹한 노동규율과 저임금·장시간의 노동을 인내할 것을 주문하였다.(한국민주주의연구소, 2010, 873~874쪽) 유신말기에 싹트기 시작한 새로운 여성운동은 여성문제를 단순히 여성의 지위 향상을 넘어서서 민주사회를 위한 인간화의 과정으로 파악했다. 그러나 그들은 사회 민주화를 젠더 문제와 노동자·농민 문제의 선행요건으로 상정하고 젠더 문제를 부차적으로 인식했다. 이러한 인식은 여성운동의 침체로 이어질 수밖에 없었다.

이와 달리 1970년대에는 여성 노동자들이 참여한 노동운동이 활성화되었다. 당시의 여성 노동운동은 집단적 주체화 과정이었다. 1970년대 여성 노동자들은 민주노조 결성, 사수투쟁을 중심으로 노조라는 조직적 틀과 실천을 통해 집단적으로 노동자로서의 정체성을 획득해갔다. 투쟁의 과정에서 노동자로서 자신의 실제 삶과 부딪히는 전통적인 여성관의 문제점을 인식했던 것이다. 그러나 여성 노동자들은 자신들이 겪는 갈등의 원인을 분석하고 이를 극복하는 것을 운동의 과제로 제시하지는 못하였다.(호성희, 2007, 137쪽) 해방 이후 1960년대, 1970년대 여성운동은 독재정권에 대항한 사회 민주화운동에 통합되어 여성운동으로서의 정체성은 부각되지 못하고 침체되어 있었다.

결국 근대화가 가속화되면서 여성들은 가족 중심의 성별분업에 충실할 수밖에 없었다. 남성과의 불평등한 임금을 감수하면서 가족의 생계를 유지하는 한편 조국 근대화와 경제 발전에 동원되면서 끊임없이 국가 이데올로기에 호출 당했다. 동시에 봉사하는 주부, 가정의 파수꾼 역할을 수행하는 젠더 이데올로기에도 호출 당했다. 그럼에도 불구하고 한편에서는 여성들의 지위를 개선하고 인권을 신장하기 위한 활동도 꾸준히 이어졌다. 여성 노동자들의 생존권 투쟁과 민주노조 건설운동이 그것이다. 여성들은 집단 행동을 통해 열악한 노동조건을 개선했다. 한국여성운동사의 관점에서 1970년대는 "시대적인 민주화의 유대 속에서 여성들의 인간화 운동이 첨예화되는 한편, 저변이 확대된 획기적 시기"(이효재, 1989, 195쪽)이기도 하였다. 또한 1970년대는 지역에서도 여성 노동운동에 투신하는 여성들이 나타났고, 여성이라는 젠더를 중심으로 한 모순과 갈등을 살펴보는 계기가 마련되기도 하였다. 민주화운동의 내부에서도 젠더 문제를 둘러싼 차별적 상황에 대한 인식이 시작되었다. 가정 내의 불합리한 여성의 지위를 개선하려는 가족법 개정 운동이 1970년대에는 지속적으로 확대되어 여성운동의 주류로 자리 잡았다.

3) 1980~86년 지역 여성운동: 진보적 여성운동의 태동

1980년대에 접어들면서 사회변혁에 대한 요구와 기층여성들의 계급적 현실에 주목한 진보적 지식인들의 등장은 여성운동의 새로운 동력이 되었다. 이들이 경험했던 "크리스천아카데미의 여성사회교육이라든가 1970년대 후반 대학에서 활성화되기 시작한 초기 여성학 교육은 민주화운동과 연관된 학내외의 이념 서클이나 종교 및 사회단체의 경험으로 획득된 젊은 여성들의 비판적 감수성을 여성운동으로 수렴하는 효과를 가져왔다. 민주화운동의 영향 속에서 사회인식의 지평을 넓히고 여성 노동자들의 열악한 상황과 투쟁을 지켜본 지식인 여성들에게 여성운동은 개인의 자유나 권리의 평등을 넘어선 사회변화에 대한 필요성을 일깨워 주었다."(한국민주주의연구소, 2010, 880쪽) 동시에 1980년대 초 여성운동이 사회변혁이라는 시대적 소명에 충실한 진보운동으로 자리잡게 되면서 1980년대 민주화운동은 다양한 방식으로 형성되고 발전되었다. 아울러 "여성운동의 현실참여는 사회 전반의 민주화를 촉진하였을 뿐 아니라 민주주의의 의제들을 이른바 사적 영역의 일상생활로 확장함으로써, 진보의 역사를 새롭게 쓰고 민주화운동의 지평을 넓히는 데 기여"하였다.(한국민주주의연구소, 2010, 872쪽)

당시 여성 대중의 삶과 따로 떨어지지 않는 새로운 여성운동의 방향을 모색하기 시작한 여성들은 출신 배경과 이념적 성향에 따라 두 집단으로 분류된다. 하나는 유학 후 신좌파와 그에 기반을 둔 여성학, 여성운동의 영향을 받아 여성을 '여성전반'으로 규정하는 사회주의 페미니즘 수용자들이고, 다른 하나는 박정희 정권과 전두환 정권하에서의 학생운동 출신자들이었다. 특히 후자는 학생운동 과정에서 성차별을 경험하며 여성으로서의 정체성을 자각하게 되었거나 빈민 야학, 노동 야학, 농활, 노동현장의 경험을 통해 같은 여성의 전혀 다른 삶을 목격했던 여성들이었다.(강남식, 2004, 118쪽) 이 여성운동가들이 주도했던 새로운 진보적 여성운동은 당시 여성들의 현실을 규정했던 한국 사회의 역사적·시대적 요구를 여성운동의 의제로 제시하였다. 이것은 여성들이 체감하고 있는 불평등 사회구조에 무관심했던 보수·관변 여성단체들과는 뚜렷하게 차별성을 갖는 지점이었다. 즉 기층민중여성들의 정체성과 생존권 문제가 군부독재에 저항하는 민주화운동과 결합됨으로써, 분단 이후 한국 여성운동은 비로소 여성대중으로부터 신뢰를 받기 시작했던 것이다.(강남식, 2004, 123쪽) 이들은 기층민의 시각과 위치에서의 사회변혁과 민주화를 위한 여성주의적 실천을 목표로 삼았다. 1980년대 초반부터 지역 여성단체들의 모단체이거나 지역 단체 설립에 영감을 제공한 단체들이 서울에서 생겨나기 시작했다. 이 단체들은 여성 노동자들의 투쟁과 접점을 만들어내지 못한 이전의 여성운동을 비판하였다. 그러면서 기층여성운동 지원을 스스로의 운동과제로 설정하고 가부장제의 다양한 구조적 폭력에 대항하여 실천적 대안을 모색하기 시작했다. 1980년 '여신학자협의회', 1983년 '여성평우회', '여성의전화', 1984년 '또 하나의 문화', '민주화운동청년연합 여성부', 1986년 '기독여민회' 등의 새로운 단체들이 대안 모색에 나섰다.

'새마을어머니회'를 제외하고 별다른 여성단체 활동이 없었던 대구경북 지역에도 1980년대 초반부터 여성운동 단체가 활발하게 설립되기 시작했다. 대구에서는 중앙의 지부가 아닌 독립적인 형태의 '경북도여성단체협의회'(초대회장 김향란)가 1982년 7월에 발족되었고, 기존 10여 개의 여성단체가 모여 '대구여성단체협의회'(초대회장 전경화)가 설립되었다. 또한 기존의 여성단체를 중심으로 여성계를 대표하는 협의체가 결성되고 난 이후 중앙에 본부를 둔 여성단체들의 지부설립도 이어졌다. 그러나 제도권 내의 이 여성단체들은 행정기관의 지휘를 받는 관변단체들이었고 대구를 제외한 경북권에서는 여성단체의 움직임이 아직 이루어지지 않았다.

제2절 6월민주항쟁 이후 여성운동의 성장

1. 1987년 이후 진보적 여성운동의 등장과 전개

1987년의 6월민주항쟁 이후 여성운동 역시 양적인 팽창과 질적인 다양화가 이루어졌다. 1984년 청량리경찰서 여학생 성추행 사건과 1986년 부천서 성고문 사건을 계기로 10개 단체가 조직한 '여대생추행사건대책위원회'와 26개 단체가 조직한 '여성단체연합 성고문대책위원회'를 모태로 1987년 2월 21개 여성단체가 연합하여 '한국여성단체연합'(이하 한국여연)이 발족되었다. 한국여연의 출범은 지역에서 여성문제에 집중하여 활동할 수 있는 진보적 여성단체가 설립될 수 있는 자극제가 되었다. 한국여연은 다양한 여성단체들 간의 의견을 조율하고 집단적 영향력을 행사할 수 있는 전국 조직의 필요성에 따라 창립되었다. 그리고 소속 단체들은 서로 영향을 주고받으며 수많은 과제들을 해결할 수 있는 전국 단위의 네트워크를 형성했다. 한국여연의 목표는 여성해방을 토대로 반독재 민주화, 통일, 노동자, 농민, 빈민 여성의 생존권과 인권 존중 등으로 제시하였다.(『한국여성단체연합』 2020년 7월 12일) 또한 같은 해 3월에는 1970년대 민주노조에서 활동을 하던 여성 노동자 출신과 여성평우회 출신의 여성지식인 활동가들이 여성 노동자운동단체인 '한국여성노동자회'를 창립하였다. 뒤이어 9월에는 여성평우회의 여성지식인 활동가들과 주부들이 중심이 되어 '한국여성민우회'를 결성하였다.

이러한 서울의 진보적이고 특화된 여성단체들의 창립과 조직화에 자극받아 지역에서도 여성단체들이 뒤이어 창립되었다. 그리고 이 진보적 여성단체들은 인권회복, 민주화 쟁취 차원의 1970년대 운동을 계승하기도 하였다. 그러던 중 1987년 6월민주항쟁 이후 한국여연은 기층여성을 중심으로

한 사회 변혁적 여성운동에서 시민운동으로 방향을 전환하였다. 즉, 정치적 민주화와 시민사회 영역 구축에 따라 한국여연은 민주주의를 실질화하고 내면화시키기 위한 법제도 개혁을 진보적 여성운동의 과제로 설정하게 된다. 이러한 흐름에 부응하여 대구지역에서도 대구의 지역적 특성과 사안을 반영한 다양한 여성단체들이 등장하기 시작했다. 이 과정에서 진보적 여성운동은 스스로의 정체성을 부각시키려고 다양한 시도를 하였다.

1990년대에 들어서면서 정치민주화가 어느 정도 성과를 이루었다는 인식과 더불어 진보운동의 목표와 지향점도 다양해지기 시작했다. 여성단체들의 활동은 정치투쟁보다 여성의 개별 상황에 따른 과제를 중심으로 여성운동의 대중화에 중점을 두었다. 여성민우회가 1989년부터 생활협동조합을 운영하며 대중성을 확보하기 위한 작업을 시작했다. 시민사회 영역이 확장되면서 여성운동은 운동의 방향, 운동방식, 운동 주체 설정의 문제를 이념적, 실천적으로 재구성할 필요에 직면했다. 독자성을 강화하게 된 여성운동은 외연 확대는 물론, 기층여성중심주의가 갖는 국지성을 극복하기 위해 운동의 주체를 사무직과 주부 등 중간 계층으로 확산하려 노력했다. 운동의 영역도 생산현장에서 가족으로 확장되었고 여성의 역할과 직결된 환경, 교육, 성, 문화, 이데올로기의 차원으로 확대되었다. 운동방식도 직접적인 정치투쟁보다 지방자치 시대를 앞두고 정치적 영향력을 확보하거나 대안정책을 마련하는 방향으로 변화하였다. 타 단체나 개인과의 연대방식도 유연하고 개방적인 방법으로 사안별 연대방식을 취하게 되었다.(강남식, 2004, 123~124쪽)

아울러 여성의 지위에 대한 다양한 관점이 모색되는 가운데 여성의 가사노동과 양육노동에 대한 재평가 역시 이루어지기 시작했다. 가사노동과 양육노동에 대한 사회적 평가의 변화는 우리 사회에서 등한시되었던 미시적 담론과 일상생활 속의 다양한 영역을 새롭게 조망하도록 해주었다. 여성운동은 여성의 관점에서 재조명하는 교육운동, 환경운동, 소비자운동, 유권자운동. 시청자운동 등 일상생활에 밀착되어 있는 풀뿌리 민주주의 운동의 일환으로 전개되었다. 학생운동 출신의 여성 활동가들은 한편으로는 저소득층 빈민탁아운동, 공부방운동, 청소년 문화운동 등의 도시빈민운동에 투신하였고, 다른 한편으로는 노동운동에 매진하였다. 그 과정에서 단련된 젠더 감수성과 정체성을 바탕으로 여성운동의 의제를 전면으로 부각시켰다. 또한 지역적 특성과 현안에 따라 여성단체의 목적도 다양해지면서 중산층 주부들의 정체성을 적극 활용하여 교육활동과 실천운동에 힘을 기울이는 단체도 생겨났다.

이런 흐름에 공명하며 1980년대 후반에 본격화된 대구지역의 진보적 여성운동은 명확한 방향성과 이념을 바탕으로 젠더 의제에 집중하면서 시민사회의 확립과 사회변혁을 위해 노력했다. 이 때는 민주화 이후 사회적 상황과 의제 변화에 따라 다양한 실천 운동들이 공존하던 시기였다. 기층여성 노동자 중심의 여성운동과 거리를 두고 여성운동의 독자성을 강조하면서 여성관련 법과 제도의 제·개정, 여성의 정치세력화를 목표로 설정한 여성(운동)단체들이 대구지역을 중심으로 생겨나기 시작하였다. 경북지역에서는 포항여성회(1995)를 비롯한 진보적 여성단체들이 1990년대 중반부터 조직되었다.

2. 여성단체의 결성과 전개

대구지역의 진보적 여성단체들은 1987년 6월민주항쟁 이후 본격적으로 조직되기 시작하였고 지역의 사안과 사건에 따라 여타 단체들과 협의체를 만들어 연대했다. '대현1동 파출소 내 경찰관에 의한 윤간사건'[38]에 연대한

---

38) 여기에서는 1988년 12월에 대구여성회에 접수된 이 사건의 이름을 그 당시 대구여성회를 비롯한 공동대책위와 언론에서 이름붙인 사건명으로 표기한다. 그러나 한국여성단체연합을 비롯한 여성계에서는 이 사건에 대한 공식 명칭을 '대현1동 파출소 경찰관에 의한

여성단체들은 '대구여성회'를 중심으로 '성폭력대책 대구시민단체협의회'를 결성하였다. 이들은 3·8 세계 여성의 날 기념 대구경북 여성대회 공동개최, 성폭력추방 공동캠페인 실시, 남녀 합격선 차이로 인한 여고생 탈락 문제에 대한 공론화 등을 통해 여성단체 간의 사안별 연대를 유지해나갔다. 당시의 연대는 이후에 대구여성회, 대구여성의전화, 함께하는주부모임, 주부아카데미협의회, 여성과현실연구회, 포항여성회 등이 참가하는 대구경북여성단체연합(대경여연)의 토대가 되었다.(조송미현, 1999, 183쪽) 각 단체

〈그림 4-32〉 대구여성문제연구회에서 발행한 「대구여성」(1987년 8월 23일) (출처: 민주화운동기념사업회 오픈아카이브즈 0072235)

들은 시대적 흐름과 정세 변화에 따라 고유 업무와 연대 사업을 유기적으로 조절하는 동시에, 선제적으로 단체의 목적과 내용을 변화시켰다. 또한 비록 단체로 조직되지는 못했다 하더라도 여성주의 이념을 지향하는 움직임과 여성들의 문제를 나름의 조직으로 세력화하려는 시도도 있었다.

무엇보다 이 시기에는 가정 내의 여성의 역할에 대한 인식이 크게 달라지기 시작했다. 변화된 인식에 따라 주부중심의 여성운동이 개인적이고 자발적으로 이루어졌다. 가정주부들은 일상생활 속에서 일어나는 다양한 문제를 적극적으로 해결해나갔다. 여성들이, 특히 가정주부들이 지역에서 조직화, 체계화된다면 지역 시민사회의 중심세력으로 발전할 수 있음을 보여주었다.(『근현대 대구경북지역 여성운동I』, 297쪽) 경북지역에서는 1990년대를 넘어서 본격적인 여성단체가 생겨나기 시작했으나 대구지

성폭력사건'으로 쓰고 있다.

역에서는 1986년부터 조직되기 시작했다.[39]

〈표 5-1〉 1987년~1991년 창립한 대구의 여성운동단체 (창립 연도순)

단체명	창립연도		내용	비고
주부아카데미 협의회	1986. 12.	목적	여성의 인간화, 여성의 자아실현과 주체적 삶, 한국사회의 건전한 발전	2011년 활동중단
		내용	생명문화운동, 농산물직거래, 문화활동	
		주체 및 대상	주부	
대구여성의 전화	1987. 3.	목적	폭력으로부터 여성 보호, 여성 차별적 제도와 관행 개선, 민주적 · 남녀 평등 사회 구현	1992년 단체명 변경 (애린회→대구 여성의전화)
		내용	여성인권활동, 상담사업, 성교육, 실업문제, 여성문제연대, 통일 · 지방자치문제연대	
		주체 및 대상	주부, 미혼여성, 폭력피해여성, 청소년	
대구여성회	1988. 1.	목적	여성의 사회적 지위향상, 여성의 사회적 참여, 지역사회발전 및 민주사회실현에 기여	
		내용	직장여성관련사업, 직장여성상담사업, 여성복지 정책관련사업, 환경사업, 실업문제	
		주체 및 대상	미혼여성, 직장여성, 주부	
녹지회	1988. 4.	목적	여성문제연구, 대안모색	1993년 활동중단
		내용	여성학 연구, 대중교육, 문화활동	
		주체 및 대상	20대~40대 여성, 일반시민	
함께하는 주부모임	1988. 12.	목적	여성의 주체적 사회인식 함양, 주부 사회화 교육과 실천운동	
		내용	환경관련 교육 및 실천운동, 주부상담, 도농직거래, 한부모지원, 실업문제, 여성단체연합 연대	
		주체 및 대상	주부, 여성 가장	

---

39) 위의 지역 여성(운동)단체 서술은 조송미현, 「대구경북여성단체연합의 현황과 과제」, 『마주잡을 손하나 오고 있거니: 대구여성회 10년사』, 사단법인 대구여성회, 178~193쪽; 대구여성단체협의회, 『대구·경북 여성운동 50년』 다산미디어, 1997, 68~75쪽, 190쪽을 참조·보완하였음.

1) 주부아카데미협의회

'주부아카데미협의회'는 한국 여성의 의식 변화에 결정적인 영향을 미친 '크리스찬아카데미'에서 교육받았던 김낙현 목사가 1986년 9월부터 14주간 대구 시내 삼덕교회에서 주부교육을 시작함으로써 시작되었다. 교육은 주로 지역사회 아카데미운동, 여성과 자기계발, 현대사회와 가족 등을 주제로 한 강연과 토론으로 이루어졌다. 이 교육에 참가한 1기 교육생 20여 명은 1986년 12월 9일에 수료식을 가진 후 주부아카데미협의회를 공식적으로 결성하고 초대회장에 김연숙을 선출했다. 주부아카데미협의회의 목적은 여성의 인간화, 여성의 자아실현과 주체적 삶을 위한 연구와 조사, 대화모임, 사회교육 등을 통해 한국사회가 건전하게 발전하도록 이바지하고자 하는 것이었다. 그리고 주부아카데미 강좌, 노인대학, 주부환경학교, 어린이 환경학교 등의 사회교육 실시, 낙동강 페놀사건 때 시민피해 상담창구를 운영하였다. 1989년에는 아카데미 생활협동조합 설립을 통한 도·농 직거래 농산물 시판사업, 여성정책개발 심포지움 등을 주관했다. 주부아카데미협의회는 주로 생명문화운동을 중심으로 여성의 자아실현과 주체적 삶을 지원하기 위한 사업을 이어왔으나 창립을 한 몇 년 후부터는 뚜렷한 활동을 보이지 않았다.

2) 대구여성의전화

'대구여성의전화'는 대구에 있던 진보적 여성단체 중 가장 먼저 생긴 단체이다. 1986년 "가정 내에서 폭력당하는 여성을 돕자"라는 취지 아래 대구지역 여교수 40여 명이 준비모임을 시작하고 8명(고효정, 박경순, 이옥분, 이원정, 진수미, 조성자, 조성희, 최석희)이 발족하여 1987년 3월에 "여성을 위한 실질적인 사랑의 실천"을 목적으로 애린회 창립총회를 개최했다.(1992년 대구여성의전화로 개명) "여성을 위한 실질적인 사랑의 실천"을 목적으로 초대회장에 이옥분(경북대 철학과 교수)이 선출되었다. 대구 최초로 1989년 매맞는 여성을 위한 상담전화인 '대구여성의전화'를 개설해 폭력피해여성을 위한 상담을 도입하고, 1992년 3월부터 가정폭력 피해여성을 위한 '쉼터'를 운영하기 시작하였다. 또한 '성폭력특별법', '가정폭력방지법' 제정에 힘쓰면서 여성의 법적 지위 향상을 위해 노력했다. 1990년대 초반 여성의 가정폭력, 성폭력에 대한 제도적 지원이 부실하던 대구지역에서 이 문제를 여성인권의 차원에서 사회문제로 이끌어내는 데 힘을 쏟았다. 대구여성의전화는 쉼터 지원, 성폭력과 가정폭력관련 상담과 교육을 중심으로 활동하고 있다.

3) 대구여성회

'대구여성회'는 1987년 민주화 이념과 열망을 젠더 문제를 통해 표출시킨 대구지역 진보적 여성운동단체의 실질적인 모태라고 할 수 있다. 1987년 4월 '대구여성문제연구회'(대구여성회 준비단계 명칭)라는 이름으로 결성되었으나 내적 상황과 외부적 조건의 미비로 별다른 활동을 하지 못하였다. 그러다가 1988년 1월에 "주체적인 여성, 평등한 사회"라는 구호 아래 대구여성회라는 이름으로, 회장 김진희, 부회장 김영란, 사무국장 강도향, 실무간사 조성무, 이향분, 정삼선의 운영진으로 창립되었다. 1970·80년대의 학생운동 출신들이 대구의 여러 민주·진보 단체들의 구성원이 된 것과 마찬가지로 대구여성회 역시 창립 당시의 주된 세력은 학생운동 경험자, 노동운동 경험자, 학생운동 경력이 있는 교사출신 주부 등이었다.

지역 여성운동에 대한 고민에서 출발하여 대구여성회는 주요 활동 대상을 사무직 여성 노동자와 일반 주부로 특정하여 단체 활동을 이어나갔다. 창립 직후부터 대구지역 사무직 여성의 결혼퇴직조기정년에 관한 사례조사(1988. 6), 대구지역 사무직 여성 실태조사(1990. 12)를 바탕으로 영남의료원 조기정년철폐 및 장○○씨 복직투쟁 지원(1988. 1), 영남대여직원 조기정년철폐투쟁 지원(1988. 8), 경북산업대 결혼퇴직철폐운동 지원(1989. 4), 경북교육위원회 결혼퇴직철폐운동 지원(1989. 5) 등의 사업을 통해 사무직 여성 지원활동을 중점적으로 추진하였다. 아울러 대구지역 성의식 실태조사(1991. 6)를 실시하기도 하였으며 1988년 9월에 시작한 안동 '변○○씨 혀절단 사건'을 지원하였다. 같은 해 12월의 대구 '대현1동 파출소 내 경찰관에 의한 윤간사건'을 전국적으로 공론화하여 우리 사회의 이중적이고 모순적인 성범죄 판결에 이의를 제기했다. 이와 같이 대구여성회는 지속적으로 여성관련 법 제 · 개정 운동에 매진하여 남녀고용평등법 개정, 성폭력특별법 제정, 영유아보육법 제정, 가족법 개정 등 여성관련 법 제 · 개정의 필요성 뿐만 아니라 대안 역시 제시하였다.

대구여성회는 단체가 시작될 때부터 사무직 여성과 가정주부를 주요 대상으로 삼아 그들의 권익보호에 역점을 두었다. 동시에 통일, 농민, 노동, 정치, 육아, 환경 등 지역 내의 다양한 민주 · 진보 진영의 아젠다와 지역의 현안 과제에 참여하고 연대했다. 이후에 대구여성회가 지역사회에 제기한 다양한 문제와 법적 의제는 대구 여성운동 발전사의 핵심 안건이 되었다. 신입회원 교육, 여성학교, 회원 세미나, 실무자 교육, 소모임(이 땅의 딸로 태어나, 신명내고야말리, 올바른 소비활동을 위한 주부모임, 평등한 노동, 장작불, 능선 등), 회원의 날 등의 회원 프로그램을 운영하면서 다양한 젠더 의제와 연대 사업을 수행하면서 활발하게 활동하고 있다.

4) 녹지회

'녹지회'는 1988년 4월에 시작된 사회현실과 여성현실 인식을 통한 여성문제 연구모임이었다. 박혜경(영남대 불문과 교수)의 후원 하에 영남대학교문과대 대학원생들(이희경, 강현주, 김임미)과 영남대학교 졸업생들(진금숙, 김의숙, 김경화, 전경옥, 김영숙, 권화숙, 유소희)이 모여 사회과학 공부모임을 시작하였다. 이 모임의 목적은 여성이 처한 현실과 사회에 대한 연구와 지식축적을 통해 성평등 사회에 대한 대안을 모색하기 위함이었다. 여성학 실천 활동의 일환으로 대중 강연과 여성영화제를 이어나갔다. 1990년에 '나'라는 주제로 예술마당 솔에서 대구 최초로 '제1회 여성문제 영화제'를 개최하였다. 이 영화제에서는 우리나라 최초로 사무직 여성 노동자 문제를 다루고 있는 독립영화 "작은 풀에도 이름 있으니"를 포함하여 한국 여성의 현실을 반영한 한국 여성작가의 작품들만 상영하였다. 당시 제기되고 있던 호주제의 문제점을 지적하는 강연회를 대구 가톨릭문화관에서 개최하기도 했다. 또한 영남대학교 학생들과 교수들을 대상으로 생명경시, 여아선별 낙태, 여성 신체 경시의 문제점을 지적하고자 비디오 상영과 토론회도 개최하였다. 그러나 활발한 모임과 여러 활동을 이어오다가 구성원들의 신상과 거주지 변동으로 1993년 녹지회는 활동을 멈추게 되었다.

5) 함께하는주부모임

'함께하는주부모임'(회장 정경숙)은 1988년 12월에 대구 크리스찬아카데미 교육 1기-3기 수료생 중 정경숙, 김연숙, 최영숙, 한용옥, 김혜란, 김춘희 등 15명이 조직했다. "주부의 힘으로 세상을 바꾸자"는 목표 아래 주부들 스스로 주체가 되어 현재까지 활동하고 있다. 주부들의 자주적이며 주체적인 역량 회복과 그 실천과제를 모색하기 위해 연 2회 배움마당을 개설하였다. 또한 여성문화, 교육, 사회, 역사, 경제, 환경, 통일, 성폭력, 생명평화운동 등 주부 사회화교육과 함께 조사연구, 연극 및 문화 활동, 시민 공개강좌, 한부모가장지원센터 운영, 여성가장 실업문제와 자녀교육상담 등의 실천 운동도 함께 하고 있다. 특히 다양한 생활 속 환경 교육과 실천운동을 펼치면서 낙동강 페놀사태, GMO식품의 위해성, 공해추방운동협의회 의제 등 지역 환경 사안에 맞서 지역사회단체들과 연대하여 활동했다. 그리고 한국여성단체연합 소속으로 대구경북여성단체연합과 연대 활동을 했다.

6) 총여학생회와 여성학 대학원

대구지역에서 1985년 총학생회(이하 총학)가 부활되고 이듬해인 1986년 대학 내 여학생의 목소리를 대변해줄 단체가 필요해짐에 따라 지역 대학에 총여학생회(이하 총여)가 조직되기 시작했다. 총여는 총학 중심의 학생운동에서 탈피하여 여성 혹은 여대생 운동의 독자성을 모색하였다. 당시 총여 관계자들이 밝힌 활동은 다음과 같다.

"학내 가부장제문화 척결을 위해 캠페인, 상담, 강연회 등을 기획하고 대경여대협준비위원회를 구성하여 대구지역 민주총여학생회 연합체를 구체화시킬 방안을 모색했어요. 지역 현안에 연대하면서 각 대학의 학생회 선거준비를 지원했고요. 시민단체 여성 활동가 후보자들을 위한 교육도 실시했어요"(김채원 구술, 2020. 5. 25.) "1988년 12월에 '대구지역총여학생회연합'(계명대, 경북대, 대구교대, 대구대, 영남대, 효성여대, 한의대) 소속 총여학생회들이 안동 변OO씨 사건 대책위원회에 참가하여 지원 활동을 하였고, '대현1동 파출소 내 경찰관에 의한 윤간사건'에 공동 대응했어

〈그림 4-33〉 대구여성문제연구회, 경북대, 영남대, 대구대, 효성여대 총여학생회 주최 "한국 여성현실과 여성운동" 초청강연 및 토론회(1987년 8월 23일) 홍보지 (출처: 민주화운동기념사업회 오픈아카이브즈 00438663)

요. 또한 1990년에는 '대구경북여대생대표자협의회'(대경여대협)을 결성하여 1기 대표를 하면서 계명대, 경북대, 대구대, 대구한의대, 안동대, 영남대의 총여학생회나 총학 여학생부와 교류하며 총여학생회의 방향을 함께 모색하고 지역 연대에 함께 나가기도 했어요."(박필순 구술, 2020. 5. 1.) "대구지역 대학에 여성학 강좌를 동시에 개설하자고 뜻을 모았고, 이후 영대 본관에 1년 동안 여성학 강좌개설을 요구해서 영남대에서 89년부터 여성학 강좌를 개설했어요. 단대 여학생회와 연계하여 한국사회의 여성문제에 대한 연속 강연을 개최하면서 대자보로도 지속적인 교육 작업을 했어요. 영남대 여직원들이 노조 설립 당시에 지지 연설과 행정 업무 지원했고요."(유소희 구술, 2020. 5. 31.) "대구대학교여학생운동은 학칙개정을 통한 직선제 총여학생회 구성 노력에서부터 시작된 것 같아요. 1988년 11월에 직선으로 대구대학교 총여학생회가 출범하고는 주로 여학생 복지확대와 여성학 강좌개설 등에 힘을 쏟았어요. 그리고는 1991년부터는 대구대학교 비리재단 척결과 민주총장선출 과정에 고공 단식농성을 주도하기도 하면서 대학민주화 활동에 주력했어요."(김영숙 구술, 2020. 9. 30.)

이렇듯 총여학생회는 학내 여학생의 권익을 보호하고 학외 진보단체와의 연대에 동참함으로써 대학 내의 젠더의식을 고양하였다. 여성으로서의 자존감을 회복하면서 학습과 교육을 통해 젠더 문제 해결을 위한 다양한 대안을 모색하는 계기를 제공했다.

한편 여성학 대학원의 설립은 대구지역의 여성운동에 커다란 자산이자 토대가 되었다. 1989년 계명대, 경북대, 영남대, 효성여대(현 대구가톨릭대)의 교양강좌에 여성학이 개설되었다. 1990년에는 효성여대 대학원에 여성학과가, 계명대에 여성학 대학원이 신설되었다. 1982년 이화여대 대학원에 여성학과가 생긴 이래 지역 최초로 보수적인 대구지역에 여성학 대학원이 설립된 것은 대학 내 여학생회와 동아리의 적극적인 요구가 있었기 때문이다. 아울러 대학 밖의 사회단체나 여성회의 활동이 여성 문제에 대한 근본적인 인식의 변화를 이끌어낸 결과이기도 하였다. 여성학과와 여성학 대학원은 여성운동의 이론적 토대와 비전을 제공하고 실천운동의 발판을 마련해주었다. 또한 지역 여성운동단체의 활동가를 배출하고 재교육하는 기능을 충실히 수행하였다.

1987년~1992년에 활동한 대구의 여성(운동)단체들은 나름의 목표를 가지면서도 활동이 중첩되는 경우도 있었다. 그러나 대구여성의전화는 "폭력으로부터 여성의 보호"라는 목표 아래 가정폭력, 성폭력 상담에 힘썼고 대구여성회는 직장여성관련 사업과 여성정책관련 사업을 중심으로 활동하였다. 녹지회는 여성문제 연구를, 함께하는주부모임은 주부를 대상으로 한 생활환경운동에 역할을 다하는 차별성을 보여주었다. 그러나 가정폭력, 성폭력 문제는 대구여성의전화, 대구여성회의 공통과제이기도 하였다. 환경문제는 함께하는주부모임, 주부아카데미협의회, 대구여성회 세 단체가 모두 관계했던 사업이었다. 그래서 여성단체가 분화가 되어 있고 사업 목적이나 활동 내용에서 차별성을 보이기는 하지만 1992년까지는 중첩되는 요소들이 있어 전문성이 결여되었다거나 단체의 정체성을 구체화하기 어려웠다(조송미현, 1999, 190~192쪽)는 평가도 있었다. 그러나 여성과 관련된 젠더 의제는 다양하고 안팎으로 서로 연관되어있기 때문에 여성 의제의 특정 영역을 특정 여성단체의 전문 분야로 나누기가 쉽지 않다. 그럼에도 불구하고 이 단체들은 보수적이고 가부장적인 대구지역에서 다양한 젠더 의제들을 해결하려는 노력을 기울여왔고 그 나름의 성과도 컸다. 특히 대구여성회는 대구지역에서 젠더 기반 운동이라는 지향점을 분명히 드러내면서 여성의 현실 문제에 직접적이고 구체적으로 대응한 최초이자 최장 '여성운동단체'이다. 대구여성회가 현실적인 생명력을 가지게 된 이유는 창립 초기부터 지속적으로 새로운 실천 주체들을 만들어냈기 때문으로 보인다. 회원들의 교육, 재교육 과정을 통해 구성원 개개인의 역량강화가 조직 존속의 밑바탕임을 증명해보였다.

대구의 여성단체들은 6월민주항쟁 이후 민주화의 열풍 속에서 진보적 여성운동을 주도함으로써 여성운동의 발전을 이끌어냈다. 아울러 이들의 노력은 이후 대구경북지역의 다른 진보단체들, 예를 들어 대구환경운동연합, 대구경실련, 민주노총 대구지역본부, 포항여성회, 경산여성회 등의 결성에 토대를 제공하거나 협력했다.

제3절 여성운동 의제의 등장과 전개

1. 여성 의제의 등장과 여성관련 법 제·개정 운동

1) 지역 여성 성폭력 사건의 전국 의제화

1980년대 후반에 이르러 여성들이 적극적으로 여성운동에 참여하고 사회 진출이 활발해짐에 따라 여성에게 불합리한 법적 체계와 법 조항을 개정하려는 욕구가 강력해졌다. 여성들에게 가해지는 다양한 법적, 사회적 폭력에 직면하게 되면서 성차별적인 법과 제도에 대한 개정 요구가 분출되었다. 사실 가족 중심의 가부장제 사회 속에서도 1970년대부터 여성들의 지위를 개선하고 인권 신장을 위한 활동은 꾸준히 이어져 왔다. 1972년부터 '가족법개정운동'이 여성계 전체를 아우르는 범여성운동으로 활기를 띄기 시작했다. 그리고 1973년부터는 한국교회여성연합회를 중심으로 매춘을 외화획득의 수단으로 삼아 기생관광을 독려하는 '매춘관광 반대운동'이 전개되었다. 호주제를 포함해서 가족법 개정을 위한 청원도 계속되었다.(한국민주주의연구소, 2010, 874쪽) 이런 노력이 이어지고 있는 가운데 1988년 대구에서 진보적인 여성운동 단체의 여성관련 법 제·개정을 위한 노력이 전국적으로 이루어진 사건이 발생한다.

대구지역 여성단체들이 성폭력 문제에 개입해서 전국적인 관심을 불러 일으킨 사건으로는 우선 안동 출신의 '변OO씨 혀절단 사건'이 있다. 이 사 건은 성폭행에 대한 우리 사회의 성차별적 인식이 사법부의 판결에도 고 스란히 드러난 사건이라고 할 수 있다. 1988년 2월 26일 새벽 1시께 신 OO(남·19)과 권OO(남·18·학생)이 변씨를 성추행하는 과정에 변씨가 이를 방어하고자 추행범의 혀를 깨물어 절단케 한 사건이었다. 이에 성추행 범의 부모가 변OO씨를 고소하였고 신OO, 권OO, 변OO씨 모두가 구속 기 소되었다. 1심 선고공판에서 신OO과 권OO은 단기 2년 6월, 장기 3년을, 변OO씨는 폭력행위등처벌에관한법률위반으로 징역 6월에 집행유예 1년을 선고 받았다. 1988년 10월에 대구여성회와 대구지역여학생회연합이 공동 대책위원회를 구성하여 사법부의 판결에 항의성명을 발표하고 변OO씨 무 죄 판결운동을 벌였다. 항소심에서는 변OO씨가 승소하여 무죄판결을 받았 고, 신OO, 권OO은 징역 2월 6개월에 집행유예 4년씩을 각각 선고받았다. "이 사건은 1989년 1월 20일 대구고등법원에서 무죄 판결을 받음으로써 여 성에게 그 동안 가해졌던 남성위주의 성폭행 관행에 일침을 가한 사건으로 자리매김하게 된다."(윤정원, 1999, 25쪽) 이 사건은 피해자가 죄인으로 취 급되는 성폭력 재판의 전형적인 모습을 보여주었다. 그러나 이 사건은 또한 대구여성회를 중심으로 한 지역 여성단체들이 서울의 여성단체들과 연대하 여 성폭력관련 판결의 관례를 깨뜨린 사건이기도 하였다.

여성단체가 성폭력 사건에 연대하여 대응했던 첫 사례로는 1984년 시위 를 진압하던 전경에 의한 '경희대 여학생 성추행 사건', 이어서 1986년 '부 천경찰서 성고문 사건'이었다. 당시 연대하였던 여성단체와 민족민주단체 는 성폭력을 종식시키기 위해서는 무엇보다도 민주화가 실현되어야 하며, 민주화를 통해 성폭력이 해결될 수 있음을 강조했다. 그러나 1988년 12월 5

〈그림 4-34〉 대현1동 파출소 내 경찰관에 의한 윤간사건 대책위
활동 모습 (출처: 대구여성회)

일 대구에 사는 강○○
씨(대림다방 종업원)
가 파출소에서 백○○
순경과 김○○ 경장에
게 윤간당하는 사건
이 발행하면서 이러한
인식은 큰 변화를 겪
게 된다. 1988년 대구
여성회가 상담을 접수
해서 전국적으로 여론

화시킨 이 '대현1동 파출소 내 경찰관에 의한 윤간사건'은 피해자 강○○씨가
'직업여성'이라는 점이 재판과정에서 불리하게 작용하여 도리어 무고죄로
고소당하고 만다. '보호할 가치가 있는 정조'만을 보호한다는 사법부의 여성
차별적인 성인식'이 그대로 드러난 대표적인 사건이었다. 그러나 피해자인
강○○씨가 적극적으로 나서서 "성범죄의 피해자는 부끄러움으로 항상 입을
다물고 있어야 한다는 일은 있을 수가 없다고 생각한다. 두 인간에게 철퇴
가 가해져야 한다"고 주장하면서 큰 반향을 일으켰다.

이 사건으로 그동안 부각되지 않았던 성폭력 피해 여성의 고통과 우리 사
회가 갖고 있던 이중적인 성의식이 드러나면서 전국적인 공론화가 이루어졌
다. 이 사건에 대응하기 위해 1988년 12월 대구지역 18개 민주단체가 함께
'대현1동 파출소 내 경찰관에 의한 윤간사건 공동대책위원회'를 결성하였고,
경찰에 의한 여성인권유린 규탄대회가 개최되었다. 가두홍보전, 서명 작업,
검사 항의방문 등 전국적인 관심을 불러일으킨 활동이 전개되었다. 아울러
이 사건은 한국여성단체연합(당시 회장 이우정)이 연대하고, 재판 과정에서
사건의 진실이 밝혀지면서 성폭력관련 법의 제·개정 필요성을 절감하는 계

기가 되었다. 그 성과는 1994년 성폭력특별법 제정으로 가시화되었다. 대
구지역에서 발생한 성폭력 사건이 전국적인 반향을 불러일으켜 법 제정으
로 이어진 것은 결국 지역 여성단체들을 중심으로 한 연대의 힘이 가져다준
결과이다. 10개의 성폭력 상담 단체와 여성 인권보호 단체(한국여성의전화,
한국성폭력상담소, 대구여성회, 김부남사건대책위, 한국여성민우회, 광주
여성의전화, 부산여성회 등)는 1991년 8월 '성폭력특별법제정추진위원회'를
결성하여 성폭력특별법 제정을 위한 활동을 시작하였다.

　대구여성회는 이 두 성폭력 사건을 계기로 1991년 10월 가톨릭문화회관에
서 '대구시민 성의식 실태조사 결과 발표 및 성폭력관련 특별법 제정을 위한
공청회'를 개최하였다. 1992년 2월에도 전국에서 처음으로 '성폭력대책 대구
시민단체협의회'를 결성하였다. 애린회, 함께하는주부모임, YMCA 시민중계
실, 대경여대협, 전문직여성 대구클럽·새대구클럽, 가정법률상담소, 경실련
여성분과, 대구여성회, 이렇게 8개 단체로 구성된 이 시민단체협의회(공동대
표 안이정선[대구여성회 회장], 김혜란[함께하는주부모임 회장])는 성폭력특
별법 청원서를 관련기관에 전달하였고, 직장 내 성폭력관련 연극공연과 가두
서명운동 등 적극적인 활동을 펼쳤다.(대구여성단체협의회, 1997, 105쪽) 이

러한 몇 년간의 노력이
보태진 뒤 1993년 12
월에 성폭력특별법이
통과되어 1994년 4월
부터 시행되었다. 제정
3년만인 1997년 7월
30일에 통과된 개정안
이 1998년 1월부터 시
행되었다. 이는 대구지

〈그림 4-35〉 성폭력특별법제정 공청회 (1991년 10월 10일)
(출처: 대구여성회)

〈그림 4-36〉 성폭력대책 대구시민단체협의회 발족식
(1992년 2월 22일) (출처: 대구여성회)

역의 성폭력 피해 사건에 서울의 여성단체들이 연대하여 이루어낸 법 제정 투쟁의 성과이다.

두 사건에 대한 연대 투쟁은 여성관련 법의 제·개정 노력 중 성폭력특별법 제정의 성과를 이루어냄으로써 성폭력의 개념을 수정하고 여성인권 향상에 기여하였다. 아울러 이 두 사건은 단순히 성폭력특별법 제정의 성과뿐만 아니라 이때까지 우리 사회에 만연해 있던 피해자다움이라는 편견, 유흥업소 여성에 대한 편견, 여성에 대한 남성의 성폭력 범죄 행위에 대한 우리 사회의 상대적 관대함, 계급문제가 성문제에 앞선다는 고정관념 등과 같은 성차별적 사회 인식을 근본적으로 점검하고 바꾸는 계기가 되었다.

2) 여성의 평등노동권 확보 투쟁

1970년대부터 시작된 민주노조운동이 87노동자대투쟁 이후에 자리를 잡았음에도 불구하고 대구경북지역의 여성 노동자들이 노조로 조직된 것은 2000년 이후였다. 공식적으로 2001년에 '전국여성노동조합대구경북지부', 2003년에 '대구여성노동자회'가 만들어졌다. 대구경북지역의 생산직 여성 노동자들이 여성운동의 주체로 조직되기 어려웠던 이유가 있었다. 지역의 남성중심의 보수적인 가족제도와 상대적으로 값싼 여성의 노동력으로 인해 지역 여성들은 남성들에 비해 쉽게 그리고 일찍 생산직 여성 노동자가 되었다. 이런 환경에서 저학력의 나이 어린 여성 노동자가 성차별을 각성하고 집단적으로 조직하기가 쉽지 않았다. 그러나 무엇보다 지역의 생산직 여성 노동자들이 자신의 노동자 의식을 젠더 차원에서 의식하기 어려웠던 이유는 노동운동 탄압과 노동자 생존권 확보에 비해 여성문제가 상대적으로 사소하게 취급되었기 때문이다. 즉 노동자 중심의 계급문제가 여성문제보다 지배적인 담론이었다.

또한 여성 노동자들은 여성문제와 계급문제를 별개로 보는 당시 중산층 중심의 여성운동에 강한 거부감을 가지고 있었다.(김상숙, 2014, 207쪽) 거기에다가 1987년 이후 생산직 노동자들을 위한 민주적인 노동운동 조직들 역시 남성이 주도하게 되었고 "운동조직이 전투주의 노선과 군사주의 문화를 더 강력하게 지향하게 되면서"(김상숙, 2014, 215쪽) 여성 노동자들의 노동조건과 노동현실은 더욱 열악해졌다. 가정과 직장에서 일상적으로 차별을 경험하던 여성 노동자들은 노동운동 내부에서도 성차별, 성폭력, 성희롱 등의 피해를 당하게 된 것이다. 그러나 여성 노동자들을 둘러싼 차별의 양상이 더 복잡하고 다양해졌음에도 불구하고 여성 노동자들은 아직 조직적으로 대항할 수 있는 결집된 역량을 쌓지 못하고 있었다. 지역 사회의 보수성과 노동운동의 열악한 조건 등의 이유로 노동운동을 그만두었던 여성들이 다시 노동운동을 시작하게 된 2000년대 초반에 접어들어서야 지역에서 독자적인 여성 노동운동 단체가 만들어질 수 있었다.

생산직 여성 노동자들과 더불어 사무직 여성들도 노동권이 차별받는 직장에서 저항하기 시작했다. 1987년 이후 사무직 여성 노동자들과 기혼여성들의 전반적인 노동조건에 대한 관심은 증가하는 추세였다. 대구지역의 여성단체들도 여성의 노동권과 노동조건 향상을 위해 관심을 기울였으며, 대구여성회는 사무직 여성 노동자들을 위한 사업을 펼쳐나갔다. 1988년 대구여성회가 실시한 '대구지역 사무직 여성의 결혼·퇴직·조기정년에 관한 사례조사'

〈그림 4-37〉 1991년 결혼·임신퇴직제 철폐를 위한 공개토론회
(출처: 대구여성회)

를 통해 지역의 사무직 여성 노동자들의 결혼으로 인한 불평등한 퇴직과 조기정년의 실태를 파악하였다. 경북대를 비롯한 지역 4개 대학과 영남의료원을 비롯한 지역 병원 3곳, 화장품회사, 중소기업, 은행, 보험회사, 투자신탁, 백화점에 근무하는 여직원 103명을 대상으로 조사를 실시했다. 이 조사 결과에 의하면, 집단적 문제 제기를 한 경북대학교 여직원을 제외하고 대부분의 사무직 여성들은 남성들과 달리 결혼을 하면 사직하거나 조기정년을 하는 등 성차별적 노동환경에 내몰리고 있었다.

그래서 여성단체들 특히 대구여성회는 이 사안에 적극적으로 개입하여 1988년 영남의료원 조기정년(만 28세) 철폐 및 장영이 씨의 복직 투쟁을 지원하였고, 영남대 여직원 조기정년 철폐 투쟁에 힘을 모아 영남대 여직원의 조기정년 연령을 25세에서 28세로 연장시키는 성과를 얻었다. 1989년에는 경북산업대 결혼퇴직철폐운동을 지원하여 경북산업대 결혼 퇴직제를 철폐시켰다. 같은 해 경북교육위원회 결혼퇴직철폐운동을 지원했다. 이 과정에서 사무직 여성 노동자들의 노조 조직과 가입도 활발해져서 여성 노동자의 결혼퇴직철폐투쟁은 사무직 여성 노동자들의 핵심투쟁 사안이 되었다.

대구여성회는 동산병원 파업, 파티마병원 파업, 경북대 직원노조 파업에도 연대 활동을 펼쳤다. 1990년에는 대구지역 사무직 여성 노동자들의 노동현실에 대한 구체적인 실태조사를 실시했다. 이 조사를 통해 여성의 노동평등권을 박탈하는 성차별적인 고용구조를 문제 삼아 여성의 평생노동, 평

등노동권 확보를 위한
논의와 노력을 기울
였다. 성차별적 고용
구조를 막기 위한 법
제·개정과 제도 개선
을 위해 남녀고용평등
법 개정을 촉구하기도
했다. 이 시기 "사무직
여성 노동운동의 주요

〈그림 4-38〉 1991년 대구파티마병원 노동조합 파업집회
(출처: 대구여성회)

한 법과 제도개선투쟁은 남녀고용평등법, 영유아보육법, 성폭력특별법, 노
동법 등의 제·개정운동과 파견법, 시간제노동법 등의 입법저지활동으로 축
약할 수 있다. '남녀고용평등법'이 1987년 제정되었으나 남녀차별 중 가장
핵심인 동일노동 동일임금 규정의 누락과 법구속력의 미비 등의 문제로 뒤
에 개정운동이 다시 일어났다."(유경순 2020년 5월 17일) 이러한 여성 노동
을 차별하는 법과 제도의 제·개정은 시간이 지나서 현실화되었지만 이를
위한 투쟁 과정에서 여성단체들과 여성 노동자들은 계급과 성이 억압의 중
첩적 원인임을 경험하게 되었다. 즉, 노동자라는 계급 정체성과 여성이라는
젠더 정체성이 서로 만나서 노동자 계급의 여성문제를 체득하게 된 것이다.

　노력과 인내가 요구되는 여성관련 법 제·개정 투쟁을 통해 여성단체들
과 연대단체들은 지속적인 연대의 필요성에 공감하여 사안별로 연대투쟁을
이어나갔다. 아울러 1988년 12월 2일에 창간된 『여성신문』은 대구경북지역
독자들에게도 성폭력, 가정폭력 등 여성을 에워싸고 있는 각종 부당한 법
적·제도적 미비점에 대해 알리고 인식의 변화를 유도하는 데 큰 도움을 주
었다. 여성신문은 성평등의 관점에서 다양한 사회 현상을 공론화했다. 이를
통해 단순히 여성들에게만 국한된 '문제거리'로 치부되던 여성들의 불평등

한 현실을 모든 인간이 당연히 누려야하는 인간의 '권리'로 인식할 수 있는 문화적 토대를 제공했다.

2. 돌봄노동과 생명운동의 발단과 전개

1) 빈민지역의 탁아운동과 공부방운동

1980년대 중반부터 등장하기 시작한 지역의 탁아운동·공부방운동(탁아소(방)는 나중에 대부분 어린이집으로 이름을 바꿈)은 당시의 상황에 비추어 보면 성과와 한계를 동시에 보여준 운동이었다. 성과의 측면에서 보자면 탁아운동·공부방운동은 양육노동과 돌봄노동의 주 담당자이었던 여성의 젠더적 특수성이 주체적으로 발휘될 수 있는 영역이었다. 양면성이 있기는 하였으나 사회적으로 그림자로 치부되던 여성의 양육노동과 돌봄노동이 빈민지역 운동의 주동력이 되었던 것이다. 이 탁아운동과 공부방운동은 여성의 돌봄노동 경험을 여성 활동가가 적극적으로 활용한 영역이기도 하였다. 그러나 다른 한편으로는 운동으로서의 양육과 돌봄활동이 여성 활동가에게만 전가되면서 빈민지역 운동이 지속되기 힘든 구조를 낳게 되는 한계와 빈민지역 운동의 여성화가 고착되는 한계를 동시에 보여주었다.

보육, 학부모 조직, 지역 활성화라는 목적을 가진 탁아운동에서 탁아소들은 비슷한 조직체계와 운영방식을 가지고 있었다. 빈민지역 교회나 건물을 임대하여 운영하면서 학부모 교육과 조직화에 힘쓰고 의대 학생들의 진료봉사와 지역 대학의 총여학생회나 서클의 후원을 받으며 다양한 의식화 교육을 위한 프로그램을 마련했다. 지역 탁아운동의 시작인 '참사랑어린이집'은 1986년 이웃교회가 빈민 노동자운동을 목적으로 시작하였는데, 어린이집보다 '참사랑공부방'이 먼저 문을 열었다. 안기성 목사가 있었던 '달구벌교회' 부설로 시작된 '달구벌탁아방'은 1986년 3월부터 1990년 폐원 때까지 지역의 빈민 노동자들을 위해 11명의 활동가·교사들(류태영, 안미현, 김현선, 이숙현 등)이 탁아방을 운영했다. 1990년부터는 침산동에서 '달구벌공부방'도 운영되었다. 1986년 11월, 김영숙, 이태숙이 다른 동료 몇 명과 힘을 합쳐 세운 대구노동사목 '나눔의 집'은 먼저 가톨릭노동청년회 회원을 양성하는 사업을 하다가 비산동에 '나눔탁아소'를 만들었다. '배꼽마당탁아소'는 빈민여성들의 자립을 보조하기 위하여 1988년 5월에 북구 고성동 6·25촌에서 전옥순, 백선희, 정귀동이 시작하였고 나중에 안경숙이 합류했다. '작은교회'가 지역 중심 노동운동의 일환으로 '작은어린이집'을 시작했고 뒤이어 공부방을 열었다. 여느 민중교회와 마찬가지로 교회사업으로 공부방, 탁아소, 지역사회 무료진료, 노동상담소가 개설되었다.

　1991년 3월에 민중신학을 공부한 기독청년들, 남은경, 최태성, 김기수, 박명호, 이지양 등이 서구 비산2·3동에서 빈민지역운동의 일환으로 '날뫼터공부방'을 열었다. 청소년공부방, 마을도서실, '한뿌리진료소', 어머니모임 등이 운영되었고, 지역 성인들을 대상으로 한글야학을 운영하면서 지역운동의 기틀을 다졌다. 남은경이 실무를 맡아 2012년까지 운영되었다.

〈그림 4-39〉 북구 대현2동 새터탁아방 원생들과 교사들
(1992년 7월) (출처: 이춘희)

1990년 유병철, 이유자, 이춘희, 류인성 등이 북구 대현2동에서 가난하고 소외당한 이들을 위한 지역빈민공동체운동으로 시작한 '새터공동체'는 1991년 5월 맞벌이 부부를 위한 '새터탁아방'을 개원했다. 1995년 3월 '감나무골어린이집'으로 명칭이 변

경되었고, 1997년 10월에 시작된 '감나무골공부방'을 거쳐 2005년 8월부터 지금까지 '감나무골작은학교 지역아동센터'가 운영 중이다. 이 센터는 청소년 도서관, 보호자 교육프로그램, 봉사활동과 의료, 법률, 문화 프로그램 등을 운영하고 지원하여 지역공동체운동에 힘썼다. 이후 '희년공부방', '민들레공부방' 등이 문을 열어 빈민지역 저소득층 청소년을 위한 공간이 이어졌다. 그러나 이러한 공간들은 보육교사인 여성활동가들의 진로 고민, 여성활동가에게 전적으로 부가되는 보육의 책임과 의무, 지원의 불연속성, 열악한 환경 등 내부적 요인과 1992년 영유아보호법의 제정으로 애초의 의도와 기능이 위축될 수밖에 없었다. 작은어린이집, 참사랑어린이집, 나눔어린이집, 달구벌어린이집, 감나무골어린이집, 배꼽마당어린이집의 순서로 문을 닫았으나 몇몇 공부방은 여전히 공동체에서 나름의 역할을 다하고 있다.

이와 같이 탁아운동과 공부방운동을 담당했던 여성활동가들은 지역주민들에게 다가가고 여성들의 양육 부담을 함께 나누고 노동자들을 교육하는 역할을 함께 했다. 이들이 헌신했던 탁아운동·공부방운동은 전통적인 도시빈민운동과 지역주민운동이 결합된 새로운 운동 형태로 아동교육과 지역주민사업을 실천했다.(구경모, 2001, 181쪽) 지금까지 폄하되었던 여성의 양육노동과 돌봄노동이 탁아소(방)와 공부방 중심의 도시 빈민 운동을 통해 지역 공동체를 유지하는 근간으로 재평가되었다. 여성들이 수행하는 노동에 사회적 가치를 부여하는 계기가 되었기 때문이다. 탁아운동·공부방운동은 사람을 길러내고 사람과 사람 사이의 관계를 형성하게 하고 공동체를 복원시키는 과정이 되었다. 이는 그 자체로 민주주의의 가치 실현의 장이자 시험의 장이기도 하였다.

2) 낙동강페놀오염사건과 한살림운동

1990년대에 들어서면서 시민단체의 활동 목표와 지향점은 더욱 다양화되고 분화되었다. 그 와중에 발생한 1991년의 '낙동강페놀오염사건'은 전국적으로 환경문제와 생태 의식의 대중화를 촉발한 사건이었다. 인간의 생명권과 관련된 이 페놀사건의 대처과정에서 불특정 다수의 시민들은 자신들의 의견을 적극적으로 표명하였다. 이 사건으로 말미암아 주부운동과 환경운동 및 생태운동이 본격화되었고, 여성이 주체가 됨으로써 여성운동의 영역도 대중화·심화되는 계기가 되었다. 페놀사건 이후 1991년 9월 '대구공해추방운동협의회', '자연사랑낙동강1300리회', '반야환경보존회', '대구녹색연합' 등 3~4년간 꾸준히 환경관련 단체들이 결성되었다. 또한 기존의 단체들도 시민들의 요구에 부응하여 환경관련 문제를 단체의 사업목표로 설정하였다. 대부분의 여성단체들도 대구시민사회의 환경적 관심사에 공명하여 자체 사업이나 연대활동을 이어갔다. 또한 페놀사건을 계기로 생태인문잡지인 『녹색평론』이 1991년 11월 격월간지로 대구에서 창간되어 산업사

〈그림 4-40〉 두산전자 페놀 방류에 항의 시위하는 대구주부아카데미협의회, 아카데미소비자협동조합, 크리스찬아카데미 회원 (출처: 민주화운동기념사업회 오픈아카이브즈 00739707, 원출처: 경향신문사)

회 전반에 대한 생태학적 비판을 이어나갔다.

페놀사건은 기존 진보 진영의 인식론과 철학을 점검할 기회도 제공하였다. 인간을 에워싸고 있는 외부 환경과 물질적 부를 추구하는 삶의 태도에 대한 근본적인 물음을 제기하게 된 것이다. 이런 가치관의 변화 속에 나타난 단체 중 하나가 대구에서 1990년 4월에 창립한 '한살림대구생활협동조합'(이하 한살림대구)이었다. 한살림운동의 목적 중 하나는 "진정한 유기농을 중심으로 새로운 밥상공동체를 만들어 직접 민주주의, 즉 민초들이 직접 주도하는 민주주의, 다시 말해 생태적 지속이 가능한 자급 자치 민주주의"(『한살림대구』 2020년 4월 5일)의 실현이었다. 이는 자본주의적 생활방식 자체에 대한 반성을 토대로 농업을 살리는 생명공생운동이기도 하였다.

아울러 건강한 밥상 공동체 건설은 살림과 먹거리의 담당자인 여성 중심의 운동이기도 하였다. 설립 당시 한살림대구에서는 박성희, 이경희, 조영숙, 서현숙 김영숙, 이정희 등의 가정주부들이 이사나 핵심 구성원으로 활약했다. 이들은 소비자와 생산자 간의 직거래를 통한 안전한 먹거리 환경 조성, 5명의 소비자조합원 공동체 조직, 생산과 소비 공동체 조성을 위한 생산지 노동 등 한살림 조직에 중심적 역할을 하였다.(박성희 구술, 2020. 2. 12) 이와 같이 생협의 주체는 주로 전업주부인 여성이었다. 이들 생협운동의 새로운 주체는 시장경제와 상품경제로부터 의식적으로 이탈한 사람들이다. 그들은 소비생활의 담당자인 소비자가 아니다. 그들은 생명을 잉태하고(출산), 기르고(보육), 보살피고 치유하는(돌봄) 행위의 담당자이고, 동시에 그런 역할의 중요함을 알고 그 역할의 확산에 기꺼이 참여하고자하는 사람들이기도 하였다.(김기섭, 2012, 229쪽) 이러한 여성들의 활동과 노동은 한살림대구의 중추이자 토대가 되었다. 또한 여성운동 내부적으로는 여성의 돌봄노동과 생명운동을 재평가하는 계기가 되기도 하였다.

제4절 대구경북 여성운동의 특징과 의의

이상으로 일제강점기부터 1990년대 초반까지의 대구경북지역 여성운동의 전개 양상과 발전과정을 살펴보았다. '지역의 여성운동' 서술은 민주화운동의 주변이자 지역이라는 이중의 부담을 안고 있다. 그러나 그런 상황에서도 대구경북지역에서는 독자적인 여성운동의 태동과 여성관련 의제를 선도하는 양상을 보여주었다. 일제강점기에 지역에 기반을 둔 의열단원 남자현, 하와이 이주 독립운동가 이희경, 근우회 창립을 주도한 페미니스트 정칠성 등이 독립운동에 동참하면서 동시에 남녀평등과 여성해방 의식을 고취한 점은 근대 여성운동사에서도 의미가 크다. 또한 여성 국채보상운동 단체인 '대구남일동패물폐지 7부인회', 신명여학교의 '대구3·8만세운동'은 지역 여성운동의 모태이자 전국적인 여성운동을 주도했다. 이들 대구경북지역의 여성과 여성조직은 단순히 중앙의 활동을 지역에 이식한 것이 아니라 주도세력이 되어 독립운동과 여성운동을 개척했다. 그러나 해방이후 1980년대 이전까지 대구경북의 진보적 여성운동은 침체기를 겪을 수밖에 없었다. 이는 전국적인 경향이기도 하였으나 특히 보수적이고, 정권의 중심 지역이라는 지역적 특성이 반영된 결과일 것이다.

1980년대 여성문제를 민족·민주·민중 운동의 부문운동으로 인식하는 시기를 지나 1987년 6월민주항쟁 이후 한국의 진보적 여성운동은 성차별, 성폭력, 여성의 정치세력화 등 여성 의제들에 집중하게 되었다. 1988년 2월 발생한 안동의 '변OO씨 혀절단 사건'과 1988년 12월 대구의 '대현1동 파출소 내 경찰관에 의한 윤간사건'에 의해 성폭력 의제관련 운동의 변곡점이 만들어졌다. 이 두 가지 성폭력 사건의 해결을 주도한 대구여성회는 서울의 한국여성의전화와 한국여성단체연합의 지원과 연대를 통해 전국적인 관심과 여론을 형성시켰다. 지역에서 발생한 성폭력 사건이 전국적인 이슈가

되면서 지역의 진보단체들, 대학교 총여학생회 등이 연대하여 공동대책위
원회를 결성했다. 그리고 실태조사, 공청회, 시민토론회, 기자회견, 가두시
위, 규탄대회, 서명운동 등을 통해 남성중심적인 성의식과 편향된 성폭력관
련 법과 제도에 대해 여론을 조성하고 환기시켰다. 이러한 노력들은 1994
년 성폭력특별법 제정으로 이어졌고, 대구경북지역에서 발생한 지역 성폭
력 사건의 전국 의제화에 성공함으로써 여성 폭력에 대한 법적 제도화를 이
끌어내었다.

1987년 이후 사무직 여성 노동자들의 현실에 대한 관심이 높아지면서
여성 의제가 다양화되었고, 여성운동의 대상도 확대되면서 대중화하였다.
대구경북지역 여성단체들도 이러한 흐름에 발맞추어 여성의 노동권을 박탈
하는 법과 제도를 개선하는 데 주력하였다. 그들의 노력에는 1987년 제정
된 남녀고용평등법의 개정 요구도 포함된다. 또한 지역의 진보적 여성운동
단체들은 지역 사무직 여성 노동자들의 조기퇴직 문제 해결을 위해 지역 사
업장에서 발생한 여성 조기정년 철폐를 위한 파업과 농성을 지원하고 노동
현실 실태조사 등을 실시했다. 이러한 과정을 통해 지역의 여성(운동)단체
들은 여성이 여성으로서, 노동자로서 가져야 할 당연한 권리와 가치에 대해
사회 전체가 학습할 수 있는 기회를 마련해주었다. 여성의 평등노동권 쟁취
를 위한 입법운동과 제도개선 운동은 여전히 이어지고 있다.

아울러 1987년 이후 대구경북지역 시민사회는 소비자운동, 먹거리운동,
생태운동, 환경운동, 반핵운동, 학부모운동 등 생활민주주의 실천의 장에서
여성들을 운동의 주체로 나서도록 만들었다. 이는 곧 여성의 경험, 자질 등
여성적 가치들이 긍정적인 사회적 가치로 평가되는 것을 의미한다. 성평등
의 관점에서 보자면 사회가 강요하는 여성적 특성과 자질은 성별·성역할
에 대한 고정관념을 강화시키고 성차별의 원인이 된다. 이렇게 볼 때 생명
을 기르고 돌보는 자질은 전통적으로 여성에게만 요구되는 가치였다. 그러

나 1980년대 후반부터 활발해진 지역의 탁아운동과 공부방운동, 한살림운동으로 대표되는 생협운동 등은 기존의 여성운동 의제와는 차별성을 띤다. 빈민지역의 탁아운동·공부방운동과 생협운동은 공동체 존속을 위해 생명을 살리는 여성적 가치를 십분 발휘하는 여성운동이기도 하였다. 1991년에 대구경북지역에서 발생한 낙동강 페놀사건은 대기업의 탈법 행위에 대한 경각심, 물을 포함한 먹거리의 중요성, 임산부와 지역민들의 건강권, 지역 사안에 대한 시민사회의 개입의 필요성 등을 일깨우는 계기가 되었다. 더불어 의식주, 환경, 육아, 교육 등 사회의 다양한 분야에서 지속가능한 삶을 위한 여성들의 적극적인 활동을 불러왔다. 그 결과 지역의 시민운동과 여성운동 의제의 확장이 이루어졌다.

성차별 폐지를 위한 투쟁에서부터 생명 존속과 공동체 유지를 위한 활동에 이르기까지 대구경북지역의 여성운동은 다양한 층위의 운동과 연대하면서 민주사회 구현에 기여했다. 또한 1980년대 후반부터 본격화된 대구경북의 여성단체들은 지역적 한계에 매몰되지 않고 여성 의제의 전국적인 공론화를 주도하는 성과도 올렸다. 이것은 여성단체 내부의 노력과 연대의 힘이기도 하였다. 이러한 지역 여성단체들의 노력과 지역 사회의 지원을 바탕으로 민주사회를 위한 다양한 운동이 지속되었다.

【참고문헌】

1. 자료

『경북대학보』
『경향신문』
『계명대학보』
『교수신문』
『구대학보』
『대구대신문』
『대구매일신문』
『대구일보』
『동아일보』
『매일신문』
『민족일보』
『시사인』
『시사저널』
『영남일보』
『영대신문』
『조선일보』
『중앙일보』
『청구춘추』
『한겨레신문』

가톨릭농민회 안동교구연합회, 2011 『안동가농 30년』.
경북대60년사 편찬위원회, 2006 『경북대학교 60년사』, 경북대학교출판부.
경북대학교 인문과학연구소 대형과제연구단, 2005 『근현대 대구경북지역
    시민운동과 시민운동 조직 Ⅰ·Ⅱ』, 도서출판 영한.
경북대학교 인문과학연구소 대형과제연구단, 2006 『근현대 대구경북지역
    사상인명사전』, 정림사.
경북대학교 인문과학연구소 대형과제연구단, 2006 『대구지역 학생운동의 발생과
    전개』, 정림사.
경북대학교 총학생회, 1986 「경대학생운동사」, 『복현』20.

경북지구계엄보통군법회의 검찰부, 1980「김수용 · 김현수 공소장」.

계명대학교 총학생회, 1987 · 1991『계명대교지』20 · 24.

국가정보원 과거사 진상규명을 통한 발전위원회, 2007『과거와 대화 미래의 성찰』.

농수산부, 1985『농작물 재해 백서』.

농수산부, 1988『농림수산 주요 통계』.

대구경북교사협의회, 1988「1988년 운영위원회 자료」.

대구경북교사협의회, 1989「1989년 대의원회 및 집행위원회 회의자료」.

대구경북민주교수협의회, 『민교협 소식』.

대구경북민주화운동계승사업회, 2006『지역민주화운동사 편찬을 위한 기초조사보고서-대구 · 경북지역』.

『대구교사신문』1~13.

대구노동교육협회, 1999『대구노동교육협회 해산 기념자료집 – 새로운 전진을 위하여』, 대구노동교육협회.

대구대학교, 1988『영광문화』11.

대구시사편찬위원회, 1995『대구시사3』, 대구시.

대구여성단체협의회, 1997『대구 · 경북 여성운동 50년』, 다산미디어.

대구지방법원, 1986「유재곤 · 전태흥 · 최주태 판결문」.

대구지역 노동조합연합, 1989「대노련 결성선언문」(1989.11.8).

대구지역 노동조합연합, 1990「임시대의원대회 자료집」(1990.10.24).

대구YMCA80년사 편찬위원회, 1999『대구YMCA80년사』, 대구YMCA.

대한YMCA연맹, 1988「YMCA와 농민운동」, 『농민문제와 농민운동』, 대한YMCA연맹.

대구YMCA중등교육자협의회, 「1983~1984년 회의록」.

매일신문사, 1996『매일신문오십년사』, 매일신문사.

메아리야학, 「메아리 창간호 · 2 · 3」(석원호 엮음, 『대구노동야학 자료집』, 비발행 유인물).

민주노총대구지역협의회 초동주체 모임, 1994「민주노총대구지역협의회(가칭) 추진위 구성을 위한 초동주체 2차 모임 회의자료(1994.10.25)」.

민주화운동기념사업회, 2003『민주화운동관련 사건단체 사전 편찬을 위한 기초조사연구보고서』.

민주화운동기념사업회, 2003『대구경북지역민주화운동 사적지 선정을 위한 기초조사사업보고서』.

민주화운동기념사업회, 2006『대구경북지역민주화운동사 편찬을 위한 기초조사 (최종)보고서』.

세계 편집부, 1986 『1964~1986 공안사건 기록』, 세계.

영남대학교 50년사 편찬위원회, 1996 『영남대학교 오십년사』, 영남대학교 출판부.

영대문화편집위원회, 1996 『영대문화』36.

인권의학연구소, 2015 『대구경북 오월운동사 최종결과보고서』.

재경대구경북민주동우회 민청학련·인혁당진상규명위원회, 2005 『인혁당 진실을 찾아서』.

전국교직원노동조합, 「1989~1992년 경북지부 대의원대회 및 집행위원회 회의자료」.

전농경북도연맹, 2010 『전농경북도연맹 20년사』.

진실·화해를위한과거사정리위원회, 2010 『종합보고서』1~4.

천주교 안동교구 25년사편찬위원회, 1996 『안동교구사 자료 제3집－교구 농민회』, 천주교 안동교구.

천주교 안동교구사목부 농촌개발사목부, 1977 「제1차조사보고서」.

한국가톨릭농민회, 1990 「1990년도 제20차 대의원대회 자료집」.

한국가톨릭농민회, 1999 『한국가톨릭농민회 30년사』, 샘.

한국가톨릭농민회 50년사 편찬위원회, 2017 『가톨릭농민회 50년사Ⅰ』.

한국농촌경제연구원, 2003 『한국농업농촌100년사(하)』.

KNCC 대구인권위원회 20년사 편집위원회, 2003 『복음과 인권 : 대구지역 기독교사회운동 20년사』, 한국기독교교회협의회 대구인권위원회.

■ 웹 사이트

「내 인생의 오일팔15 － 권순형의 오일팔」(https://news.kjmbc.co.kr/node/316893)

『뉴스민』(http://www.newsmin.co.kr/news)

유경순, 2005 「여성 노동자 투쟁의 역사」, 『격주간노동자의힘』 74 (http://www.newscham.et/news)

정재돈, 2012 「정호경 신부님과의 추억을 따라서」(https://blog.naver.com/dawn0158)

『평화뉴스』(http://www.pn.or.kr)

『한국여성단체연합』(http://women21.or.kr/vision/6506)

『한살림대구』(http://daegu.hansalim.or.kr)

「함께 쓰는 6월 항쟁」(http://www.610.or.kr)

『민주화운동기념사업회 오픈아카이브 등록사료(사료제목/등록번호)』

「계명대학교 학내소요사태일지」1980. 등록번호 00419873.
「계명 언론의 봄은 오지 않는가」, 1980. 등록번호 00419875.
「결의사항 「계명대학교 교수 9인 구성 관련건」」1980. 4. 9. 등록번호 00419886.
「단결하자 모든 영대인들이여」1980. 3. 26. 등록번호 00419885
「구교 궐기대회에 즈음하여」1980. 3. 27. 등록번호 00419881
「대구인권소식」4호, 한국기독교교회협의회 대구인권선교위원회, 등록번호 00085036.

■ 구술자료(통사)

김병구(포항지역), 면담자 김상숙, 2020년 8월 19일, 서면 인터뷰.
김상숙(학생운동), 면담자 송호상, 2020년 4월 18일, 서면 인터뷰.
김찬수(전선운동), 면담자 김상숙, 2020년 9월 19일, 전화 인터뷰.
박명배(안동지역), 면담자 김상숙, 2020년 9월 25일, 전화 인터뷰.
박형룡(학생운동, 청년운동), 면담자 김상숙, 2020년 8월 28일, 전화 인터뷰.
백현국(학생운동), 면담자 석원호, 2020년 8월 15일, 서면 인터뷰.
서인찬(학생운동), 면담자 김상숙, 2020년 8월 31일, 전화 인터뷰.
안영민(학생운동), 면담자 김상숙, 2020년 9월 24일, 전화 인터뷰.
유성찬(포항지역 운동, 청년운동), 면담자 김상숙, 2020년 9월 18일, 전화 인터뷰.
이상술(학생운동), 면담자 송호상, 2020년 8월 20일, 서면 인터뷰.
이용우(학생운동, 전교조 경북지부), 면담자 김상숙, 2020년 9월 19일, 전화인터뷰.
이종원(안동지역 운동, 전선운동), 면담자 김찬수, 2020년 12월 16일.
이창주 등(학생운동), 면담자 송호상, 2020년 3월 31일, 대구민주화운동
　　　계승사업회에서 구술.
임채도(학생운동), 면담자 김상숙, 2020년 9월 24일, 전화 인터뷰.
전점석(야학운동 등), 면담자 석원호, 2010년 7월 27일, 서면 인터뷰.
최윤영 · 이상용 · 최주태(학생운동), 면담자 송호상, 2020년 7월 28일, 대구
　　　수성구 범어동에서 구술.

■ 구술자료(교육운동)

이도걸(한국글쓰기교육연구회 대구경북지회), 면담자 장명재, 2020년 6월11일,

전화 인터뷰

이석우(대구Y교사회), 면담자 장명재, 2020년 4월 10일, 전화 인터뷰

주보돈(민주화교수협의회), 면담자 장명재, 2020년 9월 30일, 전화 인터뷰

한유미(새벗청소년도서원), 면담자 장명재, 2020년 6월 11일, 서면 인터뷰

■ **구술자료(문화운동)**

김영동(우리문화연구회, 대구 민미협), 면담자 윤규홍, 2020년 8월 1일, 서면 인터뷰.

이상구(민예련, 노문연), 면담자 윤규홍, 2020년 8월 5일, 대구지방고용노동청에서 구술.

정대호(우리문화연구회, 대구작가회의), 면담자 윤규홍, 2020년 8월 5일, 대구지방
　　고용노동청에서 구술.

최수환(대경민미협, 대구민예총), 면담자 윤규홍, 2020년 7월 30일, 서면 인터뷰
　　및 대구지방고용노동청에서 구술.

최재우(예술마당솔, 한국민족극운동협회), 면담자 윤규홍, 2020년 8월 5일,
　　대구지방고용노동청에서 구술.

■ **구술자료(여성운동)**

김영숙(여학생회), 면담자 김임미, 2020년 9월 30일, 서면 인터뷰.

김채원(여학생회), 면담자 김임미, 2020년 6월 15일, 민주시민교육공동체 모D에서 구술.

박성희(한살림운동), 면담자 김임미, 2020년 2월 12일, 한살림대구에서 구술.

박필순(여학생회), 면담자 김임미, 2020년 5월 1일, 대구여성회에서 구술.

유소희(여학생회), 면담자 김임미, 2020년 5월 31일, 서면 인터뷰.

2. 연구성과

2·28민주의거40주년기념사업회편찬분과위원회, 2000 『2·28민주운동사』 I ～ Ⅲ,
　　2·28민주의거40주년특별기념사업회.

강남식, 2004 「한국 여성운동의 흐름과 쟁점」, 『기억과 전망』7.

강수돌, 2009 『살림의 경제학』, 인물과 사상사.

강승구, 2005 「1989년 대구지방노동청점거농성사건의 지역노동운동사적 위치」,
　　『지역사회연구』13.

경북대학교 인문과학연구소 대형과제연구단, 2005 『근현대 대구경북지역 사회변동과 사회운동 Ⅰ·Ⅱ·Ⅲ』, 정림사.

구경모, 2001 「도시빈민지역 '공부방'의 성격에 대한 연구」, 『민족문화논총』24.

구해근 지음, 신광영 역, 2002 『한국노동계급의 형성』, 창작과비평사.

권상장·김도형·김영철·이병찬, 2006 『대구경북 산업경영사』, 북랜드.

권영근, 2020 「경북지역 농민운동사 초록」(미간행).

김경일, 2005 「1920-30년대 한국의 신여성과 사회주의」, 『한국문화』36.

김경일·곽건홍·정혜경, 1999 「제2부 일제하 노동운동(1920~1945)」, 『한국노동운동사대토론회』, 고려대 노동문제연구소.

김균식·석원호, 2011 「대구양서협동조합운동을 회고하며」, 『양서협동조합운동』, 대성.

김균식, 2007 「대구경북지역의 6월항쟁」, 『6월항쟁을 기록하다 : 한국민주화 대장정4』, 6월항쟁계승사업회.

김기섭, 2012 『깨어나라! 협동조합』, 들녘.

김병구, 2005 「민통련을 회상하며」, 『민주통일민중운동연합 창립 20주년 민통련』, 민통련창립20주년기념행사위원회.

김병일, 1997 「포항민주노조운동 10년사」, 민주노총경북지역본부포항시협의회.

김사열, 2005 「대구 최초의 마당극 연출가 장주효」, 『온장』, 민예총 대구지회.

김사열·정지창, 1989 『영남의 민족극 1980~1989』, 도서출판 우리.

김상숙, 2004 「1980년대 대구지역 여성 노동자들의 생활과 노동운동에 대한 시론적 연구」, 『한국사회학회 사회학대회 논문집』.

김상숙, 2007 「지역과 젠더통제, 여성노동자들의 저항 : 80년대 대구지역 섬유산업을 중심으로」, 경북대학교 박사학위논문.

김상숙, 2014 「1980년대 대구지역 여성 노동운동가들의 노동운동 경험과 의식」, 『지역사회 학』15-4.

김상숙, 2015 「5·18항쟁과 1980년대 대구 학생운동」, 『NGO연구』10-1.

김상숙, 2016 『10월 항쟁-1946년 10월 대구 봉인된 시간 속으로』, 돌베개.

김상숙, 2017 「1960년 4월 혁명기 대구지역 노동운동 - 제일모직노조와 대구시노동조합연맹의 활동을 중심으로」, 『대구사학』129.

김선호, 2002 「국민보도연맹의 조직과 가입자」, 『역사와 현실』45.

김 원·김상숙 외, 2017 『민주노조, 노학연대 그리고 변혁』, 한국학중앙연구원출판부.

김일수, 2011 「일제강점기 대구노동회의 활동과 성격」, 『역사연구』21.

김한수, 2018 『노동야학, 해방의 밤을 꿈꾸다-노동과 학습은 어떻게 만나는가』, 따비.

문경란, 1989 「미군정기 한국여성 운동에 관한 연구」, 이화여자대학교 대학원.

민주화운동기념사업회 연구소 엮음, 2008 『한국민주화운동사1』, 돌베개.

민주화운동기념사업회 연구소 엮음, 2009 『한국민주화운동사2』, 돌베개.

민주화운동기념사업회 연구소 엮음, 2010 『한국민주화운동사3』, 돌베개.

민청학련운동계승사업회, 2003 『1974년 4월-실록 민청학련1·2·3·4』, 학민사.

민청학련계승사업회, 2018 『민청학련-유신독재를 넘어 민주주의를 외치다』, 메디치.

박용규, 2017 「1960년대 언론 노동운동-1960년의 신문 노조 결성을 중심으로」, 『언론정보연구』54.

박진도, 1988 「8·15 이후 한국농업정책의 전개과정」, 『한국농업·농민문제연구1』, 연구사.

박창원, 2012 「해방기 대구경북 진보적 민족주의 세력의 영화 연극운동 연구」, 계명대학교 박사학위논문.

박현채, 1978 「해방 후 한국노동쟁의의 원인과 대책」, 『한국노동문제의 구조』, 광민사.

박현채, 1981 「농민에 의한 농협운동」, 『한국농업의 구상』, 한길사.

박현채, 1988 「한국자본주의의 전개와 농업·농민문제」, 『한국농업·농민문제연구1』, 연구사.

박희, 1986 「산업화와 노동운동:1960년대 이후 노동통제와 노동운동」, 『현상과 인식』10.

서관모·심성보 외, 1989 『현단계 한국 사무직 노동운동』, 태암.

서성희, 2016 「필름에 일제 강점기 노동자의 삶을 새기다, 감독 김유영」, 『대문』.

서중석, 2017 「6월항쟁의 전개와 의미」, 『6월 민주항쟁』, 한울.

석원호, 2010 「대구·경북의 4월혁명」, 『지역에서의 4월혁명』, 선인.

손태룡, 2018 「『4·19혁명가요집』에 수록된 노래 고찰」, 『음악문헌학』9.

신병식, 1997 「제1공화국 토지개혁의 정치경제」, 『한국정치학회보』31-3.

신창현, 1991 「경북 선산골프장 주민반대」, 『환경과 공해』14.

안병욱 외, 2005 『유신과 반유신』, 민주화운동기념사업회.

안태정, 2000 「미군정기 조선노동조합전국평의회와 노동자운동」, 『진보평론』6, 메이데이.

엄영애, 2007 『한국여성농민운동사』, 나무와 숲.

여정남기념사업회 경북대학교학생운동사편찬위원회, 2017 『청춘, 시대를 깨우다-경북대학교 학생운동사 1946-1979』, 삼천리.

오제연, 2014 「1960~1971년 대학 학생운동 연구」, 서울대학교 박사학위논문.

온만금, 1997 「역대 대통령 선거결과에 나타난 지역주의의 추이와 양상」, 『한국사회학』31.

윤정원, 1999 「여성운동의 거름으로 묻은 10년」, 『마주잡을 손하나 오고 있거니 : 대구여성회 10년사』, 대구여성회.

윤정원, 2015 「제2공화국 시기 대구지역 통일운동의 조직과 활동-민주민족청년동맹경북도연맹을 중심으로」, 『사회와 역사』108.

윤정원, 2018 「1차인민혁명당사건과 도예종의 활동」, 『대구사학』133.

윤정원, 2020 「1960-1975년 '대구인혁그룹' 연구」, 경북대학교 박사학위논문.

이만호, 2000 『교육과 민주화』, 대구교육연구소

이목, 1989 『한국교원노동조합운동사』, 푸른나무.

이영희, 2000 『참교육의 불꽃 전교조1』, 대구교육연구소.

이우재, 1991 『한국농민운동사연구』, 한울.

이원보 · 김준 · 인수범, 1999 「제5부 경제개발기의 노동운동(1961~1987)」, 『한국노동운동사대토론회』, 고려대 노동문제연구소.

이윤갑, 2004 「근현대 영남지역의 민족운동과 지역사회의 변동」, 『황해문화』44.

이재성, 2005 「1980년대 대구지역 사회운동의 한 방향-지방사회연구회의 학술운동을 중심으로」, 『지역사회연구』12-2.

이재영, 2015 「전평 9월 총파업과 10월 인민항쟁의 역사적 성격」, 『레프트대구』10, 메이데이.

이재원, 1996 『참교육의 길』, 도서출판 사람.

이정건, 2013 「권오봉 선생, 한국전쟁 전후 노동운동의 기억」, 『레프트대구』6, 메이데이.

이정식 · 스칼라피노, 1982 「미군정기의 한국공산주의」, 『한국현대사의 재조명』, 돌베개.

이준성, 2001 「선배노동자들의 삶과 투쟁의 역사」, 전국금속노동조합연맹 교육국.

이창한, 2011 「1970~80년대의 농민운동과 '전국농민회총연맹' 창립」, 『기억과 전망』24.

이창현, 2018 「1960년대 초 피학살자유족회연구」, 성균관대학교 박사학위논문.

이철국, 1988 「4 · 19시기 혁신운동과 그 한계-4 · 19시기의 교원노동조합운동」, 『역사비평』2.

이호룡 · 정근식 엮음, 2013 『학생운동의 시대』, 선인.

이효재, 1989 『한국의 여성운동-어제와 오늘』, 정우사.

일꾼의 땅 편집부, 1985 『거친 들판에 씨앗을』, 분도출판사.

임송자, 2016 「1950년대와 1960년대 전반기 노동운동의 좌절과 도전」, 『역사비평』115.

임정남, 1985 「이대로 얼마나 갈 수 있겠습니까-택시기사들의 노동현장」, 『실천문학』6.

임채도, 2013 「인혁당 사건과 경북대학교 학생운동」, 『학생운동의 시대』, 선인.

장미현, 2011 「1950년대 '민주적 노동조합'운동의 시작과 귀결-'대한방직 쟁의'와 전국노동조합협의회를 중심으로-」, 『동방학지』155.

장상환, 1990 「한국농민문제의 본질과 농민운동」, 『한국사회의 이해』, 한울.

장상환, 2010 「해방과 전쟁, 그리고 전쟁 이후의 농민운동」, 『농촌사회』20.

전국교직원노동조합 외, 1989『민주화를 위한 교육백서』, 풀빛.

전국교직원노동조합, 1990『한국교육운동백서』, 풀빛.

전국교직원노동조합, 2011『참교육 한길로』, 참교육.

전국민주노동조합총연맹, 2001『민주노조, 투쟁과 탄압의 역사 1970~2000』, 현장에서 미래를.

전명혁, 2011「1960년대 '1차 인혁당' 연구」,『역사비평』95.

전성원, 2014「제5공화국의 출판통제정책과 출판문화운동」, 성공회대학교 석사학위논문.

정근식 · 권형택 편, 2010『지역에서의 4월혁명』, 선인.

정기평, 1989『80년대후반 교육운동사』, 형성사.

정지창, 1989,『서사극 마당극 민족극』, 창작과 비평사.

조송미현, 1999「대구 · 경북여성단체연합의 현황과 과제」,『마주잡을 손하나 오고 있거니: 대구여성회 10년사』, 대구여성회.

조영래, 2009『전태일 평전』, 돌베개.

차성환, 2004「잃어버린 진실 : 양서협동조합운동의 재조명2-각 지역 양협운동의 전말」,『기억과 전망』9.

차성환 외, 2005『1970년대 민중운동연구』, 민주화운동기념사업회.

채장수, 2006「80년대 대구지역 학생운동에서 '이념'의 전개」,『대한정치학회보』14-2.

편집부, 1987「뜨거웠던 87년 여름 노동운동 총결산」,『월간 말』, 월간 말.

한국기독교사회문제연구원, 1988『대구 · 울산 지역실태와 지역운동』, 민중사.

한국민주노동자연합 엮음, 1994『1970년대 이후 한국노동운동사』, 동녘.

한국역사연구회 현대사연구반, 1991『한국현대사』, 풀빛.

한재숙, 2015「경북 여성 독립운동의 특성과 의미」,『젠더리뷰』38.

허은 2003「1980~90년대 교수민주화운동에 관한 연구 : '민주화를위한전국교수협의회'의 형성과 활동을 중심으로」, 서울대학교 석사학위논문.

허종, 2012「1964~1965년 대구지역의 한일협정 반대운동」,『대구사학』106.

허종, 2013「1969년 대구지역 3선개헌 반대운동의 양상과 성격」,『한국근현대사연구』66.

허종, 2017「1950년대 대구지역 혁신세력의 동향과 정치활동」,『대구사학』129.

허종, 2019「4월 혁명 시기 대구지역 혁신 정치세력의 형성과 활동」,『대구사학』136.

허종, 2020「4월혁명기 대구지역 대학 학생운동의 양상과 성격」,『대구사학』141.

현승효 지음 · 노천희 엮음, 2007『내 님 불멸의 남자 현승효』, 삶이 보이는 창.

호성희, 2007「한국여성운동의 과거, 현재, 미래」,『사회진보연대』71.

【찾아보기】

[사건/단체]

【ㄱ】

가락 516
가래 513
가면극연구회 500
가인 516, 521
가정법률상담소 551
가톨릭근로자회관 192, 355, 357
가톨릭노동청년회 28, 192, 193, 241, 353, 358, 360, 365, 398, 557
가톨릭노동청년회대구교구연합회 25, 262
가톨릭농민회 30, 190, 215, 274, 277, 279, 286, 333, 394, 398, 399, 400, 401, 402, 403, 405, 406, 410, 413, 414, 416, 418, 419, 426, 430, 431, 434, 438
가톨릭농민회대구교구연합회 190, 262, 401
가톨릭농민회안동교구연합회 25, 28, 34, 190, 191, 215, 252, 262, 274, 275, 400, 401, 404, 407, 408, 409, 410, 411, 412, 416, 417, 418, 419, 420, 421, 423, 426, 433
가톨릭농촌여성회 434
가톨릭대학생연합회 135
가톨릭문화관 506, 509, 512, 544
가톨릭 원주교구 399
감나무골공부방 558
감나무골어린이집 557, 558
감나무골작은학교 지역아동센터 558

강경대 타살 사건 308
강원산업 278, 371, 379, 381
개방농정 34, 396, 406, 412, 413, 435, 437
개벽 516
개헌반대투쟁위원회 117
거국내각과 민주 연립정부 수립 투쟁 281
건국공론 53, 492
건국준비경북치안유지회 390
건들바우박물관 514
경동산업 383
경북고 21, 60, 61, 62, 70, 89, 105, 116, 119, 442, 444, 502
경북공고 105, 499
경북교육위원회 결혼퇴직철폐운동 543, 554
경북글짓기교육연구회 449
경북기독교농민회 241, 262
경북농민운동연합 430, 432
경북농민운동협의회 291
경북대 22, 23, 24, 26, 27, 28, 32, 33, 37, 62, 65, 67, 77, 79, 89, 96, 98, 101, 102, 103, 104, 105, 106, 110, 111, 112, 113, 114, 115, 118, 119, 130, 132, 135, 136, 139, 140, 142, 146, 150, 151, 152, 158, 160, 161, 162, 163, 165, 168, 170, 173, 174, 178, 179, 182, 185, 186, 189, 191, 201, 206, 208, 218, 223, 228, 236, 238, 239, 240, 246, 247, 250, 251, 252, 254, 258, 261, 265, 266, 268, 279, 280,

▌편찬위원회 위원장

　장명재 대구경북민주화운동계승사업회 상임지도위원

▌편찬위원회 부위원장

　석원호 여정남기념사업회 회장

▌편찬위원(가나다 순)

　김균식 북부이주노동자센터 운영위원

　김찬수 대구평화와통일을여는사람들 공동대표

　남영주 여정남기념사업회 운영위원

　박근식 4·9인혁열사계승사업회 사무처장

　박창원 톡톡지역문화연구소 소장

　이상술 5·18민중항쟁구속부상자동지회 대구경북지부장

　이용우 영남대학교 민주동문회 회장

　이창주 대구경북민주화운동계승사업회 이사장

　이태광 대구노동운동역사자료실 대표

　장재호 전농경북도연맹 30주년기념사업준비위원장

　정종숙 전 대구경북여성단체연합 상임대표

　정희철 전 전교조경북지부 사무국장

　조용식 전 우리문화연구회 사무국장

　천호준 전 전농경북도연맹 의장

　최창훈 전농경북도연맹 의장

　황병윤 대구대학교 민주동문회 고문